湖北省公益学术著作出版专项基金资助项目

Theoretical and Practical Exploration of Carbon Neutrality in Cement Industry

水泥工业碳中和技术与实践探索

陶从喜　编著

武汉理工大学出版社
Wuhan University of Technology Press

【内容简介】

《水泥工业碳中和技术与实践探索》一书，全面贯彻了2021年发布的《中华人民共和国国民经济和社会发展第十四个五年规划和2035年远景目标纲要》的要求，是一部在水泥行业深入开展节能降耗、绿色生产和绿色生态，全面响应我国实现"双碳"战略目标的发展战略的方法篇。本书详细阐述了实现"双碳"战略目标的起因和伟大意义，总结了在我国水泥行业正确开展"双碳"工作的一般规律和方法途径，并提出了富有创新意义的3C碳中和理论，为水泥行业能够共同有效地开展"降碳去碳"的工作给出更为明确的思路方法和指导意义。

全书内容共分7章。

第1章主要阐述了开展"双碳"战略的必要性和重要意义，明确了我国政府的态度、努力和决心，并介绍了国际和国内"降碳去碳"开展的情况以及碳排放的核算方法。

第2章概述了水泥领域的实际特殊状况及运行规律，分析了我国水泥行业当前开展"双碳"工作的基本现状，并概括性地总结出3C碳中和技术，即"源头降碳""过程减碳"和"末端去碳"的三个突破方向，并指出如何依据该技术路径高效、迅速、高质量地开展"降碳去碳"工作，以便早日实现"双碳"战略目标。

第3章～第5章，根据3C碳中和技术的指导，就水泥生产及运输等过程的减碳去碳途径，做出了具体的阐述。其中，第3章重点围绕"源头降碳"的途经进行描述，对于原料替代、燃料替代，分别进行了举例和介绍；第4章重点围绕"过程减碳"生产主要过程的节能降耗途径展开介绍，包括预热预分解、高温煅烧、高效冷却和粉磨等先进技术思路和具体实施案例；第5章重点围绕"过程减碳"其他生产过程中的节能降碳过程给予了充分诠释，不论是在产品创新方面还是在流通环节方面以及其他新技术方面(包括富有现代感的智能控制技术)，都为读者提供了崭新的思路。

第6章主要就"末端去碳"进行阐述，对于碳捕集、封存和利用技术等给出了比较详尽的论述。

与此同时，作者结合多年成功实施项目积累的经验进行推演，在第7章为最终实现碳中和展示出了灿烂的前景。

本书是一部全面论述我国水泥行业碳中和技术和实践的优秀著作，对于从事水泥行业的工作者，特别是从事降碳去碳的决策者和工作者，将会起到很好的指导作用。

图书在版编目(CIP)数据

水泥工业碳中和技术与实践探索/陶从喜编著. 武汉：武汉理工大学出版社，2023.12
ISBN 978-7-5629-6901-3

Ⅰ. ① 水… Ⅱ. ① 陶… Ⅲ. ① 水泥工业-节能减排-研究-中国 Ⅳ. ① F426.7
中国国家版本馆CIP数据核字(2023)第254343号

水泥工业碳中和技术与实践探索 Shuini Gongye Tanzhonghe Jishu Yu Shijian Tansuo

项目负责人：田道全 陈军东
责任编辑：田道全 陈 硕 黄 鑫
责任校对：彭佳佳
封面设计：蔡 倩
出版发行：武汉理工大学出版社
地 址：武汉市洪山区珞狮路122号
邮政编码：430070
网 址：http://www.wutp.com.cn
印 刷：武汉精一佳印务有限公司
开 本：880 mm×1230 mm 1/16
印 张：25.5
字 数：826千字
版 次：2023年12月第1版
印 次：2023年12月第1次印刷
印 数：1—1200册
定 价：198.00元

序

生态文明是人类文明发展的历史趋势。党的十八大以来，以习近平同志为核心的党中央就生态文明建设提出一系列新理念、新思想、新战略，形成了习近平生态文明思想。针对当今世界所面临日益严重的生态环境问题，中国在第75届联合国大会上正式提出了力争在2030年实现碳达峰、2060年实现碳中和这一“双碳”战略目标，为各行各业坚持走绿色发展、创新发展之路，提出了明确要求。

双碳目标，不仅是中国政府向全世界所做的郑重承诺，更是功在当代、利在千秋的崇高事业，需要各级政府、各行各业和每一个人都为此做出努力、付诸行动。双碳目标的关键是控制 CO_2 的生成以及解决如何将其减量、重新捕集或吸收的问题。水泥原料中的碳酸盐在高温阶段会自发地产生一定量的 CO_2，同时水泥在制备过程中需要消耗大量的能源，提供热能的化石燃料在燃烧过程中会直接或间接地排放 CO_2。因此，水泥工业是落实碳减排、实现碳中和的重点行业，需要广大水泥工作者深刻领悟习近平生态文明思想，严格落实“双碳目标”引领下的各项工作部署和要求。特别是水泥界的优秀人才、领军人物要发挥聪明才智，加强科技创新，在推动水泥工业发展新质生产力，助力实现“双碳目标”中展现担当作为。

华润建材科技控股有限公司的首席专家、教授级高级工程师陶从喜同志，曾就职于国家级水泥工业设计领域标杆企业——天津水泥工业设计研究院有限公司，并在技术领导工作中获得过诸多殊荣。如今，他也是中国水泥界的领军人物之一。陶从喜同志编撰的这部有关水泥工业“碳中和”的学术著作，汇集了他多年在水泥界工作中取得的实践经验，并结合华润建材科技控股有限公司的工程实践，创新性地构建了有关水泥工业碳中和的技术体系和实施路径，在生产和工程实践验证的基础上取得了一些创新成果。本书还结合行业最新的发展态势，总结分析了水泥行业落实“双碳目标”的相关理论、研究提出了一些助力实现该目标的新技术和新装备，可以称之为水泥行业碳中和的特色理论和技术指导书。该书有以下鲜明特点：

系统性。该书着眼于 CO_2 对环境的影响，有效分析了开展碳减排与碳中和的重要性和紧迫性，全面论述了开展碳中和、实现双碳目标的重要意义，客观阐述了水泥行业降碳去碳的必要性和特殊性，系统介绍了国内外开展碳减排的基本状况、基本路线和最新成果，并结合作者自己多年的实践经验和深入思考，用3C碳中和策略清晰地描述和规划了水泥行业实现碳中和的路径图。读者在书中可以一目了然地了解水泥行业向碳中和目标进军的路线和过程。

完整性。该书结合国际上通用的碳核算方法，对水泥生产过程的控碳、减碳和去碳新技术、新设备等的应用，进行了比较细致的描述和减碳效果评价。读者从书中能全面了解和明晰在水泥生产过程中各个环节的节能降碳的技术思路、降碳能力以及实现2060年碳中和的可行性途径，对于了解和掌握水泥生产全过程实现碳中和的途径有较大帮助。

实用性。该书为行业尽快实现碳中和提供了切实可行的技术参考和理论支撑，列举了大量真实的成功案例，其中很多成果都是作者自己实践探索取得的成功经验，并介绍了非常详尽的技术思路和实施方案，对于开展降碳工作有着非常实用的指导作用和参考价值。

科学性。该书总结归纳了水泥生产全流程工艺及设备的节能降碳技术要点，将水泥生产过程的碳中和途径分为“源头低碳”“过程减碳”和“末端去碳”三个方面，并经过科学论证将之概括为水泥行业3C碳中和策略，较好地揭示出水泥行业实现碳中和的内在动力和发展规律，合理化地安排技术改造的优先层次，最大限度地调配和整合资源，为水泥工业实现碳中和指明了方向，提供了具体实施路径。

陶从喜同志的这部著作各章节间逻辑合理、衔接紧密，著作内容有特色、有创新，重点突出、观点鲜明，书中提出的3C碳中和策略，将为解决水泥工业向周围环境排放大量CO_2这一棘手问题，助力中国水泥工业实现碳中和目标，指明一个正确的努力方向。

陶从喜同志为编撰这部著作呕心沥血，展现了一个新时代“水泥人”应有的责任与担当。相信这部著作一定能为中国水泥工业乃至为世界相关行业实现降碳、减碳和碳中和目标提供新的启发，贡献应有的力量。

是为序。

武汉理工大学 教授 博士生导师
硅酸盐建筑材料国家重点实验室 主任
2023年8月25日

前　言

水泥工业被认为是人为CO_2排放的主要来源之一，自中国政府向世界郑重承诺中国努力争取在2060年前实现碳中和后，碳中和也成为水泥行业技术进步的长期战略。水泥工业的碳中和，是指在水泥的生产和应用过程中在一定时间内直接或间接产生的CO_2排放总量，通过节能减排、矿化吸收、工程封存或植树造林等形式减少和吸收，以抵消自身产生的CO_2排放量，实现正负抵消，达到"零排放"或"负排放"的过程。

本书作者结合长期以来从事水泥制造节能减排关键技术与装备的研究、开发及工程实践应用的成果，提出了水泥行业降低碳排放、实现碳中和的重要技术途径——源头低碳选择、过程减碳控制和末端去碳开发三者相结合，进而总结出了"源头低碳、过程减碳及末端去碳"的3C碳中和技术体系。

（1）源头低碳

① 替代原料

采用钢渣、剥离土、煤矸石、电石渣和各种冶炼渣（如黄磷渣）等工业固体废弃物替代天然矿产资源用作水泥生产过程的全部或部分原料。一方面可以减少熟料煅烧理论热耗，另一方面从源头减少碳酸盐原料的使用量，从而减少因原料分解产生的CO_2量。

② 替代燃料

采用废塑料、轮胎炭黑、无纺布、固体回收燃料（Solid Recover Fuel，缩写SRF）、污泥或垃圾衍生燃料（Refuse Derived Fuel，缩写RDF）等具有一定热值的可燃废弃物部分或全部替代天然化石燃料，通过提高系统燃料替代率，以期减少因燃料燃烧产生的CO_2量，实现系统的节能降碳。

③ 新型能源

减少使用煤炭、石油等碳排放强度高的化石燃料，开发利用太阳能、风能、潮汐能或者使用绿氢/绿氨等来提供能源，达到替代传统热能和电能的目的，进一步减少因燃料燃烧产生的CO_2量。

（2）过程减碳

水泥主要生产过程减碳，包括如下4个方面。

① 窑系统过程减碳

窑系统过程减碳，主要关注烧成热耗兼顾系统电耗，包括采用高效低阻预热预分解技术、新型高效回转窑煅烧技术、燃料高效燃烧技术、高效冷却技术等新技术，提高预热器系统的换热效率和生料分解率、提升燃料的燃烧效率以及冷却机的热回收效率，实现热量的高效利用，同时采用优质保温材料降低系统热损失，进而实现烧成系统热耗的大幅下降和窑系统整体的节能降碳。

② 粉磨系统过程减碳

粉磨系统过程减碳，主要关注粉磨电耗，包括生料粉磨系统新技术、水泥粉磨系统新技术、超细磨技术等，通过新技术的应用以降低粉磨电耗，从而实现节能降碳。

③ 借助减碳助剂协助减碳

借助减碳助剂协助减碳，如通过生料助剂改善生料易烧性、借助燃煤助剂等提高煤粉燃烧效率及燃尽率等以降低煤耗，从而实现节能降碳。

④ 通过智能专家系统实现过程减碳

通过智能专家系统实现过程减碳，包括采用智能专家系统、智能化工厂、水泥窑磨专家系统、水泥智慧化矿山开采系统等，实现生产过程的稳定控制，助推节能降碳，从而进一步推进过程减碳。

水泥其他生产过程减碳技术，还包括水泥产品创新助力过程减碳（例如，低碳熟料技术、低碳胶凝材料技术、高性能水泥混合材和掺合料、低碳混凝土及低碳建筑等），水泥产品流通环节过程减碳（例如，运输流通方式优化、物料的运输过程减碳、水泥产品集约化管理等），以及其他新技术推进过程减碳（例如，余热回收利用技术、高效风机技术、高效电机驱动技术、计算流体力学的应用等）。通过诸如新产品创新开发、集约化高效管理和高效风机与高效电机的应用以降低系统电耗，结合采用高效热回收技术（例如，高效余热发电技术等）以实现余热的充分利用，从而实现减碳降碳的过程精细化。

(3) 末端去碳

加强水泥工业的碳捕获与封存（Carbon Capture and Storage，缩写 CCS）技术和碳捕集、利用与封存（Carbon Capture，Utilization and Storage，缩写 CCUS）技术的开发，通过碳自富集 CO_2 捕集工艺、CO_2 矿化养护利用、CO_2 干冰利用，形成了典型的固碳技术、矿化技术和应用技术，并形成相应设备与装备，实现水泥生产系统的末端去碳，以期最终实现水泥生产过程的碳中和。

与此同时，推荐碳汇（Carbon Sink）开发，加大生物固碳与森林固碳力度；大力开展绿色矿山建设，通过矿山生态碳汇（含生产线绿化、矿山复绿、种植太空芦竹等生物质燃料等）实现自然生态系统的固碳能力。

全书内容共分 7 章。

第 1 章主要阐述了开展“双碳”战略的必要性和重要意义，明确了我国政府的态度、努力和决心，并介绍了国际和国内“降碳去碳”开展的情况，以及碳排放的核算方法。

第 2 章概述了水泥领域的实际特殊状况及运行规律，比较详尽地展示出水泥行业当前开展“双碳”工作的基本现状，并概括性地总结出 3C 碳中和技术，即“源头降碳”“过程减碳”和“末端去碳”三个突破方向，并依据该技术指导高效、迅速、高质量地开展“降碳去碳”运动，为早日实现“双碳”目标提供更加有效的技术指导。

第 3 章～第 5 章，根据 3C 碳中和技术的指导，就水泥生产及运输等过程的减碳去碳方式做出了具体的阐述。其中，第 3 章重点围绕源头降碳的途经进行描述，对于原料替代、燃料替代分别给出了具体的案例和介绍；第 4 章重点围绕“两磨一烧”生产主要过程的节能降耗开展全面分析，包括预热预分解、高温煅烧、高效冷却和粉磨等先进技术思路和具体实施案例；第 5 章对于水泥生产的配套辅助环节的节能降碳过程给予了充分诠释，不论是在产品创新方面还是在流通环节方面以及其他新技术方面（包括富有现代感的智能控制技术），都为读者提供了新的思路。

第 6 章主要就末端技术进行阐述，对于碳捕集、利用和封存技术给予了详尽的描述。

与此同时，结合作者多年成功实施项目积累的经验进行推演，在第 7 章为最终实现碳中和展示出了未来灿烂的前景。

本书在分析国内外关于碳中和的相关政策和核算方法的基础上，构建了适合水泥工业的 3C 碳中和技术体系和减排策略，结合低碳制造最新实用技术和最新研究成果，对于企业典型案例中碳减排/碳中和的技术思路、节碳效果计算以及关键因素进行剖析，并凝练出水泥工业碳中和的技术路线图，以期对水泥行业的科研人员、技术人员以及高等学校相关专业的学生有一定的参考作用，也希望本书能够对中国水泥界的同仁有所启迪。这样才能够以飨读者，与中国水泥人共勉，有助中国水泥实现动态“双碳”。

武汉理工大学王发洲教授担任本书的主审，并欣然为本书撰写了序言。武汉理工大学林宗寿、姜洪舟，中国硅酸盐学会贾华平等教授和专家，分别担任本书相关章节的审稿人。各位教授和专家为本书内容提出了非常宝贵的修订意见。

本书的编撰工作得到了有关高等学校、科研院所及企业的指导和支持，尤其是武汉理工大学赵青林、田道全、李利等教授和专家，以及中材邦业（杭州）智能技术有限公司朱永治同志，华润建材科技控股有限公司林永权、尹佳芝、何明海、韦怀珺、滕灼光、李维、曾荣、王浩、沈序辉等同事，参与了本书相关内容和资料的整理工作，并为本书的出版付出了辛劳，作者在此一并表示非常诚挚的谢意！

由于作者学术水平有限，书中仍难免存在论述不够严谨或有待商榷的问题，恳请读者不吝批评指正。

作者

2023 年 6 月

目　录

1 绪论

1.1 碳中和的由来

1.1.1 温室气体 CO_2 的危害

1.1.1.1 气候变暖之痒

科学家在研究气候变化过程中发现：比起 150 年前，现在的冰川已经消融了许多。在最近 100 年里，地球表层的空气温度大概升高了 0.8 ℃。科学家应用数值计算模型对未来的发展趋势作出预测：与现在的气候状况相比，到 21 世纪末，世界的平均气温将会升高 1.1～6.4 ℃。与此同时，相关的研究还发现：这种地球表层温度升高的现象易导致气候中各种恶劣灾难更加频繁地发生[1-3]。

(1) 南北极冰川融化

南北极冰川融化使海平面不断升高，这给沿海地区的居民生活带来不便，甚至失去生活居住的土地。冰川融化还释放出许多远古细菌或病毒，这些未知的物种很可能会对现代人类及生物带来极大的破坏，给现代的人类生活带来新的挑战。

(2) 热浪侵袭

热浪侵袭在近 50～100 年中发生的次数比往常高出了 2～4 倍。据相关预测，在未来若干年中，可能会有高过 100 倍的状况出现。有关专家预测，持续的热浪会致使火灾发生的频率增高。

(3) 强烈台风

近年来强烈台风发生的次数明显增高。这是因为温暖的海水给台风提供了更多能量，增加了强烈台风发生的概率。相关研究人员发现[1]，全球平均气温仅仅升高 1 ℃，就会导致 4 级、5 级台风的发生次数增加 25%～30%。过去 40 年间，亚洲的台风级别增强了 12%～15%，4 级、5 级台风所占比例增加了 1 倍，在某些地区，这一比例甚至增加了 2 倍。

(4) 内陆地区干旱

随着气候变暖，有关专家估计，将会导致旱情起码增加 66%。旱情增加让供水量萎缩，同时致使农作物生产的质量下降。这使得世界的粮食生产和供给处于危险之中，人们面对饥饿威胁的危险程度也越来越高。

(5) 疾病威胁

疾病威胁也愈加重。伴随着洪水、干旱的高温天气，给病毒创造了极好的生长环境。蚊子、扁虱、老鼠等携带疾病的生物愈发繁盛。有世界卫生团队声称，新生的或复发的病毒正在快速传播中，它们会生存在跟以往不一样的国家中，一些热带疾病或许在严寒的地方也会发生。目前，在北极的冰川中存在着一些细菌或病毒，这些病毒已经数百万年都没有得到传播了。这就意味着如果那些史前瘟疫从冰层中释放出来，我们的免疫系统可能不知道如何去对抗它们。

(6) 各国的经济负担

各国的经济负担更加沉重。随着温度升高，弥补因为气候变化所造成损失的花费也越来越大。每年因惨重的风暴和洪水导致的农业损失就多达数十亿美元，同一时间治疗传染性疾病和防止疾病传播也需要许多额外开销，伴随着健康花销和家庭保险费的增加，消费者同时还要面对售价持续上升的食品和能源的负担。极端天气会导致惨重的经济滑坡，各国政府也会承受因旅游业萧条和工业利益下降而带来的后果：飞涨的能源成本，食物和水的需求，以及灾后清理和紧张的边境局势。

(7) 世界安定状态

世界安定状态也会因温度升高而发生变化。例如，粮食、水源和土地的减少，会让威胁世界安全的隐患增多，从而引起冲突和战争。例如，苏丹达尔富尔地区的不断冲突表明，即便世界变暖不是危机发生的唯一原因，但危机发生的根源也可追溯到气候变化的影响，突出的表现是现有自然资源的减少。20 世纪 70 年代以来，持续的干旱、人口增长及土地沙漠化加剧了原有的争夺，北部无地的游牧部落为维持生计不得不南下寻找牧场和水源，这引发了他们同中部农民之间的摩擦，于是争夺土地所有权成为冲突的焦点。科学家和军事学家都在分析气候变化带来的后果。例如，不稳定的食物供给会引发战争和冲突，这表明暴力和生态危机之间存在着关联。于是，在水资源短缺和食物缺乏的国家中就埋下了安全隐患，地区动荡、恐慌和侵略都随时可能会发生。

此外，气候变暖会使生物多样性丧失、气温上升，对物种生存的危害也越来越大。假如年平均气温保持 1.1～6.4 ℃的增长速度，到 2050 年约 30％的现有动植物都会面临灭绝的威胁。这些物种会由于荒漠化、森林减少、海洋变暖、无法适应气候等原因而灭绝。野生动物研究者注意到大量动物的异常迁移，动物从寒冷的北方迁徙到更加遥远的北方极地，寻找维持其生存所需的栖息地。例如，红狐曾经居住在北美，现在则生活在北极。人类同样不能幸免。荒漠化和海平面上升威胁到人类的栖息地。如果植物和动物都在气候变化中失去了适应性，那么人类的食物、燃料和收入都无从谈起。

总而言之，气候变暖不只是世界的平均气温有所升高这样简单的一个现象，而是它破坏了整个世界的生态系统，破坏了人们及各类生物的生存条件。这必须引起全人类的重视，并采取积极的应对措施。

1.1.1.2 气候变暖的重要诱因

气候变化最重要的表现就是气候变暖，随着全球极端天气的日趋频繁，全球气候变暖的概念也越来越深入人心。然而，全球气候变暖肇始于地球大气层的一种重要机制——温室效应。在大气层中由于各种原因会存在有 CO_2、CH_4、H_2O 等多原子气体，这些气体或化合物不断地吸收地球向太空反射的热辐射(即红外线)，最终导致全球温度保持一个相对稳定的温度范围，所以这些气体的功用与温室玻璃有着异曲同工之妙，都是允许太阳光能进入并阻止反射能量的输出，从而实现保温、升温作用[3]。

根据气体辐射规律，单原子气体、双原子气体都不参与热辐射、热吸收，只有原子数超过 2 个的“多原子气体”才会参与热辐射、热吸收。在地球表层大气中，主要气体 N_2、O_2 都是双原子气体，它们不参与热辐射、热吸收，所以，N_2、O_2 对于太阳向地球表面的辐射以及地球表面向外层空间的辐射而言都是“透体”。但是，CO_2、CH_4 等“多原子气体”会参与热辐射、热吸收，这些多原子气体能够吸收太阳辐射光谱与地球辐射光谱中的红外辐射。太阳向地球发射的主要是高能量的短波，即光波和近红外波，而由于地球表面的多样性和复杂性，向空间反射的辐射能则呈现的是远红外(即热红外)。所以大气层能让太阳短波辐射光透射到达地面，但地表受热后向外发射的大量长波热辐射线(即红外线)却能够被大气中的 CO_2 等气体分子所吸收。随着大气层中 CO_2 等分子对红外光的不断吸收，就会使地表与低层大气温度不断增高，因其作用类似栽培农作物的温室，故名温室效应。正是这个温室效应的存在，才使得我们的地球不同于其他星球，能够保持着适应万物的生存条件——温暖。

但是，万事皆有度，当温度过高而超出了我们生存的适宜温度时，温室效应由原本是对我们地球生命极其重要的机制，就变成了威胁我们生存的要素。由于人类群体的急剧扩充，以及大量的生存活动，诸如人们焚烧化石燃料(石油、煤炭等)或砍伐森林并将其焚烧时会产生大量 CO_2，此外，人们通过高温或化学处理等方式也会将一些物质中的 CO_2 分解释放出来，从而使大气层中温室气体的含量不断升高，打破了原有的正常平衡。温室气体的不断增多，导致地球发生可感觉到的气温升高，即气候变暖。

古人云：“万物生长靠太阳。”而实质上，地球上生命体的生长与维持，除了太阳能以外，还需要水、CO_2、O_2、微量元素等生命所需的基本组成。这也就是说，CO_2 本是生命诞生的基础，本是生命体的最基本“粮食”(植物生长所需的光合作用就是以水、CO_2 为基本原料)。对于人类而言，CO_2 也不是有害气体，

高纯度 CO_2 甚至可以食用(很多饮料中就含有 CO_2)。在工业上,CO_2 也很有用。例如,在有机化工领域,人工合成有机物的基本原料被称作“合成气”。合成气的组成就是 CO_2、H_2。当然,关于 CO_2 的应用实例,还可以继续列举,所以说,CO_2 的用途不胜枚举。但是,为什么当今社会还要提出“减碳”“碳达峰”“碳中和”这样的要求呢?问题就在于辐射传热中 CO_2 的热吸收问题。

CO_2 是三原子气体,因而属于温室气体。它是数量最多的温室气体,约占大气总容量的 0.03%。当然,在温室气体中,CO_2 的温室效果是最小的,许多其他痕量气体也都会产生温室效应,例如,CH_4 的温室效果约为 CO_2 的 20 倍,但是,CO_2 数量巨大,而其他成分则因为总含量过低(或必须燃烧为 CO_2 才被允许排放)常被忽略。基于此,人们才将温室效应的关注点集中于 CO_2。

有人估算过,如果大气层中没有 CO_2,仅仅依靠太阳照射地球表面来加热升温,地球表面再向大气层对流传热,那么,地球大气的平均气温会在 −21 ℃左右,那样绝大多数生物(包括人类)根本无法生存。反之,如果 CO_2 气体大量堆积在大气层中,让平均气温上升至 40 ℃以上,同样会使人类和多数生物灭亡。然而,在工业革命以后,人类的生存活动向大气层中排放了数量极大的 CO_2,从而导致地球气温逐渐升高[3]。按照唯物主义辩证法的观点,任何变化都有从量变到质变的过程。现在地球变暖的步伐明显加速,所带来的危害也越发严重,必须引起重视。

1.1.2 全球碳排放现状

世界各国科学家通过长期的持续观测和探索研究,证实了温室气体排放与全球气候变化之间存在直接关系。根据统计数据,目前全球每年的 CO_2 排放量已接近于 4×10^{10} t,其中 14%来自土地利用,86%源于化石燃料利用[4]。

世界各国由于其发展的时间、速度、地理环境、历史条件和人文背景以及政治和经济等各种各样条件的制约,CO_2 的排放量有很大的不同。

2020 年全球的 CO_2 排放量的统计数据分析,如图 1.1 所示[5]。

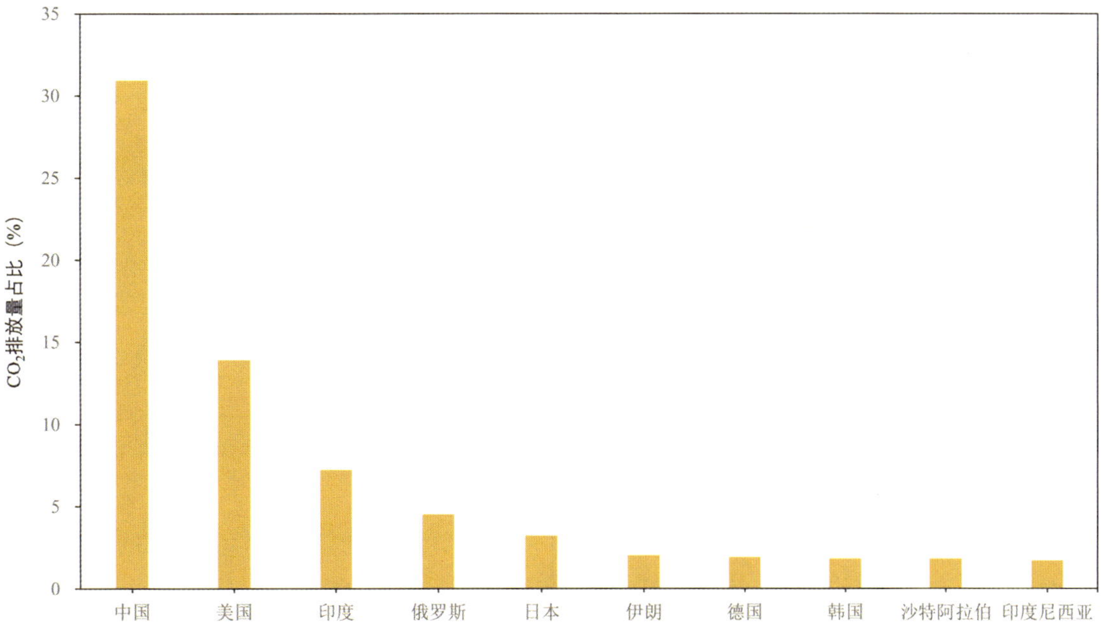

图 1.1 2020 年全球的 CO_2 排放量的统计数据分析

由图 1.1 可知,从碳排放的地区分布来看,2020 年亚太地区的 CO_2 排放量最大,CO_2 排放占比达 52.38%,其次为北美地区和欧洲地区,分别为 16.59%、11.23%。从碳排放的国家分布情况来看,2020 年中国的 CO_2 排放量为 9.894×10^9 t,全球排名第 1;美国的 CO_2 排放量为 4.432×10^9 t,全球排名第 2;印度的 CO_2 排放量为 2.298×10^9 t,全球排名第 3。

2014—2020 年中国的 CO_2 排放量的统计数据分析,如图 1.2 所示[5]。

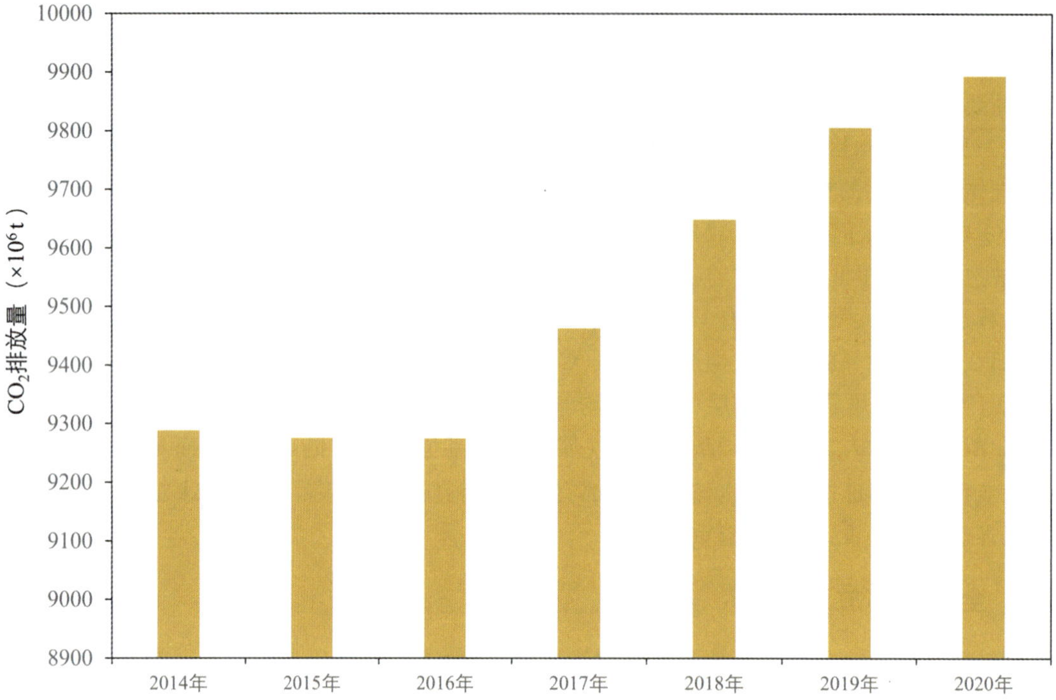

图 1.2　2014—2020 年中国的 CO_2 排放量的统计数据分析

由图 1.2 可知，我国的 CO_2 排放量几乎逐年升高，2020 年达到 9.894×10^9 t。然而，自 2017 年后的增幅却逐年下降，有望在 2030 年前实现碳排放的增幅为零，即实现碳达峰目标。

世界主要国家的人均 CO_2 排放量的统计数据分析，如图 1.3 所示[5]。

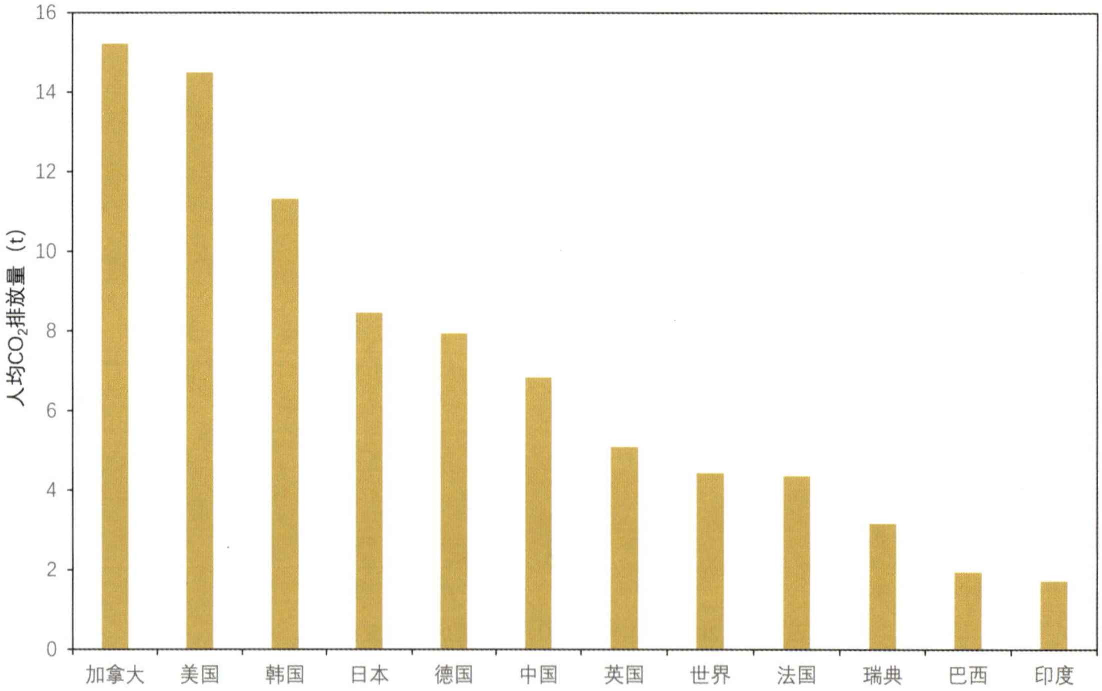

图 1.3　世界主要国家的人均 CO_2 排放量的统计数据分析

由图 1.3 可知，虽然我国的人均碳排放仍然属于较低水平，但是自 2000 年后增长很快，值得我们认真思考，并努力应对。

1.1.3 全球应对温室效应的策略

碳排放量的急剧增加使温室效应持续加强，导致全球平均气温不断攀升。北极海冰面积不断减少而使全球气候变化进入正反馈进程，这如同推倒了第一张多米诺骨牌，进而会引起更加复杂和剧烈的气候变化，引发更加频繁和更具破坏性的自然灾害。海平面上升从而淹没岛屿的联想在人们的脑海中不断推演，恐惧心理逐渐蔓延[6]。

随着各国经济的不断崛起和发展壮大，工业生产不断加速与扩大，加上现代社会快节奏的生活，汽车、家用电器普及化，致使大气层中 CO_2 浓度急剧增加，地球系统原有热量平衡被加速打破，地球气候系统出现了以变暖为主要特征的显著变化。随着人类向大气中排放的 CO_2 等温室气体的量逐年增加，大气的温室效应也随之增强，这引发了气候变化并带来一系列严峻挑战。

1.1.3.1 国际权威机构的行动历程

为了促进各国共同应对气候变化，针对不断恶化的气候变暖问题，国际社会围绕气候保护的目标、原则、责任、义务、资金、技术、能力建设等经历了多轮艰难曲折的谈判，逐步达成一系列共识和协定。

近几十年各国针对气候保护展开的会议历程，如图 1.4 所示。

1972 年 6 月，联合国人类环境会议在瑞典斯德哥尔摩举行。作为会议成果文件之一的《人类环境行动计划》在第 70 条建议中正式提出："建议各国政府注意那些具有气候风险的活动"。1979 年 2 月，第 1 次世界气候大会在瑞士日内瓦召开。该会议中指出，倘若大气中的 CO_2 含量仍如现在这样不断增长，那么到 20 世纪末气温上升将达到"可以测量"的程度，到 21 世纪中叶将出现显著的增温现象[7]。1987 年，世界环境与发展委员会发布了一份重要报告——《我们共同的未来》。该报告明确提出，气候变化是国际社会面临的重大挑战，呼吁国际社会采取共同的应对行动。

1988 年 11 月，世界气象组织和联合国环境规划署联合成立"政府间气候变化专门委员会"(Intergovernmental Panel on Climate Change，缩写 IPCC)，开展对气候变化的科学评估活动[8]。1990 年 12 月 21 日，第 45 届联合国大会通过了题为《为今世后代保护全球气候》的第 45/212 号决议，决定设立一个单一的"政府间谈判委员会"(Intergovernmental Negotiating Committee，缩写 INC)，制定一项有效的气候变化框架公约，由此正式拉开了国际气候谈判和全球气候治理的序幕。自 1991 年 2 月谈判启动以来，先后经过 5 轮谈判，政府间谈判委员会最终于 1992 年 5 月 9 日达成了《联合国气候变化框架公约》(以下简称：《公约》)[9]。

1992 年 6 月在巴西里约热内卢召开了"联合国环境与发展会议"，这次会议通过了《联合国气候变化框架公约》(*United Nations Framework Convention on Climate Change*，缩写 UNFCCC)。这是世界上第一个为全面控制 CO_2 等温室气体排放，以应对"全球气候变暖给人类经济和社会带来不利影响"的国际公约。这也是国际社会在对付全球气候变化问题上进行国际合作的一个基本框架。然而，《联合国气候变化框架公约》并没有对个别缔约方规定具体需要承担的义务，也未规定具体的实施机制。这就是说，该公约缺少法律上的约束力。当然，该公约规定：可在后续从属的议定书中设定强制的温室气体排放限制。这也成为后来各缔约方谈判的基础框架。

经过各方艰苦谈判，1997 年 12 月在日本京都，联合国气候变化框架公约参与国制定了《京都议定书》。其目标是"将大气中的温室气体含量稳定在一个适当的水平，进而防止剧烈的气候改变对人类造成伤害"。2005 年，《京都议定书》正式生效，启动第一承诺期减排义务谈判。同年，欧盟建立全球首个欧盟碳排放交易体系(European Union emission trading scheme，缩写 EU ETS)。2009 年，联合国气候变化大会提出《哥本哈根协议》，衍生出气候融资概念，明确了量化的可预期的资金机制。2010 年，联合国气候变化大会形成《坎昆协议》，成立了"气候金融委员会"，设立"绿色气候基金"(green climate fund，缩写 GCF)作为公约的资金机制。

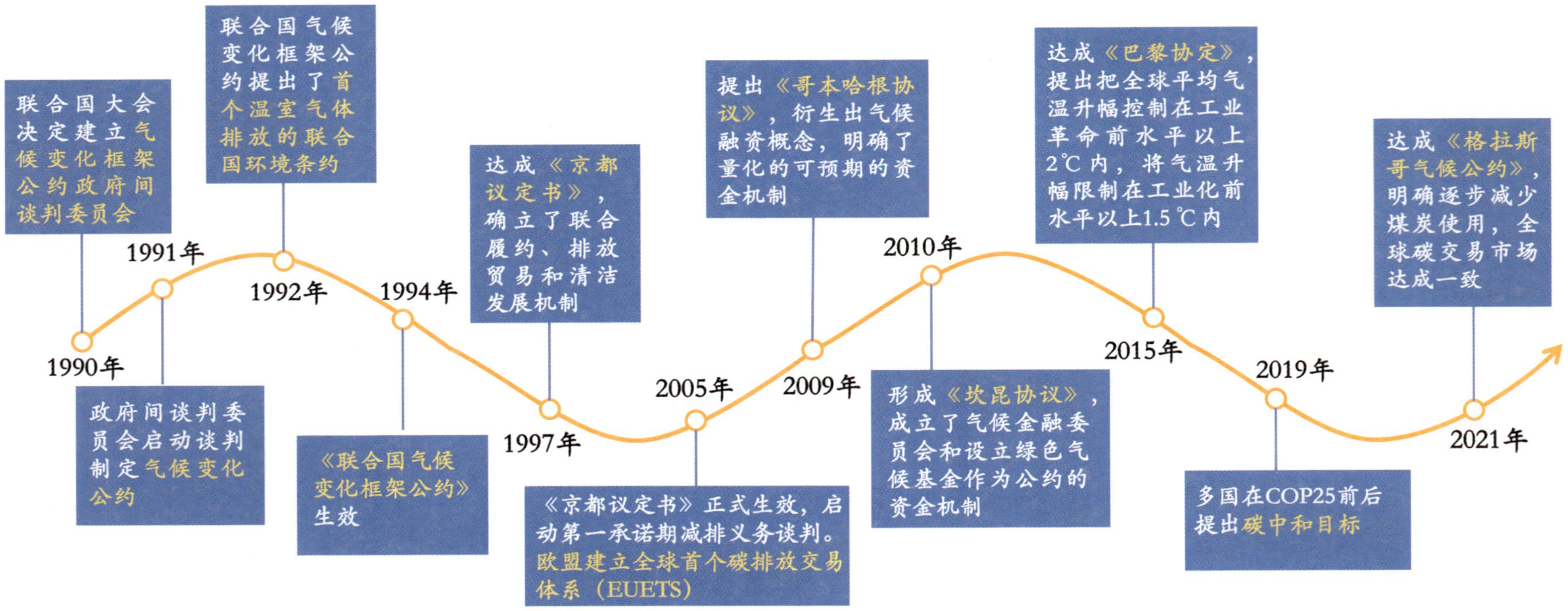

图 1.4　近几十年各国针对气候保护展开的会议历程

2015 年 12 月 12 日，第 21 届联合国气候变化大会通过的《巴黎协定》(*The Paris Agreement*)终于制定了具有法律约束力的温室气体排放限制指标。2016 年 4 月 22 日在美国纽约联合国大厦，全球 178 个缔约方正式签署了《巴黎协定》，并且决定自 2016 年 11 月 4 日起，正式实施该协定。2016 年 4 月 22 日，时任国务院副总理的张高丽同志作为习近平主席的特使在《巴黎协定》上签字。2016 年 9 月 3 日，全国人大常委会批准了中国加入《巴黎协定》的文书。

2019 年，多国在 COP25[即《联合国气候变化框架公约》(UNFCCC)第 25 次缔约方大会(Conference of the Parties，缩写 COP)]前后提出碳中和目标。2021 年 11 月 13 日，COP26 在英国格拉斯哥闭幕，达成《格拉斯哥气候公约》，明确逐步减少煤炭使用，全球碳交易市场达成一致。

《巴黎协定》对 2020 年以后全球应对气候变化的行动作出了统一安排。该协定的长期目标是：将全球平均气温相比工业化之前平均气温的上升幅度控制在 2 ℃以内，并且努力将该温升幅度限制在 1.5 ℃以内[10]。

《巴黎协定》签署后，个别国家有所反复。但是，中国政府本着中国人崇尚"履行承诺、说到做到"的美德，认真对待《巴黎协定》中所规定的应当承担的减碳责任和义务。中国将努力解决气候变化问题。通过实施双碳目标，采取有效的措施来减少中国地区的碳排放，为保护地球的生态平衡做出努力。中国通过实施可持续发展目标，有效地减少碳排放，并利用新能源来带动经济增长，以期实现低碳、生态、人文共存的中国特色的可持续发展之路。

1.1.3.2 碳达峰与碳中和概念的提出

若要减缓气候变暖，则必须控制排放到大气层中的 CO_2 以及其他温室气体。而碳排放是全球性问题，"减排"需要全世界所有国家的共同协调。从 20 世纪 70 年代开始，已经有多轮全球气候变化的国际协调。2015 年，《巴黎协定》提出希望将全球气温升幅限制在工业化水平前的 1.5～2 ℃，从而降低气候变化带来的风险和影响。我国为了达到我们所承诺的责任，提出了中国的目标。即在 2030 年前在中国实现碳达峰，使 CO_2 的排放量不再增长，达到峰值之后逐步降低；而在 2060 年前通过节能减排、植树造林等形式，抵消自身产生的 CO_2 排放量，实现 CO_2 的"零排放"。

碳达峰(Peak Carbon Dioxide Emissions)，是指某个国家、地区或行业的年度 CO_2 排放量达到历史最高值，然后经历平台期而进入持续下降的过程。碳达峰是 CO_2 排放量由增长转变为下降的历史拐点，标志着碳排放与经济发展实现脱钩。碳达峰目标，包括碳达峰的年份和碳达峰的峰值。

碳中和(Carbon Neutrality)，是指某个国家、企业、产品、活动或个人在一定时间内直接或间接产生的 CO_2 或温室气体排放总量，通过植树造林、节能减排等形式实现正负抵消，从而达到相对"零排放"[11]。

"碳达峰"与"碳中和"一起，简称"双碳"。

碳(Carbon)是化学元素周期表中排在第 6 位的一种非金属元素，元素符号为 C。碳元素本身对人类最友好，这是因为碳是构成生命体的最基础元素之一，为此，地球上的生命体被称为碳基生命。然而，现在人们常说的"减碳""碳达峰"和"碳中和"中的"碳"，并不是指碳元素本身，而是指 CO_2。

其实，碳中和过程每时每刻都存在于自然界中。生物活动特别是人类的现代化生活，向大气排放大量的 CO_2 或温室气体，增加了大气层中 CO_2 或温室气体的含量，例如，人们取暖、做饭或工业活动等。而有一些活动能够吸收、消化或在地下贮藏 CO_2 或温室气体。当前者过大时，大气中的 CO_2 或温室气体就会增多，打破了现有的平衡并改变或破坏了人们的生活。如果试图通过管控限制甚至减少 CO_2 或温室气体的排放量或者通过各种技术手段以及以极大的努力使排放的 CO_2 或温室气体被全部处理掉，那么我们的天空就会永远保持今日的光景。

碳中和的循环及平衡过程示意，如图 1.5 所示[12]。

"碳中和"的概念揭示了"碳排放"与"碳减排"之间的对应关系。

碳排放，是指人们生产和生活中必须释放出的 CO_2。这是被动地排放。

碳减排，则是指人们为了保护生存环境、维持大气中 CO_2 含量的相对恒定而做出的努力。这包括节能减排、增加植被绿化地球、液化 CO_2 并且将之输入地下以免除其对大气的危害，以及开发利用以 CO_2 为原料的制品。

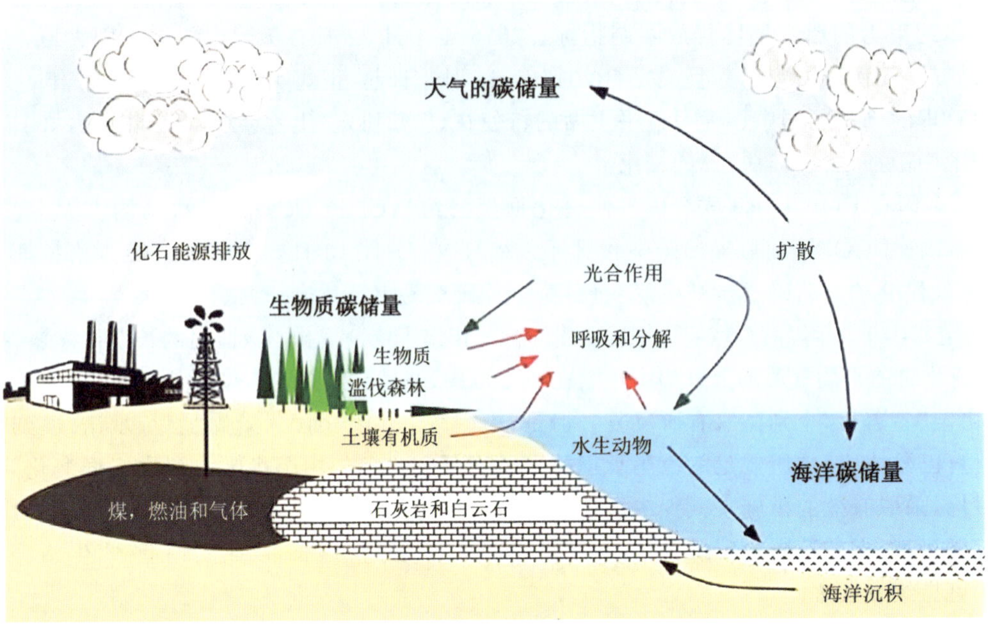

图 1.5 碳中和的循环及平衡过程示意

这也就是说，碳中和为全球实现气候稳定、克服温室效应的不断扩大、保护人类的生存环境指明了努力的方向。

1.1.3.3 国外降碳减排的现状

截至 2019 年，全世界已经有 49 个国家的碳排放实现了碳达峰，占全球碳排放总量约为 36%。其中一些国家是因为经济衰退或经济转型而实现了碳达峰。当然，也有一些国家是因为严格的气候政策和经济发展缓慢而实现了碳达峰。日本、马耳他、新西兰、韩国承诺在 2020 年以前实现碳达峰，我国承诺将在 2030 年前实现碳达峰。

2030 年以前实现碳达峰的年限与国家[13]，如表 1.1 所示。

表 1.1 2030 年以前实现碳达峰的年限与国家

碳达峰的年限	碳达峰的国家
1990 年前	阿塞拜疆、白俄罗斯、保加利亚、克罗地亚、捷克、爱沙尼亚、格鲁吉亚、德国、匈牙利、哈萨克斯坦、拉脱维亚、摩尔多瓦、挪威、罗马尼亚、俄罗斯、塞尔维亚、斯洛伐克、塔吉克斯坦、乌克兰
2000 年前	法国(1991)、立陶宛(1991)、卢森堡(1991)、黑山共和国(1991)、英国(1991)、波兰(1992)、瑞典(1993)、芬兰(1994)、比利时(1996)、丹麦(1996)、荷兰(1996)、哥斯达黎加(1999)、摩纳哥(2000)、瑞士(2000)
2010 年前	爱尔兰(2001)、密克罗尼西亚联邦(2001)、奥地利(2003)、巴西(2004)、葡萄牙(2005)、澳大利亚(2006)、加拿大(2007)、希腊(2007)、意大利(2007)、西班牙(2007)美国(2007)、圣马力诺(2007)、塞浦路斯(2008)、冰岛(2008)、列支敦士登(2008)、斯洛文尼亚(2008)
2020 年前	日本、马耳他、新西兰、韩国
2030 年前	中国、马绍尔群岛、墨西哥、新加坡

目前，虽然已有许多国家实现了碳达峰，但全世界还没有任何国家实现碳中和。部分国家已经提出碳中和的目标。2020 年 2 月，芬兰政府宣布：计划在 2035 年成为世界上第一个实现碳中和的国家。新西兰、德国和瑞典声称：在 2050 年前实现碳中和。除此以外，奥地利、英国、韩国、乌拉圭、冰岛等国家以及美国的加利福尼亚州等地区，均提出了实现碳中和的愿景目标。我国则计划于 2060 年前实现碳中和。

1.1.3.4 我国降碳减排的现状及应对措施

实现碳中和是我国贯彻新发展理念、推动高质量发展的必然要求。我国对全世界宣布碳中和目标，除了响应《巴黎协定》约定、积极应对气候变化、彰显大国责任和担当以外，在加速我国经济和能源转型方面，具有高瞻远瞩的战略意义。对此，我国政府十分重视，制定了一系列的支持和优惠政策，并根据我国的国情给出相应的对策。2020 年 9 月 22 日，在第 75 届联合国大会的一般性辩论发言中，习近平主席代表中国政府向世界郑重承诺：中国力争在 2030 年前达到 CO_2 排放峰值，努力争取在 2060 年前实现碳中和[13]。这就是人们常说的“双碳目标”。

码 1

（参见码 1：双碳文明　凝聚共识）

“双碳目标”既是中国作为世界大国面对环境与气候不利变化的主动担当、庄严承诺，也是造福子孙后代的布局。所以，中国的“双碳目标”既利人，也利己。它的结果必将是逐渐地减少 CO_2 的排放量，最终实现繁荣和谐的“美丽中国”。

为了应对气候变化，中国采取的降碳减排措施卓有成效。中国实现碳中和的相关政策，如表 1.2 所示。

表 1.2　中国实现碳中和的相关政策

发布时间	发布单位	相关政策
2020 年 12 月 30 日	生态环境部	《2019—2020 年全国碳排放权交易配额总量设定与分配方案（发电行业）》；《纳入 2019—2020 年全国碳排放权交易配额管理的重点排放单位名单》
2020 年 12 月 21 日	国务院新闻办公室	《新时代的中国能源发展》白皮书
2020 年 12 月 31 日	生态环境部	《碳排放权交易管理办法（试行）》
2021 年 1 月 14 日	生态环境部	《关于统筹和加强应对气候变化与生态环境保护相关工作的指导意见》
2021 年 2 月 22 日	国务院	《关于加快建立健全绿色低碳循环发展经济体系的指导意见》
2021 年 3 月 12 日	第 13 届全国人民代表大会	《中华人民共和国国民经济和社会发展第十四个五年规划和 2035 年远景目标纲要》
2021 年 5 月 31 日	生态环境部	《关于加强高耗能、高排放建设项目生态环境源头防控的指导意见》
2021 年 7 月 1 日	国家发展和改革委员会	《“十四五”循环经济发展规划》
2021 年 9 月 1 日	生态环境部	《关于推进国家生态工业示范区碳达峰碳中和相关工作的通知》
2021 年 9 月 12 日	中共中央办公厅、国务院办公厅	《关于深化生态保护补偿制度改革的意见》
2021 年 9 月 30 日	国家发展和改革委员会等 10 部委	《全国特色小镇规范健康发展导则》
2021 年 10 月 21 日	中共中央办公厅、国务院办公厅	《关于推动城乡建设绿色发展意见》
2021 年 10 月 21 日	国家发展和改革委员会	《冶金、建材重点行业严格能效约束推动节能降碳行动方案（2021—2025 年）》
2021 年 10 月 24 日	中共中央、国务院	《中共中央 国务院关于完整准确全面贯彻新发展理念做好碳达峰碳中和工作的意见》
2021 年 10 月 25 日	生态环境部	《关于做好全国碳排放权交易市场数据质量监督管理相关工作的通知》
2021 年 10 月 26 日	国务院	《2030 年前碳达峰行动方案》
2021 年 10 月 28 日	生态环境部办公厅	《关于在产业园区规划环评中开展碳排放评价试点的通知》
2021 年 12 月 30 日	国务院国有资产监督管理委员会	《关于推进中央企业高质量发展做好碳达峰碳中和工作的指导意见》
2022 年 1 月 24 日	国务院	《“十四五”节能减排综合工作方案》

2019年，单位国内生产总值CO_2排放比2015年、2005年分别下降18.2%、48.1%，提前实现了对外承诺的2020年CO_2排放比2005年下降40%～45%的目标，基本扭转碳排放快速增长的局面；2019年，非化石能源占一次能源消费达15.2%，比2005年提升8.0%[15]，也提前实现了对外承诺的2020年该指标比提高到15%左右的目标。2018年，森林面积、森林蓄积量分别比2005年增加4.51×10^{11} m^2、5.10×10^9 m^3，中国成为同期全球森林资源增长最多的国家[16]。通过不断努力，中国已成为全球温室气体排放增速放缓的重要力量。

2020年12月，生态环境部发布《2019—2020年全国碳排放权交易配额总量设定与分配方案（发电行业）》和《纳入2019—2020年全国碳排放权交易配额管理的重点排放单位名单》，要求各地生态环境厅（局）在2021年1月29日之前将相关数据表报送生态环境部。

与此同时，国务院新闻办公室发布的《新时代的中国能源发展》白皮书指出：实行能耗双耗制度，实行能源消费总量和强度双控制度，按省、自治区、直辖市行政区域设定能源消费总量和强度控制目标，对各级地方政府进行监督考核。把节能指标纳入生态文明、绿色发展等绩效评价指标体系，引导转变发展理念。对重点用能单位分解能耗双控目标，开展目标责任评价考核，推动重点用能单位加强节能管理。

2021年1月1日起，生态环境部发布的《碳排放权交易管理办法（试行）》正式施行，明确了有关全国碳市场的各项定义，对重点排放单位纳入标准、配额总量设定与分配、交易主体、核查方式、报告与信息披露、监管和违约惩罚等方面进行了全面规定。上述都标志着全国碳市场的建设和发展进入新阶段。

2021年1月，生态环境部发布《关于统筹和加强应对气候变化与生态环境保护相关工作的指导意见》，从法律法规、标准体系、环境经济政策、减污降碳协同、适应气候变化与生态保护修复协同等5个方面，明确了推动法规政策统筹融合的工作任务。

2021年2月，国务院发布的《关于加快建立健全绿色低碳循环发展经济体系的指导意见》要求：到2025年，产业结构、能源结构、运输结构有明显变化，绿色产业比重显著提升，基础设施绿化水平不断提高，清洁生产水平持续提高，生产生活方式绿色转型成效显著，能源资源配置更加合理、能源利用效率大幅提高，主要污染物排放总量持续减少，碳排放强度明显降低，生态环境持续改善，市场导向的绿色技术创新体系更加完善，法律法规政策体系更加有效，绿色低碳循环发展的生产体系、沟通体系、消费体系初步形成。该指导意见为全国各行各业双碳运动的开展指出了具体方向。

2021年3月5日，在第13届全国人民代表大会第四次会议审议的政府工作报告中提出：2021年要扎实做好碳达峰、碳中和各项工作，制定2030年前碳排放达峰行动方案。在《中华人民共和国国民经济和社会发展第十四个五年规划和2035年远景目标纲要》中提出对于单位国内生产总值能源消耗量和CO_2排放量分别降低13.5%、18%的任务目标。落实2030年应对气候变化国家自主贡献目标，制定2030年前的碳排放达峰行动方案，完善能源消费总量和强度双控制度，重点控制化石能源消费。这个目标纲要对双碳运动阶段任务做出了明确的规定。

2021年3月15日，习近平总书记主持召开了中央财经委员会第九次会议，其中一项重要议题就是研究实现碳达峰、碳中和的基本思路和主要举措，会议指明了“十四五”期间要重点做好的7个方面的工作。这次会议明确了碳达峰、碳中和工作的定位，尤其是为今后5年做好碳达峰工作谋划了清晰的“施工图”。

码2

（参见码2：生态文明　双碳布局）

2021年5月，生态环境部发布的《关于加强高耗能、高排放建设项目生态环境源头防控的指导意见》提出：坚决遏制高耗能、高排放项目盲目发展，推进“两高”行业减污降碳协同控制。这个指导意见为高耗能行业的建设和发展设定了标准。

2021年7月，国家发展和改革委员会发布的《“十四五”循环经济发展规划》提出：推进循环经济发展，构建绿色低碳推进循环经济体系，助力实现碳达峰、碳中和目标。该规划为绿色经济发展指明了方向。

2021年9月1日，生态环境部发布的《关于推进国家生态工业示范区碳达峰、碳中和相关工作的通知》，将碳达峰、碳中和作为示范园区建设的重要内容，通过践行绿色低碳理念、强化减污降碳协同增效、培育低碳新业态、提升绿色影响力等措施，以产业优化、技术创新、平台建设、宣传推广、项目示范为抓手，在

“一园一特色，一园一主题”的基础上，形成碳达峰、碳中和工作方案和实施路径，分阶段、有步骤地推动示范区先于全社会在2030年前实现碳达峰，2060年前实现碳中和。该通知为绿色经济发展给出了具体行动方案和实施举措。

2021年9月12日，中共中央办公厅、国务院办公厅发布的《关于深化生态保护补偿制度改革的意见》指出：要聚焦重要生态环境要素，完善分类补偿制度。建立健全分类补偿制度，逐步探索统筹保护模式。围绕国家生态安全重点，健全综合补偿制度。健全综合补偿制度包括加大纵向补偿力度，突出纵向补偿重点，改进纵向补偿办法，健全横向补偿机制。

2021年9月30日，国家发展和改革委员会等10部委联合发布的《全国特色小镇规范健康发展导则》要求：特色小镇应按照碳达峰、碳中和要求，协同推进经济高质量发展和生态环境高水平保护，有条件可开展屋顶分布式光伏开发。

2021年10月21日，中共中央办公厅、国务院办公厅发布的《关于推动城乡建设绿色发展意见》要求：到2025年城乡建设绿色发展体制机制和政策体系建立，建设方式绿色转型成效显著，碳减排扎实推进，城市整体性、系统性、生长性增强，“城市病”问题缓解，城乡生态环境质量整体改善，城乡发展质量和资源环境承载能力明显提升，综合治理能力显著提高，绿色生活方式普遍推广。

2021年10月21日，国家发展和改革委员会发布的《冶金、建材重点行业严格能效约束推动节能降碳行动方案(2021—2025年)》规定：到2025年，通过实施节能降耗行动，钢铁、电解铝、水泥、平板玻璃、炼油、乙烯、合成氨、电石等重点行动和数据中心达到标杆水平的产能比例超过30%，行业整体能效水平明显提升，碳排放强度明显下降，绿色低碳发展能力明显增强。该意见及行动方案对高耗能行业在2021—2025年具体改进要求做出明确的指示，对于碳排放大户——水泥行业更是敲响了前进的战鼓。

2021年10月24日，中共中央、国务院发布的《中共中央国务院关于完整准确全面贯彻新发展理念做好碳达峰碳中和工作的意见》提到2025、2030、2060三个目标。到2025年，绿色低碳循环发展的经济体系初步形成，重点行业能源利用效率大幅提升。单位国内生产总值能耗比2020年下降13.5%；单位国内生产总值CO_2排放量比2020年下降18%；非化石能源消费比重达到20%左右；森林覆盖率达到24.1%，森林蓄积量达到$1.8\times10^{10}\ m^3$，从而为实现碳达峰与碳中和奠定坚实的基础。

碳达峰与碳中和“1+N”政策体系中的“1”，是指为碳达峰、碳中和这项重大工作进行系统谋划、总体部署的顶层设计。根据该文件，到2030年，经济社会发展全面低碳转型取得显著成效，重点耗能行业能源利用效率达到国际先进水平。到2060年，绿色低碳循环发展的经济体系和清洁低碳安全高效的能源体系全面建立，能源利用效率达到国际先进水平，非化石能源消费比重达到80%以上。

2021年10月25日，生态环境部发布的《关于做好全国碳排放权交易市场数据质量监督管理相关工作的通知》要求：各地生态环境厅(局)迅速开展碳排放数据质量自查工作，对本行政区域内重点排放单位2019和2020年度的排放报告和核查报告组织进行全面自查，于2021年11月30日前将整改工作台账和数据质量自查报告送生态环境部。

2021年10月26日，国务院发布的《2030年前碳达峰行动方案》要求：“十四五”期间，产业结构和能源结构调整优化取得明显进展，重点行动能源利用效率大幅提升，煤炭消费增长得到严格控制，新型电力系统加快构建，绿色低碳技术研发和推广应用取得新进展，绿色生产生活方式得到普遍推行，有利于绿色低碳循环发展的政策体系进一步完善。到2025年，非化石能源消费比重达到20%左右，单位国内生产总值能源消耗比2020年下降13.5%，单位国内生产总值CO_2排放量比2020年下降18%，从而为实现碳达峰奠定坚实基础。

2021年10月28日，生态环境部办公厅发布的《关于在产业园区规划环评中开展碳排放评价试点的通知》要求：具备碳排放评价工作基础的国家级和省级产业园区，优先选择涉及碳排放重点行业或正在开展规划环评工作的产业园区，探索规划环评中开展碳排放评价的技术方法，完善将碳排放评价纳入规划环评的环境管理机制，形成一批可复制、可推广的案例经验。

2021年12月30日，国务院国有资产监督管理委员会发布的《关于推进中央企业高质量发展做好碳达峰碳中和工作的指导意见》提出：要把碳达峰、碳中和纳入国资企业发展全局规划，加快央企绿色低碳转型和高质量发展。

2022 年 1 月 24 日，国务院发布的《“十四五”节能减排综合工作方案》要求：到 2025 年，全国单位国内生产总值能源消耗比 2020 年下降 13.5%，能源消费总量得到合理控制，化学需氧量、氨氮、氮氧化物、挥发性有机物排放总量比 2020 年分别下降 8%、8%、10%、10%以上。节能减排政策机制更加健全，重点行业能源利用效率和主要污染物排放控制水平基本达到国际先进水平，经济社会发展绿色转型取得显著成效。

1.1.3.5 碳交易市场的发展与碳中和

碳排放权交易是促进全球温室气体减排、减少碳排放所采用的一种市场机制[17]，碳排放权交易市场通常简称为碳交易市场或碳市场。从全球视角来看，碳排放权交易最早出现于 1997 年在日本京都签订的《京都议定书》中，碳排放权作为一种商品参与交易。碳排放权交易基于部分国家或企业的排放量低于控排目标，而另外一些国家或企业的排放量高于控排目标，当交易成本低于减排成本时，实施碳交易可以让排放量高于控排目标的国家或企业与排放量未达到控排目标的国家或企业同时获利[18-19]。

(1) 全球碳交易发展历程

全球碳交易发展中的重大事件，如表 1.3 所示。

表 1.3 全球碳交易发展中的重大事件

时间	发展历程	
争议与发展 1968—2006 年	碳交易进入国际社会视野	20 世纪 70 年代，美国率先开展 CO_2 排放权交易的时间和理论研究。在 1997 年之前关于《京都议定书》的谈判中，美国最先提出将国际碳交易作为“灵活机制”的组成部分
	全球气候变化治理体系开始建立	1992 年，《联合国气候变化框架公约》签订生效
	国际自愿碳交易市场开始发展	2003 年，开始运行的芝加哥气候交易所采取总量控制与交易的模式，为自愿参与的企业设定排放限额，欧美发达国家的非政府组织推动国际性自愿碳交易的发展
	强制碳交易在国际层面制度化	2005 年，《京都议定书》签订生效，规定了排放权贸易、联合履约和清洁发展机制 3 种“灵活机制”，构成国际强制碳交易的规则基础
共识与行动 2007 年至今	欧盟确立碳交易领域的主导地位	2001 年，美国全面退出《京都议定书》，欧盟更为积极推动国际碳交易机制的发展，除了在联合国气候谈判中力推建立国际碳交易机制以外，欧盟还通过单方面行动扩展碳交易体系的边界
	探索以市场为基础的减排机制	2007 年，“巴黎行动计划”要求各方在考虑发展中国家与发达国家不同国情的前提下，探索应用市场机制，国际社会多次在联合国气候大会决议中声明将采取以市场为基础的减排机制
	推动发展中国家建立碳交易机制	2010 年，世界银行主导的“市场准备伙伴”计划在坎昆气候大会上正式成立，为发展中国家碳市场建设提供专项资金支持，以世界银行为代表的国际组织通过提供援助推动发展中国家建立碳交易机制
	其他国家和地区试点碳交易机制	2008 年，新西兰和瑞士启动国内碳市场。2010 年，日本东京启动“总量控制与交易”机制。2015 年，韩国开始进行全国性的强制碳交易
	多国探索建立碳交易市场	2013 年，中国与澳大利亚决定讨论连接双方碳市场的可能性。2014 年，美国的加利福尼亚州同加拿大的魁北克省的碳交易体系正式连通
	碳交易市场国际合作持续加强	2015 年，《巴黎协定》签订生效，引领全球气候治理全新格局，其中第六条为国家与国家合作与碳排放交易提供了思路，碳市场在减少各国 CO_2 排放、兑现国家贡献中占据越来越重要的地位。2019 年，第 25 届联合国气候变化会议(COP25)就《巴黎协定》实施细则遗留问题谈判，但由于谈判各方存在明显分歧，大会未能就碳排放许可证的国际交易规则达成共识，并决定后续对此问题继续审议

表 1.3 阐述了碳交易发展的起因、步骤、阶段和成效，揭示出碳交易对碳中和进程的作用和意义。

(2) 全球主要碳交易市场介绍

全球共有 36 个国家、20 多个地区、州、市已经建立了碳排放权的交易市场，覆盖的碳排放数量为 3.70×10^9 t 的 CO_2 当量，占全球温室气体年排放总量的 13%。在全球的主要碳交易市场中，欧盟排放交易体系占据首要地位。

全球碳交易市场的发展概况，如表 1.4 所示。

表 1.4 全球碳交易市场的发展概况

交易市场	成立时间	参与国家和地区	减排目标
欧盟排放交易	2005	欧盟 27 个成员国和冰岛、列支敦士登、挪威	2008—2012 年较 1990 年水平降低 8%；2020 年较 1990 年水平降低 20%～30%；2050 年较 2019 年水平降低 50%～80%
区域温室气体倡议	2015	美国东北的 10 个州：康涅狄格州、特拉华州、新泽西、纽约州、缅因州、马里兰州、马萨诸塞州、新罕布什尔州、罗得岛州、佛蒙特州	电力行业到 2018 年温室气体排放量比 2009 年降低 10%
西部气候倡议	2007	美国西部的 5 个州：亚利桑那州、加利福尼亚州、新墨西哥州、俄勒冈州、华盛顿州；加拿大的安大略省、曼尼托巴省、不列颠哥伦比亚省、魁北克省；墨西哥的部分州	2020 年该地区温室气体排放量比 2005 年降低 15%
新南威尔士减排体系	2003	新南威尔士	
新西兰排放交易	2008	新西兰	2010 年碳排放量保持在 1990 年水平；2020 年较之减少 10%～20%
东京交易机制	2010	东京	2020 年温室气体排放量较 2000 年降低 25%

从全球碳交易市场规模来看，2021 年全球 CO_2 排放权交易市场的价值增长了 164%，达到 7.60×10^{11} 欧元(即 8.51×10^{11} 美元)。其中，大部分增长来自欧盟碳排放权交易系统(EU ETS)，这一系统是世界上最成熟的碳交易市场。EU ETS 占全球价值的 90%，达到 6.83×10^{11} 欧元。截至 2021 年，EU ETS 的价格为 80 欧元/吨(为 2020 年底价格的 2 倍多)[20]。

(3) 中国碳交易行业现状

中国碳交易市场在 2021 年前的发展较为缓慢。

2014—2021 年中国碳交易市场的成交额及交易量的统计数据分析，如图 1.6 所示。

2021 年 7 月，全国碳排放权交易市场正式启动，为我国实现“双碳”目标提供了碳排放权交易的市场化平台。全国碳市场启动以后，市场建设与发展趋势一直备受社会关注。

从 2021 年 7 月 16 日国内碳交易市场正式上线交易来看，多地碳交易正式开市，碳交易市场增量大幅上涨。目前，我国已设置 140 多个碳监测点位。

自 2021 年 7 月 16 日开市至 2022 年 6 月 14 日，上海环境能源交易所的数据显示，全国碳市场碳排放配额累计成交量近 1.93×10^8 t，累计成交额超过 8.43×10^9 元(人民币)。总体来看，全国碳市场运行健康有序，交易价格稳中有升。据碳交易网数据，2021 年我国碳交易市场成交额为 7.66×10^9 元(人民币)，市场成交量为 1.79×10^8 t，同比增长幅度较大。

2023 年 3 月 6 日，在“全国两会”(即中华人民共和国全国人民代表大会和中国人民政治协商会议)期间，全国人大代表、阳光电源股份有限公司董事长曹仁贤针对进一步完善碳市场建设提出相关建议，建议扩大碳市场覆盖范围，鼓励民间自愿交易。

建设全国统一碳排放权交易市场是以习近平同志为核心的党中央作出的重要决策，是利用市场机制控制和减少温室气体排放、推动经济发展方式绿色低碳转型的一项重要制度创新，也是加强生态文明建设、落实国际减排承诺的重要政策工具。

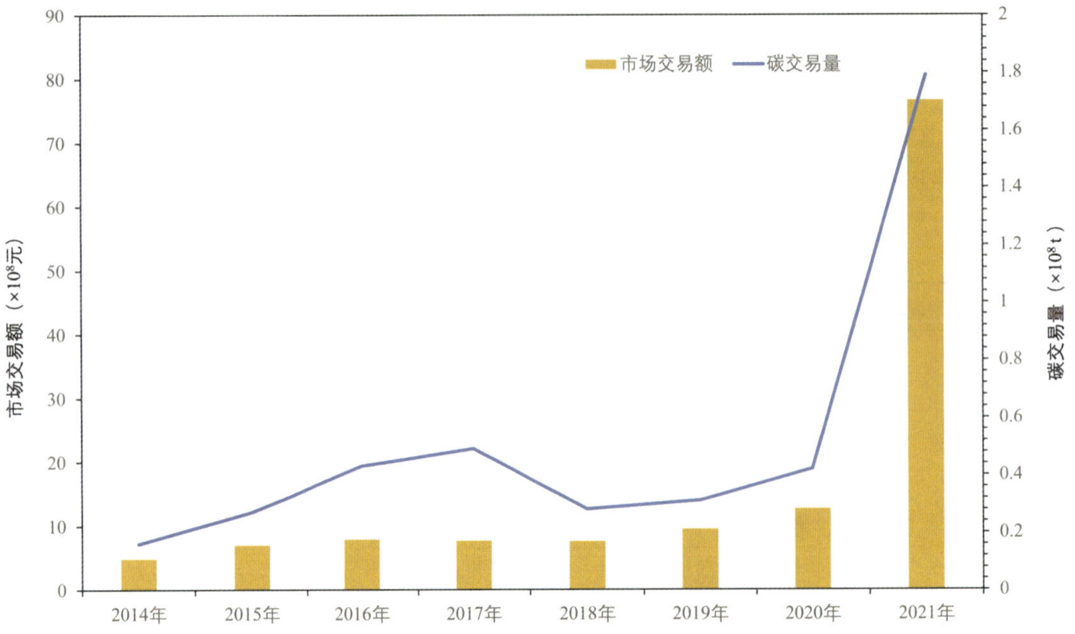

图 1.6　2014—2021 年中国碳交易市场的成交额及交易量的统计数据分析

1.2　中国水泥工业碳排放的现状及碳达峰碳中和的时间表

1.2.1　水泥工业碳排放的现状

我国是全球最大的水泥生产国家。21 世纪以来，随着城镇化率的提升，水泥作为重要的建筑材料，需求非常旺盛。我国水泥产量曾一路攀升，于 2014 年达到最高值，之后略有回落而进入平台期。国家统计局相关数据显示，2014 年我国水泥产量达到了 2.476×10^9 t，超过世界水泥产量的一半还多。此后，2020 年国内水泥总产量约为 2.377×10^9 t，占全球水泥产量的 57.20%；2022 年国内水泥总产量约为 2.13×10^9 t，占全球水泥产量的 51.20%。

2020 年全球水泥产量中各国家所占比例的统计数据分析，如图 1.7 所示。

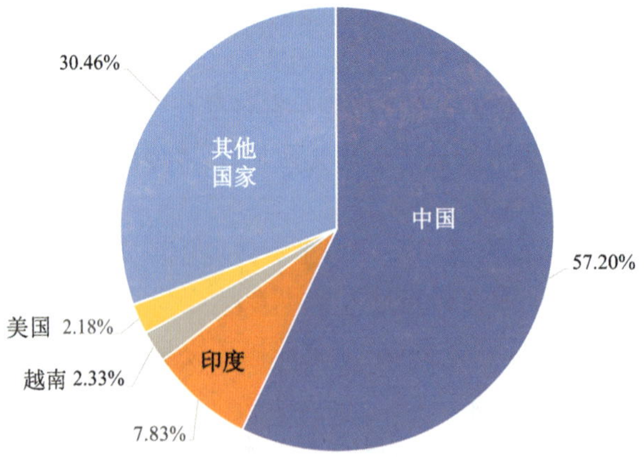

图 1.7　2020 年全球水泥产量中各国家所占比例的统计数据分析

2001—2020 年我国水泥产量及其增长速率的统计数据分析，如图 1.8 所示。

我国水泥产量长年来居高不下，行业整体碳排放量也在逐年上升。水泥产量的上涨导致水泥行业碳排放量持续走高，2020 年达到历史最高值（1.38×10^9 t）。2019 年，水泥行业碳排放量约占全国碳排放总

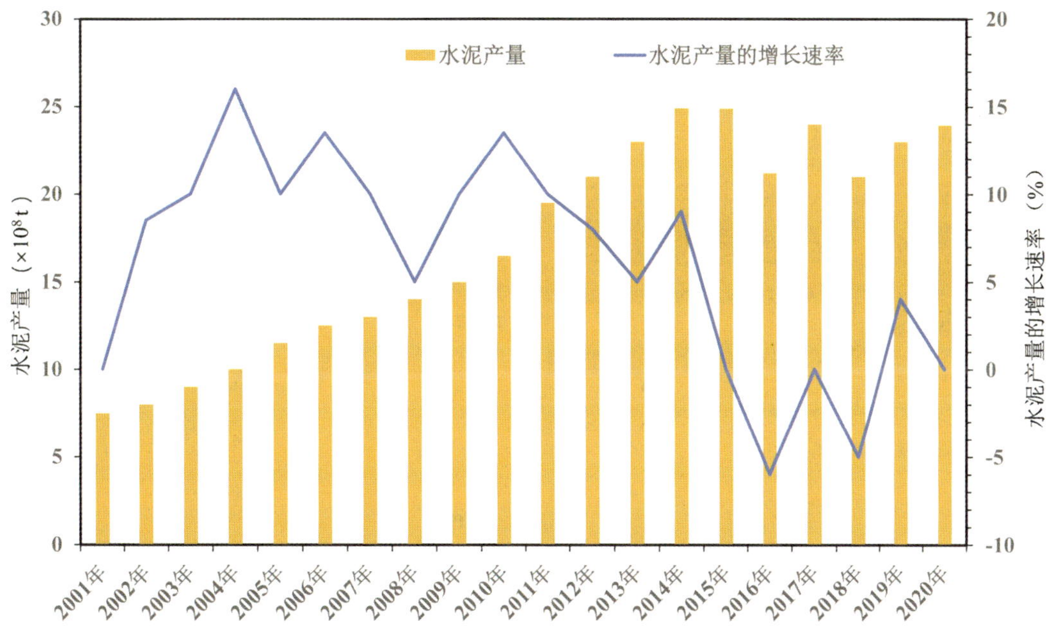

图 1.8 2001—2020 年我国水泥产量及其增长速率的统计数据分析

量的 13%，是仅次于电力、钢铁行业的 CO_2"排气筒"，控制水泥行业的碳排放量成为我国实现"双碳"目标的重点工作。

根据 2015 年《巴黎协定》的"2 ℃协议"约定，全球水泥工业必须在 2050 年达到碳中和的目标，在 2030 年必须达成减碳 40%。目前，我国水泥熟料的碳排放系数(基于水泥熟料产量核算)约为 0.86，即生产单位质量水泥熟料产品将产生的 CO_2 约为 860 kg/t，折算后我国每 1 t 水泥熟料的碳排放量约为 597 kg，这与"2 ℃协议"的要求(520～524 kg)相比，仍然偏高。因此，要完成《巴黎协定》的 2050 年终极目标，我国水泥工业的减碳工作迫在眉睫。

水泥工业是 CO_2 的排放大户，针对中国政府要求的"双碳"目标，水泥工业理应有所担当。然而，水泥工业在实现"双碳"目标方面有其特殊性。这是因为，在燃料方面，其他行业可以用氢气(H_2)替代来实现"零碳"生产模式，但是水泥工业却不可以大量燃烧 H_2。这是由于 H_2 的燃烧产物(H_2O)对于环境无害，却会影响预热器系统中生料粉的分散与悬浮。不仅如此，当今水泥窑系统的任务不仅是生产水泥，而且还要承担消解社会可燃废弃物的重任。因此，不管是常规燃料煤粉，还是替代燃料可燃废弃物，其燃烧都会排放 CO_2。在原料方面，作为主要原料的 $CaCO_3$ 在分解时也会释放 CO_2。基于此，有专家建议，国家相关部门在制定"碳中和"的目标时，可考虑将水泥工业、人类活动(每个人都要呼吸而排放 CO_2)、农业生产等少数行业作为"不得不排放 CO_2 的行业"。

尽管国家有关部门会考虑水泥生产过程的实际而对本行业有所照顾，但是，这并不能成为中国水泥工业在"双碳"目标方面无所作为、迟滞不前的理由。相反，对于生产工艺所决定的不得不排放的 CO_2，中国水泥人还要积极地应对挑战：实现"零碳化"生产，可以尽可能地减碳生产，千方百计地减少碳排放；而对于排出的 CO_2 可以在水泥生产线的尾端实现有效的"碳捕集"，然后进行碳封存。在减碳生产的同时增加 CO_2 的利用来实现水泥行业的动态"碳中和"。

1.2.2 中国水泥工业碳达峰碳中和的时间表

北京理工大学能源与环境政策研究中心魏一鸣等人应用自主设计并构建的"中国气候变化综合评估模型"的子系统"国家能源技术模型"(the China's Climate Change Integrated Assessment Model/National Energy Technology Model，缩写 C3IAM/NET)，提出了兼顾经济性和安全性的中国碳达峰碳中和的时间表与路线图，明确了中国碳排放的总体路径、行业减排责任、重点技术规划等多个层面的具体行动方案[21]。

该中心研究表明：2020 年中国能源系统相关 CO_2 排放量约为 1.13×10^9 t（含工业过程排放量），煤炭、石油、天然气行业对应 CO_2 排放量的比例分别为 66%、16%、6%，电力、钢铁、水泥、交通等行业是重点排放部门。

2020 年中国的碳足迹（Carbon Footprints）示意，如图 1.9 所示[21]。

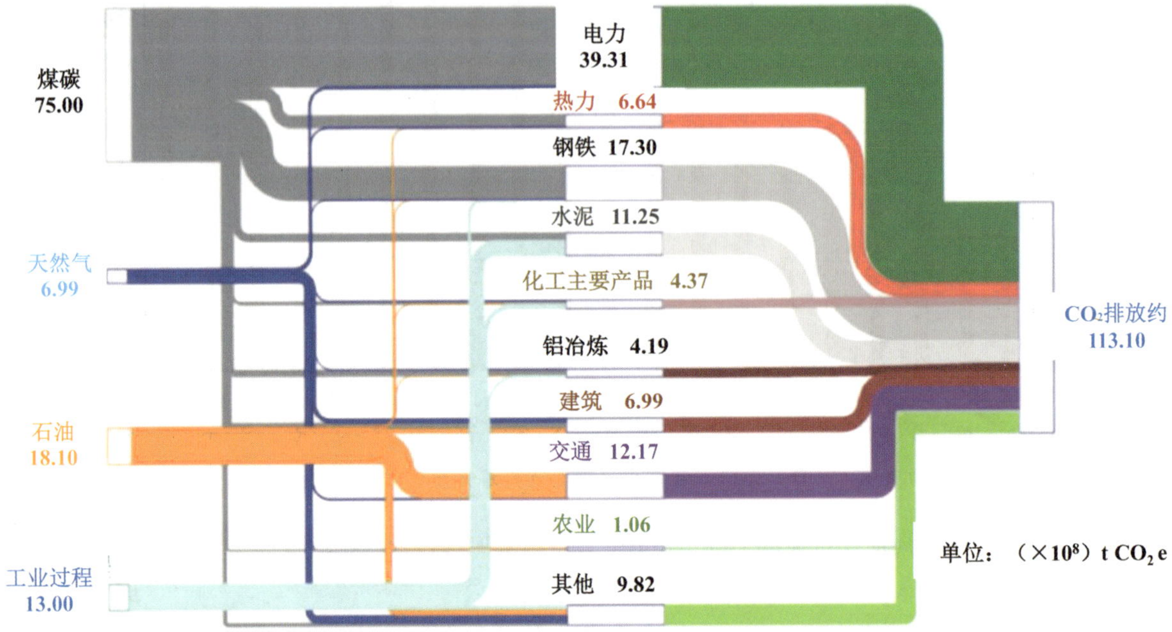

图 1.9　2020 年中国的碳足迹示意

（含工业过程排放量）

注：终端用能行业自备电厂消耗化石能源而产生的碳排放计入终端行业碳排放量，不包含在电力行业排放中，未来在年路径中分行业的碳排放量也采用此口径。

由图 1.9 可知，中国水泥行业的 CO_2 排放总量（1.125×10^9 t）次于电力（3.931×10^9 t）、钢铁（1.730×10^9 t）和交通（1.217×10^9 t）行业。水泥行业在以煤炭为主要能源的行业中排第 3 名，仅次于电力和钢铁行业。

模型优化结果还表明：在不同社会经济发展情景下，中国碳排放需在 2026—2029 年间达峰，能源相关 CO_2 排放量（含工业过程排放量）峰值为（1.17～1.27）$\times10^{10}$ t。

与此同时，为低成本安全实现碳中和目标，CCS（碳捕集与封存）将成为中国在以煤为主的能源格局中实现大量 CO_2 减排的主要措施之一。2030 年前后，将开始大规模部署 CCS，至 2060 年累计捕集 CO_2 排放量 2.40×10^{10} t 以上。

2020—2060 年中国各行业的 CO_2 排放路径，如图 1.10 所示[21]。

由图 1.10 可知，中国水泥产品的需求量已经过了快速增长期，总体来看，当前基本达峰，只是还处于震荡期。到 2060 年，水泥产品的需求量为（0.55～1.11）$\times10^9$ t。为满足全社会对水泥产品的需求并低成本实现全国的"双碳"目标，水泥行业的碳排放量需要逐步下降。当前水泥行业的碳排放基本达峰，但随着国家基础设施政策的波动，有望出现碳排放的略微反弹。未来 CO_2 排放总量下降的幅度将逐渐增大。2060 年水泥行业的 CO_2 排放量应降至（0.3～1.6）$\times10^8$ t。

中国水泥行业相应的技术布局概况，如图 1.11 所示[21]。

熟料煅烧环节是水泥行业 CO_2 排放产生的主要环节。该环节需要加快淘汰落后产能，推广先进技术。具体来说，小型新型干法窑等高耗能技术，需要在 2030 年前逐渐被淘汰，中型和大型新型干法窑等技术，需要进行节能改造升级或效率提升，分别加装高固-气比悬浮预热分解技术和多通道燃煤技术，到 2060 年争取达到 60%和 90%的改造率。在熟料煅烧过程中，需要充分利用预处理技术和能源二次循环使用技术（例如，余热发电技术），这些技术所占的比例应当逐年增加。除了推广节能减排技术以外，原料

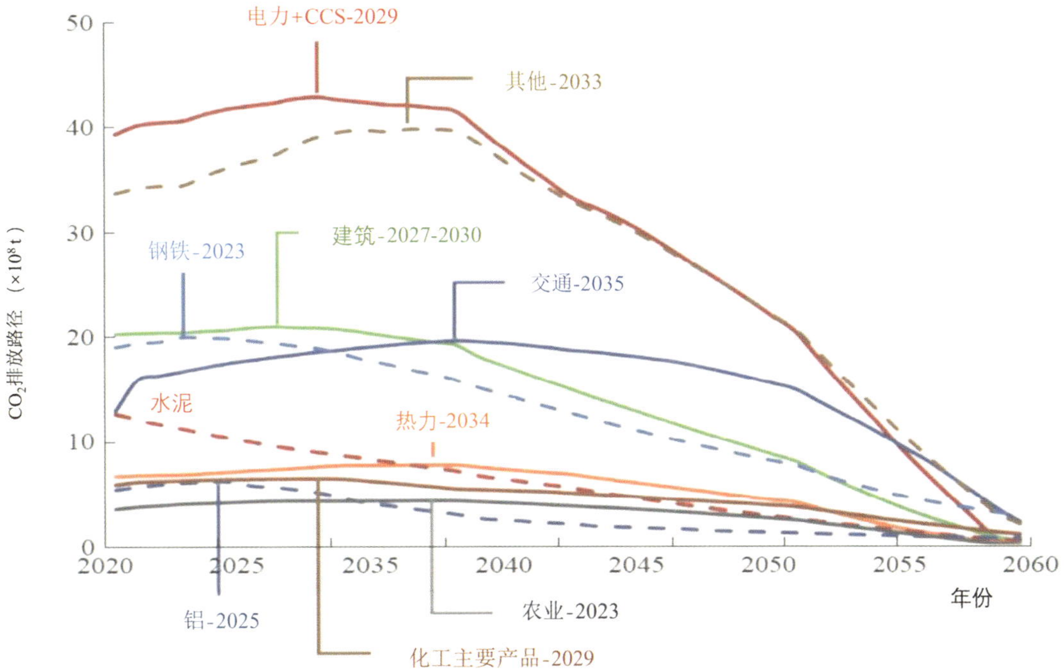

图 1.10 2020—2060 年中国各行业的 CO_2 排放路径

（以中需求—高速转型—长平台期情景为例）

注：终端行业或部门的排放路径以及达峰时间是涵盖电力热力间接排放的结果；

化工产品主要包括乙烯、合成氨、电石、甲醇。

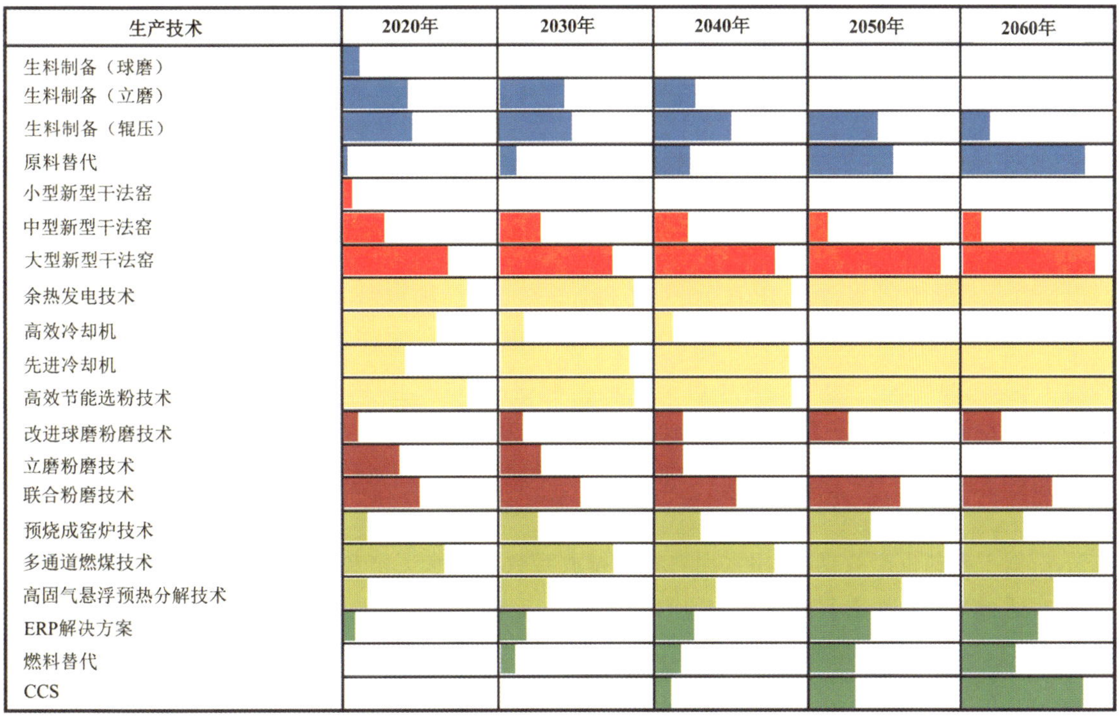

图 1.11 中国水泥行业相应的技术布局概况

（以中需求—高速转型—长平台期情景为例）

替代和燃料替代等深度减排措施，也需要发挥重要作用，力争到 2060 年分别达到 80%和 35%以上的替代程度。CCUS（碳捕获、利用与封存）技术在 2030 年后开始规模应用，逐渐增大其应用程度，到 2060 年增至 80%以上。加速推广企业资源计划（Enterprise Resource Planning，缩写 ERP）解决方案，到 2060 年争取实现 50%以上的普及率。

1.3 水泥工业碳排放的核算方法

水泥行业的 CO_2 排放量仅次于电力和钢铁行业，在中国位于第 3 位。水泥行业的碳排放源，主要有化石燃料燃烧产生的燃烧碳排放、碳酸盐分解产生的过程碳排放、消耗电力和热力产生的间接排放。根据中国建筑材料联合会发布的《中国建筑材料工业碳排放报告（2020 年度）》，2020 年水泥工业化石燃料和过程排放产生的 CO_2 排放量约 1.23×10^9 t，电力消耗产生的间接排放 CO_2 量合计约为 8.91×10^7 t[22]。

下面来分析一下国际、国内以及碳排放权交易试点区域针对水泥企业层面的碳排放核算文件及其标准，主要从核算目的、核算边界、排放源和计算方法等几个方面来分析各核算方法的差别和注意事项。

1.3.1 国际水泥生产碳排放核算方法

针对企业层面 CO_2 排放量的核算标准，目前主要有"国际标准化组织"（International Organization for Standardization，缩写 ISO）颁布的《温室气体盘查和核查》ISO 14064、"世界企业永续发展协会"（World Business Council for Sustainable Development，缩写 WBCSD）与"世界资源研究所"（The World Resources Institute，缩写 WRI）创建的《温室气体核算体系》（*GHG Protocol*）。作为企业界进行 CO_2 核算的通用性标准，《温室气体核算体系》包括《企业核算与报告标准》和项目会计和报告标准。它们分别针对企业级和减排项目的碳排放水平来提供量化及报告的指导。

1999 年，全球各大水泥公司发起筹建"水泥行业可持续发展倡议行动组织"（Cement Sustainability Initiative，缩写 CSI），而且联合 WBCSD 来解决水泥行业的 CO_2 排放问题。2011 年，CSI 推出了一份计算和报告 CO_2 排放的协议《水泥行业二氧化碳减排议定书》。该议定书为计算水泥生产过程中的 CO_2 排放提供一个体系和方法工具。

目前，国际涉及水泥企业层面的碳排放核算依据，主要有如下 3 个[23-28]。

1.3.1.1 《2006 年 IPCC 国家温室气体清单指南》

政府间气候变化专门委员会（IPCC）出版了《2006 年 IPCC 国家温室气体清单指南》[23]，并且于 2019 年 5 月 12 日发布了《IPCC 2006 年国家温室气体清单指南》（2019 修订版）。2019 修订版"指南"在内容上并不是一个独立的指南，而是修订、补充和完善了 2006 年版"指南"。读者应将两者联合使用。

该"指南"给出了水泥熟料生产过程排放的 3 种计算方法。

方法 1：基于水泥产量估算水泥熟料产量数据，然后应用水泥熟料的排放系数（Emission Factor）计算排放量。

方法 2：基于熟料生产数据，应用水泥熟料的排放系数以及水泥窑灰排放修正系数计算排放量。

方法 3：通过生产水泥熟料时碳酸盐原料的消耗量以及所消耗碳酸盐的各个排放系数来计算排放量。

然后，汇总在工厂级收集的排放数据，用于报告国家的排放量估算。

1.3.1.2 《水泥行业二氧化碳减排议定书》

2001 年，参与 WBCSD 和 CSI 的各家公司达成了计算和报告 CO_2 的协议——《水泥行业二氧化碳减排议定书》[26]。该"议定书"为全球（包括中国水泥企业）提供了一个核算工具，涵盖了水泥生产企业过程中的直接排放和主要间接排放。该"议定书"由两大主要部分组成：一份 Excel 电子表格和一份指导文件。电子表格在于帮助水泥企业编制其 CO_2 排放清单；指导文件旨在解释电子表格的结构和基本原理，提供计算和报告指导。

1.3.1.3 《温室气体核算体系：企业核算与报告标准》

WRI 与 WBCSD 于 2011 年发布的《温室气体核算体系：企业核算与报告标准》，在北美和欧洲各国得到了广泛的运用。为了服务于不同类型的机构和不同类型的气候政策与商业目标，该标准针对温室气体核算与报告设定了 3 个范围。该标准也可以指导水泥企业计算全生命周期碳排放的核算[27]。

温室气体核算体系，如表 1.5 所示。

表 1.5　温室气体核算体系

范围	定　义
1	由核算企业直接控制或拥有的排放源所产生的排放
2	核算企业自用的外购电力、蒸汽、供暖和供冷等产生的间接排放
3	核算企业除范围 1、2 之外的所有间接排放，包括价值链上游和下游的排放

1.3.2 国内水泥企业碳排放核算方法及依据

1.3.2.1 水泥制造企业碳排放量核算的基本原则

我国于 2008 年 8 月立项建设“水泥制造企业 CO_2 排放量计算方法”的国家标准项目。以下就结合由全国水泥标准化技术委员会归口的《水泥生产企业二氧化碳排放量计算方法(试行)》来介绍水泥制造企业 CO_2 排放量核算的基本原则与方法。

水泥制造企业碳排放实物量的核算，应当遵循相关性、完整性、一致性、透明性和准确性的原则。

(1) 相关性

相关性是指保证碳排放量计算清单能够真实地反映水泥制造企业 CO_2 排放的情况，并且满足企业管理、报告、制定减排计划等各项要求。碳排放量的分项计算应清晰表明各工艺过程的排放量以及相互之间的关系。

(2) 完整性

完整性是指碳排放量的计算应纳入所有营运边界内的 CO_2 排放，包括直接排放和间接排放，对特殊工艺过程和生产情况应给予说明。

(3) 一致性

一致性是指利用统一的方法来进行营运边界设定、数据收集、数据计算和报告，并且对任何相关因素的变化给予说明，间接 CO_2 排放量的计算与对应的直接 CO_2 排放量的计算要一致。

(4) 透明性

透明性是指应具有明确的数据收集方法和计算过程，并且对数据来源及其计算方法给予说明。计算数据应与其他统计报告相吻合。

(5) 准确性

准确性是指对水泥制造企业及其相关生产和管理活动产生的 CO_2 进行准确的计算，尽量减少各种误差和不确定性。

1.3.2.2 我国发布的水泥企业层面的核算标准和依据

针对不同核算边界及用途，我国共计发布了 3 个水泥企业层面的核算标准和依据。

(1)《中国水泥生产企业温室气体排放核算方法与报告指南(试行)》

2013 年，国家发展和改革委员会发布《中国水泥生产企业温室气体排放核算方法与报告指南(试行)》(以下简称：核算指南)。

(2)《温室气体排放核算与报告要求 第 8 部分：水泥生产企业》

2015 年，国家质量监督检验检疫总局、国家标准化管理委员会发布国家标准 GB/T 32151.8—2015

《温室气体排放核算与报告要求 第 8 部分:水泥生产企业》(以下简称:国家标准)。

(3)《水泥生产企业温室气体排放报告补充数据表》

中华人民共和国生态环境保护局组织全国各省进行碳排放核查工作时发布《水泥生产企业温室气体排放报告补充数据表》(以下简称:补充数据表)。

1.3.2.3 各类碳排放核算方法的区别

(1) 核算目的

生态环境部每年都会组织各省进行第 3 方碳排放核查,核查任务不仅包括对水泥企业法人边界的碳排放总量核查,还包括水泥熟料工段的碳排放总量核查。核查时法人边界的碳排放总量的核算依据为"核算指南",主要目的是判断该企业的企业边界碳排放量是否大于 2.6×10^4 t,从而确定该企业是否被纳入全国重点排放单位的范畴。水泥熟料工段的碳排放核算依据为"补充数据表"。"补充数据表"核算的历史数据将作为水泥行业碳排放配额分配方案中基准线的数据来源,也将是今后企业进行碳排放履约工作的数据支撑。水泥企业如果需要开展企业法人边界碳排放的盘查及核算工作,也可根据相关国家标准来进行核算。

(2) 核算边界与排放源

"核算指南"或者相关国家标准的报告主体应以企业法人或视同法人的独立核算单位为边界,核算和报告其生产系统产生的温室气体排放量。生产系统包括主要生产系统、辅助生产系统以及直接为生产服务的附属生产系统。其中,辅助生产系统包括动力、供电、供水、化验、机修、库房、运输等,附属生产系统包括生产指挥系统(厂部)和厂区内为生产服务的部门和单位(例如,职工食堂、车间浴室、保健站等)[30-33]。

水泥熟料生产的核算边界示意,如图 1.12 所示。

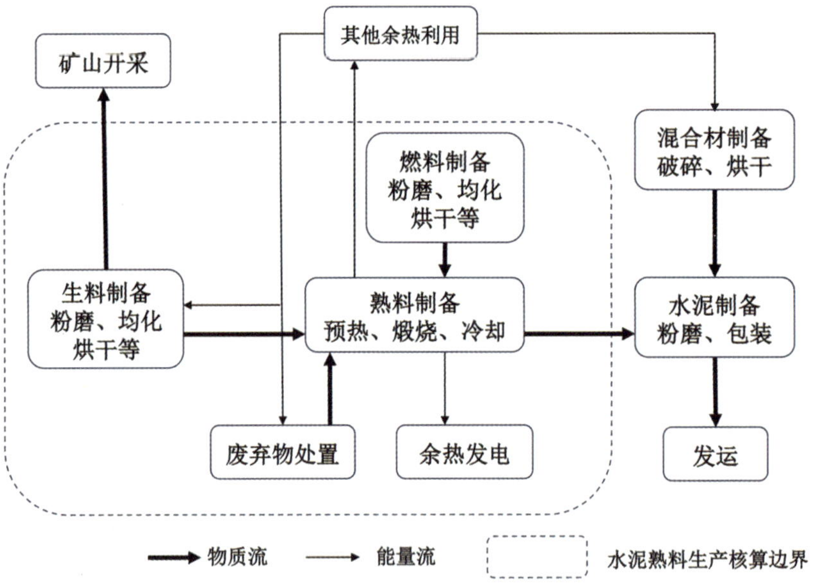

图 1.12 水泥熟料生产的核算边界示意

对于纳入全国碳排放权交易市场的重点排放单位,"补充数据表"中规定了水泥企业的配额履约边界,即水泥熟料生产工序核算边界。该边界主要从原燃材料进入生产厂区预均化场地开始,包括原料、燃料以及生料制备、熟料烧成到熟料入库为止,但不包括基建、技改等项目,也不包括厂区内辅助生产系统以及附属生产系统。

针对 3 种核算方法中的不同边界,本书汇总了 3 种核算方法中排放源的区别。

不同核算方法中排放源的区别,如表 1.6 所示。

表 1.6 不同核算方法中排放源的区别

范围	水泥生产企业的碳排放源	国家标准	核算指南	补充数据表
一	化石燃料燃烧产生的碳排放	√	√	√
	替代燃料和协同处置废物中非生物质碳燃烧产生的碳排放	×	√	×
	熟料对应的碳酸盐分解产生的碳排放	√	√	√
	窑炉排气筒(窑头)粉尘对应的碳排放	×	√	×
	旁路放风粉尘对应的排放	×	√	×
	生料中非燃料碳煅烧产生的碳排放	×	√	×
二	外购电力和热力所产生的碳排放	√	√	√

(3) 计算方法的区别

“国家标准”“核算指南”和“补充数据表”的计算方法,不仅在核算边界、纳入的排放源两方面有所差别,而且在碳酸盐分解产生的排放以及电力产生的间接排放的核算方法上也略有区别。

① 熟料中不是来源于碳酸盐分解的 CaO 和 MgO 的含量

参数的计算方法不同:“核算指南”和“补充数据表”是通过检测生料中不是以碳酸盐形式存在的 CaO 和 MgO 的含量以及熟料产量数据计算得到的;“国家标准”是通过检测生料中不是以碳酸盐形式存在的 CaO 和 MgO 的含量以及生料的灼烧减量计算得到的。

② 电力排放系数不一致

“国家标准”“核算指南”中的电力排放系数,是根据企业生产地以及目前的东北、华北、华东、华中、西北、南方电网来划分,选用国家主管部门最近年份公布的相应区域电网的排放系数。“补充数据表”中的电力排放系数是通过全国电网平均排放系数、余热发电、可再生能源、自备电厂的排放系数等进行加权平均计算得到的。生态环境部办公厅 2022 年 3 月 15 日发布的《关于做好 2022 年企业温室气体排放报告管理相关重点工作的通知》(环办气候函〔2022〕111 号),已将全国电网 CO_2 排放系数由 0.610 t /(MW · h)调整为 0.581 t /(MW · h)。

③ 化石燃料的低位发热量的默认值不同

“补充数据表”规定:“如某批次的燃煤低位发热量无实测,或测量方法不符合要求时,则该批次燃煤的低位发热量取 2.67×10^{10} J/t 或者取国家碳交易主管部门公布的最新参考值”,以此鼓励水泥企业对化石燃料的低位发热量进行自测。而“国家标准”中给出了无实际计量数据时各种燃料的低位发热量、单位热值含碳量和碳氧化率等参考数据,如烟煤的低位发热量为 1.957×10^{10} J/t。

(4) 水泥制造企业碳排放量核算的基本方法

水泥制造企业 CO_2 排放量的计算应基于生产企业的各个实际统计数据,以月平均或年平均的实际消耗量和产出的加权平均值为基准。如果缺少日常生产数据,则可采用标定检测数据和默认值。所折算的单位标准煤燃烧和单位电力消耗的 CO_2 排放系数都按国家统一规定取值。所利用各种燃料,均认为是完全燃烧,即有机碳组分全部转化为 CO_2。若利用的替代燃料为生物质能(即可燃烧的有机生物质),产生的 CO_2 排放被认为是无气候影响,不计入 CO_2 排放量。除了应计算外购电力和外购水泥熟料产生的间接 CO_2 排放以外,还应尽可能计算企业租用社会车辆进行运输等产生的其他间接 CO_2 排放。在依据营运边界计算各生产工艺过程 CO_2 排放时,可不考虑水泥熟料煅烧工艺过程的余热在其他生产工艺过程中的分配应用[32]。

根据国家标准 GB/T 32151.8《温室气体排放核算与报告要求 第 8 部分:水泥生产企业》相关核算方法,水泥生产企业的 CO_2 排放总量等于企业边界内所有的燃料燃烧排放量、过程排放量(水泥生产过程中原料碳酸盐矿物分解产生的 CO_2 排放量)、企业购入电力和热力产生的排放量之和,扣除输出的电力和热力对应的排放量,按式(1.1)进行计算。

$$M(CO_2)=M^r(CO_2)+M^{sl}(CO_2)+M^{E\text{-}in}(CO_2)+M^{R\text{-}in}(CO_2)-M^{E\text{-}out}(CO_2)-M^{R\text{-}out}(CO_2) \tag{1.1}$$

式中 $M(CO_2)$——报告主体的 CO_2 排放总量，t；

$M^r(CO_2)$——报告主体的燃料燃烧所产生的 CO_2 排放量，t；

$M^{sl}(CO_2)$——报告主体在水泥生产过程中原料碳酸盐分解所产生的 CO_2 排放量，t；

$M^{E\text{-}in}(CO_2)$——报告主体购入的电力所产生的 CO_2 排放量，t；

$M^{R\text{-}in}(CO_2)$——报告主体购入的热力所产生的 CO_2 排放量，t；

$M^{E\text{-}out}(CO_2)$——报告主体输出的电力所产生的 CO_2 排放量，t；

$M^{R\text{-}out}(CO_2)$——报告主体输出的热力所产生的 CO_2 排放量，t。

① 水泥企业燃料燃烧所产生的 CO_2 排放量

在水泥生产中，使用燃料（例如，实物煤、燃油等）时燃料燃烧所产生的 CO_2 排放量，按式(1.2)进行计算。

$$M^r(CO_2)=\sum M_i^{r_i}\times Q_{net,i}^{r_i}\times f^{r_i}(CO_2) \tag{1.2}$$

式中 $M^r(CO_2)$—— 核算和报告期内消耗的燃料燃烧产生的二氧化碳排放，t；

$M_i^{r_i}$—— 核算和报告期内第 i 种燃料的净消耗量，对固体或液体燃料，单位为 t；对气体燃料，单位为（$\times 10^4\ m^3$）（标准状况下）；

$Q_{net,i}^{r_i}$—— 核算和报告期内第 i 种燃料的平均低位发热量，对固体或液体燃料，单位为 GJ/t；对气体燃料，单位为 GJ/（$\times 10^4\ m^3$）（标准状况下）；

$f^{r_i}(CO_2)$—— 第 i 种燃料的 CO_2 排放因子；

i——燃料类型代号，可取代号为 1、2、3 等。

其中，燃料的 CO_2 排放因子，按式(1.3)计算：

$$f^{r_i}(CO_2)=CC_i\times OF_i\times 44/12 \tag{1.3}$$

式中 CC_i——第 i 种燃料的单位热值含碳量，t/GJ；

OF_i——第 i 种燃料的碳氧化率（%）。

对于燃料的 CO_2 排放因子，当无法通过企业实测或第三方委托检测等方式获取实际计量数据时，可根据 GB/T 32151.8 附表 B.1 所提供的单位热值含碳量和碳氧化率的数据进行计算。

② 水泥企业生过程所产生的 CO_2 排放量

水泥生产过程中原料碳酸盐矿物分解所产生的 CO_2 排放量，按式(1.4)进行计算。

$$M^s(CO_2)=M^{sh}\times\{[M^{sh}(CaO)-M'^{sh}(CaO)]\times 44/56+[M^{sh}(MgO)-M'^{sh}(MgO)]\times 44/40\} \tag{1.4}$$

式中 $M^s(CO_2)$——核算和报告期内原料碳酸盐分解所产生的 CO_2 排放量，t；

M^{sh}——水泥生产的熟料产量，t；

$M^{sh}(CaO)$——水泥熟料中的 CaO 的含量（质量分数，%）；

$M'^{sh}(CaO)$——水泥熟料中不是来源于碳酸盐分解的 CaO 的含量（质量分数，%）；

$M^{sh}(MgO)$——水泥熟料中 MgO 的含量（质量分数，%）；

$M'^{sh}(MgO)$——水泥熟料中不是来源于碳酸盐分解的 MgO 的含量（质量分数，%）；

44/56—— 换算系数（CO_2 与 CaO 的相对分子质量之比）；

44/40—— 换算系数（CO_2 与 MgO 的相对分子质量之比）。

水泥企业生产的水泥熟料产量，采用核算和报告期内企业的生产记录数据。

水泥熟料中 CaO 和 MgO 的含量，采用企业测量的数据。

水泥熟料中不是来源于碳酸盐分解的 CaO 和 MgO 的含量，采用企业测量的数据，按式(1.5)和式(1.6)进行计算。

$$M'^{sh}(CaO)=M^{s}(CaO)/[(1-L)F_c] \tag{1.5}$$

$$M'^{sh}(MgO)=M^{s}(MgO)/[(1-L)F_c] \tag{1.6}$$

式中 $M^s(CaO)$——水泥生料中不是以碳酸盐形式存在的 CaO 的含量(质量分数,%);

$M^s(MgO)$——水泥生料中不是以碳酸盐形式存在的 MgO 的含量(质量分数,%)。

L——水泥生料的灼烧减量(质量分数,%);

F_c——水泥熟料中燃煤灰分掺入量的换算因子,取值为 1.04(数据引自:国家环境保护标准 HJ 2519—2012《环境标志产品技术要求 水泥》);

③ 购入和输出的电力、热力所产生的 CO_2 排放量

(a) 水泥企业购入电力产生的 CO_2 排放量按式(1.7)计算:

$$M^{E\text{-}in}(CO_2)=E_{in}\times f^{E}(CO_2) \tag{1.7}$$

式中 $M^{E\text{-}in}(CO_2)$——水泥企业购入电力所产生的 CO_2 排放量,t;

E_{in}——核算和报告期内水泥企业购入的热量,MW·h;

$f^E(CO_2)$——电力的 CO_2 排放因子,t /(MW·h)。

(b) 水泥企业购入热力所产生的 CO_2 排放量,按式(1.8)进行计算。

$$M^{R\text{-}in}(CO_2)=R_{in}\times f^{R}(CO_2) \tag{1.8}$$

式中 $M^{R\text{-}in}(CO_2)$——水泥企业购入热力所产生的 CO_2 排放量,t;

R_{in}——核算和报告期内水泥企业购入的热力,GJ;

$f^R(CO_2)$——热力的 CO_2 排放因子,t/GJ。

(c) 水泥企业输出电力所产生的 CO_2 排放量,按式(1.9)进行计算。

$$M^{E\text{-}in}(CO_2)=E_{out}\times f^{E}(CO_2) \tag{1.9}$$

式中 $M^{E\text{-}in}(CO_2)$——水泥企业输出电力所产生的 CO_2 排放量,t;

E_{out}—— 核算和报告期内水泥企业输出的电量,MW·h;

$f^E(CO_2)$——电力的 CO_2 排放因子,t/(MW·h)。

(d) 水泥企业输出热力所产生的 CO_2 排放量,按式(1.10)进行计算。

$$M^{R\text{-}out}(CO_2)=R_{out}\times f^{R}(CO_2) \tag{1.10}$$

式中 $M^{R\text{-}out}(CO_2)$——水泥企业输出热力所产生的 CO_2 排放量,t;

R_{out}—— 核算和报告期内水泥企业输出的热量,GJ;

$f^R(CO_2)$——热力的 CO_2 排放因子,t/GJ。

相关计算用数据,以企业电表、热力表计量的读数为准,也可以采用供应商提供的发票或结算凭证上的数据。

电力和热力的 CO_2 排放因子的获取,采用如下方式:

(a) 电力消费的 CO_2 排放因子,应根据企业生产地及目前的东北、华北、华东、华中、西北、南方电网划分,选用国家主管部门最近年份公布的相应区域电网排放因子;

(b) 热力消费的 CO_2 排放因子,可取推荐值 0.11 t/GJ,也可采用政府主管部门发布的官方数据。

1.3.3 国内试点地区水泥行业碳排放核算方法

目前 7 个碳交易试点地区中,各省也发布了试点地区碳排放配额分配和履约的边界内水泥行业的碳排放核算方法和指南[33]。

广东省发展和改革委员会发布了《广东省水泥企业(单位)二氧化碳排放信息报告指南(2021 年修订)》,其中规定了广东省试点地区水泥企业进行试点碳交易核算方法的相关内容。该"指南"中烟煤的低位发热量缺省值为 23736 MJ/t,电力消耗的 CO_2 排放系数为 0.6379 t/(MW·h)。

北京市市场监督管理局发布了北京地方标准 DB11/T 1782—2020《二氧化碳排放核算和报告要求 水泥制造业》。该地方标准为水泥企业参加北京市试点地区碳交易时核算排放量的依据。该地方标准

中规定核算边界为企业法人，且核算排放源不仅包括化石燃料燃烧排放、碳酸盐分解产生的排放、外购电力产生的排放，还包括协同处置废弃物产生的排放。该地方标准中电力消耗的 CO_2 排放系数为 0.604 t/(MW·h)。

在《省级温室气体清单编制指南（试行）》中，水泥生产过程中的 CO_2 排放来自水泥熟料的生产过程。其中水泥熟料是水泥生产的中间产品，它是由水泥生料经高温煅烧发生物理化学变化后形成的。水泥生料主要由石灰石及其他配料配制而成，在煅烧过程中，水泥生料中碳酸钙和碳酸镁会分解排放出 CO_2。

估算水泥生产过程 CO_2 排放量方法，采用 IPCC 指南标准的方法，可按式(1.11)计算：

$$AE = AD \times EF \tag{1.11}$$

式中 AE——水泥生产过程的 CO_2 排放量，t；

AD——省级辖区内扣除电石渣生产的熟料产量后的水泥熟料产量，t；

EF——水泥生产过程 CO_2 排放系数的平均值。

“核算指南”为水泥生产企业试行指南，目前国家并未对水泥生产企业温室气体排放核算与报告下发正式文件。

根据水泥生产企业指南，水泥企业生产过程使用的燃油、替代燃料或协同处置的废物中，可能含有生物质燃料所产生的 CO_2，被视为无气候影响，不需进行核算和报告。

水泥生产企业 CO_2 排放总量，等于企业边界内所有的燃料燃烧排放量、过程排放量、企业购入电力和热力产生的排放量之和，扣除输出的电力和热力对应的排放量，按式(1.12)计算。

$$m = m_{\text{fb}} + m_{\text{pp}} + m_{i\text{p}} + m_{i\text{h}} - m_{\text{op}} - m_{\text{oh}} \tag{1.12}$$

式中 m——报告主体的 CO_2 排放总量，t；

m_{fb}——报告主体燃料燃烧(Fuel Burns)的 CO_2 排放量，t；

m_{pp}——报告主体在生产过程(Production Process)中原料碳酸盐分解产生的 CO_2 排放量，t；

$m_{i\text{p}}$——报告主体输入电力(Input Power)所产生的 CO_2 排放量，t；

$m_{i\text{h}}$——报告主体输入热力(Input Heat)所产生的 CO_2 排放量，t；

m_{op}——报告主体输出电力(Output Power)所产生的 CO_2 排放量，t；

m_{oh}——报告主体输出热力(Output Heat)所产生的 CO_2 排放量，t。

在“省级温室气体清单编制指南”(以下简称：省级清单)基础上，参考了 WBCSD、美国、欧盟等的相关排放报告文件，从 IPCC 方法学角度编制出了类似于“钢铁生产企业指南”。“省级清单”参照式(1.11)基于水泥生产的水泥熟料产量，直接依据水泥熟料生产数据(不是从水泥产量推断水泥熟料产量)和国家特定排放系数计算排放。“核算指南”则将计算数据详细到生产水泥熟料时消耗的碳酸盐类型(成分)区分，以及消耗碳酸盐的各排放系数。IPCC 参照式(1.12)推荐水泥生产企业碳排放量计算要考虑碳酸盐排放、未回收到炉窑中未煅烧的水泥窑灰(Cement Kiln Dust，缩写 CKD)排放、碳类非燃料排放，《水泥生产企业指南》的计算方法则覆盖了式(1.12)中内容，特地在工业过程燃烧排放中区分了碳酸盐分解产生的三类排放(水泥熟料对应的碳排放量、窑炉排气筒粉尘对应的碳排放量、旁路防风粉尘对应的碳排放量)。

我国水泥行业在企业层面的碳排放核算的方法，有“国家标准”“核算指南”及“补充数据表”，而且各碳交易试点地区也发布了针对该地区试点碳交易时的核算依据。不仅国家层面上的核算方法没有完全统一，而且各地的核算方法及排放系数均没有统一。相关主管部门正将“国家标准”、“核算指南”、各地的核算指南进一步完善统一，并针对“补充数据表”提出相关的国家标准或者行业标准。“水泥生产企业指南”目前虽未发布正式版本，试行版本的碳计量方法已按照 IPCC 优良做法原则开展详尽的水泥企业碳排放量计算。

参考文献

[1] WALLACE-WELLS D. The Uninhabitable Earth:Life After Warming[M]. New York: Tim Duggan Books, 2019.

[2] 王静.《不宜居的地球:全球变暖之后》(第二部分:第 5～9 章)翻译实践报告[D]. 新乡:河南师范大学, 2023.

[3] 杜欣. 生物质能与煤共燃对污染物排放影响的数值模拟[D]. 保定:华北电力大学,2007.

[4] 喻思南,吴月辉. 减排降碳多管齐下探新路 新技术助能源更清洁更低碳[N]. 人民日报. 2021-09-27(19).

[5] LIU Z, CIAIS P, Davis S J, et al. 全球实时碳数据 Carbon Monitor [DB/OL]. https:// www.carbonmonitor.org.cn/.

[6] 凌定元. 温室效应危害及治理措施[J]. 纳税, 2018(13) : 252.

[7] 王兆平. 气候正义下的国际碳排放权及其分配[J]. 江苏大学学报(社会科学版),2015,17(01):34-40.

[8] 陶蕾. 论气候变化背景下水法的适应性[D]. 武汉:武汉大学,2012.

[9] 侯佳儒, 王倩. 国际气候谈判中的非政府组织:地位、影响及其困境[J]. 北京:首都师范大学学报(社会科学版),2013(02):55-60.

[10] 朱松丽. 巴黎协定第一次全球盘点成果的诞生与影响[J]. 可持续发展经济导刊,2024(Z1):50-56.

[11] 邓旭,谢俊,滕飞. 何谓"碳中和"[J]. 气候变化研究进展, 2021, 17(1): 107.

[12] PIDWIRNY M. The Carbon Cycle//Fundamentals of Physical Geography[A]. 2nd Edition. David Briggs and Peter Smithson,2006.

[13] 世界资源研究所. Climate watch [DB/OL]. https://wri.org.cn/about-us.

[14] 央视网.【新思想引领新征程】推动实现"双碳"目标 书写绿色发展[R/OL]. (2023-07-16)[2023-10-26]. https://tv.cctv.com/2023/07/16/ VIDE2tvW6dC3oSH9XcTROWhi230716.shtml.

[15] 张雅茹. 储能系统应用及前景展望[J]. 低碳世界,2020,10(12):162-163.

[16] 陈虹,洪伟,林森,等. 基于全球森林资源评估项目的亚洲国家森林资源比较[J]. 林业科技通讯,2023(05):9-14. DOI:10.13456/j.cnki.lykt.2022.06.13.0003.

[17] 佘孝云,姚烨彬,何斯征等. 碳排放交易机制及发展前景[J]. 能源与环境,2016(06):9-11.

[18] 黄以天. 国际碳交易机制的演进与前景[J]. 上海交通大学学报(哲学社会科学版),2016,24(01):28-37.

[19] 中国银行全球金融市场研究中心课题组 ,崔海涛. 全球气候治理体系演变与碳交易市场发展趋势研究 [J]. 金融纵横, 2022, (01): 25-30.

[20] 刘寅鹏,郭剑锋,范英. EU ETS 试验阶段微观交易大数据分析及其对中国的启示[J]. 气候变化研究进展,2015,11(06):420-428.

[21] 魏一鸣,余碧莹,唐葆君,等. 中国碳达峰碳中和时间表与路线图研究[J]. 北京理工大学学报(社会科学版),2022,24(04):13-26.

[22] 中国建筑材料联合会. 中国建筑材料工业碳排放报告(2020 年度) [J]. 中国建材, 2021, (04): 59-62.

[23] IPCC. IPCC guidelines for national greenhouse gas inventories[EB/OL]. (2011-12-16)[2023-10-21]. http://www.ipcc-nggip.iges.or.jp/public/gl/invs2.html.

[24] 尹靖宇,方群,李晋梅,等. 主要水泥企业集团参与试点碳交易情况的分析及思考[J]. 中国水泥,2018(05):115-119.

[25] 刘承智. 水泥制造企业 CO_2 排放量核算方法的实证研究[J]. 邵阳学院学报(自然科学版),2013,10(04):54-59.

[26] 李娟,周春英,隋同波,等. 水泥可持续性倡议行动及 CO_2 减排议定书[J]. 中国水泥,2009(12):21-24.

[27] 魏丹青,赵建安,金迁致. 水泥生产碳排放测算的国内外方法比较及借鉴[J]. 资源科学,2012,34(06):1152-1159.

[28] 陈亮,鲍威,郭慧婷,等. 水泥生产企业温室气体排放核算与报告要求国家标准解读[J]. 中国能源,2017,39(02):44-46+43.

[29] 涂晋,陈明军,陈禹宁. 新版企业温室气体核查指南解读 [J]. 质量与认证, 2021, (08): 60-62.

[30] 中华人民共和国国家质量监督检验检疫总局,中国国家标准化管理委员会. GB/T 32151.8-2015 温室气体排放核算与报告要求 第 8 部分:水泥生产企业[S]. 北京:中国标准出版社,2015 .

[31] 刘承智. 制造企业产品碳配额成本核算研究[D]. 济南:山东大学,2014.

[32] 国家发展和改革委员会. 国家发展改革委办公厅关于印发首批 10 个行业企业温室气体排放核算方法与报告指南(试行)的通知[R/OL]. 2013. https://www.ndrc.gov.cn/xxgk/zcfb/tz/201311/t20131101_963960.html.

[33] 彭军霞,李明光,关阳,等. 广州市重点工业源二氧化碳排放现状与减排措施研究 [J]. 环境科学与管理, 2014, 39 (02): 169-173.

2 水泥工业的碳中和技术

2.1 水泥工业碳排放的主要来源

水泥生产包括生料制备、熟料煅烧和水泥制成等几个环节，也常称为“两磨一烧”[1]。CO_2 的直接排放，包括原料煅烧的气体释放和燃料燃烧的烟气排放。由于水泥生产的规模及其生产过程的特点，水泥行业属于难减碳行业[2]。

水泥生产的全流程示意，如图 2.1 所示。

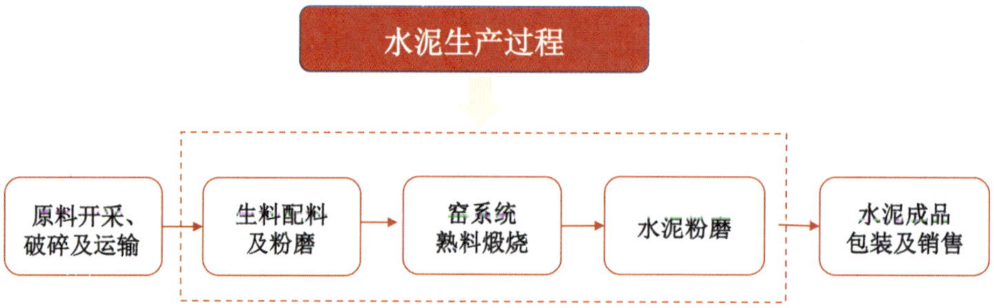

图 2.1 水泥生产的全流程示意

由图 2.1 可见，水泥全生产过程，包括原料的开采/破碎及运输、生料配料及粉磨、熟料煅烧、水泥粉磨、水泥成品包装及销售。其中，碳排放主要集中在水泥熟料的烧成过程中，特别是石灰石的分解和化石燃料的燃烧过程。

水泥生产过程中主要的碳排放来源具体包括以下几个环节：

① 水泥生料中 $CaCO_3$ 分解产生的 CO_2；

② 熟料烧成过程中煤、油等天然燃料燃烧产生的 CO_2；

③ 水泥生料中煤矸石、粉煤灰等含有的非燃料碳在高温煅烧过程中转化的 CO_2；

④ 协同处置过程中替代燃料燃烧产生的 CO_2；

⑤ 水泥厂净购入的电力、热力所对应的 CO_2。

水泥生产中各环节的碳排放综合分析，如图 2.2 所示。

由图 2.2 可知，水泥生产中各环节的碳排放，90%～95%的 CO_2 排放来自水泥熟料的烧成过程（$CaCO_3$ 分解和燃料燃烧），其余的 5%～10%来自生产和加工中购置电力所折合成的 CO_2 排放（外购电间接排放）。为此，减少石灰石等碳酸盐原料的消耗和化石燃料的用量是水泥行业碳减排的核心。

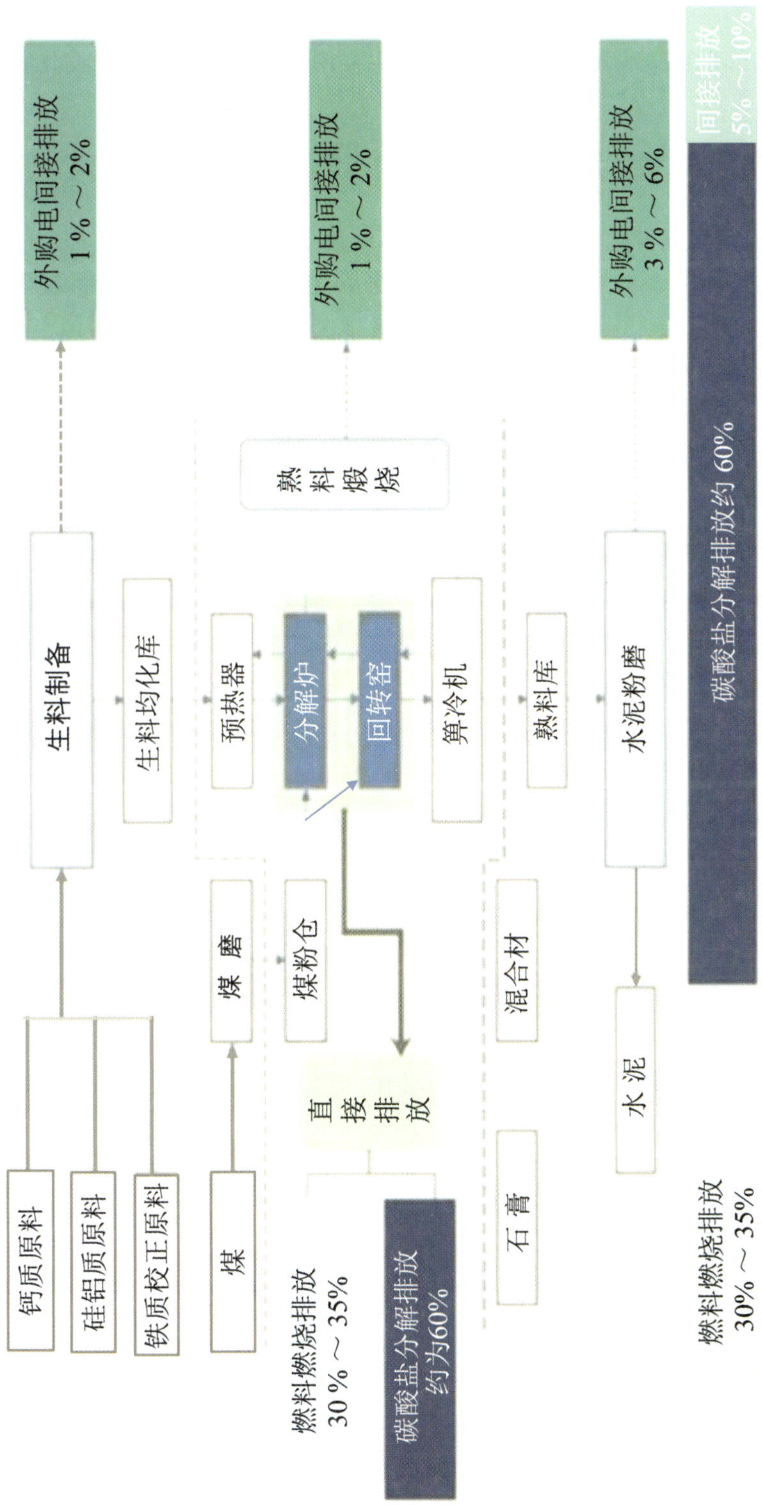

图 2.2 水泥生产的碳排放综合分析

2.2　水泥工业3C碳中和技术的提出

"碳中和"一词最早出现在20世纪90年代初，早期主要用于描述植物存活时吸收的CO_2量等于其释放的CO_2量的情况。

1997年，英国的未来森林(Future Forests)公司将碳中和作为商业策划概念提出，主要从能源技术角度关注实现碳中和的路径。

2018年，联合国政府间气候变化专门委员会(IPCC)给出了涉及"碳中和"(Carbon Neutrality)、"CO_2净零排放"(Net Zero CO_2 emissions)、"净零排放"(Net Zero Emissions)和"气候中和"(Climate Neutrality)4个概念的具体定义[3]。其中，"碳中和"与"CO_2净零排放"的内涵一致，是指规定时期内在整个地球上用人为CO_2去除量抵消人为CO_2排放量，实现CO_2净零排放；"净零排放"是指规定时期内人为温室气体去除量可以抵消人为温室气体排放量，不仅针对CO_2排放，还涉及其他温室气体；"气候中和"是指人类活动对气候系统没有产生净影响，这是从对气候系统的影响角度出发来定义的，与"碳中和"从排放角度定义不同[4]。

笔者认为，水泥工业的"碳中和"是指水泥的生产和应用过程中在一定时间内直接或间接产生的CO_2排放总量，通过节能减排、矿化吸收、工程封存或植树造林等形式减少和吸收，以抵消自身产生的CO_2排放量，实现正负抵消，达到"零排放"或"负排放"的过程。

为此，根据对水泥全过程排碳源的分析，提出了可将整个"碳中和"进程的"控碳""减碳"和"去碳"环节划分为如下3个方面：

① 产生CO_2源头的原料及燃料的最小值化(Carbon Minimum in Source)；

② 水泥生产过程的减碳操作(CO_2-generation Decrement in Process)；

③ 固碳或排放出的CO_2再利用(CO_2-emission Removal to Store or Reuse)，从而抵消CO_2排放导致的不良影响。

即可归纳为"源头低碳""过程减碳"以及"末端去碳"。这3个方面便构成了3C碳中和技术的指导思想。

在这个指导思想下，针对每一方面便形成了具体对应的碳中和策略：

① 源头低碳，即优选CO_2排放量更低的原料和燃料，或选用CO_2排放量低的新能源以替代化石燃料。其英文表达为"Choosing low-carbon raw materials and fuels"。

② 过程减碳，即通过技术和管理措施，改进和提高生产工艺及设备的能力和效率，以实现节能、节电的过程，其核心目的是降低能源的消耗量。其英文表达为"Conserving in energy consumption"。

③ 末端去碳，即通过各种措施吸收、利用或贮存CO_2并抵消CO_2对环境的不良影响。其英文表达为"Counteracting the effect of the carbon dioxide"。

若取碳中和策略3个方面的英文动名词Choosing，Conserving，Counteracting的首字母进行缩写，便可形成3C碳中和技术的减排策略。

3C碳中和技术的具体内涵示意，如图2.3所示。

该技术不仅是对碳中和核心指导思想和具体减排策略的分类，更是将被动应付式的碳减排转化为主动、指导性的操作行为分类，能够大大加强对碳减排工作的认识、操作和决心。只有通过源头控制、过程控制、末端控制这三者深入地融合，才能为水泥工业碳中和的实现提供理论依据。

就水泥工业而言，要想在本系统内完全实现碳中和是很困难的，以当前的技术水平是很难办到的。但是，作为地球人，作为中国的水泥人，有责任和义务为中国和世界的碳中和进程做出努力和贡献。在3C碳中和技术的指导下，有计划、有针对性地研究、改进和发展，实现本行业内或企业内相对的动态的"碳中和"，仍然大有可为。

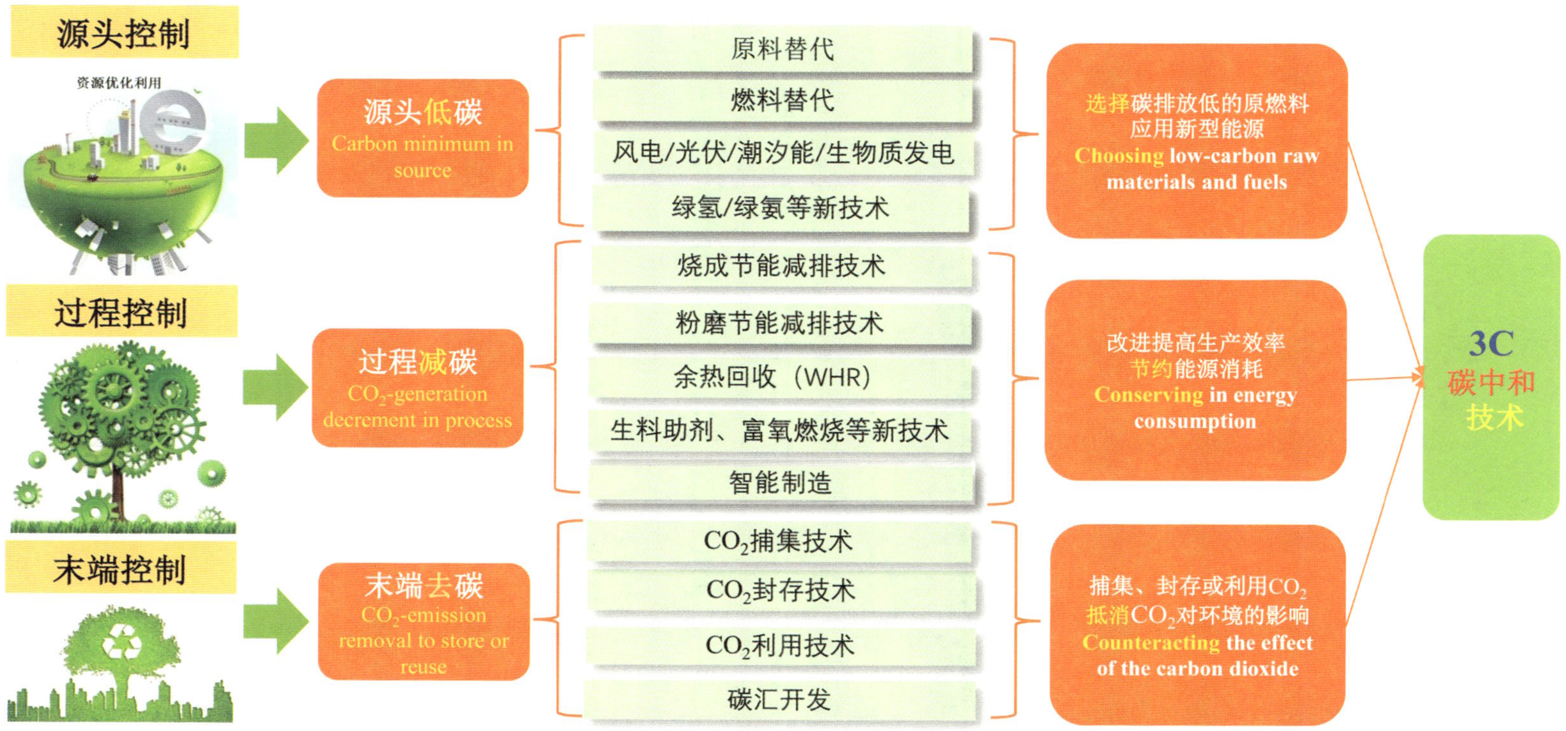

图 2.3　碳中和理论的具体内涵

码 3

我们可以将“碳中和”过程看作一架天平，其左边代表水泥生产排碳总量，右边代表去碳总量。如果天平左右托盘上砝码的质量相近，天平会趋于平衡，即水泥工业趋于碳中和。

（参见码 3:3C 碳中和过程）

碳中和天平示意，如图 2.4 所示。

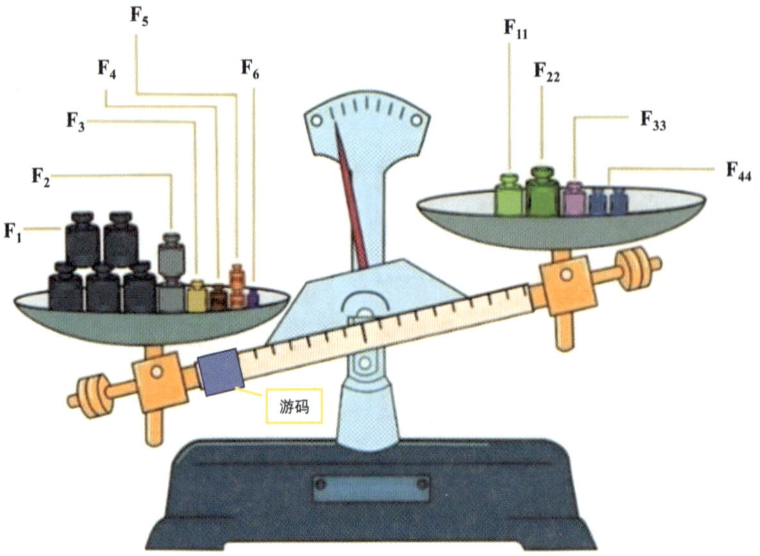

图 2.4　碳中和天平示意

【注】：

如果选用碳排放量更低的原料和燃料，则天平左边的砝码减少，展示出源头低碳的策略；如果在生产过程中节能得当，节能效果明显，则预示着游码由左向右移动，如果节能量越多，则移动的距离就越大，此时天平左边的托盘也会相应地上升，由此可揭示出过程去碳的过程；如果加大末端去碳操作和投入，更多地消耗 CO_2，则天平右边的砝码就会增多(或质量增大)，天平右边的托盘就会下降，即天平的左、右两边逐渐趋于平衡，也就是趋于实现碳中和。

碳中和天平的砝码和游码的质量所代表的意义如下：

$m(F_1)$——每生产 10 Mt 硅酸盐水泥熟料所产生 CO_2 的质量；

$m(F_2)$——每生产 10 Mt 低碳水泥所产生 CO_2 的质量；

$m(F_3)$——每生产 10 Mt 用替代原料生产水泥熟料所产生 CO_2 的质量；

$m(F_4)$——每使用 10 Mt 混合材制备水泥所排出 CO_2 的质量；

$m(F_5)$——在熟料生产过程中生物质燃料燃烧所产生 CO_2 的质量；

$m(F_6)$——在熟料生产过程中化石燃料燃烧所产生 CO_2 的质量；

m(游码)——生产过程中节约原燃料和电力所对应减少 CO_2 的质量；

$m(F_{11})$——通过 CCUS 技术所封存 CO_2 的质量；

$m(F_{22})$——通过植树绿化等所吸收 CO_2 的质量；

$m(F_{33})$——各种新能源技术发电所对应 CO_2 排放的质量；

$m(F_{44})$——利用各种 CO_2 应用新技术所消耗 CO_2 的质量。

由图 2.4 中可形象地揭示出，只要力图将左边的砝码尽量变小、变少，左边的托盘就会有所上升。这也就是说，如果选择低排碳原料作为石灰石的替代原料，或是减少化石燃料的使用量，就可以让源头的产碳量变得最低；如果将游码尽量地向右移动，左边的托盘也会有所上升。这也就是说，如果在水泥生产和使用的全链条上，采取各种相应的措施，采用各种新技术，经过紧密的操作控制，充分地挖掘潜力、提高节能效果，实现燃料和电力的最大节省，就可以使生产过程产生的碳达到最小值；与此同时，在右边的托盘上增大或加多砝码，即发展出更多的消除 CO_2 的方法，并且加大已成熟技术的生产投入，向左侧倾斜的天平就会一点点地恢复至平衡状态。

水泥工业碳中和就是动态的、不断发展的，向着碳产出量的方向降低，碳破坏影响力将降低，并逐渐趋于平衡的发展过程。

2.3 国内外水泥工业碳减排应对策略及技术路线图

为使我国水泥企业尽快实现碳中和，需要加强国际交流与合作，学习国际先进技术、对标国际标准、吸取先进经验、参与国际合作与竞争，加快企业绿色发展转型，实现高质量发展。为积极应对全球气候变化，多国研究机构和水泥企业纷纷做出了承诺，并提出了相应的碳中和技术路线。

国内外行业及企业提出的具有代表性的碳中和技术路线图汇集如下：

2020 年全球水泥产量为 4.10×10^9 t。其中，中国的水泥产量为 2.39×10^9 t，约占全球产量的 58.29%；印度的水泥产量为 3.40×10^8 t，约占全球产量的 8.29%；越南的水泥产量为 9.60×10^7 t，约占全球产量的 2%。从长远来看，中国水泥产量达峰后，中国未来市场需求将会逐步下降。预计印度、其他亚洲发展中国家、非洲地区的水泥产量会随着基础设施的不断发展而增加。因此，在碳达峰、碳中和愿景下，全球水泥行业如何进一步减污降碳、提质增效将成为全社会关注的焦点。

全球水泥和混凝土协会(Global Cement and Concrete Association，缩写 GCCA)、欧洲水泥协会(The European Cement Association，简称 CEMBUREAU)等行业组织及海德堡水泥集团(Heidelberg Cement，简称 HEIG)、拉豪集团(Lafarge Holcim)、西麦斯集团(Cementos Mexicanos S. A.，简称 CEMEX)、老城堡集团(CRH Group Services Limited)等国际水泥集团提出了水泥行业价值链的 2050 碳中和目标，实现混凝土碳中和。混凝土碳中和的实现覆盖其全生命周期，包括生产、使用、拆除以及回收等。实现路径主要包括提高能源利用效率，提升生物质燃料、替代燃料比例，发展低碳水泥以及推进新工艺和技术创新、控制水泥需求量等。

2.3.1 国际能源署提出的 2050 水泥工业低碳转型技术路线图

为达到《巴黎协定》制定的目标，国际能源署(International Energy Agency，缩写 IEA)制定了水泥行业低碳转型的技术路线图，全球主要国家、行业协会也纷纷发布了或将制定水泥行业的碳中和路线。

IEA 在《2050 水泥工业低碳转型技术路线图》[5]中明确水泥工业主要的碳减排途径为：提高能源利用效率、发展协同处置技术、降低水泥熟料系数、应用碳捕集等新型科技和其他替代性胶凝材料技术。

联合国所属的 IEA、CSI 和 WBCSD 三家国际咨询研究机构在 2018 年 3 月发布了《国际水泥工业低碳转型路线图》。这是 IEA、CSI、WBCSD 邀请 9 位世界级水泥专家及其团队(约 60 人)，历时近两年，采访调研了世界 60 多个国家，80 多家知名水泥研究设计机构、水泥生产集团和水泥机械装备制造厂商，近 300 位各国水泥专家、教授、学者、科研、工程技术人员和企业家，经过科学的综合研究分析后，撰写而成的。该路线图对全球水泥工业的技术进步和节能减排，提出了如下 4 项重大的技术途径和相应的技术措施[6-7]：

(1) 降低水泥单位能耗

对预分解窑(Precalciner)——PC 窑水泥熟料生产系统(我国称之为新型干法窑系统)进行更全面深入的研究创新，进一步降低水泥熟料单位热耗；对全厂整个生产系统，尤其是水泥生料和水泥粉磨系统，进行更深入的研究创新，进一步降低水泥单位电耗。

(2) 采用低熟料系数水泥

在保持 OPC 水泥(我国普通硅酸盐水泥性能与之相当)性能不变或有所改善的条件下，推广采用水泥熟料含量低的低熟料系数水泥，挖掘混合材的胶凝潜力，尽量多用混合材料，使之部分替代水泥熟料的胶凝功能，混合材料品种要向多元化发展。

（3）采用替代燃料

将各种可燃废弃物用作水泥窑系统的替代燃料，大幅度削减化石燃料的消耗，既能利废环保，还能节省煤炭资源，减少 CO_2 排放，削减水泥工业的碳足迹。

（4）降低水泥生产中的碳排放

研究与推广从水泥窑废气中回收、储存与利用 CO_2 的技术(CCUS)，大幅度降低水泥生产中的碳排放，回收的 CO_2 还可用于其他工业领域。

2.3.2 国内外水泥协会的碳减排及碳中和路线

2.3.2.1 全球水泥和混凝土协会 GCCA 的净零碳排放路线图

2021 年 10 月，GCCA 发布了 2050 年水泥和混凝土行业的净零排放路线图，承诺到 2030 年，与混凝土相关的 CO_2 排放量比 2020 年减少 25%，到 2050 年实现混凝土净零排放[8-9]。

2050 年水泥和混凝土行业的净零排放路线图，如图 2.5 所示[8]。

GCCA 及其成员将通过以下行动和倡议来加速 CO_2 减排[9]：

（1）增加水泥熟料替代物

继续用粉煤灰、粒状高炉矿渣、煅烧黏土、未燃烧和磨碎的石灰岩或回收的混凝土细粒等补充材料代替水泥熟料。该路线图承诺进一步增加水泥熟料替代物，GCCA 也将分享世界各地的最佳实践模型，以加速其使用。

（2）减少化石燃料和增加使用替代燃料

为了减少对传统燃料的依赖，GCCA 预计，在 2030～2050 年间，替代燃料的替代率将从现在的 6%提升至 22%～43%。

（3）对技术与创新的投资

GCCA 通过其世界级水泥混凝土行业产学研网络 Innovandi 带头创新，其研究课题包括具体的化学方法和窑炉技术。其中包括 Innovandi 的 75 家合作伙伴以及一项全球创新挑战赛，该挑战赛旨在将初创公司与 GCCA 成员公司对接，加速部署有前景的新技术。

（4）水泥和混凝土制造中的新型化学材料(硅酸盐水泥熟料的替代品)和成分

包括新的水泥熟料替代品和新型水泥熟料在内的创新水泥以及新的混凝土混合物设计在路线图中发挥着重要作用，许多有前景的方法已经处于研究或开发阶段。

（5）针对碳捕集、使用和封存的基础设施开发(CCUS)

GCCA 成员将继续推进他们在北美、印度、中国和欧洲现有的 CCUS 试点项目的发现成果。承诺到 2030 年建立 10 座工业规模级碳捕集工厂。

（6）提高施工过程中混凝土的设计和使用效率

GCCA 将加强与建筑业、设计专业人员和决策者的合作，制定设计和采购框架，推动高效利用资源和产品，使用再加工和回收材料，再利用生产元素，并延长整个项目的使用寿命。

（7）建立实现净零目标的具体政策框架

为了到 2050 年实现净零碳混凝土目标，全球混凝土和水泥行业正寻求政策制定方在以下方面的支持：

① 建立统一且适当的全球性碳定价体系，在碳成本方面创造公平的竞争环境，避免碳泄漏，并确保在管理下实现向净零碳经济的转型；

② 通过将碳捕集利用和封存等低碳生产技术纳入公共融资机制，并提供对所有碳捕集技术的公平认证，为这些技术提供支持；

③ 在建筑法规和公共采购中创造对低碳产品的市场需求；

④ 制定发展绿色能源所需的基础设施和政策，以促进循环经济的发展。

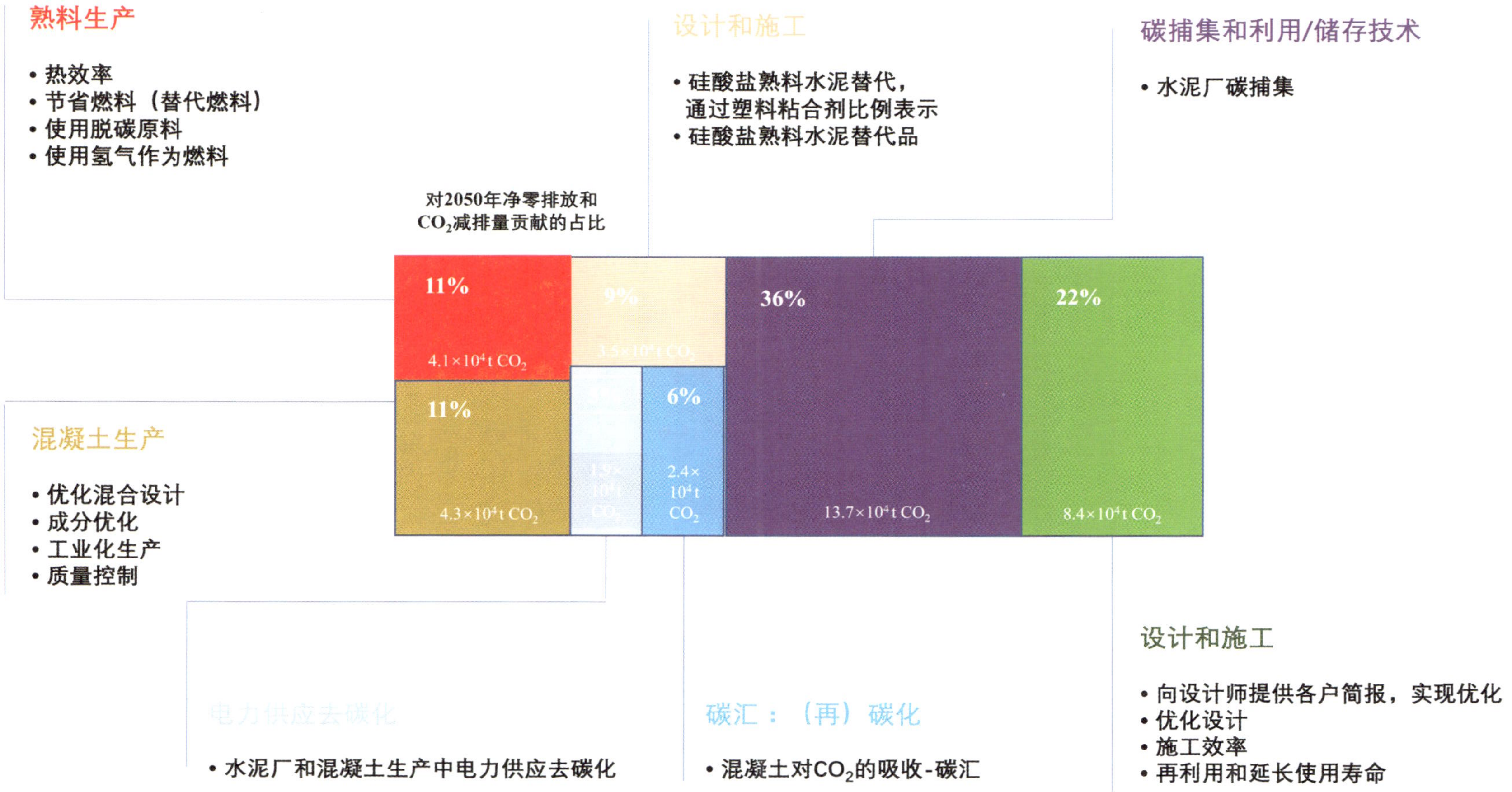

图 2.5 2050 年水泥和混凝土行业的净零排放路线图

2.3.2.2 欧洲水泥协会提出的碳中和技术路线图

作为代表欧洲水泥行业的权威行业组织，欧洲水泥协会(CEMBUREAU)曾经在2013年制定了一份路线图，设定了2050年CO_2排放量减少80%的目标。2020年5月，为了响应《欧洲绿色协议》(*European Green Deal*)2050年碳中和目标，达到水泥与混凝土价值链的净零排放，CEMBUREAU改进了原"熟料和水泥路线图"中已经设定的目标，补充为"5C价值链"路线。该路线图着眼于如何通过在价值链的每个阶段[即熟料(Clinker)、水泥(Cement)、混凝土(Concrete)、建筑(Construction)和(再)碳化(Carbonation)]采取行动来减少CO_2排放，在2050年实现净零排放。该路线量化了每种技术在减少CO_2排放方面的作用，并且提出了支持这一目标的具体政策和技术建议[5,10]。

2019年欧洲水泥协会CEMBUREAU已宣布，其所属的水泥企业2030年将使其每吨水泥的CO_2排放量降到472 kg(2019年为590 kg)。目前，"5C价值链"碳管理基本代表了世界各国水泥行业共识的主流路线。

"5C价值链"2030年减排目标及2050年减排目标，如图2.6所示[5]。

图2.6展示了CEMBUREAU所指定到2050年实现水泥与混凝土价值链中的碳中和目标及路径，以及到2030年为符合《巴黎协定》达到的阶段目标及路径，即到2030年，水泥的CO_2排放量减少30%，价值链下游的CO_2排放量减少40%[5,10]。

结合图2.6中CEMBUREAU的"5C价值链"实施路径及减排目标，简述如下[5]：

(1) 水泥熟料生产环节

① 通过替代原料的应用，预计到2030年CO_2排放量将减少3.5%，到2050年CO_2排放量将减少8%。

② 通过替代燃料的应用，到2030年燃料替代率达到60%，其中生物质燃料达30%；到2050年燃料替代率达到90%，其中，生物质燃料达50%。

③ 通过新型水泥熟料(例如，硫铝酸盐熟料、铝酸铁熟料等)的应用，到2030年将过程CO_2排放量减少2%，到2050年将过程CO_2排放量减少5%。

④ 通过提升热效率，包括窑炉的改进、余热回收利用等方式，到2030年将热效率提高4%，到2050年将热效率提高14%。

⑤ 通过碳捕获、利用和储存(CCUS)的实施，CEMBUREAU的目标是到2050年，协同碳捕获技术的应用将减少42%的CO_2排放。

(2) 水泥生产环节

① 通过替代原料应用降低水泥制备过程中水泥熟料用量。CEMBUREAU目标是到2030年水泥熟料用量平均值从77%减少到74%，到2050年水泥熟料用量平均值减少到65%。

② 新型水泥熟料，例如，硫铝酸盐熟料、铁铝酸盐熟料、贝利特-硫铝酸盐-铁相熟料、铝酸钙熟料和无定形熟料(X-熟料)等，其碳足迹通常比普通硅酸盐水泥(CEM Ⅰ)低20%～30%。此外，还有其他类型的非水泥基胶凝材料的应用。

③ 随着新技术的应用，水泥厂的电能消耗将大幅度降低。到2050年，预计在采用碳捕获技术后，转向100%的可再生能源将会使电能消耗降低，节省的CO_2达6%。

④ 运输占水泥制造中CO_2排放总量的1.5%。到2050年，如果车辆均转向电动动力系统、氢发动机或两者的结合，则所有材料和燃料的运输工具都将产生零排放。

(3) 混凝土生产环节

① CEMBUREAU的目标是通过数字化、改进混凝土设计和优化外加剂，可以在2030年减少混凝土中的水泥用量5%，到2050年减少混凝土中的水泥用量15%。

② 在混凝土生产阶段，通过应用低碳水泥或添加粉煤灰、矿渣、硅灰、火山灰等水泥掺合料，将减少混凝土的总体碳足迹。

③ 运输是与混凝土生产相关的CO_2排放的最大来源之一。到2050年，所有运输都将转向电动、氢能源或两者结合形式的零排放汽车运输。

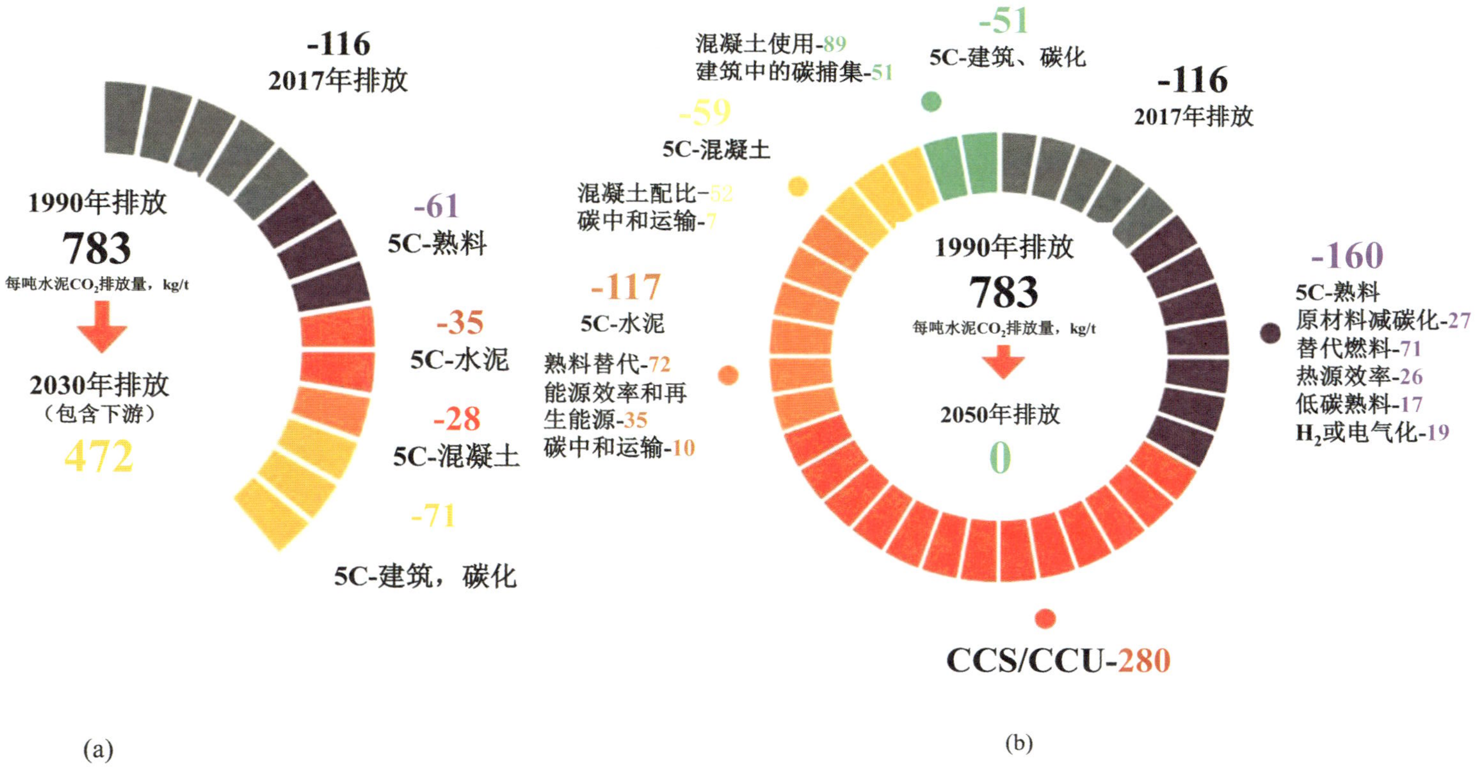

图 2.6 “5C 价值链”2030 年减排目标及 2050 年减排目标

(a) 2030 年减排目标；(b) 2050 年减排目标

(4) 建筑环节

在建筑节能中，利用混凝土的保温性能，建筑可以在冷热高峰需求期间节约 25%～50%的能源使用。通过改进设计(例如，多层建筑、被动式建筑)可减少能源使用。此外，建筑物的重复使用、将改造翻新的混凝土结构用于新的建筑物使用也是可选路径。通过采用高效的结构设计，可以将某些类型建筑的含碳量减少 30%。

使用 3D 打印也可以实现建筑结构的改进。在最初构思建筑设计时，探索“解构设计”模式，目标是在使用寿命结束时可拆除。

(5) 再碳化过程

① 在建筑环境中，在所有的混凝土基础设施中都会自然地发生再碳化。据研究表明，每年捕获所用水泥 23%的工艺 CO_2 排放量，相当于所生产水泥总 CO_2 排放量的 8%。

② 在混凝土建筑被拆除后，回收的混凝土集料具有较高的表面积，可以更容易从周围空气中的混凝土浆体(水泥、水和砂)中吸收 CO_2，再生混凝土的再碳化作用增强。

③ 天然矿物(例如，橄榄石和玄武岩)在空气或窑炉废气中时也可以重新被碳化。高达 20%的工艺 CO_2 排放可被吸收。一旦被碳化，这些材料就可以被用作水泥熟料的替代品。

此外，在政策支持方面，CEMBUREAU 提出，要实现 2050 年碳中和目标，该行业需要欧盟在一些关键领域采取有效的政策。政策支持包括：支持 CCUS 技术以及 CO_2 运输和储存网络的开发，以满足该行业的需求；大力支持循环经济，支持在水泥生产中使用不可回收废弃物和生物质废弃物；以可承受的价格提供可再生电力，升级必要的基础设施，满足日益增加的电力需求；支持将汽车转向电动或氢能源，并保证每种能源的充足供应；基于生命周期的方法降低欧洲建筑 CO_2 排放量，以鼓励低碳水泥市场推广；充分利用建筑混凝土吸收 CO_2 的潜力，其生命周期内的再碳化应在 CO_2 排放核算、碳足迹方法和 CO_2 认证中得到确认；在碳排放、监管和产业转型方面创造公平的竞争环境。

在 CEMBUREAU 的倡议下，欧洲各个水泥协会也纷纷出台了各自的相关碳减排和碳中和方案。其中，有代表性的是以下两个机构：

(1) 德国水泥协会

德国水泥协会(Verein Deutscher Zementwerke，缩写 VDZ)提出了两种水泥和混凝土至 2050 年的碳减排路径方案[10]，旨在减少德国水泥行业及水泥和混凝土价值链的直接 CO_2 排放。

德国水泥协会的碳减排路径方案，如表 2.1 所示。

表 2.1　德国水泥协会的碳减排路径方案

类别	方案 1	方案 2
目标	与 2019 年相比，2030 年碳排放量减少 19%，2050 年减少 36%	2030 年与 2019 年相比，碳排放量减少 27%，2050 年实现净零排放
主要措施	以现有技术加强为主，无 CCUS 等突破性技术	突破性技术的使用，例如 CCUS 技术的广泛使用可减少 CO_2 排放约为 1.04×10^7 t
替代燃料利用率，%	85	95
熟料系数	0.63	0.53

从表 2.1 的“方案 1”中可以看出，如果没有突破性技术，水泥与混凝土不可能完全脱碳。CCUS 的应用将是水泥与混凝土行业达到碳中和的关键。德国水泥工业若想达到碳中和的愿景，则需要 CO_2 的捕获能力约为 1.04×10^7 t/a。

(2) 英国混凝土和矿物产品协会

英国混凝土和矿物产品协会(Mineral Product Association，缩写 MPA)在 2020 年推出了 2050 年混凝土和水泥行业超净零排放的路线图，即实现 CO_2 排放量的负增长。MPA 计划拟通过脱碳电力和运输网络、替代燃料、低碳水泥和混凝土、CCUS 技术等各个层面来实现这一目标[9-10]。

其路线图计算了每种技术的潜力和可以实现的碳节约(图 2.7)。CCUS 技术对于实现零排放制造至

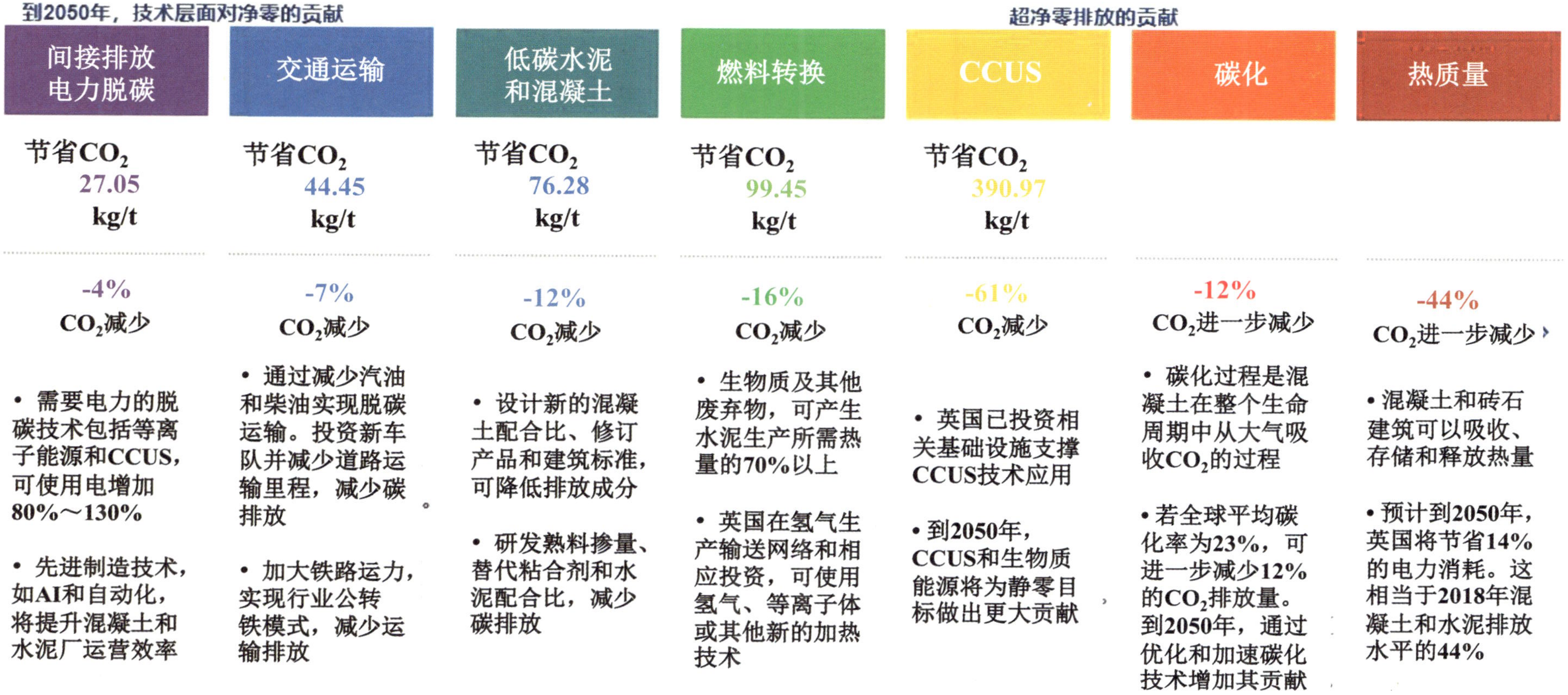

图 2.7 英国混凝土和矿物产品协会的碳中和路线图

关重要，根据该路线图，CCUS 技术将实现 61%的碳减排。到 2050 年，通过使用中的混凝土吸收 CO_2 的能力以及在建筑和结构中使用混凝土的保温性能来减少运营过程中的排放，将实现一个净负排放的行业。

英国混凝土和矿物产品协会的碳中和路线图，如图 2.7 所示[9-10]。

“超净零排放的路线图”计算了每种技术的潜力以及可以实现的碳减排。CCUS 技术对于实现净零制造至关重要。根据该路线图，将实现所需碳减排的 61%。MPA 打算到 2050 年通过混凝土在使用过程中吸收 CO_2 的能力以及建筑和结构中混凝土的热性能来减少运营排放，从而实现超净零排放。

《欧洲绿色协议》以及水泥混凝土行业净零排放目标和路线的提出，一方面为我国在气候变化和经济增长方面提供了参考和借鉴；另一方面欧盟拟采取的碳边境调节机制将成为新的绿色壁垒，这无疑增大了产业竞争压力。

2.3.2.3　美国波特兰水泥协会的碳减排路线

2020 年 11 月 17 日，美国波特兰水泥协会(The Portland Cement Association，缩写 PCA)代表美国水泥制造商宣布了全行业碳中和目标，减少碳排放并进一步应对气候变化影响。

2021 年 10 月 12 日，PCA 发布了“碳中和”路线图[11]，其中列出了到 2050 年美国整个水泥和混凝土价值链的净零计划。

美国波特兰水泥协会的碳减排路线图，如图 2.8 所示[11]。

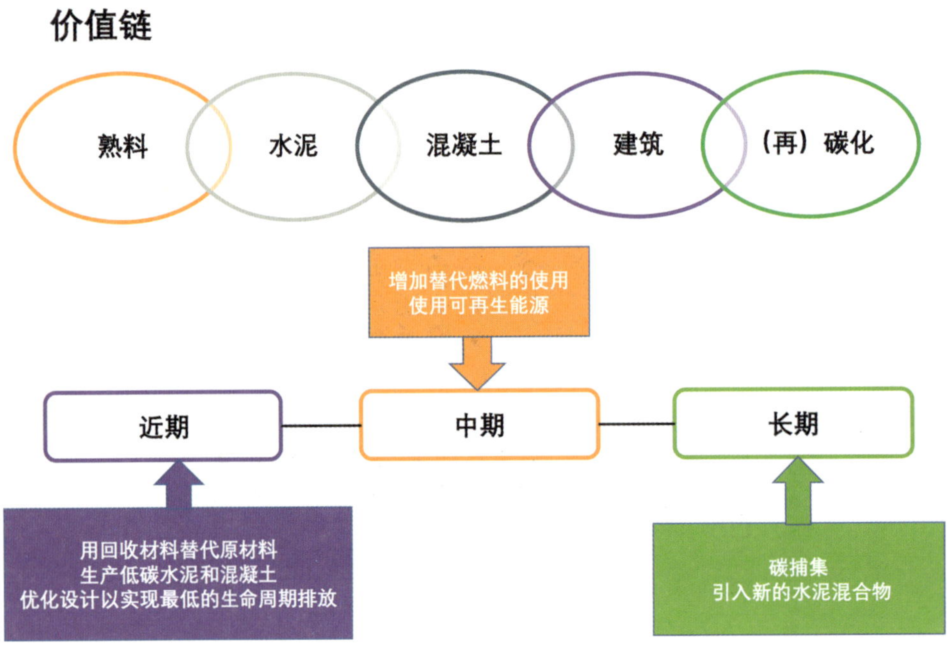

图 2.8　美国波特兰水泥协会的碳减排路线图

图 2.8 展示的路线图中包含的一些行动示例如下：增加获得替代燃料的机会，特别是那些最终会被填埋的材料，供水泥厂使用；迅速推动采用加石灰石的普通水泥(Ordinary Portland Cement，缩写 OPC)、基于性能的混凝土配比、复合水泥等创新产品；投资 CCUS 技术和关键基础设施。

2.3.2.4　中国建筑材料联合会发出推进建材行业碳达峰和碳中和行动倡议书

2021 年 2 月，中国建筑材料联合会向全行业发出《推进建材行业碳达峰、碳中和行动倡议书》[12]，向全行业郑重提出并倡议“我国建筑材料行业要在 2025 年前全面实现碳达峰，水泥等行业要在 2023 年前率先实现碳达峰”。倡议书推荐的措施包括：

(1) 调整优化产业产品结构，推动建筑材料行业绿色低碳转型发展

要将与碳减排密切相关的能耗、环境排放、资源综合利用等作为约束性指标列入行业发展目标之中，加强对碳排放的源头控制，加快淘汰落后产能进程，严格减量置换政策，加大压减传统产业过剩产能的力

度，坚决遏制违规新增产能，推动建筑材料行业向轻型化、终端化、制品化转型。支持企业谋划发展绿色低碳新业态、新技术、新装备、新产品，有序安排生产，压减生产总量和碳排放量。鼓励行业领军企业开展资源整合和兼并重组，推进产业链、价值链向高附加值、高质高端迈进。

(2) 加大清洁能源的使用比例，促进能源结构清洁低碳化

统筹推进产业结构与能源结构调整，进一步优化建筑材料行业能源消费结构，逐步提高使用电力、天然气等清洁能源的比重。鼓励企业积极采用光伏发电、风能、氢能等可再生能源技术，研发非化石能源替代技术、生物质能技术、储能技术等，并在行业推广使用。

(3) 加强低碳技术研发，推进建筑材料行业低碳技术的推广应用

开发和挖掘技术性减排路径和空间，探索建筑材料行业低碳排放的新途径，优化工艺技术，研发新型胶凝材料技术、低碳混凝土技术、吸碳技术以及低碳水泥等低碳建材新产品。发挥建筑材料行业消纳废弃物的优势，进一步提升工业副产品在建筑材料领域的循环利用率和利废技术水平，替代和节约资源，降低温室气体过程排放。着力推广窑炉协同处置生活垃圾、污泥、危险废物等技术，大幅度提高燃料替代率。推广碳捕集与碳贮存及利用等碳汇技术，通过采取矿山复绿等有效措施，积极推进碳中和。

(4) 提升能源利用效率，加强全过程节能管理

坚持节约优先，加强重点用能单位的节能监管，严格执行能耗限额标准，树立能效领跑者标杆，推进企业能效对标达标。建立企业能源使用管理体系，利用信息化、数字化和智能化技术加强能耗的控制和监管。在水泥、平板玻璃、陶瓷等行业，开展节能诊断，加强定额计量，挖掘节能降碳空间，进一步提高能效水平。

(5) 推进有条件的地区和产业率先达峰

积极推进建筑材料行业在经济发展水平高和绿色发展基础好的地区和产业率先实现碳达峰。水泥作为碳排放的重点产业要率先实现碳达峰，广东、江苏、山东、安徽、浙江、河北等水泥产量大省的企业，要研究制定本企业降碳达峰计划，自觉压减产量，不新增产能，率先落实 CO_2 强度和总量"双控"要求，推进大气污染物与温室气体的协同减排，协同治理。

(6) 做好建筑材料行业进入碳市场的准备工作

全力配合政府部门做好建筑材料行业碳排放权交易市场建设基础性工作，逐步完善建筑材料各产业碳排放限额与评价工作，进一步推进与扩展建筑材料各主要产业碳排放标准的研发与制定。水泥与平板玻璃行业要率先做好进入全国碳市场准备，提前谋划和组织好有关企业参与碳交易方案制定、碳交易模拟试算、运行测试等前期工作。建材其他各产业也要做好碳排放情况摸底工作，为有序进入全国碳市场创造条件。

在上述基础上，倡议各地建筑材料生产企业，尤其是水泥、平板玻璃、墙材等各大企业集团，要充分发挥带头作用，主动响应建筑材料行业提前实现全面碳达峰倡议，摸清碳排放家底，制定和提出各自企业的达峰约束性目标及实施路径和计划，发布碳减排承诺，率先达峰后进一步降低碳排放，并且做好碳资产管理。

控制产能产量并维持合理水平的产能利用率是目前水泥行业最直接有效的减碳方式，在"十一五"和"十二五"期间，由于部分企业急于追求经济效益、盲目扩张生产线，我国水泥行业存在严重的产能过剩。自 2016 年实施供给侧改革起，国家明确严禁水泥行业新增产能并且开始淘汰落后产能，供需逐渐趋向平衡。自 2010 年以来，我国新增水泥熟料产能有明显下滑，生产线新增数量也显著下降，限产限增的政策取得了良好效果。

2012—2022 年中国新增水泥熟料与水泥熟料生产线的变化规律，如图 2.9 所示。

2021 年 12 月，工信部联合科学技术部、自然资源部印发《"十四五"原材料工业发展规划》，明确水泥产能只减不增，提出到 2025 年产能利用率保持在合理水平，水泥产品单位熟料能耗水平降低 3.7%，严格控制钢铁、建材等主要耗煤行业的燃料煤耗。

2021 年，我国水泥熟料产能利用率能够基本维持在 60%～80%。未来的工作重点在于，保持较为合理的产能利用率，巩固供给侧改革去产能的成果，在保证下游需求得到满足的前提下进一步提高生产效率。从水泥上市公司披露的绿色节能举措看，主要集中在降低煤耗量指标，利用工业废渣替代水泥熟料原

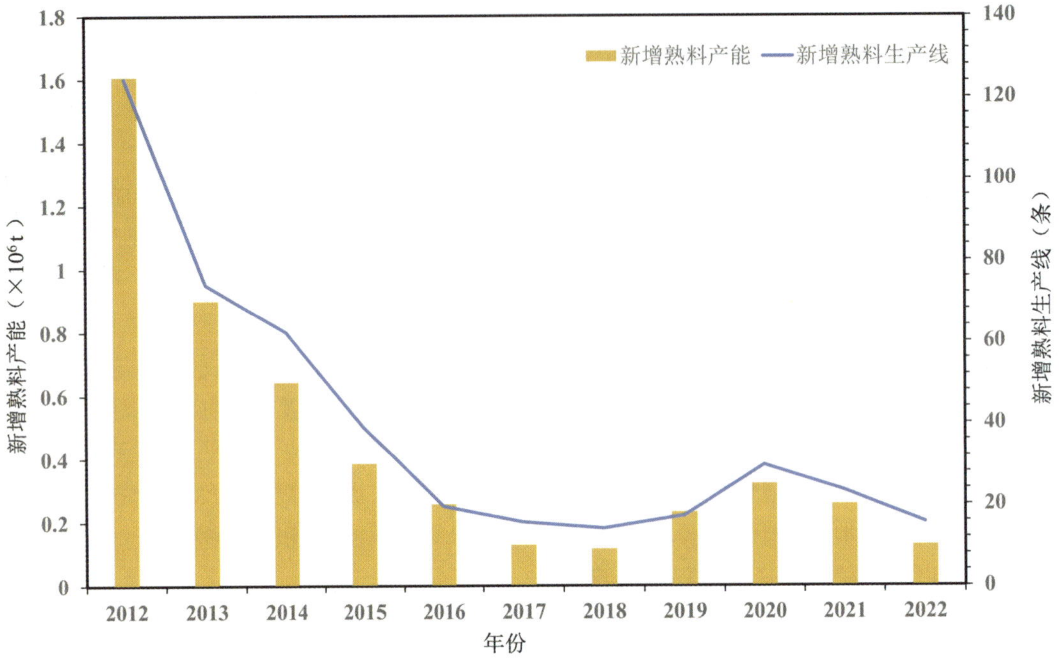

图 2.9　2012—2022 年中国新增水泥熟料产能与水泥熟料生产线的变化规律

料中的部分石灰石，减少 CO_2 产生。此外，部分水泥企业还将终端产生的 CO_2 进行进一步资源化利用。许多公司都在积极开展节能减碳工作，并且提出了颇有建树的实施路线及进程。

2.3.3　各国代表性水泥企业提出的碳中和技术路线

2.3.3.1　华润建材科技控股有限公司的碳中和技术路线图

一直以来，华润建材科技控股有限公司（以下简称：华润建材科技）通过源头控制、过程控制、末端控制三者的结合，积极响应 2021 年国务院印发的《2030 年前碳达峰行动方案》（国发〔2021〕23 号），在各个重要环节大力推行低碳生产，在资源节约、环境保护等方面积极开展工作。华润建材科技旗下各水泥生产基地和水泥粉磨站均建立和运行了 ISO14001 环境管理体系，并且委托第三方审核机构进行外部监督审核，以提升基地环保管理水平。该公司生产基地的水泥熟料生产线均为新型干法生产线且配备余热发电系统，水泥粉磨生产线均能够处理工业废弃物。高效能的生产线配置为华润建材科技建设成为资源节约型、环境友好型、低碳环保型企业奠定了基础。

华润建材科技运用 3C 碳中和技术，通过低碳技术、减碳技术、去碳技术三大减排路径，拟由目前单位水泥的 CO_2 排放量 685 kg/t（2022 年）现状，通过各个环节的推进而逐年递减，以期推进碳中和目标的实现。

华润建材科技控股有限公司的碳中和技术路线图，如图 2.10 所示。

华润建材科技控股有限公司的碳中和技术路线图的具体过程，体现在以下 3 个方面：

（1）低碳技术路径

通过应用混合材料大幅降低熟料用量、大力推广制备低碳熟料、大幅提升替代燃料和替代原料的使用等技术措施，以便从源头上减少 CO_2 的生成。

（2）减碳技术路径

通过工艺的改进和创新开拓高效节能途径，并且结合装备的技术升级，切实地降低水泥生产中的碳排放。

（3）去碳技术路径

通过建设碳捕集和碳利用的试点项目，加大 CO_2 的吸收、利用和封存，进而为达到碳中和目标提供支持。

按照此碳中和技术路线图，华润建材科技计划将单位水泥的 CO_2 排放量从 2022 年的 685 kg/t 降低

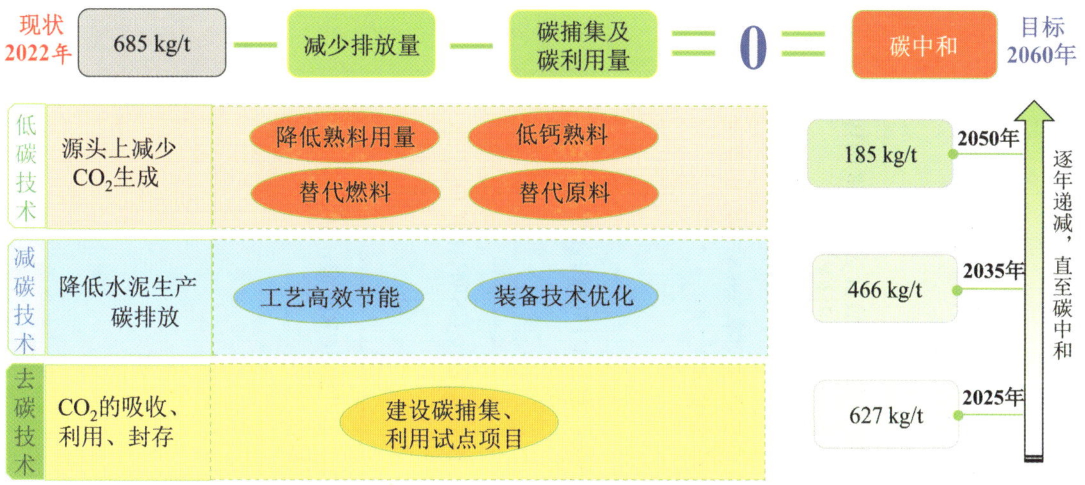

图 2.10 华润建材科技控股有限公司的碳中和技术路线图

至 627 kg/t(2025 年)，到 2035 年降低至 466 kg/t，到 2050 年降低至 185 kg/t，预期在 2060 年达到碳中和的目标，即通过碳利用来使水泥生产过程排放的 CO_2 全部得以利用，最终实现 CO_2 的实际排放量趋近于 0 kg/t。

2.3.3.2 安徽海螺集团有限责任公司的绿色碳中和发展路径图

安徽海螺集团有限责任公司(以下简称：海螺水泥)[13-14]表示，通过对部分水泥熟料生产线实施综合能效提升的技术改造，广泛开展箅冷机升级改造、低氮分解炉改造、原料磨改辊压机、高效风机使用、新型保温纳米材料使用等，同时使用燃煤促进剂，运用行业节能减排先进技术装备，全面降低煤耗指标，进而减少 CO_2 排放。与此同时，海螺水泥在可再生能源领域积极探索，推进光伏发电、替代燃料等清洁能源的使用，进一步减少了化石燃料燃烧排放的 CO_2。

此外，海螺水泥还持续推进智慧农业大棚项目，将 CO_2 作为生产有机蔬菜的农业气肥，从而实现了 CO_2 的资源化利用。

海螺水泥的绿色碳中和发展路径，如图 2.11 所示[14]。

2.3.3.3 华新水泥股份有限公司碳减排路线图

2021 年 8 月 28 日，华新水泥股份有限公司(以下简称：华新水泥)正式发布《低碳发展》白皮书[10]，这是华新水泥制定可持续发展战略的重要举措，也是国内建材行业首份以低碳发展为主题的白皮书。这份白皮书介绍了华新水泥碳排放的历史及现状，阐述了碳减排路线和目标，指出了华新水泥将在替代燃料、替代原料、熟料利用系数、燃料效率、低碳熟料开发、能源利用率、绿色矿山、新型能源开发利用、碳捕集利用和封存等领域持续加强技术攻关，为水泥行业持续发展贡献力量，争做中国“碳中和”道路上的行业领跑者。

华新水泥按时间顺序进行了碳减排路线的规划，按五年规划节点分割的时间节点为：2021—2025 年、2026—2030 年、2031—2035 年以及 2035 年以后(参见图 2.12)。力争通过 3 个五年规划为“碳中和”目标做出切实可行的探索。

华新水泥的碳减排路线图，如图 2.12 所示[10]。

由图 2.12 可见，华新水泥关注水泥熟料、水泥到混凝土全链条产业的 CO_2 减排。他们认为[10]：现有的水泥行业减排技术、清洁能源、森林碳汇及产业电气化，无论从投资经济性和减排体量上，均无法实现水泥行业的碳中和。从中长期看，需要在一定程度上依靠 CCUS(碳捕集、利用及封存)以及 BECCS(生物能源碳捕集与封存)技术，实现全系统的碳中和。在 CCUS 等革新技术发展成熟后，华新水泥将在 2060 年实现净零排放目标。

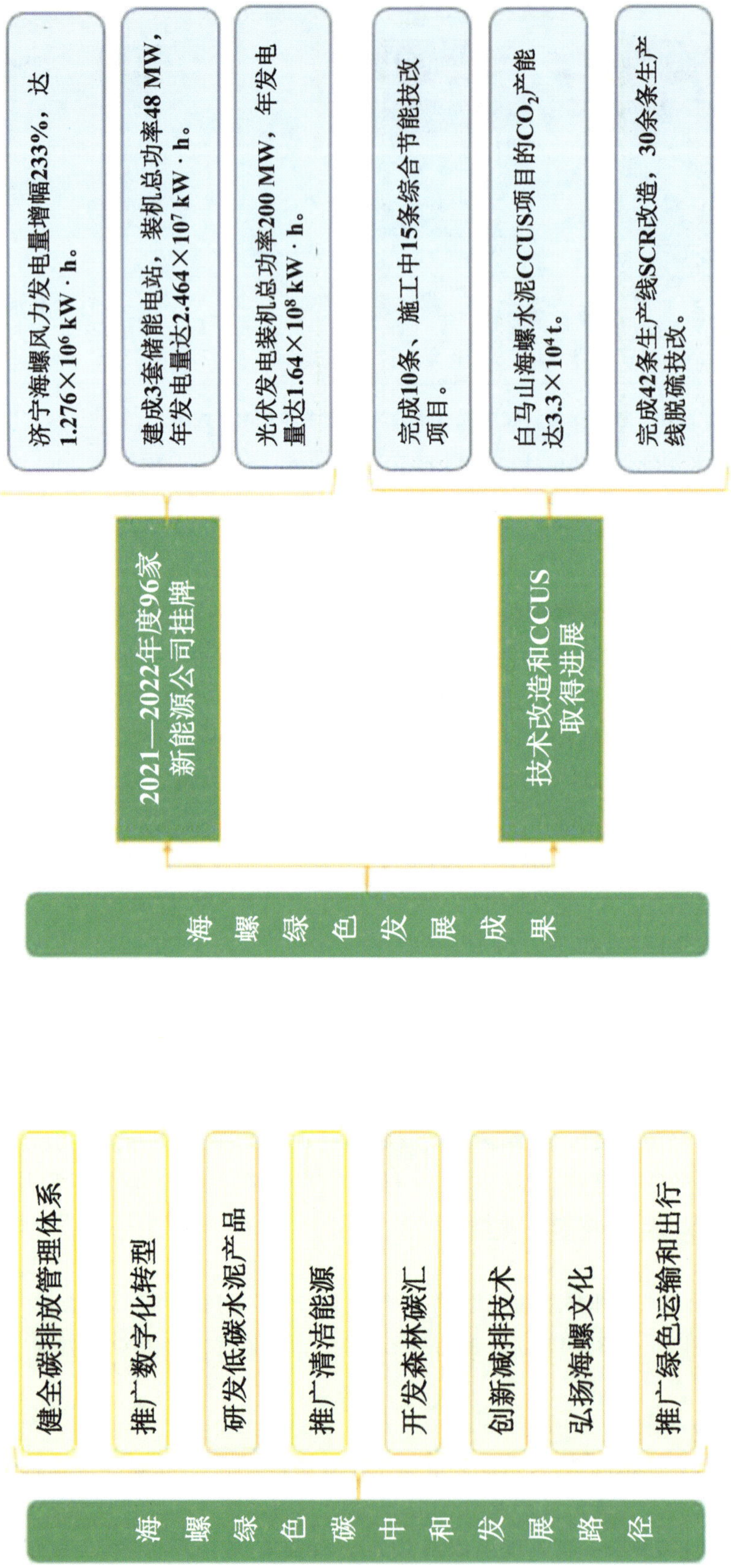

图 2.11　海螺水泥的绿色碳中和发展路径

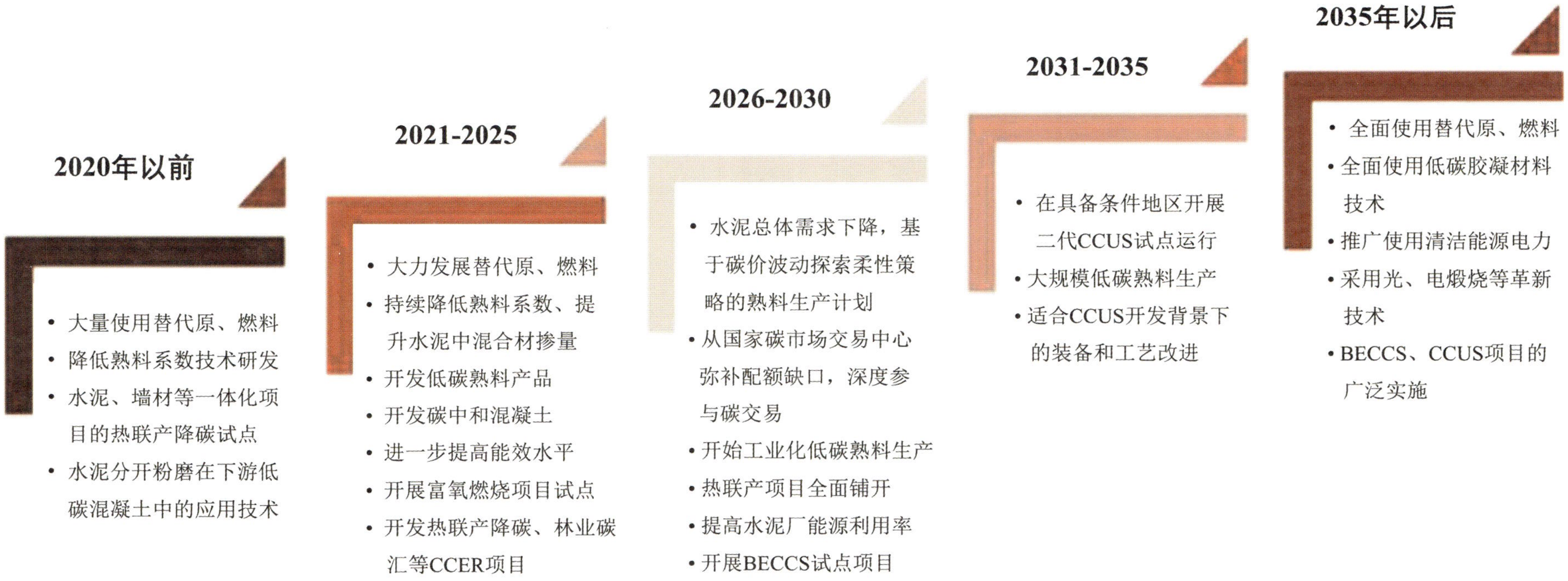

图 2.12　华新水泥的碳减排路线图

2.3.3.4 国际水泥巨头拉法基豪瑞集团的碳减排路径图

2015年7月15日，法国的Lafarge(拉法基)与瑞士的Holcim(豪瑞)完成了合并，并创立了全球最庞大的水泥制造商拉法基豪瑞集团(LafargeHolcim Group)。

拉法基豪瑞集团(以下简称：拉豪集团)加入了"科学碳目标倡议组织"(Science Based Targets initiative，缩写SBTi)的"将全球变暖控制在1.5 ℃商业目标"承诺，成为全球首家签署该承诺的建筑材料公司，其2030年中期目标已经得到SBTi批准。该承诺主要基于拉豪集团在绿色建筑方面提供的领先解决方案。例如，绿色混凝土ECOPact以及领先的再生水泥Susteno[9]。

在2030年目标中，拉豪集团将进一步降低CO_2排放强度，降低到单位水泥的CO_2净排放量为475 kg/t。拉豪集团在2020年设定了1.6亿法郎投资路线图，将促进欧洲成为实现其净零排放目标的第一个区域[9]。

拉豪集团将碳排放划分为三大块[9]：

范围1，包括所有的直接排放，是战略核心，占拉豪集团碳足迹的75%；

范围2，包括拉豪集团拥有或控制的设备消耗的外购电力产生的间接排放，占拉豪集团碳足迹的5%；

范围3，包括其他间接排放，例如，采购材料、燃料的提取、生产以及运输，占拉豪集团碳足迹的20%。

(1) 范围1的碳排放

将范围1的每1 t水泥的净CO_2排放量降到475 kg(到2030年，与1990年基线相比，要下降38%)。其具体措施如下：

① 将水泥熟料占比降低至68%：通过降低水泥熟料比例降低CO_2排放量。

② 将废弃物衍生燃料的替代比例增至37%：通过生物质废弃物燃料替代化石燃料降低CO_2排放量。

③ 应用替代原料：以工业废料、石灰炉渣等来代替部分石灰石。

④ 建设碳捕集和封存项目：拉豪集团目前正在欧洲和北美试点20多个CCUS项目。

(2) 范围2的碳排放

将范围2的每1 t水泥的净CO_2排放量减少到13 kg(到2030年，与2018年基线相比，下降65%)。其具体措施如下：

① 余热回收：通过安装余热回收装置以节省电力。

② 可再生能源组合：通过与电力生产商合作，安装风机和太阳能电池板，以产生可再生能源。

(3) 范围3的碳排放

范围3的碳排放的主要来源之一是下游运输。为实现这一目标，智能视频管理软件(intelligent Video Management Software，缩写iVMS)覆盖了拉豪集团一半以上的运输距离。其具体措施如下：

① 交通网络优化

部署"网络优化建模工具"来设计最佳碳足迹并优化交通网络。该工具已在欧洲、中东、非洲和拉丁美洲的7个国家/地区实施。

② 优化物流、配送路线和负载

部署"路线优化工具"，减少公路运输的行驶距离和燃料使用。

③ 优化车辆，降低油耗

与车辆供应商合作，改进车辆的设计和自重。在有可能的情况下，倾向于与可以提供环保车辆、采用优化设计、使用电动卡车或使用液化天然气汽车的运输公司合作。

④ 绿色驾驶

培训司机(自己的车队和第三方)以更安全、更高效的方式驾驶(将油耗降低3%～6%)。

⑤ 优化化石燃料运输

通过从当地市场购买燃料和使用环保的入境运输方式来优化燃料运输的排放。

SBTi接受了拉豪集团的碳减排承诺，即以2018年为基准，到2030年将单位水泥的温室气体排放量中范围1和范围2的比例降低21%。为了实现这一目标，拉豪集团承诺在同一时间范围内将范围1中单位水泥的温室气体净排放量减少17.5%，将范围2中单位水泥的温室气体净排放量减少65%。除了减少范围 1 和范围 2 的排放承诺之外，拉豪集团还将在价值链上扩大其行动，将范围 3 中的排放量也包括在内。通过这种整体方法，拉豪集团将其运输和与燃料相关的排放减少 20%。

拉豪集团 2030 年减少碳排放的目标：

① 加大低碳和碳中和产品使用量，例如，ECO Pact 和 Susteno；

② 回收 1×10^8 t 的废弃物和副产品，用于能源和原材料的替代；

③ 加大煅烧黏土的使用量，开发新型低碳水泥；

④ 与 2018 年基准线相比，加大垃圾衍生燃料用量，占比达到 37%；

⑤ 单位水泥的 CO_2 净排放量降至 475 kg/t。

拉豪集团在实现净零排放过程中，通过在水泥生产过程中增加再生资源使用量，在产品生命周期末端加强再生循环利用。仅在 2019 年，拉豪集团就回收废弃物 4.8×10^7 t。拉豪集团将在未来的 10 年时间里开发部署高端技术，为净零排放的下一步做好准备。这包括在欧洲和北美试行 20 多个 CCUS 项目。

2.3.3.5 德国海德堡水泥集团的碳中和目标

德国海德堡水泥集团(Heidelberg Cement Group)承诺：到 2025 年，单位水泥的 CO_2 净排放量与 1990 年相比降低 30%；到 2030 年，降低 33%；2050 年生产碳中和的混凝土。

为实现这一目标，海德堡水泥集团(以下简称：海德堡水泥)已为所有工厂确定了具体的 CO_2 减排措施。其主要的减碳方法包括：增加替代原燃料的使用；通过辅助胶凝材料替代高 CO_2 含量的水泥熟料，有效地降低 CO_2 足迹；在工厂层面，加大工厂提效和降低 CO_2 排放方面的投资；增加可持续的低碳混凝土产品的比例[9]。

海德堡水泥的单位水泥的 CO_2 净排放量，如图 2.13 所示[9]。

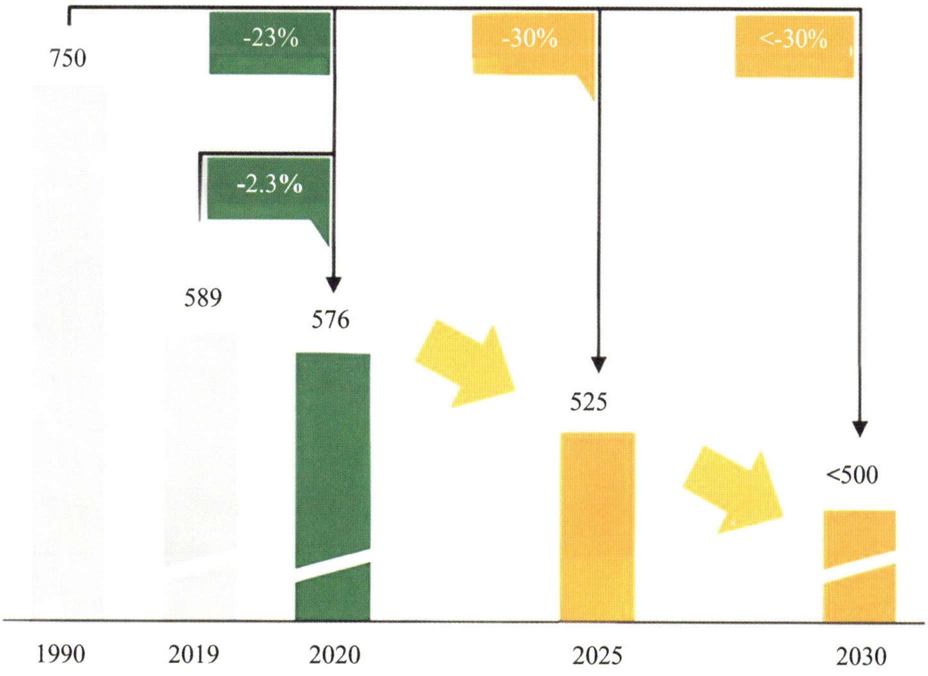

图 2.13 海德堡水泥的单位水泥的 CO_2 净排放量(单位：kg/t)

据海德堡水泥的 2020 年财报，2020 年碳减排现状如下：

① 与 2019 年相比，2020 年单位水泥的 CO_2 排放量进一步减少至 576 kg/t，同比下降 2.3%；

② 替代燃料占比 26%；

③ 熟料与水泥的质量比例系数为 74%。

为达成 2050 年碳中和目标，海德堡水泥采取的措施如下：

① 增加替代燃料的使用并提高能源效率；

② 优化窑炉和粉磨系统，降低熟料质量分数；

③ 推动碳捕集、利用和贮存项目；

④ 促进循环经济和创新产品。

海德堡水泥的目标如下：

(1) 打造水泥行业第一条全面碳捕集和封存项目

海德堡官方网站于 2020 年 12 月 15 日发布消息，将在挪威布雷维克(Brevik)水泥厂建设全球水泥行业第一条全面(full-scale)CCS(碳捕集和封存)项目，预计每年可以捕集 4.00×10^5 t CO_2 并且永久封存。项目现场工作将于 2022 年冬季停工期间开始，计划于 2024 年初结束。预期 2024 年前实现 CO_2 从烟气中分离，最终可以减少该厂 CO_2 排放量的 50%。

(2) 建造全球第一座碳中和水泥厂

2021 年 6 月 2 日，海德堡水泥表示，计划通过碳捕集技术，在 2030 年前将位于瑞典哥特兰岛 Slite 的工厂建造成全球第一座碳中和水泥厂。瑞典 3/4 用于混凝土生产的水泥是由该工厂生产的。从 2030 年起，该工厂每年将捕获 1.8×10^6 t 的 CO_2，捕获的 CO_2 将被安全运输到离岸几公里的基岩下做永久储存。

除了碳捕集和封存项目以外，海德堡水泥还在与欧洲水泥研究院合作开展全氧燃烧富集 CO_2 的示范、低排放强度石灰和水泥(Low Emissions Intensity Lime and Cement，缩写 LEILAC)技术应用(间接换热，然后收集碳酸盐分解的 CO_2)、低碳混凝土的开发等碳减排项目。

2.3.3.6 西麦斯集团的气候行动 2030 年目标与 2050 年雄心

2021 年 8 月 2 日，西麦斯集团(CEMEX Group)加入了由 We Mean Business Coalition 机构与 SBTi 机构合作牵头的“将全球变暖控制在 1.5 ℃商业目标”承诺和“联合国全球契约项目”。

西麦斯集团的气候行动 2030 年目标与 2050 年雄心，如图 2.14 所示[9]。

2021 年 10 月 5 日，西麦斯集团宣布 SBTi 已经验证了该公司的 2030 年全球碳减排目标：到 2030 年，每 1 t 水泥净 CO_2 排放量相比 1990 年下降 40%，这意味着到 2030 年，每 1 t 水泥的直接(范围 1)温室气体排放量相比 2020 年预计减少 20%。西麦斯集团还承诺：到 2030 年，间接电力(范围 2)温室气体排放相比 2020 年减少 42%[9]。

根据未来行动计划，西麦斯集团宣布到 2030 年，生产每 1 t 水泥的 CO_2 排放量低于 475 kg，低碳清洁电力能源占比将从 2020 年的 29%提高到 55%。到 2050 年，西麦斯集团将在全球范围内提供净零 CO_2 混凝土。

西麦斯集团 2020 年可持续发展成果如下[9]：

(1) 降低水泥熟料的含量

混凝土中水泥熟料的含量(质量分数，%)，从 1990 年的 85.5%降低到 2020 年的 77%，西麦斯集团增加工业废弃物混合材料比例，降低碳排放。开发新型熟料混凝土，CO_2 排放量比传统熟料混凝土低 20%～30%。

(2) 减少 CO_2 排放量

2020 年与 1990 年的水平相比，西麦斯集团在全球范围内每 1 t 水泥净 CO_2 排放量减少 23%，实现全年减排 CO_2 量 8.6×10^6 t。西麦斯集团欧洲公司每 1 t 水泥 CO_2 净排放量在 1990 年基础上下降了 35%。

(3) 提高全球燃料替代率

西麦斯集团在废弃物协同处置方面拥有 20 多年经验。西麦斯集团的海乌姆(Chelm)工厂、鲁德尼基(Rudniki)工厂、普拉霍维采(Prachovice)工厂燃料替代率已超过 70%，能源成本为零。西麦斯集团 91%的水泥厂联合处理了超过 3×10^6 t 废物作为替代燃料，替代煤炭约为 2×10^6 t。西麦斯集团将加大力度，提高替代燃料用量，扩大投资，开发新型废弃物替代化石燃料，全球燃料替代率达到 25%。

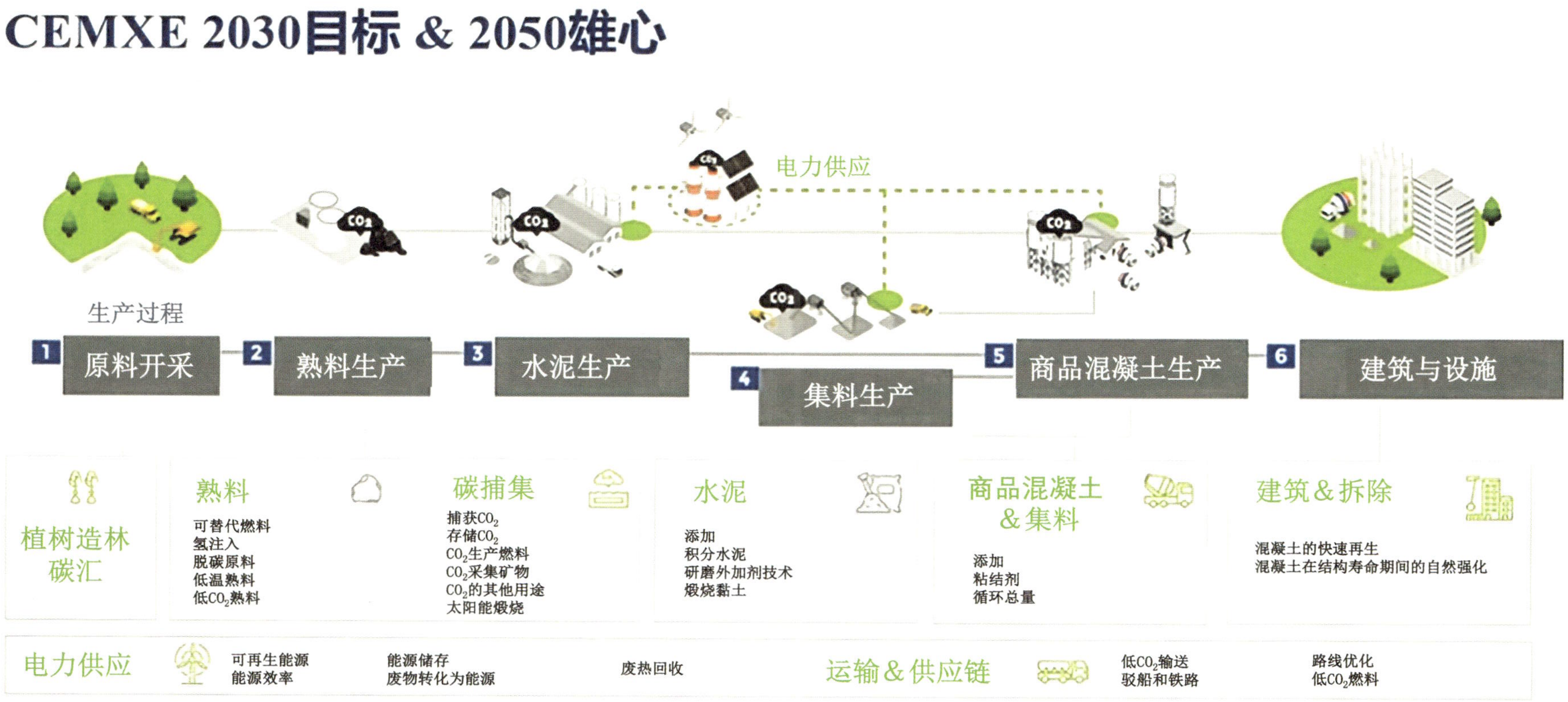

图 2.14 西麦斯集团的气候行动 2030 年目标与 2050 年雄心

(4) 提高水泥板块的清洁能源占比

西麦斯集团与 Energy Vault SA 公司开展合作，开发能源存储技术以及再生能源，确保能源成本低于化石燃料成本，水泥板块的清洁能源占比达到 29%。

(5) 发出 Vertua 碳中性混凝土

由西麦斯集团研发中心开发出的 Vertua 碳中性混凝土，可将 CO_2 排放量降低 70%，剩余 30% 的 CO_2 可通过其他方式抵消、中和。该产品成功开发并且已在全球市场上市，这是西麦斯集团 2050 年实现混凝土碳中和目标的重要举措之一。

2.4 3C 碳中和技术指导下的碳中和路径图的提出

综合第 2.3 节国内外提出的水泥工业碳减排及碳中和技术路线图可看出，现阶段发展出了各种类型的低碳水泥产品、新型的粉磨技术、利用和处理各类垃圾及生物燃料的水泥窑协同处置装置、余热发电技术、碳捕集与封存技术、新型混凝土等技术，整个行业都在为实现碳的零排放而努力。

企业的低碳发展可以归结为：在整个生产链中每一个环节均最大限度地采用节能降碳的一切措施，致使整个生产链具有最小的碳排放量以及环境影响(程度)。

此外，水泥行业中的水泥窑协同处置、余热发电、污染物的超低排放、碳捕集与封存等技术的发展，不仅降低了 NO_x、CO_2、SO_2、粉尘等污染物的排放，相关企业还主动承担社会责任，利用水泥窑协同处置生活垃圾、工业固态废弃物、危险性废弃物等，以实现资源再利用，从而让水泥行业朝着低碳、绿色的循环经济方向大步迈进。

结合 3C 碳中和技术，在综合国内外各水泥协会和水泥企业提出的碳减排应对策略的基础上，笔者结合在华润建材科技的低碳工作实践，绘制了水泥企业 3C 碳中和的实现途径。

水泥工业 3C 碳中和的路径图，如图 2.15 所示。

由图 2.15 可见，其中心为碳中和管理控制中心，负责汇集各个途径收集来的信息，研究、判断和决策并发出对应的管理指令。按照 3C 碳中和理论的指导，整个管理区间划分为 3 个方向：源头低碳、过程减碳以及末端去碳。

对于碳中和管理控制中心各方向，可做如下具体分析。

(1) 源头低碳选择

在研究替代原料特性、水泥生料合理配料的基础上，启用替代原料。采用钢渣、剥离土、煤矸石、电石渣和各种冶炼渣(例如，黄磷渣等)等工业固体废弃物替代天然矿产资源用作水泥生产过程的全部或部分原料。一方面可以减少水泥熟料煅烧的理论热耗，降低最低共熔点温度，进而降低系统的能耗；另一方面从源头减少碳酸盐原料的使用量，从而在降低矿山的开采量的同时减少因原料分解产生的 CO_2。

在循环经济和绿色能源低碳化理念的指引下，推进替代燃料的应用。采用废塑料、轮胎炭黑、无纺布、固体废弃物再生燃料 SRF、污泥或垃圾衍生燃料 RDF 等具有一定热值的可燃废弃物部分或全部替代天然化石燃料，通过提高系统燃料替代率，以期减少因燃料燃烧产生的 CO_2，实现系统的节能降碳；通过研究各类替代燃料的物理特性、燃料特性以及污染物排放特性，再通过计算流体动力学模拟(Computational Fluid Dynamics，缩写 CFD)等手段对各类替代燃料使用后对窑系统各参数进行模拟分析，提出了基于燃料热值进行分类的替代燃料应用技术，开发能快速适应各类替代燃料应用的热工体系，替代天然化石资源的消耗，进而构建新的绿色低碳化能源结构。

积极开发新型能源，摒弃煤炭、石油等碳排放强度高的化石燃料来提供能源。开发利用太阳能、风能、潮汐能或者绿氢/绿氨等来提供能源，达到替代传统热能和电能的目的，进一步减少因燃料燃烧产生的 CO_2。

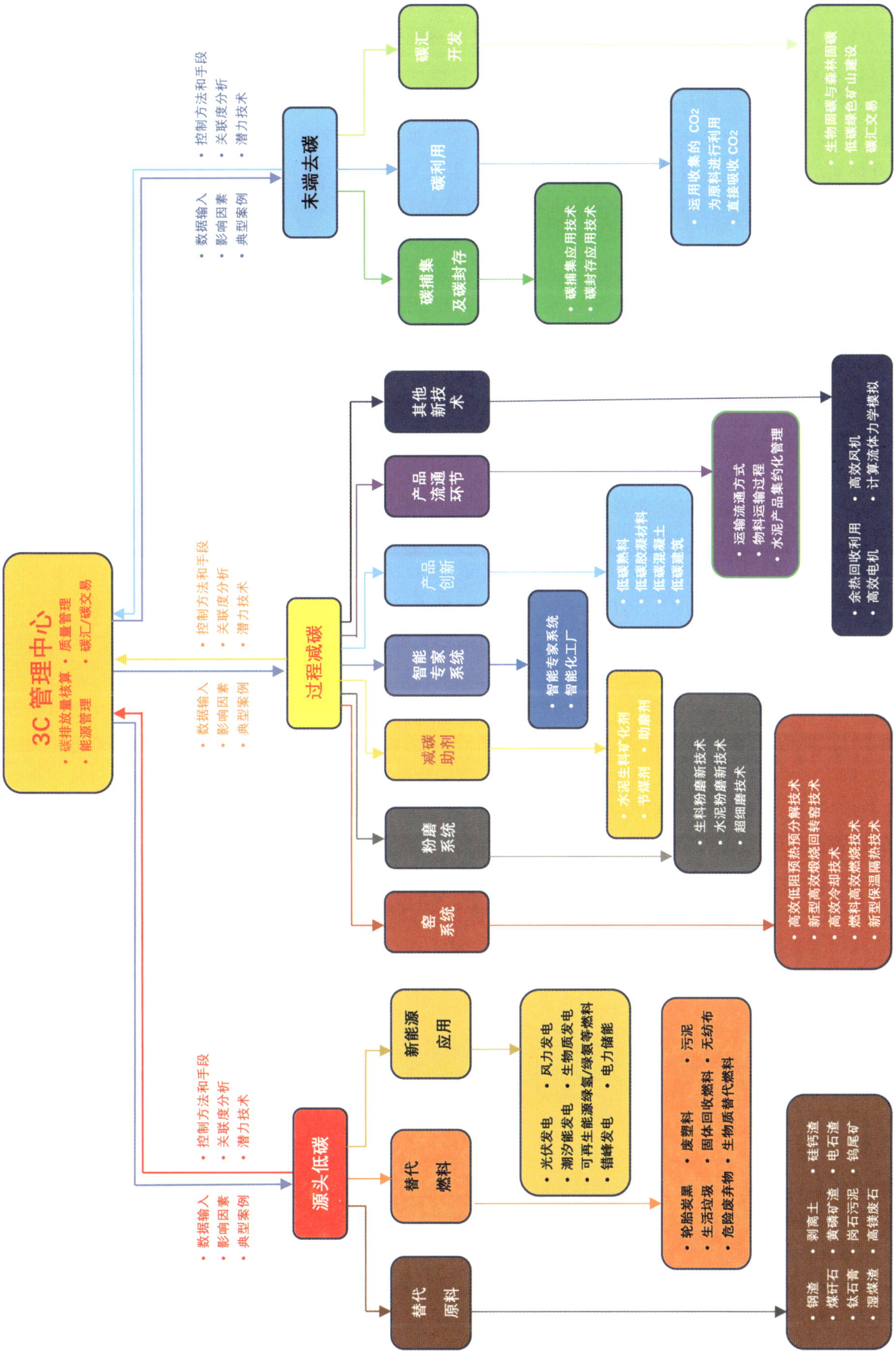

图 2.15　水泥工业 3C 碳中和路径图

(2) 过程减碳控制

大力推广窑系统过程减碳技术。采用高效低阻预热预分解技术(预热器串/并联"多级+"耦合重构换热技术、交叉流换热悬浮预热技术)、新型高效回转窑煅烧技术(高转速回转窑、两档窑及沸腾窑)、高效冷却技术(Sinowalk 型行进式箅式冷却机、中置辊破箅式冷却机)、燃料高效燃烧技术(大推力多通道燃烧节能技术、富氧燃烧、全氧燃烧)等新技术,提高预热器系统的换热效率并提升水泥生料的分解率、提升燃料的燃烧效率以及冷却机的热回收效率,实现热量的高效利用,进而提高能源的利用率;采用优质保温材料(例如,纳米隔热材料、优质隔热砖及气凝胶等)降低系统热损失,进而实现窑系统的整体节能降碳。

充分挖掘粉磨系统过程减碳。深挖水泥生料粉磨系统新技术(辊压机水泥生料终粉磨工艺、水泥生料立磨外循环技术、新型选粉机技术)、水泥粉磨系统新技术(双圈流辊压机联合粉磨技术、多组分串/并联水泥粉磨技术、陶瓷球在水泥粉磨中的应用技术、水泥立磨终粉磨技术、配制/分开粉磨技术、磨机衬板轻质化技术、水泥辊压机终粉磨技术)以及超细磨技术,通过新技术的应用达到降低粉磨电耗的目的。

借助减碳助剂(水泥生料矿化剂、节煤剂、助磨剂)协助减碳。借助水泥生料助剂改善水泥生料的易烧性、降低水泥熟料的烧成温度;借助节煤剂等提高煤粉燃烧效率及燃尽率并降低煤耗、借助助磨剂改善水泥熟料的易磨性并降低电耗等来实现节能降碳。

通过智能专家系统实现过程减碳。采用智能专家系统、智能化工厂、水泥窑磨专家系统、水泥智慧化矿山开采系统等实现生产过程的稳定控制,助推节能降碳,从而进一步推进过程减碳。

水泥其他生产过程减碳技术,还包括水泥产品创新助力过程减碳(低碳水泥熟料技术、提高水泥熟料质量技术、低碳胶凝材料技术、高性能水泥混合材和掺合料、低碳混凝土及低碳建筑等),水泥产品流通环节过程减碳(运输流通方式优化、物料的运输过程减碳、水泥产品集约化管理等强化生产管理),其他新技术推进过程减碳(余热回收利用技术、高效风机技术、高效电机驱动技术、应用计算流体力学优化管道和设备结构设计以降低系统阻力等)。通过诸如新产品创新开发、集约化高效管理和高效风机与高效电机的应用(例如,窑主电机更换为交流变频电机,冷却风机群启用变频高效风机),以降低系统电耗;结合采用高效热回收技术(例如,高效余热发电技术),余热回收用于粉磨或生活用热等,实现余热的充分利用、降低设备表面的散热量,从而实现减碳降碳的过程精细化。在水泥熟料生产过程中,很大一部分热量由预热器 C_1 出口废气和箅式冷机排出的余风带走,这部分热量约占水泥熟料烧成热耗的 30%左右。通过建设配套的余热发电系统,利用废气余热进行发电,再将这些电能用于企业生产或用于他用,不仅可减少外电的采购量,而且减少了燃煤发电厂的煤的用量,进而间接地减少了 CO_2 排放。同时利用余热锅炉后的废气余热进行物料的烘干,减少烘干物料所用的燃料。当然,融合智能制造及数字化技术,构建智能工厂,实现管理节碳也是发展途径之一。

(3) 末端去碳开发

加强水泥工业的碳捕集、封存及利用技术(CCU/CCUS 等)的开发,通过碳自富集 CO_2 捕集工艺、CO_2 矿化养护利用、CO_2 干冰利用形成了典型的固碳技术、矿化技术和应用技术,并形成相应装备,实现水泥生产系统的末端去碳,以期最终实现水泥生产过程的"碳中和"。

与此同时,推进碳汇开发,加大生物固碳与森林固碳力度;大力开展绿色矿山建设,通过矿山生态碳汇(含生产线绿化、矿山复绿、种植太空芦竹等生物质燃料等)实现自然生态系统的固碳能力。

在这样繁多的生产管理环节中,形成了颇有效率的 3C 控制管理的不同层面。图 2.15 很好地揭示了水泥工业碳中和的正确途径以及与管理中心的控制关系。在 3C 管理中心的统一信息处理和决策操作下,每个分区控制端会逐级向下游环节传递所需的管理及改进要素,在下游端形成决策反馈后,便即时上传给决策中心确权。3C 管理中心上升至国家层面则可通过市场调节与产业政策结合减排,即通过淘汰落后产能、错峰生产等手段向碳中和迈进。这样,全局构成一盘棋,优先、重点开展关键环节的技术改进和技术更新,一步步地实现"源头低碳,过程减碳和末端去碳"的总体规划。

参考文献

[1] 林宗寿. 无机非金属材料工学[M]. 5版. 武汉：武汉理工大学出版社，2019.

[2] 陆成宽. 坚持全国一盘棋 找出碳达峰碳中和的科技“最优解”[N]. 科技日报，2021-09-27(002).

[3] 曲建升，陈伟，曾静静，等. 国际碳中和战略行动与科技布局分析及对我国的启示建议[J]. 中国科学院院刊，2022，37(04)：444-458.

[4] IPCC. IPCC guidelines for national greenhouse gas inventories[EB/OL]. (2011-12-16)[2023-10-28]. http://www.ipcc-nggip.iges.or.jp/public/gl/invs2.html.

[5] 赵婷婷，陈斌. 欧洲水泥工业碳中和路径及技术概况[J]. 中国水泥，2022(05)：73-76.

[6] 高长明. 2050年世界水泥可持续发展技术路线图[J]. 水泥技术，2010(1)：17-19.

[7] 高长明. 我国水泥工业低碳转型的技术途径——兼评联合国新发布的《水泥工业低碳转型技术路线图》[J]. 水泥，2019(1)：4-8.

[8] Global Cement and Concrete Association. Concrete future. The GCCA 2050 Cement and Concrete Industry Roadmap for Net Zero Concrete [R]. Roadmap Full Document，2021.

[9] 陈飞，娄婷. 欧美水泥行业碳中和实施路径介绍[J]. 中国水泥，2021(12)：44-51.

[10] 李叶青. 水泥及混凝土绿色低碳制造技术[M]. 北京：中国建筑工业出版社，2022.

[11] Portland Cement Association-America's Cement Manufacturers. Roadmap to carbon neutrality. A more sustainable world is shaped by concrete[EB/OL]. (2021-10-13)[2023-10-26]. https://www.cement.org/docs/default-source/roadmap1/pca-roadmap-to-carbon-neutrality_final.pdf sfvrsn=f7c6fcbf_4.

[12] 中国建筑材料联合会. 全力推进碳减排 提前实现碳达峰——推进建筑材料行业碳达峰 碳中和行动倡议书[J]. 中国水泥，2021(02)：8-10.

[13] 任勇. 碳中和目标下海螺水泥减排二氧化碳的实践[J]. 新世纪水泥导报，2021(02)：6-8.

[14] 方芳. 海螺集团：高质量发展步伐坚定[J]. 中国水泥，2019(10)：32-35.

3 水泥工业源头低碳技术及实践探索

3.1 水泥生产用传统资源和能源困境

我国 1949 年的水泥需求量仅为 6.6×10^5 t[1]。自中华人民共和国成立以后经过几十年的发展，特别是随着我国经济体制改革的不断深入，水泥产业蓬勃兴起，水泥需求量直线上升。进入新世纪，伴随基础建设快速发展，我国水泥产量连创新高，自 1985 年起已连续多年位居世界第一。至 2014 年起，我国水泥年产量达峰值为 2.48×10^9 t，按料耗比 1.58 估算，原材料的年消耗量达 3.92×10^9 t[2]。

3.1.1 传统原料

3.1.1.1 石灰石资源情况

制造水泥熟料的主要原料是石灰石，在熟料制备中一般为 CaO 成分的主要提供者[3]。虽然我国石灰石含量极其丰富，但是有 70%以上属于低品位石灰石资源，一般难以作为熟料的原材料使用。高品位石灰石储量并不充足，且经过多年的开采，品位高的矿体也在逐年锐减，石灰石资源匮乏、质量下降问题凸显。另外，石灰石是以方解石为主要矿物成分的石灰岩，其成分中方解石属三方晶系，六角形晶体。纯净的方解石无色透明，一般为白色，CaO 含量为 56%，CO_2 含量为 44%。方解石的分解温度是 898.6 ℃。在高温下方解石中的 CO_2 会吸收热量并分解为 CaO 和 CO_2[4]。其反应方程式为：

$$CaCO_3 = CaO + CO_2\uparrow$$

CO_2 的排放正是水泥行业碳排放的一大痛点。虽然分解出的 CaO 是水泥熟料中不可缺少的主要成分，但同时释放出的 CO_2 却为水泥行业的碳排放贡献了多达 60%的份额。要改善这一状况，寻找更低碳排放的原材料是一个重要的且有意义的途径。

石灰石用量一般占水泥生料配料量 80%以上，是支撑水泥工业的最大宗原材料。我国石灰石资源丰富，根据全国储量表统计[5-6]，我国现有石灰石矿区数为 2358 个，资源储量(探明)1.23508×10^{11} t。

我国部分省级行政区石灰石资源储量统计数据分析[5]，如图 3.1 所示。

虽然我国石灰石储量巨大，但水泥用石灰石的消耗量也较为巨大。每年全国需使用石灰石 2×10^9 t 以上，随着石灰石矿山技术不断进步，大量低品位矿石获得合理利用，矿山开采过程中的浪费逐步减少，石灰石资源综合利用率逐步提高，资源储量消耗速度逐渐减慢。根据我国 2015—2018 年水泥工业各省级区域产能分布格局，可以获得各大区域石灰石消耗量。

2015—2018 年我国石灰石消耗量统计数据分析[5]，如图 3.2 所示。

按照自然资源部矿产资源定义，在各种潜在储量之中，以 334 级储量推断内蕴经济资源量。截至 2015 年，我国水泥工业用石灰石 334 级储量为 6.7175×10^{11} t。以 334 级储量除以 2015 年我国各重点区域的水泥用石灰石的消耗量，可以获得各重点区域石灰石资源理论潜在服务年限。

我国重点区域水泥工业用石灰石 334 级储量与理论潜在服务年限，如表 3.1 所示。

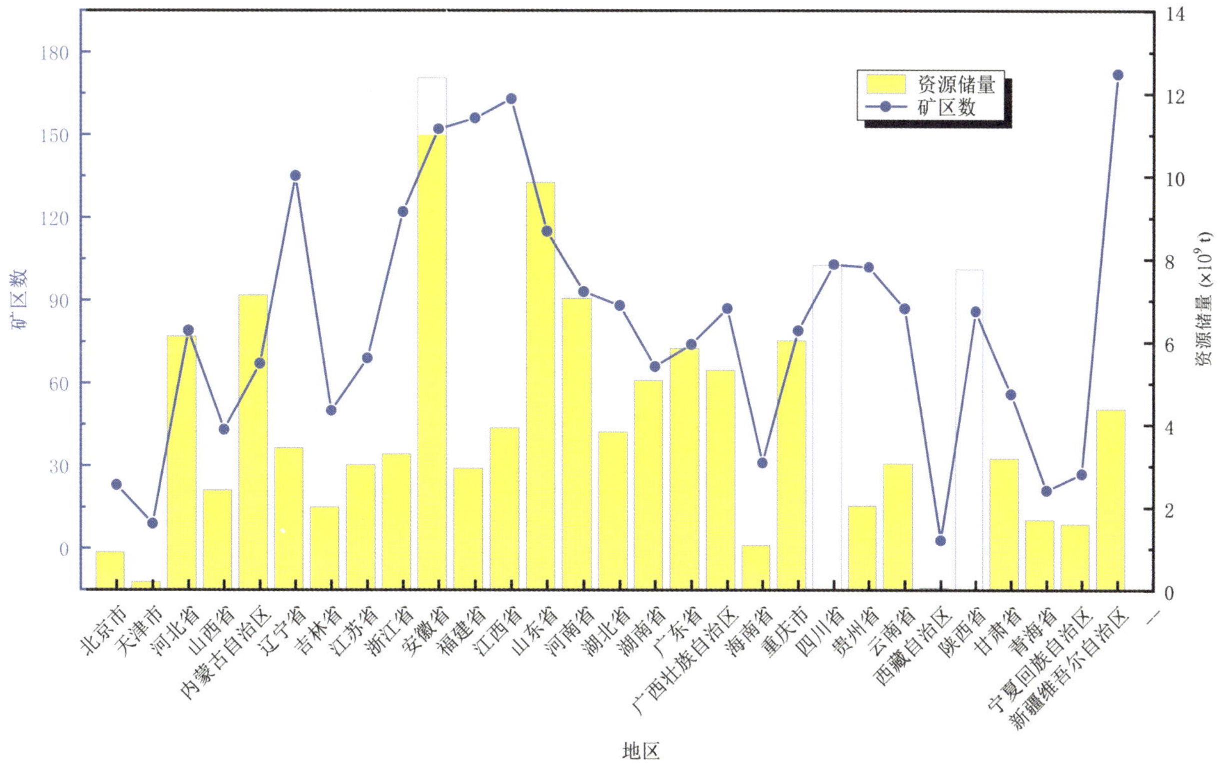

图 3.1　我国部分省级行政区石灰石资源储量统计数据分析

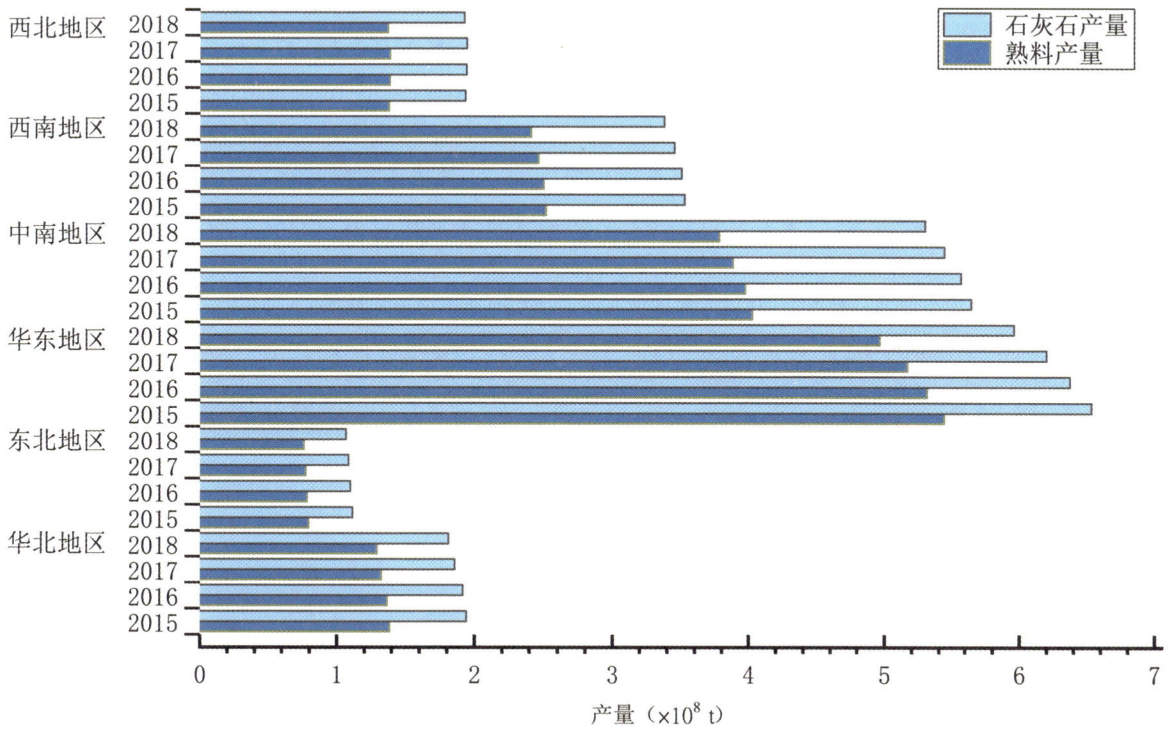

图 3.2　我国 2015—2018 年石灰石消耗量统计数据分析

表 3.1　我国重点区域水泥工业用石灰石 334 级储量与理论潜在服务年限

地区	334 级储量（$\times 10^{10}$ t）	理论潜在服务年限	地区	334 级储量（$\times 10^{10}$ t）	理论潜在服务年限
北京市	0.614	876.5	湖北省	2.390	196.2
天津市	0.145	148.3	湖南省	3.628	287.9
河北省	3.727	337.0	广东省	3.186	206.9
山西省	1.432	300.8	广西壮族自治区	3.234	292.4
内蒙古自治区	3.168	481.5	海南省	0.358	159.8
辽宁省	2.214	367.7	重庆市	2.851	407.3
吉林省	1.052	214.7	四川省	5.799	380.0
江苏省	1.824	89.8	贵州省	1.387	141.5
浙江省	2.405	184.7	云南省	2.191	220.5
安徽省	4.327	321.9	西藏自治区	0.024	562.1
福建省	1.547	193.9	陕西省	3.560	374.0
江西省	2.441	238.8	甘肃省	1.078	208.1
山东省	5.763	337.4	青海省	0.888	487.9
河南省	3.843	216.1	宁夏回族自治区	0.547	300.6
湖北省	2.390	196.2	新疆维吾尔自治区	1.556	308.7

注：表中石灰石理论潜在服务年限为 334 级储量与 2015 年石灰石消耗量之比。

由表 3.1 可见，各区域比值均较大，说明我国水泥工业用石灰石理论潜在资源丰富，潜在可供能力巨大。

水泥工业一个典型特色是对原料成本存在一定要求，如果成本较高，原料的实际应用可能性将存在问题。近些年我国通用硅酸盐水泥市场售价处于剧烈变动时期，每 1 t 水泥市场售价波动大，许多区域同一年份水泥吨售价可变动数百元之多。当水泥市场售价较高时，对原料成本的忍受度较高，可以开采更多储量，反之则相反。通过对石灰石供应成本设定不同价格区间，可以获得我国水泥工业用石灰石储量在不同成本忍受能力前提之下的可供性，由此获得我国六大区域水泥工业用石灰石的可供储量。

我国六大区域水泥工业用石灰石的可供储量，如表 3.2 所示。

表 3.2　我国六大区域水泥工业用石灰石的可供储量

区域	可供储量（$\times 10^{8}$ t）		
	＜10 元/t	10～20 元/t	＞20 元/t
华北地区	＜6	6～129	＞129
东北地区	0	0～47	＞47
华东地区	＜160	160～270	＞270
中南地区	＜100	100～220	＞220
西南地区	0	0～150	＞150
西北地区	＜45	45～120	＞120

水泥生产用矿产资源最大特点是消耗量大、价值低，这决定了水泥用石灰石资源可供性具有区域限制性特点。从全国各省水泥熟料生产规模看，主要水泥产能大省的资源与其拥有水泥工业用石灰石资源储量的基本吻合。这反映出我国水泥工业用石灰石资源在区域分布上具有较好的可供性。

从我国水泥产业发展态势来看[5-8]，2004 年我国水泥产量仅 9.7×10^{8} t；2015 年全国水泥产量已超 2.4×10^{9} t；2014 年后需求开始降低，至 2022 年全国水泥产量 2.13×10^{9} t。2004 年，我国水泥工业用石灰石储量为 2.8403×10^{10} t，至 2015 年剩下 1.986×10^{10} t，下降了 30.1%，年增长率为 −3.5%[7]。我国水泥工业用石灰石的储量下降，并不表示我国水泥工业用石灰石资源的供应出现了短缺。按 2015 年水泥消耗的原料计算，我国各重点水泥省级区域之中，已查明资源储量均足以支撑其 15 年用量的区域有 27 个。储量下降只能说明我国近年水泥产业发展过快，消耗大量的高级储量资源，而新增的储量勘探程度低，造成我国水泥资源储量比例失衡。

3.1.1.2 天然硅铝质资源情况分析

黏土也是水泥生产过程中的主要原料之一，提供硅酸盐水泥熟料中的硅、铝元素。硅、铝分别是地壳中最常见的元素之一，遍布世界各地，天然硅铝资源较为丰富的国家包括美国、俄罗斯、中国、印度、澳大利亚、巴西等。尽管中国天然硅铝质资源丰富，但因为这些资源通常存在于地下深处，开采难度较大，同时也需要进行复杂的加工过程，如破碎、磨细、浮选等，才能获得高品质的硅铝材料。且矿产资源开发会导致土地占用、地质结构破坏、化学污染、空气污染以及植被破坏等问题，与当前国家所推行的低碳、资源节约、环境友好的绿色经济发展理念背道而驰，使黏土矿等的开采受到多方阻力，如一些黏土矿作为农业用地禁止开采、出台的相关矿产资源法限制黏土矿开采等。而较多的尾矿和工业固体废弃物含有硅铝质成分，如何对这些资源进行有效的利用是水泥行业近年来大力开展的研究方向之一。

3.1.1.3 天然铁矿石资源情况分析

铁质原料在水泥熟料生产过程中约占 2%～6%，一般由铁矿石提供，与硅酸盐水泥熟料中的主要矿相之一的铁铝酸四钙的形成有关。中国是世界上铁矿石资源总量相对丰富的国家，但可供开发利用的资源短缺。我国铁矿石资源总体呈现以下特征：一是铁矿石资源品位较低，截至 2021 年底，国产铁矿石平均品位为 34.50%，远低于巴西、俄罗斯、印度等国家，也低于世界铁矿石品位平均水平；二是贫矿多，富矿少，贫矿资源储量占总储量的 80%；三是中小型矿多，大型、特大型矿少；四是矿石类型复杂，难利用的铁矿多。根据自然资源部发布的《中国矿产资源报告（2019）》，我国铁矿石已探明资源量从 1949 年的 3.32×10^{9} t 增至 8.5219×10^{10} t，增长近 26 倍；《中国矿产资源报告（2021）》显示，截至 2020 年末，我国已证实及可信铁矿石储量为 1.0878×10^{10} t。而国家统计局数据显示，2020 年中国钢材累计产量达到 1.324892×10^{9} t。综上所述，我国的铁矿石资源虽然丰富，但整体来看，国内铁矿石质量不高，品质较低，可采储量较少，现有产量和品质均不能满足实际生产需要，部分钢铁企业对铁矿石需求甚至依赖进口[9]。

3.1.2 传统燃料

随着双碳进程的不断深入，人们越来越重视低碳或无碳燃料的使用，例如最新出现的绿氨燃烧技术、氢气燃烧技术都为降低碳排放量提供了重大的助力。天然气热值高含碳低，又呈低污染，是一种十分理想的燃料。但是，因天然气燃烧后水蒸气体积量大，加之价格又较高，使得水泥企业更乐意选择煤粉作为燃料。也就是说，水泥制造中，对于矿物燃料特别是煤炭依赖性非常强。寻找低含碳的燃料对于降低碳排放同样是重要且有意义的途径。

煤炭是世界上储量最多、分布最广的常规能源，中国是煤炭储存量大国，有资料显示，中国煤炭探明可采储量应在 2×10^{11} t 以上，资源量可达 3×10^{12} t[10]，位居世界第二。同时我国石油与天然气相对匮乏，因此我国水泥熟料工业生产均使用煤炭作为燃料（只有高校和科研院所实验室考虑到试验工作便捷性，使用电力作为熟料制备的能源，占国内水泥工业总能耗的比例几乎可以忽略不计）。国内对纯粹以电力作为水泥熟料制备用能源的研究已进行多年，不过至今仍停留在研发阶段，尚未工业化实施。综上所述，我国水泥工业消耗的燃料基本等同于煤炭消耗量。

我国煤炭资源虽然储量可观，但煤矿品质不高，高含杂、低品位煤资源储量丰富，且我国疆域辽阔，各地生产条件差别较大。例如，南方地区一般缺乏发热量较高的优质煤炭，北方如山西、内蒙古、新疆等区域煤炭质量优良。显然，使用品位差的煤炭进行水泥生产将消耗更多的实物煤炭，剥采物也将对环境产生更多的污染。通过对我国各省级区域水泥工业煤炭消耗状况进行调查，可获得煤炭年产量＞0.5×10^8 t/a的省级区域的统计数据[11]。

2021年煤炭年产量＞0.5×10^8 t/a的省级区域的统计数据分析，如图3.3所示。

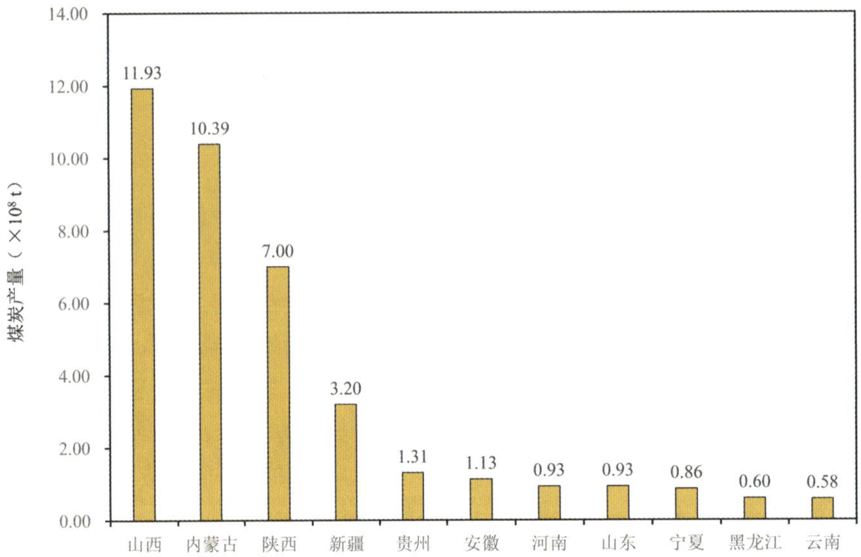

图3.3　2021年煤炭年产量＞0.5×10^8 t/a的省级区域的统计数据分析

从图3.3可见，我国水泥工业各省级区域燃料消耗差别很大，标准煤消耗量＜5×10^6 tce/a的省份占据一半以上。为了进一步明确单位熟料产品的煤耗状态，可选取某典型熟料产能为5000 t/d的水泥生产线近3年的煤耗、电耗和能耗的平均水平进行分析。

某典型熟料产能为5000 t/d的水泥生产线近3年的煤耗、电耗和能耗的平均水平，如表3.3所示。

表3.3　某典型熟料产能为5000 t/d的水泥生产线近3年的煤耗、电耗和能耗水平

统计时间		2020年	2021年	2022年
实际产能（$\times10^7$ t/a）		7.403	6.681	5.623
标准煤耗（kgce/t）		104.46	103.40	102.52
工段电耗（kW·h/t）	生料制备工段	15.30	15.27	14.87
	熟料煅烧工段	26.07	26.36	25.79
	熟料煅烧综合	51.63	52.07	50.67
	水泥制备工段（按42.5级水泥计）	27.78	27.66	27.00
余热发电量（kW·h/t）		31.06	31.17	30.72
熟料28 d抗压强度（MPa）		58.6	60.1	61.7
单位熟料综合能耗（kgce/t）		106.99	105.97	104.98

从表3.3可见，从2020年到2022年，由于限产能，虽然总产量持续降低，但通过期间技术不断改造，生产线标煤耗得到了持续降低。该生产线为既有生产线，按新的国家标准GB 16780—2021《水泥单位产品能源消耗限额》中的能级对标为Ⅲ级煤耗[12]，因此和Ⅰ级煤耗对比还有很大的空间，而要实现跃迁，就必须大力推广使用替代燃料。

煤炭燃烧的基本原理是利用煤炭中的碳、氢等元素与氧气反应，释放热能并产生CO_2、水蒸气等物质。水泥生产过程中，煤炭经过粉磨后进入回转窑、分解炉中燃烧。一般情况下，煤粉的燃烧分为4个阶段：煤粉与助燃空气的混合；煤粉被加热后煤粉释放出挥发分；挥发分着火释放出热量；固定碳着火燃烧直至燃爆。一般回转窑煅烧用煤质量要求灰分≤30%,挥发分在18%~30%,发热量≥2.09×10^7 kJ/kg,煤粉细度要求控制在8%~15%[13],但实际上由于我国优质煤炭供给紧张、价格较高,很多厂家达不到这个要求,这会导致煤粉燃烧后的灰分沉落在熟料颗粒上,造成熟料颗粒表面富硅化,从而对水泥熟料表层矿物成分有影响。回转窑和分解炉作为水泥熟料生产过程中的燃料燃烧装置,需要具备燃料燃烧功能、热交换功能、化学反应功能、物料输送功能和降解利用废弃物功能。如今,水泥窑热工设备经过一代代改良换新,具备了这些功能,但始终有一些问题难以解决。以回转窑为例,其存在着两个很大的缺点和不足,一是作为热交换装置,窑内炽热气流与物料之间主要是"堆积"换热,换热效率低,从而影响其应有的生产效率和燃料使用效率;另一个是回转窑内熟料煅烧过程中所需要的燃料全部从窑头供给,燃料在窑内煅烧带的高温、富氧条件下燃烧,会形成大量的氮氧化物等有害成分,对环境造成很大的污染[14],因此新型燃料或可替代燃料也是水泥行业研究和应用热点之一。

3.1.3 传统电力

水泥厂主要用电设备包括破碎机、石灰石输送设备、石灰石堆料设备以及矿山辅助系统,根据收尘方式的不同还可能含有静电收尘室。水泥工业对电能的消耗是巨大的,水泥生产单位产品综合电耗一般约为90 kW·h/t,其中:生料粉磨单位产品电耗约为12~23 kW·h/t,水泥粉磨单位产品电耗约为23~35 kW·h/t。由此可知,水泥生产过程中耗电最大的为粉磨阶段,占整个水泥生产过程中总电耗的60%~70%,其余约占30%~40%[15]。同时这些电能的利用率也处于较低的水平,因此水泥生产中的电耗是巨大的,有关数据表明,电耗成本占整个水泥生产成本的10%以上,为水泥生产带来不小的负担。水泥生产过程中的电耗是个不可忽视的问题,需要采取措施降低电力消耗,提高能源利用效率,实现可持续发展。

为降低水泥生产过程中的电力消耗,可以采取的措施主要有:优化生产工艺流程,避免重复加工和浪费,减少电力消耗;选择节能的设备和技术,如采用高效的磨机、煤磨机等设备;合理控制窑炉的燃烧温度和烟气排放温度,降低能源损耗;使用可再生能源和低碳能源,比如太阳能、风能、光伏、潮汐发电等,降低对电力的依赖程度。目前,随着水泥企业现代化发展,水泥生产设备也得到了很高程度的优化。如传统的粉磨设备采用的是球磨机,尽管其研磨效率高、工艺简单,但其电耗巨大,能源利用率仅为240~320 m^2/kJ,产能也较低[16]。现今应用的辊压机预粉磨系统则粉磨效率高、能耗低,能量利用率达600 m^2/kJ,克服了球磨机能源利用率低的致命弱点,同时,开发出变频节能设备、究底补偿装置和低压电机全相控技术等。虽然电气设备的功率和效率不断提高,但节电能力最多也不超过25%,未来发展新能源可能是重中之重[17]。

结合国内某典型水泥生产线工段电耗(参见表3.3)可见,熟料煅烧综合电耗为51.63 kW·h/t,加上水泥制备工段电耗27 kW·h/t(按42.5级水泥计),水泥生产单位产品电耗一般约为1200 kW·h/t。我国水泥熟料产能在2014年达到2.48×10^9 t/a的峰值后进入平台期,按近年来2×10^9 t/a估算,电力需求量约为2.4×10^{11} kW·h,因此水泥行业对电力的需求量是非常大的。在"双碳战略"和错峰生产等政策措施下,新型能源和清洁能源的需求与日俱增。

3.1.4 水泥熟料的烟耗及应用

3.1.4.1 烟的基本概念

当系统由一任意状态可逆地变化到与给定环境相平衡的状态时,理论上可以无限转换为任何其他能量形式的那部分能量,称之为㶲(Exergy)。因为只有可逆过程才有可能进行最完全的转换,所以可以认为㶲是在给定的环境条件下,在可逆过程中,理论上所能作出的最大有用功或消耗的最小有用功。一切不能转换为㶲的能量,称之为𬉼(Anergy)。任何能量E均由㶲和𬉼两部分所组成。

国内一些人把㶲称为可用能、有效能或可用度。㶲作为一种评价能量价值的参数,从"量"和"质"两个方面规定了能量的"价值",解决了热力学中长期以来没有一个参数可以单独评价能量价值的问题,改变了人们对能的性质、能的损失和能的转换效率等问题的传统看法,提供了热工分析的科学基础[18]。

㶲与𬉼转换规律如下:

① 㶲与𤆬的总量保持守恒，即我们常说的能量守恒定律；

② 𤆬再也不能转换为㶲，否则将违反热力学第二定律；

③ 可逆过程不出现能的贬值变质，所以㶲的总量守恒；

④ 在一切实际不可逆过程中，不可避免地发生能的贬值，㶲将部分地“退化”为𤆬而成为㶲损失，因为这种退化是无法补偿的，所以㶲损失才是能量转换中的真正损失；

⑤ 孤立系统的㶲值不会增加，只会减少，至多维持不变，此即孤立系统㶲减原理。

所以，㶲与熵一样，可用作自然过程方向性的判据[19]。

3.1.4.2 㶲平衡

㶲只是能量中的可用能部分，它的收支一般是不平衡的，在实际的转换过程中，一部分可用能将转变成不可用能，㶲将减少，称之为㶲损失。这并不违反能量守恒定律，㶲平衡是㶲与㶲损失之和保持平衡[20]。

3.1.4.3 效率

与能量转换效率有着类似的定义，所不同的是，㶲效率是收益㶲与支付㶲的比值，即：

$$\eta=\frac{E_x}{E_x'} \tag{3.1}$$

式中　η ——㶲效率，%；

E_x ——收益㶲，kJ；

E_x' ——支付㶲，kJ。

有了㶲效率的概念，我们就可以针对某个热力系统建立㶲平衡关系式，并对其进行㶲分析，从而达到以下目的：

① 定量计算能量㶲的各项收支、利用及损失情况。收支保持平衡是基础，能流的去向中包括收益项和各种损失项，根据各项的分配比例可以分清其主次；

② 通过计算效率，确定能量转换的效果和有效利用程度；

③ 分析能量利用的合理性，分析各种损失大小和影响因素，提出改进的可能性及改进途径，并预测改进后的节能效果[21]。

3.1.4.4 能级系数

㶲是能量中具有做功能力的一部分，因而能量的价值，除了其数量的多少，还有质量的多少，也就是其中包括㶲的多少。通常定义单位能量中所含㶲的比例为能级系数。能级系数越高可利用的能量也就越高。

合理利用㶲和提高㶲效率便成为能源建设和能源设备改造的重要课题。㶲的合理利用和提高㶲效率，原则上是使能源能量的质量与用户需要的能量的质量相匹配，尽量做到高质能高用，低质能低用，让不同质的能物尽其用。在实际使用中有大量的可燃或含有㶲的不易燃烧的物质存在，创造条件提高用于水泥煅烧过程热量的有效释放，即提高这些物质的㶲效率，正是水泥煅烧过程节能降碳的重要努力方向。

3.1.4.5 水泥熟料的能耗

水泥熟料热耗，是指生产每 1 kg 水泥熟料所消耗的热能，单位为 kJ/kg（或 kgce/t）。

“水泥熟料烧成热耗”与生产统计的“水泥熟料热耗”在概念和数值有区别。生产统计的“水泥熟料热耗”数值，是指生产企业生产熟料年平均所消耗的热量，包括开窑、停窑、低产时和生产损耗等额外热耗损失；“水泥熟料烧成热耗”，是指完成烧成每 1 kg 水泥熟料所需要的热能，通常是生产车间或热工测定的计时数值。

国家市场监督管理总局、国家标准化管理委员会联合发布的强制性国家标准 GB 16780—2021《水泥单位产品能源消耗限额》，于 2022 年 11 月 1 日开始正式生效[22]。标准中对于运行水泥厂的熟料热耗值做出了明确的规定（参见表 3.4），从表 3.4 可以看出，2021 版较 2012 版规定的指标要高很多，不仅反映出我国水泥行业在节能去碳方面所取得的技术进步,同时给出水泥行业发展的要求。

水泥行业的发展要求,如表 3.4 所示。

表 3.4　水泥行业的发展要求

指标名称	能耗限额等级及限额值		
	3 级(限定值)	2 级(准入值)	1 级(先进值)
水泥单位产品综合能耗(kgce/t)	≤94 (98)	≤87 (93)	≤80 (88)
熟料单位产品综合能耗(kgce/t)	≤117(120)	≤107(115)	≤100(110)
熟料单位产品综合电耗(kW · h/t)	≤61 (64)	≤57 (60)	≤48 (56)
熟料单位产品综合煤耗(kgce/t)	≤109(112)	≤100(108)	≤94 (103)
水泥制备工段电耗 (kW · h/t)	≤34 (40)	≤29 (36)	≤26 (32)

注:括号内数据为 GB 16780—2012《水泥单位产品能源消耗限额》的对应限额指标[23]。

在水泥制造的过程中,从冷却机输出的熟料到烟囱排出的废气,整个窑体都每时每刻地向大气排放热量;烟气中或多或少也会因为不完全燃烧排泄出含有化学能量的燃料,如炭黑、一氧化碳等;另外,当机械设备空转时也不可避免地损失了宝贵的电力。也就是说,在水泥生产中㶲是客观存在的,水泥熟料的热耗与其㶲耗及㶲是息息相关的。降低㶲是进一步降低热耗和减少 CO_2 排放的努力方向。

3.2　源头低碳技术的实现途径

源头低碳技术的核心就是寻求和开发绿色资源及绿色能源,尽可能地实现减少硅酸盐原料以及化石燃料的应用,以降低每 1 t 水泥的 CO_2 的排放量。为此可按如图 3.4 所示的 3 个方面来开展工作,积极寻找和开发替代原料、替代燃料及新型能源。

码 4

(参见码 4:节能减排　央企先行)

源头低碳技术的实现途径示意,如图 3.4 所示。

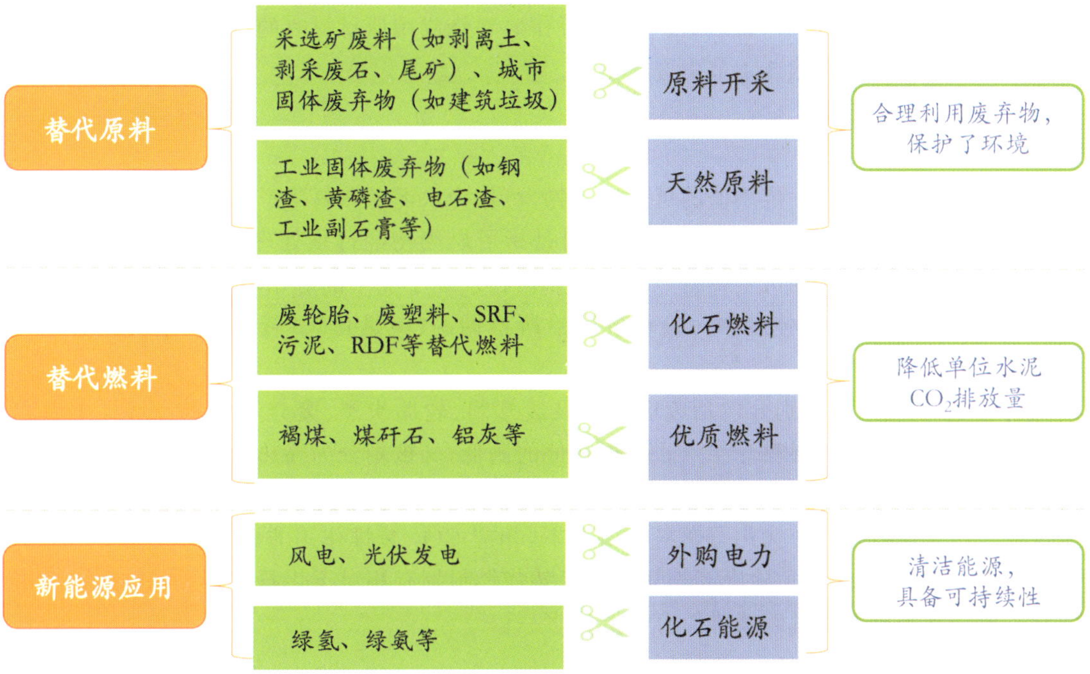

图 3.4　源头低碳技术的实现途径示意

3.2.1 替代原料

替代原料指的是可以替代天然矿产资源用作水泥生产过程的全部或部分原料。

按其来源，替代原料可分为采选矿废料（例如，剥离土、剥采废石、各类尾矿）、工业固体废弃物（例如，钢渣、黄磷渣）、城市固体废弃物（例如，建筑垃圾）等。

按其在水泥行业的用途，替代原料可用于以下几个方面[24-28]。

3.2.1.1 替代天然原材料用于生料的配料

此处的原料替代专指替代水泥生料配料用的原材料。例如，将钢渣、剥离土、硅钙渣、煤矸石、黄磷渣、电石渣、尾矿等固体废弃物用来替代钙质原料、硅铝质原料或铁质校正原料，用于生料配料并制备出合格的熟料。其中电石渣、冶金渣等可在水泥生产中替代传统石灰石原料，减少生料中石灰石含量进而减少石灰石在分解炉中分解所排放的CO_2。

3.2.1.2 替代混合材用于水泥的制备

对各种替代原料进行诸如破碎和/或粉磨等深加工之后，用其替代熟料进而达到降低熟料系数的作用，即作为混合材发挥部分替代熟料的作用。部分替代熟料后因大幅降低了熟料的用量，对减排CO_2是非常有利的。这类替代原料包括矿渣微粉、钢渣粉、粉煤灰、煅烧高岭土、煅烧黏土等，适量混合材的掺入不仅不会对水泥混凝土的工程质量产生负面影响，而且可根据工程需求调节水泥的性能，也是降碳措施中最经济有效的方法之一。为积极应对气候变化，降低水泥制造成本和改善水泥性能，全球水泥熟料系数均呈逐渐下降趋势。

3.2.1.3 替代矿化剂及调凝剂

可用作矿化剂及调凝剂的替代原料，包括工业副产石膏（例如，磷石膏、脱硫石膏或氟石膏）、磷氟含量高的磷渣、碱金属含量高的碱渣等。这些替代原料掺入后可适当降低煅烧的温度或改善水泥的凝结硬化时间，但掺量不宜过高，以防止影响熟料煅烧工况制度、降低水泥强度，或产生缓凝等负面的影响。

由此可见，通过替代原料的使用，不仅能大幅节省天然资源的使用，协同处置工业固体废弃物，而且还可适当降低原料煅烧过程中的CO_2排放。本章第3.3节将主要就烧成用替代原料来展开论述，主要分析钢渣、剥离土、劣质石灰石、煤矸石、黄磷渣、电石渣等作熟料烧成用原材料时的应用效果；相应替代混合材用于水泥制备的替代原料将在第5.1节中进行论述。

3.2.2 替代燃料

替代燃料指的是使用具有一定热值的可燃废弃物，可作为水泥窑熟料生产过程全部或部分的燃料，替代传统天然化石燃料。也有研究者[29]认为替代燃料是指可燃废物经过预处理后形成能够代替传统天然化石燃料用于水泥窑熟料生产的衍生燃料。可燃废弃物在水泥工业中的应用不仅可以节约一次能源，并且有助于环境保护，助力我国固体废物污染环境防治所遵循的“减量化”、“资源化”、“无害化”（简称“三化”）基本原则。

替代燃料有多种多类，按类别分包括废旧轮胎及废塑料、轮胎炭黑、废弃无纺布、污泥、生活垃圾、危废、生物质替代燃料、固体回收燃料等[30-32]。根据热值的高低，又被划分为高热值替代燃料、中热值替代燃料及低热值替代燃料。

水泥行业在用非化石燃料替代化石燃料的情况下，相应CO_2减排作用非常令人关注，尤其是协同处置各类生活垃圾、生物质燃料或危险废弃物等。鉴于替代燃料拥有相对于化石燃料更低的碳排放因子，应用替代燃料也成为水泥行业实现碳减排的有效措施之一。

3.2.3 新型能源

新型能源指非化石能源，也称清洁能源。其利用非化石类燃料来提供能源，摒弃煤炭、石油等碳排放强度高的化石燃料来提供能源，开发利用太阳能、风能、潮汐能，或者绿氢、绿氨等来提供能源。新型能源是推进能源绿色低碳转型的主要途径。中国把非化石能源放在能源发展优先位置，大力推进低碳能源替代高碳能源、可再生能源替代化石能源。

新型能源按能源的提供方式，可分为电能和化学能，电能又分为光伏发电、风力发电、水力发电（含潮汐能发电）、生物质发电；化学能分为绿氢、绿氨、生物质等清洁能源。

在工业生产中，除燃料燃烧所排放的 CO_2 外，每个行业产生的碳排放还包含电力消耗引起的碳排放。在水泥行业中燃料消耗和电力消耗引起的碳排放量约占生产总排放量的 40%[33]。若这部分能源消耗能充分利用新型能源，则可再进一步降低 CO_2 的排放，其中应用绿氢或绿氨可以达到 CO_2 的零排放。

3.3 替代原料的应用效果及降碳能力分析

根据替代原料的化学成分和矿物组分的不同，各替代原料可分别作钙质替代原料、硅质替代原料、铝质材料、铁质校正原料用于水泥生产。

替代原料在水泥熟料生产中应用的工艺流程，如图 3.5 所示。

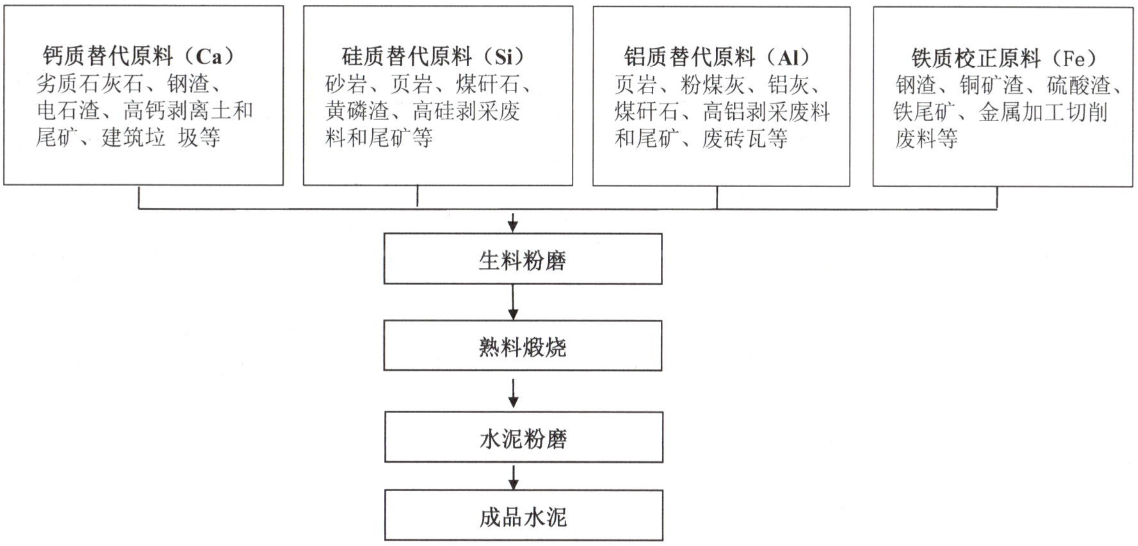

图 3.5 替代原料在水泥熟料生产中应用的工艺流程

由图 3.5 可见，各类替代原料可分别替代主要原材料石灰石、黏土和铁矿石等钙质替代原料、硅铝质替代原料和铁质校正原料。通过合理设计熟料率值并有效规避替代原料中的有害组分，利用替代原料结合高温固相反应同样可形成所需水泥熟料矿物相，各地可根据当地原材料情况合理进行搭配使用，在天然资源消耗低且熟料品质有足够保障的条件下，尽可能多地应用替代原料来烧制水泥熟料。

从熟料生产工艺可知，工业生产中碳排放的来源可分为直接排放和间接排放。直接排放包括化石燃料燃烧和碳酸盐矿物煅烧分解，间接排放则是生产消耗的某种能源所带来的排放，如电能、柴油等。

鉴于水泥并不是终端消费品，其实际应用过程十分复杂烦琐，因此将替代原料制备水泥的全生命周期碳排放边界设定为从“摇篮”到“使用大门”[34]，即从能源上游的开采、生产及运输阶段算起，至成品水泥运输至使用企业大门为止。

水泥全生命周期碳排放的边界示意，如图 3.6 所示。

从图 3.6 可知，水泥全生命周期碳排放的来源，主要包括 5 个方面：能源材料的开采、生产及运输能耗；原料（含替代原料）开采、生产及运输能耗；碳酸盐分解；生产能耗；产品运输能耗。

以下就几种典型的且应用相对成熟的替代原料进行应用效果及降碳能力分析。

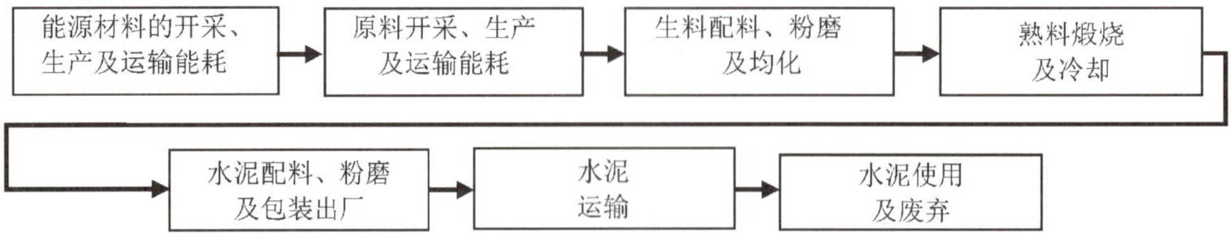

图 3.6　水泥全生命周期碳排放的边界示意

3.3.1 钢渣

3.3.1.1 钢渣替代原料特性

钢渣是一种矿物熔渣，它于 1650 ℃下在生铁、废钢和造渣剂(CaO，CaF_2)加工成钢的过程中形成的，故由铁的氧化物，其他金属氧化物以及用于形成炉渣的生石灰或者煅烧白云石构成。钢渣的主要化学成分是 CaO、SiO_2、Fe_2O_3、MgO，还有少量的 Al_2O_3、K_2O、Na_2O、MnO、P_2O_5、SO_3、TiO_2 等。据其矿物组分及碱度值的大小，Mason B 按碱度系数 R 将钢渣分为 4 种不同类型的渣：$R=0.9\sim1.4$ 时为橄榄石渣；$R=1.4\sim1.6$ 时为蔷薇辉石渣；$R=1.6\sim2.4$ 时为硅酸二钙(C_2S)渣；$R>2.4$ 时为硅酸三钙(C_3S)渣[35]。

以宝武环科武汉金属资源有限责任公司的钢渣为例，考察钢渣的矿物组分。

自然存放钢渣的显微结构图像，如图 3.7 所示[35]。

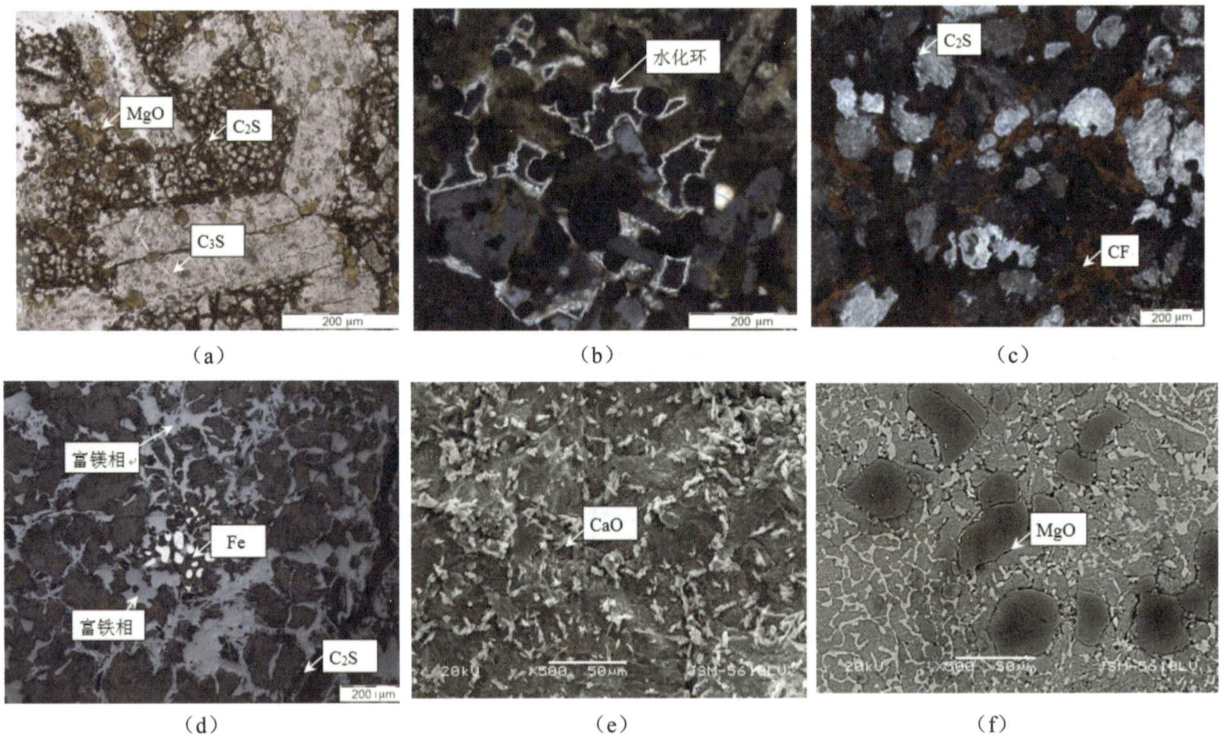

(a)　(b)　(c)　(d)　(e)　(f)

图 3.7　自然存放钢渣的显微结构图像

(a) 光学显微镜，单偏光，200×；(b) 光学显微镜，正交偏光，200×；(c) 光学显微镜，正交偏光，100×；(d) 光学显微镜，反光，100×；(e) 扫描电镜，二次电子成像，500×；(f) 扫描电镜，背散射电子成像，500×

试样为直接从钢渣堆场中选取的具有代表性的各种钢渣块，在无水酒精介质中经过打磨、抛光等工艺制成光片，在偏光显微镜下观察钢渣自身的显微构造。部分钢渣中 C_2S 和 C_3S 已经产生了水化现象，不过依旧可见原 C_3S 呈板状的晶形，C_2S 呈圆粒状，在 C_2S 和 C_3S 晶相间有少量的铁酸钙($CaFe_2O_4$)。游离 MgO 呈粒状，分布在 C_3S 晶粒中，参见图 3.7(a)和(f)。在部分试样边缘和孔洞处存在水化现象，可见细小的水化产物，参见图 3.7(b)。

在反光模式下，同样可观察到圆形及类圆形的 C_2S、板状 C_3S 及以多种形式存在的玻璃相。其中玻璃相主要为富铁的浅色中间相(晶态、非晶态共存,富铁玻璃相居多)和分布在浅色中间相中的深灰色点滴状富含镁铝硅的深色中间相(晶态、非晶态共存,富含铝镁硅玻璃相居多)。此外,在反光模式下还可观察到部分已经消解的粉化区及少量的铁相,且钢渣中孔隙分布不均匀,孔径大多在 1 mm 以下。据 X 射线衍射分析表明,粉化区的矿物相以 $Ca(OH)_2$、$CaCO_3$ 以及 FeO 为主。

3.3.1.2 钢渣作替代原料的技术路径及实施途径

从前述钢渣的化学组分、矿物特性和显微结构可以看出,钢渣也含有 RO 相(FeO、Fe_2O_3、MgO 等),从而具备取代铁质校正材料的条件。加之钢渣中还含有 CaO(含量大部分为 40%~50%)等水泥烧成原材料所需要的钙、硅、铝等,可节省部分钙质、硅质和铝质原材料,有鉴于此,钢渣可作为替代原材料。

钢渣可作为替代原材料的技术路线,如图 3.8 所示[36]。

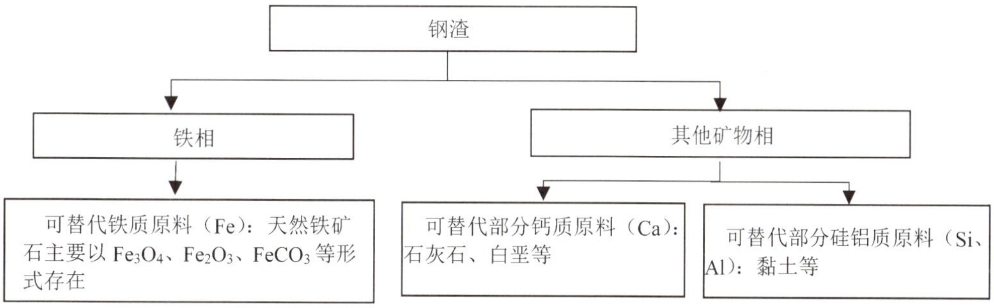

图 3.8 钢渣作为替代原材料的技术路径

由图 3.8 可知:

(1) 钢渣中含铁质原料

一般水泥用铁质校正材料的矿物组分为赤铁矿 Fe_2O_3,而钢渣中的铁相主要以 FeO、Fe_2O_3、Fe 单质以及 RO、CF 等形式存在。钢渣在作原材料时,不论铁以何种形式存在,其高温固相反应中铁相均能提供铁组分形成水泥熟料所需的 C_4AF 矿相,且由于铁及铁的氧化物在氧化时会释放热量,还可提供少部分热能。

(2) 钢渣有“诱导晶种”作用

20 世纪 90 年代中国建材科学研究院推出“添加晶种”熟料煅烧技术,即在生料制备过程中,引入适量的优质水泥熟料作为“晶种”,在熟料煅烧过程中起到“诱导结晶”的特殊作用。钢渣中含有硅酸三钙、硅酸二钙等物质,这些矿物在熟料煅烧过程中同样能起到了“诱导晶种”的作用。该作用可有效地降低晶体形成时的核化势垒,打破原 $CaO\text{-}SiO_2\text{-}Al_2O_3\text{-}Fe_2O_3$ 系统的动态平衡,促使化学反应速度进一步加快,为 C_2S 吸收 f-CaO 形成 C_3S 的反应创造条件,最终促进水泥熟料烧成。若采用钢渣,可作为水泥熟料煅烧中的“非熟料晶种”配料,有望取得与水泥熟料晶种相同的技术经济效果。

水泥煅烧最主要的阶段是 C_2S 和 CaO 熔于高温液相并通过离子反应形成 C_3S 的过程,掺加晶种(钢渣中所含的 C_3S 晶体)可以跳过从熔体中析出临界晶核的阶段,而从外加 C_3S 晶种表面直接长大发育成良好的 A 矿,缩短熟料的形成时间。同时,采用钢渣配料,生料中 FeO 含量高,液相出现温度低、黏度低,有利于发挥钢渣的晶种作用。

(3) 钢渣能调节生料中的铝率

就化学组成而言(以宝武环科钢渣为例),钢渣中 Fe_2O_3 和 FeO 含量一般约为 24%,而水泥工业常用的铁粉中 Fe_2O_3 含量一般约为 40%;其次,钢渣中$[w(Fe_2O_3)+w(FeO)]/w(Al_2O_3)$约为 4~5,而铁粉中 $w(Fe_2O_3)/w(Al_2O_3)$一般为 2.5。一般而言,钢渣铁铝比值较大,便于调节生料中铝率值(IM)。

(4) 钢渣能作矿化剂和促进剂

钢渣中含有的某些元素,是熟料烧成过程中良好的矿化剂和促进剂,能够降低 $CaCO_3$ 分解温度,并加速化学反应提高 $CaCO_3$ 的分解率。如钢渣中 MgO 含量较高,将造成熟料 MgO 含量升高,煅烧时可提高熟料液相量,利于煅烧;同时含有的部分 FeO,也可降低液相出现的温度。

(5) 钢渣能部分代替石灰石和硅铝质校正材料

钢渣中还含有 CaO、SiO_2 和 Al_2O_3，在取代铁质的时候还可部分替代石灰石和硅铝质材料，减少石灰石和硅铝质材料资源的消耗，进一步保护生态环境。同时钢渣中高活性 CaO 可以相对减少 $CaCO_3$ 分解所需能量，降低熟料热耗，减少配煤量，同时活性氧化钙减少了 CO_2 排放，达到适当减排的目的。

(6) 钢渣的安定性好

通过生料预均化以克服钢渣组分波动大的问题，并通过回转窑旋转煅烧再次均化，无钢渣安定性不良的问题。

由此可见，采用钢渣代替铁粉配料有助于水泥熟料中矿物相的形成，在生产过程中能实现优质、高产、低耗。

3.3.1.3 钢渣作替代原料应用效果及碳减排效果分析

水泥全生命周期碳排放计算基准为 1 t P·Ⅰ型硅酸盐水泥。结合生产实际，以宝武环科钢渣运输至长江沿线的某水泥有限公司用于烧制水泥熟料为例，钢渣熟料目标值为：$KH=0.91\pm0.02$，$SM=2.5\pm0.1$，$IM=1.5\pm0.1$。

原料化学成分分析，如表 3.5 所示[36]。

表 3.5　原料化学成分分析　（质量分数，%）

名称	w(Loss)	$w(SiO_2)$	$w(Al_2O_3)$	$w(Fe_2O_3)$	w(CaO)	w(MgO)	$w(SO_3)$	$w(K_2O)$	$w(Na_2O)$	$w(R_2O)$
石灰石	31.97	11.05	3.72	1.46	44.65	0.79	0.1	0.60	0.09	0.51
砂岩	7.21	79.00	4.01	6.45	1.22	0.44	0.05	0.28	0.24	0.42
铁矿石	14.73	11.65	6.44	48.63	11.42	4.64	0.08	1.04	0.28	0.96
钢渣	9.27	10.27	3.43	24.08	40.48	9.38	0.23	—	—	—

熟料生产工艺配方及强度性能，如表 3.6 所示[36]。

表 3.6　熟料生产工艺配方

试样	熟料配方(质量分数，%)				3 d 抗折强度 R_f/MPa	28 d 抗折强度 R_f/MPa	3 d 抗压强度 R_c/MPa	28 d 抗压强度 R_c/MPa
	石灰石	砂岩	钢渣	铁矿石				
参比样	94	4.4	0	1.6	4.87	8.8	26.6	65.5
G_1	92	4.5	3.5	0	5.3	8.47	29	67.1
G_2	90.5	4.5	5	0	5.35	8.7	28.1	66.4

(1) 原材料开采、加工及运输阶段产生的碳排放

水泥生产过程中使用的矿物原材料，主要包括石灰石、砂岩、黏土、钢渣和二水石膏。由于钢渣是冶金工业产生的固体废弃物，其在高温过程中不再排放 CO_2，因此不考虑其碳排放。由于原材料开采生命周期碳排放已包含过程中使用能源的碳排放，在此不再单独计算此阶段能源产生的碳排放。

钢渣煅烧熟料在原材料开采、加工阶段碳排放量的比较，如表 3.7 所示。

表 3.7　钢渣煅烧熟料在原材料开采、加工阶段碳排放量比较

名称	每 1 t 熟料的原材料用量(t)			资源开采生命周期 CO_2 排放折算系数(kg/t)
	参比样	G_1	G_2	
石灰石	1.382	1.352	1.330	1.72×10^{-2}
砂岩	0.047	0.048	0.048	1.42×10^{-2}
铁矿石	0.019	0	0	2.91×10^{-4}
钢渣*	0	0.039	0.055	0

续表 3.7

名称	每 1 t 熟料的原材料用量(t)			资源开采生命周期 CO_2 排放折算系数(kg/t)
	参比样	G_1	G_2	
原材料开采、加工阶段每 1 t 熟料产生的碳排放量(kg)	24.44	23.95	23.57	
节碳量(kg)		0.50	0.88	

* 缺少相关统计资料,按与黏土相同计算。钢渣无须再开采加工,故认定其开采、加工过程中不排放 CO_2。

根据表 3.7 可得,生产 1 t P·Ⅰ型硅酸盐水泥时,对于参比样在原材料开采和加工阶段每 1 t 熟料产生的碳排放为:

$$1382\times0.0172\ \text{kg}+47\times0.0142\ \text{kg}+19\times2.91\times10^{-4}\ \text{kg}=24.44\ \text{kg}$$

以此类推,3.5%掺量的 G_1 在原材料开采和加工阶段每 1 t 熟料产生的碳排放为 23.95 kg,5%掺量的 G_2 在同等条件下的碳排放为 23.57 kg。分别减少碳排放 0.50 kg 和 0.88 kg。

一般水泥有限公司生产水泥的原材料除石灰石不需要运输外,其他均需要运输。钢渣采用水运,其他材料均采用陆运。湖北省交通运输能耗采用陆运时按 7.5 kgce/(100 t·km)计,采用水运时按 6.5 kgce/(100 t·km)计。原材料中黏土来自当地,运输路程为 30 km,运输方式为陆运;铁矿石外采,铁矿石和钢渣一样,运距都按 80 km 计算。

运输过程中 CO_2 排放量的计算结果,如表 3.8 所示。

表 3.8 运输过程中 CO_2 排放量的计算结果

名称	每 1 t 熟料的原材料用量(t)			每 1 t 熟料用原材料运输过程中 CO_2 的排放量(kg)		
	参比样	G_1	G_2	参比样	G_1	G_2
石灰石	1.382	1.352	1.330	—	—	—
砂岩	0.047	0.048	0.048	0.262	0.268	0.268
铁矿石	0.019	0	0	0.277	0	0
钢渣	0	0.039	0.055	0	0.493	0.704
合计	1.448	1.439	1.433	0.539	0.761	0.972
增加碳排放量(kg)	—	—	—	—	0.22	0.43

由表 3.8 可见,根据国家发展和改革委员会公布的每 1 kg 煤炭燃烧 CO_2 排放为 2.4567 kg 及上述运输路程假定[37],按参比样配方生产 1 t 硅酸盐水泥,在原材料运输阶段产生的碳排放为 0.539 kg;对于 3.5%掺量的 G_1 配方,其对应碳排放为 0.761 kg;5%掺量的 G_2 配方,其对应碳排放为 0.972 kg。和参比样相比,两种钢渣配料均增加原料运输碳排放,分别增加了 0.22 kg 和 0.43 kg。

(2) 生料煅烧过程中矿物分解产生的碳排放

原材料按照生产配料经过预均化、粉磨和均化的流程后,进入回转窑煅烧。生料中各种矿物含有的碳酸钙、碳酸镁成分在回转窑的高温环境下将发生分解,释放大量二氧化碳。假定水泥生产工艺配方中所示各原材料(由于钢渣是高温冶炼废弃物,故不考虑其贡献)的 CaO 含量和 MgO 含量均来自矿物原材料中的 $CaCO_3$ 和 $MgCO_3$,且煅烧过程中两种碳酸盐均完全分解。根据物料平衡,可获得生产 1 t P·Ⅰ型硅酸盐水泥时各配比在生料煅烧过程中由矿物分解产生的碳排放。

矿物分解产生的 CO_2 排放量,如表 3.9 所示。

根据表 3.9 可知,对于参比样,每 1 t 熟料在生料煅烧过程中产生的碳排放为 500.08 kg/t,3.5%掺量 G_1 的碳排放为 486.88 kg,5%掺量 G_2 的碳排放为 478.96 kg。钢渣的掺入分别减少碳排放为 13.20 kg 和 21.12 kg。

表 3.9 矿物分解产生的 CO_2 排放量

名称	原材料中钙镁含量(%)		每 1 t 熟料的原材料 CO_2 排放量(kg)			煅烧中原材料 CO_2 排放量(kg)	
	w(CaO)	w(MgO)	参比样	G_1	G_2	G_1	G_2
石灰石	44.65	0.79	496.75	486.18	478.26	10.57	18.50
砂岩	1.22	0.44	0.68	0.70	0.70	−0.02	−0.02
铁矿石	11.42	4.64	2.64	0.00	0.00	2.64	2.64
钢渣	40.48	9.38	0.00	0.00	0.00	0.00	0.00
合计	—	—	500.08	486.88	478.96	13.20	21.12

(3) 熟料煅烧过程中燃煤及粉磨电耗产生的碳排放

水泥生产过程中的能耗主要包括煤耗和电耗。为了推动水泥行业节能降耗，指导行业绿色发展，国家和地方相继出台了水泥限耗标准。

熟料煅烧过程中燃煤及粉磨电耗产生的 CO_2 排放量，如表 3.10 所示。

表 3.10 熟料煅烧过程中燃煤及粉磨电耗产生的 CO_2 排放量

项目	G_1	G_2	项目	G_1	G_2
节省煤量(kgce/t)	4	6	增加粉磨电量(kW·h/t)	1	2
燃煤炭排放的节省量(kg)	9.83	14.74	粉磨碳排放的增加量(kg)	0.81	1.62
注：燃煤的炭排放系数按 2.4567 kg/kgce 计			注：电能的碳排放系数按 0.809 kg/(kW·h)计		

(4) 全生命周期的碳排放总体情况

综合上述各项数据，对比 3 种不同的熟料配方，可见采用钢渣配料，配入 3.5%钢渣时，每 1 t 熟料可减少碳排放为：

$$0.50\ \text{kg}-0.22\ \text{kg}+13.20\ \text{kg}+9.83\ \text{kg}-0.81\ \text{kg}=22.48\ \text{kg}$$

由此可见，配入 3.5%钢渣时每 1 t 钢渣的碳减排贡献可达 642 kg。同理可计算出配入 5%钢渣时，每 1 t 熟料可减少碳排放 34.69 kg，使用 1 t 钢渣的碳减排贡献达 694 kg。

2021 年全国水泥产量 2.38×10^9 t，估算水泥熟料约 2.00×10^9 t，如果全部按 5%钢渣掺量测算，CO_2 减排量约 7×10^7 t/a。

综上所述，可得出以下结论：

① 对水泥行业来说，钢渣是一种非常好的低碳材料，既可以减少自然资源的开采，还可以大幅减少碳排放。

② 基于产品全生命周期评价(Life Cycle Assessment，缩写 LCA)，在水泥熟料烧制过程中配入 3.5%钢渣时，每 1 t 熟料可减少碳排放 22.48 kg，每 1 t 钢渣的碳减排贡献达 642 kg；配入 5%钢渣时，每 1 t 熟料可减少碳排放 34.69 kg，每 1 t 钢渣的碳减排贡献达 694 kg。

③ 钢铁、水泥是碳排放重点行业，具有较好的协同减碳潜力。

3.3.2 剥离土

3.3.2.1 剥离土替代原料特性

吉林省地方标准 DB 22/T 2278—2015《建设占用耕地表土剥离技术规范》[38] 指出：表土剥离是指以建设项目占用耕地耕作层为主的土壤剥离活动。但是，表土剥离活动不仅仅限于耕地耕作层，只要涉及适合耕种的土壤，都应进行剥离。剥离出的表土(以下简称：剥离土)，也不仅仅限于耕地复垦等土地整治，利用剥离土替代铝质校正原料和部分替代高硅材料，能降低企业对外采原料的依赖。

在此，以华润水泥(平南)有限公司(以下简称：平南公司)为例来阐述剥离土在熟料烧成中作原材料的应用。平南公司位于广西贵港市平南县丹竹镇，南临西江，北靠平丹公路，水陆交通十分便利。公司目前拥有 5 条 5000 t/d 新型干法水泥熟料生产线，拥有矿山资源 3.2×10^8 t，年产水泥熟料达 6×10^6 t。随着石灰石矿山的不断开采，平南公司基地矿山开采中夹杂大量剥离土，累积堆积量约为 5×10^6 t，并掺杂了大量可用石灰石。这些剥离土若不能正确使用，不但会增加石灰石的开采成本，也会因为堆存占地造成剥离土堆积压矿问题，同时还造成黏土和石灰石资源的大量浪费。此外，平南公司受原材料成分的限制，长期采用外购高铝铁矿配料，在生产期间经常出现保供紧张的情况。为此，为解决剥离土的堆存问题同时改善平南公司石灰石资源短缺的问题，对剥离土的特性开展了研究并进行了替代研究。

不同层面平南剥离土的化学成分分析，如表 3.11 所示。

表 3.11　不同取样点剥离土试样的化学成分分析　（质量分数，%）

试样编号	w(Loss)	$w(SiO_2)$	$w(Al_2O_3)$	$w(Fe_2O_3)$	w(CaO)	w(MgO)	$\sum$
1	31.82	18.891	7.161	3.739	34.423	1.031	98.21
2	26.85	27.122	9.813	5.613	26.341	1.468	98.6
3	25.64	28.47	10.594	5.547	25.670	1.027	98.52
4	25.22	31.717	8.953	4.042	26.141	0.939	98.57
5	24.41	32.056	9.510	4.867	25.048	0.918	98.29
6	21.54	36.962	11.101	5.965	20.289	0.943	98.48
7	15.80	46.665	14.146	7.500	11.419	0.906	98.44
8	24.85	30.758	10.19	4.782	25.34	0.868	98.4
9	24.91	30.876	9.908	5.030	24.874	1.171	98.28
10	24.630	31.021	10.909	5.588	23.417	1.249	98.5
平均值	24.567	31.454	10.228	5.267	24.296	1.052	96.64
标准偏差(S_t)	4.02	7.06	1.78	1.06	5.74	0.19	
变异系数(C_v)	16.38	22.45	17.41	20.07	23.63	18.06	

从表 3.11 可见，虽然剥离土的主要成分为 CaO、SiO_2、Al_2O_3、Fe_2O_3，主要矿物为方解石、石英等，和开采的石灰石的矿物组分种类相近，且无放射性和重金属污染等问题，但成分波动范围非常大。譬如从所选的 10 个样品来看，CaO 含量为 11%～35%，这么大的波动无疑给配料带来很大的困难且会导致熟料质量变差，进而导致水泥质量稳定性受到影响。同时平南公司的 5 条熟料生产线自 2004—2008 年陆续投产运行以来，受生产线投产时间早，设计不够合理、原材料波动大等因素影响，基地存在熟料标准煤耗偏高(2017 年、2018 年平均 107.6 kgce/t)、出冷却机熟料温度偏高(均超过 150 ℃、最高甚至达 210 ℃)、预热器堵料频繁、水泥流动度波动大等问题。同时，平南公司部分生产线长期采用高硅率(2.6±0.1)、中铝率(1.5±0.1)的配料方案，影响了生料的易烧性，经常出现物料难烧、熟料飞砂料偏多、易磨性差的情况。

平南公司存在生产问题的主要原因，如表 3.12 所示。

表 3.12　平南公司存在生产问题的主要原因

序号	存在问题分析	生产指标	参考标杆企业生产指标
1	白云石含量偏高，烧成制度不易控制	白云石含量：5%	白云石含量：0.5%
2	粗石英含量偏高，原料易磨性差，80 μm 细度偏大	粗石英含量：6.3%； 80 μm 细度：27%	粗石英含量：4.7%； 80 μm 细度：22%
3	生料易烧性差，标煤耗高	标准煤耗：110.03 kgce/t； 易烧性指数：40	标准煤耗：102.4 kgce/t； 易烧性指数：51
4	熟料质量差，C_3S 以 M_3 型为主，C_3A 含量低，生料中 $w(SO_3)/w(MgO)$ 值偏低	熟料易生成 M_3 型 C_3S 矿物，且 C_3A 含量约为 3%	M_1 型 C_3S 为主，C_3A 含量 6% 左右

续表 3.12

序号	存在问题分析	生产指标	参考标杆企业生产指标
5	3 d 抗压强度偏低	3 d 抗压强度:30.1 MPa	3 d 抗压强度:30.6 MPa
6	流动度较差	流动度:154 mm	流动度:300 mm

3.3.2.2 剥离土作替代原料的技术路线及实施途径

经过系统的问题诊断和分析,造成 5 个生产问题的主要原因之一就是生料易烧性差,进而导致熟料矿物组成不合理,熟料中 M_1 型 C_3S 含量偏低,C_3A 含量偏少。针对易烧性差的问题,虽然国家标准中有生料易烧性的评价方法,但是重复性不好,实际应用很少。为此,基于熟料的化学反应动力学,笔者科研团队开发了可以定量评价生料易烧性的方法——K_{1450} 法,该计算方法是基于化学反应动力学理论提出来的。

定量评价生料易烧性的 K_{1450} 法的计算公式,如式(3.2)所示。

$$K_{1450}=\frac{2300}{3.07\Delta bc^{*}}\lg\left(\frac{c+\Delta bc^{*}}{c_0+\Delta bc^{*}}\cdot\frac{c_0}{c}\right) \tag{3.2}$$

其中:

$$\Delta bc=\frac{2.8w(SiO_2)+1.65w(Al_2O_3)+0.35w(Fe_2O_3)-w(CaCO_3)}{w(SiO_2)+w(Al_2O_3)+w(Fe_2O_3)+w(CaCO_3)}\times 100$$

$$\Delta bc^{*}=\Delta bc\times\frac{w(SiO_2)+w(Al_2O_3)+w(Fe_2O_3)+w(CaCO_3)}{100-w(Loss)}$$

$$c_0=\frac{w(CaCO_3)-1.87w(SiO_2)-1.65w(Al_2O_3)-0.35w(Fe_2O_3)}{100-w(Loss)}\times 100$$

式中 Δbc^{*}——导出变量(与 C_2S 的起始含量相关);

c——1450 ℃煅烧 30 min 后 f-CaO 的含量,%;

c_0——理论上开始形成 C_3S 时 CaO 的含量,%。

按式(3.2)计算出 K_{1450} 值后,可以按图 3.9 的数值区间对易烧性进行评价。这就大大提高了生料易烧性的评价准确率,生产控制也变得更加容易。

利用 K_{1450} 法评价生料易烧性的判断准则示意,如图 3.9 所示。

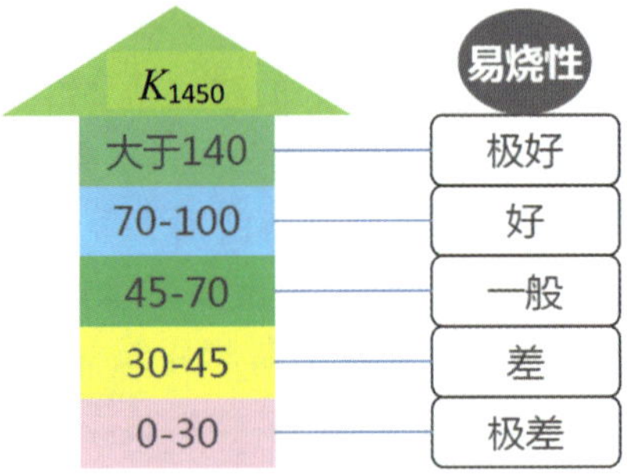

图 3.9 利用 K_{1450} 法评价生料易烧性的判断准则

由此可见,笔者科研团队提出的 K_{1450} 判据不仅可解决平南公司原有的技术问题,而且为组分波动大的剥离土解决了生产质量控制问题,突破性地解决了水泥行业的一大难题。

3.3.2.3 剥离土作原料的应用效果及碳减排效果分析

(1) 应用效果

基于此技术判据,从 2017 年 4 月开始,平南基地 1#、4#、5# 窑逐步开展掺大量剥离土工业试验,其中以 1# 窑试验时间最长,试验效果最明显。在生料中掺入剥离土后,1# 窑的入窑生料的易烧性指数得到大幅提升(K_{1450} 从 40 提升至 104),且熟料标煤耗下降明显,同时熟料整体质量也得到改善,熟料 3 d 和 28 d

强度较试验前均提高约 0.6 MPa。可见采用剥离土配料，不仅可以降低硅率，改善易烧性，还可以改善熟料质量。

（2）项目收益

① 直接经济收益

在项目开展过程中，剥离土作为原料大量使用的改善效果主要体现为降低了生料易烧性、回收剥离土中石灰石资源以及降低了对外购黏土的依赖，对基地精益运营的经济效益主要为标煤耗降低及剥离土替代部分原材料带来的收益。平南公司在应用以上成果后，取得了较好的经济收益。

平南公司工艺质量诊断与改善项目煤耗降低收益计算，如表 3.13 所示。

表 3.13 平南公司工艺质量诊断与改善项目煤耗降低收益计算

项目	2017 年平均值	2018 年平均值	2019 年平均值	备注
每 1 t 熟料的标准煤耗（kgce）	107.13	105.88	105.48	
每 1 t 熟料节省的标准煤耗（kgce）		1.25	1.65	
熟料的产量（$\times10^6$ t）	7.3826	7.2553	7.436	
实物煤的年平均价格（元/t）		595	561	平南公司煤炭的年度采购价格
平南煤炭基地收到基热值（kJ/kg，年平均统计值）		21182	21508	基地统计年度的平均收到基值
换算成标准煤的平均价格（元/kg）		0.82	0.76	热值修正后标准煤的采购价格
节煤带来的年收益（$\times10^6$ 元）		5.13.7	7.162	
两年节煤总效益（$\times10^7$ 元）		1.21395		

平南公司从 2017 年下半年全面应用剥离土至今，按 2018 年及 2019 年生产统计数据，煤耗降低所带来的直接经济收益平均为 6.1497$\times10^6$ 元/a，共计 1.21395$\times10^7$ 元。

平南公司项目收益及创新性技术，如表 3.14 所示。

表 3.14 平南公司项目收益及创新性技术

类别	项目	内容	备注
收益项目	项目周期内经济效益	对降低生产能耗和生产成本效益显著。标煤耗同比 2017 年下降 2.24 kg/t，计算产生燃料节省带来的收益为 1.21395$\times10^7$ 元； 2018—2019 年，外掺剥离土 1.386$\times10^6$ t，直接经济效益 4.1872$\times10^6$ 元	该项目成果可以延续，后期开采的剥离土持续使用
	非经济效益	（1）剥离土可替代铝质校正原料和部分替代高硅材料，降低了对原料供应商的依赖性； （2）解决了矿山剥离土堆存和压矿的问题，提高了生产效率，可延长矿石使用寿命	实现资源掌控的目标
指标先进性	指标挑战性	（1）项目中解决掉了矿山多年积压的剥离土（5$\times10^6$ t）； （2）通过项目的推广优化，水泥生产最重要的指标煤耗降低 2%	指标的改善具有持续性
创新突破性	管理方式的创新性或突破	（1）变废为宝，资源综合利用； （2）以统合思维推动系统管理创新	系统思维解决生产问题
	预计项目成果的可推广性	（1）以高质量发展为指导的多维创新项目模式可系统复制、扩展到其他基地； （2）采用产研联合模式，基地与研发中心系统结合成项目组并发挥各自优势	项目展开的过程及模式可供其他生产线推广借鉴

通过生产的合理运行，2018 年全年累计消耗剥离土 1.1688$\times10^6$ t，2019 年全年累计消耗剥离土

8.108×10^5 t。剥离土中石灰石代替生料配料用天然石灰石，剥离土中硅铝质组分可代替生料配料用天然黏土，其中剥离土中可替代黏土部分的含量约为 62%，计算可替代石灰石部分的含量约为 38%。2018—2019 年，剥离土收益为替代石灰石及黏土得到收益减掉剥离土开采成本，为 4.1872×10^6 元。

本项目 2 年共计节省原材料开采带来的经济效益为：

$$1.213.95\times10^7\text{ 元(煤耗节约)}+0.41872\times10^7\text{ 元(剥离土效益)}=1.632.67\times10^7\text{ 元}$$

② 间接经济收益

使用剥离土的间接经济收益还包括：

第一，减少了外购材料。使用剥离土可替代铝质校正原料和部分高硅，降低了对原料供应商的依赖性。

第二，延长矿山使用寿命，缓解了保供压力。因解决了矿山剥离土堆存和压矿问题，提高了生产效率，可延长矿石使用寿命。并且缓解了保供压力，拓展了黏土的使用范围，提高了周边黏土资源的利用效率，且剥离土的使用进一步改善了生料易烧性。

第三，产品质量得到了提升。通过一系列的调整优化措施后，出窑熟料、出磨水泥质量有了明显改善，平南公司主要产品 P·Ⅱ 42.5R 水泥变异系数在原 2017 年基础上有了大幅度地降低，同时初始流动度合格率由 22.8%提升至 96.7%，客户走访了解到平南公司出厂 P·Ⅱ 42.5R 水泥目前在两广市场溢价能力较主要竞争对手达 50～60 元/t，华润建材科技品牌效应得到加强。

(3) 碳排放关键性指标分析

由表 3.13 可知，2018 年和 2019 年每 1 t 熟料节省的标准煤耗量分别为 1.25 kgce 和 1.65 kgce，熟料的产量分别为 7.2553×10^6 t 和 7.4360×10^6 t，按此数量计算 2 年共计节省的标准煤量为：$(7.2553\times10^6\times1.25+7.4360\times10^6\times1.65)/1000=2.1338.5\times10^4$ t。

按“核算指南”计算方法，取 3 年平均标准煤耗 106.16 kgce/t 作为计算基准，则单位标准煤的 CO_2 排放量为：$E_{燃烧1}=1\text{ t}\times29.307\text{ GJ/t}\times27.49\text{ t/TJ}\times98\%\times44/12/1000=2.895\text{ t}$。

减少 CO_2 减排总量共计为：$2.895\text{ t}\times21338.5\text{ t}=61774\text{ t}$。

3.3.3 硅钙渣

3.3.3.1 硅钙渣替代原料特性

硅钙渣通常指粉煤灰中加入碱和石灰石烧结，再通过湿法提取氧化铝，回收碱后剩余的固体残留物，因其主要含有硅钙两种元素，被称为硅钙渣。根据众多厂家对硅钙渣粉体的分析，其中 $w(CaO)>55\%$，$w(SiO_2)>25\%$[39]。

硅钙渣粉体可以作为一种优质的水泥原料。水泥的主要成分是 C_3S、C_2S 和 C_3A 等，而硅钙渣中含有 C_2S，适合作为原料添加在生料中进行焙烧，并且生成一种优质水泥。在物相组成上与普通水泥相似，因此用硅钙渣配料比较容易调整，且配比数量高达 70%～90%；采用 90%硅钙渣和 10%石灰石两种原料配料，在 1350～1400 ℃下煅烧，可以生产性能合格的 625 号硅酸盐水泥。与同类型生产方式比较，采用硅钙渣配料可节约能耗 20%左右，大幅度降低了水泥生产成本[40]。

中国建筑材料科学研究总院联合内蒙古蒙西水泥股份有限公司等单位在国内首次实施了硅钙渣部分替代石灰石生产硅酸盐水泥熟料的工业生产试验[41]。针对硅钙渣碱含量较高的问题，内蒙古大唐国际再生资源开发有限公司开发出了硅钙渣的脱碱工艺，并在工业生产线上获得了碱含量≤1.0%的硅钙渣。根据分析对于碱含量≤0.6%、$w(Al_2O_3)\leq6.0\%$的硅钙渣，在生料中掺量可以达到 60%；若碱含量和 $w(Al_2O_3)$大于此要求，这种硅钙渣在生料中掺量最多为 30%。

3.3.3.2 硅钙渣作替代原料的技术路线及实施途径

采用硅钙渣烧制水泥熟料，不需要改变现有工艺，只需对相关工艺参数进行调整。在工业生产期间发现，由于硅钙渣的水分较高，存在输送过程中在溜子上堵料和下料不均的问题，且对入磨成分的控制和稳定性带来了不利的影响，对窑系统热工稳定和平衡干扰较大，这导致烧成熟料的 f-CaO 波动幅度大且窑系统出现频繁掉窑皮等现象。另外，由于煅烧时掺加30%的硅钙渣，在分解炉控制过程中必须提前控制温度（分解炉出口温度应控制约为890 ℃），防止因料子易烧而在预热器主要部位发生黏结。冷却机冷却操作过程中宜采取厚料层，一床料层厚度控制在750～850 mm，一床的行程由85 mm调整为95 mm。硅钙渣的活性较强，窑系统在煅烧过程中烧成带明显缩短，主要火点控制在13～17 m位置，而在14 m位置由于火点较为集中，出现了380 ℃的高温点，可以通过调整燃烧器旋流器的截面积将此处窑皮逐渐补挂完整。

实验证明，生料中掺入30%硅钙渣烧制水泥熟料时，煅烧工艺正常，设备运行稳定，且所得熟料的实际碱含量小于0.40%，熟料的$w(MgO)$、$w(SO_3)$、w(f-CaO)、w(Loss)、硅酸盐矿物总量、比表面积、凝结时间、强度和安定性等各项技术指标均满足国家标准GB/T 21372—2008《硅酸盐水泥熟料》的要求。掺5%石膏配制成硅酸盐水泥，3 d的平均抗折强度为6.3 MPa、抗压强度为30.5 MPa，28 d的抗折强度为9.4 MPa、抗压强度为60.6 MPa。

从工业生产质量和技术指标完成情况判断，利用硅钙渣替代石灰石在现有工业生产线上烧制水泥熟料切实可行。采用硅钙渣为原料烧制水泥熟料，不仅可以使水泥生产过程中的环境负荷大幅度降低，节约资源，减少排放，还能降低水泥生产成本，具有很好的经济效益和社会、环境效益。可以预期该技术将较大程度缓解硅钙渣资源化利用的难题，并促进粉煤灰提取氧化铝产业在更大范围内推广，具有良好的应用前景。

3.3.3.3 硅钙渣作替代原料时碳排放计算

目前内蒙古地区正在推进高铝粉煤灰提取氧化铝的工艺，年需要处理的硅钙渣$>1\times10^6$ t，其$w(CaO)$按55%计，则每应用1×10^4 t硅钙渣可减少CO_2排放量达7.857×10^5 t。

3.3.4 煤矸石-钢渣体系

3.3.4.1 煤矸石替代原料特性

煤矸石是煤矿开采和洗煤产生的固体废弃物，是在成煤过程中与煤层伴生的一种含碳量较低、比煤坚硬的黑灰色岩石。煤矸石包括巷道掘进过程中的掘进矸石，采掘过程中从顶板、底板及夹层里采出的矸石以及洗煤过程中挑出的洗矸石。倾倒的煤矸石不仅占用大量土地，而且污染空气和水，因此煤矸石的处理和利用已经成为煤炭工业需要解决的主要问题。在节能减排政策的引导下，有效利用煤矸石是目前水泥行业的一个重要任务。

根据各地地质的不同，在全国不同产地煤矸石的化学成分含量虽有不同，但其主要成分均是Al_2O_3、SiO_2，另外还含有数量不等的Fe_2O_3、CaO、MgO、Na_2O、K_2O、P_2O_5、SO_3和微量稀有元素（镓、钒、钛、钴）。煤矸石中$w(SiO_2)$与$w(Al_2O_3)$的总量可达60%～90%，矿物组分和黏土的接近，主要为高岭石和石英，因此煤矸石燃烧后灰分可以代替黏土资源进行水泥生料配料。

山西长治煤矸石的化学成分分析，如表3.15所示。

表3.15 山西长治煤矸石的化学成分分析 （质量分数，%）

项目	w(Loss)	$w(SiO_2)$	$w(Al_2O_3)$	$w(Fe_2O_3)$	$w(CaO)$	$w(MgO)$	$w(S)$	$\sum$
数据	10.12	59.32	15.44	5.68	1.47	2.31	0.45	94.79

在表3.15中，$w(SiO_2)$与$w(Al_2O_3)$的总量为74.67%。另外，煤矸石的w(Loss)为10.12%，这部分质量减少主要是由煤矸石含有的碳燃烧引起的，当然还有少量的钙、镁碳酸盐分解所致。

为进一步了解煤矸石的热值情况及热量释放规律性，特借助工业分析设备、弹筒量热仪和差热分析仪对煤矸石进行了工业分析、热值及差热分析。从工业分析的结果来看，煤矸石中的固定碳含量约为1%，挥发分约为8%。从热值来看，煤矸石中碳燃烧可为系统带来的热量为1256 kJ/kg。

煤矸石替代原料的差热分析图，如图3.10所示。

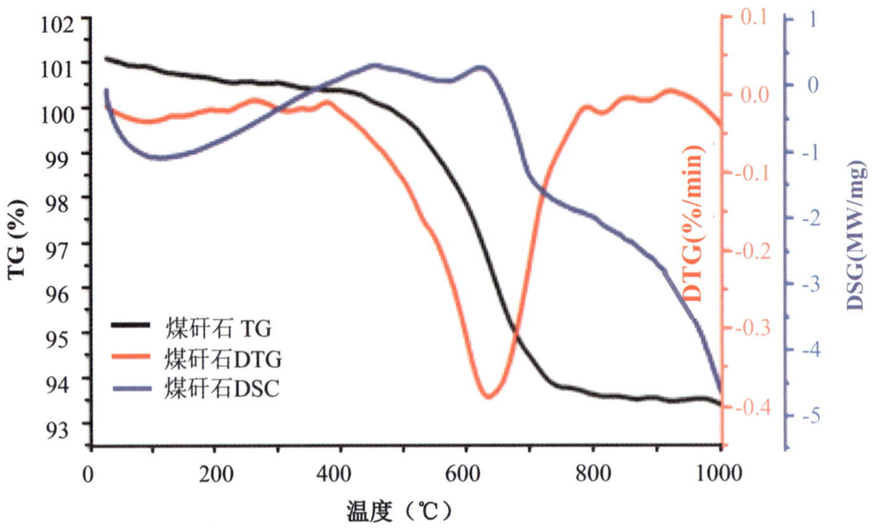

图 3.10　煤矸石替代原料的差热分析图

由此可见，在生料中适当地掺入煤矸石在替代原料矿石的同时还可以部分地取代煤炭，节能节碳效果明显。

图 3.10 可以进一步反映煤矸石在替代原、燃料中的成效。400～800 ℃温度范围内煤矸石呈现出明显的质量降低及热量的释放，其放热峰较为平缓，没有明显的热量集中快速释放。可见，煤矸石具有的热值可以降低原煤的消耗。另外煤矸石还含有 Ba、Mn、Ti、V 等微量元素，在煅烧时能释放能量，降低生料的熔点，降低熟料的形成热，改善水泥熟料的易烧性。

山西长治煤矸石的工业分析及热值，如表 3.16 所示。

表 3.16　山西长治煤矸石的工业分析及热值

项目	$w(M_{ad})$(%)	$w(A_{ad})$(%)	$w(V_{ad})$(%)	$w(FC_{ad})$(%)	$Q_{net,ad}$(kJ/kg)
数据	0.37	90.67	7.86	1.02	1256

目前，国内主要采用的方式是将煤矸石用作水泥熟料的原料。煤矸石用作水泥熟料原料是通过在分解炉中燃烧实现。分解炉系统利用煤矸石的方式，一般有两种方案：

(1) 以煤矸石为原料在原料系统按一定配料比例入生料磨粉碎后加入预热器系统

当煤矸石与原料一起加入预热器系统时，煤矸石在预热器内就开始燃烧，使预热器出口烟气温度升高，增加了热损失。实际生产中预热器有经常结皮堵塞的现象，窑内结圈、结球严重，生产不能正常进行，致使产量和质量大幅下滑。

(2) 以煤矸石作燃料直接加入分解炉

研究表明，煤矸石作为燃料直接加入分解炉热利用率高，这是由于煤矸石燃烧所放出的热量，大部分能被分解炉及预热器内的物料所吸收。但喷入到分解炉三次风进口附近的煤矸石粉，需要具备一定的“喷入”功能，以确保其与分解炉内的物料、燃料之间的充分混合。同时，还需要在分解炉内具有足够的反应时间。

煤矸石经粉磨后经输送进入煤矸石粉仓，煤矸石粉经煤秤计量后通过煤粉输送系统进入分解炉。分解炉的燃料由烟煤和煤矸石两路系统组成。添加煤矸石时，其热值和挥发分均较低，且灰分特别高（达 70.11%）。由于是直接入炉，这部分煤矸石没有进行预热，入炉温度较低，使得需要消耗部分热量用于煤矸石的预热，进而使得用煤矸石后分解炉内温度比完全烧烟煤的略低，标定期间不论是出分解炉主炉出口的温度还是鹅颈出口的温度均低于 880 ℃，分别为 876 ℃和 875 ℃，这对于炉内碳酸钙的分解也势必有一定的影响。一般来讲，当煤矸石的掺量超过 30%时，分解炉内混合燃料的综合热值较低，出分解炉温度为 860 ℃左右，同时生料出分解炉分解率达不到 95%以上，进而会增加回转窑的负荷，因此，国内煤矸石最佳添加量一般控制在 30%以内。从标定现场来看，煤矸石由于热值不高且灰分高，使得即便在取代量为 17%左右时对分解炉内温度场就已经造成了一定的影响。

从客观基础条件来看，水泥窑协同处置各类工业固体废弃物如煤矸石等具有独特的优势，其可将固体废弃物中的有用组分资源化，经过高温煅烧转化为水泥熟料。这一过程不仅通过对固体废弃物处置实现了无害化和资源化，而且几乎没有新副产物产生，避免了二次污染。

华润水泥(长治)有限公司(以下简称:长治公司)大批量采用煤矸石作为原料配料的硅铝质成分使用，2021 年累计消耗煤矸石 2.6328×10^4 t，2022 年累计消耗煤矸石 2.2020×10^4 t。2021—2022 年长治公司生产单位熟料消耗煤矸石指标大致为 21～24 kg/t。所用煤矸石工业分析及质量控制情况见表 3.17。

表 3.17　2022 年到厂煤矸石的工业分析及质量控制情况

项目	到厂水分含量(%)	$w(M_{ad})$(%)	$w(A_{ad})$(%)	$w(V_{ad})$(%)	$w(FC_{ad})$(%)	$Q_{net,ad}$(kJ/kg)	$w(St)$(%)	$w(Cl^-)$(%)
控制要求	≤5	—	—	—	—	≥5016	≤0.8	≤0.2
平均值	10.6	1.45	72.03	11.51	15.01	6061	0.48	0.021

3.3.4.2 煤矸石-钢渣体系应用技术路线及实施途径

长治公司熟料产能为 4500 t/d 的水泥生产线，由天津院设计，烧成系统采用低压损五级双系列旋风预热器、在线 TTF 型分解炉和 TCFC5500 型箅式冷却机，回转窑规格为 φ4.8 m×72 m，采用四通道煤粉燃烧器，分解炉采用双通道煤粉燃烧器，建厂设计单位熟料标准煤耗为 10^7 kgce/t，于 2013 年 11 月 5 日投产。考虑工业固体废弃物的综合利用，从 2021 年起，企业尝试应用当地丰富的煤矸石和钢渣资源，开展生产熟料用原材料的替代工作。长治公司单位熟料标煤耗在没有重大技改前提下逐年改善，由 2015 年的 100.02 kgce/t 逐年下降至 2022 年的 94.34 kgce/t，降低了约 5.68 kgce/t，单位熟料标煤耗指标至今一直处于控股公司的前列。为明晰能耗降低的原因并为行业提供示范，特开展了相关热工测量及效果评价分析。

长治公司 2016—2022 年单位熟料标准煤耗统计数据分析，如图 3.11 所示。

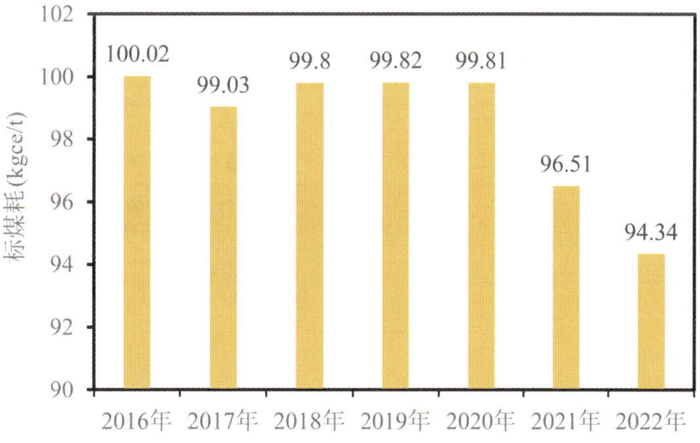

图 3.11　长治公司 2016—2022 年单位熟料标准煤耗统计数据分析

(1) 熟料质量控制

从长治公司质量日报所反映的熟料矿物组成来看，引入煤矸石和钢渣后，公司降低熟料 SM 值控制指标，提高生料易烧性，改善了窑的煅烧，减少飞砂料。熟料率值控制所对应的理论熟料形成热在控股水泥熟料各基地当中，属于较低的水平。

长治公司应用煤矸石和钢渣后熟料率值的控制情况对比，如表 3.18 所示。

表 3.18　应用煤矸石和钢渣后长治公司熟料率值的控制情况对比

基地名称	统计时段	率值指标(平均值)			理论单位熟料形成热(kJ/kg)
		KH	*SM*	*IM*	
长治	2021 年	0.895	2.14	1.37	1728.05
	2022 年	0.900	2.16	1.36	1738.55

续表 3.18

基地名称	统计时段	率值指标(平均值)			理论单位熟料形成热 kJ/kg
		KH	*SM*	*IM*	
金沙	2020 年	0.930	2.35	1.55	1766.84
雁石	2019 年	0.911	2.41	1.28	1722.16
广西研发公司统计的平均值					1759.95

由表 3.18 可见,与华润水泥技术研发(广西)有限公司(以下简称:广西研发公司)统计的 2016—2019 年华润建材科技控股公司的单位熟料形成热(煤耗㶲)的平均值 1759.95 kJ/kg 相比较,通过配料方案的优化,长治公司实现了明显的煤耗降低。

(2) 原材料应用

根据 2021 年和 2022 年每个月的生产月报中大宗原料、燃料消耗情况初步评估引起热耗异常的原料带入源可以判断,长治公司使用硅铝质校正原料煤矸石、铁质校正原料钢渣粉、钙质校正原料电石渣具有影响水泥熟料形成热耗的可能性。

2022 年到厂钢渣粉成分的平均值,如表 3.19 所示。

表 3.19 2022 年到厂钢渣粉成分的平均值

项目	$w(H_2O)$	$w(Loss)$	$w(SiO_2)$	$w(Al_2O_3)$	$w(Fe_2O_3)$	$w(CaO)$	$w(MgO)$
数据(质量分数,%)	3.33	1.47	19.63	7.79	21.04	36.90	6.93

煤矸石作为原料进入生料磨粉磨。在粉磨过程中外在水基本被烘干,以 2022 年平均单位熟料的煤矸石消耗量 24 kg/t、煤矸石空干基低位热值 6061 kJ/kg 计算,扣除 C_1 出口处 1200～1500 ppm(对于 CO 浓度,1 ppm=1.150 mg/m^3)的 CO 浓度影响(以 1400 ppm 计算)对应的不完全燃烧热损失后,煤矸石燃烧放热总热焓相当 130.63 kJ/kg。由此可见,利用煤矸石可为系统燃烧供应的热量约为 4.5 kgce/t。

2022 年煤矸石-钢渣粉的消耗量,如表 3.20 所示。

表 3.20 2021—2022 年煤矸石-钢渣粉的消耗量 (单位:t)

项目		2021 年	2022 年
铁质校正原料	钢渣粉	35826	22155
硅铝质校正原料	渣土	199759	115018
	煤矸石	26328.2	22029
钙质校正原料	电石渣	7369	9566
烟煤		153313	111743
熟料		1212292	917500

2021—2022 年,每生产 1 t 熟料需要消耗钢渣 26 kg,钢渣带入的钙含量占水泥熟料钙含量的 1.4%。按照减少钙的碳酸盐分解热耗计算,使用 1 kg 实物基的钢渣粉,可减少碳酸盐分解所需热耗 1104 kJ/kg。

若考虑钙质替代原料的引入,减少了碳酸盐矿物分解所需热耗的角度评估,通过钢渣、电石渣等替代原料应用,可降低单位熟料形成热。

2021—2022 年利用钙质替代原料降低熟料形成热的贡献分析,如表 3.21 所示。

表 3.21 2021—2022 年利用钙质替代原料降低熟料形成热的贡献分析

分析工况		2021 年 7 月	2021 年全年	2022 年 6 月	2022 年全年
钢渣粉比例	kg/t	7.28	28.57	21.52	24.27
电石渣比例	kg/t	2.75	3.86	13.13	6.62

续表 3.21

分析工况		2021 年 7 月	2021 年全年	2022 年 6 月	2022 年全年
钢渣粉降耗	kJ/kg	1104	1104	1104	1104
电石渣降耗	kJ/kg	278	278	278	278
单位熟料形成热	kJ/kg	1725	1696	1718	1711
不使用钙质替代原料时理论单位熟料形成热	kJ/kg	1734	1729	1745	1739
钙质替代原料引起单位熟料形成热的降低	kJ/kg	8.8	32.6	27.4	28.6

钢渣粉虽然作为铁质校正原料应用，但实际上也作为钙质替代原料发挥作用，从钙质替代原料应用减少碳酸盐矿物分解角度看，2021—2022 年长治基地利用钙质替代原料实现降低标准煤耗的贡献水平为 0.9～1.1 kgce/t。

(3) 运行效果

运行考核期间，对 2022 年的生产报表进行了查阅分析，长治公司烧成系统的生产运行管理水平较高，窑尾系统运行参数均控制较稳定。

从整体工况来看，系统总体拉风偏紧，C_1 出口处烟气的温度稳定控制在 300 ℃附近，氧气含量控制为 1.1%～1.4%。长治公司通过降低烧成系统用风，高温风机转速在完成(Selective Catalytic Reduction，SCR)改造后维持在 843 r/min 附近稳定运行。

按照热工平衡，分析结果如下：

① C_1 出口处在标准状态下单位熟料的烟气量为 1.205 m^3/kg，因单位熟料有效降低用风量 0.12 m^3/kg，风量消减而减少热支出约为 57.3 kJ/kg；

② C_1 出口处烟气的温度比常规生产线降低约 15 ℃，降低 C_1 出口处的温度而减少单位熟料热支出约 36.4 kJ/kg。烧成系统的平滑化运行，为单位熟料降低煤耗的贡献约 3.2 kgce/t。

3.3.4.3 煤矸石-钢渣体系应用效果及碳减排效果分析

从前述分析来看，窑系统单位熟料标准煤耗(仅计煤粉消耗时)为 94.34 kgce/t。当然熟料烧成过程的实际耗热(含工业固体废弃物煤矸石燃值时)有一定增加，此时相应的单位熟料标准煤耗值达到了 98.84 kgce/t。这主要是由于进入窑系统的工业固体废弃物煤矸石物料本身含有一定的热值，虽然在实际烧成热耗上数值略有偏高，但其最终在天然煤炭资源的用量上是明显减少的。另外，在应用约为 2%煤矸石的情况下，C_1 出口处的温度控制在接近 300 ℃的低位水平，实际是需要采取多种措施才能保证水泥窑系统平稳运行。

① 严格控制原燃料品质，强化原材料质量管控，严格管理到厂石灰石品质，强化入窑生料成分的稳定，进一步通过合理控制生料库均化作用，实现入窑生料各项质量指标合格率在 99%以上。从原料品质端保证生产运行稳定可靠。

② 严格到厂煤炭的分区管理，执行“分大类存放、分小区管理”的原则，做实“煤料对口”，保证出窑熟料质量稳定受控。

③ 对料、煤等关键计量设备计量精度校正，减少给料波动对烧成系统的干扰，严格控制系统用风，实现风、料、煤的稳定匹配，保证烧成系统在介稳状态下的持续运行。

④ 强化不同班次的均好性管理，统一操作思路，稳定烧成系统的操作制度。

⑤ 现场管理强化各清扫孔和人孔门，及确保窑头罩窑门及时密封，定期对各级翻板阀检查调整。减少系统内外漏风，降低系统热耗损失。

通过与平均水平对比，可以得出长治公司标准煤耗优化的主要贡献分布。

长治公司在降低标准煤耗的各优化途径中各种技改优化的贡献分布，如图 3.12 所示。

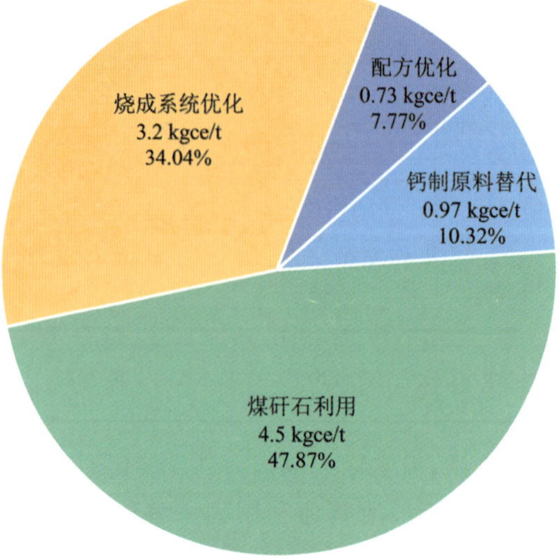

图 3.12　长治公司在降低标准煤耗的各优化途径中各种技改优化的贡献分布

（占 2022 年全年节省标煤耗的百分比）

由图 3.12 可见，通过煤矸石、钢渣的应用，达到了如下效果：

① 煤矸石的利用在长治公司应当是降耗的关键因素。煤矸石配料的情况下带入热焓通常为 104.5～209 kJ/kg，且长治公司通过煤矸石、电石渣的耦合利用，降低了煤矸石应用带来的 SO_2 排放风险，实现了较高热带入量下系统的连续运行，具有非常好的推广应用价值。从标准煤耗 2022 全年平均降低 9.4 kgce/t 来看，减少化石燃料的燃烧带来的碳减排量为 23.09 kgce/t。其中扣除煤矸石燃烧过程中产生的 4.50 kgce/t，实际碳减排量为 18.59 kgce/t。2022 年熟料产量为 917500 t，通过节能燃煤共计减碳量达 1.71×10^4 t。

② 烧成系统实现平滑化运行和低拉风高效运行，通过减少拉风，降低 C_1 出口处的温度和烟气量，减少废气带走热焓也具有积极的作用；长治公司在多年未开展系统性的节能升级改造和 2022 年窑运转率低于 50%的情况下，标准煤耗维持降低的态势。

③ 钙质替代原料的应用也在一定程度上有利于标准煤耗的降低。单位量的替代利用对碳排放控制、节能降耗是有突出的贡献的，在工业废渣中，如转炉渣、锰渣、钢渣等具有 10%～40%不等的 CaO 含量，通过这些钙质原料替代的可明显减低碳排放。按第 3.3.1 小节中的计算，每 1 t 钢渣的碳减排贡献达 694 kg，2022 年长治公司钢渣用量为 22155 t，通过应用钢渣碳减排贡献达 1.54×10^4 t。

④ 依据原料和燃料特点制定合理的配料方案，也有助于源头降低单位熟料形成热。

当然，由于煤矸石的不当发热对 C_2、C_3 旋风筒有干扰，同时，煤矸石生料端利用存在一个 250.8 kJ/kg 的上限，为进一步提高劣质燃料的利用率，可能需要将燃烧特性进行优化才能解决。

3.3.5　黄磷渣-电石渣体系

华润水泥（金沙）有限公司（以下简称：金沙公司）熟料产能为 4500 t/d 的水泥生产线，为加大工业固体废弃物的利用力度，通过原料替代方式在生料中掺入黄磷渣、电石渣、燃煤炉渣等材料，并同步调整工艺参数，优化生熟料三率值，大幅度降低了烧成系统热耗及 CO_2 排放水平，走在了业内节能降碳的前列。笔者通过对金沙公司原料替代技术应用前后单位熟料的 CO_2 排放强度计算对比，核算出了金沙公司应用原料替代技术创新为节能减碳工作的开展做出的巨大贡献[42]。

对单位熟料 CO_2 排放强度影响主要为原材料中碳酸盐的分解和化石燃料的燃烧这两部分，因此，本节也着重从这两方面进行计算对比，核算原料替代前后金沙公司的 CO_2 减排效果，暂不考虑烧成系统电耗变化对碳排放的影响。

非碳酸盐替代原料为可在水泥熟料生产中替代天然碳酸盐矿石原料的非碳酸盐工业废弃物，主要为工业废渣、经过高温煅烧废渣、明确不含碳酸钙或碳酸镁的原料，包括电石渣、钢渣、黄磷渣、铜渣、硫酸渣、镍铁渣等。计算熟料中非碳酸盐替代原料提供的 CaO 和 MgO 的质量，可根据配料中替代原料的消耗量及其 CaO 和 MgO 含量(质量分数，%)来进行计算。在生料配料中采用以 CaO、$Ca(OH)_2$ 为主要成分的钙质替代原料(例如，电石渣、钢渣等)替代石灰石，不仅能够有效降低因碳酸盐分解排出的 CO_2，而且还能够有效降低烧成系统热耗，降低化石燃料燃烧的 CO_2 排放量。

3.3.5.1 黄磷渣和电石渣替代原料特性

磷渣是电炉法生产黄磷时，在炉内定期排出的一种低熔点炉渣。每生产 1 t 黄磷约排出 8～10 t 磷渣[43]。随磷渣的大量排出，由于其含有磷、氟等离子，堆存过程中磷渣中离子的浸出对环境污染影响加剧。为了更有效地利用磷渣，我国于 1986 年正式制订实施国家标准 GB/T 6645—1986《用于水泥中的粒化电炉磷渣》，修订后现行国家标准更新为 GB/T 6645—2008《用于水泥中的粒化电炉磷渣》。由于各地磷渣活性系数不一，加之磷渣对水泥熟料质量的影响尚不明晰，因此，标准颁布至今，在全国范围内使用磷渣作水泥原材料的厂家依旧不多。

黄磷渣主要为水淬渣，是在 1400～1600 ℃的高温下形成熔融状态，再经过水淬急冷而得到的产物，其主要化学成分为 CaO、SiO_2、CaF_2 和 P_2O_5 等，w(CaO)和 w(SiO_2)的总含量可达到 70%～85%[44]。电石渣是电石法生产乙炔的工业废渣，干排时电石渣主要成分是 CaO，含量高达 65%；湿排时主要成分是 $Ca(OH)_2$，含量一般占 70%～80%。由于黄磷渣、电石渣中存在有大量经高温煅烧过后的活性 CaO 或 $Ca(OH)_2$，使用此类钙质替代原料不仅可以减少石灰质原材料的用量，降低生料碳酸盐分解产生的 CO_2 排放量，而且可以促使熟料烧成热耗降低，从而进一步降低燃料燃烧的碳排放。

电石在制取乙炔的过程当中会产生大量电石渣废料，电石渣主要由氢氧化钙、方解石及少量石英所组成，相比于石灰石更易分解。引入电石废渣，降低了碳酸钙和高岭土分解吸热，从而降低熟料形成热。此外，分解 $Ca(OH)_2$ 不会释放 CO_2。华润建材科技在贵州厂进行了探索和尝试，取得了不错的效果。

金沙公司自 2015 年 6 月 23 日开始在生料中掺配黄磷渣，并在后续生产过程中对掺量及工艺配套参数不断进行优化；2016 年 9 月起电石渣、黄磷渣复合掺配使用，煤耗显著下降；2019 年开始，金沙公司在稳定生产的前提下，逐步加大了工业废渣在原料中的替代比例，烧成系统煤耗呈进一步下降的趋势。就整体而言，金沙公司的标准煤耗由 2015 年的年平均 106.17 kgce/t 下降至 2020 年的 92.39 kgce/t，降低了约 13.78 kgce/t，碳排放强度也随之下降。

以 2015 年末使用替代原料前、2020 年为使用替代原料后，对烧成工序的碳排放进行计算对比。

金沙公司原材料的荧光检测的化学成分分析，如表 3.22 所示。

表 3.22 金沙公司原材料的荧光检测的化学成分分析 (质量分数，%)

试样	w(Loss)	w(SiO_2)	w(Al_2O_3)	w(Fe_2O_3)	w(CaO)	w(MgO)	w(K_2O)	w(Na_2O)	w(SO_3)	w(P_2O_5)
石灰石	38.77	7.08	2.07	1.54	47.92	1.14	0.44	0.29	0.42	0.06
电石渣	26.85	10.87	4.00	2.01	52.19	0.73	0.30	0.19	1.85	0.05
进厂黄磷渣	13.54	28.11	3.97	0.90	45.29	2.04	0.94	0.34	1.70	2.43

电石渣和黄磷渣中 CaO 含量较高，达到 45%以上，能够替代部分石灰石，灼烧减量很低，作为生料配料组分，可有效降低原料中碳酸盐分解产生的 CO_2。

就整体而言，2020 年和 2015 年时相比，金沙公司的工艺设备无重大技改，由开始的常规配料逐步过渡到 2020 年黄磷渣、电石渣等钙质替代原料总掺加量高达 15%的混合配料方案，配合工艺参数调整，烧成系统煤耗逐渐降低。下文从原料分解减排和化石燃料燃烧减排两个角度来计算原料替代的碳减排效果。

3.3.5.2 黄磷渣-电石渣体系应用技术路线及实施途径

金沙公司投产以来，受石灰石质的制约，熟料质量差，28 d 的抗压强度低，2015 年为 55.6 MPa，2016 上半年为 56.5 MPa；28 d 的抗压强度试验结果的偏差系数 C_v，2015 年为 3.0%，2016 年上半年为 2.5%。

从 2016 年 2 月开始，金沙公司发现存在石灰石夹带全硫日趋上升，不仅窑内结皮结圈严重，也导致 SO_2 连续超标排放。金沙公司于 3 月至 6 月开展了一系列脱硫试验(例如，在 C_3 喷氨水、高温风机出口喷石灰水等)，虽取得一定的降 SO_2 排放的成效，但仍没能彻底解决 SO_2 排放超标的问题，且存在安全风险等问题。为此，金沙公司拟从以下几个方面来考虑解决上述问题。

① 金沙公司根据原材料中 SiO_2 多为结晶硅结构、生料易烧性差的特点，拟引进碱渣和黄磷渣用于生料配料，两种物料中的活性 SiO_2、CaF_2 等物质可改善生料易烧性，降低标准煤耗，改善窑内通风，降低熟料电耗，提高熟料质量。

金沙公司所选用碱渣及黄磷渣的外观，如图 3.13 所示。

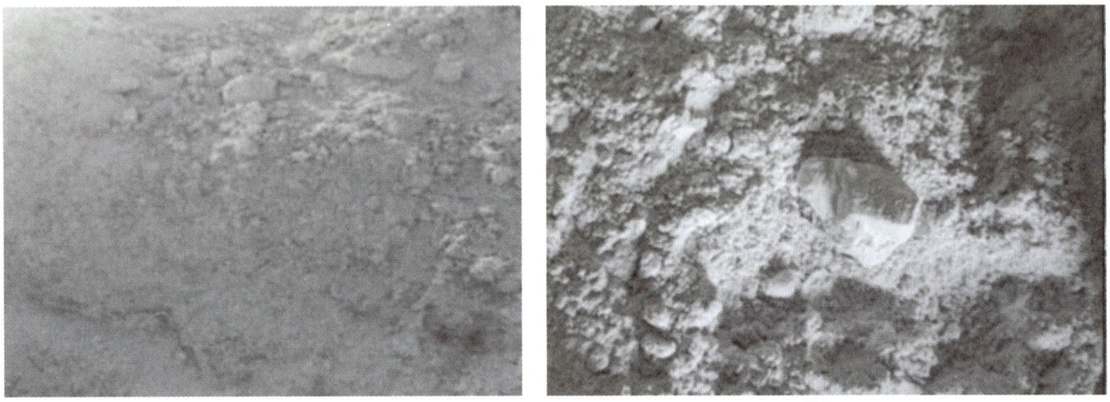

(a)　　(b)

图 3.13　金沙公司所选用碱渣及黄磷渣的外观

(a) 碱渣；(b) 黄磷渣

② 金沙公司 2016 年 2 月份因石灰石中硫含量的提高，导致窑尾硫排放超标，严重影响到公司的正常生产经营；碱渣富含 $Ca(OH)_2$，其分解温度只有 500 ℃，而石灰石分解温度达 850 ℃，分解过程中 $Ca(OH)_2$ 比石灰石所需吸收的热量少 111.9 kJ/mol，通过碱渣中的 $Ca(OH)_2$ 的固硫效应，降低硫排放。

③ 黄磷渣中含有少量 P_2O_5，能够有效延长产品凝结时间，改善水泥性能，满足贵州区域销售特点。同时两种物料中 CaO 含量高，可以有效弥补金沙公司矿山石灰石 CaO 偏低的缺陷。引入碱渣黄磷渣进行配料，改善生料易烧性，降低标煤耗，改善熟料品质。

贵州遵义本地磷渣的化学成分分析，如表 3.23 所示。

表 3.23　贵州遵义本地磷渣的化学成分分析　　(质量分数，%)

试样	w(Loss)	$w(SiO_2)$	$w(Al_2O_3)$	$w(Fe_2O_3)$	w(CaO)	w(MgO)	$w(P_2O_5)$	$w(CaF_2)$	$w(H_2O)$
黄磷渣	6.54	37.07	3.25	0.48	46.00	1.70	3.34	4.01	13.00

从表 3.23 可以看出，磷渣含有高含量的经过高温煅烧淬冷过的活性 SiO_2(37.07%)和 CaO(46.00%)，可以大大改善生料的易烧性。P_2O_5、CaF_2 可以起到一定的矿化剂的作用，不过同时也要关注其延长水泥凝结硬化时间的问题。

碱渣是一种钙基脱硫剂，在脱硫工艺中，碱渣是以氢氧化钙的形式与烟气中的 SO_2 反应，生成 $CaSO_3$ 和 $CaSO_4$，达到脱硫的效果。其脱硫反应机理的主要方程式如下：

$$Ca(OH)_2 + SO_2 = CaSO_3 \cdot 0.5\ H_2O + 0.5\ H_2O$$

$$CaSO_3 \cdot 0.5\ H_2O + 0.5O_2 = CaSO_4 \cdot 0.5\ H_2O$$

上述技术凸显以下创新点：

① 突破了以往生料配料以石灰石、砂岩、铝质材料和铁质材料传统配料方法，使用碱渣和黄磷渣复合配料，能改善生料易烧性，大幅度降低标煤耗，提高熟料品质。

② 针对金沙公司高硫石灰石的情况，打破原有配料方案，引进新材料、新配方，使硫碱平衡得到改善，

富集结皮大量垮落，系统通风得到有效改善，熟料电耗得到有效下降，随着系统的稳定，熟料品质以及稳定性得到提高。

③ 面对硫排放超标情况，没有使用传统的脱硫剂进行脱硫，而是通过科学的分析考察，引进新材料碱渣，利用其本身的特性进行固硫，在高硫原材料的情况下，可以不通过其他手段即可降低硫排放，规避经营风险，降低排污费。

3.3.5.3 黄磷渣-电石渣体系应用效果及碳减排效果分析

(1) 原料碳酸盐分解的碳减排

原料碳酸盐分解所产生的 CO_2 排放量，按式(3.3)进行计算。

$$M^{s}(CO_2)=M^{sh}\times\{[M^{sh}(CaO)-M'^{sh}(CaO)]\times 44/56+[M^{sh}(MgO)-M'^{sh}(MgO)]\times 44/40\} \tag{3.3}$$

式中　$M^{s}(CO_2)$——核算和报告期内原料碳酸盐分解所产生的 CO_2 排放量，t；

M^{sh}——水泥生产的熟料产量，t；

$M^{sh}(CaO)$——水泥熟料中的 CaO 的含量(质量分数，%)；

$M'^{sh}(CaO)$——水泥熟料中不是来源于碳酸盐分解的 CaO 的含量(质量分数，%)；

$M^{sh}(MgO)$——水泥熟料中 MgO 的含量(质量分数，%)；

$M'^{sh}(MgO)$——水泥熟料中不是来源于碳酸盐分解的 MgO 的含量(质量分数，%)；

44/56—— 换算系数(CO_2 与 CaO 的相对分子质量之比)；

44/40—— 换算系数(CO_2 与 MgO 的相对分子质量之比)。

金沙公司于 2015 年 6 月开始使用黄磷渣进行原料替代配料，2016 年 9 月开始使用黄磷渣、电石渣复合配料，2019 年起使用少量燃煤炉渣、废渣在配料中的掺入比例亦是逐步提高。

替代原料应用前水泥生料、熟料和煤灰的化学分析，如表 3.24 所示。

表 3.24　替代原料应用前水泥生料、熟料和煤灰的化学分析　(质量分数，%)

试样	w(Loss)	$w(SiO_2)$	$w(Al_2O_3)$	$w(Fe_2O_3)$	w(CaO)	w(MgO)
生料	36.07	12.59	3.23	2.09	43.54	1.58
熟料	0.24	21.36	5.47	3.64	65.08	2.30
煤灰	0.00	52.37	24.31	12.52	2.62	2.07

替代原料应用前，熟料中除煤灰外所有的 CaO、MgO 均源自原材料中的碳酸盐分解，2015 年标准煤耗为 106.17 kgce/t，煤灰在熟料中掺入率约为 4%，以此来计算因碳酸盐分解单位熟料产生的 CO_2 排放量：

$$M^{s}(CO_2)=[(65.08\%-2.62\%\times 4\%)\times 44/56+(2.30\%-2.07\%\times 4\%)\times 44/40]\times 10^3\ \text{kg/t}$$
$$=534.90\ \text{kg/t}$$

即替代原料应用前生产 1 t 熟料碳酸盐分解产生的 CO_2 为 534.90 kg。

2020 年金沙公司在生料配料中较前期显著提高了黄磷渣、电石渣、燃煤炉渣的使用比例，其干基配比分别高达 4.63%、4.00%、2.65%。

原料替代配料计算结果，如表 3.25 所示。

表 3.25　原料替代配料计算结果　(质量分数，%)

原料	w(Loss)	$w(SiO_2)$	$w(Al_2O_3)$	$w(Fe_2O_3)$	w(CaO)	w(MgO)	干基配比
生料(不含废渣)	31.94	10.19	2.25	1.66	40.58	1.41	88.72
黄磷渣	0.41	1.59	0.16	0.04	1.99	0.15	4.63
电石渣	0.93	0.34	0.16	0.05	2.26	0.02	4.00
燃煤炉渣	0.18	1.19	0.60	0.37	0.10	0.04	2.65

续表 3.25

原料	w(Loss)	$w(SiO_2)$	$w(Al_2O_3)$	$w(Fe_2O_3)$	w(CaO)	w(MgO)	干基配比
白生料	33.46	13.30	3.18	2.13	44.93	1.63	—
灼烧生料	—	19.99	4.78	3.20	67.52	2.44	—
灼烧基	—	19.29	4.61	3.09	65.16	2.36	96.50
煤灰	—	1.83	0.85	0.44	0.09	0.07	3.50
熟料	—	21.12	5.46	3.52	65.25	2.43	—

原料替代技术应用后，熟料中 CaO、MgO 源自碳酸盐原料、黄磷渣、电石渣、燃煤炉渣、煤灰，按 2020 年标准煤耗量 92.39 kgce/t、煤灰在熟料中掺入率约为 3.5%来计算因碳酸盐分解单位熟料产生的 CO_2 排放量。

$$\begin{aligned} M'^{s}(CO_2) &= \{[(65.25\%-0.09\%-65.16\%)\times(1.99\%+2.26\%+0.10\%)/44.93\%]\times \\ &\quad 44/56+[(2.43\%-0.07\%-2.36\%)\times(0.15\%+0.02\%+0.04\%)/1.63\%]\times \\ &\quad 44/40\}\times 10^3\ \text{kg/t} \\ &= 485.02\ \text{kg/t} \end{aligned}$$

即应用替代原料后生产单位熟料因碳酸盐分解产生的 CO_2 为 485.02 kg/t，与之前产生的 CO_2 534.90 kg/t 相比，CO_2 的减排量为 49.88 kg/t，按照金沙公司年生产熟料 1.55×10^6 t 计，CO_2 的减排量一年累计 7.73×10^4 t，减排效果极为显著。

(2) 黄磷渣-电石渣体系替代化石燃料燃烧的碳减排

金沙公司煤耗降低的原因主要和以下几个因素密切相关：

① 掺加废渣使熟料形成热降低；

② 因掺加废渣，生料易烧性改善提高了结晶硅反应活性，降低熟料矿物形成温度；

③ 因生料反应活性增加，引起 C_1 出口处风量、温度下降，降低热损。

在应用黄磷渣、电石渣等钙质替代原料前后，金沙生产线一直使用品质稳定的无烟煤，无其他种类化石燃料，故本节主要评估替代原料应用后，因熟料形成热的降低引起的水泥熟料生产标准煤耗的变化引起的碳排放量变化。使用原材料替代后，金沙公司实际标准煤耗由 106.17 kgce/t 下降至 92.39 kgce/t，下降了 13.78 kgce/t。

替代原料应用前后生产数据的对比，如表 3.26 所示。

表 3.26 替代原料应用前后生产数据的对比 （质量分数，%）

原料替代	实物煤耗量(kg/t)	标准煤耗量(kgce/t)	$Q_{net,ar}$(MJ/kg)	燃料燃烧的碳排放量(kg/t)
应用前	147.21	106.17	21.11	306.97
应用后	121.79	92.39	22.23	267.43
差值	25.42	13.78	−1.12	39.54

根据“核算指南”文件，一般情况下无烟煤含碳量约 27.49 t/TJ，在窑炉中煤炭转化率为 98%，以此基础数据来计算因化石燃料燃烧的单位熟料的 CO_2 排放量。

在水泥生产中，根据国家标准 GB/T 32151.8《温室气体排放核算与报告要求 第 8 部分：水泥生产企业》相关核算方法，第 i 种化石燃料燃烧所产生的 CO_2 排放量，可按式(3.4)进行计算。

$$M^{r_i}(CO_2)=M_i^{r_i}\times Q_{net,i}^{r_i}\times f^{r_i}(CO_2)=M_i^{r_i}\times Q_{net,i}^{r_i}\times CC_i\times OF_i\times 44/12 \tag{3.4}$$

式中 $M^{r_i}(CO_2)$—— 核算和报告期内第 i 种净消耗的化石燃料燃烧所产生的 CO_2 排放量，t；

$M_i^{r_i}$—— 核算和报告期内第 i 种化石燃料的净消耗量，t(对于固体或液体燃料)；

$Q_{net,i}^{r_i}$—— 核算和报告期内第 i 种化石燃料的平均低位发热量，GJ/t(对于固体或液体燃料)；

$f^{r_i}(CO_2)$——第 i 种燃料的 CO_2 排放因子；

CC_i——第 i 种化石燃料的单位热值含碳量，t/GJ；

OF_i——第 i 种化石燃料的碳氧化率(%)。

在应用替代燃料煤耗降低之前，单位熟料产生的 CO_2 排放量：

$$M^{r}_{(CO_2)}=147.21\times21.110\times27.49\times98\%\times44/12\times10^{-3}\ \text{kg/t}=306.97\ \text{kg/t}$$

在应用替代燃料煤耗降低之后，单位熟料产生的 CO_2 排放量：

$$M^{r}_{(CO_2)}{}'=121.79\times22.229\times27.49\times98\%\times44/12\times10^{-3}\ \text{kg/t}=267.43\ \text{kg/t}$$

由上述计算可知，因使用替代原料，烧成系统煤耗大幅度降低，单位熟料产生的 CO_2 减排量高达 39.54 kg/t，按照金沙公司年生产熟料 1.55×10^6 t 计，一年可累计的 CO_2 减排量为 6.13×10^4 t，减排效果显著。

(3) 黄磷渣-电石渣体系替代应用的碳减排效果综合评价

黄磷渣-电石渣体系替代应用的碳减排效果，如表 3.27 所示。

表 3.27　黄磷渣-电石渣体系替代应用的碳减排效果

项目	运行指标								系统参数		
	标准煤耗(kg/t)	SO_2 排放折算值(mg/m^3)	烧成工序电耗(kW·h/t)	熟料 3 d 抗压强度(MPa)	熟料 28 d 抗压强度(MPa)	w(f-CaO)合格率(%)	初凝时间(min)	终凝时间(min)	C_1 出口负压强(Pa)	C_1 出口温度(℃)	烟室氧含量(%)
使用之前	106.17	291	29.73	31.7	55.6	100	112	174	−5400	348	1.18
使用之后	97.51	21	27.08	33.8	57.3	97.51	126	198	−4500	320	5.80
差值	−8.66	−270	−2.65	2.1	1.7	−8.66	14	24	900	−28	4.62

由表 3.27 可见：

① 熟料品质获得提高

因掺黄磷渣、电石渣后，整体熟料易烧性得到一定程度改善，游离氧化钙含量的合格率大幅提升，同时，适量氯离子更有利于激发熟料强度。据统计，使用电石渣后熟料强度得到不同程度提高，系统稳定性提高，熟料的变异系数 C_V 值下降；同时熟料凝结时间得到有效延长。

② 脱硫效果明显

掺用电石渣后，从 C_5 下料管取样做 SO_3 对比，在掺加电石渣前 9 月 1～22 日 C_5 下料管热生料中含 SO_3 平均为 3.60%，23 日掺用电石渣后，C_5 热生料里的 SO_3 平均值仅仅为 1.47%。使用电石渣配料后，在入窑生料硫含量从 0.38%提高到 0.57%(上升)的情况下，C_5 热生料 SO_3 含量减少了 2.13%，熟料中的 SO_3 从 0.76%上升到了 1.00%，熟料固硫量提高 31.58%，起到了很好的固硫效果，有利于降低甚至消除 SO_3 在烟室到分解炉、C_5 旋风筒的硫循环[45]。从电石渣掺量与 SO_2 排放效果分析可知：在入窑生料 SO_3 含量相同(0.57%)且窑、两台生料磨稳定运行的情况下，掺入电石渣(同为不使用喷氨水脱硫)，SO_2 排放折算均值由 291 mg/m^3 下降到 21 mg/m^3，低于环保规定排放值(≤200 mg/m^3)。

③ 硫碱浮窑皮消除

掺电石渣后，窑内 42 m 后不再有硫碱浮窑皮，C_1 出口负压强从 5.4 kPa 下降到 4.5 kPa，降低了 0.9 kPa，用风量下降；熟料的烧成工序电耗在使用电石渣后降低了 2.65 kW·h/t。

④ 节煤效果明显

掺入电石渣后，因易烧性改善，且随着硫碱平衡的改善，富集结皮大量垮落，系统拉风量减小，C_1 出口温度由 348 ℃降到目前的 320 ℃。根据测算，熟料的标准煤耗降低了 8.66 kgce/t。

金沙公司 2015～2020 年熟料年平均标准煤耗，如图 3.14 所示。

金沙公司黄磷渣利用项目节能成果，如表 3.28 所示。

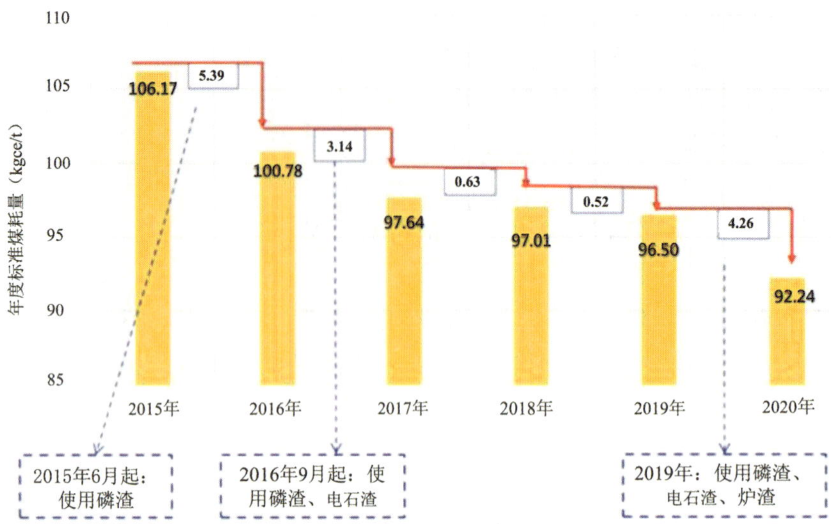

图 3.14　金沙公司 2015～2020 年熟料年平均标准煤耗

表 3.28　金沙公司黄磷渣利用项目节能成果

改善因素	熟料的热耗降低值(kJ/kg)	熟料的标准煤耗降低值(kgce/t)
掺加废渣使煤耗烟值降低	119.26	4.08
易烧性改善提高结晶硅反应活性，降低熟料矿物形成温度	73.15	2.50
C_1 风量、温度下降，热损降低	111.48	3.81
烧成系统热回收效率提高，二次、三次风温度提高	73.94	2.53
系统整体优化，分解炉温度下降，预热器阻力变小，煤粉燃烧更完全	52.96	1.81
合计	430.79	14.73

就整体来看，原料替代前后相比，碳酸盐分解单位熟料 CO_2 排放量由 534.90 kg/t 降低到 485.02 kg/t，碳减排 49.89 kg/t；化石燃料燃烧单位熟料 CO_2 排放量由 306.97 kg/t 降低到 267.43 kg/t，碳减排 39.54 kg/t。在不计入烧成工序电耗变化的前提下，原料替代前后碳减排量达 89.43 kg/t，按金沙公司年生产熟料 1.55×10^6 t 计，一年可减少 CO_2 排放量 1.386×10^5 t。

我国单位熟料 CO_2 排放因子约为 0.86，按此估算，金沙公司熟料烧成工序一年的 CO_2 排放量约为 1.333×10^6 t，原料替代技术应用后，该公司的碳减排率达到了 10.4%，碳减排效果极其显著。随着国家能耗双控方案的逐步完善和落地，碳减排将成为水泥行业发展的主旋律，也是水泥企业可持续发展的必经之路。利用原料替代技术，可以通过较小的投资产生较为明显的碳减排效果，是碳减排技术的重要支撑。

通过实例计算表明，在水泥生产中应用工业废渣，在降低烧成系统能耗的同时，能够显著减少 CO_2 排放量，碳减排率高达 10.4%。在当前碳达峰、碳中和的双碳背景下，替代原料技术将是水泥工业的重要碳减排手段之一，是水泥工业应对温室气体排放、实现可持续发展战略的重要途径。

原料替代技术应用有显著的地域性原料依赖，这也限制了该技术的复制推广性，但在具备非碳酸盐工业废弃物（高 CaO 含量、低 CO_2 含量）的区域能够得到很好的推广应用，不需要对设备及工艺流程做修改即可实施，投入后即可为节能减碳工作做出巨大贡献。

3.3.6　多重固体废弃物综合利用体系

矿产资源是工业发展的基础，随着工业化的迅速发展，对矿产资源需求日益增长。与此同时，在矿产资源开发利用时也产生了大量采矿废石和选矿尾矿等固体废弃物。废石、尾矿等作为矿山的二次资源，无论从社会经济发展需要看，还是从保护资源和矿山企业可持续发展的需要看，都具有进一步综合开发利用的价值。

据相关资料统计，全球采矿行业每年所排出的固体废物总量已经达到数百亿吨。在我国，粗犷型的经济发展模式导致大量的矿山被超负荷开采，矿产资源被急剧消耗。大量的废石和尾矿等工业固体废弃物没有被合理利用。目前我国发现有 150 多种矿产、8000 多座矿山被开发。由黑色金属矿山所排出废石的产能就达到 6.2×10^8 t/a；有色金属矿山所排出废石的产能也达到了 1.15×10^8 t/a；煤矸石的产能大约为 1.3×10^8 t/a；尾矿的产能高达 5.97×10^9 t/a，其中，最具利用价值的铁尾矿堆存量竟高达十几亿吨，约占尾矿堆存总量的 1/3[46]。大量废石和尾矿被堆放于土地之上，不仅侵占了大量的土地，而且其中可能含有放射性物质等，改变和破坏了当地原有的生态环境，对周围环境造成了严重影响，成为社会安全的隐患。而废石和其他工业固体废弃物一样，是可作为原料进行“二次利用”的。但由于我国采矿废石和尾矿综合利用技术水平的欠缺，致使其对许多问题束手无策，如资源消耗巨大、浪费大、利用率低等问题，这不仅抬高了企业的经营成本、降低了经济效益，而且对环境负荷日益加大。因此，探寻加强对采矿废石和尾矿的综合利用，完成采矿废石和尾矿的循环利用办法显得尤为重要。

以广西贺州市为例，其矿藏资源丰富，拥有西南地区最大的白色大理石矿藏，有色金属储量大、品种优，因此贺州市重点发展石材、有色金属加工工业。然而，这些工业不可避免地产生大量的工业固体废弃物(包括岗石污泥及边角料、钛尾泥、钨尾矿、湿煤渣、废石等)，这些工业固体废弃物的乱排乱堆，破坏了青山景观，呈现了令人遗憾的“贺州白”怪象。随着 2015 年 1 月修订后的《中华人民共和国环境保护法》施行，及环境保护“终身负责制”等相关规定的出台，部分企业被迫停产整顿。工业固体废弃物的有效处理成为当地经济持续发展的核心问题。2015 年 10 月 28 日，贺州市政府组织专题会议，研究华润水泥(富川)有限公司(以下简称：富川公司)协同处置贺州石材及有色金属工业固体废弃物有关工作。会议明确：以富川公司为贺州石材和有色金属工业固体废弃物处置点，建设处置贺州石材及有色金属工业固体废弃物项目，并要求相关单位与富川公司签订项目协议书，须明确固体废弃物处置质量、数量、费用、运送等事项。

富川公司处置贺州多重固体废弃物的意义在于，通过贺州市石材和有色金属加工固体废弃物的处置，不仅解决了当地绿色发展问题，而且也解决了资源效益问题，降低了石灰石矿山超采风险，降低原材料保供压力，降低生产成本。同时通过转型升级形成了新的利润增长点，使水泥企业转型升级为市政环保公司，对碳减排也产生了不小的贡献。

3.3.6.1 多重固体废弃物替代原料特性

贺州多重固体废弃物中岗石污泥及边角料[47]、钛石膏[48]、钨尾矿等均属于一般工业固体废弃物，不属于国家特殊管理的危险废弃物范畴。

贺州多重固体废弃物的来源及物料特性、处理方式及处理量，如表 3.29 所示。

表 3.29　贺州多重固体废弃物的来源及物料特性、处理方式及处理量

序号	名称	固体废弃物来源	物料特性	处理方式	处理量
1	岗石污泥及边角料	岗石厂	进厂水分含量 22%～24%； CaO 含量 51%～52%； 含环氧树脂	部分代替天然石灰石制备水泥生料；替代率 12.5%	1.2×10^3 t/d $(3\sim4)\times10^5$ t/a
2	钛石膏	平桂中国有色集团(广西)飞碟股份有限公司(以下简称中色平桂飞碟)钛白粉厂	$w(SO_3)=30\%\sim35\%$； 水分含量 30%～40%	经破碎、晒干或烘干后代替部分脱硫石膏生产水泥	$(3\sim4)\times10^5$ t/a
3	钨尾矿	广西桂华成有限公司	$w(SiO_2)=60\%$； $w(Al_2O_3)=24\%$； 水分含量 25%～40%	经破碎、晾干后代替部分低硅生产熟料或水泥等	$(3\sim4)\times10^5$ t/a

表 3.29

序号	名称	固体废弃物来源	物料特性	处理方式	处理量
4	湿煤渣	华润电力(贺州)有限公司	热值 1254 kJ/kg；进厂水分含量 32%；不黏堵	部分代替硅铝质原料制备水泥生料；替代率 3.5%	$(4\sim5)\times10^2$ t/d $(3\sim4)\times10^5$ t/a
5	高镁废石	富川公司矿山	矿山开采后氧化镁；3.5%～12.6%的石灰石，亦称高镁废石	高镁废石与钨尾矿按 8∶2 的比例共同粉磨配制混凝土掺合料	8×10^4 t/a

(1) 岗石污泥

岗石污泥是生产人造大理石过程中，石材因锯切、打磨、抛光等产生的细微粉尘，经过水洗沉淀收集、压滤机部分脱水后得到的废弃物。2015 年贺州市已有 30 家岗石生产企业投产，日产岗石污泥$(0.09\sim1.03)\times10^8$ t，存量约 1.5×10^6 t；未来一到两年将有 100 多家企业投产，每天将产生$(3\sim4.3)\times10^7$ t 岗石污泥，每年增量约为$(4\sim7)\times10^5$ t。

① 水分含量及活性分析

岗石污泥化学成分比较稳定，其中 CaO 含量在 50%以上，对不同进厂批次的岗石污泥原料进行了检测分析。

各样品压滤前后水分含量及活性检测分析，如表 3.30 所示。

表 3.30　各样品压滤前后水分含量及活性检测分析

试样编号	初始水分含量(压滤前)	进厂水分含量(压滤后)	28 d 活性
1	>30%	18%～24%	约 50%，较差
2	>30%	18%～24%	约 50%，较差
3	>30%	18%～24%	约 50%，较差

从表 3.30 中可以看出，样品初始含水量较高(>30%)，压滤处理后降到 18%～24%，28 d 活性较差。

② 粒度分布分析

对不同批次的岗石污泥样品进行了粒度分布测试。

不同批次岗石污泥的粒度分布曲线，如图 3.15 所示。

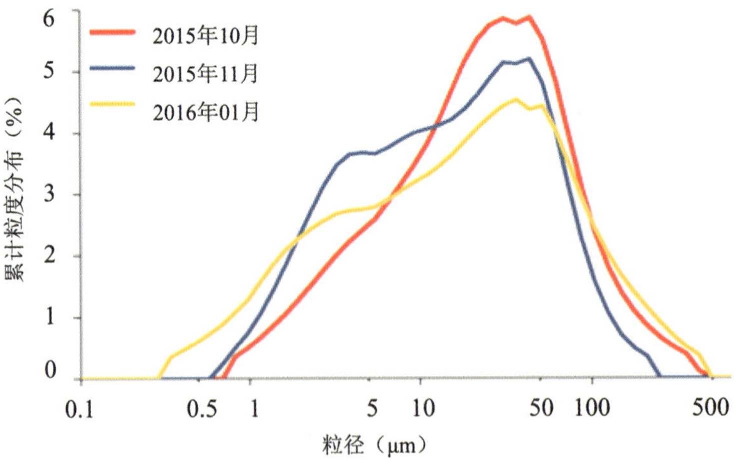

图 3.15　不同批次岗石污泥的粒度分布曲线

不同批次岗石污泥样品的粒度分布特征，如表 3.31 所示。

表 3.31 不同批次岗石污泥样品的粒度分布特征

试样编号	1	2	3
D_{10}(μm)	3.25	2.20	1.53
D_{50}(μm)	21.84	14.11	16.66
D_{90}(μm)	83.69	60.80	95.24
粒径分布描述	细度最大,峰宽最小	细度最小,分布较集中,粗粉较少	分布最宽,粗粉较多

从图 3.15 和表 3.31 中可以看出,样品 1 累计粒度分布百分数达到 50% 时所对应的粒径为 21.84 μm,样品 2 为 14.11 μm,样品 3 为 16.66 μm,同时三组样品累计粒度分布达到 90%时所对应的粒径分别为 83.69 μm、60.80 μm 和 95.24 μm。以上结果表明,不同批次的岗石污泥颗粒分布有较大差异,整体而言样品 1 和样品 3 中粗粉较多,样品 2 中粗粉较少。

③ 化学成分及矿物分析

应用岗石污泥前,分别对这三种原料样品选择性进行了化学组成分析和矿物分析(参见表 3.32、图 3.16 和表 3.33)。从结果可以看出,各组样品灼烧减量约为 45%,化学组分波动较小,CaO 含量>50%。从矿物分析结果来看,岗石污泥样品主要矿物组成为碳酸钙和碳酸钙镁,可用作水泥原料,不同批次的矿物组成相当,波动较小。综合来看,岗石污泥可以替代石灰石用于水泥生产。

不同批次岗石污泥样品化学分析的检测结果,如表 3.32 所示。

表 3.32 不同批次岗石污泥样品化学分析的检测结果 (质量分数,%)

试样编号	w(Loss)	$w(SiO_2)$	$w(Al_2O_3)$	$w(Fe_2O_3)$	w(CaO)	w(MgO)
1	46.26	1.12	0.15	0.24	50.64	1.09
2	44.53	1.88	0.22	0.36	51.52	0.88
3	45.47	1.34	0.63	0.57	50.47	0.96

不同批次岗石污泥样品矿物组成的 XRD 图谱分析,如图 3.16 所示。

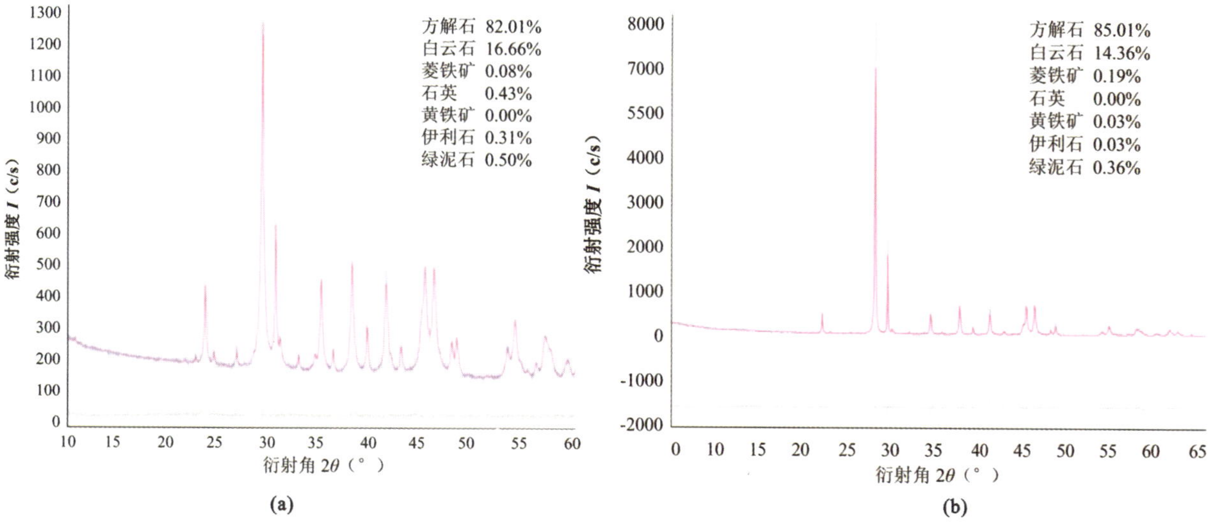

图 3.16 不同批次岗石污泥样品矿物组成的 XRD 图谱分析

不同批次岗石污泥样品矿物组成分析的检测结果,如表 3.33 所示。

表 3.33 不同批次岗石污泥样品矿物组成分析的检测结果 (质量分数,%)

试样编号	碳酸钙(方解石)	碳酸钙镁(白云石)	菱铁矿	石英	黄铁矿	伊利石	绿泥石
1	85.01	14.36	0.19	0	0.03	0.03	0.36
2	82.01	16.66	0.08	0.43	0	0.31	0.50

（2）湿煤渣

湿煤渣是贺州电厂产生的工业副产物，其热值约为 300 kcal/kg，进厂水分 32%，应用时不黏堵设备。

① 湿煤渣化学分析

湿煤渣的化学分析，如表 3.34 所示。

表 3.34　湿煤渣的化学分析　（质量分数，%）

试样编号	w(Loss)	$w(SiO_2)$	$w(Al_2O_3)$	$w(Fe_2O_3)$	w(CaO)	w(MgO)
湿煤渣	5.31	51.76	26.58	8.27	6.31	0.85
红土	12.62	26.16	13.16	44.22	0.84	1.51

由表 3.34 可见，湿煤渣的硅铝质含量很高，可以替代硅铝质原材料进行生料配料。

② 湿煤渣矿物组成

湿煤渣矿物组成通过 XRD 开展了分析。

湿煤渣矿物组成的 XRD 图谱分析，如图 3.17 所示。

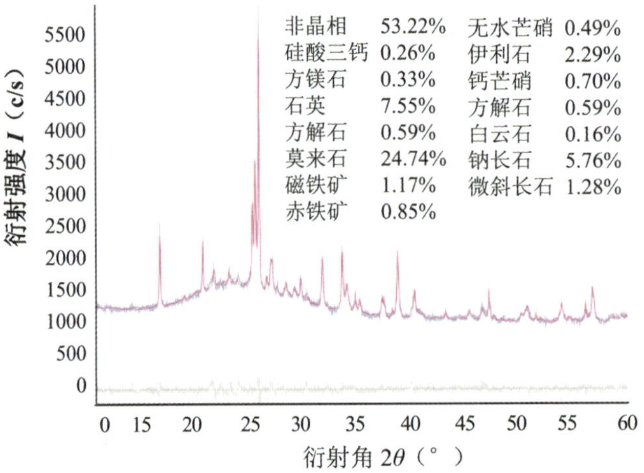

图 3.17　湿煤渣矿物组成分析的 XRD 图谱

湿煤渣矿物组成，如表 3.35 所示。

表 3.35　湿煤渣的矿物组成　（质量分数，%）

试样	非晶相	硅酸三钙	石英	莫来石	方解石	伊利石	钠长石	微斜长石
湿煤渣	53.22	0.26	7.55	24.74	1.17	2.29	5.76	1.28

从湿煤渣矿物组成来看，主要为非晶态硅铝质组分，还含有一定的莫来石和石英。该渣黏性小、活性低，用作生料配料是一种不错的选择。

（3）钛石膏

钛石膏是在采用硫酸法生产制造钛白粉时，加入石灰（或电石渣）以中和酸性废水而产生的工业废渣，每产 1 t 钛白粉约副产 6 t 钛石膏。钛石膏的主要成分为二水硫酸钙，与天然石膏的成分较为相似，同时含有铁的硫化物等杂质，外观为黄红色呈泥状粉末。原生态的钛石膏由于含水率较高（含水率通常在 30%以上），黏性较大，呈泥状不易散开，很难采用通常的圆盘成球造粒法制备水泥缓凝剂[48]。然而，挤压成球工艺要求物料含水率低于 12%，需要先将物料烘干，导致能耗增加、成本上升，且成球后强度低，难以运输。此外，单独使用钛石膏作水泥调凝剂时，水泥试块有发红现象，严重影响水泥的美观。为便于钛石膏代替天然石膏或脱硫石膏作为水泥调凝剂，笔者对中色平桂飞碟西湾电厂废弃堆放的钛石膏取样预处理后与在用脱硫石膏进行了对比分析研究。

各种颜色的钛石膏，如图 3.18 所示。

图 3.18 各种颜色的钛石膏

① 钛石膏化学组成

取富川公司在用的脱硫石膏作参比，与三种不同颜色的钛石膏做化学分析对比。从表 3.36 中数据可以看出，钛石膏与脱硫石膏硫含量、结晶水含量总体差异不大，主要化学成分也比较接近，钛石膏呈现不同的颜色主要是钛石膏中铁元素的含量不同导致。

不同颜色钛石膏样品化学分析，如表 3.36 所示。

表 3.36 不同颜色钛石膏样品化学分析 （质量分数，%）

试样	$w(SiO_2)$	$w(Fe_2O_3)$	$w(Al_2O_3)$	$w(CaO)$	$w(MgO)$	$w(SO_3)$	结晶水
脱硫石膏	1.5	0.12	0.69	32.58	0.36	43.99	19.96
红钛石膏	0.18	3.74	0.15	31.62	0.08	44.04	19.74
黄钛石膏	1.86	1.56	1.01	31.99	0.30	39.39	18.80
白钛石膏	0.28	1.92	0.77	28.45	0.12	44.74	22.98

② 钛石膏的矿物组成

钛石膏的矿物组成，如表 3.37 所示。

表 3.37 钛石膏的矿物组成 （质量分数，%）

试样	石英	二水石膏	烧石膏	硬石膏	方解石	赤铁矿
脱硫石膏	1.85	84.47	0.56	0.43	0.98	0.12
红钛尾泥	0.08	92.54	0.13	0.96	0.20	4.50
黄钛尾泥	0.47	90.28	0.01	0.48	6.49	0.51
白钛尾泥	0.05	94.97	0.10	0.33	0.47	0.10

从表 3.37 可知，钛石膏中二水石膏含量比脱硫石膏更高，钛石膏中含少量的烧石膏和硬石膏。从其他组分含量看，应是赤铁矿引起了钛石膏颜色的差异。

③ 钛石膏与脱硫石膏矿物同步热分析对比

取富川公司在用的脱硫石膏与白钛石膏预处理后进行同步热分析对比试验。

不同类型工业副石膏的热分析图的对比，如图 3.19 所示。

从图 3.19(a)可知，脱硫石膏从 12.2 min、139.4 ℃开始脱水生成半水石膏，到 164.2 ℃半水石膏开始脱水转化为无水石膏，加热到 15.4 min、178.7 ℃时完全脱水，脱硫石膏的质量损失为 20.42%。

从图 3.19(b)可知，白钛石膏从 11.5 min、130.0 ℃开始脱水生成半水石膏，到 158.1℃半水石膏开始脱水转化为无水石膏，加热到 14.8 min、171.8 ℃时完全脱水，白钛石膏的质量损失为 20.19%。

从图 3.19(c)可知，黄钛石膏从 11.5 min、129.8℃开始脱水生成半水石膏，到 157.0℃半水石膏开始脱水转化为无水石膏，加热到 14.8 min、171.6℃时完全脱水，黄钛石膏的质量损失为 20.03%。

从图 3.19(d)可知，红钛石膏从 11.5 min、129.5 ℃开始脱水生成半水石膏，到 159.5 ℃半水石膏开始脱水转化为无水石膏，加热到 14.8 min、171.7 ℃时完全脱水，红钛石膏的质量损失为 20.02%。脱硫石膏与钛石膏脱水起始温度、终止温度以及最终的质量损失比较接近，无明显差异，石膏颜色差异对其热特性没有较大影响，因此使用钛石膏替代脱硫石膏用于水泥生产时工艺操作无须较大调整。

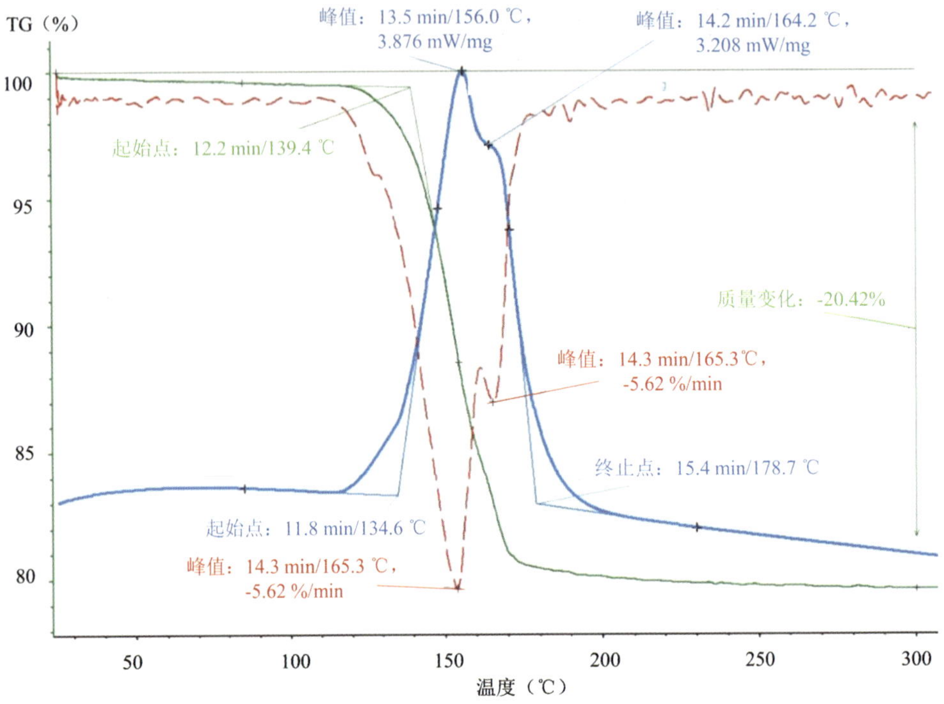

(a)

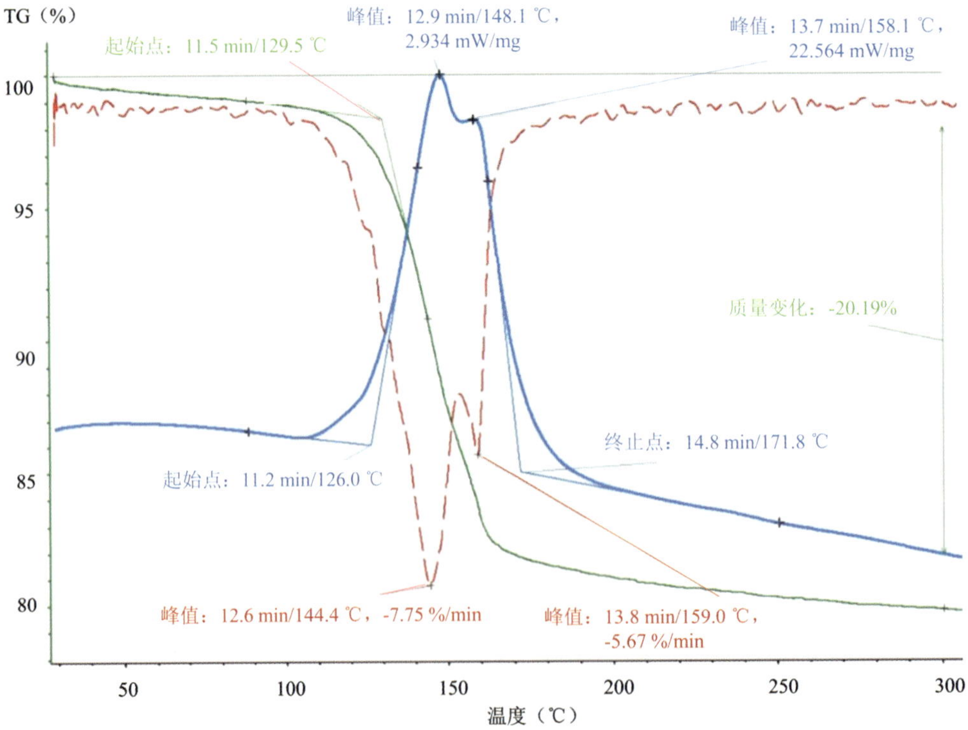

(b)

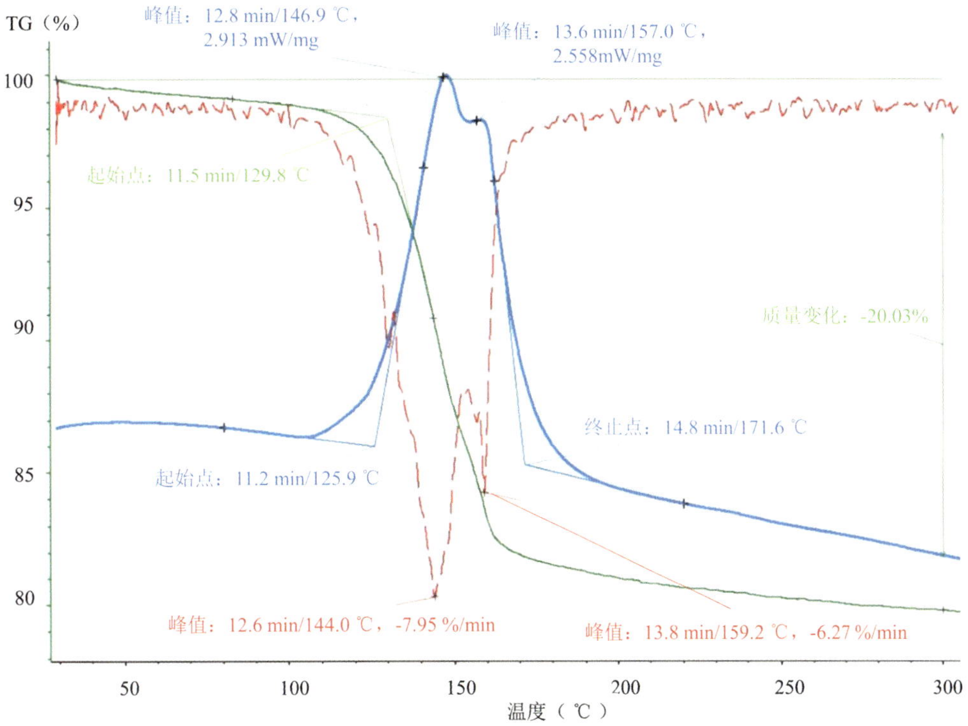

（c）

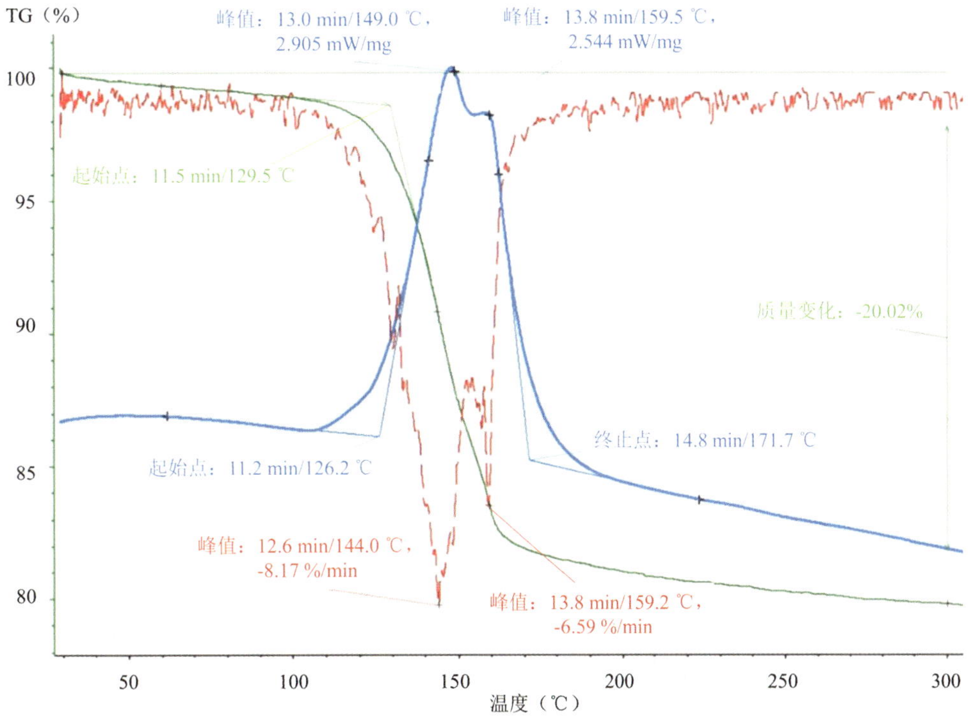

（d）

图 3.19　不同类型工业副石膏的热分析图的对比

(a) 脱硫石膏；(b) 白钛石膏；(c) 黄钛石膏；(d) 红钛石膏

经广西壮族自治区建材产品质量监督检验站检验，钛石膏放射性检测结果合格，属一般工业固体废弃物，符合建筑主体材料使用标准，可以替代脱硫石膏用于水泥生产。

(4) 钨尾矿

① 钨尾矿化学成分

钨尾矿的化学分析，如表 3.38 所示。

表 3.38　钨尾矿的化学分析　（质量分数，%）

试样	w(Loss)	$w(SiO_2)$	$w(Al_2O_3)$	$w(Fe_2O_3)$	w(CaO)	w(MgO)
钨尾矿	6.55	61.79	13.65	4.93	5.60	1.90

钨尾矿是广西桂华成有限责任公司选矿过程中产生的工业副产物。其进厂时，$w(H_2O)$为25%～70.40%，$w(SiO_2)$>60%，$w(Al_2O_3)$>10%，28 d 活性指数为65%～70%。

由表3.38可见，钨尾矿的硅铝质含量同样很高，从化学成分来看，同样可以替代硅铝质原材料进行生料的配料。

② 钨尾矿的矿物组成

钨尾矿的矿物组成，如表3.39所示。

表 3.39　钨尾矿的矿物组成　（质量分数，%）

样品编号	非晶相	硅酸三钙	石英	莫来石	方解石	伊利石	钠长石	微斜长石
钨尾矿	53.22	0.26	7.55	24.74	1.17	2.29	5.76	1.28

从钨尾矿矿物组成来看，主要为非晶态硅铝质组分，还含有一定的莫来石和石英。鉴于钨尾矿具有65%～70%的活性，可用作混凝土用掺合料。

3.3.6.2　多重固体废弃物作替代原料的技术路线及实施途径

在全面了解贺州各固体废弃物的特性后，为全面消除"贺州白"现象，富川公司从水泥全产业链出发，研发出了一站式处置多种工业固体废弃物的协同处置新技术，解决了贺州千亿元产业发展过程中产生的生态环境问题。

一站式处置多种工业固体废弃物的协同处置新技术，如图3.20所示。

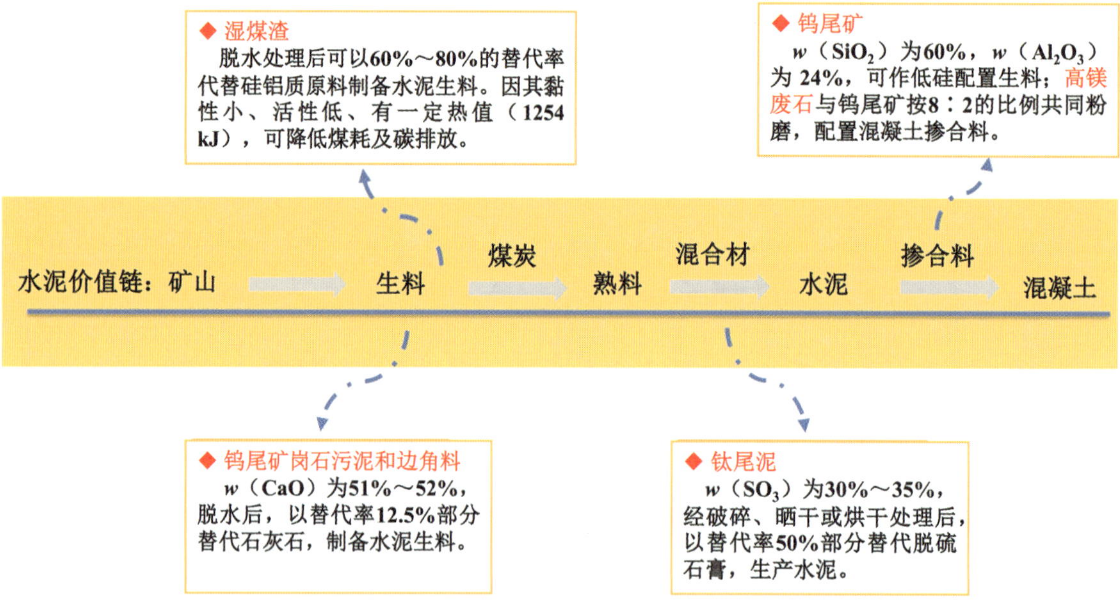

图 3.20　一站式处置多种工业固体废弃物的协同处置新技术

从图3.20可见，其技术路线按以下4种方式进行。

(1) 岗石污泥和边角料作生料的开发及应用

岗石污泥和边角料含有一定量的树脂，预处理后用于配料可改善生料易磨性，从而降低粉磨电耗和配料成本。阳光堆棚预处理脱水及经过调配后，岗石污泥可替代12.5%的石灰石。

(2) 湿煤渣作低热值生料的开发及应用

湿煤渣具有高铝低硅的性质，预处理后作为生料硅铝质校正原料可改善生料活性；利用煤渣含热值及煤渣在熟料形成过程中晶核作用，开展低能耗水泥生料配制技术，有利于促进熟料矿物的形成。

(3) 钛尾泥[$w(SO_3)>30\%$]可与脱硫石膏复配用作水泥调凝剂

在复合石膏-矿渣体系中，含有大量硫酸根离子和微量的钛离子，在碱性环境和钛离子激发作用下，CaO 和 Al_2O_3 溶解到溶液中，生成水化硫铝酸钙，从而使制备出的调凝剂具有提强效果。

(4) 高镁废石-钨尾矿环保掺合料开发及应用

采用单行重心设计方法配制了高镁废石-钨尾矿高性能复合掺合料。在开发出 3 体系试验法的基础上，还利用了 5 体系材料进行试验设计了高镁废石粉掺合料，已应用于富川混凝土掺合料生产。

3.3.6.3 多重固体废弃物作替代原料的应用效果及碳减排效果

(1) 岗石污泥

① 岗石污泥处理工艺流程

依托富川公司现有富余场地建设阳光堆棚对岗石污泥进行处置，进厂岗石污泥经阳光堆棚脱水晾晒后打散与石灰石搭配进入原料石灰石调配库用于水泥生产，污泥水分含量控制在 20%以下。岗石污泥下料位于富川二期石灰石圆堆位置，将二期预留水泥制成用地改建为堆棚和晾晒场，大量存贮各种工业固体废弃物。

岗石污泥处理工艺流程如下：

岗石污泥⟶厂棚⟶板喂机⟶输送皮带⟶打散机⟶输送皮带⟶石灰石调配库⟶链板秤⟶输送皮带⟶立磨。

岗石污泥处理工艺流程示意，如图 3.21 所示。

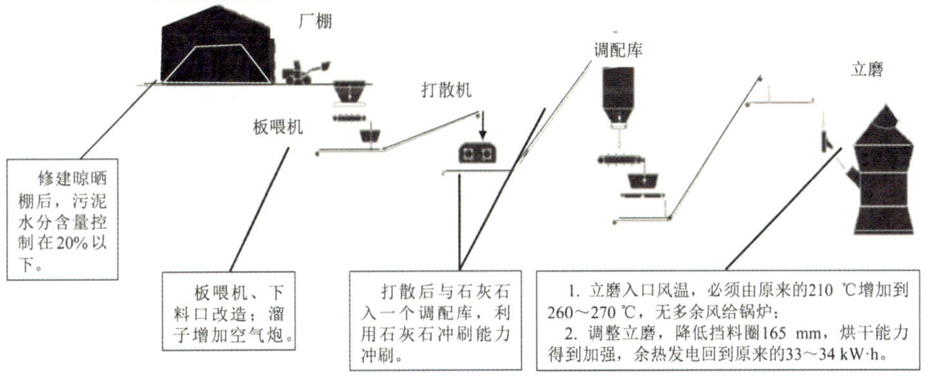

图 3.21 岗石污泥处理工艺流程示意

② 岗石污泥进厂质量要求

为更好地应用岗石污泥，生产中对其进行了进厂质量验收标准的制定。其检测指标具体要求为：$w(H_2O)\leqslant 25.0\%$；$w(CaO)\geqslant 49.0\%$；$w(MgO)\leqslant 2.8\%$；粒度≤15 cm；杂质：无垃圾、杂物、树根等。

岗石污泥使用前后生料的配比及相应生料质量的对比，如表 3.40 所示。

表 3.40 岗石污泥使用前后生料的配比及相应生料质量的对比

项目		使用前	使用后
配比（质量分数，%）	石灰石	85.17	86.35
	高硅砂岩	7.37	6.52
	湿灰	2.96	1.85
	红土	4.5	5.28
细度平均值（%）	0.08 mm 方孔筛	21.9	22.5
	0.2 mm 方孔筛	2.3	2.5

续表 3.40

项目		使用前	使用后
KH	平均值	1.005	1.015
SM	平均值	2.29	2.22
IM	平均值	1.39	1.36
化学成分（质量分数，%）	$w(SiO_2)$	12.73	12.64
	$w(Al_2O_3)$	3.24	3.31
	$w(Fe_2O_3)$	2.34	2.41
	$w(CaO)$	41.96	42.03
	$w(MgO)$	2.34	2.66

岗石污泥使用前后熟料质量的对比，如表 3.41 所示。

表 3.41　岗石污泥使用前后熟料质量的对比

类别		使用前	使用后
体积密度（g/ L）	平均值	1305	1301
	合格率(%)	100	100
w(f-CaO)（质量分数，%）	平均值	0.98	1.00
	合格率(%)	92.93	88.46
KH	平均值	0.91	0.91
	合格率(%)	99.72	97.9
SM	平均值	2.10	2.11
	合格率(%)	99.44	100
IM	平均值	1.53	1.55
	合格率(%)	98.59	100
抗压强度（MPa）	3 d	29.9	30.9
	28 d	59.5	59.4
化学成分（质量分数，%）	$w(SiO_2)$	20.70	20.47
	$w(Al_2O_3)$	5.83	6.03
	$w(Fe_2O_3)$	3.80	3.75
	$w(CaO)$	64.12	63.87
	$w(MgO)$	3.73	4.22
	$w(SO_3)$	0.61	0.58
	$w(R_2O)$	0.37	0.42

从表 3.41 中可以看出，污泥使用后熟料 f-CaO 含量的合格率略有降低，其余指标合格率变化不明显，3 d 和 28 d 的抗压强度基本不变，使用岗石污泥替代石灰石对水泥熟料性能无明显影响。

③ 岗石污泥应用效果

富川公司 2015 年 6 月开始搭配少量的岗石污泥入立磨生产水泥生料，污泥的使用量约为 100 t/d。自 7 月开始增加污泥的使用量且稳定为 500～600 t/d。岗石污泥入立磨生产水泥生料，每天岗石污泥替代率稳定为 12.5%；岗石污泥使用对生料物料配比、生料质量、熟料煅烧及质量影响不大。

(2) 湿煤渣

利用湿煤渣代替部分黏土作为水泥硅铝质校正原料生产水泥。

湿煤渣使用前后生料的配比及相应生料质量的对比，如表 3.42 所示。

表 3.42　湿煤渣使用前后生料的配比及相应生料质量的对比

类别		使用前	使用后
配比（质量分数，%）	石灰石	85.17	86.35
	高硅砂岩	7.37	6.52
	湿灰	2.96	1.85
	红土	4.5	1.78
	湿煤渣	0	3.5
细度平均值(%)	0.08 mm 方孔筛	21.9	22.5
	0.2 mm 方孔筛	2.3	2.5
KH	平均值	1.005	1.015
SM	平均值	2.29	2.22
IM	平均值	1.39	1.36
化学成分（质量分数，%）	$w(SiO_2)$	12.73	12.56
	$w(Al_2O_3)$	3.24	3.25
	$w(Fe_2O_3)$	2.34	2.27
	$w(CaO)$	41.96	42.13
	$w(MgO)$	2.34	2.47

湿煤渣使用前后熟料质量的对比，如表 3.43 所示。

表 3.43　湿煤渣使用前后熟料质量的对比

类别		使用前	使用后
体积密度(g/ L)	平均值	1305	1302
	合格率(%)	100	100
w(f-CaO)（质量分数，%）	平均值	0.98	0.99
	合格率(%)	92.93	89.96
KH	平均值	0.91	0.92
	合格率(%)	99.72	98.9
SM	平均值	2.1	2.08
	合格率(%)	99.44	100
IM	平均值	1.53	1.54
	合格率(%)	98.59	100
抗压强度(MPa)	3 d	29.9	30.6
	28 d	59.5	59.3
化学成分（质量分数，%）	$w(SiO_2)$	20.7	20.36
	$w(Al_2O_3)$	5.83	6.07
	$w(Fe_2O_3)$	3.8	3.66
	$w(CaO)$	64.12	63.69
	$w(MgO)$	3.73	4.11
	$w(SO_3)$	0.61	0.57
	$w(R_2O)$	0.37	0.28

由表 3.42 和表 3.43 可见，利用湿煤渣可提高生料活性，使用前后对水泥性能无影响。为更明晰其作用效果，对湿煤渣使用前后水泥烧成后熟料的显微结构进行了观察。

湿炉渣使用前后水泥烧成后熟料显微结构的变化，如图 3.22 所示。

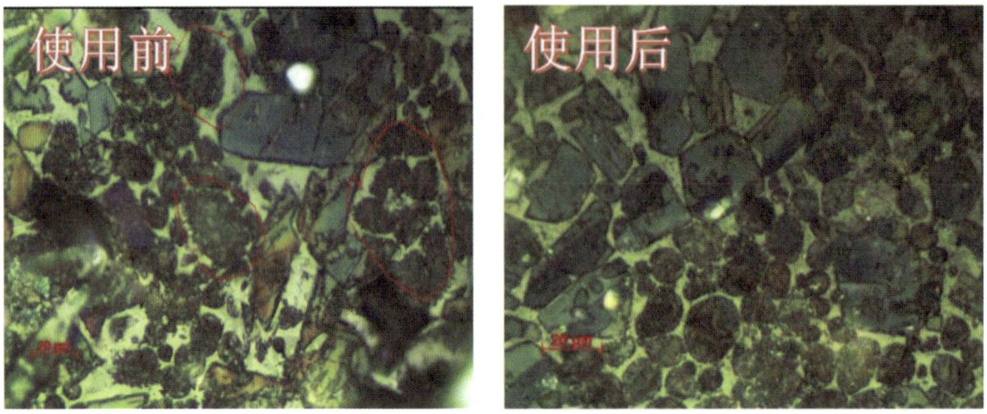

(a)　(b)

图 3.22　湿炉渣使用前后水泥烧成后熟料显微结构的变化

从图 3.22 来看，在湿炉渣使用前熟料中 A 矿和 B 矿完整度较差，在湿炉渣使用后熟料中矿物相晶体发育更加完整，边缘清晰，晶体发育良好。由此可见，湿炉渣的加入还起到了一定的矿化作用，有利于晶体的生长。

(3) 钛石膏

① 钛石膏处理的工艺流程

钛石膏处理的工艺流程如下：

钛石膏[$w(H_2O)$为 28%～40%]⟶阳光堆棚晒场晾晒⟶装载机铲装⟶汽车运输⟶钛石膏堆棚⟶混合系统(脱硫石膏、钛石膏、磷石膏)⟶皮带输送⟶石膏堆棚。

钛石膏处置的工艺流程示意，如图 3.23 所示。

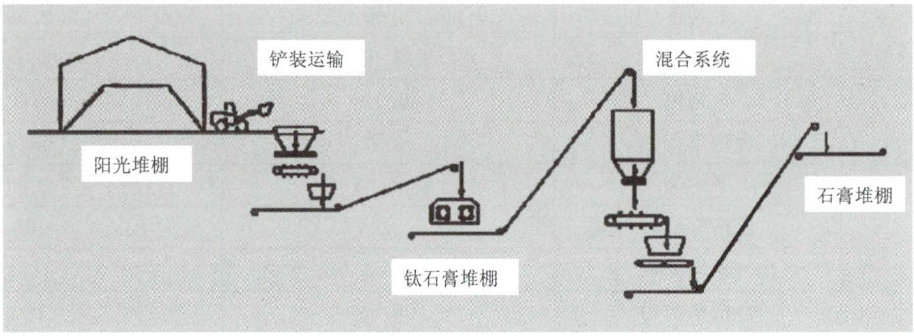

图 3.23　钛石膏处理的工艺流程示意

实际钛石膏破碎混合输送系统是在原有石粉粉磨站系统基础上改建的，建设中共计增加了 2 台板喂秤、3 条皮带和 1 台破碎机。该系统投入生产后，具备生产超细粉、复合石膏和将来新产品研发生产功能，投资少，见效快。

钛石膏现场的工艺布置，如图 3.24 所示。

② 钛石膏进厂质量要求

生产中对钛石膏同样进行了进厂质量验收标准的制定。其检测指标具体要求为：

$w(SO_3) \geqslant 33\%$；pH 值$\geqslant 6.5$；外水 $w(H_2O) \leqslant 35\%$；杂质：无垃圾、杂物、树根等。

③ 钛石膏应用效果

富川公司使用钛石膏，对水泥物理性能方面，如细度、比表面积、稠度、凝结时间、流动度影响不大；使

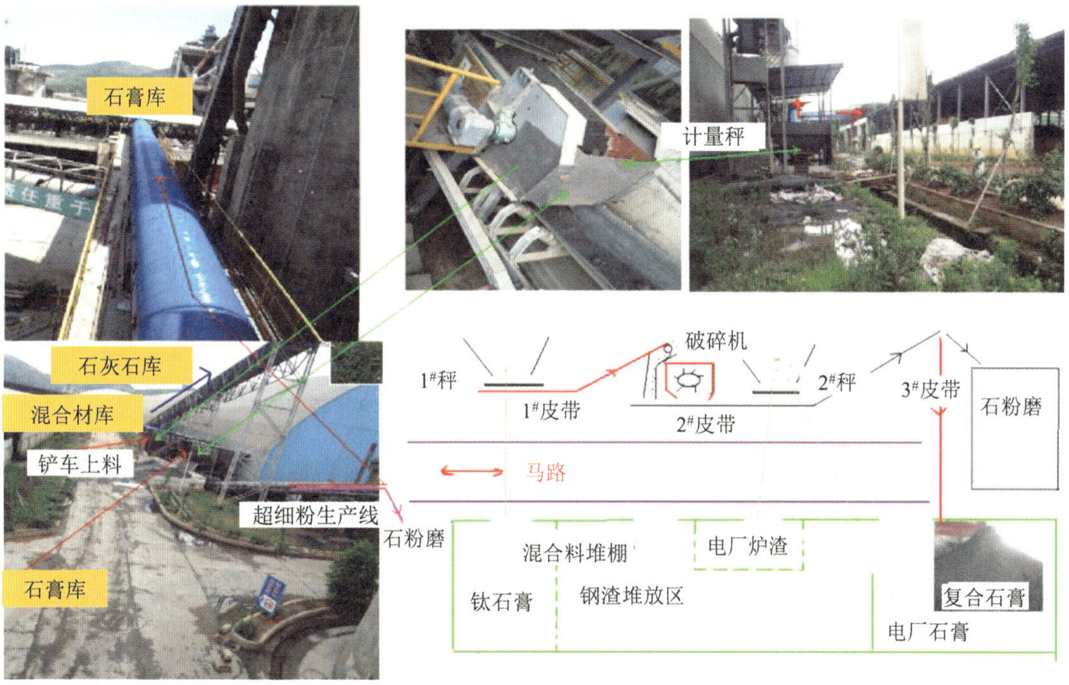

图 3.24　钛石膏现场的工艺布置

用脱硫石膏水泥的抗压强度比掺入部分钛石膏水泥的抗压强度稍高。

应用钛尾泥与脱硫石膏制备水泥的性能对比，如表 3.44 所示。

表 3.44　应用钛尾泥与脱硫石膏制备水泥的性能对比

产品种类		P·O42.5		P·C32.5R	
物料配比（%）	石膏	钛尾泥量：脱硫石膏量＝1：4	脱硫石膏	钛尾泥量：脱硫石膏量＝1：4	脱硫
	熟料	79.62	80.63	58.41	58.21
	混合材总掺量	13.24	13.48	37.22	37.46
磨机产量（t/h）		205.62	204.83	195.36	196.71
细度（%）	$R_{80\ \mu m}$	0.6	0.7	0.7	0.8
	$R_{45\ \mu m}$	9.9	9.1	10.4	10
比表面积（m^2/kg）		327	332	382	380
标准稠度（%）		26.4	26.4	26.3	26.2
凝结时间（min）	初凝	165	161	189	180
	终凝	216	217	242	234
净浆流动度（mm）	初始	228	231	—	—
	60 min	234	246	—	—
	坍落度经时损失	−6	−15	—	—
抗压强度（MPa）	1 d	12.2	12.6	7.4	7.6
	3 d	26.3	27.2	17.9	18.1
	28 d	52.4	53.1	37.1	37.6

从表 3.44 来看，用 25%钛石膏替代电力脱硫石膏进行大磨水泥试生产 P·O42.5 和 P·C32.5R 水泥与 100%电力脱硫石膏生产进行对比分析：首先，对水泥磨台时产量影响不大；其次，水泥物理性能方面，细度、比表面积、稠度、凝结时间、流动度变化不大；最后，使用脱硫石膏水泥比掺入部分钛尾泥水泥的抗压强度稍高。另外，从脱硫石膏与钛石膏复合缓凝剂对水泥水化结构的影响来看，用复合缓凝剂作缓凝

剂的水泥石的结构比用脱硫石膏的结构更加均匀，即复合缓凝剂的使用有利于水泥石强度的匀质性改善。

脱硫石膏与钛石膏复合缓凝剂对水泥水化结构的影响，如图 3.25 所示。

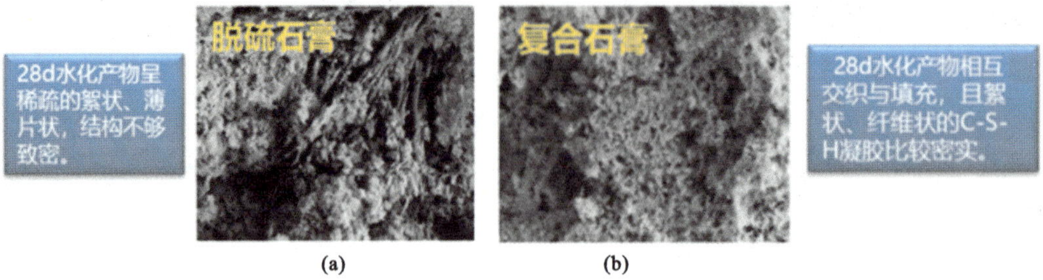

图 3.25　脱硫石膏与钛石膏复合缓凝剂对水泥水化结构的影响

富川公司周边有江华海螺、桂林南方、道县华新、兴安海螺等水泥厂以及约 10 个粉磨站，石膏需求量 $>6\times10^5$ t/a，但都受制于石膏供应不足，基本用天然石膏掺入脱硫石膏或者磷石膏等维持生产。通过对钛石膏预处理后与脱硫石膏复配用作水泥生产，实现了钛石膏的综合处理，变废为宝、节能环保，减轻了钛白粉企业的环保压力和水泥企业原材料保供的压力，提升了水泥企业的经济效益和社会价值。

(4) 钨尾矿

① 钨尾矿处理的工艺流程

钨尾矿处置的工艺流程如下：

钨尾矿[$w(H_2O)$为 25%～40%]⟶晒场(露天＋阳光堆棚)晾晒⟶铲运⟶板喂机⟶皮带输送⟶与高镁废石和石灰石共同粉磨⟶用于掺合料。

钨尾矿处置的工艺流程示意，如图 3.26 所示。

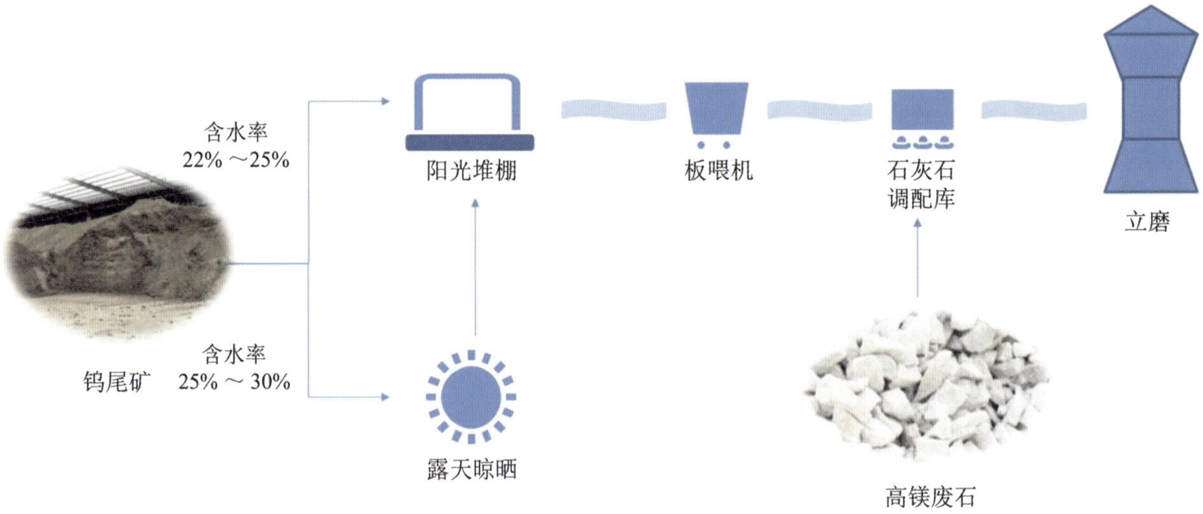

图 3.26　钨尾矿处置的工艺流程示意

② 钨尾矿进厂质量要求

钨尾矿检测指标具体要求为：

$w(H_2O)\leqslant25.0\%$；$w(Al_2O_3)\geqslant12.0\%$，以 1 d 为一个批次综合检测 $w(Al_2O_3)\geqslant12.0\%$；$w(R_2O)\leqslant2.0\%$；粒度≤15 cm；杂质：无垃圾、杂物、树根等。

③ 钨尾矿应用效果

钨尾矿活性较高，可与高镁废石、石灰石共同粉磨成掺合料。前期试配时，钨尾矿和高镁废石比例是 2∶8，共同粉磨配制出混凝土掺合料。用该掺合料分别按 6%、10%取代，并与粉煤灰和石粉进行对比来开展混凝土性能影响试验。

应用钨尾矿粉配制混凝土的性能对比，如表 3.45 所示。

表 3.45 应用钨尾矿粉配制混凝土的性能对比

掺合料种类		粉煤灰	掺合料 1	掺合料 2	石粉 1	石粉 2
45 μm 方孔筛筛余值(%)		36	6	10	6	10
泵送混凝土标号		C30	C30	C30	C30	C30
混凝土配合比(kg/m^3)	水泥	265	265	265	265	265
	掺合料	70	70	70	70	70
	砂	930	930	930	930	930
	石	940	940	940	940	940
	水	170	170	170	170	170
	减水剂	7.04	7.04	7.04	7.04	7.04
坍落度(mm)		220	210	200	190	180
扩展度(mm)		460×460	520×520	480×480	460×460	420×420
7 d 抗压强度(MPa)		29.7	30.6	29.9	28.2	27
28 d 抗压强度(MPa)		36.2	36	35.7	34	33.4

从表 3.45 来看，利用钨尾矿粉配制出的掺合料和磨细石粉相比，效果明显变好。当掺合料用量达到 10%时，混凝土坍落度依旧保持在 200 mm 及以上，而石粉即便掺量为 6%，其配制混凝土的坍落度为 190 mm，未能达到 200 mm 及以上。同时，从 7 d 抗压强度和 28 d 抗压强度来看，掺钨尾矿掺合料的混凝土的抗压强度也略高于掺石粉的，和掺 36%粉煤灰的混凝土抗压强度接近。因此，将钨尾矿作为掺合料用于混凝土的配制是可行的，其可用作普通Ⅲ级掺合料，相应 7 d 活性指数≥65%，28 d 活性指数≥70%，90 d 抗压强度比≥0.90。

目前，通过多年持续奋斗，各种工业固体废弃物乱排乱放的现象在贺州已经消失不见，今日的绿水青山再也不用遭受“贺州白”的困扰，随着贺州石材加工产业的健康发展，“贺州白”俨然成了贺州经济最响亮的招牌。

截至 2021 年底，共计处置工业固体废弃物 2.56×10^6 t，产生直接经济效益约 3.14×10^7 元，减少 CO_2 排放量约为 1×10^8 t。这无疑很好地践行了习近平同志倡导的“绿水青山就是金山银山”的理念。

3.3.7 替代原料应用尚存问题分析

3.3.7.1 放射性问题

为节约资源、保护环境，各类工业废渣被广泛应用于水泥原料和混合材的使用中。放射性核素存在于各种金属矿中，废渣中固体矿物的浓缩会导致放射性元素的浓缩，利用废渣制备水泥等建筑材料可能对身体健康造成严重影响。为保障人体健康，我国于 2010 年颁布了国家标准 GB 6566—2010《建筑材料放射性核素限量》，对建筑主体材料和装修材料的放射性水平作了明确的规定，要求建筑主体材料中天然放射性核素镭-226、钍-232、钾-40 的放射性比活度应同时满足内照射指数 $I_{Ra}\leqslant1.0$，外照射指数 $I_{\gamma}\leqslant1.0$。

① 水泥产品放射性

有研究[2]通过对全国 27 个省市的近 400 个水泥样品的放射性结果进行分析，发现全国水泥产品内照射指数平均值 $I_{Ra}=0.27$，波动范围 0.09～1.71；外照射指数平均值 $I_{\gamma}=0.29$，波动范围 0.09～1.13。综合不同省市水泥样品的内照指数与外照指数对比图 3.27 可推断，我国通用硅酸盐水泥产品的放射性基本可满足国家标准 GB 6566—2010《建筑材料放射性核素限量》的要求，即内照指数与外照指数均不大于 1.0。个别企业的样品有超标现象，内照射指数超过限值更多。统计发现水泥样品的放射性区域差异较大，浙江、云南、新疆三地的内照指数与外照指数均值高于其他省级行政区，这与该区域的水泥原料及混合材种类密切相关。分析发现，浙江企业混合材中使用了具有较高镭比活度的石煤渣，因此造成水泥产品的内照指数与外照指数较高。

我国部分省级行政区水泥产品的内照指数与外照指数的对比，如图 3.27 所示。

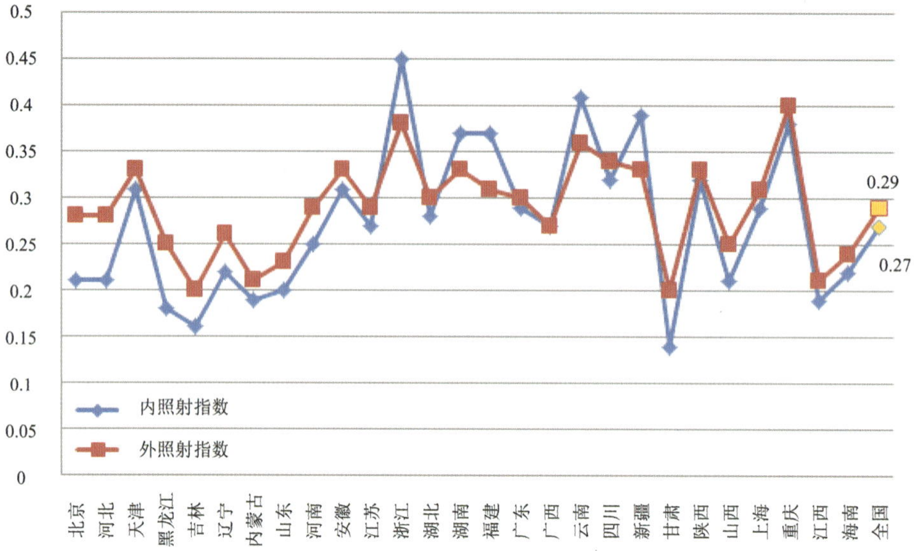

图 3.27　我国部分省级行政区水泥产品的内照指数与外照指数的对比

同一个水泥厂家不同水泥产品的放射性差别也较大。例如，浙江某水泥企业生产的复合硅酸盐水泥和普通硅酸盐水泥的内照指数 I_{Ra}=1.71、外照指数 I_{γ}=0.73。放射性的差异主要由混合材种类和掺量决定。

各品种水泥的内照指数（I_{Ra}）与外照指数（I_{γ}）的对比，如表 3.46 所示。

表 3.46　各品种水泥的内照指数（I_{Ra}）与外照指数（I_{γ}）的对比

产品种类	试样数量	内照指数（I_{Ra}）		外照指数（I_{γ}）	
		平均值	范围	平均值	范围
普通硅酸盐水泥	30	0.32	0.2～0.5	0.31	0.2～0.4
复合硅酸盐水泥	31	0.41	0.2～1.4	0.39	0.2～0.9
矿渣硅酸盐水泥	18	0.35	0.2～0.5	0.36	0.2～0.7

由表 3.46 可知，复合硅酸盐水泥、矿渣硅酸盐水泥的内照指数与外照指数的平均值、最高值均略高于普通硅酸盐水泥。这是由于复合硅酸盐水泥、矿渣硅酸盐水泥在生产过程中均掺入了大量的矿渣、冶金渣等混合材，熟料比例较低，而冶金渣等工业废渣在工业生产过程中经历了矿物浓缩过程，原料中含有的放射性元素在废渣中浓缩，造成水泥产品的放射性偏高。在水泥制造过程应严格监控废渣等混合材料的使用，以避免废渣的过量掺入造成产品放射性超标。

② 水泥原料与混合材的放射性

为全面分析影响水泥原料与混合材种类对熟料、水泥产品放射性的影响，《中国水泥工业环境状况调查研究报告》编写组曾选取多家水泥企业的原料、熟料、混合材和水泥样品进行放射性指数检测。

不同水泥企业的原料、燃料及水泥产品的放射性分析，如表 3.47 所示[2]。

从表 3.47 可知，对于石灰石、砂岩、页岩等水泥企业常用的大宗硅质、铝质、铁质原料，其放射性指标均能满足《建筑材料放射性核素限量》的要求。石灰石的内照指数（I_{Ra}）与外照指数（I_{γ}）一般在 0～0.2 范围波动，远远低于标准要求。砂岩作为常用硅质原料，其放射性水平高于石灰石，且外照射指数一般高于内照射指数。不同区域的同种原料放射性差异较大，例如，台泥（辽宁）水泥有限公司的砂岩内照指数为 I_{Ra}=0.1、外照指数为 I_{γ}=0.4，而江西上高南方水泥有限公司使用的砂岩内照指数 I_{Ra}=0.7、外照指数 I_{γ}=0.6。由于水泥企业多采用尾矿作为铁质、铝质校正材料，使得校正材料的放射性水平稍高于石灰石。可见对于硅质、铝质和铁质原料，水泥企业需进行详细的放射性检测，其他公司的经验数据不能保证完全适用。对石灰石而言，其放射性基本满足《建筑材料放射性核素限量》的要求，企业可适当放宽检测频次。

表 3.47 不同水泥企业的原料、燃料及水泥产品的放射性分析

水泥企业	类别	产品名称	内照指数(I_{Ra})	外照指数(I_{γ})
台泥(辽宁)	原料	石灰石	0.1	0.1
		砂岩	0.1	0.4
		铝土	0.1	0.1
	生料	生料	0.2	0.2
	燃料	原煤	0.1	0.1
	混合材	炉渣	0.1	0.1
		脱硫石膏	0.1	0.1
		石膏	0.1	0.1
		矿渣粉	0.1	0.4
		矿渣	0.2	0.2
		铁尾矿粉	0.1	0.4
	熟料	熟料	0.2	0.1
	水泥	P·O 42.5	0.1	0.1
		P·Ⅱ52.5	0.1	0.1
江西上高南方	原料	石灰石	0	0.1
		砂岩	0.7	0.6
		黏土	0.2	0.5
	混合材	转炉渣	0.4	0.3
		炉渣	0.3	0.6
		粉煤灰	0.4	0.7
		煤矸石	0.2	0.5
		石膏	0	0
	熟料	熟料	0.1	0.2
	水泥	M32.5	0.1	0.3
江西安福南方	原料	石灰石	0.2	0.3
		黏土	0.1	0.6
		铝粉	0.1	0.2
	混合材	钢渣	0.2	0.3
		煤矸石	0.2	0.5
		矿渣	0.8	0.8
		粉煤灰	0.8	0.7
		转炉渣	0.8	0.8
		脱硫石膏	0	0.1
	熟料	熟料	0.4	0.3
	水泥	P·O42.5	0.2	0.3
		M32.5	0.3	0.3

表 3.47 也指出，水泥混合材中粉煤灰、矿渣、炉渣多具有较高的放射性，抽样企业粉煤灰的内照指数的平均值 $I_{Ra}=0.6$、外照指数的平均值 $I_{\gamma}=0.7$。宁波地区 20 份粉煤灰样品的放射性检测结果显示：内照指数的平均值 $I_{Ra}\approx 0.9$、外照指数的平均值 $I_{\gamma}\approx 1.3$，验证了粉煤灰具有高放射性这一共识，矿渣也是具有较高放射性的混合材。因此，在实际应用时水泥企业应先对混合材进行放射性检测，在保证水泥性能的同时满足放射性指标要求。

控制水泥产品的放射性首先要识别放射性高的混合材，确定其合理的掺加量，优化水泥性能的同时保证放射性指标满足《建筑材料放射性核素限量》的要求，同时关注各种大宗原料的放射性，保证水泥产品的放射性达标。水泥企业在改变原材料、改变水泥配比或开发新品种水泥时，要进行放射性核素比活度的分析。

3.3.7.2 重金属离子浸出性能

随着水泥窑协同处置废弃物技术的逐渐应用，以及混合材种类和掺量的日益增多，水泥产品中重金属元素的含量不断提高，对人体健康、生态环境造成严重危害。

水溶性六价铬是重金属毒性危害的主要来源之一。部分欧洲国家对水泥及水泥制品中六价铬（Cr^{6+}）含量做出了严格规定，要求水泥及水泥制品中 $w(Cr^{6+})\leqslant 0.0002\%$，即 2 mg/kg。我国于 2016 年 10 月 1 日正式实施了国家标准 GB 31893—2015《水泥中水溶性铬（Ⅵ）的限量及测定方法》，用于规范、管控我国水泥行业铬含量，规定水泥中水溶性六价铬限量为 10 mg/kg，即 0.001%。

石灰石、黏土等原料、破碎粉磨设备、含铬耐火砖以及工业废渣是我国水泥产品中水溶性 Cr^{6+} 的主要来源。原料中通常含有微量铬，在回转窑高温煅烧过程中带入熟料内；原料破碎和生料、水泥的粉磨介质中含有少量铬，随着设备的磨损，铬元素进入原料、生料和水泥产品中；水泥回转窑高温带使用大量含铬耐火砖，在回转窑高温、高风压以及高碱度的影响下，铬元素被氧化而进入熟料中；随着水泥窑协同处置技术的进步，替代原料、替代燃料应用比例逐渐提高，含铬原燃料的使用增加了水泥产品中铬含量。

为明确原料、燃料、混合材对水泥熟料、水泥产品中六价铬的影响程度，对不同原料、耐火材料和混合材中水溶性六价铬的含量进行了检测

水泥原料、燃料及混合材中 $w(Cr^{6+})$ 的检测结果，如表 3.48 所示。

表 3.48 水泥原料、燃料及混合材中 $w(Cr^{6+})$ 的检测结果

序号	样品名称	$w(Cr^{6+})$ (mg/kg)	序号	样品名称	$w(Cr^{6+})$ (mg/kg)	序号	样品名称	$w(Cr^{6+})$ (mg/kg)
1	低硅煤渣	0.60	12	硅钙渣	0.10	23	矿渣粉	0.10
2	低硅煤渣	0.63	13	铁镁尖晶石砖	2.10	24	矿渣粉	0.02
3	高硅煤渣	0.40	14	铬矿渣	0.13	25	砂岩	0
4	煤渣	0.41	15	铬矿渣	0.51	26	砂岩	0
5	煅烧煤矸石	0.15	16	浇注料	283.38	27	粒化高炉矿渣	0
6	煅烧煤矸石	0	17	高耐磨砖	8.00	28	粒化高炉矿渣	0.10
7	粉煤灰	0	18	改性磷石膏	0.30	29	矿粉	0
8	粉煤灰	0	19	石膏	0	30	矿粉	0
9	粉煤灰	0	20	石膏	0.7	31	矿粉	0
10	水渣	0.29	21	石灰石	0.57	32	钢渣	25.25
11	水渣	0.04	22	石灰石	1.15	33	钢渣	10.02

由检测结果看出，原料中石灰石、砂岩、石膏的六价铬含量很低，砂岩样品中完全没有检测到 Cr^{6+}。

低硅、高硅煤渣中 $w(Cr^{6+})<1$ mg/kg，远低于标准检出限。而粉煤灰、水渣、矿渣粉等废渣中 Cr^{6+} 含量并不高，基本上为 $w(Cr^{6+})<1$ mg/kg，不会造成 Cr^{6+} 含量超标。而钢渣中的 Cr^{6+} 含量较高，甚至超过标准限制的 2 倍多，浇注料、耐火砖和部分钢渣六价铬含量较高，尤其是浇注料，达到 283 mg/kg。根据检测结果，水泥企业应对入窑物料、窑内耐火砖、磨机内研磨介质和衬板的磨损金属材料以及各种混合材料进行分析，全面排查，确认水溶性 Cr^{6+} 的来源。

3.3.7.3 对水泥产品性能的影响

有研究统计表明[6]，在替代原料应用中，硅酸盐水泥产品的凝结时间、抗压抗折强度、SO_3 含量等指标均能满足国家标准 GB 175—2007《通用硅酸盐水泥》规定的限额指标。而普通硅酸盐水泥产品中，P·O52.5R 约有 0.9%的产品 Cl^- 含量超过标准要求，P·O42.5R 中 0.6%的产品在 MgO、Cl^-、灼烧减量和抗压强度指标项出现不合格品。复合、矿渣硅酸盐水泥产品中，P·C/P·S42.5R 等级有较高的不合格率，高达 2.2%，主要体现在抗压强度上。

普通硅酸盐水泥一般掺加少于 20%的混合材，矿渣硅酸盐水泥和复合硅酸盐混合材掺加量一般为 20%～50%。尽管我国颁布了国家标准 GB/T 12960—2019《水泥组分的定量测定》，建立了水泥中混合材掺加量检测的统一标准，然而不少企业未能有效控制和检测混合材组分和含量，造成混合材掺加量超标。由于水泥行业产能过剩，导致水泥市场无序竞争、低价倾销、盲目降低成本等，不法企业甚至使用超越标准允许的混合材种类，对水泥、混凝土的质量产生不良影响。有些企业为片面提高水泥强度，水泥粉磨时掺加多种外加剂，引起 Cl^- 含量超标；小粉磨站未实施有效的质量管控，也会造成水泥强度不达标，凝结时间不合格等。

据国家水泥质量监督检验中心（以下简称：中心）介绍，中心接受市场和用户委托检验的不合格品比例更高，说明流通领域和工程应用阶段的水泥产品质量低于水泥企业实际送检样品质量。相关主管部门和监管部门应加强水泥质量的管理。

3.4 替代燃料的应用效果及降碳能力分析

替代燃料的推广应用目前已经成为众多企业解决生存问题的重要解决措施之一。从国家政策来看，2021 年中央环保督察重点核查高能耗行业的单位产品能耗和年度能耗总量，能耗超标企业就面临停产处罚风险，必须通过整改达到相应能耗等级要求。2021 年国家发展和改革委员会等五部委发布《关于严格能效约束推动重点领域节能降碳的若干意见》，要求坚决遏制“两高”项目盲目发展，要求水泥企业 2025 年 30%的生产线需要达到 1 级标杆水平。2022 年国家发展和改革委员会等发布《高耗能行业重点领域节能降碳改造升级实施指南(2022 年版)》，其中水泥行业篇中指出要推广节能技术应用，加强清洁能源原燃料替代，支持鼓励水泥企业利用自有设施场地实施替代燃料，减少对化石能源的依赖。因此，替代燃料的应用更加受到重视。

在替代燃料的使用方面，水泥窑烧成系统具有工况稳定，热容量大，高温高碱，烟气停留时间长等得天独厚的优势，替代燃料可在该系统内相对均匀、稳定地燃烧，真正地实现了废弃物的无害化、资源化和减量化。

以下就各种典型替代燃料的应用效果及降碳能力来开展分析。

3.4.1 轮胎炭黑

3.4.1.1 轮胎炭黑燃料特性

(1) 轮胎炭黑产量情况

随着汽车行业的快速发展，更换下来的废旧轮胎量愈来愈大，废旧轮胎素有“黑色污染”之称，目前的常见处理方式之一便是热裂解。废弃轮胎热裂解产物为 40%轮胎油、30%炭黑、15%钢丝及其他，即 1 t

废旧轮胎可产出炭黑大约 0.3 t。轮胎热裂解后的粗炭黑是黑色粉末状固体物质，需要在密闭环境下进行输送和保存。炭黑本身是可以重新利用的，但是如果得不到妥善的处理，直接堆存反而容易造成二次污染和资源的浪费。

废弃轮胎及其裂解产物炭黑，如图 3.28 所示。

(a)　　(b)

图 3.28　废弃轮胎及其裂解产物炭黑

(2) 轮胎炭黑工业分析

轮胎炭黑的外观为形状不规则、黑色或暗灰色的固体颗粒，具有发达的孔隙结构。为了解轮胎炭黑特性，选取了福建龙岩周边轮胎炭黑开展了相关燃料特性的分析。

轮胎炭黑的工业分析，如表 3.49 所示。

表 3.49　轮胎炭黑的工业分析

样品名称	外水含量 (%)	$w(M_{ad})$ (%)	$w(A_{ad})$ (%)	$w(V_{ad})$ (%)	$w(FC_{ad})$ (%)	$Q_{net,ad}$ (kJ/kg)	$w(S_{t,ad})$ (%)
炭黑 1	30.00	1.81	19.84	10.33	68.02	26234	2.31
炭黑 2	30.00	0.66	17.15	3.26	78.93	27605	2.35
炭黑 3	烘干样	0.89	15.76	4.57	78.78	28220	—
煤炭	8.40	2.46	21.03	21.47	55.04	24741	0.68

从表 3.49 中可以看出，轮胎炭黑的热值远高于一般烟煤的发热量，达到了 26000 kJ/kg 以上，3 种炭黑的发热量平均值为 27353 kJ/kg，属于高热值的替代燃料。其固定碳含量约为 80%，但其含硫量亦较高，约为 2.3%，因此，在生产中要密切关注硫循环对分解炉及 C_5 下料皮堵塞的影响。整体来看，轮胎炭黑应用中只要加大脱硫力度，同时匹配好硫碱比，完全具备替代化石燃料的能力。

(3) 轮胎炭黑燃烧特性

为全面了解轮胎炭黑的燃烧特性，将炭黑和烟煤以及无烟煤的差热分析图谱进行了比对。

炭黑和烟煤/无烟煤的差热分析图，如图 3.29 所示。

炭黑与煤燃烧特性曲线及特征参数对比，如表 3.50 所示。

表 3.50　炭黑与煤燃烧特性曲线及特征参数对比

样品名称	着火温度 (℃)	燃烧烈度 [mW/(mg · min)]	第 2 放热峰起始温度 (℃)	第 2 放热峰终止温度 (℃)	燃尽时间 (min)	平均燃烧速度 (%/min)	综合燃烧特性指数 $S(\times10^{-10})$
炭黑	513.1	10.26	442.2	585.6	7.50	11.06	34.97
进厂烟煤	422.7	0.69	245.5	597.7	17.6	4.49	54.54
进厂无烟煤	613.2	1.44	573.4	726.8	11.4	6.34	21.31

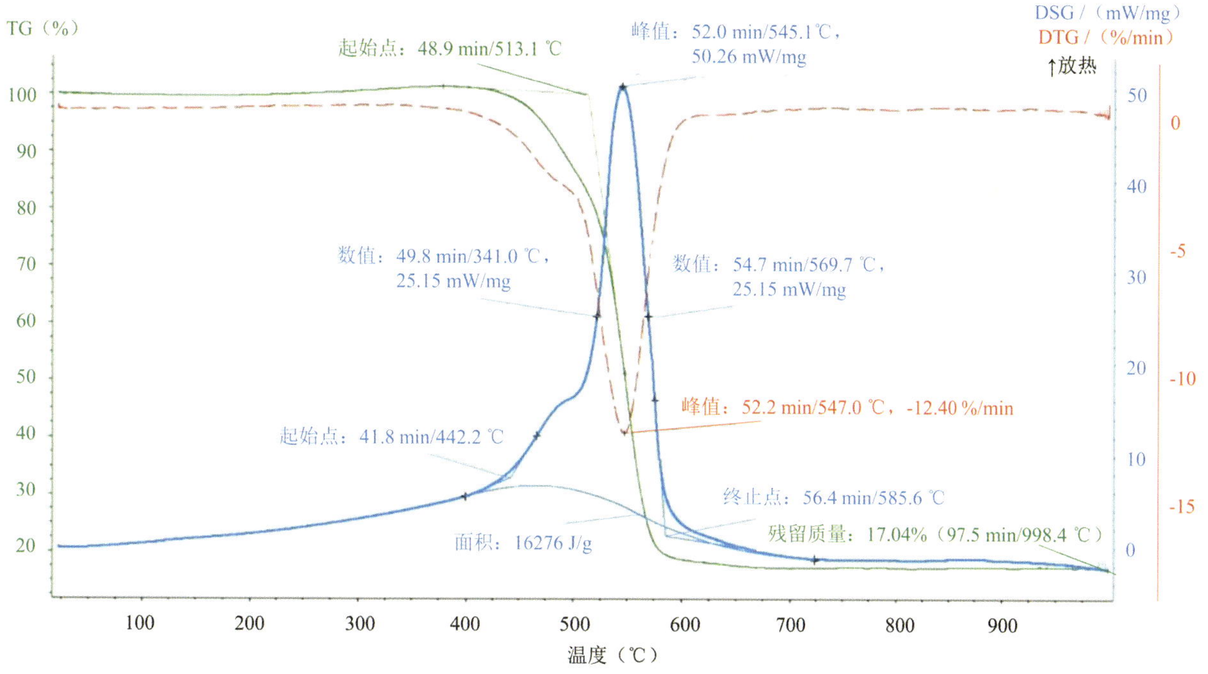
TG（%）
DSG /（mW/mg）
DTG /（%/min）
↑放热
起始点：48.9 min/513.1 ℃
峰值：52.0 min/545.1℃，
50.26 mW/mg
数值：49.8 min/341.0 ℃，
25.15 mW/mg
数值：54.7 min/569.7 ℃，
25.15 mW/mg
峰值：52.2 min/547.0 ℃，-12.40 %/min
起始点：41.8 min/442.2 ℃
终止点：56.4 min/585.6 ℃
面积：16276 J/g
残留质量：17.04%（97.5 min/998.4 ℃）
100
90
80
70
60
50
40
30
20
50
40
30
20
10
0
0
-5
-10
-15
100
200
300
400
500
600
700
800
900
温度（℃）
（a）

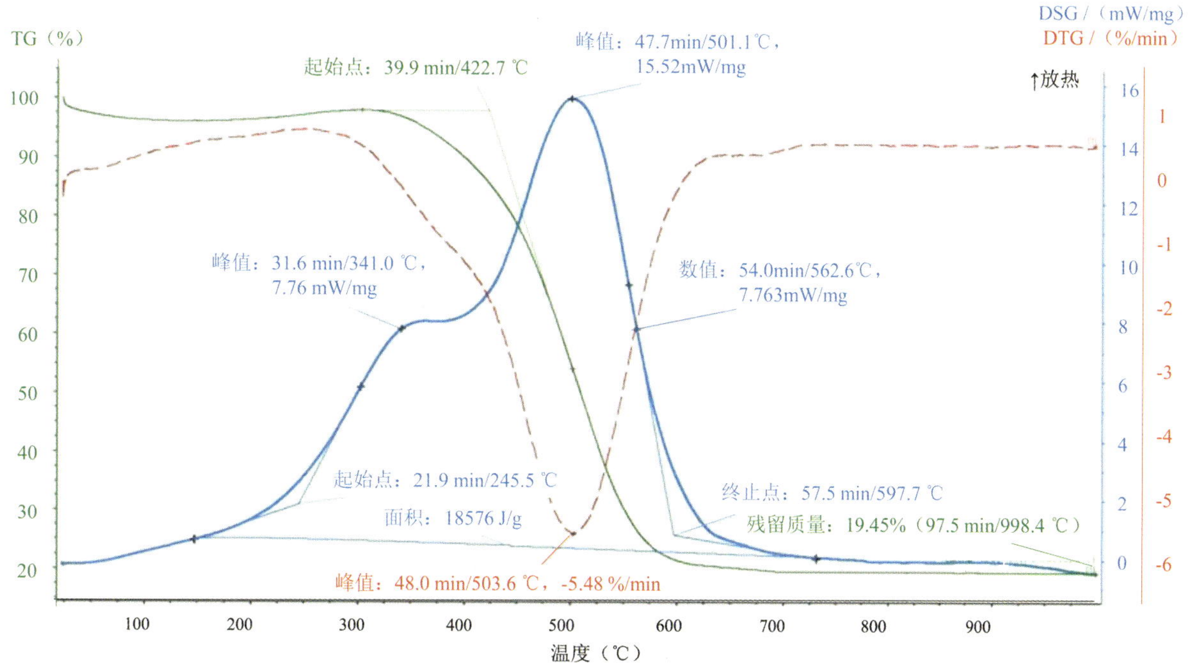
TG（%）
DSG /（mW/mg）
DTG /（%/min）
↑放热
起始点：39.9 min/422.7 ℃
峰值：47.7min/501.1℃，
15.52mW/mg
峰值：31.6 min/341.0 ℃，
7.76 mW/mg
数值：54.0min/562.6℃，
7.763mW/mg
起始点：21.9 min/245.5 ℃
面积：18576 J/g
终止点：57.5 min/597.7 ℃
残留质量：19.45%（97.5 min/998.4 ℃）
峰值：48.0 min/503.6 ℃，-5.48 %/min
100
90
80
70
60
50
40
30
20
16
14
12
10
8
6
4
2
0
1
0
-1
-2
-3
-4
-5
-6
100
200
300
400
500
600
700
800
900
温度（℃）
（b）

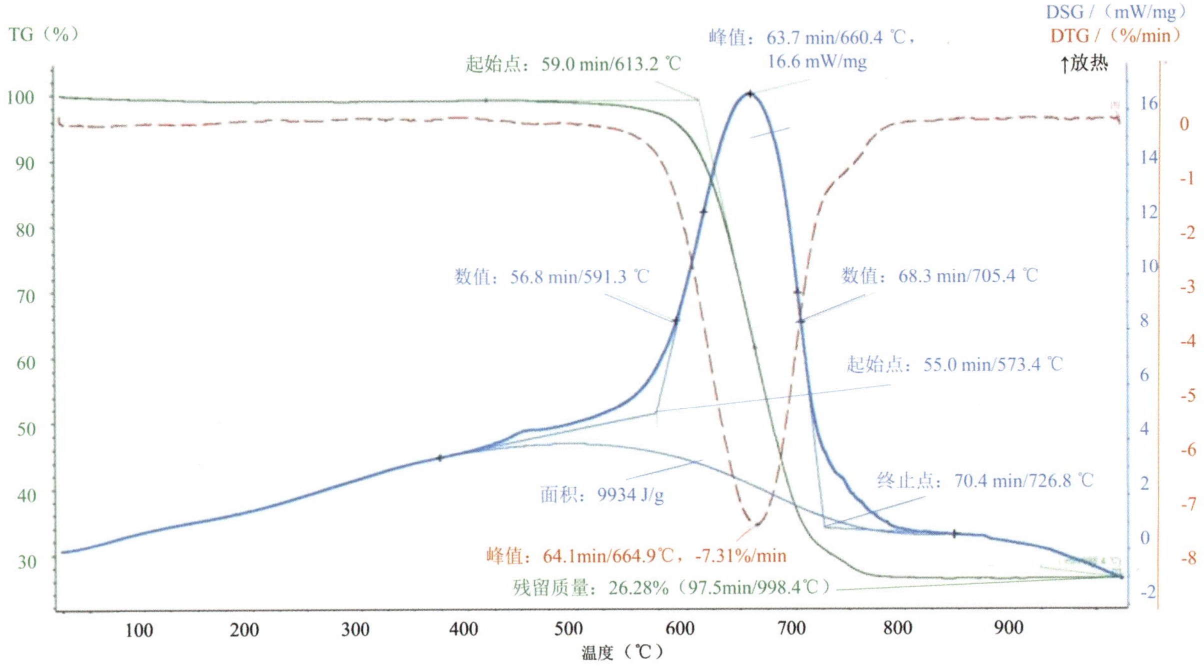

（c）

图 3.29　炭黑和烟煤/无烟煤的差热分析图

(a) 炭黑；(b) 烟煤；(c) 无烟煤

由图 3.29 和表 3.50 可见，和烟煤相比，轮胎炭黑着火点高，较难着火，但比无烟煤易着火；第 2 放热峰起始温度和烟煤接近，着火后易起燃，且燃烧速率快，半峰宽窄，在氧气充足的情况下，比烟煤和无烟煤的燃尽时间短，更容易燃烧完全，热力强度集中。相比而言，炭黑在生产应用中和烟煤的特性更加接近，可随窑、炉需求进行添加应用。

(4) 轮胎炭黑灰渣中重金属含量情况

对轮胎炭黑灰渣(焦渣)中的重金属进行进一步的环保检测。

焦渣带入重金属量的估算值，如表 3.51 所示。

表 3.51　焦渣带入重金属量的估算值

项目	As	Pb	Cd	Cr	Cu	Ni	Zn	Mn
标准限制(mg/kg)	40	100	1.5	150	100	100	500	600
检测值(mg/kg)	4.28	91.12	4.63	39.32	346.19	43.00	14909.93	31.64
带入熟料值(mg/kg)	0.09	1.91	0.10	0.83	7.27	0.90	313.11	0.66

从表 3.51 可见，对比标准限值，重金属锌含量是制约焦渣最大掺入量的主要关注因素。根据此限定条件，建议试验规模控制为焦渣掺量在 20%以内。

综上所述，轮胎炭黑是一种热值高、易燃烧的比较优质的替代燃料，其可用作替代燃料来生产水泥、发电或供暖等，这样不仅可以缓解我国能源短缺的矛盾，而且可以将轮胎炭黑变废为宝。石油焦根据含硫量的不同，可分为高硫焦和低硫焦，高硫焦一般用作水泥厂和发电厂的燃料。过高的硫会导致窑及预热器频繁结皮结圈，且可能导致 SO_2 排放超标，需根据企业自身工艺、原材料条件进行试验。

3.4.1.2　轮胎炭黑替代燃料应用情况

华润水泥(永定)有限公司(以下简称：永定公司)单位熟料综合能耗及碳排放强度虽逐年进步，但与标杆水平对比仍有较大差距。替代燃料技术的应用是其节能减碳的重要技术支撑。加之福建龙岩区域及周边有工业副产品轮胎炭黑资源，生产能力为(6～8)×10⁴ t/a，单位熟料发热量为(1.672～2.842)×10⁴ kJ/kg，单位热量的价格较煤炭便宜。结合专业检测，初步判定焦渣可在煤磨替代部分原煤，在分解炉和窑头使用。

轮胎炭黑最初工业对比试验于 2021 年 12 月开始，生产线选用的永定公司 1[#] 熟料生产线。在工业对比试验期间，永定公司组织了现场的热工测试及环保污染物排放测试。17 日～18 日、26 日～28 日期间采集的数据为空白样对比数据，共计 5 d；19 日～22 日为工业试验期，共计 4 d。

工业对比试验用掺配量的比例(质量分数，%)如下：

空白燃料：烟煤量∶无烟煤量＝85%∶15%；

试验燃料：烟煤量∶无烟煤量∶轮胎炭黑量＝80%∶15%∶5%，总计约为 4374 t，其中轮胎炭黑量约 219 t。

(1) 对烧成系统的影响

试验期间，对系统的产量、实物煤耗、标准煤耗及余热发电量等进行了跟踪检测。

轮胎炭黑的加入方式及配套设备外观，如图 3.30 所示。

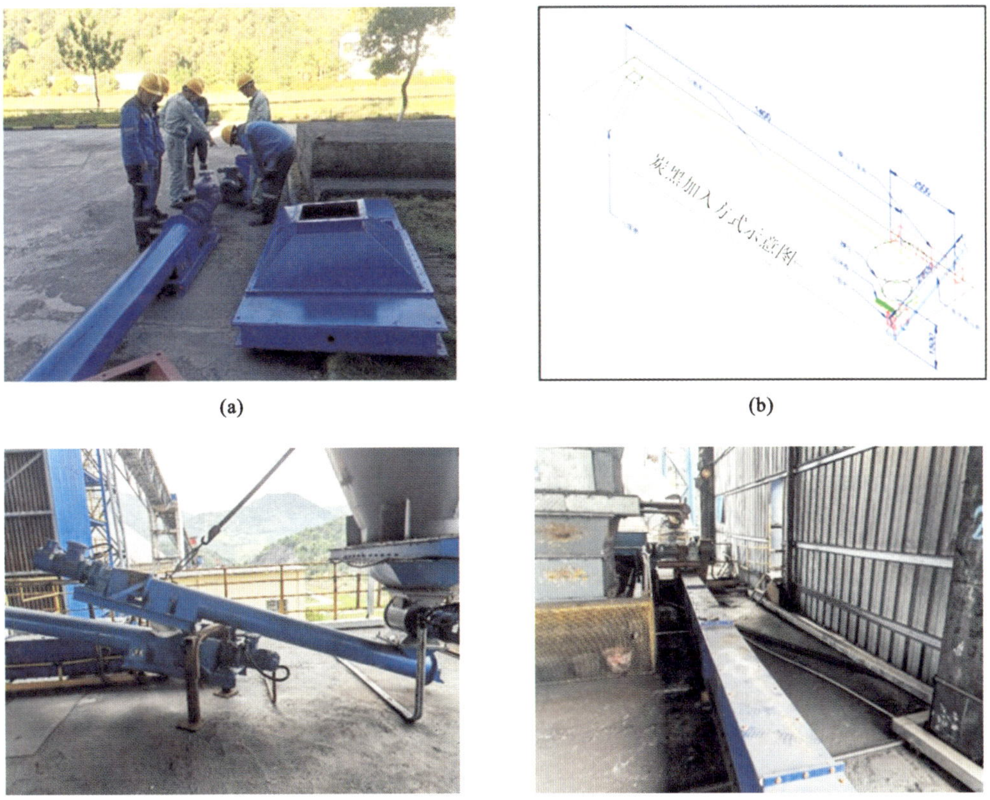

(a)　(b)　(c)　(d)

图 3.30　轮胎炭黑的加入方式及配套设备外观

工业对比试验期间轮胎炭黑对烧成系统影响的主要指标，如表 3.52 所示。

表 3.52　工业对比试验期间轮胎炭黑对烧成系统影响的主要指标

日期	产量(t/d)	实物煤耗(kg/t)	标准煤耗(kgce/t)	余热发电量(kW·h/t)
空白平均值	5989	140.42	103.72	30.69
试验平均值	6012	139.34	103.22	30.36
差值	23	−1.08	−0.50	−0.33

当轮胎炭黑替代利用量为 5%时，工业对比试验表明：在保障窑系统产能的情况下(实际还增加了

23 t/d 的产能)，系统的实物煤耗、标准煤耗及余热发电量均略有降低，窑尾热工制度(各检测点温度和压强)整体未见显著性变化，使用轮胎炭黑可视同煤粉处理。

(2) 对煤磨运行的影响

在工业对比试验期间，对于掺量5%的轮胎炭黑对入窑燃料热工参数的影响进行了检测。入窑燃料热工参数的检测数据，如表3.53所示。

表3.53 入窑燃料热工参数的检测数据

工况	煤磨台产量(t/d)	煤粉细度(%)	$w(M_{ad})$(%)	$w(A_{ad})$(%)	$w(V_{ad})$(%)	$w(FC_{ad})$(%)	$Q_{net,ad}$(kJ/kg)
空白平均值	43	1.6	1.18	26.52	21.76	50.54	23090.32
试验平均值	45	1.7	1.13	26.42	22.57	49.88	23140.48
差值	2	0.1	−0.05	−0.10	0.81	−0.66	50.16

从表3.53可以看出：

① 5%轮胎炭黑的加入对煤磨系统影响不大，基本不影响煤磨运行工况，而且台产量还增加2 t/d，略有上升。煤磨工况稳定，不需调整。

② 煤粉的细度在工程范围内变化，属于正常波动。混合燃料的工业分析数据波动在0.05%～0.81%之间，可以说影响非常小。且炭黑掺入原煤后入窑煤粉发热量还略微增加了50.16 kJ/kg。

(3) 对水泥熟料产品品质的影响

在工业对比试验期间，对出窑水泥熟料的性能进行了检测。

出窑水泥熟料性能的检测数据，如表3.54所示。

表3.54 出窑水泥熟料的检测数据

日期	体积密度(g/L)	w(f-CaO)(%)	$w(R_2O)$(%)	$w(SO_3)$(%)	*KH*	*SM*	*IM*
空白平均值	1252	1.15	0.44	0.46	0.920	2.49	1.57
试验平均值	1283	1.05	0.43	0.42	0.916	2.47	1.57

从表3.54中也看不出轮胎炭黑对熟料质量有明显影响，5%轮胎炭黑替代利用煤粉的情况下水泥熟料品质无异常。若合理控制原料和燃料的来源后，推测焦渣燃料替代率可达15%。

(4) 对环保指标的影响

考虑到替代燃料对环境的影响问题，试验期间对典型物料中含有的重金属以及烟气排放的气体成分也进行了跟踪检测。结果显示环保排放检测无异常。

掺配轮胎炭黑后典型物料的重金属检测数据，如表3.55所示。

表3.55 掺配轮胎炭黑后典型物料的重金属检测数据

项目	As	Pb	Cd	Cr	Cu	Ni	Zn	Mn
熟料的标准限制(mg/kg)	40	100	1.5	150	100	100	500	600
轮胎炭黑(mg/kg)	4.28	91.12	4.63	39.32	346.19	43.00	14909.93	31.64
入窑生料(mg/kg)	21.92	76.41	1.53	25.59	29.37	11.62	145.55	461.73
空白熟料(mg/kg)	23.44	113.33	2.11	130.39	47.21	56.89	235.46	777.16
试验熟料(mg/kg)	30.56	84.21	1.43	72.10	43.65	30.49	347.99	668.60

工业试验期间烧成系统废气排放统计数据，如表3.56所示。

表 3.56　工业试验期间烧成系统废气排放统计数据

日期	SO_2 排放浓度(mg/m^3)	NO_2 排放浓度(mg/m^3)	粉尘排放浓度(mg/m^3)	脱硝氨水用量(t/d)
空白平均值	28	335	7.3	16.10
试验平均值	43	408	7.5	13.68
试验-空白差值	15	72	0.2	−2.42

(5) 轮胎炭黑对能耗的影响

永定公司 2# 原煤仓作为轮胎炭黑储存仓，在技术改造完成后，随着轮胎炭黑的掺入，结合前期基地相关优化改造，永定公司 1# 线实物煤耗量、标煤耗量均有一定程度的降低。通过使用轮胎炭黑替代燃料，永定公司 1# 线 5 月、6 月已达到国家标准 GB 16780—2021《水泥单位产品能源消耗限额》要求的一级能耗指标，并随着焦渣掺量的进一步扩大，烧成系统综合能耗有进一步降低的潜力。

2022 年 1～6 月永定公司 1# 生产线煤耗和电耗统计数据分析，如图 3.31 所示。

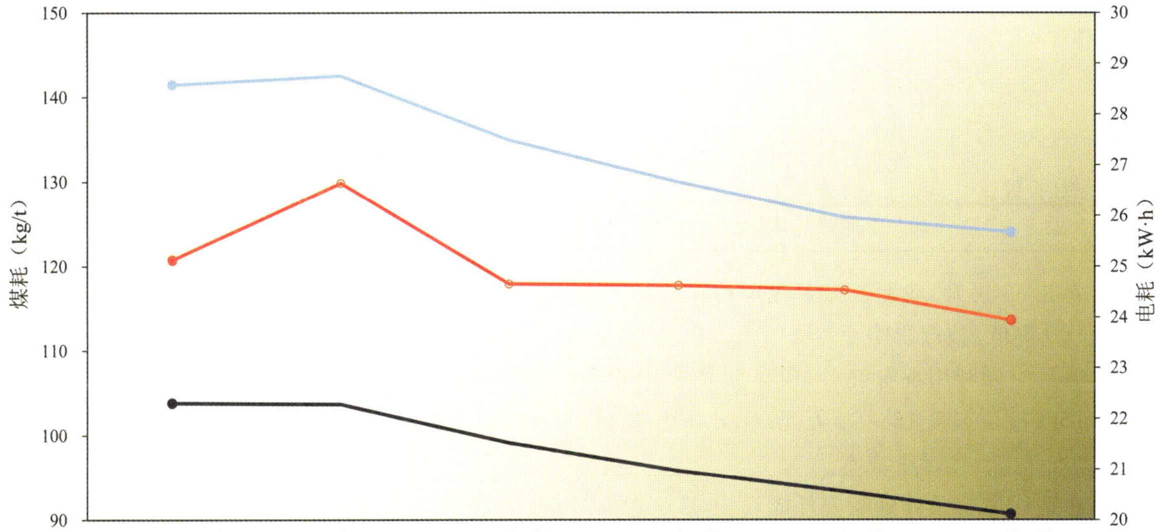

	2022年1月	2022年2月	2022年3月	2022年4月	2022年5月	2022年6月
实物煤耗	141.45	142.49	134.91	129.95	125.76	124.01
标准煤耗	103.82	103.68	99.13	95.77	93.31	90.67
工序电耗	25.12	26.64	24.65	24.62	24.53	23.94

图 3.31　2022 年 1～6 月永定公司 1# 生产线煤耗和电耗统计数据分析

从图 3.31 可见，利用轮胎炭黑替代煤粉，不论降低煤耗或电耗，其优势都非常明显。

所有测试性能指标和环保指标数据表明，应用轮胎炭黑不会给水泥窑系统带来环保风险。就其整体来看：① 轮胎炭黑基本可替代煤利用，5%掺加对生产无不良影响，能降低生产成本和减少碳排放。② 轮胎炭黑中细粉含量高，转运有扬尘污染，需考虑配置必要的收尘设备，进一步评估防尘爆措施。③ 鉴于试验效果明显，下一步进行轮胎炭黑工业生产的推广，工业推广期间轮胎炭黑掺加比例提升到 10%，并时刻跟踪观察生产工况的长期影响。④ 为加快轮胎炭黑的推广，其工业生产掺入方式需要根据检测结果开展合理设计。

在第一次工业试验后，利用永定公司二线煤磨车间场地进行轮胎炭黑入煤磨系统的配套改造工作，现场改造工作已于 2022 年 4 月完成并投入使用。改造主要增设了收尘设备(造价 6.5 万元)、计量设备(造价 8.5 万元)、输送设备(造价 5 万元)。

3.4.1.3　轮胎炭黑替代燃料节能降碳效果评价

轮胎炭黑作为替代燃料应用时，与固体回收燃料(Solid Recover Fuel，缩写 SRF)[其热值为(1.463～1.672)×10^4 kJ/kg，水分含量为 5%～10%]相比较，其节能、降碳及节省造价的效果，参见表 3.57。

轮胎炭黑替代燃料时节能、降碳及节省造价效果与 SRF 替代燃料比对，如表 3.57 所示。

表 3.57 轮胎炭黑替代燃料节能、降碳及节省造价与 SRF 替代燃料比对

序号	收益分项	成本核算过程	备注
1	显著降低替代燃料制备和利用系统的建设投资	与采用自建替代燃料加工系统及替代燃料制备系统形成 SRF 泥窑协同处置应用相比，在 15%～20%的燃料替代率指标下，本项目开发的技术路线可节约建设总投资约为 5000 万元	(1) 与 SRF 替代燃料对比，建设投资在 15～25 万元/(t/d)，相当于节省替代燃料预处理系统的建设投资近 4000 万元； (2) 本项目不需要对水泥窑系统进行相应的改造，相当于节约替代燃料水泥厂储存、计量、输送、焚烧等相关建设投资近 1000 万元
2	替代燃煤降低煤炭采购成本	年预计收益(燃料成本降低)＝实物煤耗×焦渣取代率×(煤炭单价－焦渣单价)×熟料产量＝132×8%×(1000×0.87－600×0.87)×180÷1000 万元/a ＝661 万元/a	视 1 t 焦渣按等同于 1 t 原煤评估。煤炭单价按含税 1000 元/t、焦渣单价按含税 600 元/t、焦渣掺加 8%、实物煤耗 132 kg/t、年生产熟料 180 万 t 计算
3	替代燃煤减排收益	年预计收益(减排 CO_2)＝实物煤耗×熟料产量×焦渣取代率×焦渣中生物质燃料含量×煤炭转化率×煤炭含碳量×低位发热量×44/12＝132×180×8%×80%×98%×27.49×22990×44/12÷109×50 万 t/a ＝172 万元/a	焦渣中 80%属于生物质燃料，不计入碳排放核查范围，根据《省级温室气体清单编制指南(试行)》，一般情况下无烟煤含碳量约 27.49 t/TJ，在窑炉中煤炭转化率为 98%，以低位发热量为 22990 kJ/kg 来估算使用焦渣的碳减排量
4	社会效益	本项目的成功实践，为华润建材科技拓展利用中高热值替代燃料指明了方向，轮胎炭黑替代燃料可在具备条件的生产基地直接应用，大幅度提高华润建材科技的热量替代率，降低总碳排放量，提升华润建材科技的业界影响力	

由表 3.57 可知，轮胎炭黑替代煤粉具有如下优势：

(1) 投资低、技改影响小

本项目主要利用现有设备，仅需购买收尘设备、计量设备、输送设备(合计约为 20 万元)，与常规的 SRF 生产线投资强度 15～25 万元/(t/d)相比较，以处置 300 t/d 轮胎炭黑计，节约建设投资近 5000 万元。

(2) 能耗低、无运维成本

普通替代燃料预处理需要耗能约为 25～60 kW·h/t，而本项目无须额外耗能。

(3) 不需要配套窑系统改造

轮胎炭黑的热值高，可视同煤利用，不增加系统的总热耗量，对窑系统影响甚微。

无须配置替代燃料专用计量输送装置，窑系统无相关改造需求。替代燃料专用计量称，仅设备费用即高达 200～300 万元。

(4) 碳减排强度高

轮胎炭黑为废旧轮胎再生过程中产生的废弃物，属于 80%为生物质的替代燃料。通俗地说，每利用 1 t 轮胎炭黑，相当于减排 0.8 t 同热值煤产生的碳排放量。

3.4.2 废塑料

3.4.2.1 废塑料燃料特性

2019 年全球各国不可降解的各种消耗性塑料产品和制品的年生产量在 2.8×10^8 t 以上。半个多世纪以来，遗存在陆地上的废塑料累计或有 7×10^9 t 之多[49]。随着岁月的流逝，海量的废塑料已经污染了陆地上的土壤，而且长年累月在自然力的驱动下，逐步侵入全球的江河湖泊，污染了世界水系，最后侵入海洋。在日积月累的迁移过程中，废塑料从块状、片状逐步缩小成颗粒状、细粒状或微粒状。现在已经有些沿海地区和海湾附近的海洋变成了“一锅塑料杂烩汤”，使整个海洋生态环境遭受严重破坏。长此以往海洋的逐渐“死亡”势必直接威胁到“地球村”的存亡。据估计，现在分布在全球几百万个填埋场和堆放场中的废塑料，几乎达到全世界人均 1 t，再加上每年新增的 2×10^8 t，如此海量的废塑料造成的污染，已经形成了一场迫在眉睫、人类必须高度重视并加紧寻求缓冲解决方案的生存危机。这绝不是危言耸听，而是已经发生并且形势日益严峻的事实。

为了应对这一严峻局面，人类社会现今基本达成了两点重要共识。首先是有效遏制废塑料继续海量增长。各国都应该开始实施“限塑”或“禁塑”，同时加紧研发可自然降解的塑料。其次是设法消除积存的海量废塑料。除了回收再利用和燃烧发电以外，水泥窑协同处置废塑料用作替代燃料，是一个最佳的解决方案。因为水泥生产的规模很大，全球水泥的年产量达 4.3×10^9 t，足以处置这样海量的废塑料。加之水泥窑协同处置技术成熟可靠，可充分保障环境安全，没有二噁英等污染物排放，无二次污染，还能保证水泥质量稳定如常。水泥窑对废塑料中的热能利用率比其用于发电的效率高出 1 倍，可达 90%以上。废塑料对化石燃料（煤）的单位替代量较高，对 CO_2 的减排作用更显著。因为可以利用已有的水泥生产装备，故其所需的技改费用和占地面积都较少，施工周期短，见效快，运行成本较低。这些突出的优势，促使水泥窑协同处置技术成为解决海量废塑料问题的首选方案[50]。

目前，中国、印度、缅甸、泰国和越南等 5 个亚洲国家每年产生的废塑料为 6.43×10^7 t，各国水泥工业都有足够的能力消纳处置各自的全部废塑料。这 6.43×10^7 t 废塑料所蕴含的热能相当于热值为 22.15 MJ/kg 的原煤 5.5×10^7 t，减少 CO_2 排放量 3×10^7 t，充分体现环保、节能、减排三赢[50]。

2021 年广东省廉江市丰诚水泥有限公司（以下简称：廉江公司）进厂煤炭平均单价约为 604 元/t，2022 年 5 月以后进厂煤炭平均单价上升为>1158 元/t，相比 2021 年上升了 91.7%，煤价上升导致熟料成本上升的差价>72 元/t，降低熟料的标准煤耗的成本成为廉江公司盈亏的关键因素之一。为此，如何合理应用废弃塑料替代化石燃料成为企业研究和探索的重点。

廉江地区废塑料的热值及全硫含量，如表 3.58 所示。

表 3.58　廉江地区废塑料的热值及全硫含量

样品名称	低位发热量 $Q_{net,ad}$(kJ/kg)	$w(S_{t,ad})$(%)
废塑料	22629	0.08

廉江地区废塑料燃尽后灰渣的化学成分，如表 3.59 所示。

表 3.59　廉江地区废塑料灰渣的化学成分　（质量分数，%）

样品名称	$w(SiO_2)$	$w(Al_2O_3)$	$w(Fe_2O_3)$	$w(CaO)$	$w(MgO)$	$w(K_2O)$	$w(Na_2O)$	$w(SO_3)$
废塑料	0.23	1.18	0.05	10.77	0.48	0.08	0.66	0.13

从表 3.58 中可以看出，废塑料的热值和烟煤的低位发热量相近，属于高热值的替代燃料，其低位发热量达到了 22629 kJ/kg，且硫的含量也不高，仅 0.08%，灰分中亦无有害成分。塑料的燃烧特性，可参看第 3.4.6 小节中关于塑料燃烧特性的描述。

整体来看，废塑料热值高，易起燃，燃烧速率快，热力强度大，有害成分少，具有替代化石燃料的能力。使用中需控制好颗粒粒度大小，同时与烟煤适当搭配可控制燃烧速度。

3.4.2.2　废塑料替代燃料应用情况

廉江公司自行设计施工的废塑料入分解炉通道已于 2022 年 9 月投入使用，投入使用后塑料添加量逐步增加到 70～100 t。机械添加废塑料入炉通道启用后，廉江公司持续跟踪入炉点位置对分解炉煅烧的影响，并在分解炉锥部和三次风管出口处反复尝试调整，探索废塑料添加最佳使用效果。

廉江公司废塑料入分解炉系统关键技术，如图 3.32 所示。

廉江公司 2022 年 7—12 月废塑料的用量，如图 3.33 所示。

廉江公司不断测试废塑料的添加量，从 1 t/h 增加到 4.5 t/h 时，尾煤替代率从 5%增加到 20%。当然废塑料使用也对回转窑工艺稳定性造成冲击，11 月份预热器 C_5 发生两次堵料，经检查发现有大量未充分燃烧的废塑料掉落在烟室持续燃烧，导致烟室结皮，同时严重堵塞 C_5 下料管出口。廉江公司通过增加空气炮，改变塑料添加位置等方式降低了影响，相关后期技改完善工作还在持续探索中。

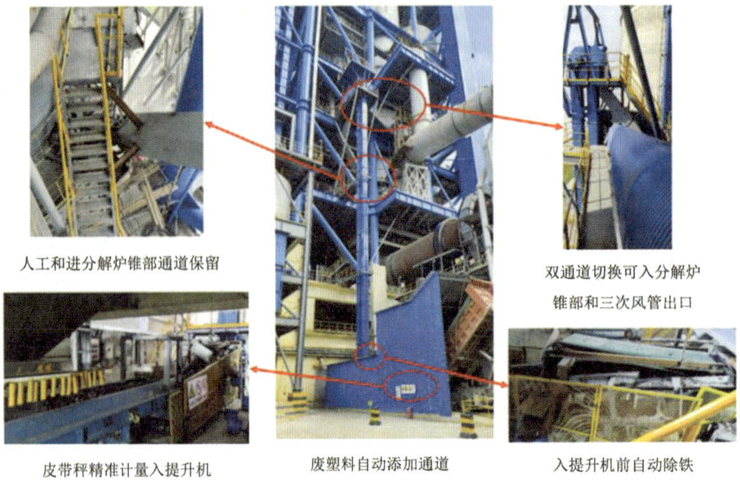

图 3.32　廉江公司废塑料入分解炉系统关键技术

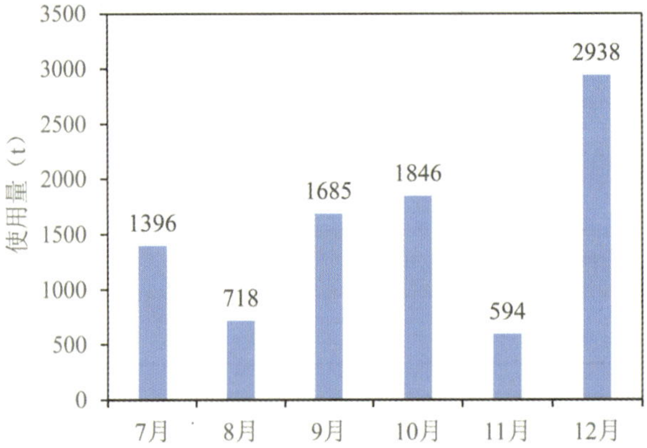

图 3.33　廉江公司 2022 年 7—12 月废塑料的用量

3.4.2.3　废塑料替代燃料节能降碳效果评价

通过生产统计，废塑料每替代尾煤 5%可降低单位熟料标准煤耗约为 2.7 kg/t。

废塑料的掺量与单位熟料标准煤耗的关系，如图 3.34 所示。

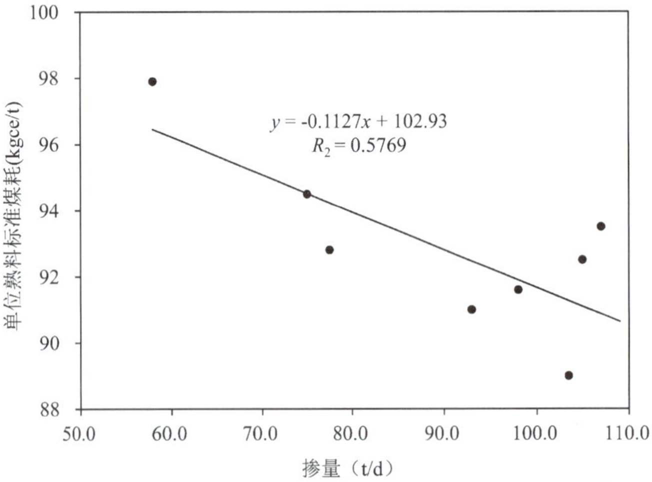

图 3.34　废塑料的掺量与单位熟料标准煤耗之间的关系

由图 3.34 可见，随着废塑料掺量的增加，单位熟料标准煤耗明显下降，在生产中一直小于 100 kgce/t，很好地改善了企业对天然化石燃料的依赖。

与此同时，按每 1 h 每 1 t 塑料的掺入即可节煤 2.5 kgce 计(实际为 2.2～2.7 kgce)，其中每 1 kgce 煤燃烧时 CO_2 排放系数为 2.4567 kg。

当单位废塑料低位发热量为 50.8 GJ/t 时，废塑料的 CO_2 排放系数为 0.075 t/GJ，现场实际用废塑料的低位发热量为 22.629 GJ/t，折算出现场用每 1 t 塑料的 CO_2 排放系数为 1.6972 t。

则每 1 t 塑料在应用过程中可减少的碳排放量为：2.5×2.4567－1×1.6972＝4.4446(t)。

截至 2023 年 02 月，廉江公司共计应用了废塑料 13018 t，共计减少的 CO_2 排放总量为：4.4446×13018＝57859(t)。

3.4.3 污泥

城市市政污泥的处置大多采用填埋、堆肥、焚烧、建材利用等方式。填埋处置方式将会占用土地资源，尤其是在土地资源非常宝贵的一线城市，很难选择合适的填埋场建设用地。堆肥处置方式受产品市场应用的影响较大，且对污泥的成分有明确要求。焚烧处置方式需建设单独的焚烧厂，投资较大，运行成本高，且存在残渣二次处置问题[51]。建材利用处置方式包括制砖、水泥窑协同处置等，是目前应用较为广泛的污泥处置方式。水泥窑协同处置污泥方式是指水泥窑在生产水泥熟料的过程中，同时处置市政污泥，充分利用窑系统煅烧熟料的高温烟气焚烧污泥。此种污泥处置方式热效率高，尾气处理成本低，可以彻底实现干化污泥的减量化、资源化、无害化处置。

2019 年，《广州市人民代表大会常务委员会关于推进全面实施污泥干化焚烧处理处置的决定》明确广州市污泥处理处置采用“厂内干化减量＋焚烧”技术路线，要求在 2022 年底前，广州市污泥全部实现市内无害化干化焚烧处置，其中建材焚烧利用是干化污泥无害化处置的重点方向。水泥窑协同处置干化污泥可以不设置专门的污泥焚烧炉，焚烧后灰渣通过物理化学反应固化到水泥熟料的晶格中，焚烧产生的烟气随水泥厂废气处置系统共同处置，焚烧污泥产生的热量被用于煅烧，从而真正实现污泥处置从无害化到资源化转变[52-54]。

广州市越堡水泥有限公司(以下简称越堡水泥)利用已建成的 1 条熟料产能为 6000 t/d 的水泥生产线，建设处置城市污泥能力为 1.86×10^5 t/a(以污泥含水率为 80%折合为 5.58×10^5 t/a)项目。项目于 2021 年 10 月 18 日投产，2022 年 1 月 4 日顺利通过连续 30 d 的性能测试考核，2022 年上半年共处置污泥约为 6×10^4 t。因污泥处置规模较大，为确保水泥产品质量合格，越堡水泥对污泥处置全过程进行严格把控，开展相应品质管理工作，尽可能降低因处置污泥对水泥产品品质及性能带来的不良影响。

3.4.3.1 污泥燃料特性

(1) 干化污泥工业分析

2022 年上半年越堡水泥进厂污泥水分含量的平均值为 36.42%，空干基低位发热量为 11862.84 kJ/kg。干化污泥灰分高、低位发热量低，收到基热值仅相当于进厂煤的 30%～35%。

干化污泥工业分析数据，如表 3.60 所示。

表 3.60 干化污泥工业分析数据

检测项目	$w(M_{ar})$ (%)	$w(M_{ad})$ (%)	$w(A_{ad})$ (%)	$w(V_{ad})$ (%)	$w(FC_{ad})$ (%)	$Q_{net,ad}$ (kJ/kg)	$Q_{net,ar}$ (kJ/kg)
大坦沙	40.46	3.52	56.03	40.40	0.06	10596.30	6257.46
西朗	39.06	3.27	51.03	42.06	3.65	12343.54	6929.26
猎德	36.61	4.53	53.33	41.95	0.19	10817.84	6407.94
石井	35.43	5.54	55.01	39.31	0.14	9935.86	6027.56
从化	31.55	3.03	40.98	47.45	8.55	15733.52	10424.92
狮岭	35.39	4.81	51.20	43.75	0.25	11745.80	7235.58
平均值	36.42	4.12	51.26	42.49	2.14	11826.84	7214.68
进厂煤	10.31	2.32	28.04	22.04	47.60	24051.72	21899.02

(2) 污泥灰分的化学成分分析

干化污泥灰分含量超过 80%的成分为水泥生产的有效矿物成分(SiO_2、Al_2O_3、Fe_2O_3、CaO、MgO),各项主要矿物成分含量适中,与水泥熟料要求相比,仅 CaO 含量偏低,带入配料可能轻微影响水泥熟料的饱和比,可通过调整生料配料方案降低处置污泥对熟料化学组成的影响。

干化污泥灰分化学分析数据,如表 3.61 所示。

表 3.61 干化污泥灰分化学分析数据 (质量分数,%)

检测项目	$w(SiO_2)$	$w(Al_2O_3)$	$w(Fe_2O_3)$	$w(CaO)$	$w(MgO)$	$w(K_2O)$	$w(Na_2O)$	$w(SO_3)$	$w(Cl^-)$
污泥	28.81	16.95	9.20	26.13	2.30	1.13	0.20	6.18	0.030
进厂煤	44.93	34.70	4.52	9.02	0.87	0.84	0.23	4.36	0.010
入窑生料	13.14	2.99	2.32	43.49	0.67	0.28	0.03	0.75	0.011

(3) 干化污泥的重金属含量分析

本项目污泥来源多,选择部分典型干化污泥样品,委托中科检测技术服务(广州)股份有限公司开展重金属检测,检测结果如表 3.62 所示。污泥中的重金属含量与大多数常规原料相比均不具有显著优势,即使是较大规模的处置污泥也不会对水泥熟料及水泥产品重金属的含量合规性问题产生显著影响。

干化污泥的重金属含量检测数据,如表 3.62 所示。

表 3.62 干化污泥的重金属含量检测数据 (质量分数,%)

检测项目	Pb	Cd	Cr	Cu	Ni	Zn	Hg	As	Mn
限值要求*	100	1.5	150	100	100	500	—	40	600
典型污泥 1	56	1.55	65	106	25.2	510	2.36	27.0	—
典型污泥 2	48	4.04	66	95	25.0	460	1.54	30.5	—
典型污泥 3	23	1.04	43	72	15.5	343	1.68	19.8	—
石灰石	8	0.60	54	5	6.0	61	—	3.0	80
铁粉	355	33.10	102	30	0.3	124	—	86.0	163
湿煤渣	45	1.10	27	62	8.0	32	—	0.3	407
砂页岩	82	4.70	51	31	24.0	56	—	256.0	120
烟煤	31	0.10	1	11	4.3	1	—	0.3	72

* 国家标准 GB/T 30760—2014《水泥窑协同处置固体废物技术规范》对水泥熟料重金属含量提出了限值要求。

3.4.3.2 干化污泥替代燃料应用技术途径

2010 年,华润建材科技着手研究水泥窑协同处置技术,提出了"污水处理厂内干化+水泥窑协同处置"技术路线。2017 年,华润建材科技率先在广州市珠江水泥有限公司建成了一套规模为 300 t/d 的干化污泥协同处置系统(以下简称:珠江项目),同年 9 月,系统开始运行处置广州市干化污泥,并取得预期效果。2020 年 12 月,华润建材科技与海德堡水泥共同投资建设广州越堡干化污泥处置项目(以下简称:越堡项目),处置能力为 600 t/d(含水率为 30%~40%)。珠江项目和越堡项目处置能力总计达 900 t/d,折算处置含水率 80%湿污泥约 3000 t/d,满足了广州市中心城区污泥处置需要。下面重点介绍越堡项目的技术路线及工程化应用。

越堡项目利用一条熟料产能为 6000 t/d 的水泥生产线,采用"污水处理厂内干化+水泥窑协同处置"的市政污泥处置技术路线[54]。首先,市政污泥经污水处理厂"深度脱水+电热干化",最终含水率降至 40%以下,再通过密闭槽罐车运输至水泥厂进行高温焚烧处置。"粉磨、烘干、脱毒"一体化预处理系统模式在广州市已得到充分验证,越堡项目在实践中开辟了一种较为实用的"污水处理厂就地干化+水泥窑协同处置"的市政污泥无害化处置全产业工艺闭环。

越堡项目污水处理厂就地干化工艺流程，如图 3.35 所示。

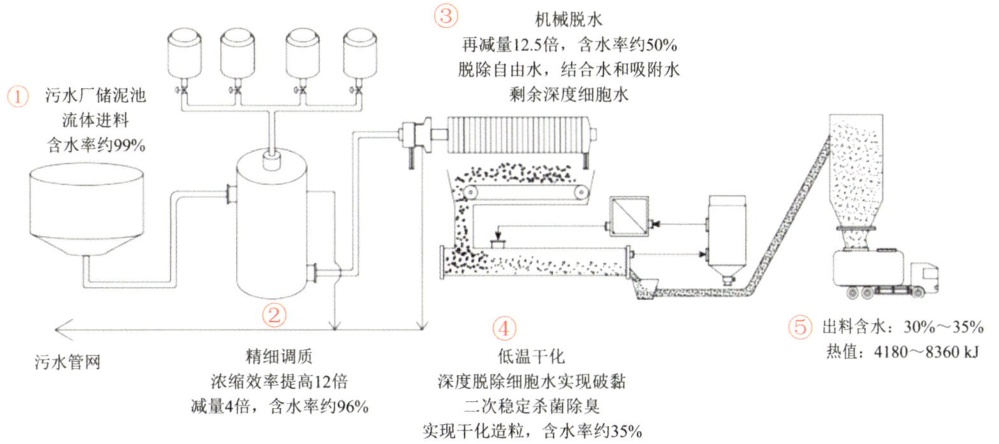

图 3.35　越堡项目污水处理厂就地干化工艺流程

越堡项目水泥窑焚烧处置干化污泥工艺流程，如图 3.36 所示。

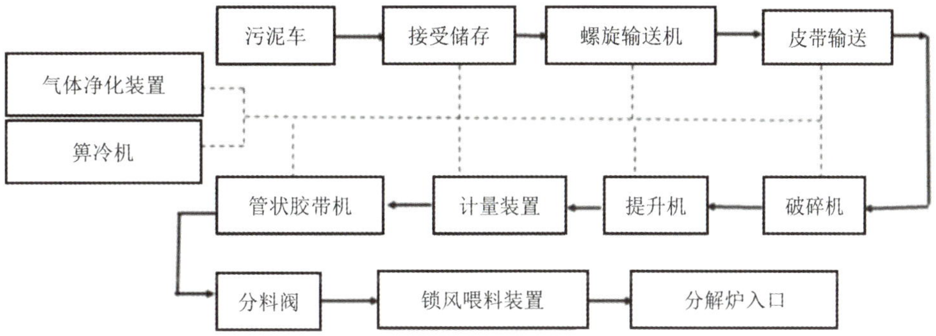

图 3.36　越堡项目水泥窑焚烧处置干化污泥工艺流程

3.4.3.3　干化污泥替代燃料应用情况

(1) 对生料易烧性的影响

生料的易烧性指数评价方法(K_{1450})，是根据对水泥生料的化学成分、水泥生料在高温炉内煅烧后的 f-CaO 含量，计算得出易烧性指数 K_{1450}，来定量化反映熟料烧结难易程度[54]。若生料的 K_{1450} 值越高，则表明生料的易烧性越好。易烧性指数 K_{1450}，按式(3.2)计算。

C_5 热生料的易烧性指数 K_{1450} 的检测数据，如表 3.63 所示。

表 3.63　C_5 热生料的易烧性指数 K_{1450} 的检测数据　　（质量分数，%）

检测项目	w(Loss)(%)	w(SiO_2)(%)	w(Al_2O_3)(%)	w(Fe_2O_3)(%)	w(CaO)(%)	w(f-CaO)(%)	K_{1450}
未处置的污泥	4.89	16.68	5.08	3.57	63.23	1.70	118
已处置的污泥	3.53	20.50	5.12	3.67	63.33	1.38	93

烧成系统的单位熟料标准煤耗与生料的易烧性指数 K_{1450} 的关系，如图 3.37 所示。

随着生料的易烧性指数 K_{1450} 的增大，烧成系统的单位熟料标准煤耗呈逐步下降的趋势。

在越堡水泥掺烧污泥与否的条件下，取不同的 C_5 入窑热生料进行易烧性检测对比。在处置污泥后，虽然生料的易烧性有所降低，K_{1450} 由 118 降低至 93，但对生料易烧性及水泥生产的影响是在可接受范围内的。因此在不考虑气氛影响的前提下，处置污泥不会对水泥窑内的熟料烧结造成直接的影响。

(2) 对水泥熟料的质量影响

依托越堡水泥处置污泥前后的生产质量统计数据，以污泥处置系统清洁化生产改造项目完成前后半年的生产数据作为处置污泥前后的对比数据。

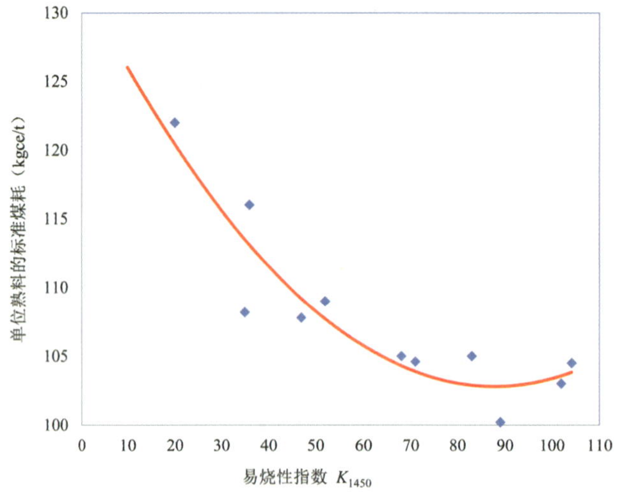

图 3.37　烧成系统的单位熟料标准煤耗与生料的易烧性指数 K_{1450} 的关系

污泥处置前后出窑熟料理化特性检测的统计数据，如表 3.64 所示。

表 3.64　污泥处置前后出窑熟料的理化特性检测的统计数据　（质量分数，%）

检测项目	*KH*	*SM*	*IM*	3 d 抗压强度（MPa）	28 d 抗压强度（MPa）	标准稠度（%）	初凝时间（min）	终凝时间（min）
未处置污泥	0.914	2.26	1.29	29.8	59.0	25.3	131	170
处置污泥	0.916	2.28	1.33	29.4	59.1	25.4	137	176

从表 3.64 可以看出，污泥处置前后，通过合理调整配料、优化配料方案，在污泥来源和处置规模相对稳定的前提下，可以保证在协同处置过程中，将水泥熟料产品的率值波动控制在生产许可的正常范围。在合理控制塌料及保证窑内煅烧的情况下，处置污泥对水泥熟料抗压强度、标准稠度、凝结时间等性能无明显影响。

（3）对水泥熟料重金属含量的影响

在干化污泥处置能力>575 t/d 的前提下，取水泥生产熟料样品送往专业检测机构开展可浸出重金属检测。按照国家标准 GB/T 30760—2014《水泥窑协同处置固体废物技术规范》规定的检测方法对处置污泥前后水泥熟料的可浸出重金属含量进行检测。

水泥熟料中可浸出重金属含量的检测数据对比，如表 3.65 所示。

表 3.65　水泥熟料中可浸出重金属含量的检测数据对比　（单位：mg/L）

检测项目	Cd	Cr	Cu	Pb	Ni	Zn	Mn	As
限值要求①	0.03	0.2	1.0	0.3	0.2	1.0	1.0	0.1
未处置污泥	ND②	0.026	ND	ND	ND	ND	ND	ND
已处置污泥	ND	0.033	ND	ND	ND	ND	ND	ND
检出限	0.001	0.01	0.005	0.005	0.01	0.2	0.1	0.005

注：① GB/T 30760—2014《水泥窑协同处置固体废物技术规范》对水泥熟料重金属含量提出了限值要求；
② ND 表示检测结果低于检出限，即未检出。

对水泥熟料中可浸出重金属含量检测结果表明，虽然污泥的处置规模较大，但与水泥生产的常规原燃料相比，污泥的重金属含量并不具备显著优势，在较高规模处置污泥的工况下，不会对水泥熟料的可浸出重金属指标造成违规风险[54]。

（4）对水泥产品六价铬（Cr^{6+}）的影响

采用实验室小磨配置的方式，采用无处置污泥和处置污泥两种工况的水泥熟料配置出制备 P·O42.5R 和 P·Ⅱ52.5R 两种典型水泥，进行水泥产品的可溶性六价铬（Cr^{6+}）含量的测试。测试结果表明，采用干化污泥生产的水泥，在 Cr^{6+} 的带入量上无显著性差异，煅烧过程无明显的变化，水泥产品中的可溶性六价铬含量 $w(Cr^{6+})$ 是不会有显著的变化的。

典型水泥产品可溶性六价铬含量 $w(Cr^{6+})$ 的对比，如表 3.66 所示。

表 3.66 典型水泥产品可溶性六价铬含量的对比 （单位：mg/kg）

产品名称	无处置污泥试样	处置污泥样试样	标准限量要求*
P·O42.5R	3.18	3.42	$w(Cr^{6+})\leqslant 10$
P·Ⅱ52.5R	4.21	5.50	$w(Cr^{6+})\leqslant 10$

注：* GB 31893—2015《水泥中水溶性铬(Ⅵ)的限量及测定方法》对水泥中水溶性铬(Ⅵ)含量做出了规定。

（5）对熟料产量和制备能耗的影响

对于越堡项目 2021 年 1—6 月和 2022 年 1—6 月生产统计数据及连续运行 30 d 达标达产考核期间的数据进行了对比。

越堡项目长期连续运行主要生产统计数据的对比，如表 3.67 所示。

表 3.67 越堡项目长期连续运行主要生产统计数据的对比

项目	2021 年 1—6 月	2022 年 1—6 月*	考核期间	设计目标值
干化污泥投料量(t/d)	270	505	619	≥600
熟料产量(t/d)	6528	6432	6474	≥6260
熟料的标准煤耗量(kg/t)	106.83	102.31	103.97	≥106.17

注：* 受窑砖、窑尾漏料等影响，2022 年 1—6 月期间的熟料产量偏低；
2022 年 1—6 月期间的窑况较为稳定，熟料的标准煤耗量较低。

从表 3.67 中统计数据可以看出，2022 年上半年及达标达产考核期间，项目的污泥处置量均达到了预期设计目标，熟料质量达到硅酸盐水泥熟料的国标要求；处置污泥期间，窑况稳定，对水泥熟料生产线的影响可控。

（6）对环保指标的影响

在考核期间，委托第三方单位同步进行环保检测工作。

项目窑尾烟气污染物排放量的检测结果，如表 3.68 所示。

表 3.68 项目窑尾烟气污染物排放量的检测结果

检测项目	检测值	标准限值
SO_2 含量(g/m^3)	14	100
NO_x 含量(g/m^3)	92	320
颗粒物含量(g/m^3)	2.4	20
臭气浓度(量纲为 1)	173	60000
NH_3 含量(g/m^3)	3.1	8
HCl 含量(g/m^3)	2.1	10
HF 含量(g/m^3)	0.22	1
Hg 含量(g/m^3)	$<2.5\times10^{-3}$	0.05
(Cd,Tl,Pb,As)含量(g/m^3)	4.57×10^{-4}	0.5
(Be,Cr,Sn,Sb,Cu,Co,Mn,Ni,V)含量(g/m^3)	<0.01	1
二噁英(标准状态下，$ngTEQ/m^3$)	0.037	0.1

从表 3.68 中可以看出，污染物的排放检测值符合国家标准 GB 4915—2013《水泥工业大气污染物排放标准》和 GB 30485—2013《水泥窑协同处置固体废弃物污染控制标准》的要求，其中二噁英在标准状态下的排放量仅为 0.037 $ngTEQ/m^3$，远低于国家标准规定的排放限值 0.1 $ngTEQ/m^3$。

项目厂界无组织废气主要恶臭污染物排放量的检测结果，如表 3.69 所示。

表 3.69　项目厂界无组织废气主要恶臭污染物排放量的检测结果

采样位置	检测项目	检测值	标准限值
上风向 1 号	氨含量（mg/m^3）	0.039	1.5
	硫化氢含量（mg/m^3）	<0.001	0.06
	臭气浓度（量纲为 1）	<10	20
下风向 2 号	氨含量（mg/m^3）	0.061	1.5
	硫化氢含量（mg/m^3）	<0.001	0.06
	臭气浓度（量纲为 1）	12	20
下风向 3 号	氨含量（mg/m^3）	0.063	1.5
	硫化氢含量（mg/m^3）	0.003	0.06
	臭气浓度（量纲为 1）	11	20
下风向 4 号	氨含量（mg/m^3）	0.062	1.5
	硫化氢含量（mg/m^3）	0.002	0.06
	臭气浓度（量纲为 1）	11	20

由表 3.69 可知，厂界无组织废气的恶臭污染物检测符合国家标准 GB 14554—1993《恶臭污染物排放标准》厂界二级（新扩改建）许可排放标准限值要求，对工厂周边的环境无不利影响。

3.4.3.4　污泥替代燃料节能降碳效果评价

本节参照第 1.3 节中介绍的《温室气体排放核算与报告要求第 8 部分：水泥生产企业》规定的熟料 CO_2 排放强度计算方法来开展相关的碳排放计算。参照"指南"规定的方法学进行了越堡水泥协同处置污泥后 CO_2 排放强度的分析工作，主要从原料替代和降低化石燃料两个角度来计算处置污泥的碳减排效果。

（1）原料替代碳减排

在协同处置污泥前，越堡水泥未利用其他替代原料，熟料中除了煤灰以外所有的 CaO、MgO 均源自原材料中的碳酸盐分解。

未处置干化污泥的越堡水泥中生料和熟料的主要化学组成，如表 3.70 所示。

表 3.70　未处置干化污泥的越堡水泥中生料和熟料的主要化学组成　（质量分数，%）

类别	w(Loss)	$w(SiO_2)$	$w(Al_2O_3)$	$w(Fe_2O_3)$	w(CaO)	w(MgO)	干基比例
白生料	35.28	13.02	2.69	2.55	43.33	0.69	—
灼烧生料	—	20.40	4.21	3.99	67.89	1.08	96.26
煤灰	—	44.93	34.70	4.52	9.02	0.87	3.74
熟料	0.29	21.32	5.35	4.01	65.69	1.07	100.00

越堡水泥未处置污泥的单位熟料标准煤耗为 109.5 kgce/t，煤灰带入量约 3.74%，以此来计算因碳酸盐分解单位熟料产生的 CO_2 排放量，记为 $E_{过程}$，则有：

$$E_{过程1}=[(65.69\%-9.02\%\times3.74\%)\times44/56+(1.07\%-0.87\%\times3.74\%)\times44/40]\times10^3\ kg/t$$
$$=524.89\ kg/t。$$

即未处置污泥条件下生产 1 t 熟料，因碳酸盐分解产生的 CO_2 为 524.89 t。

以干化污泥处置能力 600 t/d 来计算其原料替代效果，按其水分含量 36.42%、灰分含量 51.26%计，越堡水泥的熟料产能为 6500 t/d，干化污泥灰渣在熟料中的占比为 3.01%。

处置干化污泥后越堡水泥的生料和熟料的化学分析数据，如表 3.71 所示。

表 3.71　处置干化污泥后越堡水泥的生料和熟料的化学分析数据　（质量分数，%）

类别	w(Loss)	$w(SiO_2)$	$w(Al_2O_3)$	$w(Fe_2O_3)$	w(CaO)	w(MgO)	干基比例
白生料	35.28	12.90	2.44	2.45	44.37	0.67	—
灼烧生料	—	20.13	3.80	3.82	69.24	1.04	93.26
煤灰	—	44.93	34.70	4.52	9.02	0.87	3.74
污泥灰渣	—	28.81	16.95	9.20	26.13	2.30	3.01
熟料	0.29	21.32	5.35	4.01	65.69	1.07	100.00

以 600 t/d 规模处置干化污泥后，单位熟料因碳酸盐分解而产生的 CO_2 排放量如下：

$$E'_{过程1}=[(65.69\%-9.02\%\times3.74\%-26.13\%\times3.01\%)\times44/56+(1.07\%-0.87\%\times3.74\%-2.30\%\times3.01\%)\times44/40]\times10^3\ kg/t$$
$$=518.13\ kg/t。$$

即处置干化污泥后从原料替代角度减排 CO_2 为 6.93 kg/t，按照越堡水泥生产熟料 2.16×10^6 t/a 计，一年可累计减排 CO_2 为 1.50×10^5 t，减排效果显著。

（2）化石燃料碳减排

越堡水泥因协同处置干化污泥，烧成系统的煤耗量有所下降，结合生产统计及第三方标定数据，处置干化污泥后烧成系统的标准煤耗由 109.5 kgce/t 降低至 103.3 kgce/t，降低幅度达 6.2 kgce/t。

越堡水泥协同处置干化污泥前后煤耗统计相关数据对比，如表 3.72 所示。

表 3.72　越堡水泥协同处置干化污泥前后煤耗统计相关数据对比

项目	实物煤耗(kg/t)	标准煤耗(kgce/t)	$Q_{net,ar}$(MJ/kg)	燃料燃烧 CO_2 减排量(kg/t)
未处置污泥	148.8	109.5	21.56	301.80
已处置污泥	140.4	103.3	21.56	284.76
差值	8.4	6.2	0	17.04

根据《省级温室气体清单编制指南（试行）》文件，一般情况下烟煤含碳量约 26.18 t/TJ，在窑炉中煤炭转化率为 98%，以此基础数据来计算因化石燃料燃烧的单位熟料质量的 CO_2 排放量，记为 $E_{燃烧}$，则有：

未处置干化污泥条件下：

$$E_{燃烧1}=148.8\times21.56\times26.18\times98\%\times44/12\times10^{-3}\ kg/t=301.80\ kg/t$$

已处置干化污泥条件下：

$$E'_{燃烧1}=140.4\times21.56\times26.18\times98\%\times44/12\times10^{-3}\ kg/t=284.76\ kg/t$$

由上述计算可知，因处置干化污泥，可以降低化石燃料消耗从而实现 CO_2 减排，单位熟料的 CO_2 减排量达 17.04 kg/t，按照越堡水泥生产熟料 2.16×10^6 t/a 计，一年可累计减排 CO_2 达 3.68×10^5 t，碳减排效果极其显著。

（3）碳减排整体效果评价

越堡水泥协同处置干化污泥，按越堡水泥的熟料产能 2.16×10^6 t/a 计，CO_2 减排能力高达 5.18×10^4 t/a，相当于因处置干化污泥减排 CO_2 为 2.8%。随着国家能耗双控方案的逐步完善和落地，碳减排将成为水泥工业发展的主旋律，也是水泥企业可持续发展的必经之路。水泥窑协同处置污水处理厂干化污泥充分发挥水泥工艺的优势，是一种非常高效、环保的处置方式，具有显著生态环境效益，是污水处理厂污泥资源化利用的重要发展途径，可真正实现污泥处置的减量化、无害化、资源化。

① 水泥厂协同处置污泥是污水处理厂污泥资源化处置的重要发展途径，也是目前公认的最佳无害最终处置技术。水泥厂和污泥的完美结合，既利用了污泥中有机组分燃烧产生的热量作为部分热源，又利用了污泥中无机组分作为水泥原料之一，实现了污泥中有机与无机组分的完全资源化利用。

② 通过优化原燃材料管理，水泥厂协同处置污泥不会对水泥生产配料、熟料质量等造成不良影响，其水泥产品重金属、放射性等指标也能满足标准要求。

③ 水泥厂协同处置污泥具有良好的碳减排效益，越堡水泥因利用干化污泥的热值及富含的无机组分，通过降低化石燃料消耗、替代部分碳酸盐原料，可减排 CO_2 高达 5.18×10^4 t/a。

对比项目处置干化污泥前、后水泥窑的生产统计数据可知，处置干化污泥后水泥窑生产系统年可节煤约 4.4×10^4 t，节煤效益>3.75×10^7 元，按照 1 t 烟煤排放 CO_2 为 2.0 t 估算，CO_2 减排量约为 8.8×10^4 t/a。

水泥窑协同处置干化污泥项目运行实际表明，干化污泥可替代部分水泥熟料生产原料，降低水泥生产煤耗，减少 CO_2 排放，助力实现市政污泥环保化处置与资源化利用，助力实现水泥行业"双碳"目标的实现。广州越堡水泥污泥协同处置项目作为国内水泥窑单线处置能力最大的污泥处置项目，配合已建成的珠江污泥处置项目，解决了广州市中心城区近 3000 t/d 湿污泥处置问题，开创了利用水泥窑集中处置大中型城市市政污泥的先例。

3.4.4 生活垃圾

3.4.4.1 生活垃圾燃料特性

垃圾衍生燃料是最早出现的一种"替代燃料"，由原生态城市生活垃圾(Municipal Solid Waste，缩写 MSW)制成，也称"垃圾衍生燃料"(Refuse Derived Fuel，缩写 RDF)。对于 RDF，美国材料与试验协会(American Society for Testing and Materials，缩写 ASTM)给出如下定义："将城市生活垃圾剔除金属和玻璃等不燃物，经粉碎、分选、干燥、加工成型后得到的可燃固体颗粒物"。中华人民共和国住房和城乡建设部于 2021 年公布了《2021 年中国城市建设状况公报》。根据该公报，城市生活垃圾处理方面，2021 年，全国城市生活垃圾无害化处理量 2.5×10^8 t，同比增长 5.9%，生活垃圾无害化处理率 99.88%。其中一部分就是作为水泥熟料制备过程中的替代燃料[55-58]。

当前国内所用的生活垃圾收集方法为混合收集，虽然很多城市的垃圾桶标明可回收垃圾与不可回收垃圾，但效果却并不尽如人意。在城市进一步发展过程中，城市人口数量快速增长，不论是垃圾成分、种类还是数量都获得了急剧的变化。据了解当前国内城市垃圾中，生活垃圾无机成分可达 50%，其中包括大量的石块、废弃砖瓦、灰土。而有机成分则为 38%，其中包括大量的厨房垃圾。可供回收的废弃品即金属、玻璃、橡胶、塑料、纸只有 9%[59]。除此之外城市垃圾中大多还有着比较高的含水率，通常为 63%左右。生活垃圾干基热值在 12～25 MJ/kg，湿基热值不低于 4.4 MJ/kg 就可以燃烧，水泥窑用煤粉的热值一般为 23 MJ/kg，两者相差不大，说明将生活垃圾用于水泥窑替代燃料不会对生产过程产生较大的影响。

鉴于城乡生活垃圾中种类繁多，在此特对生活垃圾中具有热值的单组分来进行分析[59]。

(1) 单组分城市生活垃圾的工业分析

工业分析主要是对城市生活垃圾中常见的单组分进行分析，主要包括果皮、青草、树根、塑料、纸张、剩饭、大豆、花草、树叶和橡胶。因此，工业分析的试验主要包括水分、灰分、挥发分和固定碳的测定。测定所用的仪器为马弗炉。

单组分城市生活垃圾的工业分析数据，如表 3.73 所示。

表 3.73　单组分城市生活垃圾的工业分析数据　（质量分数，%）

项目	灰分含量	挥发分含量	固定碳含量	水分含量
剩饭	0.37	85.39	6.83	7.40
大豆	4.87	78.03	6.68	10.41
塑料	1.48	98.23	0.18	0.11
树叶	1.51	14.36	2.78	81.35
树根	3.16	83.54	12.57	0.73
青菜	4.59	15.25	1.54	78.62

续表 3.73

项目	灰分含量	挥发分含量	固定碳含量	水分含量
花草	7.30	13.77	2.53	76.41
纸张	12.23	85.70	1.91	0.16
果皮	0.76	19.57	2.41	77.25
橡胶	39.14	42.64	17.90	0.32

根据单组分城市生活垃圾的工业分析，可以得到其一些基本的燃烧特性。其中，新鲜植被水分含量都很高，在80%左右，其他常见食品如剩饭和大豆其水分含量分别为7.40%和10.41%。树根的水分含量也较少为0.73%，这与所选取的为干枯的树根有很大关系。其他人工制品如塑料、纸和橡胶的水分含量非常低，为0.11%～0.32%。分析其他成分，其中干燥后的剩饭的灰分含量最少，仅为0.37%，挥发分含量为85.39%，固定碳含量为6.83%，说明干燥后的剩饭在燃烧时大部分都作为可燃物质，不可燃烧的残留物较少；橡胶的灰分含量最多，为17.90%，挥发分含量为42.64%，固定碳含量为17.90%，说明橡胶在900 ℃左右的温度时，有较多的可燃性物质残留；花草和青菜的灰分和固定碳的含量相对较多，其挥发分的含量较少；大豆中油脂含量较为丰富，在高温条件下可以分解，因此其灰分含量较少(为4.87%)，挥发分含量较多(为78.03%)；塑料同样为高分子物质，其中含有较多的C—H链，在含有氧气和高温的条件下，容易形成CO、CO_2以及H_2O等易挥发性物质，因此其灰分较少(为1.48%)，其挥发分较高，为98.23%，其固定碳含量仅为0.18%，说明塑料以挥发分为主，这决定了塑料是一种非常易于燃烧的物质；树根和树叶为同一种树所取，但其灰分和挥发分有所差别，树叶的挥发分较少，而树根的挥发分较多；纸张为制造品，其大部分成分为木质纤维，其灰分含量为12.23%，形成的焦渣会较多，挥发分含量为85.70%，固定碳含量为1.91%，挥发分含量较高，同样易于燃烧；从工业分析中可知，以果蔬为代表性物质的果皮，其主要成分为水，其比例高达77.25%，而果皮中灰分含量相对较小(为0.76%)，挥发分含量仅为19.56%，固定碳含量为2.41%。

(2) 单组分城市生活垃圾的发热量

试验通过氧弹式分析仪对单组分常见的生活垃圾进行发热量的测定。在测量发热量之前，首先将单组分的生活垃圾在105±5 ℃的条件下进行烘干，冷却至室温后进行装袋密封待用，之后测定其干燥基组分的发热量。主要测定参考值为生活垃圾单组分干燥基的弹筒发热量。弹筒发热量记作$Q_{b,ad}$。

单组分的城市生活垃圾的弹筒发热量，如表3.74所示。

表3.74　单组分城市生活垃圾的发热量

项目	弹筒发热量 $Q_{b,ad}$(kJ/kg)	项目	弹筒发热量 $Q_{b,ad}$(kJ/kg)
剩饭	15576.51	青菜	14057.74
大豆	24234.61	花草	14623.53
塑料	46073.19	纸张	13419.56
树叶	19976.22	果皮	17719.61
树根	21543.21	橡胶	14477.97

根据单组分城市生活垃圾的弹筒发热量可以发现，塑料的弹筒发热量最高，达到了46073.19 kJ/kg，说明如果收集的城市生活垃圾包含大量的塑料制品，将会大幅度地提高其燃烧的发热量；剩饭的弹筒发热量为15576.51 kJ/kg，同样作为粮食作物的大豆发热量为24234.61 kJ/kg，说明大豆中存在的油脂类物质可能会有效地提高燃烧热值；街道上常见的垃圾如树根和树叶的弹筒发热量较为接近，树根的发热量稍高，为21543.21 kJ/kg，树叶的发热量为19976.22 kJ/kg；青菜和花草发热量也较为接近，青菜发热量为14057.74 kJ/kg，花草的发热量为14623.53 kJ/kg，这与剩饭的发热量值也很接近；办公垃圾如纸张，其发热量在所有统计的物质中最低，为13419.56 kJ/kg，如果城市生活垃圾中含有大量的纸屑，则可能对发热量有所影响；生活垃圾中水果类的如果皮，其热值为17719.61 kJ/kg，其发热量在中等范围内；生活中常见

的橡胶制品的发热量也较低，为 14477.97 kJ/kg，这可能与橡胶的挥发分固定碳含量相对较小，灰分含量较高有关。总体来讲，城市生活单组分垃圾的燃烧热值都超过了 5000 kJ/kg。

(3) 城市生活垃圾和煤混合物质的燃烧特性

对单组分城市生活垃圾进行了烘干处理，通过热重炉型判断不同物质在不同升温阶段的着火点以及燃尽点。通过半峰宽判断物质反应速度。用外推法确定反应温度的起始点，同样用此方法确定反应过程的终止温度。在热重炉型下使用煤作为辅助燃料，探究在热重实验炉型下 MSW 和煤的混合后的燃烧特性。该试验所用的仪器为 STA2500 型综合热分析仪，加热范围为 25～1010 ℃，升温速率为 10 ℃/min，热重炉中通入的气氛为 O_2 和 N_2，比例为 20∶80。得到的试验结果绘制成 DTA 曲线和 TG 曲线，分别代表加热过程中物质热量的变化和质量的变化。

煤及各种 MSW 与煤混合后的燃烧特征曲线，如图 3.38 所示。

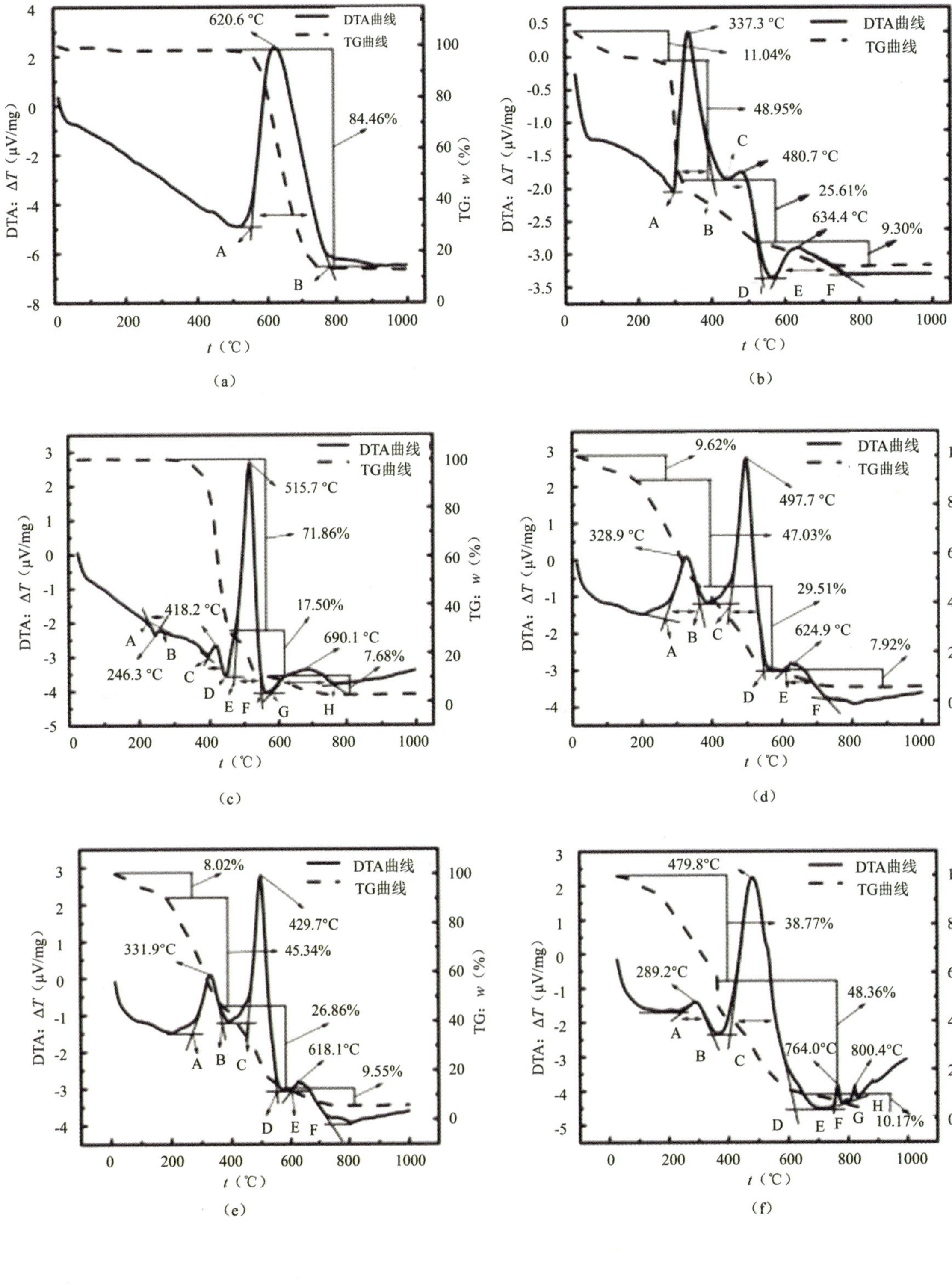

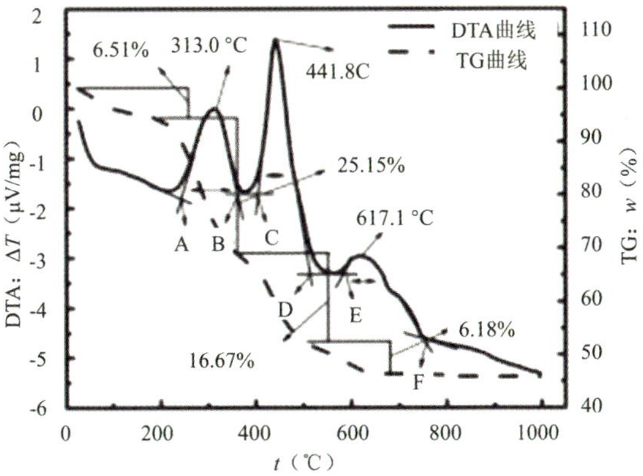

(g)

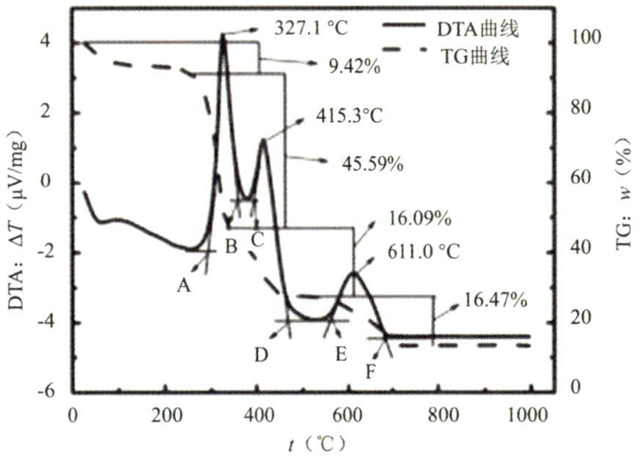

(h)

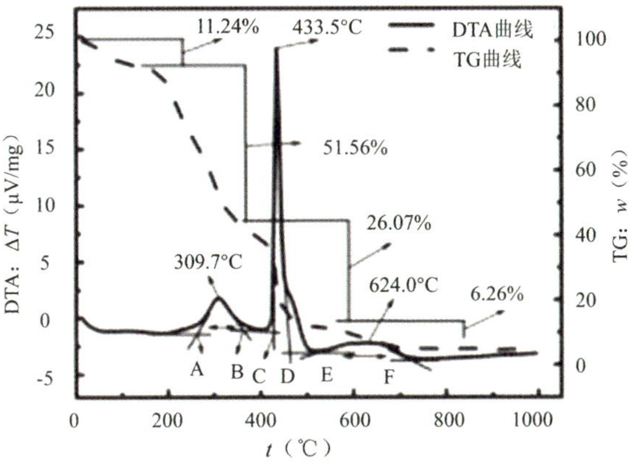

(i)

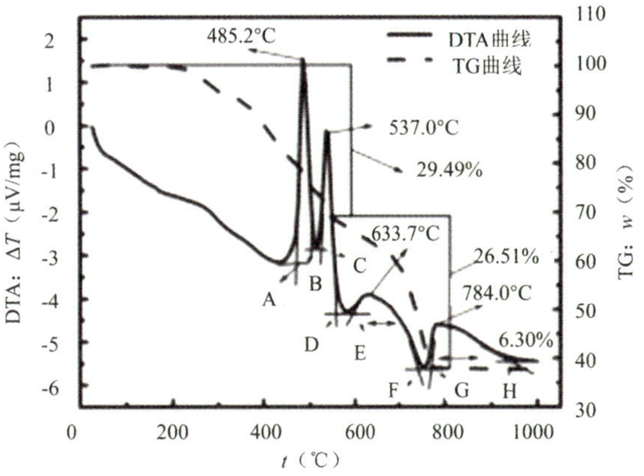

(j)

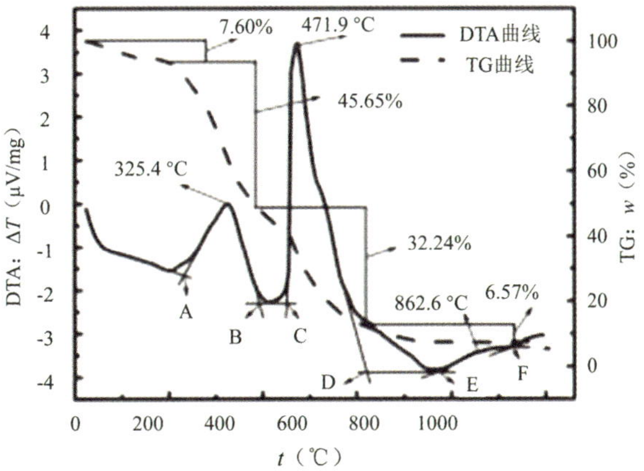

(k)

图 3.38　煤及各种 MSW 与煤混合后的燃烧特征曲线

(a) 纯煤;(b) 剩饭-煤;(c) 塑料-煤;(d) 树根-煤;(e) 青菜-煤;(f) 树叶-煤;
(g) 花草-煤;(h) 纸-煤;(i) 果皮-煤;(j) 橡胶-煤;(k) 大豆-煤

煤及各种 MSW 与煤混合后的燃烧特征峰参数,如图表 3.75 所示。

表 3.75　煤及各种 MSW 与煤混合后的燃烧特征峰参数

组分	第 1 放热峰				第 2 放热峰				第 3 放热峰			
	$T_{始}$ (℃)	$T_{终}$ (℃)	半峰宽 (℃)	TG w,%	$T_{始}$ (℃)	$T_{终}$ (℃)	半峰宽 (℃)	TG w,%	$T_{始}$ (℃)	$T_{终}$ (℃)	半峰宽 (℃)	TG w,%
煤	—	—	—	—	—	—	—	—	555.0	784.2	114.6	84.46
剩饭	297.6	407.7	55.1	48.95	441.4	537.2	47.9	25.61	572.8	759.3	93.3	9.30
塑料	395.3	448.5	26.6	71.68	475.1	549.8	37.4	17.50	581.8	764.7	91.5	7.68

续表 3.75

组分	第 1 放热峰				第 2 放热峰				第 3 放热峰			
	$T_{始}$（℃）	$T_{终}$（℃）	半峰宽（℃）	TG w,%	$T_{始}$（℃）	$T_{终}$（℃）	半峰宽（℃）	TG w,%	$T_{始}$（℃）	$T_{终}$（℃）	半峰宽（℃）	TG w,%
树根	269.1	368.6	49.8	47.03	453.9	549.8	48.0	29.51	612.0	734.4	61.2	7.92
青菜	253.2	365.8	56.3	37.10	416.5	471.5	27.5	21.77	546.0	682.9	68.4	11.34
花草	242.6	365.0	61.2	25.15	405.8	512.5	53.4	16.67	587.1	754.1	83.5	6.18
纸	294.1	359.8	32.9	45.59	396.2	471.5	37.7	16.09	561.3	686.5	62.6	16.47
果皮	265.6	363.3	48.9	51.65	433.6	465.7	16.1	26.07	533.7	722.0	94.2	6.26
橡胶	473.6	499.9	13.2	29.49	530.3	558.7	14.2	26.51	754.1	963.1	104.5	6.30
大豆	232.4	398.7	83.2	45.65	454.0	618.5	82.3	32.24	791.7	933.7	71.0	6.57
树叶	268.6	370.0	50.7	45.34	456.1	550.6	47.3	26.86	603.4	739.3	68.0	9.55

根据热重炉型，对城市生活垃圾单组分和煤的混合物燃烧特性进行分析，可见大部分物质同样主要有3个反应峰，分别表示单组分城市生活垃圾挥发分的第1放热反应峰、第2放热反应峰（个别单组分的挥发分与固定碳的放热峰有重叠）和固定碳的放热反应峰。其中，塑料和橡胶两种以C—H链为主，相应挥发分的着火点较高。塑料的第1放热峰的反应起始点温度为395.3 ℃，橡胶的第1放热峰的起始温度为473.6 ℃，这两种物质的第1放热峰反应结束点温度也相对较高，塑料的反应结束点为448.5 ℃，橡胶的反应结束点为499.9 ℃，塑料和橡胶的半峰宽较窄，分别为26.6 ℃和13.2 ℃，反应迅速。

其余物质大多以C、H、O三种元素为主，主要成分为纤维素和淀粉等，这些物质的第1放热峰的起始点大约为230～300 ℃，反应终点约为350～400℃，半峰宽约为30～60 ℃，反应速度较慢。该阶段塑料物质减少的比例高达71.68%，说明塑料在受热过程中在该阶段质量减少比例很大，花草和橡胶在该阶段物质减少的比例相对较小，分别为25.15%和29.49%，其余物质减少的比例大约为37%～54%。其中，塑料和橡胶两种以C—H链为主的物质的第2反应峰的反应起始温度同样较高，橡胶的反应起始点温度为530.3 ℃，橡胶反应结束点温度也相对较高，橡胶的反应结束点为558.7 ℃，橡胶的半峰宽为14.2 ℃，相对较窄，反应迅速。其余物质的第2放热峰的反应起始温度约为400～470 ℃，反应终点为500～550 ℃，半峰宽约为40～50 ℃。大豆的第2放热峰的反应终点温度较高为618.5 ℃，半峰宽为82.3 ℃，其原因是大豆中存在的油脂类物质较多，导致该组分的反应时间相对较长，反应较慢。由相对应的TG曲线可知，大豆在该阶段对应的物质减少的比例较高，为32.24%，塑料、花和纸的质量减少的比例相对较小，为15%～17%，其他物质为21%～29%。前两个阶段样品质量减少的比例大部分约为55%～80%，根据工业分析可推测此阶段质量减少的部分主要为挥发分。其中，大豆和橡胶在该阶段质量减少的比例相对较少。

从煤的DTA曲线来看，实验选用的煤为无烟煤。其挥发分少，主要成分为固定碳。在该无烟煤的DTA曲线上挥发分的放热峰不是很明显，表征为一个明显的固定碳的放热峰。

其他样品与煤混合后表征出3个放热峰，且部分样品固定碳的放热峰发生了滞后现象，其中橡胶和大豆的滞后现象非常明显，该阶段物质燃烧的起始温度分别为754.19 ℃和791.7 ℃，其他物质约为649～710 ℃。树叶的第3放热峰的反应起始温度为603.4 ℃，这说明树叶固定碳的燃烧起始点温度较低。总体来讲，各种样品和煤的固定碳放热峰的着火点和燃尽点相差不大，所以其DTA曲线上该部分放热峰可能发生了重合，导致第3放热峰中包含煤和样品的固定碳放热峰。煤在混合样品中质量占比约为9.1%，计算可知煤的固定碳的含量为7.7%。混合样品质量在第3放热峰减少的质量比例约为6.26%～16.47%，因此单组分城市生活垃圾样品的固定碳含量可能<8.74%，该试验结果相对工业分析而言较小。在工业分析过程中，测量灰分含量时，为了让挥发分和固定碳可以完全燃烧，在约为981.5 ℃时灼烧了40 min，得到完全不可燃烧的灰分的含量；测量挥发分含量时，在约为900 ℃时灼烧了7 min，得到挥发分的含量；固定碳的含量，是用100%减去水分含量、挥发分含量和灰分含量而间接得到的；在TG曲线中，由图3.38可知，该阶段温度起始点为754.1 ℃，该段加热时间约为20 min，反应结束温度为963.1 ℃，已

经接近加热程序结束温度，因此热重试验在测量固定碳阶段反应时间相对较短，可能有固定碳残留，导致测试的结果偏小。所有的反应物质在该阶段的半峰宽都比煤的半峰宽小，城市生活垃圾单组分物质在这个阶段反应更快，可能是因为物质的含量相对较小，相对表面积较大，反应速度较快。

分析塑料的 DTA 曲线，发现在 224.8 ℃时产生了吸热峰，到 260.4 ℃反应结束，半峰宽为 15.2 ℃，反应速度相对快，对应的 TG 曲线没有变化，因此在该阶段可能是塑料的分子链发生的断裂重组，形成了其他的分子链结构，发生了吸热反应。

对比分析橡胶与焦炭的混合物的 DTA 曲线、橡胶与煤的混合物的 DTA 曲线(参见图 3.38)发现，橡胶与煤在 530.3 ℃和 558.7 ℃之间出现了一个特征峰，该放热峰即为无烟煤的固定碳的放热峰；而之后是橡胶中含有的 $CaCO_3$ 的分解吸热以及橡胶中固定碳的燃烧放热，因此在 DTA 曲线出现一个弱的吸收峰和一个明显的放热峰，且这 2 个反应峰有交叉重合，因此，橡胶与煤的 DTA 曲线中出现了 4 个反应峰。但在橡胶与焦炭的 DTA 曲线中只出现了 3 个反应峰，表征为橡胶中 $CaCO_3$ 的分解吸收峰以及橡胶中固定碳的燃烧放热峰与焦炭中固定碳的燃烧放热峰重叠，故在约为 785.3 ℃时仅表征出一明显的放热峰。

大部分城市生活垃圾单组分与煤混合燃料的第 3 放热峰的起始温度约为 452～534 ℃，反应的结束温度为 800 ℃以下，但橡胶与大豆的反应结束温度较高，分别达到了 963.1 ℃和 933.7 ℃。该现象表明：如果城市生活垃圾中橡胶与大豆类组分相对较多，那么炉内的温度应适当有所提高，以促使其固定碳的燃烧。

由上述可见，在以城市生活垃圾单组分生活垃圾为替代燃料时，不同类别的垃圾燃烧特性差别较大，对于一般城市生活垃圾，控制其燃烧的炉内温度略高于 800 ℃即可，但对于橡胶和大豆类，炉内的温度控制则需高于 950℃。即使城市生活垃圾在进入炉内马上就可以进行反应，必须考虑到城市生活垃圾燃烧特征曲线对燃烧的影响，对于着火点高的替代燃料，可通过提高炉内的温度来缩短其燃烧反应的时间，加快反应速率。

对城市生活垃圾组分进行了预处理，除去了水分后，城市生活垃圾作为替代燃料时热值高，有助于碳酸盐矿物的分解和熟料的烧成。为了避免加入 MSW 导致分解炉分离效率和回转窑熟料质量下降，因此使用 MSW 时窑炉内温度要求严格控制，必须尽量保证窑炉温度高于 MSW 组分的反应结束的温度，同时对送入窑炉中的 MSW 组分的总量进行科学规划，在入窑炉之前需要根据城市生活垃圾的燃烧特性对其进行分类，使阶段性 MSW 组分的燃烧特征相似，才能保证分解炉的平稳高效运行。因此，垃圾的分类燃烧在此显得非常重要，通过对各类燃料组分燃烧特性分析，即可结合不同 MSW 实际燃烧过程制定相应煅烧制度，并形成一套完整的生产操作规程，方便随时根据替代燃料种类的变化而变化相应的操作制度。

(4) 城市生活垃圾燃烧干烟气成分的测定

试验测定了 MSW 在实验炉内燃烧时的干烟气成分，所用的仪器为德国 MRU 生产的 NOVA PLUS 便携式烟气分析仪。设计试验的组分分别为 MSW、质量比为 10∶1 的 MSW 与煤以及质量比为 10∶2 的 MSW 与煤。

城市生活垃圾燃烧干烟气成分分析，如表 3.76 所示。

表 3.76 城市生活垃圾燃烧干烟气成分分析

项目	MSW	MSW＋煤(10∶1)		MSW＋煤(10∶2)	
	分析值	分析值	与 MSW 的差值	分析值	与 MSW 的差值
$\varphi(O_2)$,%	1.3	0.6	−0.7	0.6	−0.7
$\varphi(CO_2)$,%	12.63	15.31	2.68	15.65	3.02
$\varphi(CO)$,%	3.780	3.623	−0.157	3.929	0.149
$\varphi(NO)$,ppm	270	274	4	268	−2
$\varphi(NO_2)$,ppm	0	0	0	0	0
$\varphi(NO_x)$,ppm	270	274	4	268	−2
$\varphi(CH_4)^*$,%	2.788	2.907	0.119	3.976	1.188

* 此处 $\varphi(CH_4)$ 的体积分数实际是 $\varphi(C_xH_y)$ 折合为 $\varphi(CH_4)$ 计。

由表 3.76 可以发现，对比 MSW 组，加入煤后试验组 O_2 含量明显降低，CO_2 含量增高，CO 含量增高，CH_4 含量同样增高。这就说明，一方面加入煤之后燃烧效率提高，可燃性气体含量有所提高。因为 MSW 和煤在炉内燃烧时，初始炉体下部分 O_2 浓度较高，燃烧会产生大量 CO_2，而炉体上部 O_2 几乎耗尽，因此实验炉中 MSW 和煤不能充分燃烧，将会产生 CO。同时因为煤中主要的燃烧成分为 C，所以当 MSW 中加入煤时，CO 和 CO_2 的含量都会有所增加。通过以上 3 组试验的气体成分可以发现，当 MSW 和煤以 10∶2 的质量比混合燃烧时，产生的 CO 和 CH_4 的含量最多，分别为 3.929% 和 3.976%。这就说明，如果以产生可燃性气体为目的，可采用 MSW 与煤混合燃烧方式。

另外，从燃烧产物中最终 CO_2 的总量来看，掺煤后 CO_2 和 CO、CH_4 的含量明显增加，因大部分 MSW 燃烧中可燃元素 H 的含量高，燃烧产物是 H_2O，形成的是清洁成分，相比而言在降碳方面具有明显的效果。当 MSW 和煤以 10∶2 的质量比燃烧时，完全燃烧的情况下将比 MSW 多排放约 4.35%CO_2。

(5) 城市生活垃圾焦渣特性

对燃烧后的城市生活垃圾产生的焦渣、城市生活垃圾与焦炭组成的混合燃料产生的焦渣以及城市生活垃圾与煤混合产生的焦渣进行 X 荧光光谱分析。对城市生活垃圾进行燃烧时的温度进行测定，炉内火焰温度约为 900 ℃，燃烧时间约为 1 h，城市生活垃圾燃烧较为完全，只有少部分焦炭未完全燃烧，燃尽的城市生活垃圾的焦渣呈粉状，在焦渣中还存在一部分诸如铁丝等物质未能燃烧。将焦渣收集后放入瓷舟中进行烘干，然后均匀取样，将焦渣放入干燥器内，防止再次吸收空气中的水分。通过 X 荧光光谱分析来分析城市生活垃圾燃烧后产生的焦渣中各组分的含量，其含量用氧化物含量的形式表示。用焦渣中各种物质含量初步判定城市生活垃圾燃烧后产生的焦渣的利用前景。

实验模拟炉获取的城市生活垃圾组成的化学分析，如表 3.77 所示。

表 3.77 实验模拟炉获取的城市生活垃圾组成的化学分析 （质量分数，%）

项目	$w(Na_2O)$	$w(MgO)$	$w(Al_2O_3)$	$w(SiO_2)$	$w(P_2O_5)$	$w(SO_3)$	$w(K_2O)$	$w(CaO)$	$w(TiO_2)$	$w(Cr_2O_3)$
含量	2.22	2.69	7.66	32.79	0.90	2.63	1.65	29.71	1.07	0.31
项目	$w(MnO)$	$w(Fe_2O_3)$	$w(ZnO)$	$w(Rb_2O)$	$w(SrO)$	$w(ZrO_2)$	$w(BaO)$	$w(CeO_2)$	$w(Cl^-)$	$w(Loss)$
含量	0.11	5.61	0.23	0.01	0.05	0.03	0.09	0.02	1.51	10.67

在对城市生活垃圾及其焦渣的组分进行分析时发现，城市生活垃圾焦渣中 $w(SiO_2)$ 最高，达到了 32.79%；$w(CaO)$ 也较高，为 29.71%；$w(Al_2O_3)$ 也达到了 7.66%。从焦渣的主要化学成分来看，为无机非金属材料类，可用于建材领域(例如，可作为水泥用混合材或混凝土用掺合料)，其中，焦渣中的 SiO_2 和 Al_2O_3 可参与水泥的水化，有助于生成水化硅酸钙、水化铝酸钙等水化产物；焦渣中的钙可能有助于生成 C—S—H 凝胶，提高水泥强度。另外，焦渣中碱性氧化物的含量[例如，$w(Na_2O)$ 和 $w(K_2O)$ 分别为 2.22% 和 1.65%]，与熟料相比，其值偏高，在应用时应注意合适的掺量范围。国家标准 GB 175—2007《通用硅酸盐水泥》规定，水泥中的碱含量按[$w(Na_2O)+0.658\,w(K_2O)$]计算且应该≤0.60%，因此焦渣中碱含量相对较高；$w(MgO)=2.69\%$，低于 GB 175—2007 中规定的水泥中 $w(MgO)\leq 6.0\%$，所以 MgO 的影响相对较小；$w(SO_3)=2.63\%$，掺入水泥后也会低于 GB 175—2007 的规定值，影响也相对较小；城市生活垃圾的焦渣中 $w(Cl^-)$ 一般都较高，约为 1.51%，在 GB 175—2007 中规定水泥中 $w(Cl^-)\leq 0.06\%$，所以对 $w(Cl^-)$ 也应进行适量控制；城市生活垃圾的焦渣中 $w(Loss)=10.67\%$，而 GB 175—2007 中规定普通硅酸盐水泥中 $w(Loss)<3.5\%$。经过分析可知，该结果有可能与辅助燃料在燃烧时炉内 $\varphi(O_2)$ 较低而导致未能完全燃烧，从而造成 $w(Loss)$ 偏大有关。如果将焦渣作为混合材掺入水泥中都可能会引起水泥灼烧减量升高。因此在这方面来看，焦渣作为混合材掺入熟料磨成水泥，需要更进一步的研究，仅从焦渣的化学成分来看，只能初步认定焦渣较适合作为水泥的混合材进行使用。

3.4.4.2 生活垃圾协同处置技术途径

水泥窑炉协同处置原生态城镇生活垃圾，在我国形成了多种处置模式。

我国水泥窑炉协同处置原生态城镇生活垃圾的 12 种模式，如表 3.78 所示。

表 3.78 我国水泥窑炉协同处置原生态城镇生活垃圾的 12 种模式

序号	技术来源	处置模式	试验单位	产能(t/d)	设计处置能力(t/d)	投产时间(年·月)	核心技术及设备
1	国内外合作	海螺川崎 CKK	铜陵海螺水泥有限公司	5000	300	2010.04	循环流化床立式汽化炉
2		华新豪瑞 HXH	华新水泥(武穴)有限公司	5000	300	2011.04	发酵脱水干化分选,也称"多点协同"
3		华润史密斯 HRS	广西华润红水河水泥厂	3700	300	2016.01.	机械生物法预处理+热盘炉焚烧
4		金隅芬兰 JYF	邯郸金隅太行水泥有限责任公司	4500	500	2017.06	引进芬兰 BMH 公司"垃圾变火燃"技术
5	国内自主研发	合肥院 HFI	四川广旺天台水泥厂	1500	150	2008.12	回转式垃圾焚烧炉
6		洛矿 LK	洛阳黄河同力水泥有限公司	5000	350	2009	L 形回转式焚烧炉
7		中材国际 INOMA	江苏溧阳天山水泥有限公司	5000	450	2013.03	先机械分选法脱水后水泥窑炉协同处置
8		北京金隅 BJF	北京太行前景水泥有限公司	3200	100	2014.07	北京建筑材料科学研究总院的分质处理技术
9		鹏飞集团 PFG	目前还没有处置城镇生活垃圾的实例	5000	300	2015	回转式垃圾热解炉
10		成都院 CDI	武安新峰水泥有限责任公司	4800/5800	300	2016.06.	多相态预燃炉+初级 RDF
11		凯盛开能 KKK	黔西西南水泥有限公司	3000	250	2016.07	炉排式垃圾焚烧炉
12		赞皇金隅 ZJQ	石家庄赞皇金隅水泥有限责任公司	4000	300	2018.05	立式旋转热解汽化

目前几种典型的生活垃圾处理方式,现分述如下。

(1) 热盘炉技术

热盘炉技术,是将水泥生产系统的部分高温气体引至热盘炉,经过破碎处理的生活垃圾在慢速旋转的圆盘上充分进行烘干及焚烧,产生的废气和释放出的热量又回到水泥窑预热分解系统中,而从炉盘卸出的燃烧垃圾灰渣作为生产水泥的原料。技术路线为"机械生物预处理+热盘炉焚烧"(MBT Pretreatment & Hot-disc Coprocessing technology,缩写 PHC),PHC 技术可以简单分为预处理系统、热盘炉焚烧系统、废气处理系统、废水处理系统等不同功能模块。该工艺系统为全密封式操作,无废气、废水泄漏,其技术专业、工艺布局简洁、垃圾适应性好;具有效率高、节能、低造价、无污染、自动化程度高等优点。目前这种热盘炉已在挪威一家 1600 t/d 水泥生产线上投入运行,主要是燃烧可燃垃圾(例如,汽车轮胎、电话机插板等)[60]。

华润建材科技 PHC 技术路线的工艺流程,如图 3.39 所示。

热盘炉的主要技术特色就是与水泥窑炉呈"在线式"关系,是直接与分解炉下部锥体相连的废料燃烧装置,其设备结构和工艺布置特征就是将一个缓慢旋转的水平大直径转盘镶嵌在窑尾烟室上方分解炉的锥部,三次风全部或部分进入热盘炉内,提供助燃的高温空气,干化、气化并点燃垃圾。

以华润水泥(弥渡)有限公司(以下简称:弥渡公司)为例。生活垃圾处理项目的设计处理能力为 300 t/d,选用丹麦史密斯公司的 HOTDISC® 热盘炉,其规格为 HDR63LCCW-315(炉盘直径 6.3 m,高度 3.15 m),生活垃圾水分要求控制在 40%以下。弥渡公司为了保证热盘炉系统顺利植入,对熟料生产线窑尾塔架结构进行了改造和加固工作;为了控制氯、硫等有害元素循环,在窑尾烟室配置旁路放风系统。

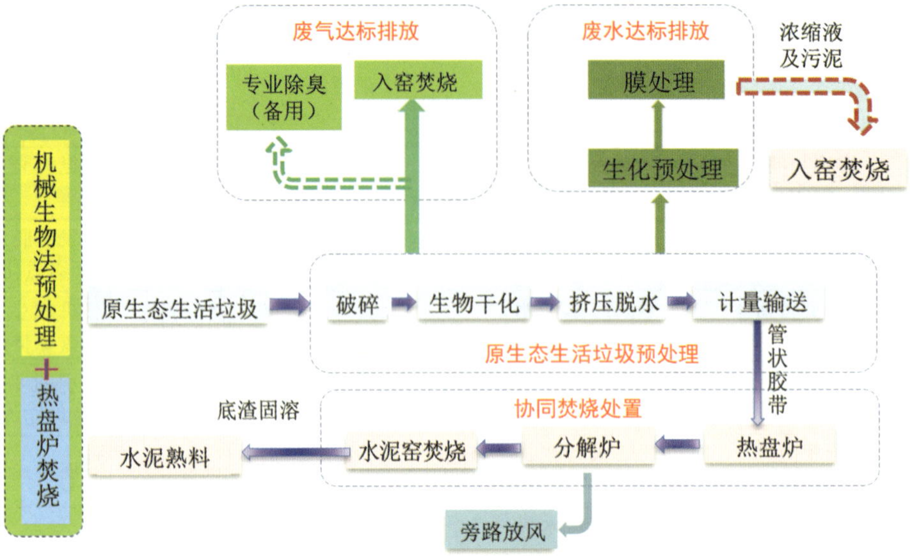

图 3.39　华润建材科技 PHC 技术路线的工艺流程

热盘炉的整体安装示意，如图 3.40 所示。

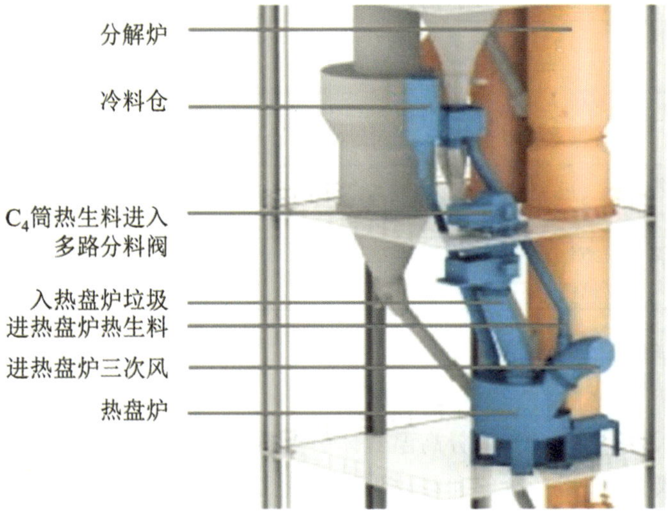

图 3.40　热盘炉整体安装示意

HOTDISC® 热盘炉，是一种安全、简单有效的燃烧装置（一种大型的旋转炉盘），有机结合了预热器和分解炉两个子系统。现已证实，它是目前用大块替代燃料代替分解炉煤粉燃料的最先进的技术。HOTDISC® 热盘炉具有极大的灵活性，能够燃烧各种类型的固体废弃物，尺寸可大至直径 1.2 m，从污泥、固体颗粒甚至到整个卡车轮胎。这样就省去了破碎大块废弃物这一过程的昂贵费用。

热盘炉的结构及工作原理：热盘炉由带固定外壳的环形燃烧室、中心柱以及底部水平转盘组成。环形燃烧室为生活垃圾的烘干、燃烧空间，中心柱的内壁板上装有刮板和烟道节段，刮板将炉盘面上的未燃尽生活垃圾残渣清理，送入分解炉。进入热盘炉的管道，有生活垃圾进料管、三次风管、喷煤管、C_4 热生料管以及灭火冷生料管。热盘炉所有内壁及环形燃烧室空间均带有耐火材料内衬。

热盘炉及环形燃烧室的结构示意，如图 3.41 所示。

其主要工作过程为：窑三次风、部分高温生料和可燃垃圾一同进入热盘炉内，在慢速旋转的圆盘上开始充分地氧化燃烧，圆盘的转速为 1～4 r/h，从物料进口到炉渣和生料混合物卸出，在圆盘上大约要运行 270°。卸出的残渣向下落入窑尾，细小的飞灰和生料则随高温气体进入分解炉。

热盘炉炉盘的转动由两个驱动电机通过变频调速控制，根据生活垃圾喂料量的大小、生活垃圾粒度及

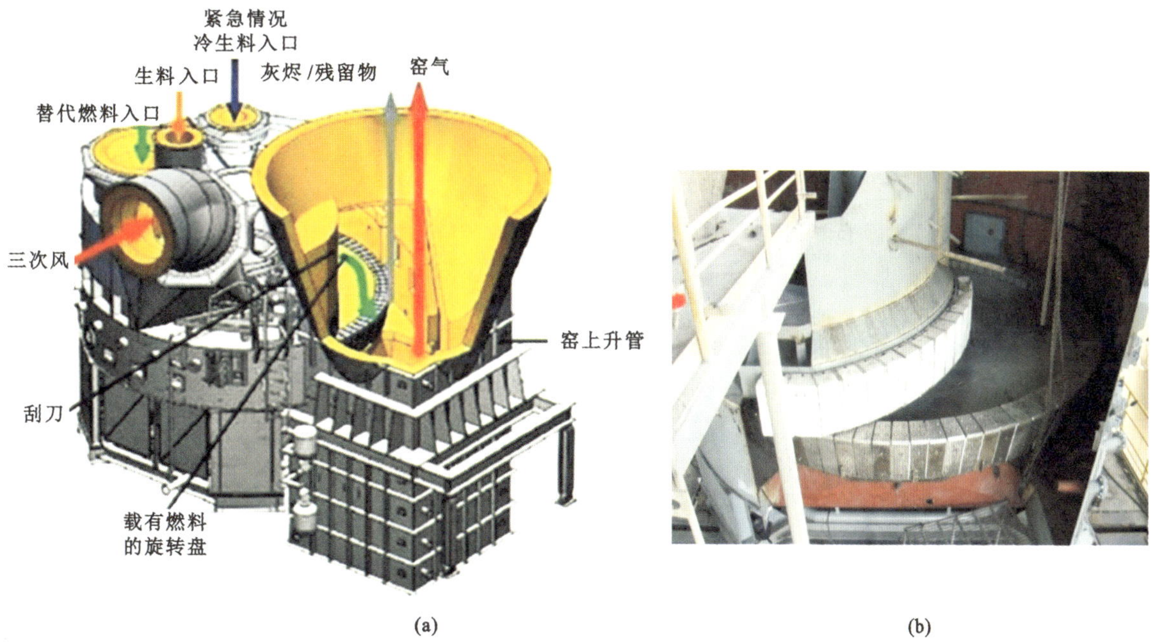

图 3.41 热盘炉及环形燃烧室的结构示意

(a) 热盘炉;(b) 环形燃烧室

水分，通过调节热盘炉转速控制生活垃圾在炉盘上的料层厚度及停留时间(生活垃圾在炉盘上的燃烧时间可控制在 2～45 min)，从而控制生活垃圾的燃烧进度，保障生活垃圾能在炉内有足够的停留时间，达到充分燃烧的目的。

通过调节 C_4 分料阀控制进入热盘炉的生料量大小来控制热盘炉内生活垃圾燃烧温度，避免热盘炉内温度过高；设置三道锁风阀和气动闸板，减少生活垃圾进料管的漏风，并防止停窑时因正压引起热烟气窜出，保护生活垃圾喂料输送胶带；设置灭火系统(冷生料仓)，在窑系统急停等紧急情况下，冷生料快速铺满热盘炉盘面，阻止生活垃圾继续燃烧，使热盘炉上的火很快熄灭，保证设备的安全，同时避免水泥窑系统不正常时环保超标排放。热盘炉内生活垃圾采用部分三次风作为助燃风，有利于生活垃圾的烘干和燃烧；生活垃圾燃烧进程通过热盘炉转速可调控，燃烧后烟气经高温焚烧、净化后从烟囱排出；固体残渣进入回转窑内经高温煅烧成熟料，重金属基本固化在水泥熟料矿物中，真正实现生活垃圾"吃干榨尽"。

(2) 气化炉技术

海螺川崎窑系统(Conch Kawasaki Kiln System，缩写 CKK)[61]，是利用水泥工业新型干法窑系统处理城市生活垃圾，对垃圾焚烧产生的废气、灰渣及渗滤液进行无害化处理及有效利用的一种全新的垃圾处理技术。CKK 技术除了具有传统垃圾焚烧法的优点以外，还很好地解决了二噁英处理的难题。

CKK 技术路线的工艺流程，如图 3.42 所示。

利用水泥工业新型干法窑和气化炉相结合处理城市生活垃圾是垃圾焚烧技术与水泥生产工艺技术的完美结合，即由水泥窑烧成系统代替垃圾处理工艺的尾气净化系统，彻底处理二噁英等有害物质，降低投资成本。CKK 技术，主要由前处理及供料、垃圾气化、灰渣处理、污水处理、除氯等系统所组成。

① 前处理及供料系统

生活垃圾用密封运输车运送进厂，称重后从卸料大厅卸入垃圾坑，通过破碎、搅拌进行均化。卸料大厅、垃圾坑采用全密封结构，通过风机将臭气送入气化炉内焚烧。

② 垃圾气化系统

垃圾喂入气化炉内与流化砂混合、沸腾，部分垃圾燃烧产生热量保持流化砂的温度 500～550 ℃，另一部分垃圾气化，生成可燃气体送到水泥窑分解炉内进一步燃烧，彻底分解有害物质。气化炉气化垃圾产生的烟气通过管道送入水泥窑分解炉内进一步焚烧分解有害物质。烟气中二噁英等有害物质在分解炉高温、足够的停留时间及碱性物料环境中分解、固化，达到彻底无害化的目的。

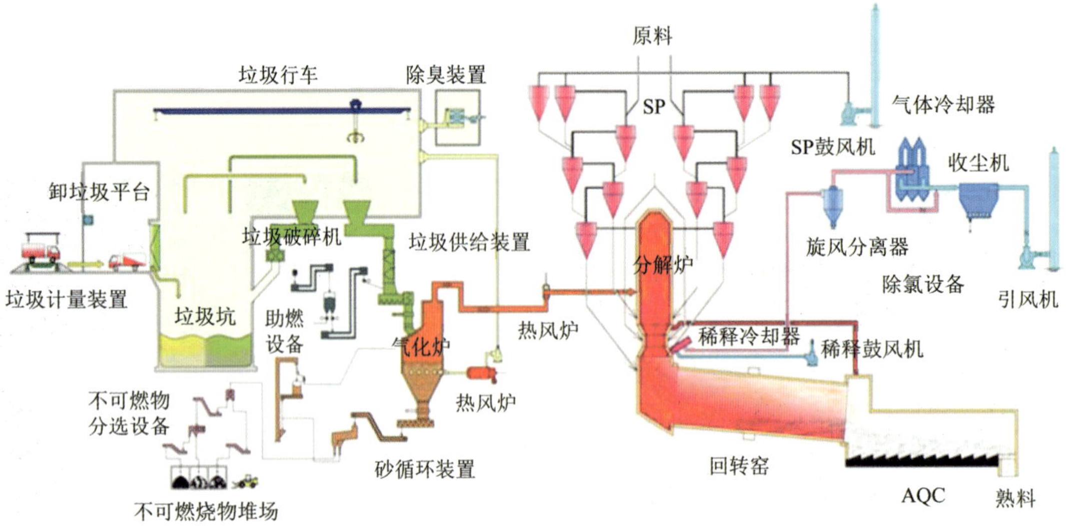

图 3.42　CKK 技术路线的工艺流程

核心装备气化炉具有如下特点及效果：采用气化（部分燃烧）方式，低空气比运行，废气量小，对水泥窑运行的影响小；采用散气管方式，炉内不可燃物易排出；炉床面积小，装备小型化；排出的炉渣经分选再利用。

③ 灰渣处理系统

气化炉内垃圾的不燃物灰渣从炉底排出，采用水冷设备将温度从 500 ℃降到 300 ℃以下，分离出铁、铝金属后，最终剩下的块状灰渣用作水泥生产的原料。

(3) 阶梯炉技术

众所周知，水泥窑分解炉可以处理 RDF 低热值劣质燃料，“协同处置”既解决了废弃物出路，同时可利用废弃物中的热值，因此是一条废弃物无害化、减量化、资源化的不二路线。但由于中国没有类似欧美等国那样的废弃物预处理中心，所以无法在预处理中心完成废弃物的精细分类，因此，运输到水泥厂的废弃物形形色色。

因为有了大家熟知的破碎-混合-泵送（Shredding Mixing Pumping，缩写 SMP）系统，可将废弃物破碎——降低废弃物的尺寸，可将废弃物混合——调和废弃物的含水率及热值，可将废弃物泵送——废弃物以密闭管道的形式到达指定高度。因此，可使原本无法直接添加的废弃物能够入窑处置。

如果瞬时入窑的废弃物量过大，由分解炉快速滚落窑内的废弃物过多，废弃物和水泥生料接触过多，则会不可避免地造成对水泥生产的影响，因此，就需要增设阶梯外挂炉。

阶梯式预燃炉（Step Precombustion Furnace，缩写 SPF）与水泥分解炉相接，营造超过 1000 s 的废弃物焚烧时间，废弃物将在 SPF 内焚烧，进入分解炉内的废弃物大幅减少。

SPF 的结构示意及其与分解炉的对接方式，如图 3.43 所示[62]。

SPF 利用空气炮送风，扰动物料增加炉内气体湍流度，提高燃烧效率，帮助废弃物快速燃尽，废弃物中的热值获得更高利用率。SPF 采用重力分布阶梯布置，在重力、风力双重作用下，燃烧后的轻物质被向上热风带入分解炉，未燃尽的重物质滚落下层阶梯继续燃烧。SPF 设计巧妙，所有易损件均在炉外，炉内没有任何移动部件，避免杂物卡死风险，杜绝移动部件高温形变故障，检修便捷。国内非常有代表性的是成都院设计的多相态 SPF，该设备的开发是依托“十二五”国家科技支撑计划课题“5×10^5 t/a 跨行业废弃物水泥窑协同利用技术及示范”所开发。该项技术主要由“SPF＋分解炉”构成。该系统主要将 SPF 与分解炉对接，构成“主炉-副炉”的结构形式，有利于系统的稳定，进入 SPF 的废弃物在炉内预焚烧，助燃空气为高温三次风，并设有补燃燃烧器，焚烧后的烟气及残渣进入分解炉。

SPF 的安装及现场效果，如图 3.44 所示。

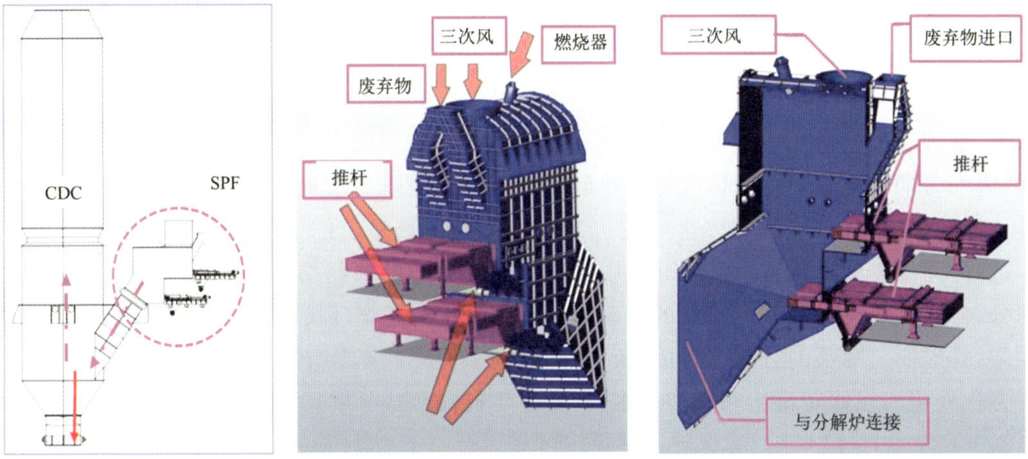

(a)　(b)　(c)

图 3.43　SPF 的结构示意及其与分解炉的对接方式

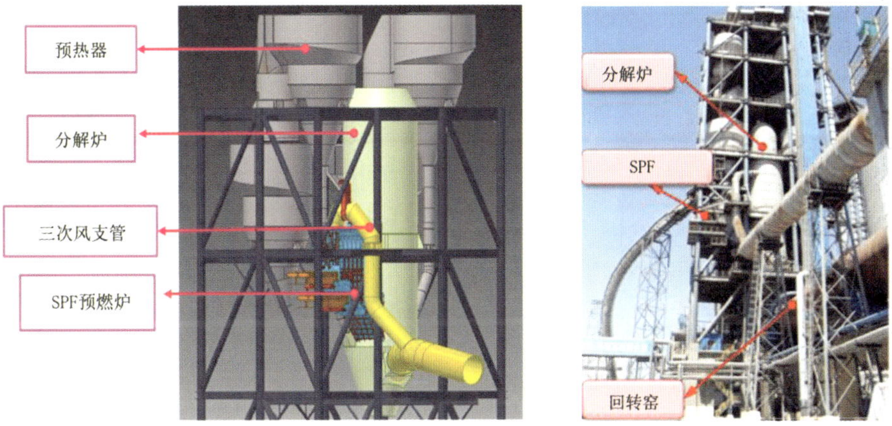

(a)　(b)

图 3.44　SPF 的安装及现场效果

(a) SPF 的安装;(b) 现场效果

该技术主要创新点如下:

① 主要针对水泥窑协同处置废弃物设计,适应范围广泛。从物料形态上看,可适应各种相态的物料;从热值上看,高、低热值的废弃物均可适用,对物料的热值要求没有选择性;从种类上看,可处置城市生活垃圾、工业废弃物等。

② 结构简单,与分解炉对接紧密,不影响原水泥窑系统的气流流场,同时便于改造,在已建或新建的水泥生产线上均可实施。

③ 灵活的温度调节系统,当废弃物热值较高时,炉内的温度将超过 1200 ℃,通过预燃炉上的生料下料管喂入生料来控制炉内的温度;当废弃物的热值急剧降低时则通过喷煤管喂入燃料来保持炉内的温度。

④ 废弃物在炉内的停留时间可控,根据物料的焚烧难易程度,物料在炉内的停留时间可以在 2~30 min 范围内灵活选择。

该技术装置解决的核心问题是水泥窑协同处置多种形态废弃物的集约化难题,同时投资及系统运行成本低,对原水泥窑系统影响小。

该技术与装置已在国内快速推广运行,目前在武安新峰水泥有限责任公司、唐山圣龙水泥有限公司、河北承大环保科技有限公司等企业中得到了应用,在完成废弃物处置的同时,为企业带来的良好的经济效益,为当地带来了良好的社会、环境效益。

(4) 旋迴炉技术

在旋迴炉技术研究过程中,针对目前市场生物质替代燃料、废旧纺材等轻质、松散、易燃固体废物资源较多，开发了步进炉作为大宗易燃轻质固体废弃物的专用热工装置，作为大批量处置中低热值松散状可燃固体废弃物的核心装置。

旋迴炉技术思路为：将旋迴炉植入分解炉底部，采用部分或全部来自水泥窑的 900 ℃以上的三次风作为助燃空气，处置经过储存和粗碎等简单预处理的固体废弃物。助燃空气和固体废弃物一起混合进入旋迴炉中，炉内配备的扬料装置使固体废弃物在旋迴炉中强制滑落翻滚前行，被高温的助燃空气快速烘干、着火，迅速实现高效燃烧。旋迴炉转速可在 0.3～3.0 r/min 调整，可充分保证固体废弃物停留时间在 10～60 min，确保固体废弃物在富氧高温环境中燃尽。在旋迴炉的卸料端，飞灰、残渣及烟气进入水泥窑系统现有的分解炉，利用旋迴炉和分解炉的高温、富氧、大湍流的燃烧环境，彻底分解固体废弃物中的各种有毒有害物质，并遏制二噁英的合成与排放；灰、渣固化到水泥熟料矿物中，避免二次污染，实现固体废弃物的完全无害化处置。在回转窑给料端加入生料，利用生料碳酸盐分解反应控制旋迴炉温度，避免炉渣在超高温度(1200 ℃以上)烧结风险，确保旋迴炉稳定可靠运行。

旋迴炉的 3D 模型及其技术路线的工艺流程，如图 3.45 所示。

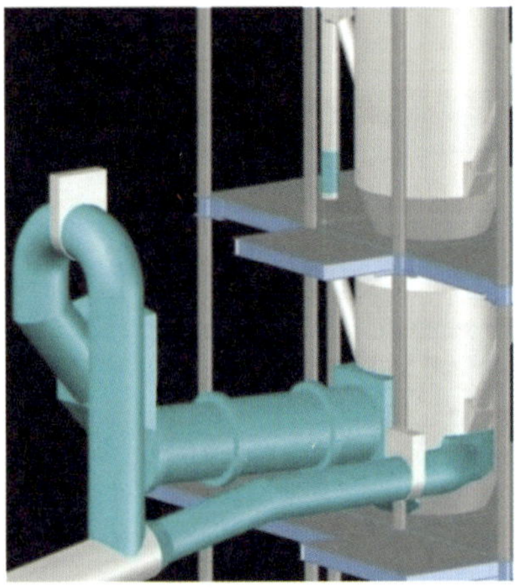

(a)

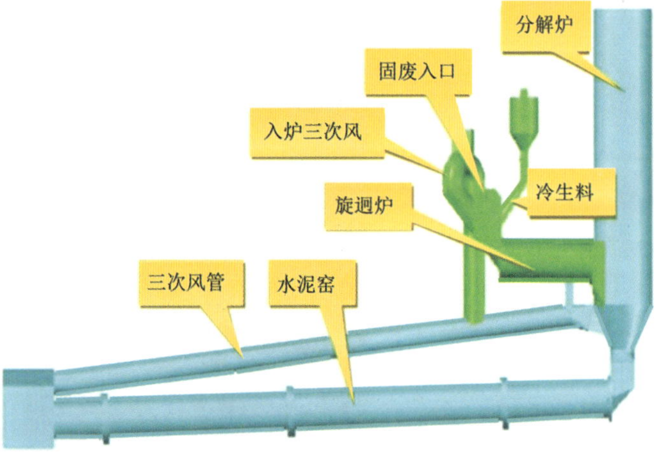

(b)

图 3.45　旋迴炉的 3D 模型及其技术路线的工艺流程

(a) 3D 模型；(b) 技术路线

该技术创新工作如下：

① 采用 900 ℃以上的三次风助燃，垃圾处置适应性强。能够处置经过储存和粗碎等简单预处理的固体废弃物，例如，$w(H_2O)$为 15%～60%、单位熟料热值为$(0.418～1.463)\times10^4$ kJ/kg 的原生态固体废弃物(生活垃圾等)、废弃轮胎、可燃性工业固体废弃物及少量含包装物的危险废弃物。

② 在旋迴炉喂料室配备可控生料加入点，利用生料中碳酸盐分解吸热反应控制旋迴炉内温度，避免炉渣在超高温度(1200 ℃以上)烧结风险，确保旋迴炉能够稳定可靠运行。

③ 旋迴炉内配置梯度差和扬料装置，采用强制翻滚焚烧的方案，确保城乡生活垃圾进入系统后无死角运动；旋迴炉转速可在 0.3～3.0 r/min 调整，可保证固体废弃物在炉内停留时间为 10～60 min，垃圾燃尽率在 80%以上。

④ 在旋迴炉的卸料端，飞灰、残渣及烟气进入水泥窑系统现有的分解炉，利用旋迴炉和分解炉的高温、富氧、大湍流的燃烧环境，彻底分解固体废弃物中的各种有毒有害物质，并遏制二噁英的合成与排放。灰、渣从倾斜喂料坡道入炉(配套空气炮处理异常工况)，固化到水泥熟料矿物中，避免二次污染，实现固体废弃物的完全无害化处置。

⑤ 三次风分两股分别入旋迴炉和分解炉底部，如生产需要则可快速切换回原系统保证生产稳定运行，对现有烧成系统影响极小。

旋迴炉运行的技术指标：

① 利用该炉型处置生活垃圾

入炉垃圾的热值≥6.27×10^3 kJ/kg，$w(H_2O)\leqslant42\%$，应用旋迴炉分解炉燃料替代率≥3%；入炉垃

圾的热值≥2×10^3 kJ/kg,$w(H_2O)$≤40%,应用旋迴炉分解炉燃料替代率≥7%。

② 处置生物质燃料

入炉替代燃料的热值≥1.254×10^4 kJ/kg,$w(H_2O)$≤30%,应用旋迴炉分解炉燃料替代率≥30%;入炉替代燃料的热值≥1.463×10^4 kJ/kg,$w(H_2O)$≤10%,应用旋迴炉分解炉燃料替代率≥50%。

(5) 步进炉技术

步进炉技术,是"旋迴炉技术研发及工程应用"的工程化应用技术成果。

步进炉的结构及接入方式,如图 3.46 所示。

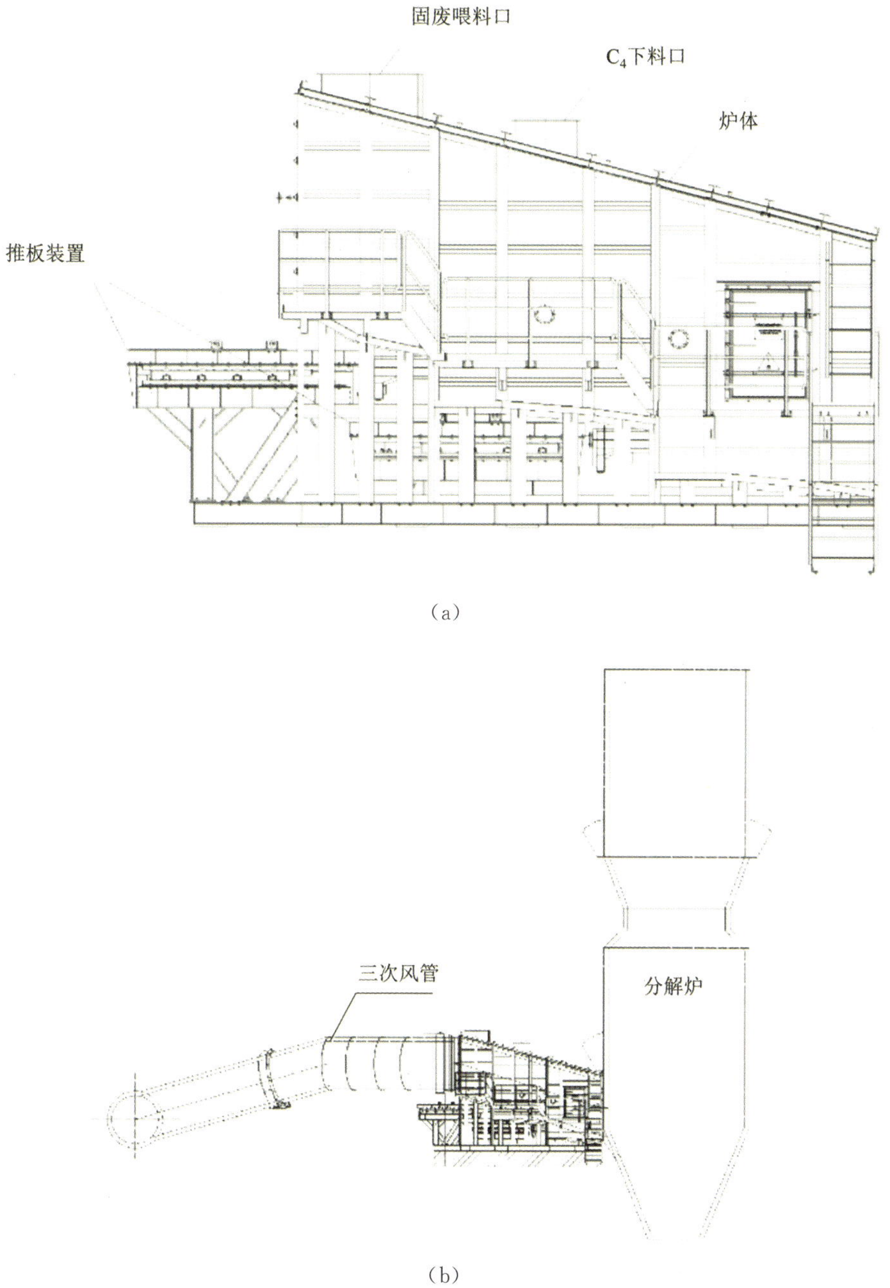

图 3.46　步进炉的结构及接入方式

(a) 整体结构;(b) 接入方式

旋迴炉的处置对象主要为原生态生活垃圾等难燃的固体废弃物,步进炉的处置对象主要为生物质、废旧纺材类的轻质固体废弃物。轻质固体废弃物可以在步进炉中完成干燥、着火、燃烧过程,通过延长其反应时间提高燃尽率,并通过加入 C_4 热生料控制步进炉内反应温度,可以有效降低协同处置对原烧成系统的干扰和影响。相较现有协同处置技术路线,在处置轻质替代燃料的前提下,步进炉具有投资小、改造周期短、固体废弃物燃尽率高、对烧成系统影响小等明显优势。

步进炉作为核心热工装置承担替代燃料入炉设备，推荐替代燃料处置量为 150～300 t/d，已应用于华润南宁、华润上思、华润陆川等替代燃料应用项目。

(6) 华新废弃物处理技术

华新废弃物处理技术(Huaxin Waste Treatment Technology，缩写 HWT)，是将生活垃圾进行干化和破碎分选，分选惰性物料和可燃物料，可燃物经水泥窑头烟气烘干后送至分解炉燃烧，惰性物料送入水泥窑作为生料进行煅烧。分解炉工艺对于高含水、复杂形态、大尺寸的生活垃圾处置技术优势突出，节煤效果好，处置系统稳定，对水泥产品质量影响小[63]。

华新废弃物处理技术路线的工艺流程，如图 3.47 所示。

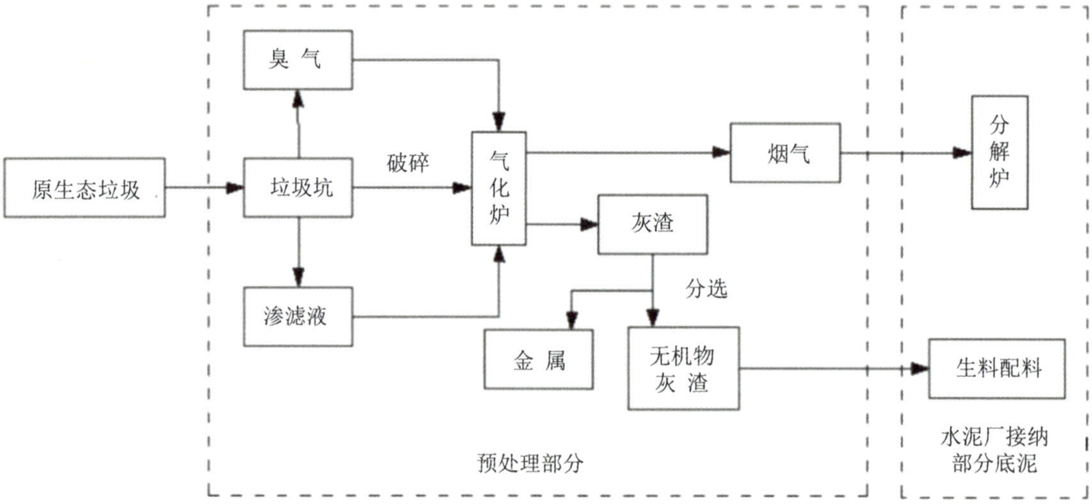

图 3.47 华新废弃物处理技术路线的工艺流程

原生废弃物经过破碎、干化和分选处理后喂入经过特殊设计的分解炉，该技术核心优势在于通过预处理系统，将原生废弃物制备成符合要求的替代燃料，替代燃料在分解炉内与生料、煤粉实现耦合燃烧以及气化脱硝，既能大规模提高窑尾的热替代率，又能实现水泥熟料低氮排放的生产。

3.4.4.3 生活垃圾替代燃料的应用

华润建材科技以稳定水泥熟料生产过程为前提，坚持协同处置全过程实现环保清洁排放，合理提升节能降耗效能，按照“安全、可靠、先进”的基本原则，华润建材科技联合相关单位，共同打造“机械生物预处理＋热盘炉焚烧”(PHC)技术路线并在华润水泥(弥渡)有限公司开展了水泥窑协同处置城乡生活垃圾项目，设计生活垃圾处理能力为 300 t/d。项目于 2018 年 4 月投入运行。

(1) 弥渡公司生活垃圾特性

与国内其他地方一样，弥渡公司生活垃圾也是混合收集，具有典型的水分大、发热量低、灰分高的特点，2018 年 4 月底通过第三方热工检测对项目进行了评价。

标定期间生活垃圾的成分分析，如表 3.79 所示。

表 3.79 弥渡公司生活垃圾的成分分析

日期	$w(M_{ar})$，%	$w(A_{ar})$，%	$Q_{net,ar}$(kJ/kg)
4 月 27 日	32.48	48.01 45.06	8928.48
4 月 28 日	34.51	49.65 55.31	8928.48
4 月 29 日	35.48	43.54 42.83	8932.66
平均值	34.16	47.40	8928.48

注：生活垃圾水分含量的平均值为 34.16%。

(2) 热盘炉相关运行设计参数

热盘炉运行期间，基本与水泥窑系统同步运转，正常生产时投料流量约为 13 t/h，生活垃圾进入热盘炉后，主要呈堆积状态在炉盘表面进行干燥和着火燃烧。从热盘炉植入后窑尾系统的设计方面来看，已经充分地考虑了投入垃圾所带来的系列工艺参数的变化。

热盘炉植入后窑尾系统的主要运行设计参数，如表 3.80 所示。

表 3.80 热盘炉植入后窑尾系统的主要运行设计参数

设计参数	描述	数值
垃圾喂料流量	表征热盘炉处置垃圾的能力，是整个系统核心参数	13 t/h
热盘炉入口处三次风温	表征三次风对垃圾的烘干、助燃的能力	853 ℃
热盘炉刮板出口处温度	表征垃圾燃烧程度	1141 ℃
炉膛内气体的温度	表征垃圾燃烧后气体的温度	1134 ℃(进口)
热盘炉的炉盘转速	调节垃圾在炉盘上的停留时间，影响垃圾的干燥、燃烧的程度	1～22.5 r/h
热盘炉驱动电机的扭矩	表征炉盘转动电机的负荷	600～1000 N·m
分解炉出口处温度	表征分解炉内燃料的燃烧情况	896 ℃
C_1 出口处温度	表征预热器运行的风料比和换热效率	326 ℃，与改造前持平

(3) 旁路放风及旁路放风窑灰中碱、氯、硫的富集

鉴于生活垃圾投入运行后，不可避免会带来碱、氯、硫的循环和重金属离子的注入。为此，需要进行旁路放风。在标准状况下，标定期间旁路放风的流量为 11050 m^3/h。

旁路放风的相关参数检测分析，如表 3.81 所示。

表 3.81 旁路放风的相关参数检测分析

检测项目	工况风流量 (m^3/h)	标况风流量 (m^3/h)	温度 (℃)	压强 (Pa)	含尘浓度 (kg/m^3)	飞灰流量 (kg/h)	湿含量 (%)
掺冷风管	14449	10949	20	−100	—	—	—
旁路放风总管	29336	16350	121	−800	88.67	1450	7.6
旁路放风量	—	5401	—	—	—	—	—

在标准状况下窑尾烟气流量为 81804 m^3/h，因此旁路放风量占窑尾烟气的比例为 6.60%。与此同时，为了解旁路放风窑灰中碱、氯、硫的富集情况，特对旁路放风窑灰和 C_5 下料管的生料进行了化学成分分析。

旁路放风窑灰和 C_5 下料管生料的化学成分，如表 3.82 所示。

表 3.82 旁路放风窑灰和 C_5 下料管生料的化学成分 (质量分数，%)

化学成分	C_5 下料管中采集的生料	旁路放风管道中采集的窑灰
$w(Na_2O)$	0.115	0.619
$w(MgO)$	1.448	1.257
$w(Al_2O_3)$	3.458	2.781
$w(SiO_2)$	9.461	7.299
$w(P_2O_5)$	0.062	0.057
$w(SO_3)$	1.555	5.406
$w(K_2O)$	1.118	5.561
$w(CaO)$	69.880	58.996
$w(TiO_2)$	0.533	0.471

续表 3.82

化学成分	C_5 下料管中采集的生料	旁路放风管道中采集的窑灰
$w(MnO)$	0.065	0.043
$w(Fe_2O_3)$	3.303	2.594
$w(Cl^-)$	1.452	5.548

从表 3.82 可见，在旁路放风窑灰中与 C_5 下料管的生料中，碱、硫的含量明显增加。

(4) 臭气处理系统

针对车间旁厂区的恶臭控制，采用狭缝扩散模型进行车间区域负压控制。

弥渡公司项目含臭气体收集设计方案，如表 3.83。

表 3.83 弥渡公司项目含臭气体收集设计方案

区域	换气(次/h)	换气流量(m^3/h)	气体去向
垃圾储坑	2	80727	外排
管状皮带	6	5544	外排
污水处理	3	4214	外排
破碎机房	3	2203	入储坑
脱水机房	3	3732	入储坑
脱水机旁	6	4006	入储坑
计算总处理气体量		90485	—
布料间	3	5050	入储坑
成品计量	3	2048	入储坑
板喂机旁	6	1132	入储坑
渗滤液走廊	6	4410	入储坑
卸料大厅	6	10247	入储坑
车间楼道	6	4412	入储坑
设计实际取值		150000	—

为了解实际运行中处理生活垃圾时产生的臭气采集输入情况，特对生活垃圾臭气总管、送 1# 熟料生产线和 2# 熟料生产线的各臭气支管的臭气量进行了测定。

各支管生活垃圾臭气量现场实测与计算数据，如表 3.84 所示。

表 3.84 各支管生活垃圾臭气量现场实测与计算数据

检测项目	1# 熟料生产线支管				2# 熟料生产线支管			臭气总管
	14307	14305	14304 14306	14308	1 号	2 号(右)	2 号(左)	
管道尺寸(mm)	500	900	900	700	900	1200	1100	1700
静压强(Pa)	−38	−125	−16	−15	−55	−60	−49	−1068
温度(℃)	25	25	25	25	26	26	26	28
风速(m/s)	3.17	3.47	4.27	4.62	2.22	10.49	3.73	11.08
工况流量(m^3/h)	2243	7933	9783	6395	5072	42681	12741	90458
标况流量(m^3/h)	1668	5894	7278	4757	3759	31630	9443	65776

从表 3.84 可见，在标准状况下臭气总管的废气流量为 65776 m^3/h，与设计取值相比较，还有较大的富余空间。另外，从各分管实际的鼓入臭气的风量来看，在标准状况下分入一线的臭气总流量为 19575 m^3/h，分入二线的臭气总流量为 44832 m^3/h，二者的和与臭气总管的废气量持恒。所产生的废气全部通过鼓风机鼓入高温端实现臭气的处理和分解。

作为水泥窑协同处置项目，预处理废气就近送入水泥窑焚烧处理（二线）应作为首选处置技术，从分臭气量来看，在设计时也考虑了该因素。弥渡公司另配置有专用应急除臭系统，其以生物除臭技术（水浴除尘＋生物滤池＋活性炭吸附）为主，这样整体来看，除臭设施齐备且考虑周全。

（5）协同处置生活垃圾对生产线指标的影响

弥渡公司生活垃圾投放前后各生产指标参数统计数据的对比，如表 3.85 所示。

表 3.85　弥渡公司生活垃圾投放前后各生产指标参数统计数据的对比

对比项目	投放生活垃圾前（2017.09）	投放生活垃圾后（2018.05）	变化情况
生活垃圾处理能力（t/h）	0	13	13
产能（t/d）	5424	5382	－57
单位熟料燃烧的煤粉耗（kgce/t）（按标准煤耗计，不含生活垃圾热值）	105.91	99.85	－6.06
单位熟料燃烧的总热耗（kgce/t）（含生活垃圾）	105.91	117.57	11.66

处置生活垃圾前后的运行数据表明：

① 熟料产能为 5000 t/d 的水泥生产线配置 HDR63LCCW315 热盘炉焚烧系统，能够满足原生态生活垃圾处置能力为 300 t/d 的要求。

② 焚烧生活垃圾对窑的台时产量、熟料质量的影响，在可接受的范围内；与此同时，能够明显减少外购实物煤炭的用量，相应降低直接生产成本。

③ 生活垃圾的主要焚烧进程在热盘炉内进行，少量在分解炉内完成，对窑系统影响不显著。

弥渡公司项目运行情况表明，通过旁路放风系统有效控制 C_5 入窑生料中硫、氯、碱含量，窑系统能实现连续稳定运行，但热工状况的波动仍然有所增加，对于窑系统的总体操作调整要求随之提高。

3.4.4.4 生活垃圾替代燃料节能降碳效果评价

华润建材科技 PHC 技术以处置国内城乡生活垃圾不分类的现状为出发点，提出了“机械生物法预处理＋热盘炉焚烧”水泥窑协同处置生活垃圾新工艺，处置流程简洁，预处理后的垃圾作为水泥生产原燃料 100％可利用，无固体废物或二次污染物排放，实现了“灰渣资源化利用、渗滤液处理后达标回用、臭气不扩散”的目标，满足了我国未分类城乡生活垃圾的协同处置要求。从根本上杜绝了生活垃圾无序堆放、弃置、简易填埋等带来的重金属、盐碱化、富营养化等对土壤、水体的二次污染问题，符合国家倡导的垃圾处理“无害化、减量化、资源化”原则。

在弥渡公司生活垃圾投入运行稳定后，弥渡公司之后又协同处置了部分来源于垃圾填埋场分选的垃圾。分选垃圾与生活垃圾搭配后入热盘炉处置。截至 2023 年 2 月，弥渡公司已累计处理生活垃圾 45935 t，分选垃圾 11236 t。

弥渡公司生活垃圾投放前后碳排放量的计算，如表 3.86 所示。

表 3.86　弥渡公司生活垃圾投放前后碳排放量的计算

对比项目	投放生活垃圾前（2017 年 9 月）	投放生活垃圾后（2018 年 5 月）	变化情况
生活垃圾处理能力（t/h）	0	13	13
产能（t/d）	5424	5382	－57
C_1 出口处干烟气中 CO_2 含量（％）	29.45	28.21	－1.24

续表 3.86

对比项目	投放生活垃圾前 (2017 年 9 月)	投放生活垃圾后 (2018 年 5 月)	变化情况
C_1 出口处标准状态下湿烟气的流量(m^3/h)	300693	322705	
C_1 出口处烟气含湿量(%)	4.5	5.4	
C_1 出口处标准状态下干烟气的流量(m^3/h)	287162	305279	
CO_2 排放的流量(m^3/h)	84569	86119	1550

从表 3.86 来看，使用生活垃圾并没有降低总碳排放量，虽然 C_1 出口处干烟气中 CO_2 含量从 29.45%降低至 28.21%，但排放的总烟气量增加，反而使得总 CO_2 排放量增加。从这点来看，虽然生活垃圾的应用可以改善城市环境，消除垃圾围城，但在碳减排总量方面贡献反而不大。

但该技术彻底解决了当地垃圾围城之困。与垃圾填埋方式相比，水泥窑协同处置生活垃圾每年可节约土地 2/3 ha，可减少甲烷排放量 8.76×10^6 m^3(相当于 CO_2 排放量 1.31×10^5 t)，且杜绝了垃圾渗滤液污染水体的风险。

3.4.5 固体回收燃料

3.4.5.1 固体回收燃料特性

在垃圾衍生燃料(RDF)的基础上，研究人员又研发和生产出一种更好的替代燃料，被称为“固体回收燃料”(Solid Recovered Fuel，缩写 SRF)[64]。SRF 不仅仅是由城市生活垃圾或由城市固体废弃物(MSW)制成，而且增加了多种含热值较高的可燃废弃物，因此 SRF 的品质比 RDF 更好，更有利于窑炉设备的应用。

芬兰 BMH 技术公司专门利用城市生活垃圾、工业垃圾和商业垃圾加工生产 SRF。该公司声称可为水泥行业提供“垃圾变火焰”的完整解决方案，包括工艺系统和设备，通过将垃圾经过破碎、分选和烘干等工艺，生产出满足欧洲标准的 SRF。SRF 已不是垃圾，而是清洁、均质、高质量、高热值的燃料，可用于水泥窑炉的替代燃料，可以节煤。特别值得注意的是，SRF 还是一种非常环保的燃料，其 CO_2 排放量仅为煤炭的 1/4，NO_x 的排放量也显著降低。除此之外，该公司外还可以提供水泥厂内 SRF 的燃料处理系统，即 SRF 的储存、输送、计量和进料系统，确保制成的 SRF 能够精确地投入水泥窑炉中，保证不会对熟料质量和环境产生负面影响。这就是说，该公司可以提供从垃圾接收一直到喂入水泥窑炉内的全套技术解决方案，并为客户提供整个系统的性能保证和可用性保证。该生产工艺经过现场调试达到最佳的运行状态后，可使水泥厂取得热量替代率 TSR≥90%的良好效果。

替代燃料与煤粉热值的对比，如表 3.87 所示。

表 3.87　替代燃料与煤粉热值的对比

应用企业	水泥窑	石灰窑	火电厂	备注
SRF 的热值(MJ/kg)	20	25	13～16	优质煤粉空气干燥基的低位热值可>25 MJ/kg
煤粉的热值(MJ/kg)	23	可以应用	富富有余	

3.4.5.2 固体回收燃料替代燃料应用情况

在华润建材科技控股有限公司“系统成本最低”理念指引下，为了降低燃料成本，华润水泥(田阳)有限公司(以下简称：田阳公司)5 月份试用了固体回收燃料(SRF)。田阳公司所用的 SRF 是由废塑料、纤维、废布等物质混合压缩而成，热值约为 2.09×10^5 kJ/kg，水分含量约为 5%。

田阳公司所用 SRF 替代燃料的实物外观，如图 3.48 所示。

田阳公司于 5 月 29 日—31 日，按每 1 h 生活垃圾量 8.5 t 与 SRF 量 3.5 t(共计 12 t)的比例量投入热盘炉焚烧。

试烧 SRF 与单独焚烧垃圾的指标对比，如表 3.88 所示。

图 3.48　田阳公司所用 SRF 替代燃料的实物外观

表 3.88　试烧 SRF 与单独焚烧垃圾的指标对比

使用阶段	生产日期	窑产量(t)	标准煤耗(kgce/t)	实物煤耗(kg/t)	SRF 用量(kg/t)	垃圾与 SRF 的共同处理量(kg/t)	垃圾与 SRF 的投料流量(t/h)
单独焚烧生活垃圾	6 月 11 日	4512	98.77	140.73	—	256	10.67
	6 月 12 日	4513	99.61	140.55	—	299	12.46
	6 月 13 日	4512	104.04	148.41	—	300	12.50
	∑(平均值)	4512	100.81	143.23	—	285.00	11.88
SRF 添加流量 3.5 t/h	5 月 29 日	4512	90.82	126.46	83	284	11.83
	5 月 30 日	4511	89.66	124.60	84	289	12.04
	5 月 31 日	4512	91.54	127.92	84	297	12.38
	∑(平均值)	4511	90.67	126.33	83.67	290	12.08

由表 3.88 综合分析可知，按每 1 h 生活垃圾量 8.5 t 与 SRF 量 3.5 t(共 12 t)的比例投入热盘炉焚烧，实物的平均煤耗为 126.33 kg/t；在单独焚烧垃圾阶段，垃圾的平均投料量为 11.88 t/h，实物的平均煤耗为 143.23 kg/t；将单独焚烧垃圾阶段与 SRF 和垃圾混合焚烧阶段进行对比，实物煤耗下降 16.9 kg/t。

SRF 与原煤的热值对比，如表 3.89 所示。

表 3.89　SRF 与原煤的热值对比

试样	水分含量(%)	热值(kJ/kg)
SRF	5	20164.32
山西某烟煤	8.9	21021.22

由表 3.89 可知，山西某烟煤比 SRF 的热值高 856.9 kJ/kg，其热值比为 1∶0.96。

SRF 与熟料的质量及电耗的关联，如表 3.90 所示。

表 3.90　SRF 与熟料的质量及电耗的关联

日期	窑产量(t/d)	出窑熟料的体积密度(g/L)	w(f-CaO)(%)	工序电耗(kW·h/t)	出窑熟料的率值		
					KH	*SM*	*IM*
5 月 29 日	4512	1249	1.54	23.94	0.917	2.04	1.37
5 月 30 日	4511	1253	1.22	24.8	0.897	1.96	1.38
5 月 31 日	4512	1259	1.2	25.2	0.917	1.94	1.37
6 月 11 日	4512	1283	1.27	24.71	0.894	2.02	1.37
6 月 12 日	4513	1283	1.22	25.03	0.896	2.01	1.38
6 月 13 日	4512	1276	1.44	24.70	0.891	2.01	1.36

由表 3.90 可知，SRF 焚烧对熟料的质量、电耗等无任何影响。

3.4.5.3　固体回收燃料替代燃料节能降碳效果评价

为了明确 SRF 节能减碳效果，通过对田阳公司试用 SRF 与 RDF 的成本对比分析，生产中选用的原煤为山西某烟煤。根据企业生产统计得出使用 SRF 替代燃料的综合效益，在垃圾中每日加入 84 t SRF，可节约原煤 75.82 t。

SRF 替代燃料对生产运行指标的影响，如表 3.91 所示。

表 3.91　SRF 替代燃料对生产运行指标的影响

使用阶段	生产日期	窑产量(t)	实物煤耗(kgce/t)	煤单价(元/ t)	总煤耗(t)	SRF 单价(元/ t)	SRF 用量(t)	∑(成本)(元)
单独焚烧RDF	6 月 11 日	4512	143.23	1022	635.12	530	0.00	649090.38
	6 月 12 日	4513	140.55	1022	634.17	530	0.00	648119.88
	6 月 13 日	4512	148.41	1022	668.86	530	0.00	683578.62
	平均值	4512	144.06	1022	646.05	—	0.00	660262.96
SRF添加量3.5 t/h	5 月 29 日	4512	126.46	1022	570.46	530	83.00	627003.53
	5 月 30 日	4511	124.60	1022	562.74	530	84.00	619644.56
	5 月 31 日	4512	127.92	1022	577.49	530	84.00	634716.21
	平均值	4511	126.33	1022	570.23	—	—	627121.43
平均值差异的对比		1	16.90	—	75.82	—	−84.00	33141.53

截至 2023 年 2 月，田阳公司已累计使用 SRF 共计 2.8939×10^4 t，共计节约原煤 2.6121×10^4 t。按节能煤量进行碳减排估算，减少 CO_2 减排量可达 6.4171×10^4 t。

3.4.6　无纺布

3.4.6.1　无纺布特性

2018 年，我国成为世界上纺织物量最大的生产国、消费国和出口国。截至 2020 年，我国纺织纤维加工总量达 5.8×10^7 t，占世界纤维加工总量的比例保持为>50%，化纤产量占世界总产量的比例为>70%。中国循环经济协会的数据显示，我国每年都有超过 2.6×10^7 t 衣服被扔掉，废旧纺织品产量每年以10%～15%的比例增长。这些废弃纺织物的综合回收率低，大部分的废弃纺织物被当作垃圾进行填埋，造成了巨大的资源浪费。在《2006 年 IPCC 国家温室气体清单指南》和我国 2013 年发布的《中国水泥生产企业温室气体排放核算方法与报告指南（试行）》中，热值为 2.9×10^4 kJ/kg 的废皮革的碳排放因子为 0.11 t/GJ，废碎布的热值约为 1.34×10^4 kJ/kg，以碎布条为代表的废弃纺织物的碳排放因子按热值折换为 0.05 t/GJ 取值，是一种具有一定应用前景的新型替代原料[65]。

碎布条的技术指标与价格，如表 3.92 所示。

表 3.92 碎布条的技术指标与价格

项目	碳排放因子(t/GJ)	热值(kJ/kg)	价格(元/t)
碎布条	0.05	3200	100

3.4.6.2 无纺布替代燃料应用

因广州市珠江水泥有限公司(以下简称：珠水公司)附近的白云区轻工业发达，却无法处理产生的大量废碎布、废皮革，区政府希望珠水公司能够进行处置，缓解废碎布、废皮革等工业固体废弃物的堆积。广州市政府要求高能耗行业减少用煤量，近年来分配给珠水公司的煤指标逐渐减少。而废碎布、废皮革的热值高，可作为替代燃料掺烧而节约用煤量。华润建材科技于珠江基地在 2020 年开始展开技术攻关，并于 2021 年将碎布条作为替代燃料用在分解炉上替代部分煤粉，以助力实现华润建材科技碳达峰、碳中和的目标。

入厂碎布条的处理：回收得到的废弃纺织物形状不一，以长条布和大块布为主。直接投入分解炉中使用，碎布条(或大块布)难以燃尽，未燃尽的碎布条会落入熟料中，影响熟料质量。因此，碎布条预处理的质量要求是：粒径<50 mm，水分含量<10%。

碎布进厂后被打散并进行定量称量，通过输送带将定量的碎布送至无轴铰刀处处理，处理后的碎布块被送至分解炉使用。

碎布条处理的工艺流程，如图 3.49 所示。

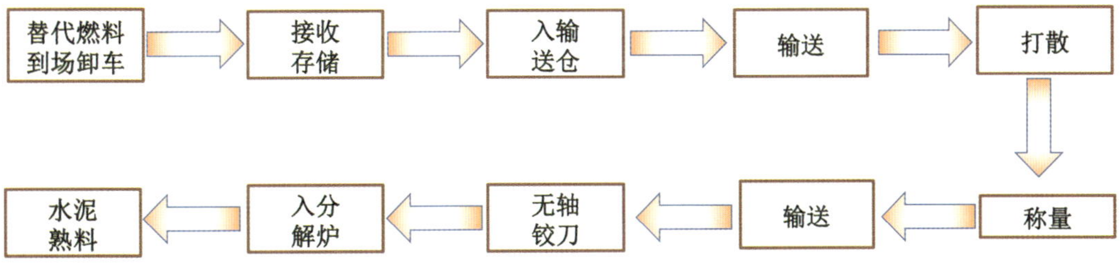

图 3.49 碎布条处理的工艺流程

碎布条处理的应用生产线，如图 3.50 所示。

图 3.50 碎布条处理的应用生产线

碎布块被送至分解炉的工艺流程，如图 3.51 所示。

碎布条处理的设备参数，如表 3.93 所示。

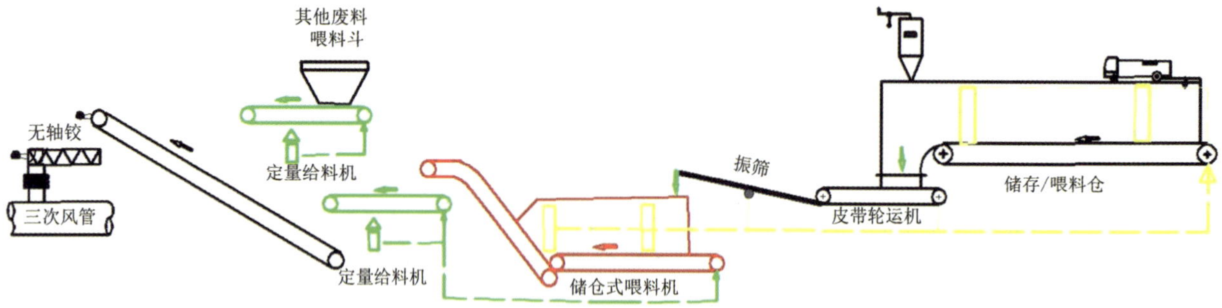

图 3.51　碎布块送至分解炉的工艺流程

表 3.93　碎布条处理的设备参数

设备名称	输送能力(t/h)	设备名称	输送能力(t/h)
输送皮带	2～10	皮带秤	0～12
输送段皮带	2～10	输送长皮带	2～10
爬坡皮带	2～8	无轴铰刀	0～10

经过一周的试产作业，对设备的调试进入尾声。

调试阶段凸显出以下工程实际问题：

① 碎布条长度无法得到精确控制，出现碎布条缠绕皮带机现象；

② 碎布条的韧性较好，普通铰刀效率低，无法满足生产需要；

③ 碎布条的体积密度较小，约为 0.3 kg/L，若处置量过大，碎布条易从皮带缝隙处滑落，影响皮带机正常运转。

针对上述问题，采取现场改造和更换设备等方式进行解决：

① 加装皮带机罩，避免碎布条滑落至皮带机内部；

② 将普通铰刀升级为无轴铰刀，提高处理效率；

③ 适当降低输送量至 6 t/h，保证输送效率。

经过改造后输送量稳定在 6 t/h，无轴铰刀能够高效地将碎布条破碎为粒径＜50 mm 的碎布块，运输、计量系统工作稳定。

试烧工作，自 2020 年 8 月 13 日 08:30 开始，09:00 废碎布到皮带秤，并被输送入分解炉，至晚上 21:00 结束，历时共 12 h，共处置碎布约 43 t(皮带秤计量)，期间因皮带输送机轴承故障，在 11:30—15:00 之间停机维修 3.5 h，实际处置时间为 8.5 h，其中 15:00—21:00 连续处置废碎布(6 t/h)。

本次试烧工作的输送流量约为 2～6 t/h，输送过程总体通畅，没有发生废碎布缠绕设备的问题。但当输送废碎布超过 6 t/h，输送长皮带容易漏料，无轴铰刀箱体内碎布较满造成盖板顶开；无轴铰刀输送能力设计为 0～10 t/h，但由于碎布的体积密度较小，约为 0.3 kg/L，输送流量达 6 t/h 时可以充满壳体。

输送长皮带料较满的工况，如图 3.52 所示。

无轴铰刀已满料的工况，如图 3.53 所示。

采用废无纺布后生产线节煤量的分析，如表 3.94 所示。

试验开始时，由于爬坡皮带轴承有问题，导致碎布喂料量偏低且不稳定，节煤效果不明显，并未进行统计和计算；11:30 停机处理皮带轴承，15:00 故障修复后开机，碎布喂料量可稳定在 6 t/h，煤粉用量下降明显，煤粉用量下降 2.25 t/h，按计算可节约单位熟料标准煤耗约为 9.25 kgce/t。

节煤量校准修正计算：

根据煤粉秤显示的用煤量数据，计算出来单位熟料实物煤耗仅为 120.46 kg/t，单位熟料热耗仅为 2.74 GJ/t，参照对比替代前单位熟料实际煤耗为 144.33 kg/t、单位熟料热耗为 3.29 GJ/t，实物煤耗及热耗均偏低，煤粉秤显示的数据与对比情况相差了约 20%。依据此调整，经修正后，单位熟料实物煤耗为 144.5 kg/t、单位熟料热耗为 3.24 GJ/t，符合实际情况。

图 3.52　输送长皮带料较满的工况

图 3.53　无轴铰刀已满料的工况

表 3.94　采用废无纺布后生产线节煤量的分析

碎布的处置量(t/h)	0	2	4	6
炉列的煤粉用量(t/h)	14.33	14.28	14.01	12.11
窑列的煤粉用量(t/h)	10.53	10.5	10.5	10.5
煤粉用量的变化量(t/h)	—	−0.08	−0.35	−2.25
实物煤耗(kg/t)	120.46	—	—	107.58
标准煤耗(kgce/t)	86.51	—	—	77.26
实物煤耗的变化量(kg/t)	—	—	—	−11.93
标准煤耗的变化量(kgce/t)	—	—	—	−9.25

煤粉秤的显示数据，如表 3.95 所示。

表 3.95　煤粉秤的显示数据

项目	热值	未掺碎布时		已掺碎布时	
	GJ/t	t/h	热量分数，%	t/h	热量分数，%
分解炉用煤量	21.05	14.33	53.4	12.11	44.3
窑头用煤量	21.05	10.53	39.3	10.5	38.4
污泥投入量	5.33	7.73	7.3	6	5.6
碎布投入量	12.57	0	0	5.33	11.7
总热耗量	—	564.50 GJ/h		574.92 GJ/h	
熟料产量	—	206.38 t/h		210.17 t/h	
$\sum$（单位熟料热耗）	—	2.735 GJ/t		2.735 GJ/t	
单位熟料实物煤耗	—	120.46 kg/t		107.58 kg/t	
单位熟料标准煤耗	—	86.51 kg/t		77.26 kg/t	

校准修正数据计算，如表 3.96 所示。

表 3.96　校准修正数据计算

项目	热值	未掺碎布时		已掺碎布时	
	GJ/t	t/h	热量分数,%	t/h	热量分数,%
分解炉用煤量	21.05	17.20	54.1	14.53	45.6
窑头用煤量	21.05	12.64	39.7	12.6	39.6
污泥投入量	5.33	7.73	6.2	6	4.8
碎布投入量	12.57	0	0	5.33	10.0
总热耗量	—	669.16 GJ/h		670.11 GJ/h	
熟料产量	—	206.38 t/h		210.17 t/h	
$\sum$(单位熟料热耗)	—	3.24 GJ/t		3.19 GJ/t	
单位熟料实物煤耗	—	144.55 kg/t		129.10 kg/t	
单位熟料标准煤耗	—	103.82 kg/t		92.72 kg/t	

窑系统指标的影响对比,如表 3.97 所示。

表 3.97　窑系统指标的影响对比

项目		第 1 次	第 2 次	第 3 次	第 4 次
统计时长(h)		72	0.5	2	6
碎布投入量(t/h)		0	2	4	6
污泥投入量(t/h)		8	6	6	6
熟料产量(t/h)		206	208	209	210
余热发电量(kW·h/h)		5098	5154	5036	5135
氨水消耗量(L/h)		343	351	335	285
熟料的煤耗量(在煤粉秤显示基础上,经修正后的数据)	炉列转子秤平均用量(t/h)	17.2	17.14	16.81	14.53
	窑列转子秤平均用量(t/h)	12.64	12.6	12.6	12.6
	窑列、炉列煤粉用量(t/h)	29.84	29.74	29.41	27.13
	单位熟料实物煤耗(kg/t)	144.55	—	—	129.1
	单位熟料标准煤耗(kgce/t)	103.82	—	—	92.72
	单位熟料标准煤耗的变化量(kgce/t)	—	—	—	−11.1

试烧碎布量为 2～6 t/h 时,对比空白碎布处置时的熟料产量及余热发电量并没有明显影响;试烧碎布在 15:00 前喂入不稳定,氨水用量无明显变化,15:00—21:00 氨水用量平均下降 50 L/h;试烧碎布期间,可以明显降低炉列喂煤量,随碎布投入量的增加,其稳定性增强、煤耗的降低幅度增加,当试烧碎布量稳定为 6 t/h 时,可节约单位熟料标准煤耗约为 11.10 kgce/t。

替代原料利用率分析,如表 3.98 所示。

表 3.98　替代原料利用率分析

替代燃料	热值(kJ/kg)	原煤热值(kJ/kg)	1 t 碎布理论相当替代原煤量(t)	处置碎布量 6 t/h 时替代原煤量(t)	熟料产量(t/h)	理论降低单位熟料标准煤耗(kgce/t)	实际降低单位熟料标准煤耗(kgce/t)	替代燃料热值利用率
碎布	13768.92	22154	0.62t	3.73	210	13.58	11.10	81.8%

从表 3.98 可知，当试烧碎布量稳定为 6 t/h 时，理论上应降低单位熟料标准煤耗为 13.58 kgce/t，但实际降低单位熟料标准煤耗为 11.10 kgce/t，热值利用率约为 81.8%，理论与实际之间的差异主要决定于系统漏风情况、水分及碎布在分解炉中的燃烧状况等。

熟料产品质量的影响对比，如表 3.99 所示。

表 3.99 熟料产品质量的影响对比

统计时长(h)	碎布投入量(t/h)	熟料产量(t/h)	污泥投入量(t/h)	凝结时间(min)		安定性	抗压强度(MPa)	
				初凝	终凝		3 d	28 d
72	0	206	8	116.67	149.33	合格	16.4	—
12	2～6	210	6～8	129	170	合格	17.0	—

对比空白废碎布处置时的熟料产品质量常规检测数据，在同时处置碎布 2～6 t/h 及污泥 6～8 t/h 情况下，3 d 抗压强度略有升高，初凝和终凝时间均有不同程度延长。

窑尾烟气污染物监测数据，如表 3.100 所示。

表 3.100 窑尾烟气污染物监测数据

监测项目	执行标准	标准限值	试烧期间检测值	单位
SO_2 含量	GB 4915—2013《水泥工业大气污染物排放标准》	100	59	mg/m³
NO_x 含量		150	112	mg/m³
颗粒物含量		20	1.4	mg/m³
NH_3 含量		8	3.91	mg/m³
HCl 含量	GB 30485—2013《水泥窑协同处置固体废物污染控制标准》	10	0.7	mg/m³
HF 含量		1.0	<0.10	mg/m³
(Tl,Cd,Pb,As)含量		1.0	4.62×10^{-4}	mg/m³
(Be,Cr,Sn,Sb,Cu,Co,Mn,Ni,V)含量		0.5	1.07×10^{-3}	mg/m³
TOC①		增加 10	7.44	mg/m³
VOC②	—	—	1.18	mg/m³
恶臭污染物浓度	GB 14554—1993《恶臭污染物排放标准》	60000	55	—
二噁英含量	GB 30485—2013《水泥窑协同处置固体废物污染控制标准》	0.1	0.042	ngTEQ/m³

注：① 总的有机碳(Total Organic Carbon，缩写 TOC)含量；
② 挥发性有机化合物(Volatile Organic Compounds，缩写 VOC)含量。

从监测报告的数据可知，试烧期间的窑尾烟气污染物排放均符合国家排放限值要求。

3.4.6.3 无纺布替代燃料节能降碳效果评价

通过华润建材科技利用废弃纺织物作为替代燃料在分解炉上的应用的成功经验，获得以下结论：当碎布处置量稳定为 6 t/h 时，可节约单位质量熟料的标准煤耗量约为 11.10 kgce/t，节约氨水约为 50 L/h；在同时处置废碎布量、污泥量均为 6 t/h 的情况下，未见烟室、缩口、上升烟道等部位有结皮加剧的问题，对窑系统产生的影响较小，窑况相对稳定可控，对比空白期间的熟料产量及产品质量，亦无明显影响；废碎布试烧期间，通过环保在线监测分析及委托第三方的环保监测可知，各项环保排放指标均可达标；在将碎布破碎至尺寸为<50 mm 的情况下，现有二次燃料输送及计量系统运行顺畅，没有废碎布缠绕设备的问题，系统能力可达到 6 t/h；但输送碎布超过 6 t/h 时，输送长皮带容易漏料，无轴铰刀箱体内碎布较满可能顶开盖板。

综合年度经济收益分析，如表 3.101 所示。

表 3.101　综合年度经济收益分析

序号		项目	数量	单价	小计	备注
1		营业收入	—	—	3.106×10^7 元	按年运行 310 d 计算
	1.1	节煤	2.3808×104t/a	1.1×10^3 元/t	2.619×10^7 元	单位质量熟料的标准煤耗量降低 11.1 kgce/t，熟料产量 208 t/h，每 1 h 降低实物煤耗量约为 3.2 t
	1.2	节氨水	3.72×10^2 t/a	1.1×10^3 元/t	4.1×10^5 元	每 1 h 节氨水 50 L
	1.3	处置碎布	4.464×10^4 t/a	1×10^2 元/t	4.46×10^6 元	每 1 h 处置碎布 6 t
2		运营成本	—	—	4.54×10^6 元	—
	2.1	人工	16 人	1×10^4 元/(人·月)	1.92×10^6 元	按“四班三倒”运转，每班配司机 1 人，巡检 1 人，劳务工 2 人
	2.2	电耗	4.46×10^6 kW·h/a	0.53 元/(kW·h)	2.36×10^6 元	每 1 h 耗电按最大值 600 kW 估算，年运行 310 d
	2.3	柴油耗	4×10^4 L/a	—	—	同窑运行，按“四班三倒”运转，年运行 310 d
3		综合收益	—	—	2.652×10^7 元	

通过计算可得：综合年度经济收益可达到 2.652×10^7 元。目前，纺织物替代燃料正在华润建材科技旗下的封开、南宁、红水河、平南、陆川、贵港等多地的水泥企业推广应用。纺织物替代燃料的累计使用量已经达到 1.6864×10^4 t，根据珠水公司实际降低单位质量熟料的标准煤耗 11.10 kgce/t 估算，节碳量累计为碎布的碳排放因子仅为 0.11 t/GJ。

3.4.7　危险废弃物

3.4.7.1　危险废弃物燃料特性

当今社会下，水泥仍是满足全球住房和现代化基础建设所需的关键材料，因此，全球水泥行业在节约材料、能源资源以及减少 CO_2 方面面临着越来越大的挑战。据估计，全球水泥产能预计将增加到约 4×10^8 t/a，预计中国和印度等国家以及中东和北非等地区将出现大幅度增长[66]，其中许多国家在危险废弃物处理方面也面临着严峻挑战。危险废弃物是指列入国家危险废弃物名录或根据国家规定的危险废弃物鉴别标准及鉴别方法认定的具有腐蚀性、毒性、易燃烧和感染性等一种或一种以上危险特性，以及不排除具有以上危险特性的固体废弃物。根据我国的危险废弃物处置形势以及成功经验，选择水泥窑协同处置危险废弃物既实现了危险废弃物无害化处理又能降低水泥生产成本，提升资源利用效率，是处置危险废弃物的新方法[67]。

危险废弃物的来源非常广泛，包括国民经济几乎所有的 99 个行业，化学原料及化学制品制造业、有色金属冶炼及压延加工、有色金属矿采选业、造纸及纸制品业、电器机械及器材制造业等 5 个行业的危险废弃物占总生产量的 75.49%，其中化学原料及化学品制造业生产的危险废弃物占总生产量的 40.05%。从生产的危险废弃物种类来看，危险废弃物名录中的 47 类废弃物在我国均有产生，而其中碱溶液或固态碱、废酸或固态酸、无机氟化物、含铜废弃物和无机氰化物等 5 种废弃物的产量已经占到危险废弃物总产量的 57.75%[68]。

对于水泥工业而言，利用新型干法水泥窑焚烧技术处置废弃物是目前大众且高效的一种处置方法，其是在水泥回转窑高温煅烧水泥熟料的同时焚烧处置危险废弃物。新型干法水泥窑有垃圾专业焚烧炉不具备的优势，首先其热容较大，拥有非常广阔的空间和热力场，并且能提供高达 1650～1800 ℃的炉内火焰温度。这样就能保证废弃物在更广大的焚烧空间内均匀有效地燃烧，且焚烧工况也更加稳定。另一方面，物料在高温下停留的时间较长，从窑尾到窑头的总停时间能超过 30 min；而随着焚烧过程而产生的烟气能在水泥窑炉内停留 4～7 s，甚至更长时间。这确保了固体废弃物燃烧过程中产生的二噁英等有毒气体在分解炉里完全分解。新型干法水泥窑处置危险废弃物，无论从焚烧去除率、分解率，还是燃烧效率及稳定性都是更高的。针对危险废弃物在处理方面也更具优越性，该技术将水泥窑高温循环等特性完全发挥，既能充分利用危险废弃物中有机成分的热值实现节能，又能完全利用废弃物中的无机成分替代部分常规原料生产水泥熟料，还能使废弃物中的有毒有害有机物完全焚烧，使有毒有害重金属固化到熟料中，使其成为更符合可持续发展战略的一种新型环保技术选项[69]。

3.4.7.2 危险废弃物替代燃料协同处置技术途径

从危险废弃物中水的结构特点入手，通过化学改性改变危险废弃物中水的性质，经过叠螺机与超高压板框组合工艺，在不依赖任何外界热能等条件的情况下，通过加药改性和机械压滤方式污泥的含水率从约为 95%降低至约为 50%[70]；在药剂的选择过程中，特别考虑了对水泥窑工况和脱水后的废水对污水处理厂运行不造成负面影响；干化后的危险废弃物被送至水泥厂协同处置，实现了危险废弃物的减量化、无害化、稳定化和资源化。

经过干燥并破碎后的污染土计量后，喂入粉磨烘干机，引三次风和外置循环风后的约 250～350 ℃的混合热风，在粉磨污染土的同时烘干其水分；粉磨烘干后的污染土，经选粉机选粉，粒度＞80 μm 的粉体返回至粉磨烘干机，粒度＜80 μm 的粉体经旋风筒气-粉分离；含 DDT(Dichlorodiphenyl Trichloroethane)、HCHs(Hexachlorocyclohexanes)的废气一部分进入分解炉煅烧脱毒，另一部分回至汇风箱，与高温三次风混合，再进入粉磨烘干机；沉降的粉体进入均化库。

污染土均化后，按一定配比送入分解炉，替代部分硅质原料参与熟料烧成。

3.4.7.3 危险废弃物替代燃料的应用

(1) 华润水泥(昌江)有限公司的应用

华润水泥(昌江)有限公司(以下简称：昌江公司)的水泥窑协同处置危险废弃物项目，是利用昌江公司已有的 1 条熟料产能为 2500 t/d 的水泥生产线，处置能力为 29200 t/a。项目主要内容包括：危险废弃物接收储存、预处理、计量输送、入窑焚烧系统、暖通除臭系统。项目主要处置海南省工业危险废弃物，处置对象主要有两类：一类为污泥类，设计处置能力为 20000 t/a，主要处置医药废弃物、废有机溶剂、含油钻屑、含油污泥、苯乙烯焦油、废乳化液、染料涂料等危险废弃物；另一类为粉体类，设计处置能力为 10000 t/a，主要处置化工企业的废催化剂。

主要处置危险废弃物：废催化剂、油泥、苯乙烯焦油、含油钻屑、PTA 污泥、废矿物油、废有机溶剂、污染土等。

截至 2022 年 12 月 31 日，收运危险废弃物 43894 t，处置 43537 t。

在处置危险废弃物时，水泥窑将自身高温、资源利用、环保排放等优势发挥出来。既充分利用危险废弃物中的有机成分的热值实现节能，又能完全利用废弃物中的无机成分作为原料生产水泥熟料；既能使危险废弃物中的有机物在水泥窑的高温环境中完全焚毁，又能使危险废弃物中的重金属固定到熟料中[71-72]，真正实现危险废弃物无害化、资源化、减量化。处置危险废弃物后，水泥熟料产品各项质量指标均满足国家现行产品质量标准要求。

(2) 洛阳中联水泥有限公司的应用

洛阳中联水泥有限公司(以下简称：洛阳中联公司)依托新型干法水泥熟料生产工艺，利用水泥窑协同处置固体废弃物，现场监测协同处置过程中水泥熟料回转窑窑况，检测熟料的品质，分析水泥窑协同处置危险废弃物的环境风险，为我国水泥窑处置危险废弃物技术的发展提供基础的研究依据[73]。

2020 年 3 月，洛阳中联公司水泥窑协同处置固体危险废弃物项目开工建设，利用水泥新型干法窑和热盘炉相结合处理城市生活垃圾，根据洛阳中联公司熟料产能为 4500 t/d 的新型干法水泥生产线，将废弃物引入水泥窑中进行高温煅烧处理，实现无害化、减量化和资源化处理。项目总规模废弃物日处理能力为 450 t/d，年处理能力为 1.48×10^5 t/a，并于 2021 年 1 月开始试生产。

洛阳中联公司水泥窑协同处置废弃物的形态及处理量，如表 3.102 所示[73]。

表 3.102　洛阳中联公司水泥窑协同处置废弃物的形态及处理量

废弃物形态	工业废液	固体废弃物	半固体废弃物	生活垃圾及污泥类
年处理能力(t/a)	14500	21000	54500	58000
掺量(%)	9.8	14.2	36.8	39.2

洛阳中联公司水泥熟料生产线协同处置危险废弃物能力为 1.48×10^5 t/a，每 1 h 可替代约 12.66 t 石灰石、3.4 t 铝质材料及 1.0 t 电炉渣。由于危险废弃物的热值较高，扣除危险废弃物水分的影响后，理论计算单位熟料烧成热耗下降 20.9 kJ/kg，每年可节约实物煤 2651 t。当然，部分危险废弃物中含有对水泥窑生产中的有害元素(例如，K、Na、S、Cl、Mg 等)。若其含量过高，则不仅会对水泥烧成系统带来负面影响，而且对熟料质量也会产生影响。因此，一方面要分析危险废弃物中的 K、Na、S、Cl、Mg 等有害元素的含量，评估对水泥生产及熟料质量的影响，确定合理的加入比例；另一方面需要控制危险废弃物入窑输送和入窑打散装置等设施的正常运行，结合窑系统的精细化规范操作，避免因工艺状况变化而引起的生产及熟料质量问题。

水泥窑固体废弃物投入后的影响因素分析，如表 3.103 所示[73]。

表 3.103　水泥窑固体废弃物投入后的影响因素分析

存在问题	影响因素	解决方法
对配料的影响	危险废弃物中的主要无机化学成分 SiO_2、SO_3、Al_2O_3、CaO、Fe_2O_3 等	通过调节生料的配比来适应废弃物入窑引入的无机成分变化
有害元素的影响	部分危险废弃物含有对水泥窑生产中的有害元素 K、Na、S、Cl、Mg 等	确定合理的加入比例
对系统烟气量的影响	结合市场危险废弃物种类和危险废物特性，废弃物中可燃部分进分解炉后的烟气变化量	根据固体废弃物的特性确定合理的加入比例
水分对烧成系统的影响	危险废物中水分进入烧成系统后水分汽化，水分吸热蒸发成水蒸气，预热器出口烟气量增加，水蒸气含量增加	合理控制收尘器入口温度，三次风风量增加
重金属元素对熟料性能的影响	部分危险废物中含有重金属元素，对熟料性能有一定的影响	对危险废弃物进厂前分析并进行预处理，优化配比，控制处置量，将重金属含量控制在合理范围内
对脱硝系统的影响	处置固体危险废弃物产生的 NO_x 的排放量	危险废弃物中含 N 成分以 NH_3 的形式释放出来，危险废弃物中的可燃部分在窑尾烟室燃烧，形成瞬间的局部还原区将 NO_x 还原成 N_2
对发电系统的影响	处置危险废弃物后预热器出口烟气量和温度略有增加	有利于发电量的增加

在危险废弃物的投入使用的初期，对熟料质量也带来了一定的不良影响。例如，熟料 3 d 抗压强度的平均值下降约 1 MPa，28 d 抗压强度的平均值下降约 2 MPa、需水量增加约 0.5%。

在问题发生后，双方有关部门及技术员组织召开了质量分析会议，根据现有情况研讨并总结出了以下解决措施[73]：

① 通过对进厂危险废弃物进行质量控制，加大对危险废弃物的检测力度，严格控制其重金属、氯离

子、硫、碱等含量，根据检测结果调整危险废弃物的投入方案，保证烧成系统稳定。

② 制定《危险废弃物生产方案》，明确部门职责和过程控制方案。编写危险废弃物生产操作注意事项，稳定生产质量。

③ 加强对常规进厂原材料的重金属、氯离子、硫、碱等控制，控制好监测数据和质量指标。

④ 对现有的生料、熟料进行配料方案优化：控制熟料中 Al_2O_3 含量的控制指标由原来的 5.3% 调整为 5.0%，硅率指标由原来的 2.4 提高到 2.5，饱和比由原来的 0.90 提高到 0.92。采取以上措施后，危险废弃物投用后对熟料质量造成的不良影响得到了很好的控制，洛阳中联公司目前仍保持着投用前的熟料质量。

3.4.7.4 危险废弃物替代燃料节能降碳效果评价

(1) 能源消耗量分析

危险废弃物协同处置项目的一般处置系统，包括浆渣系统、固态系统、入磨系统、直喷系统等，考虑到入磨系统的废弃物的热值含量一般比较低，在对煤粉替代分析时，仅分析入分解炉内的废弃物。在不考虑原料替代节煤的前提下，仅固体废弃物投入引起的局部热平衡计算[72]，可参见表 3.104。

煤粉替代入热的热平衡计算，如表 3.104 所示。

煤粉替代出热的热平衡计算，如表 3.105 所示。

表 3.104 煤粉替代收入热量计算

类别	温度（℃）	质量（t/月）	比热容[kJ/(kg·℃)]	小计（$\times10^3$ kJ）
煤粉替代量	25	−8.02	24975.5	−200324.4
煤粉显热	25	−8.02	1.3397	−268.4
送煤风显热	25	−49.729	1.2987	−1614.7
固体废弃物热值	25	1486.5	5304.84	7885651.5
固体废弃物水分	25	1135.3	4.18	118640.1
固体废弃物显热	25	1486.5	0.7386	27448.4
固体废弃物助燃风显热	25	1783.8	1.2987	57916
$\sum$	—	—	—	7887448.5

表 3.105 煤粉替代支出热量计算

类别	温度（℃）	质量（t/月）	比热容[kJ/(kg·℃)]	小计（$\times10^3$ kJ）
水分蒸发热	100	1135.3	2437.9666	2767857.2
水分升温热	750	1135.3	1.5596	1327808.8
送煤风	850	2177.6	1.3928	2577965.3
灰分	850	1466.2	0.9739	1213817.2
$\sum$	—	—	—	7887448.5

从表 3.104、表 3.105 可以看出，固体废弃物的平均热值为 5304.84 kJ/kg 时，每月可替代的煤粉量按照水泥厂的煤粉发热量计算，可替代的煤粉量为 8.02 t/m。

除氯系统开启引起的热平衡计算，每月的开启时间按 80 h/m 计，根据实际情况调整。

除氯系统入热的热平衡计算，如表 3.106 所示。

除氯系统出热的热平衡计算，如表 3.107 所示。

表 3.106　除氯系统收入热量计算

类别	温度（℃）	质量（t/m）	比热容[kJ/(kg·℃)]	小计（$\times 10^3$ kJ）
煤粉替代量	25	18.87	24975.5	471330.5
煤粉显热	25	117	1.3376	3918.3
送煤风显热	400	57.6	0.9196	21188.8
回窑灰	25	18.9	1.3397	632
$\sum$	—	—	—	497069.6

表 3.107　除氯系统支出热量计算

类别	温度（℃）	质量（t/m）	比热容[kJ/(kg·℃)]	小计（$\times 10^3$ kJ）
窑废气	1100	240	1.5943	420882.5
送煤风	1100	117	1.0078	129708.7
粉尘(窑灰)	1100	72	0.9631	76275.4
$\sum$	—	—	—	626866.6

从表 3.106、表 3.107 可以看出，除氯系统的开启增加了煤耗，按照 3%的放风量及每月的开启时间 80 h 计，增加的煤粉量按照水泥厂的煤粉发热量计算，需要增加的煤粉量为 18.87 t/m。

因固体废弃物替代生料总量为 3059.7 t/m，按单位熟料烧成热耗 2976.16 kJ/kg 来考虑，则煤粉替代量为 223.68 t/m。

综上所述，因固体废弃物投加带入的热值(入分解炉的固体废弃物平均热值为 5034.84 kJ/kg)，直接表现出的煤粉替代为 8.02 t/d，即实际煤粉的减少量；若同步开启除氯系统，随着开启时间的增加，煤耗量增加越大，实际表现可能为水泥煤粉的增加。但是，考虑到水泥产能的增加，隐性节省煤粉量为 223.68 t/m，以本次分析为基准，综合可替代煤粉量为 212.83 t/m，即煤粉替代率为 1.25%，对于水泥企业直接表现是：实际投加的煤粉量可能没有减少，但是因水泥产能的增加，单位熟料热耗减少。

(2) CO_2 减排量分析

根据《中国水泥生产企业温室气体排放核算方法与报告指南(试行)》指定的核算范围，同时根据煤粉的工业分析及煤粉热值，推算出煤粉中碳元素含量约为 63%，推算固体废弃物中碳元素含量约为 13%[72]，由此可知：

① 入分解炉固体废弃物替代煤粉量为 8.02 t/m，即 CO_2 减排量为 18.5 t/m；

② 入分解炉固体废弃物干基量为 1486.6 t/m，即 CO_2 增排量为 436.5 t/m；

③ 除氯系统开启增加的煤粉量为 18. 87 t/m，即 CO_2 增排量为 43.6 t/m；

④ 原料替代减少煤粉量为 223.68 t/m，即 CO_2 减排量为 517.2 t/m；

⑤ 原料替代量为 3059.7 t/m，根据水泥窑生产的物料平衡计算，C_1 旋风筒出口处产生的单位熟料 CO_2 气体量在标准状态下约为 0.25 m^3/kg(扣除煤粉燃烧产生的 CO_2)，故因原料替代导致的 CO_2 减排量为 921.8 t/m；

⑥ 氨水减少所折算减少的煤粉量为 2585.4 t/m，即 CO_2 减排量为 5972.3 t/m。

综上所述，因固体废弃物投入带来的总 CO_2 减排量为 6949.7 t/m。根据水泥窑生产的物料平衡计算，C_1 旋风筒出口处产生的单位熟料 CO_2 气体量在标准状态下约为 0.42 m^3/kg(扣除煤粉燃烧产生的 CO_2 气体量)，故生产熟料 1.425×10^5 t 可产生的 CO_2 气体量为 1.17563×10^5 t，CO_2 减排率超过 5.91%。

3.4.8 生物质替代燃料

3.4.8.1 生物质替代燃料特性

生物质就是以大气，水和土地为原料，经光合作用生成的多种有机体——所有具有生命可生长的物质[74-75]。与传统的石油，煤炭和核能不同。生物质能是人类最早利用的能源，其生长过程中消耗 CO_2，实现了碳循环，在替代化石能源方面应用前景广阔。生物质燃料主要包含农业废弃物、林业废弃物、城市固体废弃物及能源作物等[76-79]，其中农作物秸秆、禽畜粪便、林木薪柴三项共占我国生物质能源总蕴藏量的99.1%。作物秸秆可用于沼气利用以及生物质直燃发电；畜禽粪便资源是生产沼气的理想原料[77-78]。林木生物质资源主要分布在我国林区，从全生命周期来看，其单位供热能耗与单位供电能耗均小于煤炭，且碳排放量远小于煤炭。

(1) 秸秆燃料化

秸秆燃料化[80-81]利用的方式有成型燃料和打捆供暖，甲烷/生物天然气，热解炭气联产和热电联产等，还有秸秆直接燃烧发电、燃料乙醇和其他工艺。替代化石能源按照扣除煤炭(折合标准煤)所产生的热量来计算，以原煤为原料的单位热值含碳量为 26.37 g/MJ，碳氧化率为 0.94。参考《中国发电企业温室气体排放测算方法与报告指南(试行)》的相关计算方法，根据《2006 年 IPCC 国家温室气体清单指南》，得出 CO_2 排放系数为 90.89 g/MJ，CH_4、N_2O 的排放量较小，几乎可以忽略不计；每 1 tce 标准煤所产生的热量为 29307.6 MJ，换算为 CO_2 排放量为 2.6637 t；介绍了不同技术类别的产品热值及温室气体(Greenhouse Gas，缩写 GHG)排放量的差异。

秸秆燃料化利用的 GHG 测算相关参数，如表 3.108 所示[80]。

表 3.108 秸秆燃料化利用的 GHG 测算相关参数

技术类别	产品热值	原料用量	温室气体排放量(g/kg)	能量转化率(%)
成型燃料	14.6 MJ/kg	1.2 kg/kg	90.4	78.0
打捆供暖	14.6 MJ/kg	1.3 kg/kg	41.8	67.4
沼气/生物天然气	21 MJ/m^3	3.45 kg/m^3	138.5	35.8
热解炭气联产	18 MJ/m^3	3.33 kg/m^3	146.1	31.8
秸秆直燃发电	3.6 MJ/(kW·h)	1.23 kg/(kW·h)	85.5	30.7
热电联产	3.6 MJ/(kW·h)	1.1 kg/(kW·h)	85.5	70.0
乙醇燃料	26.8 MJ/kg	6.0 kg/kg	131.4	26.3

因此，秸秆成型燃料温室气体(CO_2)排放因子为−1027.0 g/kg、打捆供暖为−990.8 g/kg、热电联产为−845.97 g/kg、直燃发电为−241.4 g/kg、燃料乙醇为−264.7 g/kg、规模化沼气/生物天然气为−945.4 g/kg、热解炭气联产为−1153.6 g/kg。

(2) 玉米秸秆特性

从燃料生产的观点出发，必须全面地分析玉米秸秆的特质，这是玉米秸秆燃料化生产技术的一个重要理论依据[82-84]。玉米秸秆的低位热值和高位热值较高，属于二类烟煤的发热量标准。

玉米秸秆的特性分析，如表 3.109 所示[85]。

表 3.109 玉米秸秆的特性分析

工业分析	$w(M_{ad})$ (%)	$w(A_{ad})$ (%)	$w(V_{ad})$ (%)	$w(V_{daf})$ (%)	$w(FC_{ar})$ (%)	$Q_{net,ar}$ (MJ/kg)	$Q_{gr,ar}$ (MJ/kg)
数值	8.47	7.12	68.19	80.78	16.22	15.23	16.41
元素分析	$w(C_{ad})$ (%)	$w(H_{ad})$ (%)	$w(N_{ad})$ (%)	$w(S_{t,ad})$ (%)	$w(O_{ad})$ (%)	$w(M_{ad})$ (%)	$w(A_{ad})$ (%)
数值	41	4.78	0.92	0.17	37.54	8.47	7.12

注：表中数据源自张定海的研究结果。

玉米秸秆的热重分析，如表 3.110 所示[85]。

表 3.110　玉米秸秆的热重分析

项目	着火点温度（℃）	燃尽温度（℃）	最大燃烧速率（%/min）	最大燃烧速率时的温度（℃）	平均燃烧速率（%/min）
数值	258	448	55.2	290	10.9

由表 3.109、表 3.110 可以看出，玉米秸秆灰分含量较低，挥发分的含量达到了 68.19%，固定碳含量较高因而发热量也较高，其着火温度为 258 ℃，燃尽温度在 448 ℃，属于易着火和易燃尽燃料。除了碳元素，硫元素也会参与燃烧，但是硫元素的燃烧过程产生 SO_2 会导致酸雨等污染的问题[86-88]。

3.4.8.2　生物质替代燃料应用

中国是世界上最大的农业国，但由于受到科技发展、农民的小农意识等限制，大量的农作物秸秆没有得到有效的利用。这些作物的秸秆有的被就地焚烧，有的被随意丢弃在自然环境中。这不仅会造成资源的极大浪费，也会对生态环境造成大的污染。因此需要采用有关农业生物质能转化技术将这些废弃农作物秸秆变成清洁能源，不仅可以提高我国能源储备量，促进中国经济可持续发展，也能极大程度地减轻环境污染问题[89]。

根据农业农村部统计，2020 年秸秆资源总量为 8.56×10^8 t，秸秆资源可采储量为 7.22×10^8 t，秸秆综合利用效率达 87.6%，但是还有约 8.9×10^7 t 的秸秆没有得到有效的利用。提高秸秆的利用效率可以显著降低秸秆 GHG 排放，提高耕地质量，农业农村环境污染的一个重要方面是促进农业农村碳排放、减少矿物能源的替代，村庄环境污染的治理，对提高耕地土壤碳汇、替代化石能源具有重要意义，对推进农业、农村碳减排、低碳发展、建设生态宜居乡村具有重要意义。农业和农村的碳减排和固碳不仅是中国碳达峰和碳中和的一个重要措施，而且具有潜在的发展潜力。中国 2014 年的温室气体排放量大约为 8.3×10^8 t CO_2e，占全国排放量的比例约为 7%，如果将农业和生活能源的排放量计算在内，中国的农业和农村地区的温室气体排放量将达到约为 15%[80]。非 CO_2 温室气体在农业和农村地区的比例较高，而在农业生产中，CH_4 在全国的排放量中占 43%，在 N_2O 中占 60%。

以秸秆作为替代燃料为例，有数据显示，以 5000 t/d 水泥熟料生产线按一年使用大约 1.5×10^5 t 秸秆代替燃煤，每年可政策性减少 CO_2 排放量为 1.97×10^5 t[90]。同时，秸秆的热值为 $(1.254\sim1.672)\times10^4$ kJ/kg，非常适合分解炉替代燃煤，降碳效果均十分显著。

北京四方联新技术开发有限公司（以下简称：北京四方联）自主研发的成熟专利技术秸秆替代燃料技术，通过"秸秆—收割—打捆—堆放—自然干燥—运输至水泥厂储存库—破捆打散粉碎—计量喂料—密闭输送—投料—锁风喂料—秸秆炉焚烧—炉底引入热风助燃—高温烟气入分解炉代替燃煤—灰分作为肥料加以收集"的技术路线，用焚烧秸秆替代燃煤，节能减排效果明显。据不完全统计，大约 2 kg 秸秆的热能顶 1 kg 燃煤的热能，CO_2 减排量为 2.7 kg，以熟料产能为 5000 t/d 的水泥生产线按窑尾喷煤量占 70% 计算，窑尾分解炉全部用秸秆代替燃煤，每年可政策性减少 CO_2 排放量为 3.73×10^5 t，碳交易价格为 30 元/t，则每年交易价值达 1.118×10^7 元。

生物质燃料破碎系统工艺也已配套成型：喂料设备将生物质秸秆、树枝、树皮等物料均匀喂入破碎机，破碎机经过剪切、撕裂、挤压的工作原理将物料进行破碎处置，破碎后的物料经皮带输送机输送至成品料区或转运到下一道处置工序，可以通过磁选装置将金属物料选出，整套生产系统可以实现密闭输送、负压降尘、清洁生产。

3.4.8.3　生物质替代燃料节能降碳效果评价

通过合理的破碎、储存及输送等预处理方案和水泥窑分解炉技术，生物质秸秆是可以作为优良替代燃料在水泥窑上使用，且灰分可作为替代原料进行利用，不会形成二次残渣，实现了资源和能源的复合利用。一条熟料产能为 5000 t/d 的新型干法水泥生产线，一年可使用大约 1.5×10^5 t 的秸秆作为替代燃料，秸秆平均每 2.5 t 替代标准煤 1 tce，年节约标准煤 6×10^4 tce，可减少 CO_2 排放量为 1.97×10^5 t/a，使用生物质燃料是水泥行业实现碳达峰目标的一种有效途径。

3.4.9 使用替代燃料尚存问题分析

3.4.9.1 处置规范存在的问题

(1) 缺乏符合我国国情的水泥窑协同处置废弃物的危险废弃物名录

根据我国现行国家标准 GB/T 30760—2014《水泥窑协同处置固体废物技术规范》，对于入窑废弃物仅仅从废弃物的特性、污染物排放限值和有害物质含量等这几方面规定，而不能处理的废弃物仅定义了放射性废弃物，石棉类废弃物，具有传染性、爆炸性以及反应性废弃物，含汞的温度计、血压计、荧光灯管和开关，未经拆解的废电池、废家电和电子产品，未知特性和未经鉴定的废弃物等。这几类危险废弃物，在规定当中缺少详细的清单。规定对于废弃物的定义并不全面，不便于操作。在现有《水泥窑协同处置固体废物技术规范》的规范中，所引用的《国家危险废物名录》，并未对水泥窑协同处置的现状作修改，该名录实施于 2008 年，主要是针对危险废弃物产生企业，方便环保企业对危险废弃物进行管理处置。目前实行的危险废弃物鉴别标准，缺乏危险废弃物的热值、含水率、粒度等信息。

(2) 缺乏水泥窑协同处置危险废弃物的风险评价体系

目前，我国现行规范中，缺少水泥窑协同处置废弃物的风险评价的相关规范，仅将安全生产、环境保护、事故应急管理等风险评价内容加入环境保护部发布的标准 HJ 662—2013《水泥窑协同处置危险废物环境保护技术规范》、国家标准 GB 50634—2010《水泥窑协同处置工业废物设计规范》等设计规范当中，我国对于水泥窑协同处置废弃物的风险评价研究多集中于水泥窑协同处置对环境的风险影响、对危险废弃物的风险评估等，而对于实施协同处置的设备的风险评价却少之又少。

(3) 水泥窑协同处置设计规范和技术标准不完善

当前，我国现行的水泥窑协同处置技术规范当中，对于能够作为水泥替代原料和替代燃料的固体废弃物的相关设计规范和技术标准仍然不完善，在《水泥窑协同处置固体废物技术规范》中仅有医疗废弃物、铬渣、污染土壤、事故应急废弃物、不明性质废弃物以及部分不能入窑处置的固体废弃物，对于能够在水泥窑中处置的危险废弃物却由于缺乏相应的技术规范而无法被水泥窑协同处置所利用。在上述规范中，还缺少了对危险废弃物产生企业的相关规范，没有明确规定该企业需如何处置这类废弃物以便水泥窑协同处置实施，这将会增加水泥窑协同处置废弃物的过程中筛选、贮存、预处理的难度和处置风险。除此之外，我国对于协同处置固体废弃物作为替代燃料的规范还十分缺乏，没有严格地控制分类固体废弃物，也没有对固体废弃物的热值以及优劣等级进行测定(在国外的研究和规范中，这些都做了相当详细的规定和分级，方便在使用替代燃料的时候能够尽可能地利用其潜在的能量)，而且缺乏预处理的设施和相关规定。这将会严重限制我国水泥窑协同处置技术的发展。

3.4.9.2 国家政策方面存在的问题

(1) 国家利废政策重心不在协同处置

由我国固体废弃物处理现状可以看出，我国对于固体废弃物的处理重心仍然在于卫生填埋和焚烧发电上。过去在焚烧发电还没发展起来的时候，国家落实政策对焚烧发电给予政策和经济上的援助，现阶段焚烧发电已然成为我国处置固体废弃物的主要手段之一。对于水泥窑协同处置的现状来说，2000 年之前称之为初步探索阶段，2001—2011 年为尝试完善阶段，2011 年至今为快速发展阶段。相比焚烧发电而言，由于国家支持鼓励水泥窑协同处置城镇生活垃圾政策的落实还不够，影响了地方政府和水泥企业协同处置的积极性，协同处置推动难、进度慢。

(2) 缺少正规的废弃物收集预处理机构

我国对于废弃物收集预处理的现有政策规定不利于水泥窑协同处置的发展，没有正规的废弃物收集和预处理机构，水泥企业废弃物的来源多变、成分复杂和不能满足持续供给，将导致水泥窑协同处置生产线不能正常运行。

3.4.9.3 替代燃料运行中存在的问题

由于各种废弃物成分复杂，形状各异，在处置过程中的安全问题应特别注意。另外，这些废弃物中含有大量的硫、氯、碱金属等成分，它们不可避免地会在燃烧过程中混入水泥熟料中，影响水泥熟料的生产过程和产品质量。其具体影响如下[91]：

(1) 影响水泥煅烧

① 含氯元素的固体废弃物在水泥窑高温环境分解后，含氯粉尘通过缝隙可与窑体金属结构接触，破坏窑体结构；

② 固体废弃物中的碱金属、硫、氯等元素在水泥窑内循环富集，在窑尾预分解系统冷却熔结引起结皮，轻则影响窑的正常生产和水泥产品质量，重则会导致闭窑。

(2) 影响熟料质量

① 硫元素对熟料强度的影响：硫元素在熟料晶体中以 SO_3 形式发挥作用，一方面可降低熟料液相出现温度和黏度，且使晶核形成的速率变慢，而晶体生长的速度加快；另一方面，过多的 SO_3 容易与熟料中的铝酸三钙(C_3A)起作用而形成体积膨胀的水化硫铝酸钙(即钙矾石)，从而导致水泥熟料早期强度增加。

② 碱金属元素对熟料强度的影响：在水泥水化过程中，碱金属溶解速度快，生成氢氧化物(即 KOH、NaOH)，提高水泥浆体碱度，加快水泥熟料矿物的水化，从而影响水泥的凝结时间、强度等性能。

此外，由于废弃物腐蚀性强，降低耐火材料寿命，因此，需用抗腐蚀性、高强耐碱、抗结皮耐火材料。

(3) 水泥窑使用替代燃料对环境的影响

目前，对于水泥行业的大气污染物排放控制呈现愈来愈严的态势。同时，国标对于水泥窑协同处置大气污染物检测种类的增加，也极大地增加了协同处置水泥窑在满足大气污染物排放限值的压力。除了这些显现的环境压力，预处理和协同处置企业还要面对气味的控制和处理、污染水收集和处理、防止地下水和土壤污染等非传统水泥行业需要面对的环境压力。如果企业在这些方面的防治、治理设施和措施不到位，就会导致负面环境影响。而这些方面的环境影响，有的可以即时显现，有的则是比较隐蔽，有的甚至需要很长的时间才能显现。而问题的暴露和污染后的治理，必然需要极高的技术、经济和社会成本。因此，需要在业务开展中提前规划和做好防治。

(4) 水泥窑使用替代燃料对水泥生产设备寿命的影响

现有的水泥生产设备都是基于水泥生产所需传统原料和燃料成分的基础上进行的材质选取，对有害物质和元素的定义以及防护都是针对传统原料和燃料，基本没有考虑替代原料和燃料，更不会考虑直接处置废弃物带来的有害元素对设备的影响。这些影响的直观表现就是设备寿命的缩短。目前从事协同处置的水泥企业，有的是这些问题还未开始暴露，有的是问题虽然已经暴露，但仍处于对产生问题的原因进行分析辨识的阶段，建议需要尽量提前考虑和规划。

3.5 新型能源的应用

3.5.1 光伏发电

3.5.1.1 光伏发电的原理

随着碳中和政策的加速推行，全球各国都在探索新的能源利用方式，光伏发电因其无限性、清洁性等优点逐渐走进人们的视野。太阳能光伏发电的基本原理是利用太阳能电池的光生伏打效应直接把太阳的辐射能转变为电能的一种发电方式。太阳能光伏发电的能量转换器就是太阳能电池(又称光伏电池)。太阳能电池实际上是一块大面积的硅半导体器件。正电荷表示硅原子，负电荷表示围绕在硅原子周围的4个电子，当将硼或磷的杂质(元素)掺入到半导体硅晶体中时，因为硼原子周围只有3个电子，磷原子周围有5个电子，所以会产生带有空穴的晶体结构和带有多余电子的晶体结构，形成P型或N型半导体。由于P型半导体中含有较多的空穴，N型半导体中含有较多的电子，当P型和N型半导体结合在一起时，在两种半导体的交界面区域会形成一个特殊的薄层，薄层的P型一侧带负电，N型一侧带正电，形成了PN结[92]。当太阳光照射在太阳能电池上时，其中一部分光线被反射，一部分光线被吸收，还有一部分光线透过电池片。被吸收的光能激发被束缚的高能级状态下的电子，产生电子-空穴对，在PN结的内建电场作用下，电子、空穴相互运动，N区的空穴向P区运动，P区的电子向N区运动，在太阳能电池的受光面有大量负电荷（电子）积累，而在太阳能电池的背光面有大量正电荷（空穴）积累。若在电池两端接上负载，负载上就有电流通过，当光线一直照射时，负载上将有源源不断的电流流过。单片太阳能电池就是一个薄片状的半导PN结，在标准光照条件下，额定输出电压为0.5～0.55 V。为了获得较高的输出电压和较大的功率容量，在实际应用中往往要把多片太阳能电池连接在一起构成电池组件，或者用更多的电池组件构成光伏方阵。太阳能电池的输出功率是随机的，不同时间、不同地点、不同光照强度、不同安装方式下，同一块太阳能电池的输出功率不尽相同[93]。

3.5.1.2 太阳能电池

光伏组件（又称太阳能电池板），是指将若干单体太阳能电池经串联、并联连接并加以封装而形成的电源组件。

光伏组件作为最小有效发电单位，在光伏电站中承担光电转换的功能，是光伏发电系统中的核心部分。光伏组件主要包括太阳能电池片（一般60或72片）、互联条、汇流条、光伏玻璃、胶膜、背板、铝边框、接线盒等核心组成部分。

随新技术不断推高光电转换效率的同时成本也在降低，晶硅电池市场竞争力持续提升。据中国光伏产业协会数据，2020年中国电池片产量约为135 GW，同比增长22%。其中，排名前五企业产量占国内太阳能电池片总产量的53%。得益于全球光伏需求增长的推动，国内企业在近年来持续加大组件环节投资和技术革新，光伏组件生产成本持续下降。中国成为全球最大的光伏组件生产国，约占全球光伏组件产量的70%。2020年，中国光伏组件产量达到125 GW，同比增长26%。在2020全球十大组件出货商中，国内组件厂商稳定占据8个及以上席位，分别为隆基绿能科技股份有限公司、晶科能源股份有限公司、晶澳太阳能科技股份有限公司、天合光能股份有限公司、阿特斯阳光电力集团、东方日升新能源股份有限公司、浙江正泰新能源开发有限公司、无锡尚德太阳能电力有限公司，国外品牌仅有韩国Hanwha Q Cells、美国First Solar公司进入前十，分别位列第六与第九。

3.5.1.3 太阳能发电系统

光伏发电系统主要由光伏组件、控制器和逆变器三大部分组成，它们主要由电子元器件构成，不涉及机械部件，因此光伏发电设备极为精炼，可靠稳定寿命长、安装维护简便。太阳能光伏发电系统分为离网光伏发电系统、并网光伏发电系统和分布式光伏发电系统。

（1）离网光伏发电系统

离网光伏发电系统，主要由光伏组件、控制器、蓄电池组成，是一个独立的封闭系统。由于阳光与用电的时间往往不一致，光伏组件产生的电能存入蓄电池中进行储备，待没有阳光时使用。为了满足最大用电量需求，光伏组件需要配置足够大，太阳能的利用率就不高，而且一次性投资也很大，另外蓄电池的价格也不菲。该系统若要为交流负载供电，还需要配置交流逆变器[94]。

（2）并网光伏发电系统

并网光伏发电系统，就是光伏组件产生的直流电经过并网逆变器转换成符合市电电网要求的交流电，并直接接入公共电网。并网发电系统有集中式大型并网电站，一般都是国家级电站，主要特点是将所发电能直接输送到国家骨干电网，再由电网统一调配向用户供电。但这种电站投资大、建设周期长、占地面积大，发展难度较大。而另一种则为分散式小型并网发电系统，甚至每家每户的个人系统都能够并入电网。在阳光充足时产生的电能向电网出售，而晚间或阴雨天阳光缺乏或不足时由电网供给用户生活用电需求。这样的系统由于投资小、建设快、占地面积小、政策支持力度大等优点，是并网发电的主流[94]。特别是光伏建筑一体化发电系统,更值得提倡。

3.5.1.4 国内光伏太阳能应用

目前光伏发电与传统化石能量发电相比已经具备成本优势,进入平价时代。据国家能源局数据统计,2021 年中国新增光伏并网装机容量 53 GW,同比增长约 10%,连续 9 年稳居世界首位;累计光伏并网装机容量达到 306 GW,突破 300 GW 大关,连续 7 年稳居全球首位。"十四五"首年,光伏发电建设实现新突破,呈现新特点。

水泥行业也紧跟新技术前进的步伐,如今在我国水泥工业推广十分迅猛。按照我国现有综合技术装备水平,一条熟料产能为 5000 t/d 的水泥生产线,利用其矿山空地和厂区车间表面安装风电和光伏电设备后,可提供其全部生产用电约 70%的电量,加上水泥窑的余热发电,可达 90%以上。

2021 年 6 月 16 日,广东塔牌集团股份有限公司(以下简称:塔牌集团)发布了对外投资开展分布式光伏发电储能一体化项目的公告,公司将投资 1.339×10^9 元建设分布式光伏发电储能一体化项目。塔牌集团本次共投资 3 个项目。

其中,第 1 个项目(也是最大的项目)为蕉岭区域 220 MWp 分布式光伏发电项目+45 MW/(1.51×10^5 kW·h)集装箱式储能项目,投资约 1.28×10^9 元,建设周期预计 1~2 年。该项目投入运行后,按年满发电小时数 1.3×10^3 h 计,平均每年发电量约 2.5803×10^8 kW·h,每年可减少 CO_2 排放量约为 1.35982×10^5 t。

第 2 个项目为惠州塔牌水泥有限公司 5 MWp 分布式光伏发电项+3 MW/(1×10^4 kW·h)集装箱式储能项目,投资 3.7022×10^7 元,建设周期预计 180 d。实施主体为惠州塔牌水泥有限公司,为塔牌集团全资子公司,该项目计划自投自用,余电上网,削峰填谷、多能互补。项目运行后,每年可减少 CO_2 排放量约为 3.426×10^3 t、降低标准煤约为 7.99×10^2 tce。

2022 年上半年,海螺水泥光伏储能发电已达到 1.1×10^8 kW·h,新增光伏发电装机容量为 37 MW,截至半年度末并网总容量达 237 MW。目前,海螺水泥通过水泥窑余热发电、光伏电站发电占总用电量的比例约为 1/3,降本增效优势显著。海螺水泥发布公告称,2022 年公司将投资 5×10^9 元继续用于发展光伏电站、储能项目等新能源业务,实现下属工厂光伏发电全覆盖,预计到 2022 年底,光伏发电装机容量可达 1 GW,年发电能力 10 亿度。

2022 年 1 月 25 日,华润电力易门大椿树水泥厂分布式光伏项目举行开工仪式。据了解,该项目总投资 800 万美元,将利用大椿树水泥厂屋顶、矿山等可利用区域建设分布式光伏项目,项目装机容量 10 MW,年平均发电量 1.273×10^7 kW·h,建成投运后每年可节约标准煤约为 3.773×10^3 tce,减少 CO_2 排放量约为 1.007×10^4 t。

2022 年 4 月 29 日,红狮集团祥云建云水泥有限公司(以下简称:红狮集团)举行二期生产线竣工暨光伏项目启动仪式。据悉,此次启动的分布式光伏发电项目是红狮集团第 8 个开工的光伏项目,总投资约 1.2×10^8 元,建设规模 16.2 MW。项目建成后预计年均发电量 2.19×10^7 kW·h,每年可节约标准煤为 7.886×10^3 tce。

3.5.2 风力发电

风力发电,是指将风的动能转为电能。风力发电是利用风力带动风车叶片旋转,再通过增速机提升旋转速度来促使发电机发电。简单来说,风力发电就是将风能转化为机械能,再将机械能转化为电能的过程。这个过程中不需要燃料也没有辐射,更没有产生空气污染,可见风能是一种清洁能源。目前,风力发电在芬兰、丹麦等国家很流行,我国也开始在西部地区大力推广[95]。

现今中国电力总装机容量为 2.1×10^9 kW,其中火电比例为 68.8%,占据绝对主导地位。而风电装机容量为 2.1×10^8 kW,其比例约为 10%。实际发电量仅占约为 5%,若风电发电量的比例能够提升至 10%,则每年将可减少 CO_2 排放量为 3.94×10^8 t。

3.5.2.1 风力发电机

风力发电机,是指将风能转化为电能的装置。

风力发电机的工作原理:风带动叶轮旋转,叶轮带动发电机旋转切割磁感线,将风能转换为机械功,机械功带动转子旋转,最终产生电能。

风力发电机可分为如下两类:

① 水平轴风力发电机,风轮的旋转轴与风向平行;

② 垂直轴风力发电机,风轮的旋转轴垂直于地面或者气流方向。

现代风力发电机多为水平轴式。水平轴式风力发电机包括:叶片、轮毂(与叶片合称叶轮)、机舱罩、齿轮箱、发电机、塔架、基座、控制系统、制动系统、偏航系统、液压装置等。其工作原理是:当风流过叶片时,由于空气动力的效应带动叶轮转动,叶轮通过主轴联结齿轮箱,经过齿轮箱(或增速机)加速后带动发电机发电[96]。

风力发电机,又可分为逆风风力发电机和顺风风力发电机。

逆风风力发电机,是一种风轮面向来风的横柱式风力发电机。对于顺风风力发电机,风是从风轮的背面吹来,大多数的风力发电机是顺风式的,有单叶片、双叶片和三叶片风力发电机。叶片的数目由很多因素决定,其中包括效率、复杂度、成本、噪声、美学要求等。大型风力发电机,可由 1、2 或 3 片叶片构成。叶片较少的风力发电机,通常需要更高的转速以提取风中的能量,因此噪声比较大。若叶片太多,则它们之间会相互作用而降低系统效率。目前,3 叶片风电机是主流。从美学角度上看,3 叶片的风力发电机看上去较为美观[97]。

风力发电系统并不是直接将风能转化为电能,中间需要机械能的过渡。其功能是将不断变化的风能转换为频率、电压恒定的交流电或电压恒定的直流电。恒速恒频的发电机系统一般比较简单,发电机有两种:同步发电机与鼠笼型感应发电机。新型风力发电系统是变速恒频发电机系统,其主要优点是风能变速运行时可以在很宽的风速范围内保持恒定的最佳叶尖速比。从风中获取的能量可以比恒速风力发电机组高很多[97]。

3.5.2.2 风力发电存在的问题

(1) 风量无法掌控

风力发电最基本的条件是风,但风力不同于太阳能和水力,虽然蕴含的能量巨大,但无规律可言。大风运行的轨迹随时会改道,监测起来非常麻烦[98]。这就导致风力发电厂很难准确选址,只能通过以往的数据大致推算,即使是这样,也不能保障产值。

(2) 环境影响

风力发电虽然不产生辐射和空气污染,但是转动的风机对鸟类的迁徙还是影响很大的。风机旋转叶片下经常能够发现鸟的尸体。

(3) 噪声污染

理论上风机的分贝数是在人类可以接受的范围之内。但这也只是理论上的,现在很多风力发电的机组都是引进国外的技术,在国内使用时很容易出现“水土不服”的现象。特别是在使用一段时间后,随着机械部分磨损使得噪声越变越大。

3.5.2.3 海上风力发电

海上风电,是指在潮间带、近海海域等主要区域建立风力发电场,并将风能转换为电能的一种使用离岸风力能源的方式。海上风电的运行时间可在 4×10^3 h 以上,一些风量不够丰沛的地区,也能运行约 3×10^3 h,而反观陆上风电,年均利用时间仅约为 2.2×10^3 h,两者差距较大。近年来,中国海上风电行业快速发展,装机容量持续增长。2021 年海上风电累计装机容量为 2.639×10^7 kW,新增装机容量为 1.69×10^7 kW。

海上风电单位成本造价更为高昂,但随着技术提升开发成本存在较大下行空间。海上风电的造价已由2010年的约为2.37×10⁴元/kW逐步下降，据国家能源信息平台披露，当前重点省份海上风电工程造价为(1.4～1.8)×10⁴元/kW。与陆上风电相比，海上风电的造价成本仍然较高[99]。

3.5.2.4　风力发电的前景

自2010年以来，中国陆上风电的发电成本已下降约40%，2020年的发电成本为0.29～0.43元/(kW·h)，与新建煤电项目相比较，已具备了很强的竞争力。预计到2025年，平均发电成本还将下降30%，在2025年和2030年分别降至约为0.25元/(kW·h)和0.21元/(kW·h)，而多数具备资源优势的地区，其发电成本将远低于这一水平。水泥厂特别是矿山，往往都远离城市，处在风力发达的地区是有条件装备风力发电系统的，这也为水泥行业的末端去碳给出一个新的方式。

海上风电，将在2025年以后也具备与新建煤电项目竞争的能力[100]。明确的量化目标(例如，广东省目标在2030年建成30 GW的海上风电装机容量)将有助于推动这些成本的下降。

3.5.2.5　风力发电的新技术

目前出现了一种新型的风力发电设备，采用混凝土制作风力发电的外壳，提高了风力发电机的稳定性和抗腐蚀性。

3.5.3　潮汐能发电

在海湾或感潮河口，可见到海水或江水每天有两次的涨落现象，早上的称为潮，晚上的则称为汐。潮汐作为一种自然现象，为人类的航海、捕捞和晒盐提供了方便。这种现象主要是由月球、太阳的引潮力以及地球自转效应所造成的。涨潮时，大量海水汹涌而来，具有很大的动能；同时，水位逐渐升高，动能转化为势能。落潮时，海水奔腾而归，水位陆续下降，势能又转化为动能。海水在运动时所具有的动能和势能统称为潮汐能。潮汐是一种蕴藏量极大、取之不尽、用之不竭、不需开采和运输、洁净无污染的可再生能源。建设潮汐电站，不需要移民，不淹没土地，没有环境污染问题，还可以结合潮汐发电发展围垦、水产养殖和海洋化工等综合利用项目[101,102]。

潮汐能的主要利用方式是潮汐发电。潮汐发电与普通水力发电原理类似，通过水库，在涨潮时将海水储存在水库内，以势能的形式保存；然后，在落潮时放出海水。利用海水高、低潮位之间的落差推动水轮机旋转，带动发电机发电。其差别在于海水与河水不同，蓄积的海水落差不大，但流量较大，并且呈间歇性，因此潮汐发电的水轮机结构要适合低水头、大流量的特点。通常的做法是，在有条件的海湾或感潮口建筑堤坝、闸门和厂房而围成水库，水库水位与外海潮位之间形成一定的潮差(即工作水头)，从而可驱动水轮发电机组发电。

利用潮汐发电的工作原理[103]，如图3.54所示。

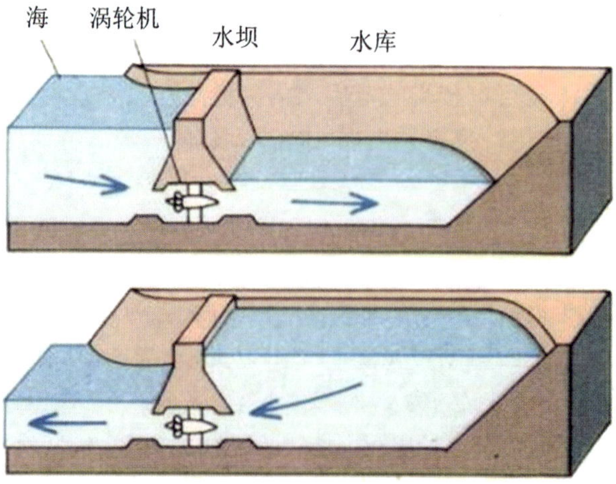

图3.54　利用潮汐发电的工作原理

与潮汐发电相关的技术进步极为迅速，已开发出多种将潮汐能转变为机械能的机械设备，如螺旋桨式水轮机、轴流式水轮机、开敞环流式水轮机等，日本甚至开始利用人造卫星提供潮流信息资料。利用潮汐发电日趋成熟，已进入实用阶段。

由于常规电站廉价电费的竞争，建成投产的商业用潮汐电站不多。然而，由于潮汐能蕴藏量的巨大和潮汐发电的许多优点，人们还是非常重视对潮汐发电的研究和试验。潮汐发电在国外发展很快。欧洲各国拥有浩瀚的海洋和漫长海岸线，因而有大量、稳定、廉价的潮汐资源，在开发利用潮汐方面一直走在世界前列。法、加、英等国在潮汐发电的研究与开发领域保持领先优势。

20 世纪初，欧、美一些国家开始研究潮汐发电。

1913 年，德国在北海海岸建立了第一座潮汐电站。

1967 年，法国在圣马洛湾郎斯河口建成了第一座具有商业实用价值的潮汐电站——郎斯潮汐电站。郎斯河口最大潮差为 13.4 m，平均潮差为 8 m。法国在郎斯河上修建了一道长 750 m 的大坝，坝上是通行车辆的公路桥，坝下设置船闸、泄水闸和发电机房。郎斯潮汐电站机房中安装有 24 台双向涡轮发电机，涨潮、落潮都能发电。法国郎斯潮汐电站的总装机容量为 2.4×10^5 kW，年发电量约为 5×10^8 kW·h，输入国家电网。

1968 年，苏联在摩尔曼斯克附近的基斯拉雅湾建成了一座 8×10^2 kW 的试验潮汐电站。

1980 年，加拿大在芬地湾兴建了一座 2×10^4 kW 的中间试验潮汐电站。试验电站、中间试验电站，那是为了兴建更大的实用电站做论证和准备用的。

电力供应不足是制约我国国民经济发展的重要因素，尤其对东部沿海地区而言更是如此。而潮汐能具有可再生性、清洁性、可预报性等优点，在我国优化电力结构，促进能源结构升级的大背景下，发展潮汐发电顺应社会发展趋势，有利于缓解东部沿海地区的能源短缺。潮汐电站建设，可创造良好的经济效益、社会效益和环境效益，投资潜力巨大。

中国海岸线曲折漫长，主要集中在福建、浙江、江苏等省的沿海地区。中国潮汐能的开发始于 20 世纪 50 年代，经过多年来对潮汐电站建设的研究和试点，我国潮汐发电行业不仅在技术上日趋成熟，而且在降低成本、提高经济效益方面也取得了较大进展，已经建成一批性能良好、效益显著的潮汐电站。

1957 年，我国在山东建成了第一座潮汐发电站。

1978 年 8 月 1 日，我国山东乳山县白沙口潮汐电站开始发电，年发电量为 2.30×10^6 kW·h。

1980 年 8 月 4 日，我国第一座"单库双向"式潮汐电站——江厦潮汐试验电站正式发电，装机容量为 3×10^3 kW，年平均发电量为 1.07×10^7 kW·h，其规模仅次于法国朗斯潮汐电站，是当时世界第三大潮汐发电站。

中国江厦潮汐试验电站，位于浙江省乐清湾北端的江厦港。

该电站是 1974 年在原"七一"塘围垦工程的基础上建造的，集发电、围垦造田、海水养殖和发展旅游业等各种功能为一体。该电站的特点是采用类似法国朗斯电站的双向发电的灯泡贯流式水轮发电机组。该站址最大潮差为 8.39 m，平均潮差为 5.1 m，原设计为 6 台 500 kW 机组，有 6 个机坑，实际安装了 5 台机组。第 1 台机组为 500 kW，1980 年 5 月投入运行；第 2 台机组为 600 kW，其余 3 台机组均为 700 kW，最后一台机组于 1986 年投入运行。

坝址以上港湾面积约为 533.33 ha，由于库区原计划围垦造田 237.33 ha，当地农民私自占地围垦或养殖，可供发电的水面积不足 133.33 ha。1986 年五台机组年发电量约 6×10^6 kW·h，低于原设计年发电量（1.07×10^7 kW·h），其发电的经济效益不高。多年来，该电厂计划加高围堰，提高库区的水位，并在第 6 号机坑增加 1 台机组以增加发电量，从而提高发电的经济效益。

3.5.4 生物质发电

3.5.4.1 生物质发电的原理

生物质是植物通过光合作用生成的有机物，包括植物、动物排泄物，垃圾及有机废水等，是生物质能的载体，是唯一一种可储存和可运输的可再生能源。从化学的角度上看，生物质的组成是 C—H 化合物，它与常规的矿物能源如石油、煤等是同类(煤和石油都是生物质经过长期转换而来的),所以它的特性和利用方式与矿物燃料有很大的相似性,可以充分利用已经发展起来的常规能源技术开发利用生物质能,这也是开发利用生物质能的优势之一[104]。

所谓生物质能是指从生物质转化产生的能。常用的生物质包括植物(农作物、薪柴、草、木等)、人畜粪便、工农业有机废物、有机废水等。这些生物质能都直接或间接地来源于绿色植物(经过人和动物的消化或工农业加工),来源于太阳能,因此,它又称"绿色能源",实质上它是物化的太阳能。据计算,每年全球靠光合作用可产生生物质为 1.2×10^{11} t,其所含能量是当前全球能耗总量的 5 倍。这些物质含碳量低,并存有大量的氢元素,具有绿色、低碳、清洁、可再生等特点。

3.5.4.2 生物质能源开发的意义

生物质能是仅次于煤炭、石油、天然气的第 4 大能源,在整个能源系统占有重要地位。生物质能一直是人类赖以生存的重要能源之一,在世界能源消耗中,生物质能占总能耗的 14%,但在发展中国家占 40% 以上。广义的生物质能包括一切以生物质为载体的能量,具有可再生性。据估计,全球每年水、陆生物质产量的热当量约为 3×10^{12} J,是全球总能耗量的 10 倍;据有关专家预测,生物质能在未来能源结构中具有举足轻重的地位,过去采用新技术生产的各种生物质替代燃料,主要用于生活、供热和发电等方面。

从环境效益上看,利用生物质可以实现 CO_2 归零的排放,从根本上解决能源消耗带来的温室效应问题。随着全球环境问题的日益严重,各国主要关心的是生物质能对减少 CO_2 排放上的作用,加上发展和利用生物质能源有利于改善生态环境,不会遗留有害物质或改变自然界的生态平衡,对今后人类的长远发展和生存有重要意义,所以国际上很多国家大都把生物质能利用技术作为一种重要的未来能源技术来发展,有的国家,像瑞典等欧洲国家把生物质能作为替代核能的首要选择,对生物质能的研究越来越重视。

3.5.4.3 中国生物质能发电碳减排的巨大潜力

中国的生物质能极为丰富,每年的秸秆量约为 6.5×10^8 t,到 2010 年将达 7.26×10^8 t,相当于标准煤 $(4\sim5)\times10^8$ tce。柴薪和林业废弃物数量也很大,林业废弃物(不包括炭薪林),每年约达 3.7×10^3 m^3,相当于标准煤 2×10^7 tce。如果考虑日益增多的城市垃圾和生活污水、禽畜粪便等其他生物质资源,我国每年的生物质资源 $>6\times10^8$ tce,扣除了一部分作饲料和其他原料,可开发为能源的生物质资源 $>3\times10^8$ tce[105]。在今后相当长一个时期内,人类面临着经济增长和环境保护的双重压力,因而改变能源的生产方式和消费方式,用现代技术开发利用包括生物质能在内的可再生能源资源,对于建立持续发展的能源系统,促进社会经济的发展和生态环境的改善具有重大意义。而随着农业和林业的发展,特别是随着速生炭薪林的开发推广,我国的生物质资源将越来越多,有非常大的开发和利用潜力。

我国生物质资源丰富,发电应用前景广阔。预计在生物质发电技术的大规模推广下,能有效提高生物质发电的效率,降低碳排放,助力我国"双碳"目标的实现。

生物质发电的优点:减少化石能源的消耗量;减少空气污染、水污染及固体废弃物污染;降低温室气体的排放量;生物质资源丰富并可再生。

3.5.4.4 生物质发电行业稳步发展

(1) 生物质发电装机容量快速增长

近几年我国生物质发电装机容量快速增长[106]。

2017—2021 年中国生物质发电装机容量统计数据分析,如图 3.55 所示。

2020 年,全国生物质发电装机容量达到 2.952×10^7 kW,同比增长 22.6%。截至 2021 年年底,我国生物质发电装机容量达 3.798×10^7 kW,同比增长 31%,占全国总发电装机容量的 1.6%。

(2) 生物质发电量稳步增长

近年来,我国生物质发电量稳步增长。截至 2021 年年底,我国生物质发电量为 1.206×10^{11} kW·h,占全社会用电量的 2%。

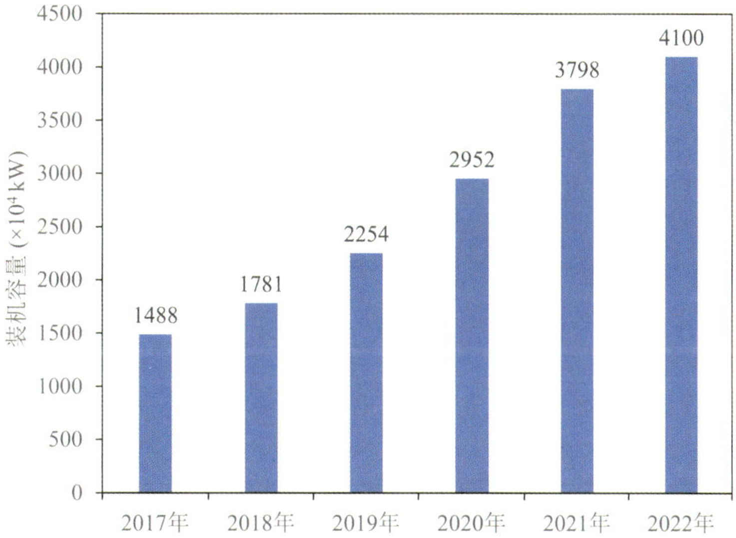

图 3.55 2017—2021 年中国生物质发电装机容量统计数据分析

(图中数据:单位生物质标准煤,kgce/t)

2017—2022 年中国生物质发电量统计数据分析,如图 3.56 所示。

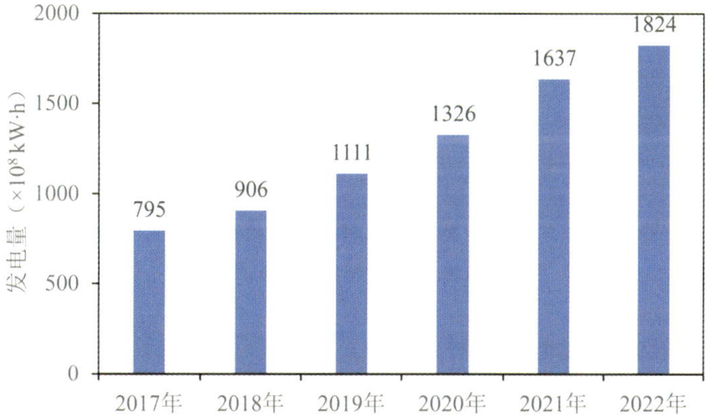

图 3.56 2017—2022 年中国生物质发电量统计数据分析

(图中数据:单位生物质标准煤,kgce/t)

(3) 垃圾焚烧发电比例最大

2021 年中国生物质发电的结构比例分析,如图 3.57 所示。

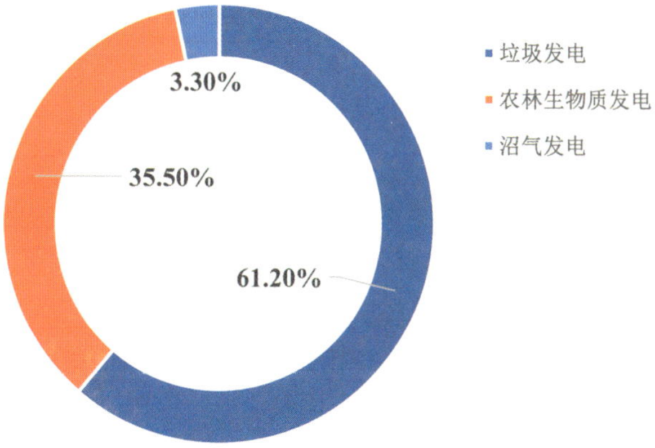

图 3.57 2021 年中国生物质发电的结构比例分析

按发电结构来看，我国生物质发电主要包括垃圾焚烧发电、农林生物质发电和沼气发电三大类。其中，垃圾焚烧发电比例最大，占总生物质发电量的 61.20%。其次，农林生物质发电量比例为 35.50%；沼气发电比例最小，仅占总生物质发电量的 3.30%。

在过去的 10 多年中，美国已建成生物发电的容量 $>4\times10^6$ kW，主要是采用木材及木制品工业废料气化后的气体燃料发电。国外结合治理城市环境污染，开始进行垃圾发电，技术已经成熟。仅日本就运行约 100 座垃圾电站，并计划将其装机容量发展为 4×10^6 kW[106]。因此，利用生物质能发电是当今新能源发电的新趋势之一。

(4) 我国生物质发电主要分布区域

2021 年我国生物质发电量排名前六位的省份是广东、山东、浙江、江苏、安徽和黑龙江，其中广东、山东、浙江、江苏的生物质发电量 $>1.3\times10^{10}$ kW·h，在缓解用电压力的同时，也有效助力碳减排。

2021 年中国生物质发电量排名前六位省份的发电量统计数据分析，如图 3.58 所示。

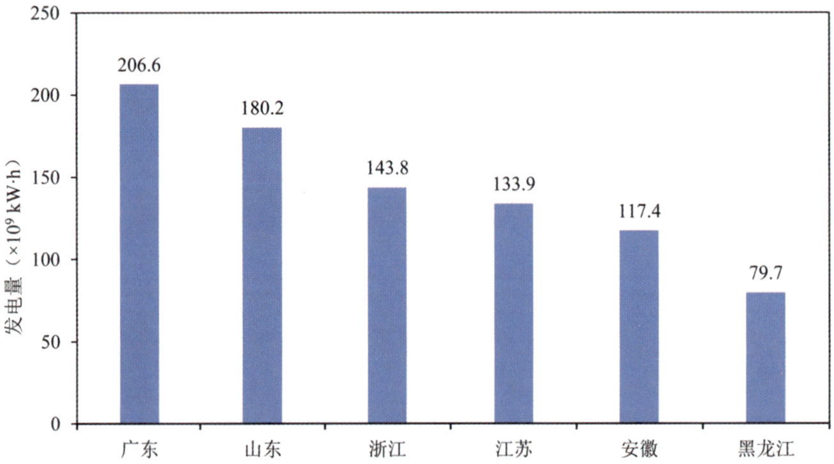

图 3.58　2021 年中国生物质发电量排名前六位省份的统计数据分析

（图中数据：单位生物质标准煤，kgce/t）

3.5.4.5　碳中和背景下生物质发电行业前景

(1) 双碳助力下的生物质发电空间巨大

为应对气候变化，我国提出“二氧化碳排放力争于 2030 年前达到峰值，努力争取 2060 年前实现碳中和”的目标承诺。在“双碳”助力和我国“缺油少气”的能源结构下，我国生物质发电空间巨大，有力缓解我国用电压力。同时，结合生物质能-碳捕集与封存(Bio-energy with Carbon Capture and Storage，缩写 BECCS)技术，生物质能将创造负碳排放，并在各个领域为我国作出巨大的减排贡献。

(2) 资源丰富的生物质能发电产业大有可为

目前，我国可利用的生物质资源主要为有机废弃物，包括作物秸秆、畜禽粪便、农产品加工废弃物、林产加工废弃物、生活垃圾、有机污水等，资源丰富，为我国发展生物质能发电产业提供有力支撑。未来，在“碳中和”背景下，生物质能将朝绿色、低碳、循环、可持续方向发展。

(3) 生物质发电投资规模稳健增长

得益于我国大力鼓励和支持发展可再生能源，生物质能发电投资热情迅速高涨，各类农林废弃物发电项目纷纷启动建设，我国生物质发电装机容量和发电量稳步增长[111]。如图 3.59，我国生物质能发电投资规模由 2017 年的 1.268×10^{12} 元快速增长至 2021 年的 1.78×10^{12} 元，年均复合增长率 12%。2022 年我国生物质能发电投资规模达到 1.833×10^{12} 元。在国家政策和财政补贴的推动下，我国生物质发电项目建设稳健运行，预计我国生物质发电行业将得到稳步增长。

2017—2022 年中国生物质发电投资规模统计预测分析，如图 3.59 所示。

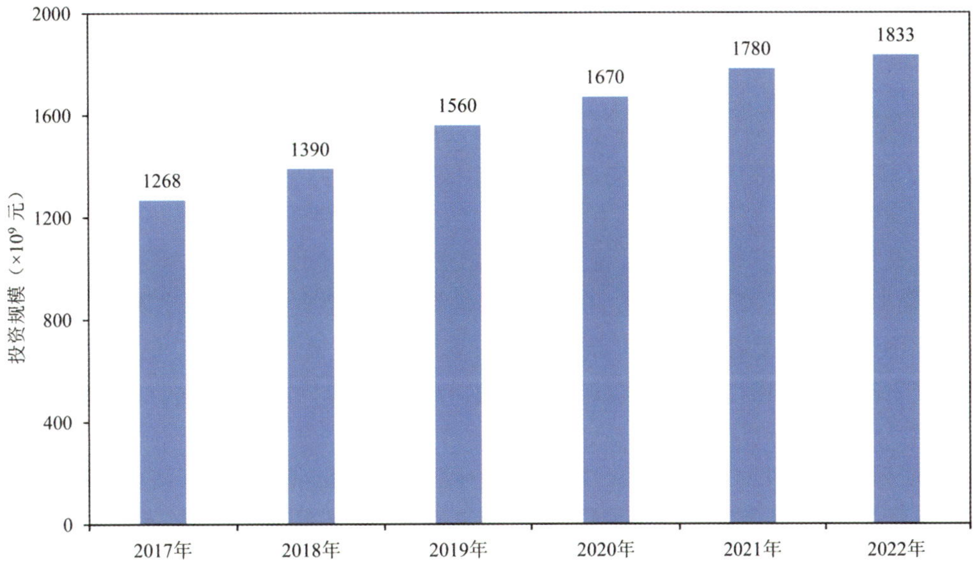

图 3.59　2017—2022 年中国生物质发电投资规模统计预测分析

（图中数据：单位生物质标准煤，kgce/t）

3.5.4.6　生物质能多种开发应用

由于生物质能的数量巨大，同时转化过程中很少或不产生污染物，世界各国都正在开发深度利用高效生物能的转换技术，使生物质成为具有广泛用途的热能、电能和动力用燃料。

生物质能的转化技术有如下两种[104]：

（1）通过液化将生物质转化为酒精

1 kg 酒精燃烧可以释放出热量 2.9726×10^4 kJ。酒精不仅比普通煤的发热量高，而且因是液体能源而便于使用、贮存、运输。普通汽油发电机稍加改装，就可以用纯酒精作燃料。如果用汽油和酒精的混合物来开汽车，汽车发电机甚至不需改装就可以使用。1 L 酒精可以驱动汽车在公路上行驶 16 km。酒精是用淀粉、糖等有机物经过微生物发酵作用生产出来的。含有淀粉和糖的生物质很多，包括甘蔗、甜菜、玉米、高粱、木薯、马铃薯以及水草、藻类等，它们都可以是生产酒精的原料。

巴西在这方面获得了巨大的成就。早在 1975 年，巴西就制定了"酒精计划"，逐步用酒精或酒精和汽油的混合物部分替代了石油，解决了交通用能供应的问题，目前巴西有 90%的小汽车用酒精作燃料。美国目前有 30%的汽油掺有酒精，酒精的掺入量约为 10%。

（2）通过发酵过程将生物质制作为以甲烷为主的沼气

我国每年作为农家燃料烧掉的柴草折合为标准煤 2×10^8 tce，占全国总能耗的 15%。但能量的利用效率比较低。利用人畜粪便和秸秆为主要原料发展沼气池，既解决了家用燃料问题，又保持了农田肥力，减少化肥对水的污染。1990 年，我国就有 400 多万户使用小沼气池，沼气的产能$>1\times10^9$ m^3/a，沼气电站装机容量$>2\times10^3$ kW。目前，我国是户用沼气池最多的国家。

我国很多的大型城市污水处理厂，利用处理厂中的固体废物进行沼气发酵，产生的沼气用来发电。在英国的 5000 多个污水处理厂中，有 1/3 是用通过发酵所产生的沼气作为动力的。法国在南部利摩日地区建造了两座垃圾发酵处理站，处理垃圾的能力为 8.45×10^4 t/a，沼气的产能为 800 m^3/h。这些沼气已供一些工厂和煤气公司使用。

3.5.4.7　我国生物质能的开发利用情况

由于政策驱动，近些年来燃煤耦合生物质燃烧技术在欧洲多国以及日本得到很好的推广应用，而且在完善政策法规方面和相关技术方面得到了宝贵的经验。

2017 年年底，国家能源局、环境保护部联合启动了生物质混合燃烧发电试点工作，且取得了不俗的成绩。应用于水泥工业的生物质燃料替代技术，也得到了研究和进步。

相比于生物质直接燃烧，生物质与煤掺烧具有以下优势：

① 通过对电站锅炉现有磨煤机和燃烧器的直接利用或改造，降低了生物质燃料制备、储存和运输等方面的设备成本；

② 通过与煤掺烧能够有效缓解生物质直燃通常存在的积灰结渣和腐蚀等问题；

③ 在大容量煤粉锅炉中的生物质掺烧，能有效利用煤粉锅炉的热能，解决生物质直燃锅炉容量较小，燃烧效率较低的问题。

由于生物质燃料燃烧时没有任何的碳排放，因此，在燃烧煤的同时加入些许生物质燃料将会大大减少 CO_2 的排放，从而对实现碳达峰、碳中和的目标起到促进作用，而且这种煤与生物质耦合燃烧的方式也被普遍认为是最经济，最高效、最容易实现的碳减排的方式之一，已被欧美各国所广泛采用[108]。

与纯燃生物质的锅炉相比，生物质燃煤耦合的技术与设备在降低 CO_2 排放方面具有明显的优势，还具有较高的效率。

目前，生物质耦合技术的发展方向有 3 种[109-112]：直燃耦合、气化耦合和蒸汽耦合。欧洲现有的 150 余个生物质耦合工程中，绝大多数都是第 1 种(即直接燃烧耦合工艺)，因为其改造、投资和维护的费用相对于另两种方式有更大的优势。

生物质耦合不同技术路线改造投资和维护成本的比较，如表 3.111 所示[103]。

表 3.111 生物质耦合不同技术路线改造投资和维护成本的比较

项目成本	技术路线		
	直燃耦合	气化耦合	蒸汽耦合
改造投资(美元)	430～550	3000～4000	1600～2500
年维护成本(美元)	11～19	150～200	64～100

我国是一个农业国，虽然生物质能资源非常丰富，年资源量为薪材 3×10^7 t、秸秆 4.5×10^8 t、稻壳 1.5×10^7 t，另外还产生大量的城市排放的生活污水、垃圾、工业废水等，但是，生物质能发电在我国目前还是小规模、小范围的利用，稻壳转化发电容量只有 5×10^3 W，沼气发电装置只有约 140 个，装机总容量也只有 2×10^3 kW[111]。

3.5.5 可再生能源绿氢/绿氨等燃料

随着全球"减碳"目标的提出，氢气被认为是最理想的清洁能源，但是制取成本高、储存及运输困难等问题限制了氢大规模能源化应用。氨是氢的载体，具有"零碳"意义的绿氨越来越引起各国重视[114]。

根据合成氨原料氢的来源，氨可以分为棕氨、蓝氨和绿氨。棕氨，是指由甲烷蒸汽重整(Steam Methane Reforming，缩写 SMR)制氢、重质燃料油制氢、煤制氢等工艺获得原料氢的氨产品；蓝氨，是指由副产氢、带碳捕捉的 SMR、电气化 SMR 等工艺获得原料氢的氨产品；绿氨，是指电解制氢、带碳捕捉的生物质制氢等工艺获得原料氢的氨产品。

绿色制氨(可再生氨)工艺，主要是指全程以可再生能源为动力开展的电解水制氢及空气分离制氮再通过 Haber-Bosc 法制氨的工艺，即通过绿氢制备绿氨。绿氨被归类为基本上零碳的氨。

氨作为一种富氢载体，在能源领域应用开发已经有几十年的时间，但是最初并没有引起各国的重视。2010 年后，氨燃料的研究得到了较快的发展，纯氨、混合氨燃料的性能是重点研究方向。Reite[115] 等研究了氨和柴油双燃料的压燃式发动机的燃烧和排放特性，研究表明，氨的整体转化率接近 100%。M∅rch[116] 等人研究了氨和氢混合燃料发动机的性能，进行了不同过量空气比和氨氢比的系列实验研究，结果表明，氢体积分数为 10%的混合燃料在效率和功率方面表现最佳。并与汽油燃料进行比较，由于压缩比较高，效率和功率性能均有所提高。氨燃料具有替代汽油、柴油等化石燃料的应用潜力，氨燃料应用于燃气轮机、锅炉、燃料电池等正成为全球的一个研究热点[117]。而国内有关氨燃料的研究较少，少量研究机构将氨作为内燃机燃料进行特性研究。

氨-煤混合燃烧是发电领域一种可行的减碳路径，也将是氨燃料一个重要的应用领域。日本十分重视氨的替代应用，已经完成了中试规模的氨-煤混合燃烧试验，并规划在 1000 MW 燃煤机组上开展氨-煤混合燃烧试验，计划在 2030 中期之前实现混合燃烧 20%的氨。目前，氨燃料的掺烧还处于研究起步阶段，煤-氨混合燃烧理论、氨燃烧排放风险、锅炉掺氨改造等还需要深入研究[118]。

由于氨具有毒性和强烈的刺激性气味等特性，并且现有燃料加注体系已经非常成熟，大范围加装氨燃料加注系统难度大等原因，极大地阻碍了氨燃料在常规汽车上的应用。氨在船舶运输、电站锅炉、工业锅炉等领域具有良好的应用前景，但是，还需要解决氨燃料的泄漏、毒性、腐蚀性、燃烧产生 NO_x、掺烧比例低以及燃烧系统改造升级等难题。

绿氨作为氢的载体能源化应用，有望为一系列依赖化石燃料的产品提供脱碳途径。绿氨的生产成本以及能源化应用技术成熟度是制约绿氨规模能源化的关键因素。现阶段，绿氨的生产能耗和投资成本都高于传统 Haber-Bosch 制氨工艺，主要优势及意义在于“零碳”，因此，全球减碳政策驱动因素是绿氨发展的重要推动力。绿氨合成工艺的技术突破将进一步推动绿氨的能源化发展，未来，将合成氨与太阳能、风能等间歇性可再生能源相结合，将成为重要的绿氨技术研究方向。

根据全球著名市场研究和咨询公司 Future Market Insights 发表的绿色氨市场报告表明，未来十年，全球绿色氨市场预计将以惊人的 90%的速度发展。

3.5.6 错峰发电及电力储能

3.5.6.1 错峰发电

错峰发电，顾名思义，就是利用电价的峰谷差，更合理地配置电网资源，从而挖掘更多的生态效益。通过商业化的运作及价格杠杆让一些对电力供应要求不是很高的企业部门可以选择低谷时生产，这样可以使所使用的电费下降。而错峰操作可以减轻电网在高峰时的电力紧张状况，提高电能的使用效率。但是，对于水泥窑炉系统，因工艺要求不能够中间停火，因而不能参与错峰供电的运作。但是，粉碎系统、输送系统还是有机会进行错峰调配的。

3.5.6.2 电力储能

近几十年来，储能技术的研究和发展一直受到各国能源、交通、电力、电信等部门的重视。电能可以转换为化学能、势能、动能、电磁能等形态存储，按照其具体方式主要可分为机械储能、电磁储能、化学储能三大类型。其中，机械储能包括抽水蓄能、压缩空气储能和飞轮储能；电磁储能包括超导、超级电容和高能密度电容储能；电化学储能包括铅酸、镍氢、镍镉、锂离子、钠硫和液流等电池储能[119]。

下面分别介绍抽水蓄能、压缩空气储能、飞轮储能、超导磁储能、超级电容储能、电池储能[120]。

(1) 抽水蓄能

抽水蓄能电站，又称蓄能式水电站，是指利用电力负荷低谷时的电能抽水至上水库，在电力负荷高峰期再放水至下水库发电的水电站。

抽水蓄能电站可将电网负荷低时的多余电能，转变为电网高峰时期的高价值电能，还适于调频、调相，稳定电力系统的周波和电压，且宜为事故备用，还可提高系统中火电站和核电站的效率。

抽水蓄能最早于 19 世纪 90 年代在意大利和瑞士得到应用，目前，全世界共有超过 90 GW 的抽水蓄能机组投入运行。抽水蓄能电站的最大特点是储存能量非常大，是电力系统中应用最为广泛的一种储能技术，储存能量的释放时间可以从几小时到几天，其主要应用领域包括调峰填谷、调频、调相、紧急事故备用、黑启动和提供系统的备用容量，还可以提高系统中火电站和核电站的运行效率。从技术层面讲，抽水蓄能电站要实现电能与高水位势能间的快速转换，抽水蓄能机组的设计和制造是关键。

机组正向高水头、高转速、大容量方向发展，现已接近单级水泵水轮机和空气冷却发电电动机制造极限，今后的重点将立足于对振动、空蚀、变形、止水和磁特性的研究，着眼于运行的可靠性和稳定性，在水头变幅不大和供电质量要求较高的情况下使用连续调速机组，实现自动频率控制。提高机电设备靠性和自动化水平，建立统一调度机制以推广集中监控和无人化管理，并结合各国国情开展海水和地下式抽水蓄能电站关键技术的研究。

(2) 压缩空气储能

压缩空气储能电站(Compressed Air Energy Storage,缩写 CAES),是指一种调峰用燃气轮机发电厂。

CAES 主要利用电网负荷低谷时的剩余电力压缩空气,并将其储藏在典型压强为 7.5 MPa 的高压密封设施内,在用电高峰释放出来驱动燃气轮机发电。对于同样的输出,它消耗的燃气要比常规燃气轮机少 40%。压缩空气储能电站建设投资和发电成本均低于抽水蓄能电站,但其能量密度低,并受岩层等地形条件的限制。压缩空气储能电站可以冷启动、黑启动,响应速度快,主要用于峰谷电能回收调节、平衡负荷、频率调制、分布式储能和发电系统备用。

压缩空气常常储存在合适的地下矿井或者岩洞下的洞穴中。第一个投入商业运行的压缩空气储能设备是 1978 年建于德国 Hundorf 的一台 290 MW 机组。目前美国通用电气公司正在开发容量为 829 MW 的更为先进的压缩空气储能电站,此外,俄罗斯、法国、意大利、卢森堡、以色列和我国也在积极开发和建设这种电站。随着分布式能量系统的发展以及减小储气库容积和提高储气压强至 10～15 MPa 的需要,8～12 MW 微型压缩空气储能系统成为关注焦点。

(3) 飞轮储能

飞轮储能,是指利用电动机带动飞轮高速旋转,在需要的时候再用飞轮带动发电机发电的储能方式。

大多数飞轮储能系统是由一个圆柱形旋转质量块和通过磁悬浮轴承支撑的机构组成,飞轮系统运行于真空度较高的环境中,飞轮与电动机或发电机相连,其特点是没有摩擦损耗、风阻小、寿命长、对环境没有影响,几乎不需要维护。谷值负荷时,飞轮储能系统由工频电网提供电能,带动飞轮高速旋转,以动能的形式储存能量;峰值负荷时,高速旋转的飞轮作为原动机拖动电动机发电,经功率变换器输出电流和电压,完成机械能-电能转换。飞轮具有优秀的循环使用以及负荷跟踪性能,它主要用于不间断电源/应急电源、电网调峰和频率控制。机械式飞轮系统已形成系列产品。

(4) 超导磁储能

超导磁储能系统(Superconducting Magnetic Energy Storage,SMES),是指利用超导体制成线圈而储存磁场能量的系统。

由于具有快速电磁响应特性和很高的储能效率,SMES 超导磁储能可以满足输配电网电压支撑、功率补偿、频率调整要求和提高系统稳定性和功率输送能力等。和其他储能技术相比,目前超导磁储能仍很昂贵,除了超导本身的费用外,维持低温所需要的费用也相当可观。目前,在世界范围内有许多超导磁储能工程正在进行或者处于研制阶段。

(5) 超级电容器储能

超级电容器(Supercapacitor),是指介于传统电容器和充电电池之间的一种新型储能装置,其容量可达几百至上千法拉。与常规电容器相比,超级电容器具有更高的介电常数、更大的表面积或者更高的耐压能力。超级电容器价格较为昂贵,在电力系统中多用于短时间、大功率的负载平滑和电能质量高峰值功率场合(例如,大功率直流电机的启动支撑、动态电压恢复器等),在电压跌落和瞬态干扰期间提高供电水平。

超级电容器历经三代及数十年的发展,储能系统最大储能量达到 30 MJ。目前,基于活性炭双层电极与锂离子插入式电极的第四代超级电容器正在开发中。

(6) 电池储能

电池储能系统(Battery Energy Storage System,缩写 BESS),是指主要利用电池正负极的氧化-还原反应进行充电-放电的系统。

BESS 主要包括铅酸电池、镍镉电池、锂离子电池、钠硫电池、全钒液流电池等。铅酸电池目前储能容量已达 20 MW。铅酸电池在电力系统正常运行时为断路器提供合闸电源,在发电厂、变电所供电中断时发挥独立电源的作用,为继电保护装置、拖动电机、通信、事故照明提供动力。但其循环寿命较短,且在制造过程中存在一定环境污染。镍镉电池效率高、循环寿命长。

3.5.6.3 虚拟电厂

虚拟电厂(Virtual Power Plants，缩写 VPP)，是指一种集成了多种类型的电源以提供可靠的整体电源的系统。

虚拟电厂通过数字化的信息系统和市场化的管理手段，将星罗棋布的风、光、水等可再生能源小型电站和百万个分散的电力用户聚集起来，让原本海量的无序资源变得有序可调节，帮助电网 24 h 开足马力输送电能。

浙江丽水的水电资源丰富，有 800 多座小水电站。但是这些小水电站散落在山林峡谷之间，且受天气的影响较大，很难形成聚合优势。建设“虚拟电厂”后，借助光纤、无线专网及北斗通信新技术实现全域水电发电信息采集，依靠数字化的程序算法和市场化的管理手段，可聚合 5.5×10^5 kW 可调节水电站和 4.5×10^5 kW 下游径流电站，以及新能源发电站，形成了一个百万千瓦级“超大号电池”，可以根据百姓用电需求提供绿色电能。

负荷聚合商在电力需求响应中发挥了中介和代理人作用，可以把分散的电力用户的可调节负荷集合起来，既实现电力用户能效管理提升，又为电网减少了调峰压力，也在无形中减少了碳排放，助推碳中和。负荷聚合商代理模式，具有较强的市场竞价和规模优势，可以为电网、用户双方实现需求响应经济效益最大化、提升全社会能效提供良好的基础。

“虚拟电厂”让电源端有了个“超大号电池”，而负荷聚合则是另一个创新点。

2021 年 2 月 9 日，国家电网丽水供电公司顺利完成负荷聚合商平台试运行工作，动员范围达到 258 户客户，成功响应 9.14×10^4 kW，实现了春节期间的邀约填谷。

负荷聚合商，是指以能源服务商形式，接受有可调负荷能力的用户委托，将其打包聚合作为规模化响应资源，投入到电力需求响应市场，并获取服务费的一种模式。构建负荷聚合商运营体系，可实现规模化负荷可视、可测、可控，支撑多元融合高弹性电网建设。

参考文献

[1] 刘长发.对中国水泥需求走势及水泥产业发展趋势的判断[J].中国建材，2004(09)：38-40.

[2] 赵青林，王红梅.中国水泥工业环境状况调查研究报告[M].武汉：武汉理工大学出版社，2020.

[3] 林宗寿.无机非金属材料工学[M].5 版.武汉：武汉理工大学出版社，2019.

[4] 林宗寿.胶凝材料学[M].2 版.武汉：武汉理工大学出版社，2018.

[5] 刘志学，刘发荣.我国水泥用石灰质原料含矿建造分布规律及资源潜力分析[J].中国非金属矿工业导刊，2009(76)：3-6.

[6] 刘志学.中国水泥灰岩矿产分布与资源潜力分析[J].第五届水泥矿山年会暨“十二五”水泥矿山发展论坛文集，2011(11)：27-30.

[7] 徐友宁.中国西北地区矿山环境地质问题调查与评价[M].北京：地质出版社，2006.

[8] 黄东方，徐健.水泥矿山资源综合利用与可持续发展[J].矿业装备，2012(07)：52-57.

[9] 吕京国.探讨我国铁矿石进口量与相关经济指标的数量关系[J].中国市场，2019(01)：80+84.

[10] 中华人民共和国自然资源部.中国矿产资源报告(2022)[M].北京：地质出版社，2022.

[11] 中国煤炭工业协会.中国煤炭工业协会发布 2021 年全国原煤产量分省完成情况分析 [R/OL]. http://www.ccera.com.cn/136/202201/11095.html (中国煤炭经济网).

[12] 国家市场监督管理总局、国家标准化管理委员会.水泥单位产品能源消耗限额：GB 16780—2021[S].北京：中国标准出版社，2021.

[13] 张福海.浅析预分解窑系统生产过程参数及调节与控制[J].科技风，2016(06)：16.

[14] 王产久.建筑材料工艺原理[M].北京：中国建材工业出版社，2006.

[15] 何金明，赵青林，周明凯.不同水泥粉磨系统电耗比较 [J].水泥，2017(10)：19-23.

[16] 何毛，李洪生，马健，等.水泥辊压机终粉磨系统的工业化应用[J].水泥技术，2020(02)：17-20.

[17] 贾华平.水泥生产技术与实践[M].北京：中国建材工业出版社，2018.

[18] 陶从喜. 水泥技术研究及工程实践论文集[M]. 武汉:武汉理工大学出版社,2022.

[19] 朱明善. 工程热力学[M]. 2 版. 北京:清华大学出版社,2011.

[20] 张冰. 火电厂热力系统的㶲分析[J]. 应用能源技术,2013(9): 30-34.

[21] 汤学忠. 热能转换与利用[M]. 2 版. 北京:冶金工业出版社,2002.

[22] 李丹,郑伟,刘彦伟. 新版《水泥单位产品能源消耗限额》标准解读及应对措施 [J]. 中国水泥,2022(03): 94-95.

[23] 国家市场监督管理总局、国家标准化管理委员会. 水泥单位产品能源消耗限额:GB 16780—2012[S]. 北京:中国标准出版社出版,2012.

[24] SCHNEIDER M,ROMER M,TSCHUDIN M,et al. Sustainable cement production—present and future[J]. Cement and Concrete Research,2011,41(7): 642-650.

[25] JUENGER M C G,WINNEFELD F,PROVIS J L,et al. Advances in alternative cementitious binders[J]. Cement and Concrete Research,,2011,41(12): 1232-1243.

[26] PHAIR J W. Green chemistry for sustainable cement production and use[J]. Green Chemistry,2006,8(9):763-780.

[27] BERGEN S L,ZEMBEREKCI L,NAIR S D. A review of conventional and alternative cementitious materials for geothermal wells[J]. Renewable & Sustainable Energy Reviews,2022,161:112347.

[28] WANG Y,YI H,TANG X,et al. Historical trend and decarbonization pathway of China's cement industry: A literature review[J]. The Science of the total environment,2023,891:164580-164580.

[29] 李叶青. 水泥及混凝土绿色低碳制造技术[M]. 北京:中国建筑工业出版社,2022.

[30] NAQI A,JANG J G. Recent progress in green cement technology utilizing Low-Carbon emission fuels and raw materials: A review[J]. Sustainability,2019,11(2): 537.

[31] LAMAS W D Q,PALAU J C F,CAMARGO J R D. Waste materials co-processing in cement industry: Ecological efficiency of waste reuse[J]. Renewable and Sustainable Energy Reviews,2013,19:200-207.

[32] 杨精伟. 热解炭黑作为替代燃料在水泥生产中的应用[J]. 水泥工程,2023,(01):73-75.

[33] 王燕斌,桑圣欢. 水泥工业碳减排技术路线[J]. 江苏建材,2023(3):8-9.

[34] 俞海勇,杨辉,张贺,等. 水泥生命周期碳排放研究[J]. 四川建材,2017,43(1):1-3.

[35] ZHAO Q L,YING G L,ZHOU W,et al . Dry-mix in China[J]. Zement-Kalk-Gips (International). 2007,60(12): 85-95.

[36] 甘万贵,赵青林. 钢渣烧制硅酸盐水泥熟料的减碳效果分析[J]. 建材世界,2022,43(06):121-125.

[37] 国家发展和改革委员会. 国家发展改革委办公厅关于印发首批 10 个行业企业温室气体排放核算方法与报告指南(试行)的通知[R/OL]. 2013. https://www. ndrc. gov. cn/xxgk/zcfb/tz/201311/t20131101_963960. html.

[38] 吉林省技术监督局. 建设占用耕地表土剥离技术规范:DB22/T 2278—2015[S]. 2015.

[39] 宋说讲,孔德顺,王丽华,等. 硅钙渣的综合利用研究进展[J]. 云南化工,2013,40(4):52-55.

[40] 苗瑞平,王新彦. 原状硅钙渣烘干系统工艺方案设计 [J]. 内蒙古石油化工,2023,49 (06): 10-13.

[41] 刘丽芬,张文生,涂长江,等. 利用硅钙渣部分替代石灰石生产硅酸盐水泥熟料的工业试验[J]. 水泥,2015(3):2.

[42] 陶从喜,王明,沈序辉,等. 水泥工业原料替代技术减少 CO_2 排放实践[J]. 中国水泥,2022,(02):69-72.

[43] 江阔,霍冀川,腾远成,等. 大掺量黄磷渣制作陶瓷素坯的矿物结构分析[J]. 硅酸盐通报,2001(06): 53-57.

[44] 胡胜超. 黄磷渣制取矿渣棉试验研究[D]. 武汉:武汉工程大学,2015.

[45] 钟信光,孙震,王振泽,等. 碱渣参与配料生产水泥熟料实现节能降耗减排的实践[J]. 新世纪水泥导报,2018,24(01): 57-60.

[46] 徐航,刘诗竹. 我国尾矿综合利用发展现状及前景展望[J]. 农家参谋,2019(14):200.

[47] 钟煜,曾荣,陶从喜,等. 利用岗石污泥替代石灰石的生产实践[J]. 水泥工程,2021(01):41-43.

[48] 钟煜,曾荣,陶从喜,等. 钛石膏部分替代脱硫石膏用作水泥缓凝剂[J]. 新世纪水泥导报,2021,27(02):9-12.

[49] 高长明. 水泥窑协同处置海量废塑料 环保节能减排三赢——遏制消除废塑料污染土壤和海洋生态环境的有效举措[J]. 水泥,2020(05):20-21.

[50] 江旭昌. 水泥窑炉生产运行特点及其协同处置固体废弃物的独特优势[J]. 新世纪水泥导报,2019. 25(02): 4-12+90.

[51] 张应中,陈锐章,林强,等,华润建材科技协同处置干化污泥的工程实践[J]. 中国水泥,2018(10): 81-84.

[52] 周玲,廖传华. 污泥水泥生产工艺[J]. 中国化工装备,2019,21(05):3-5.

[53] 白妮,王爱民,王金玺,等. 城市剩余污泥处置与利用技术研究新进展[J]. 工业用水与废水,2019,50(04):6-11.

[54] 王明,陶从喜,罗辉,等. 水泥窑协同处置城市干化污泥对水泥产品质量的影响[J]. 中国水泥,2022(12): 63-66.

[55] HORSLEY C, MARION H E, SAKULICH A. Influence of alternative fuels on trace element content of ordinary Portland cement[J]. Fuel, 2016, 184: 481-489.
[56] 胡曙光,聂帅,朱明,等.城市生活垃圾制备水泥窑用衍生燃料的性能分析 [J].安全与环境学报,2014,14(04): 176-180.
[57] 申金永,袁俊,马明,等.熟料生产线部分使用 RDF 的工程实践[J].新世纪水泥导报,2016,22(1): 70-73+7.
[58] 王玉楷,朱志领,何才威,等.RDF 替代燃料处置通道优化改造 [J].水泥,2024(04): 28-30.
[59] 何金明.不同炉型模拟环境下城市生活垃圾燃烧特性分析[D].武汉:武汉理工大学,2017.
[60] 朱大来,宋立华.目前水泥厂协同处理城市生活垃圾的几种方式[J].中国水泥,2010(07):47-48.
[61] 李大明.利用水泥工业新型干法窑处置城市生活垃圾技术介绍(CKK 系统)[C]// 中国硅酸盐学会,中国水泥协会,山东省硅酸盐学会.2011 年中国(山东)水泥与混凝土高峰论坛论文集.济南:2011 年中国(山东)水泥与混凝土高峰论坛组委会:23-32.
[62] 蔡顺华.多相态废弃物焚烧炉水泥窑协同处置系统[J].新世纪水泥导报,2015,21(04):7-9.
[63] 高长明.我国水泥窑协同处置废弃物(生活垃圾)工程实践的回顾、反思与展望 [J].新世纪水泥导报,2018,24 (01): 1-7.
[64] DAMØ A J, CAFAGGI G, PEDERSEN M N, et al. Full-scale investigations of initial deposits formation in a cement plant co-fired with coal and SRF[J]. Fuel, 2023, 344: 128058.
[65] 宋集思.废弃纺织物作为替代燃料在分解炉上的应用[J].新世纪水泥导报,2022,28(06):30-32.
[66] BAIDYA R, GHOSH S K, PARLIKAR U V. Sustainability of cement kiln co-processing of wastes in India: a pilot study[J]. Environmental Technology, 2017, 38: 1-18.
[67] 方艳欣,田桂萍,王硕.国内外水泥窑协同处置废弃物技术综述[J].建材发展导向,2017,15(20):72-75.
[68] 刘炳池.典型危险废弃物的热处置特性研究[D].杭州:浙江大学,2006.
[69] 苏航,张迪."双碳"背景下水泥窑替代燃料发展路径研究 [J].水泥,2023(07): 18-22.
[70] 王馨悦,胡红旗,朱文芳.叠螺机与超高压板框组合工艺参数优化[J].环境与可持续发展,2017.42(04): 237-238.
[71] 段怡彤,彭冉,袁松.利用水泥窑处置生活垃圾技术研究及工程应用[J].节能,2018,37(12): 74-76.
[72] 马长鹏,方磊,左积良,等.协同处置危险废物对水泥的生产影响研究[J].广州化工,2022,50(09):162-164.
[73] 何纪纲,管高伟,秦思绘,等.水泥窑协同处置固体废弃物在生产中的应用[J].中国水泥,2021(S1):113-115.
[74] 李鹏鹏,任强强,吕清刚,等.水泥分解炉煤/生物质耦合预热特性试验 [J].洁净煤技术,2023,29(09):24-31.
[75] WILLIAMS A. Combustion of pulverized coal and biomass [J]. Fuel and Energy Abstracts, 2002, 43(4): 276-276.
[76] 闵凡飞,张明旭.生物质与不同变质程度煤混合燃烧特性的研究[J].中国矿业大学学报,2005,34(2): 236-241.
[77] ZHENG Y, JENSEN P A, JENSEN A D, et al. Ash transformation during co-firing coal and straw [J]. Fuel, 2007, 86(7-8): 1008-1020.
[78] 肖雷,王传真,姚菁华,等.褐煤/秸秆混合燃料的成型试验研究[J].选煤技术,2011(1):20-23.
[79] 刘军伟.我国生物质与煤混烧发电的可行性分析[J].太阳能,2009(2):12-15.
[80] 霍丽丽,姚宗路,赵立欣,等.秸秆综合利用减排固碳贡献与潜力研究[J].农业机械学报,2022,53(1): 349-359.
[81] 胡桂秋.垃圾、秸秆和煤混燃的燃烧特性研究[D].石家庄:河北科技大学,2015.
[82] 曹希.煤泥和玉米秸秆混合燃烧特性研究[D].太原:山西大学,2016.
[83] 邵建均,杨国锋.生物质颗粒燃料特性主成分分析及热值预测[J].农业工程,2018,8(4):53-55.
[84] 赵文霞.典型农作物秸秆组成及燃烧动力学分析[J].农业环境科学学报,2019,38(4): 921-927.
[85] 张定海.煤与生物质直接和间接耦合燃烧特性研究[D],杭州:浙江大学,2022.
[87] 王文雅,吴鹏,吕玉庭,等.玉米秸秆/褐煤型煤的制备及燃烧性能[J].安徽农业科学,2021,49(8):203-206.
[88] 刘雨婷,万霖.以玉米秸秆为原料制出生物质颗粒燃料的研究现状[J].南方农机,2021,52(17): 56-58.
[89] 马爱玲,谌伦建,黄光许,等.生物质与煤混烧燃烧特性研究[J].煤炭转化,2010(1):55-60.
[89] 席春燕,黄颖.生物质与煤混烧的燃烧特性研究[J].城市建设理论研究,2013(29):1-4.
[90] 张邦松.生物质秸秆作为替代燃料在水泥工厂的应用[J].中国水泥,2023(02): 56-58.
[91] 陈应强,冯华军,沈东升,等.硫、氯、碱金属元素对工业固废水泥资源化利用的影响及控制技术[J].科技通报,2012,28(07):155-159.
[92] 张亚彬.从 PN 结到 PN 结的绿色照明[J].太阳能,2004(06): 10-11.
[93] 卞海红.实用目标下光伏发电规划及运行关键问题及对策研究[D].南京:东南大学,2012.

[94]　唐志超，李祖有，王周毅. 光伏发电技术的应用研究 [J]. 光源与照明，2024(02)：132-134.

[95]　赵英庆. 风力发电机原理及风力发电技术[J]. 科技资讯，2015，13(25)：25-26.

[96]　周洁. 国内风电制造行业现状[J]. 华通技术，2007(S1)：29-32.

[97]　王鹏. 风力特性与风力发电机组动态特性耦合关系的分析[D]. 兰州：兰州理工大学，2009.

[98]　张婷，胡颖，刘啸波. 海上风电光环下的"紧箍咒"[J]. 船舶物资与市场，2010(06)：15-18.

[99]　胡文锦，武志刚，张尧，等. 风电场电能质量分析与评估[J]. 电力系统及其自动化学报，2009(4)：82-87.

[100]　灵溪. 国家发改委完善风电上网电价政策 2021 年陆上风电全面实现平价上网[J]. 电力系统装备，2019(11)：2.

[101]　王禄禹. 海洋潮汐能的环境收益核算及对区域经济的影响研究[D]. 长春：吉林大学，2022.

[102]　高峰. 潮汐发电前景无限 [J]. 石油知识，2020 (04)：46-47.

[103]　张浩东. 浅谈中国潮汐能发电及其发展前景 [J]. 能源与节能，2019 (05)：53-54.

[104]　王香爱. 生物质能的转化和利用研究[J]. 化工科技，2009，17(01)：51-55.

[105]　朱丹，朱芷萱. 我国生物质发电的现状及发展前景预测[J]. 科学咨询(科技·管理)，2012(06)：9-10.

[106]　中国新能源网.《2020 中国生物质发电产业发展报告》发布[R/OL]. 2020. http://www.china-nengyuan.com/news/china-nengyuan_news_157269.pdf.

[107]　王华山，孙环，王跃康，等. 煤与生物质掺混燃烧特性实验[J]. 热力发电，2019，48(5)：64-70.

[108]　王一坤，邓磊，贾兆鹏，等. 燃煤机组直接耦合生物质发电技术经济性分析[J]. 广东电力，2022(7)：32-40.

[109]　王一坤，邓磊，贾兆鹏，等. 燃煤机组大比例直接耦合生物质发电对机组影响研究[J]. 热力发电，2021，50(2)：80-91.

[110]　李少华，刘冰，彭红文，等. 燃煤机组耦合生物质直燃发电技术研究[J]. 电力勘测设计，2021(6)：26-31，6.

[111]　张小桃，张程俞，黄雪琦，等. 生物质(气)耦合燃煤锅炉燃烧特性数值模拟[J]. 能源研究管理，2021(4)：47-57.

[112]　杨卧龙，倪煜，雷鸿. 燃煤电站生物质直接耦合燃烧发电技术研究综述[J]. 热力发电，2021，150(2)：18-25.

[113]　佚名. 2019—2024 年新兴能源行业投资前景(上)[J]. 电器工业，2019(10)：28-33.

[114]　陈永珍，韩颖，宋文吉，等. 绿氨能源化及氨燃料电池研究进展[J]. 储能科学与技术，2023，12(1)：111-119.

[115]　REITER A J，KONG S C. Combustion and emissions characteristics of compression-ignition engine using dual ammonia-diesel fuel[J]. Fuel，2011，90(1)：87-97.

[116]　MØRCH C S，BJERRE A，GØTTRUP M P，et al. Ammonia/hydrogen mixtures in an SI-engine：Engine performance and analysis of a proposed fuel system[J]. Fuel，2011，90(2)：854-864.

[117]　王月姑，吴崇君，郑淞生，等. 氨燃料缓解能源安全及替代天然气的可行性分析[J]. 可再生能源，2019，37(7)：949-95.

[118]　XU J Y，ZHU H W，XU Y S，et al. Research progress and prospect of ammonia cofiring in utility coal-fired boiler[J]. Journal of Huazhong University of Science and Technology (Natural Science Edition)，2022，50(7)：55-65.

[119]　张文亮，丘明，来小康. 储能技术在电力系统中的应用[J]. 电网技术，2008，32(7)：9.

[120]　苏晨阳. 混合储能在风力发电中的应用[C]//中国高等学校电力系统及其自动化专业第 30 届学术年会，2014.

4 水泥主要生产过程减碳技术及实践探索

4.1 水泥生产能耗控制指标要求

现代水泥生产典型的工艺流程，包含多个相对独立的子系统。例如，原料输送系统、储存系统、破碎系统、配料系统、分解预烧系统、窑炉煅烧系统、冷却系统、粉磨系统、成品输送系统。这些子系统之间既可以独立运作又可以相互影响，每个环节的优化操作都将会成为减碳细流的源泉，最终汇集成滚滚洪流。

现代水泥生产典型工艺流程示意，如图 4.1 所示。

随着时代的发展，水泥行业的能源管理和能耗限额控制成为备受人们关注的重点。其中，水泥制备过程中最主要生产环节的“两磨一烧”，也是耗能的主要环节[1]。

国家标准 GB 16780—2021《水泥单位产品能源消耗限额》中规定了水泥生产能耗限额等级及限额值。水泥生产能耗限额等级及限额值，如表 4.1 所示。

表 4.1　水泥生产能耗限额等级及限额值[2]

项目	能耗限额等级及限额值		
	3 级（限定值）	2 级（准入值）	1 级（先进值）
水泥单位产品综合能耗（kgce/t）	≤94(98)	≤87(93)	≤80(88)
熟料单位产品综合能耗（kgce/t）	≤117(120)	≤107(115)	≤100(110)
熟料单位产品综合电耗（kW・h/t）	≤61(64)	≤57(60)	≤48(56)
熟料单位产品综合煤耗（kgce/t）	≤109(112)	≤100(108)	≤94(103)
水泥制备工段电耗（kW・h/t）	≤34(40)	≤29(36)	≤26(32)

我国水泥熟料生产线标准煤耗量限额指标已经达到国际领先水平。

在能耗方面，据《新世纪水泥导报》2020 年第 1 期报道，目前已有熟料产能为 5000 t/d 的新建水泥生产线业主对总包商提出了熟料单位产品综合标准煤耗≤94 kgce/t 的要求，并且双方约定：若熟料单位产品综合标准煤耗＞98 kgce/t，则业主将不予竣工验收。由此可见，国内企业在新建水泥生产线时非常关注能耗问题。

在生料粉磨系统电耗方面[4]，中卸烘干管磨、立磨和辊压机终粉磨的生料粉磨电耗较低，可供不同生产规模的生产线选择。其中，中卸烘干管磨由于粗磨及细磨过程中始终存在研磨死区，且无法形成料床，其生料粉磨单位产品电耗最高，多为 22～24 kW・h/t。立磨利用高效率料床粉磨原理，由于被磨物料的易磨性不同，在设备使用不当或维护不够的情况下，其生料粉磨电耗同样具有波动性。外循环立磨生料粉磨单位产品电耗多为 12～17 kW・h/t，内循环立磨生料粉磨单位产品电耗多为 17～22 kW・h/t。辊压机终粉磨充分发挥了辊压机挤压粉磨的技术优势，由于系统装机功率低，其生料粉磨单位产品电耗相对较低，多为 11～22 kW・h/t。辊压机联合粉磨系统工艺较为复杂，应用极少，其生料粉磨单位产品电耗高于立磨，接近于中卸烘干管磨，一般在 20～22 kW・h/t。相比而言，辊压机终粉磨节电幅度最大，应大力推广应用。

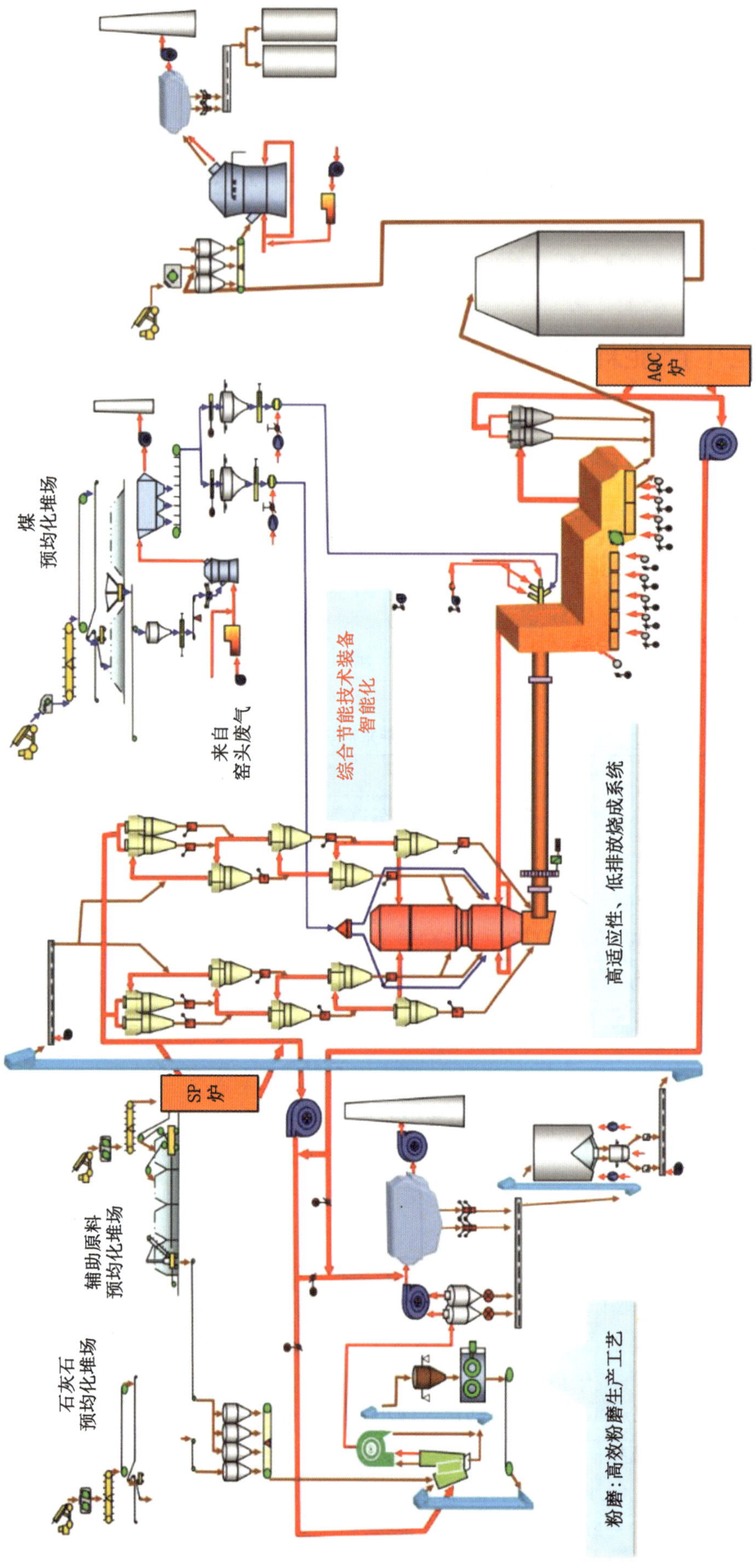

图 4.1 现代水泥生产的典型流程示意

在水泥粉磨系统电耗量方面，由单一球磨机组成的粉磨系统的单位产品电耗量较高，一般约为42 kW·h/t，最高值可达50 kW·h/t；由辊压机和球磨机组成的联合粉磨系统的单位产品电耗量处于中等水平，一般约为31 kW·h/t(若将该辊压机联合粉磨系统中球磨机的研磨体更换为耐磨陶瓷研磨体，则可降低4～5 kW·h/t)，其市场占有率高达53%；由辊压机和球磨机组成的半终粉磨系统的单位产品电耗一般约为24 kW·h/t，管理优化后可达23 kW·h/t；由立磨和球磨机组成的粉磨系统的单位产品电耗一般约为29 kW·h/t，最低值可达24 kW·h/t。立磨终粉磨系统的单位产品电耗可以降至约22 kW·h/t。因此，建议水泥厂可根据原材料情况和生产的实际环境，一部分选用粉磨效率较高、电耗较低的辊压机和球磨机组成的联合粉磨系统，同时搭配高效选粉机和适宜研磨体，实现高效粉磨；另一部分可选择立磨终粉磨系统，达到节能减排的目的。

4.2　水泥生产全流程的过程减碳途径

在水泥生产全流程中推动过程减碳，通过生产工艺改进、新技术装备集成应用、降碳助剂应用、余热回收/富氧燃烧技术应用、管理系统智能化改造等，实现节能减排。

水泥生产过程中的减碳工作方向[5-7]，如图4.2所示。

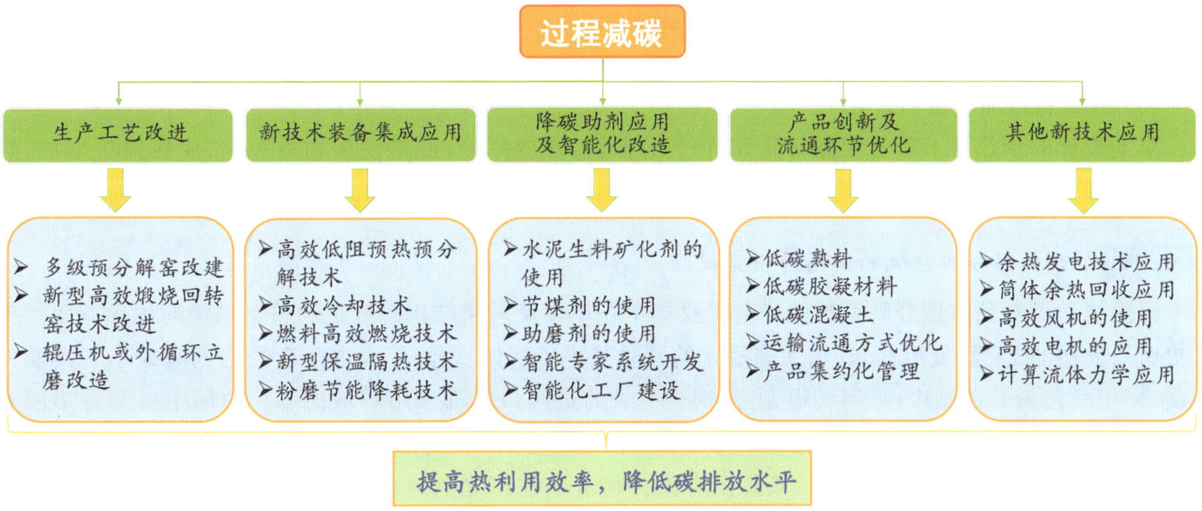

图4.2　水泥生产过程中的减碳工作方向

4.3　窑系统的过程减碳技术及实践探索

4.3.1　高效低阻预热预分解技术

4.3.1.1　预热预分解技术概述

预热预分解系统是水泥熟料煅烧的核心装备之一，其功能主要是利用窑尾废气的余热对物料进行充分的预热及分解，即实现物料煅烧前的预热，为回转窑物料的煅烧提供先决保障。预热器的主要功能是充分利用回转窑和分解炉排出的废气余热加热生料，使生料预热及部分碳酸盐分解。为了最大限度提高气固间的换热效率，实现整个煅烧系统的优质、高产、低消耗，预热器必须具备气固分散均匀、换热迅速和高效分离三个功能[1]。喂入预热器管道中的生料，在高速上升气流的冲击下，折转向上随气流运动，同时被分散。物料下落点到转向处的距离(悬浮距离)及物料被分散的程度取决于气流速度、气固比、物料性质、设备结构等。

为使物料在上升管道内均匀迅速地分散、悬浮，应注意下列问题[1]：

(1) 选择合理的喂料位置

为了充分利用上升管道的长度，延长物料与气体的热交换时间，喂料点应选择靠近进风管的起始端，即下一级旋风筒出风内筒的起始端，但必须以加入的物料能够充分悬浮、不直接落入下一级预热器(短路)为前提[1]。

(2) 合理控制生料细度

生料细度越小，颗粒间吸附力越大，凝聚倾向越明显；生料细度越大，颗粒间吸附力越小，凝聚态的"灰花"越少，但传热速率也越小，因此应合理控制生料细度。

(3) 选择适当的管道风速

为了保证物料能够悬浮于气流中，必须有足够大的风速，一般要求料粉悬浮区的风速为 16～22 m/s。为加强气流的冲击悬浮能力，可在悬浮区局部缩小管径或加插板(扬料板)，使气体局部加速，增大气体动能[1]。

(4) 保证喂料的均匀性

保证喂料均匀，要求来料管的翻板阀(一般采用重锤阀)灵活、严密。来料多时，它能起到一定的阻滞缓冲作用；来料少时，它能起到密封作用，防止系统内部漏风[1]。

(5) 优化旋风筒的结构

旋风筒的结构对物料的分散程度也有很大的影响，如旋风筒的锥体角度、布置高度等对来料落差及来料均匀性有很大的影响。

(6) 在喂料口加装撒料装置

早期设计的预热器下料管无撒料装置，物料分散差，热效率低，经常发生物料短路，使热损失增加、热耗高。

4.3.1.2 预热预分解系统的国内外研究现状

国内外学者对预热预分解系统的研究主要集中在单个旋风筒结构的改进和整个系统的优化方面。丹麦史密斯公司的 LP 型旋风筒，在增大高径比的同时减小了筒体直径；扩大内筒直径的同时缩小了其插入深度；采用大包角的进风口；采用大蜗壳，且蜗壳下缘的进风口底部采用斜坡面等。中国中材装备集团有限公司使用无 Ni 的 Cr-Mn-N(TRG-ZA-8)奥氏体型耐热钢制作预热器旋风筒内筒的挂片，在保证预热器寿命的同时提高了物料的分离效率[8]。该集团有限公司分别在河北燕赵水泥有限公司熟料产能为 5800 t/d 的水泥生产线以及沙特水泥公司(Saudi Cement Company)两条熟料产能为 10000 t/d 的水泥生产线中采用窑尾六级预热器系统，使得预热器出口废气温度＜288 ℃(实际为 275 ℃)；系统阻力＜5600 Pa(实际为 5400～5500 Pa)；入窑物料分解率≥92%(实际为 95.28%～98.75%)；熟料热耗＜2885 kJ/kg(实际为 2893 kJ/kg)。湖州槐坎南方水泥有限公司、华润水泥(武宣)有限公司、遵义赛德水泥有限公司等投产的使用六级预热器系统的水泥生产线，熟料热耗基本为 2722～2750 kJ/kg，正常设计产量下预热器出口温度为 260 ℃，运行稳定时出口处的压强＜4600 Pa[9-10]。

4.3.1.3 典型案例：预热器串并联"多级+"耦合重构换热技术[11]

水泥熟料烧成中的预分解系统从问世到 20 世纪 80 年代多数采用四级预热器系统，由于出口废气温度往往在 380 ℃以上，存在浪费能量和影响设备寿命的问题，从 20 世纪 90 年代开始国内大量采用五级预热器系统[11]。水泥熟料烧成作为新型干法水泥生产的核心环节，其消耗的能量占水泥生产总耗能的 97%，因此提高该过程能量利用率、降低能耗及排放水平至关重要。五级预热器系统中一级出口温度在 300 ℃以上，和喂入生料温度之间仍有很大差距，因此要想利用生料回收更多的热量、降低热耗，可以增加预热器级数，从而增加换热的次数。从理论上来讲，旋风预热器级数愈多，预热过程愈接近于可逆换热反应，换热效率愈高。但在实际生产中，每增加一级预热器就需要多克服一级的流体阻力，动力消耗(电耗)

会增大。因此，对于具体的工厂来说，不是级数愈多愈好，而是存在一个最佳级数。目前国外投产的水泥生产线多采用六级预热器系统，而国内的水泥生产线仍以五级预热器系统为主（少量为四级），笔者从提高预热器换热效率角度出发，开发预热器串并联“多级＋”耦合重构换热技术[12]，实现了出口废气温度和系统能耗的降低。

五级悬浮预热预分解技术具有占地面积相对较小、单位产量投资费用相对较低、单位产品热耗低等特点，得到广泛的认同及大量的应用，但其仍存在一些固有的技术问题。笔者主要基于预热器高固-气比换热理论开发适用于华润建材科技五级双系列的预热器串并联“多级＋”耦合重构换热技术并在华润建材科技进行了工程应用。

从水泥生产熟料烧成的热平衡计算可知，熟料形成热占烧成热耗的 50%以上，而熟料形成热主要由原材料特性决定，预热器出口废气显热占烧成热耗的 20%以上，因此降低预热器出口废气温度显得尤为重要。通过六级悬浮预热预分解系统的应用可知，通过增加预热器级数以增加换热次数、降低预热器出口废气温度确实是可行的。

工程应用中，受到原始设计预热器塔架载荷冗余量及审批政策等诸多因素的影响，已建成投产的水泥生产线实施技术升级或改造，不一定能够增加预热器级数或者增加较大的荷载。在不增加预热器级数和较大的荷载前提下，利用预热器串并联“多级＋”耦合重构换热技术实现换热效率提升，降低 C_1 出口处温度，相比于五级双系列预热预分解系统，C_1 出口处温度可下降 20～30 ℃，从而降低预热器出口废气热损失，降低能耗，实现减少碳排放的目的。

（1）预热器串并联“多级＋”耦合重构换热技术路线

预热器串并联“多级＋”耦合重构换热技术路线如下：

针对现有五级双系列预热器进行局部改造，采用预热器串并联“多级＋”耦合重构换热技术提高固-气比及增加换热次数，从而提高生料换热效率，降低系统废气温度。从生料路径可知，生料与上升热气流在 C_{2A}～C_{1A}、C_{2B}～C_{1B}、C_3～C_2 双系列、C_4～C_3 双系列、C_5～C_4 双系列上升管道经过 5 次热交换，其中 C_{2A}～C_{1A}、C_{2B}～C_{1B} 换热管道内的固气比≥2，从而提高了系统的换热效率，有效地将废气温度降低到 300 ℃以下。

笔者主要负责预热器串并联“多级＋”耦合重构换热技术开发工作，完成了热工计算及工艺方案的设计工作，确保技改能够达到预期效果。

提高预分解系统换热效率的技术思路，如图 4.3 所示。

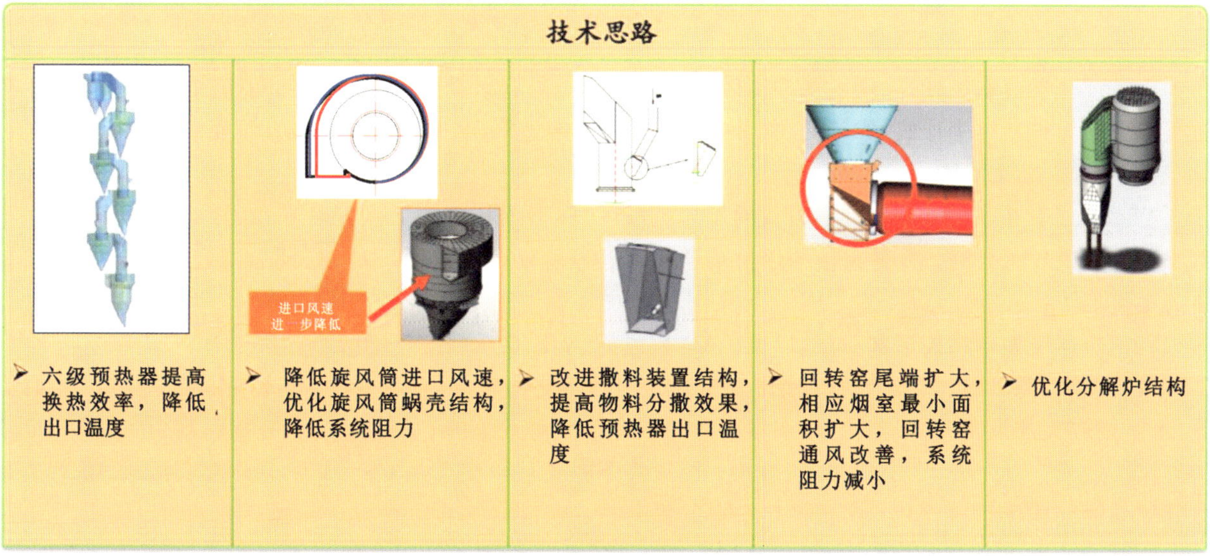

图 4.3 提高预分解系统换热效率的技术思路

（2）预热器串并联“多级＋”耦合重构换热技术改造及创新点

按照上述技术思路，开展将五级预热器改造为六级预热器的技术研发工作如下：

将预热器增加两层主平面，新增 C_1、C_2（C_1 可利用部分锥体），对 C_1 柱体部分进行扩径，柱体以上部位整体更换为最新结构形式，降低旋风筒进口风速、内筒风速和压强损失，原有 C_4 改为新 C_3，原有 C_2、C_3、C_5 分别作为新 C_4、C_5、C_6，各级旋风筒均在现有框架的约束条件下进行降阻，通过热工计算确定每一级旋风筒尺寸规格和现场布置要求。在旋风筒进风口处新增倒角，防止积灰，调整相应对接的风管和 C_2～C_6 旋风筒内筒，下料管用新型撒料盒、无内漏风式锁风阀，增大入烟室料管的直径。涉及改造部位均采用新型隔热材料，烟室和 C_6 料管采用微晶板，进一步减少表面散热及结皮。利用塔架内剩余空间，计算分解炉扩容的潜力，尽可能增加分解炉的容积，同时优化烟室缩口和窑尾密封，配套降低系统的压强损失，为进一步提质增效打下基础。

根据基地实际情况，应用将五级预热器升级改造为六级预热器的技术方案。相比于原五级预热器，技改后的六级预热器 C_1 出口处最大温度下降 40 ℃，并通过配套技改降低了系统的压强损失。

该技术创新之处是投资低、成效高，与重新建设六级预热器相比较，在现有预热器塔架基础上，将五级预热器改为“五级＋”预热器，能够显著减少固定资本投资并达到同样降低 C_1 出口处废气带走热量的效果，降低的单位熟料标准煤耗为 4.5 kgce/t。

（3）预热器串并联“多级＋”耦合重构换热关键技术

① 六级预热器改造技术

现有旋风筒结构优化与技改后六级预热器模型，如图 4.4 所示。

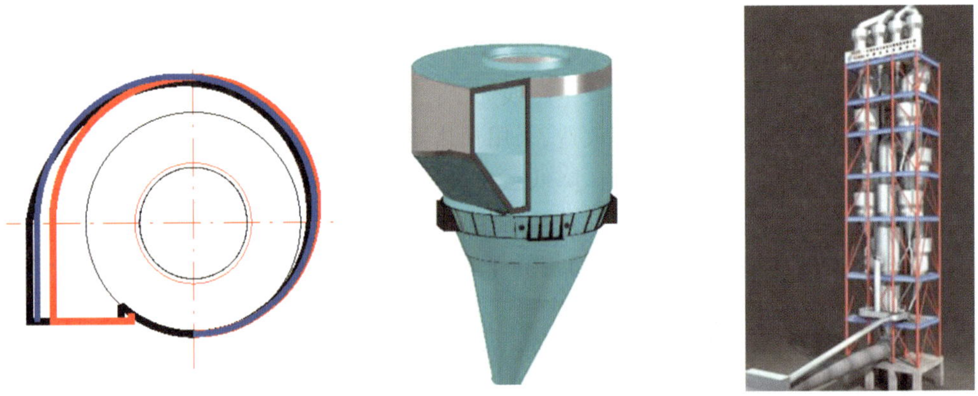

(a)　(b)　(c)

图 4.4　现有旋风筒结构优化与技改后六级预热器模型

(a)、(b)现有旋风筒结构优化；(c)技改后六级预热器模型

六级预热器改造设计，采用了新型高效低阻旋风筒，C_1 旋风筒保留锥体，柱体直径扩大，柱体以上部位整体更换为最新结构形式；原有 C_5 作为新的 C_6，局部改造降阻；拆掉原有 C_4，为深度自脱硝留出空间。

② 串并联交叉换热技术

“五级＋”串并联交叉换热技术模式的工艺流程图、模型图和实体工程应用图，如图 4.5 所示。

通过理论攻关研究、3D 建模模拟以及结合实体工程验证，现有五级双系列预热器进行局部改造的具体关键点如下：

将预热器塔架钢结构增加一层，以便于 C_1 旋风筒 A/B 双系列实现错层布置。

改进 C_1 双系列旋风筒的布置及结构设计，在实现预热器串并联“多级＋”耦合重构换热技术的前提下，不增加较大的设备载荷。将五级双系列悬浮预热预分解系统的 C_1 旋风筒 A/B 双系列由“2 小＋2 小”的形式改造成“1 大＋2 小”的形式，使得 C_{1A} 旋风筒下料管可以交叉从 C_{2B}～C_{1B} 上升管道接入，提高该上升管道的固气比（$m_s/m_g \geqslant 2$），实现换热效率的提升。

改进预热器生料喂料布置，由 C_1 旋风筒 A/B 双系列并行喂入改进为靠近入窑斗式提升机侧的 C_2 至 C_1 上升管道喂入，提高该上升管道的固-气比（$m_s/m_g \geqslant 2$），实现换热效率的提升，且不需要改变入窑斗式提升机高度。

配套降阻方案，包括改造 C_2～C_5 旋风筒进口及相应对接的风管；新增旋风筒进风口倒角，防止积灰；

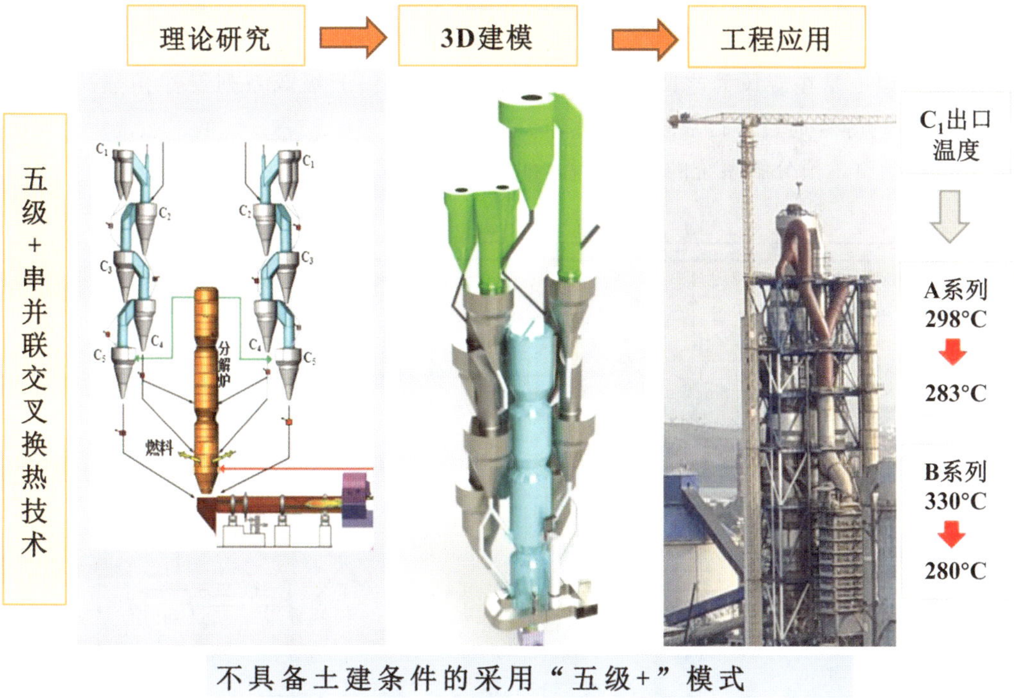

图 4.5 “五级+”串并联交叉换热技术模式的工艺流程图和模型图和实体工程应用图

(a) 工艺流程图;(b) 模型图;(c) 实体工程应用图

调整 C_2～C_5 旋风筒内筒;调整烟室缩口及斜坡浇注料等。

利用塔架空间,尽可能增加分解炉的容积,为进一步提质增效打下基础。

改造部位均采用新型隔热防结皮材料,进一步减少表面散热及结皮。

(4) 预热器串并联“多级+”耦合重构换热技术应用

本项目拟在华润水泥(贵港)有限公司、华润水泥(平南)有限公司进行工程应用,结合两个公司水泥生产线的实际情况,本技术的主要优势在于:

① 减轻基地技术升级阻力

不需要增加较大的预热器塔架荷载,降低塔架加固难度,施工周期可控。生料由 C_1 旋风筒 A/B 双系列并行喂入改进为靠近入窑斗式提升机侧的 C_{2A}～C_{1A} 上升管道喂入,提高该上升管道的固气比(m_s/m_g≥2),实现换热效率的提升,且不需要改变入窑斗式提升机高度。

② 降低系统阻力、出口温度

结合预热器串并联“多级+”耦合重构换热技术改造同步开展系统性预分解系统降阻。通过对预热器串并联“多级+”耦合重构换热技术的开发及应用,结合对 C_2～C_5 旋风筒结构、进风口、烟室缩口等的局部优化,实现系统阻力、出口温度的降低。

通过该技术的应用,两公司水泥生产线单位熟料标准煤耗在 2021 年月平均的基础上降低 4.5 kgce/t(其中常规技改升级下降 2.0 kgce/t,交叉流换热优化下降 2.5 kgce/t)。

4.3.1.4 典型案例:交叉换热悬浮预热技术

经过近几十年的迅速发展,水泥企业已大量采用五级悬浮预热预分解系统,以五级悬浮预热预分解技术为核心的新型干法水泥生产工艺获得主导地位,在水泥节能减排方面取得了长足的进步,每 1 kg 熟料的热耗降到<3100 kJ。

(1) 交叉流换热悬浮预热技术路线

在新型干法水泥熟料制造过程中,生料进入回转窑前需要在预热器、分解炉内经过悬浮、分离的过程,实现脱水、预热及 $CaCO_3$ 的分解,最后进入回转窑内煅烧。

五级悬浮预热预分解技术具有系统占地面积相对较小、单位产量投资费用相对较低、单位产品热耗量低等特点，得到广泛的认同及大量的应用，但仍存在一些固有的技术问题。大量研究表明，悬浮预热器气固之间热交换80%以上是在旋风筒之间的连接上升管道内进行，五级双系列悬浮预热预分解系统中气体、物料以相反方向均等地通过平行双系列预热器。

五级双系列悬浮预热预分解系统的工艺流程，如图4.6所示。

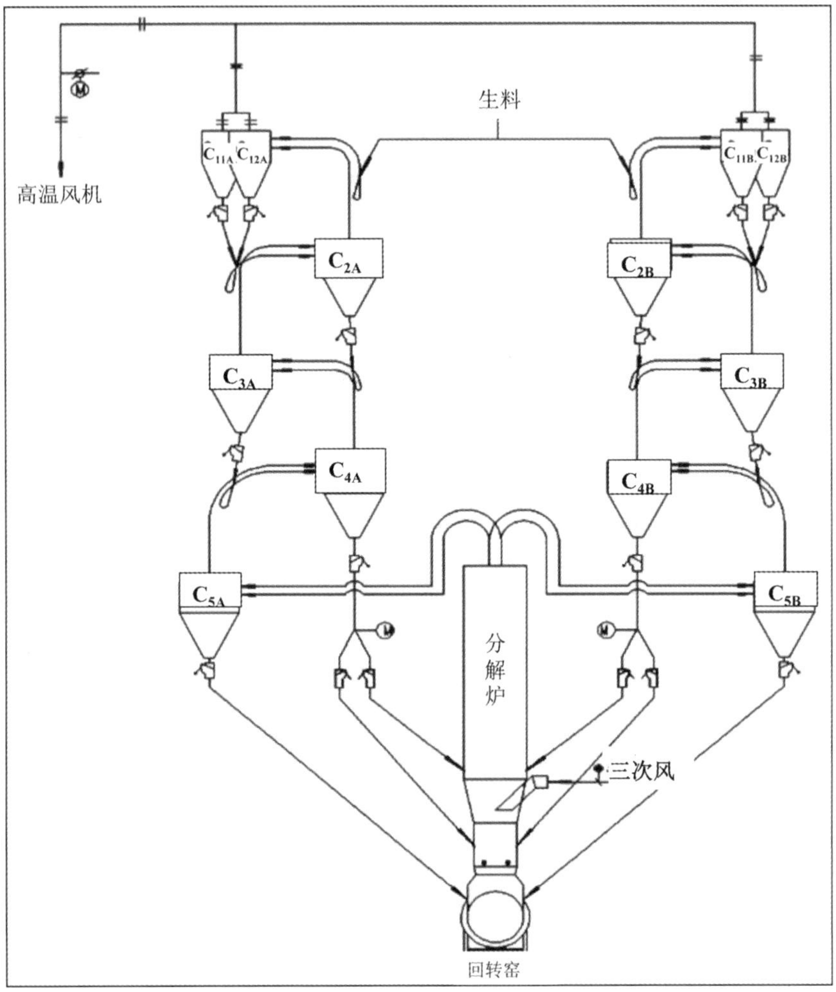

图4.6　五级双系列悬浮预热预分解系统的工艺流程

生料入窑主要路径为：

生料喂料⟶C_2～C_1双系列上升管道⟶C_1双系列旋风筒⟶C_3～C_2双系列上升管道⟶C_2双系列旋风筒⟶C_4～C_3双系列上升管道⟶C_3双系列旋风筒⟶C_5～C_4双系列上升管道⟶C_4双系列旋风筒⟶分解炉⟶C_5双系列旋风筒⟶烟室⟶回转窑。

从生料入窑主要路径可知，生料与上升热气流平行地在C_2～C_1、C_3～C_2、C_4～C_3、C_5～C_4双系列上升管道经过4次热交换，其换热的固气比（m_s/m_g）仅约为1，这也是五级双系列悬浮预热预分解系统换热效率偏低、能耗水平偏高的原因之一，其预热器出口废气温度仍在320 ℃以上，系统阻力损失为5000～6000 Pa，理论计算表明预热器出口废气温度每下降10 ℃，生产每1 t水泥熟料所消耗的标准煤降低约0.85 kgce，而想要回收更多的窑尾废气热量，降低预热器出口废气温度，需采用更多级数的预热器系统，以增加生料与废气的热交换次数，降低熟料烧成热耗。

随着国家"碳达峰""碳中和"工作的部署及开展，社会对烧成系统能耗目标提出更高的要求。为了进一步降低悬浮预热预分解系统的热耗和能耗，提高系统换热效率，对现有生产线进行技术升级改造，采用新技术、新材料、新工艺、新装备具有必要性及迫切性。

在工程应用中，由于受到原始设计预热器塔架载荷富余量等诸多因素影响，已建成投产的水泥生产线实施技术升级或改造，不一定能够采用增加预热器级数的方法提高换热次数及换热效率，因为随着预热器级数的增加，其建设成本、运行系统的压强损失也会增加。因此需要综合起来考虑，预热器的级数也不是越多越好。

交叉流换热悬浮预热技术，主要用于对现有五级双系列悬浮预热预分解系统进行改进，交叉流换热悬浮预热技术一般可分为全部交叉流换热和局部交叉流换热技术，采用交叉流换热能提高固气比及增加换热次数，从而提高生料换热效率，降低系统废气温度。

局部交叉流换热的换热效率介于五级与六级双系列悬浮预热预分解系统之间，用相对较低的系统改造成本，使得不具备升级改造成六级预热器条件的五级双系列悬浮预热预分解系统，有了进一步提高生料换热效率、降低废气温度的可能，达到节能降碳的目的。从水泥生产熟料烧成的热平衡计算可知，熟料形成热占烧成热耗的50%以上，而熟料形成热主要由工厂使用的原材料特性决定，预热器出口废气显热占烧成热耗的20%以上，因此降低预热器出口处废气温度显得尤为重要。通过六级悬浮预热预分解系统的应用可知，增加预热器级数以增加换热次数、降低预热器出口废气温度确实是可行的。有关上升管道换热的理论研究表明：当 $m_s/m_g<2$ 时，固气比对换热效率的影响非常明显，随着 m_s/m_g 增大，换热效率也增大；当 $2\leqslant m_s/m_g\leqslant 3.6$ 时，固气比对换热效率的影响变小；当 $m_s/m_g>3.6$ 时，随着 m_s/m_g 增大，换热效率减小。因此，在一定范围内提高悬浮预热预分解系统的固气比，是提高系统换热效率、降低预热器出口处废气温度的有效途径之一。

(2) 交叉流换热悬浮预热技术创新点

五级双系列悬浮预热器中气体、物料以相反的方向均等地通过平行双系列预热器，而局部交叉流换热技术则不同，双系列悬浮预热器中并行气流与串行料流相结合，使出旋风筒的气体均等地通过平行双系列预热器，全部粉体从一个系列到另一个系列交替喂入，串行料流交叉进入两股平行气流中，使100%的物料与50%的气流交换热量，既增加了换热次数，又使得固气比(m_s/m_g)可以从约为1.0提高到2.0甚至更高。

以五级双系列悬浮预热预分解系统局部改造工艺流程为例，其生料入窑主要路径为：

生料喂料⟶C_{2A}～C_{1A} 上升管道⟶C_{1A} 旋风筒⟶C_{2B}～C_{1B} 上升管道⟶C_2 双系列旋风筒⟶C_4～C_3 双系列上升管道⟶C_3 双系列旋风筒⟶C_5～C_4 双系列上升管道⟶C_4 双系列旋风筒⟶分解炉⟶C_5 双系列旋风筒⟶烟室⟶回转窑。

从生料入窑主要路径可知，生料与上升热气流在 C_{2A}～C_{1A}、C_{2B}～C_{1B}、C_3～C_2 双系列、C_4～C_3 双系列、C_5～C_4 双系列上升管道经过5次热交换，其中 C_{2A}～C_{1A}、C_{2B}～C_{1B} 换热管道内 $m_s/m_g\geqslant 2$，从而提高系统的换热效率，有效地将废气温度降低到300 ℃以下。

(3) 交叉流换热悬浮预热关键技术及应用

五级双系列悬浮预热预分解系统局部交叉流换热的工艺流程，如图4.7所示。

局部交叉流换热悬浮预热技术的关键点为：

对五级双系列悬浮预热预分解系统进行局部改进，使 C_1 双系列旋风筒实现错层布置，增加一次系统换热机会，实现接近六级双系列悬浮预热预分解系统的换热效果。改进 C_1 旋风筒结构设计及布置，与五级双系列 C_1 旋风筒采用的"2小+2小"形式不同，本技术采用"1大+2小"的旋风筒布置形式，在不增加旋风筒较大荷载及确保其分离效率较高的前提下，使 C_{2A}～C_{1A} 与 C_{2B}～C_{1B} 上升管道内固气比不小于2，实现换热效率的提升。不增加较大的预热器塔架荷载，降低施工改造难度及成本，施工周期可控，是降低五级双系列悬浮预热预分解系统出口废气温度、实现烧成系统节能降碳目标有效可行的措施之一。

民和祁连山水泥有限公司、广东新南华水泥有限公司、安阳中联海皇水泥有限公司等熟料设计产能为2000 t/d、4500 t/d的水泥生产线均使用了交叉流换热悬浮预热技术，熟料单位产品综合标准煤耗显著下降3～5 kgce/t。

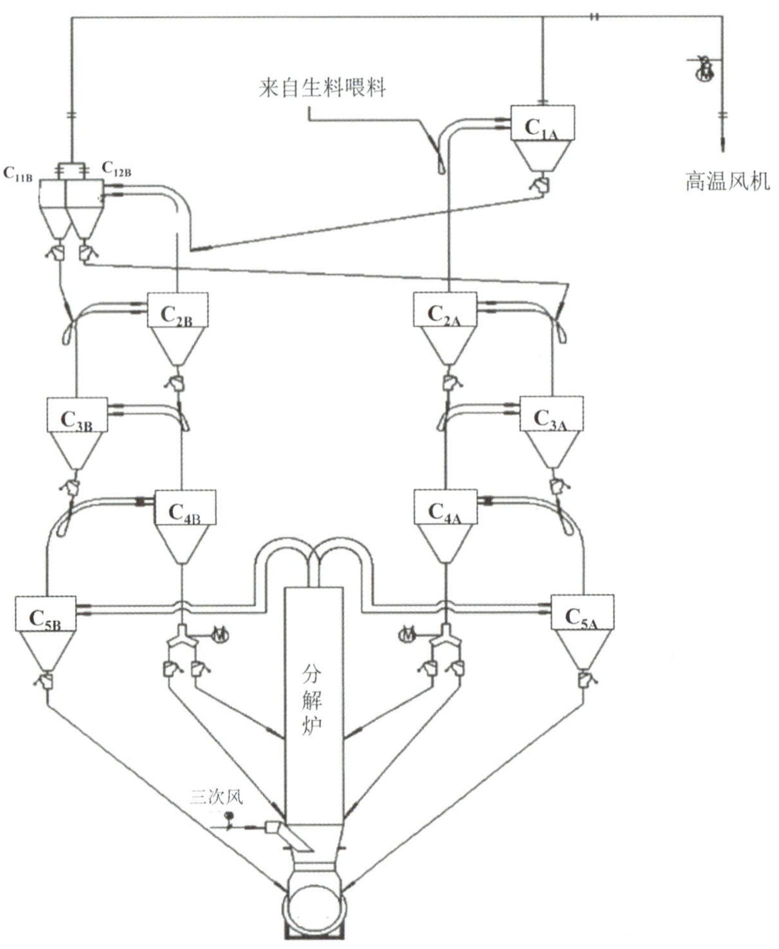

图 4.7　五级双系列悬浮预热预分解系统局部交叉流换热的工艺流程

4.3.2　新型高效煅烧回转窑技术

4.3.2.1　回转窑技术概述

水泥是国民经济发展最基础最重要的原材料，是一个国家基本建设“三大材料”(即钢材、水泥、木材，当前有一些材料已被塑钢和有色金属等材料所代替)之一。水泥是将科学配制的原料粉磨后形成的生料粉或生料浆喂入水泥窑进行煅烧得到水泥熟料，水泥熟料再经过粉磨获得的产品。

水泥工作者将水泥生产过程高度概括的“两磨一烧”。在这个过程中，窑是核心装置或设备。水泥工业是能源密集型和天然资源密集型产业，是耗能(热能＋电能)大户，其中热能消耗约占总能耗的40%～60%。因此，人们在研究水泥生产技术的发展时，基本上都以窑或窑型的变化为代表。这就是说，水泥生产技术是伴随着窑型的进步而发展的。

4.3.2.2　新型高效煅烧回转窑技术的国内外研究现状

纵观全世界近200年来水泥生产技术随窑型的发展，由最初1824年烧制波特兰水泥的瓶窑(最初用于烧制石灰)开始，先后经历了仓窑、普通立窑、干法回转窑、湿法回转窑，直到现今广泛应用的1971年日本发明的预分解窑。

在水泥窑的窑型发展阶段中，有人认为瓶窑是仓窑的雏形；仓窑是窑型第1个发展阶段的终型；普通立窑是立窑的雏形，机械立窑则是窑型第2个发展阶段的终型；干法中空窑、余热发电窑、立波尔窑和干法长窑等，可统统列为窑型第3个发展阶段的干法回转窑；普通湿法窑、料浆蒸发机湿法窑和湿法长窑，可统统列为窑型第4个发展阶段的湿法回转窑；悬浮预热窑是新型干法窑的雏形，预分解窑是窑型第5个发展阶段的现阶段炉型[12]。

为了清晰起见，将水泥窑的窑型发展分为了5个阶段（即5类窑型），每个发展阶段在技术上都有较大的突破。

截至2000年水泥窑的窑型发展过程，如表4.2所示。

表4.2 截至2000年水泥窑的窑型发展过程[12]

窑型发展阶段		雏形				终型			
序号	窑型名称	出现时间	窑型名称	发明人		出现时间	窑型名称	发明人	
				国别	人名			国别	人名
1	仓窑	1824年	瓶窑	英国	阿斯普丁	1872年	仓窑	英国	强生
2	立窑	1884年	普通立窑	德国	狄兹赫	20世纪20年代	机械立窑	德国	—
3	干法回转窑	1895年	干法中空回转窑	美国	亨利、西蒙	1928年	立波尔窑	德国	立雷帕
4	湿法回转窑	1912年	普通湿法窑	丹麦	FLS公司	20世纪30年代	湿法长窑	丹麦	—
5	新型干法回转窑	1951年	悬浮预热窑	德国	密勒	1971年	预分解窑	日本	石川岛公司

由于预分解窑与以前所有的窑型相比，无论是在增产降耗方面还是在节能减排方面，都具有突出的优势，所以在我国发展相当迅速。

1954年，江西万年水泥厂建成一条熟料产能为2000 t/d的示范预分解窑（ϕ4 m×60 m）水泥生产线；1976年，吉林石岭水泥厂建成一条烧油的试验预分解窑（ϕ2.4 m×40 m）水泥生产线；1978年，本溪水泥厂建成一条烧煤的试验预分解窑（ϕ3.7 m×53 m）水泥生产线[13]。

自此以后，以煤为燃料的预分解窑成为我国水泥工业发展的主流工艺技术，其他窑型逐渐减少或淘汰。"十一五"期间，预分解窑向大型化发展趋势明显。据国家统计局的统计，到2014年年底我国预分解窑水泥生产线已达到1841条，正常运行生产的已达到1758条，熟料设计产能为1.77×10^9 t，水泥产量达到了2.48×10^9 t，其中98%的水泥都是由这种窑型生产的熟料粉磨而成，单线熟料产能的最大值已达12000 t/d。2014年新投产的预分解窑水泥生产线为54条，其中熟料产能>5000 t/d的有31条，熟料产能的平均值为4200 t/d。为了进一步增产降耗和节能减排，人们又发明了两种性能更优越的预分解窑：一种是"新型超短预分解窑"，简称"新型超短窑"；另一种是"高固气比悬浮预热预分解窑"，简称"高固气比预分解窑"，由于这种悬浮预热分解工艺技术是由中国工程院院士徐德龙（Xu De Long）发明的，所以又简称为"XDL型预分解窑"[12]。

4.3.2.3 典型案例

（1）高速回转窑

回转窑是有一定倾斜度的设备，回转窑的转速同窑的倾斜度之间的匹配必须精准。在窑的规格和倾斜度已经确定的情况下，生产过程中窑内物料的填充率和运动速率需和窑内实时煅烧条件合理匹配，窑内物料填充率应保持在一定范围（通常为6%～10%）。回转窑的转速低，物料在窑内停留时间较长，料层较厚，传热效率低，料与料、料与窑衬温差大，同时煤灰的掺入量会增多，这限制了熟料的烧成。在一定的倾斜度下，回转窑的转速越高，物料填充率就会降低，物料的翻滚及运动速率也越大。早期设计的回转窑最高转速一般为3.2 r/min，较低，现在新建生产线中回转窑的转速普遍提高到5.0～5.5 r/min，提高回转窑转速是水泥企业用于提产的实践方式之一，但高转速时需要同时考虑整体生产条件的配套改进。

熟料产量、质量、煤耗和电耗的指标，与窑系统的运行稳定性相关。当窑系统稳定运行时，熟料质量好、产量高、煤耗和电耗低；反之，当窑况不稳定和不匹配，出现预热器分解炉结皮堵塞、窑内结圈等不正常工况时，需要调整和处理的时间较长，且大多数调整需降低窑速，对熟料产量、质量、煤耗和电耗均有较大负面影响。提升窑速是提高窑系统熟料产量的主要手段，高速回转窑可增加物料在窑内的翻滚次数，在不减产的情况下有利于熟料的烧成，窑速较快，物料不容易黏附，提高了生产效率，降低了能耗，取得了良好的经济效益。

从窑内物料反应进程和熟料形成机理来看，在窑的长径比合适的情况下，高窑速煅烧时窑内 CaO 等物料及固相反应形成的 C_2S 处于新生态，其晶体尺寸小而表面积大，晶格不完整而活性高，反应能力强，易溶于液相且扩散迁移快，有利于 C_3S 的形成，因此在同样热力条件下对液相量和液相性质的要求相对宽松，有利于煅烧高 KH 值、高 SM 值的熟料，从而提高熟料中的硅酸盐矿物含量及熟料强度。同时，高窑速情况下，窑内物料翻滚次数增加和被带起高度增大，有利于物料和高温气流的充分接触及煅烧反应，可在提产的情况下不降低熟料的质量[14]。

高速回转窑对设备和窑衬的影响并不大。窑内物料质量相比窑体自重（设备＋窑衬）很小，且在高速回转窑中窑内物料的填充率基本不变。回转窑属恒转矩负载，提高窑速不增加窑的转矩，但会加大减速机高速传动部分及主电机的运行功率并由此产生一定影响，由于设备选型设计和制造时考虑适应不正常窑况要求，设备传动力矩和功率的富余量较大，因而实际影响程度很小。窑衬特别是烧成带和过渡带耐火砖的损伤主要是因较大的温度变化（热振）或烧成操作不当、窑皮剥落引起的，窑皮的稳定和窑系统是否稳定运行有关，高窑速煅烧对窑龄无直接影响。因此，在使用高速回转窑时，一是保持煅烧过程热工制度的动态稳定，二是保持必要的烧成用煤品质。在生产同样质量的熟料时，采用高速回转窑可以提高窑系统的产量，并相应降低废气和设备散热损失。窑系统的平均日产量水平高，对单位熟料煤耗下降的影响较明显、单位熟料电耗也有所下降，这使得 CO_2 排放量也会有所减少。

为降低能耗、改善窑内通风、降低窑内阻力和负荷、提高煅烧质量，华润水泥（南宁）有限公司 1# 线对回转窑进行了改造。通过增大后窑口尺寸起到通风、降阻的效果；同时调快窑速，有效降低窑内负荷，提高煅烧质量。将后窑口尺寸（内径）由 3450 mm 扩大至 3700 mm，最大窑速由 4.2 r/min 提高至 5.0 r/min。经过技术改造后，其熟料产能提高到 6554 t/d，熟料单位产品综合标准煤耗为 103.17 kgce/t，熟料烧成系统总效率为 55.56%，窑系统烧成效率为 59.06%。回转窑断面热负荷为 1.99×10^7 kJ/(m^2 · h)，回转窑单位容积热力强度为 2.77×10^5 kJ/(m^3 · h)。负压强较小，约为 −4.571 kPa。在标准状态下，预热器出口处的风流量约为 3.53×10^5 m^3/h（工况下约 8.27×10^5 m^3/h），废气的含尘浓度平均为 55.66 g/m^3，预热器分离效率约为 94.69%，分离效果较好，能满足生产需求。测试期间，冷却机单位时间单位面积的产量为 1811.86 kg/(m^2 · h)，测得出冷却机熟料的温度为 93.9 ℃。熟料单位产品综合电耗为 45.52 kW · h/t，箅冷机的单位熟料电耗为 5.46 kW · h/t。

（2）两档窑

众所周知，预分解窑生料的预热和大部分物料的分解移至窑外的预热器和分解炉，且由于悬浮态物料的传热速率大大高于回转窑内物料层表面接触传热速率，入窑物料分解率显著提高，窑的煅烧能力得到很好发挥。随着预分解技术的进步和发展，窑的单位容积产量不断提高，窑的规格得以缩小。预分解窑在发展初期，采用长径比 $L/D\geqslant15$ 的回转窑来满足水泥熟料煅烧的热工需求，预分解技术的发展进步为回转窑中物料的煅烧提供了很好的预烧条件，新型高效箅冷机及大推力燃烧器的应用为回转窑中熟料的烧成提供了先决保证，所以两档短窑的开发和研制及其在新型干法窑上的应用成为可能，三档窑得以向长径比 L/D 为 10～13 的两档短窑发展。新型超短窑的窑体长度可以比常规预分解窑减少 20%以上，不仅与工艺有关的因素得到大大改善，而且在机械方面的优点也很突出[15]。

预分解窑中物料主要经历的物理化学反应过程有：分解带的少量物料分解；过渡带物料由 950 ℃升温至约 1300 ℃，并完成固相反应；烧成带的熟料烧成以及冷却带的熟料冷却等。因熟料冷却主要由配套的箅冷机承担，所以从理论上讲，预分解窑有分解带、过渡带和烧成带这三带即可。研究表明预分解窑的各带长度应为：烧成带(5.2～5.5)D、过渡带(1.8～2.5)D、分解带(1～2)D(D 为窑的内径)。考虑到实际生产可能的波动和回转窑的适应性，两档短窑的长径比 L/D 控制在 10～12 是完全可行的。

鹿泉金隅鼎鑫水泥有限公司三分公司第 1 次将两档短窑应用于熟料产能为 5500 t/d 的水泥生产线。该生产线由天津水泥工业设计研究院有限公司(以下简称：天津院)设计，采用了新一代预分解技术、两档短窑、第 3 代预热器、第 4 代箅冷机。该生产线于 2009 年 4 月点火投产，窑规格为 ϕ5.0 m×60 m，长径比为 $L/D=12$[16]。

研究表明，在 $CaCO_3$ 分解过程中会形成新生态的 CaO，其具有很高的活化能和很强的反应性。在预分解窑中，入窑物料的分解率至少在 90%以上，一般控制在 95%以上，只有很少量的碳酸盐分解任务留待窑内完成。从煅烧工艺要求讲，如果窑筒体的长径比(L/D)过大，在过渡带没有足够的热量使其迅速升温，分解后的 CaO 微晶和发育不完善的 C_2S 晶体就不能迅速进入烧成带生成 C_3S，反而使 C_2S 在过渡带有充足的时间长大和发育，限制了熟料的结粒和烧结，或者 C_2S 到达烧成带后，需要再提高煅烧温度以形成 C_3S 矿物相，导致能耗、熟料的易磨性和强度都不理想。而在两档窑中，物料在过渡带仅停留 5～60 min 就马上进入烧成带，新生态的 CaO 反应活性得到了充分而及时的利用，在这种情况下所形成的熟料矿物结粒好，多呈微晶和微孔结构，所以可降低烧成温度，减少废气的热损失，使热耗降低，同时熟料的易磨性获得改善，水泥的粉磨电耗降低，进而达到综合减少 CO_2 排放的目的。

福建龙岩三德水泥建材工业有限公司的生产实践也证明，在正常情况下，新型超短窑所生产的熟料质量比较高[16]。此外，将物料在窑内不必要的停留时间缩短之后，窑的负荷减少，熟料单位产品综合电耗降低，机械传动效率得到提升，窑的运行电流也大为降低。再则，从窑的机械受力角度分析，两支点的窑受力更为均匀，调窑时不会发生应力集中。用两支窑墩的短窑，尽管加大了跨间距，但减少了筒体的变形区域，不仅减轻了窑筒体的工作负荷，而且也有利于提高窑内耐火衬料寿命。另外，从基建成本角度讲，短窑是降低投资成本的重要途径。由于窑短，土建、设备制造、耐火材料购置、安装工程等环节累计能够节约数百万元[17]。

短窑在减碳方面的优势还体现在由于窑体长度减短，筒体的散热损失也随之减少，传动功率相应降低。比较河北燕赵水泥有限公司的熟料产能为 5000 t/d 的水泥生产线两档窑(ϕ5.0 m×60 m)和三档窑(ϕ4.8 m×72 m)的生产情况，两档窑的单位熟料表面散热损失比三档窑的要降低约 20.9 kJ/kg，这就相当于降低了能源消耗量以及减少了 CO_2 排放量。

近年来随着水泥工艺技术理论的发展，两档窑以其综合能耗低、煅烧质量好、投资成本低的特点，逐渐被水泥行业认可和接受。但是，两档窑也极易出现窑功率偏高、窑前跑生料、窑速无法提高、熟料质量不易控制等问题。

(3) 沸腾窑

沸腾窑内热量集中、化学反应剧烈，往沸腾窑的底部或中部强制供风，使含有一定热能的物料从中下部或上部进入窑体，在沸腾窑狭小空间内猛烈燃烧，实现生料的快速强化煅烧和/或燃料的快速燃烧。沸腾窑是目前水泥窑协同处置废弃物的较理想设备，从处理方式看其属于外挂式煅烧用或焚烧用设备。

沸腾窑运行试验始于 1984 年，由日本川崎重工业株式会社与住友大阪水泥公司合作，使用熟料产能为 2 t/d 的试验窑进行了基本研究与试验，并得到了日本通产省的资助。1989 年日本煤炭利用中心、住友大阪水泥公司和川崎重工业株式会社三家合作，建成熟料产能为 20 t/d 的中试线，进行了 4 年的运行试验，发展了关键的造粒技术和设备。从 1993 年 4 月开始，日本煤炭利用中心和日本水泥协会组织实施熟料产能为 200 t/d 的窑扩大试验项目，该窑于 1995 年年底建成，自 1996 年 2 月至 1997 年年底进行了 2 年的运转试验，取得了沸腾床水泥窑扩大系数与其运行性能关系的宝贵数据。1997 年年底日本结束了熟料产能为 200 t/d 沸腾床水泥窑系统的中试，并通过各种媒体宣告已经开发成功。这种烧成技术能大幅度地降低水泥生产成本，减少 CO_2 和 NO_x 的排放。熟料产能为 200 t/d 的沸腾床水泥窑系统，包含传统的生料制备系统，生料预热预分解、造粒、烧成和冷却系统，以及热废气处理设备(增湿塔和电收尘器)。预热器由4级旋风筒组成。造粒窑(SBK)是沸腾床水泥窑的核心设备，在1300 ℃条件下生料在造粒窑中结成1～2 mm的料粒。料粒进入烧结窑(FBK)，在1400 ℃条件下烧结成熟料。由造粒窑和烧结窑组成的水泥烧成系统称为"两窑系统"。烧成熟料进入流化床速冷器(FBQ)和移动床冷却器(PBC)冷却。在流化床速冷器中，烧成熟料由1400 ℃迅速冷却至1000 ℃，这是生产优质熟料的一个保证。在移动床冷却器中，熟料进一步冷却至150 ℃，流化床速冷器和移动床冷却器的组合保证了熟料冷却过程中很高的热回收率，而回转窑箅冷机使熟料冷却至250 ℃时要用到大量的过剩空气，热回收率低。在两窑系统中，冷却空气量就是造粒窑和烧成窑中燃料燃烧的空气量[18]。

2009年我国南京旋立重型机械有限公司在陕西安康进行了熟料产能为1000 t/d的亚沸腾窑的研发工作[19]，试生产过程运行基本正常。但鉴于其产能受限，未在我国得到大力发展。现阶段，由于我国水泥窑协同处置任务日益繁重，且处置能力一直无法得到提升，例如，污泥等危险废弃物的处置一直是困扰业界的问题，而沸腾窑在这种情况下就有非常明显的优势。沸腾窑的优势具体表现[18]如下：

① 热耗大幅度下降

与回转窑系统相比，沸腾窑的散热表面积大为减少，由造粒窑和烧成窑烧成的熟料粒度小而均匀，这样提高了流化床速冷器和移动床冷却器中的热交换效率，热回收率大于80%。

② 可以使用劣质煤

在沸腾窑中煤粉是在流态化条件下燃烧的，传热方式是接触传热，所以可以使用劣质煤。试验证明，煤粉入口处无结皮现象，流化床中的煤灰与熟料发生反应，完全被熟料吸收，煤灰自聚集现象不会发生。试验中曾成功地使用了热值为20028 kJ/kg、灰分为32.4%的劣质煤。

③ CO_2 和 NO_x 排放量大幅度减少

与传统的回转窑相比，熟料产能为200 t/d的沸腾窑的热耗下降20%～25%，也就是说燃料排出的CO_2量减少20%～25%，使用劣质煤可进一步减少CO_2排放量。NO_x排放量与火焰温度、燃烧速率和过剩空气系数有关，还随煤中的氮含量而变。沸腾窑系统燃烧温度为1300～1400 ℃，无火焰燃烧；回转窑系统燃烧温度为1800～2000 ℃，带火焰燃烧。因此，沸腾窑的NO_x排放量大幅度减少。

④ 建厂投资省、运转和维修成本低

现代化的熟料产能为3000～4000 t/d的回转窑，其长度为70～75 m；而沸腾窑为立式窑，熟料产能为3000 t/d的沸腾窑的预计直径为10 m，且可将预热预分解炉架于沸腾窑之上，使设备占地面积减少70%，建厂投资减少10%～30%。由于没有像回转窑和箅冷机那样的活动部件，沸腾床水泥烧成系统的机械设备和耐火材料的寿命增长，在热耗降低的同时，运转和维修成本也下降。

⑤ 熟料质量好并容易转换生产特种水泥

沸腾床燃烧的特点是温度波动小，造粒和烧结温度波动被精确控制在±3℃。因此，烧成熟料质量均匀一致，其强度优于或至少等同于现代回转窑水泥。另外，沸腾窑还可烧制喷射水泥和贝利特水泥。用沸腾窑烧制的特种水泥不但水泥质量好，而且成本低。

沸腾窑虽然有上述突出优点，但受产能限制，推荐用于协同处置技术的开发。此外，沸腾窑系统需增加多台鼓风机，生料细度要达到45 μm，其电耗会有一定程度的增加。当然由于熟料为细颗粒，无须破碎，水泥粉磨电耗将明显下降。

4.3.3 高效冷却技术

4.3.3.1 冷却技术概述

熟料冷却机的作用是将回转窑卸出的高温熟料冷却到下游斜拉链机、熟料库和水泥磨所能承受的温度，同时将高温熟料的显热回收进烧成系统，提高系统的热效率和熟料质量。

冷却机主要有三种类型[20]：(1) 筒式(包括单筒及多筒)；(2) 箅式；(3) 其他形式。在预分解窑诞生之前的相当长的时期内单筒式、多筒式与箅式冷却机，长期并存，各自经过不断改进，形成“三足鼎立”的局面。预分解窑问世之后，由于炉用三次风抽取，以及对二、三次风温度日益增高的需求，箅式冷却机得到不断优化改进，现阶段该系列冷却机已经成为预分解窑系统中最佳的熟料冷却匹配设备。

箅式冷却机（以下简称：箅冷机）属穿流骤冷式气固换热设备，冷却空气以垂直方向穿过熟料料层，使熟料得以冷却。箅冷机根据箅子运动方式可分为震动式、回转式和推动式三种类型。在水泥工业发展过程中，随着生产大型化及实践的总结，震动式箅冷机由于震动弹簧设计及材质等方面的原因，20 世纪 60 年代后已被淘汰；回转式箅冷机在同推动式箅冷机的竞争中，由于在对熟料粒度变化的适应性、熟料冷却温度及热效率等方面难以与其匹敌而逐渐落伍，推动式箅冷机已成为当代预分解窑配套选用的主要产品，并且在结构形式等方面得到迅速发展。迄今，箅冷机已经发展到第 4 代[20]。

4.3.3.2 国内外箅冷机的研究现状

（1）箅冷机的发展概况

第 4 代箅冷机通过结构优化和改造升级，大大提高了熟料生产线的单位面积产量，在确保设备高效稳定运转的同时还降低了生产成本，极大促进了我国水泥生产实践经验的进一步积累，与第 3 代箅冷机相比，第 4 代箅冷机的主要结构由固定箅板通风单元与推动棒输送单元组成，后部熟料破碎机被设置为中部熟料破碎机。该系统具有“三高一低”的突出优势，即高热回收效率、高冷却效率、高运转率与低投入成本。从初始的筒式箅冷机到第 4 代箅冷机，箅冷机的发展见证了水泥工业的发展变迁，也适应了节能减排与高质量发展的社会需求。箅冷机是新型干法水泥生产中的重要一环，其工作的好坏不仅直接影响熟料的质量、余热发电量、热量的回收入窑，还对整个窑的稳定运行起着至关重要的作用。从能耗角度来看，一级筒出口烟气温度降低 10 ℃，生产每 1 t 熟料所消耗的标准煤只能降低 0.8 kgce，而二、三次风的温度提高 100 ℃，生产每 1 t 熟料所消耗的标准煤能降低 4 kgce。窑系统最终产量高、品质优良的关键因素就在于烧成温度足够高，而烧成温度高的核心则是提高二、三次风温度。归根结底，这一切都是依靠箅冷机来实现的。二次风温度达到 1250 ℃、三次风温度达到 1100 ℃才是一个性能优秀的箅冷机该有的表现。

箅冷机有两个特点，一个是机械输送，另一个是热交换。热交换的效率体现在二、三次风的温度上，即用尽可能小的风量得到尽可能高的二、三次风温度，但过去水泥业内将箅冷机单纯地看做一个机械设备来管理维护，忽略了其作为热工设备的重要特性。以箅冷机相关运行数据来看，大部分水泥企业在标准状态下单位熟料的冷却风量为 1.6～1.8 m^3/kg，单位熟料的冷却电耗平均为 6.5 kW · h/t，箅冷机热回收效率约为 65%，而电耗高的企业的单位熟料的冷却电耗的平均值＞8 kW · h/t。反观目前综合性能最好的一款国产箅冷机，在标准状态下单位熟料的冷却风量为 1.3 m^3/kg，单位熟料的冷却电耗仅为 4.5 kW · h/t。可以说，箅冷机在冷却风量、冷却（鼓风）电耗和二、三次风温度方面还存在着很大的升级空间。“风短路”的根本原因是机械设备在热工状态下存在较大的间隙，通过调整熟料的结粒性以及料层厚度也很难彻底解决[21]。要杜绝“风短路”问题，箅冷机固定床的设计、箅板的尺寸设计就显得十分关键。采用专家系统诊断、控制箅冷机换热特性、流体状态，可保证热回收效率达到 80%（二、三次风温度分别为 1250 ℃、1100 ℃）。

（2）箅冷机运行状态影响因素研究[22]

目前在我国水泥工业应用较广的主要是第 3 代推动式箅冷机，近年来虽然业内一直推行固定箅床＋推动棒结构的第 4 代箅冷机，但在其服役过程中往往由于运行参数控制不到位、供给风比例不合理等引起熟料出口温度高和热回收二、三次风温度较低、箅床磨损较大等问题，众多学者对此表示了极大的关注并提出了诸多针对性解决方法。例如，某公司发现其所用推动式箅式冷却机在投产运行后出现熟料“红料”现象和箅板磨损开裂、尾部锤式破碎机锤头磨损大等问题，分析后证实这种现象与高温段鼓风机风量及风压不足所导致的高温熟料结块有关。

作为新型干法水泥生产线的重要环节之一，处于良好运行状态的箅冷机在保证熟料冷却质量情况下，能提高二、三次风温度并用于余热发电，获得更高的热回收效率，从而明显降低整个窑系统的熟料烧成能耗。

(3) 箅冷机节能改造研究

从降低熟料能耗、提高熟料产量以及保证熟料质量的角度，众多学者结合实际水泥生产线工况对箅冷机进行了节能改造，提出了许多可供参考的箅冷机节能改造措施。生产能耗作为水泥企业能源评价体系中一个非常重要的技术指标，如果不能开展在线分析检测，就不能够为企业提供能源管理方面的可靠能耗数据，亦不能从节能减排的角度实现箅冷机的优化指导。

综上所述，随着新型干法水泥生产线的不断增长及发展，冷却机从早期的筒式冷却机发展成目前应用较广泛的第3代、第4代箅冷机，极大地提高了冷却机从高温熟料中回收的热量，很好地改善了冷却熟料质量，但参数调整不及时、供给风比例不合理等设计、管理方面的原因会使箅冷机在实际运行过程中无法实现高效、平稳的运行。影响箅冷机热回收效率及冷却效率的因素众多，实际箅冷机运行所采取"具体问题具体分析"的解决方法，存在一定局限性。当然若箅冷机的热回收效率较高，不仅能使二次风和三次风携带足够的热量返回烧成系统，降低回转窑对熟料进行煅烧以及分解炉对生料进行分解所需的煤耗，还能从生料分解、熟料煅烧及熟料冷却方面提高熟料的质量，使熟料的质量达到工艺指标要求。

4.3.3.3 典型案例

(1) Sinowalk 型行进式箅冷机

目前大量应用的第3代充气梁箅冷机，存在着设备故障率高、结构复杂、系统运行阻力高、箅床占用空间大、冷却风难于控制等问题[23]，鉴于此，天津院在长期大量的工程实践中对箅冷机的结构形式进行了大量的优化和改进，从减少箅冷机故障率、提高运转率、提高热回收效率、简化装备结构、降低装备高度等方面进行了深入研究和模拟试验，推出了新一代(第4代)的 Sinowalk 型行进式箅冷机。该设备具有模块化设计、依料床变化自动稳定冷却风量、无漏料等特点，应用了包括空气流量控制阀(STAFF 阀、TC 阀)和特殊四连杆机构的传动支撑系统在内的多项专利技术，采用国际先进的行进(Walking Floor)式原理，通过一系列优化设计，真正实现了箅冷机的高效、低故障率。

Sinowalk 型行进式箅冷机具有"三高一低"优势，即高热回收效率、高输送效率、高运转率和超低磨损率。其主要技术性能指标如下：

① 单位时间单位箅床面积的产能为 42～46 $t/(m^2 \cdot d)$；

② 在标准状态下冷却 1 kg 熟料的风量为 1.6～2.0 m^3；

③ 热回收效率为 72%～75%；

④ 运转率>95%；

⑤ 出料温度为 65 ℃+环境温度(粒度≤25 mm)。

Sinowalk 型(第4代)行进式箅冷机包含有上壳体、下壳体、箅床、空气流量控制阀、液压传动系统和熟料破碎机等部件。箅床由多列纵向排开的行进式箅板组成，纵向单元均采用液压控制，运行速度可以调节，进料段保持可控气流箅冷机固定倾斜箅板，此结构可以消除"雪人"现象的危害。熟料均匀堆积在水平槽型不漏料箅床上，随着箅床的往复运行，冷风垂直透过料层达到冷却熟料的目的。[22]

该冷却机的主要创新点为：

① 标准模块化设计，结构紧凑，维修简单；

② 水平行进式箅床，输送效率高，运行可靠、磨损少、运转率高；

③ 四连杆传动机构，操作维护简单；

④ 流量自动控制调节，热效率高，冷却风量少；

⑤ 全自控液压传动系统，运行更平稳；

⑥ 布置灵活，无漏料灰斗，可直接落地布置，显著降低烧成车间高度、节省系统投资费用。

Sinowalk 型行进式箅冷机的结构示意，如图 4.8 所示。

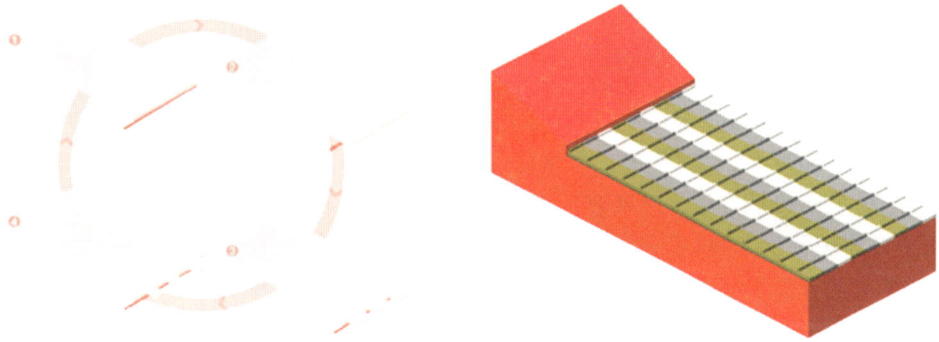

(a) (b)

图 4.8 Sinowalk 型行进式箅篦式冷却机的结构示意

(a) 四连杆机构的传动支撑系统；(b) 箅床构造

Sinowalk 型行进式箅冷机的使用提高了我国新型干法水泥生产的技术、装备水平，提高了企业的经济效益。该产品不仅具有国际先进和国内领先水平，填补了国内同类产品的空白，而且造价仅为同类进口产品的 1/3～1/2，实现了完全国产化。

(2) 中置辊破箅冷机

大型中置辊破箅冷机(Sinowalk7500)是国内第一台拥有自主知识产权的采用中置辊破的第 4 代冷却机。天津院吸收了国外先进的设计理念，并结合国内机械加工制造水平和用户使用反馈经验，最终研发成功。它具有高冷却效率、高热回收效率、高运转率、低磨损率、合理的前期投资费用和较低的后期维护费用等技术优势。其主要技术性能指标分别为：熟料出口处温度<(环境温度+65 ℃)，在标准状态下单位熟料的冷却风量为 1.6～2.1 m^3/kg，热回收效率 75%左右，单位时间单位箅床面积的产量高达 42～45 $t/(m^2 \cdot d)$。

中置辊破箅冷机与国外同类产品主要技术参数对比，如表 4.3 所示。

表 4.3 中置辊破箅冷机与国外同类产品主要技术参数对比

研发公司	德国 CP	德国 IKN	德国 Polysius	天津院
型号	ETA10610		Polytrack	Sinowalk7500
产能(t/d)	5500	5500	5500	7500
箅床面积(m^2)	128.8	127.9	125	189
单位时间单位箅床面积的产量[$t/(m^2 \cdot d)$]	42.7	43	44	40.4
单位熟料的冷却风量(m^3/kg)	1.802	2.1		1.9
装机功率(kW)	2164	1117		1800
箅床宽度(mm)	3600	4600	4400	5400
传动列数/列	6		8	9
下料斜坡角度(°)	15	15	14	12
液压传动功率(kW)	4×90	2×90		4×75
热回收效率(%)		75		75

由表 4.3 可以看出，中置辊破箅冷机各项技术参数已经达到甚至超过国际同类产品水平。辊式破碎

机位于箅床中间部位，高温熟料在第一段箅床冷却后，经中置辊式破碎机破碎成粒径＜25 mm 的颗粒，再在第 2 段箅床冷却。这种结构的冷却机，熟料冷却效果好，热回收效率高，大大提高了余热发电能力。同时，相比于尾置破碎机，中置辊破箅冷机单位箅床面积的产量更高，冷却相同熟料用风量更少，达到节能降耗的目的。[24]

2009 年 8 月 11 日，天津院自主研发的产能为 7500 t/d 的大型中置辊破箅冷机被成功应用于黔南州惠水泰安水泥有限公司的新型干法水泥生产线，该冷却机的投入使用不仅意味着我国在第 4 代冷却机的规格上有所突破，更重要的是打破了国外对于中置高温熟料破碎机的垄断。它是国内首台完全自主研发和制造的采用中置辊破的冷却机，实现了中置高温熟料破碎机的完全国产化。中置高温熟料破碎机的辊圈材料于 2013 年被授予国家发明专利，这在我国第 4 代冷却机的发展中具有里程碑式意义。

大型中置辊破箅冷机的结构示意，如图 4.9 所示。

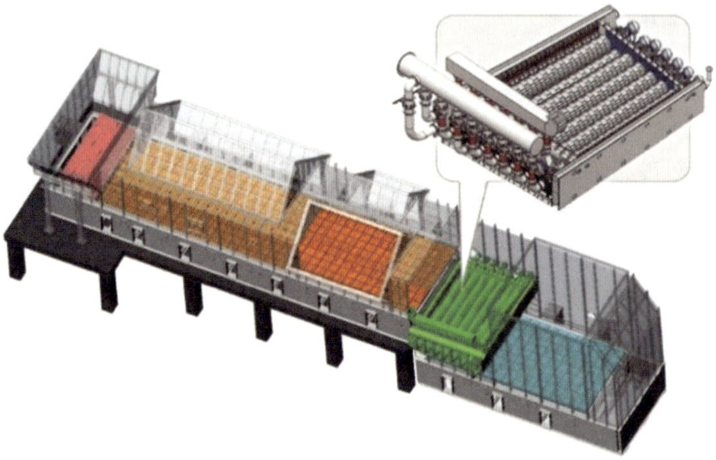

图 4.9　大型中置辊破箅冷机的结构示意

贵州惠水西南水泥有限公司、广西华润红水河水泥有限公司等水泥公司项目的顺利投产，证明了中置辊破冷却机的价值所在。它不仅带来了直接的经济效益，而且产生了广泛深远的影响和良好的社会效益。经实践检验，中置辊破冷却机有助于实现水泥生产的总体节能降耗要求，从而实现水泥生产的节能减排目标。经专业技术鉴定，该冷却机各项性能指标全部达到设计要求，运转稳定可靠，显示出优良的性能。

4.3.4　燃料高效燃烧技术

4.3.4.1　燃料燃烧技术概述

近年来，随着各国政府对环保工作的日益重视，全世界范围内都兴起了治理污染、保护环境的热潮。新的环保技术及产品不断涌现，同时也不断地产生新的难题。煤粉燃烧产生污染物在污染排放中占重要地位，也是历来治理污染的重点和难点。许多国家在治理环境污染活动中一直把它作为中心任务，也取得了比较明显的效果[25]。

煤粉高效洁净燃烧及烟气净化技术包括高效燃烧技术、低 NO_x 燃烧技术、烟气脱硫技术、烟气脱硝技术、收尘技术等。

4.3.4.2　燃料燃烧技术国内外研究现状

一般而言，煤粉高效燃烧技术与低 NO_x 燃烧技术是互相矛盾的两种技术。减少 NO_x 生成量与排放量的根本在于控制燃烧区域的温度不能太高，但低温燃烧又影响煤粉的燃烧率。协调好这两项技术的应用使之达到综合最佳效果，实际上就要求对煤粉燃烧的全过程加以控制，既能够保证煤粉着火的稳定性，又有足够长的并在较低燃烧温度下的燃烧时间保证燃尽。

目前，世界上较先进的燃烧技术基本兼顾了以上要求。

例如，美国 ABB-CE 公司利用一次风弯头的惯性分离作用，在弯头出口中间设置了孔隔板，将煤粉气流分成上下浓淡两段气流，形成上下浓淡煤粉燃烧器（直流燃烧器），并在喷口处装有轴向距离可调整的 V 形钝体，通过合理组织二次风，同时达到了稳定、高效、低 NO_x 排放的燃烧效果[26]；日本 MHI 公司开发了 PM 型燃烧器[27]（直流燃烧器），其利用弯头的离心作用，将一次风同样分成上下浓淡两股气流，同时采用烟气再循环和炉内整体分级燃烧技术，也达到了较好的效果。

美国 FW 公司利用旋风子使进入主燃烧器（旋流燃烧器）的一次风浓度增加，降低一次风风速以保证煤粉气流着火稳定性，并控制 NO_x 的生成量[28]；有较多工业应用的还有美国 B&W 公司的 PAX 型旋流煤粉燃烧器、日本 IHI 公司的宽调节范围旋流煤粉燃烧器、德国 Steinmuller 公司的多级分级供风旋流燃烧器等。

上述这些工业产品均能够保证 NO_x 排放量在标准状态下为 $<400\ mg/m^3$，并具有较高燃烧效率。目前，国外正在开发的低 NO_x 燃烧技术，可以将 NO_x 生成量控制约为 200 mg/m^3，已达到了比较高的水平。但是，由于世界上很多先进国家对 NO_x 排放规定了严格的标准，仅靠这些开发和改进的燃烧技术难以达到 NO_x 控制标准，因而有些企业在窑尾增设了烟气脱硝装置。

我国近年来也开发了很多形式的低 NO_x 燃烧技术，具有代表性的是浓淡煤粉燃烧器，包括水平浓淡、上下浓淡直流燃烧器、旋流燃烧器和可控浓淡旋流燃烧器等。但由于我国存在煤种多变等问题，致使这些技术在应用中遇到了一些问题，包括采用国外类似技术制造的燃煤机组也遇到了同样的问题。通过努力，最近有研究者针对褐煤锅炉开发并已工业应用的具有一定煤种自适应性的低负荷稳燃低 NO_x 排放成套燃烧技术，在标准状态下可以将 NO_x 排放量控制为 $<400\ mg/m^3$，燃烧效率 $>99\%$，比较先进。

4.3.4.3 典型案例

（1）大推力多通道燃烧节能技术

大推力多通道燃烧器[29]，是由内部的旋流风通道、中间的煤流通道、外部的轴流风通道以及最外部的冷却风通道构成的燃烧器。煤粉从多通道燃烧器喷出燃烧，除空气输送煤粉本身就是煤粉与风的预混合外，还要经过多次扰动、混合。外部的轴流风通道将高压空气从通道中送出，使局部的出口空气风速达 300 m/s 以上，在高速气流的卷吸作用下，大量二次风进入燃烧区域，极大地提高了煤粉的燃烧速率和温度。该燃烧器在较小的一次风量条件下获得更高的火焰温度，从而达到节能降耗的目的，其对不同煤质的适应性也大幅提升，能使用 17556 kJ/kg 的低热值无烟煤。同时，在轴流风通道外侧布置冷却风通道对设备运行进行技术保护，延长了设备的使用寿命。

大推力多通道燃烧器的工艺流程，如图 4.10 所示。

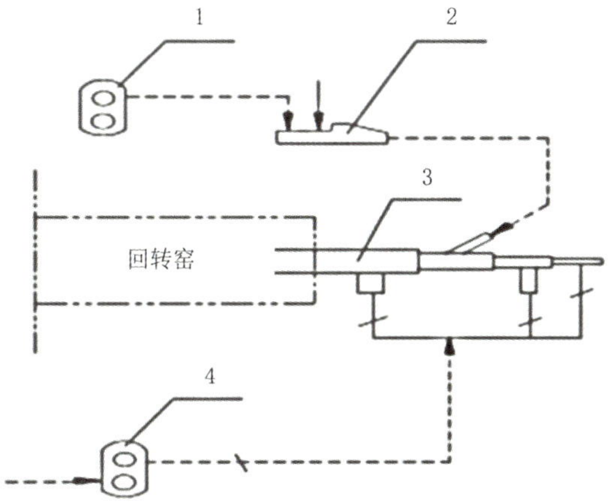

图 4.10 大推力多通道燃烧器的工艺流程

1—煤风风机；2—螺旋泵；3—燃烧器；4—净风风机

煤粉经计量后由送煤罗茨风机送入燃烧器，一次风（包括煤风和净风）由罗茨风机供给。大推力多通道燃烧器一次风风量占总用风量的比例小于 8%，一般燃烧器约为 12%；每 1 t 熟料的烧成热耗量比一般燃烧器降低 3.5 kgce 以上。其对燃料适应性强，可烧烟煤、褐煤、劣质煤和无烟煤，实现多种燃料混烧。

大推力多通道燃烧器由合肥水泥研究设计院有限公司（以下简称：合肥院）在河北燕赵水泥有限公司熟料设计规模为 5500 t/d 的生产线进行了技术应用。相应节能技改投资额约 120 万元，建设周期为 6 d，改造后熟料产能由实际 5700 t/d 提高到 6150 t/d，每 1 t 熟料的烧成热耗量降低了 3.6 kgce。年节能 6.16×10^6 kgce，年节能经济效益约 620 万元，投资回收期 2～3 个月。

(2) 富氧燃烧

富氧燃烧(Oxygen Enriched Combustion,缩写 OEC)是指助燃用的氧化剂中的氧浓度高于空气中的 O_2 浓度(约为 20.95%)。

富氧燃烧在节能减排方面的作用[30-31]：

① 增加空气中 O_2 的浓度,可提高可燃物质与氧气接触的概率,从而提高燃尽速率。

② 提高空气中氧的含量,可在一定程度上减少燃烧用风,减少废气排放,降低热能损失,从而实现节能减排。

③ 促进燃料的集中燃烧,提高了火焰黑度,使热辐射迅速增强,而且提高了火焰对窑内物料的传热速率,将燃料本身具有的能量更多地传给物料,减少其释放出的能量不能全部传给物料而随废气流失造成的浪费。

④ 减少废气排放量,同时可减小废气处理的压力,使高温风机和尾排风机的负荷变小,并适当降低风机等设备的电耗。

富氧燃烧作为一种高效的燃烧方式,以其良好的节能减排效果得到迅速的发展,1937 年转炉底吹富氧炼钢是世界上最早的富氧燃烧在工业上的成功应用。西方发达国家及苏联早在 20 世纪 70 年代末就开始了玻璃炉的富氧燃烧应用研究,并取得了良好的效果。

迪庆香格里拉昆钢鸿达水泥有限公司(以下简称:香格里拉公司)是云南水泥建材集团有限公司下属企业,地处云南省迪庆藏族自治州香格里拉市建塘镇诺西村。厂址区域海拔约为 3350 m,该公司熟料生产规模为 2500 t/d 的新型干法水泥生产线技改项目 EPC 总承包工程,于 2015 年 9 月 30 日举行点火仪式,并于 2016 年 4 月正式进入试生产阶段。

香格里拉公司从 2020 年开始会同玉溪西美西节能减排服务有限责任公司(以下简称:西美西公司)开展试点运行,经过两年多开发出压缩空气节能挖潜膜法制备富氧技术,该技术采用"以压缩空气换氧气"方案,可分离纯度 35%～45%、压强≥50 kPa(表压)的富氧空气,分别替代窑头一次风、送煤风,降低富氧成本。

对比应用富氧系统前后窑工况及参数变化可以发现:窑头火焰亮度增强,氮氧化物含量呈上升趋势,二次风风温由 1080 ℃逐步上升到 1140 ℃,烟室温度由 1125 ℃下降至 1118 ℃,窑电流略有上升,窑头喂煤量保持不变,烧成带温度提升(窑高 17 m 处温度由 391 ℃下降至 372 ℃)。

经过一段时间磨合后,窑头一次风机和窑头喂煤风机投入富氧后,烧成带温度明显提升,熟料质量改善,煤耗也有一定降低。根据热工标定数据以及生产检测数据进行反求,对比富氧燃烧投入前的数据,富氧系统投入后熟料单位产品综合标准煤耗量下降 2.02 kgce/t。

压缩空气节能挖潜膜法制备富氧的工作原理及设备模型,如图 4.11 所示。

基于香格里拉公司对富氧煅烧的要求,从 2020 年开始西美西公司以香格里拉公司水泥窑为试点,经过两年多开发出压缩空气节能挖潜膜法制备富氧技术,是一种零能耗或者低能耗(总功耗<10 kW)"以压缩空气换氧气"的方案。

该技术的优点在于:

① 充分利用水泥工艺需要煤粉收集、清灰、清堵、阀门控制等水泥工作用制备的压缩空气,采用先进的特种膜分离工艺技术将压缩空气提取为富氧和富氮气体;以正压膜分离技术制氧,工作压强 0.55～2.0 MPa,工作温度 15～55 ℃;

② 分离出的富氮(氮气浓度高于 88%,露点低于 −20 ℃,压强较输入压缩空气约降低 0.05 MPa)的气量和压强经过压强调整后完全满足原用于吹扫等水泥工艺的用气的清灰、清堵、阀门控制等压缩空气需求;并可以输送到煤粉仓用于防爆,可以起到防爆、防止煤粉结块自燃、防止水泥结块结皮等;

③ 和同等富氧浓度技术相比,可等能耗或低能耗获取氧气,分离出富氧浓度为 35%～45%、压强≥50 kPa(表压)的富氧空气,分别送入窑头、窑尾以完全取代鼓风机送风,可抵消或降低制氧压缩功率消耗,可获得低成本的氧气,节约了能源,是水泥窑富氧煅烧节能挖潜的首先方案。

燃料燃烧实质上是碳、氢物质的氧化放热过程,煤粉燃烧需要大量的助燃空气。但是,助燃空气中 O_2

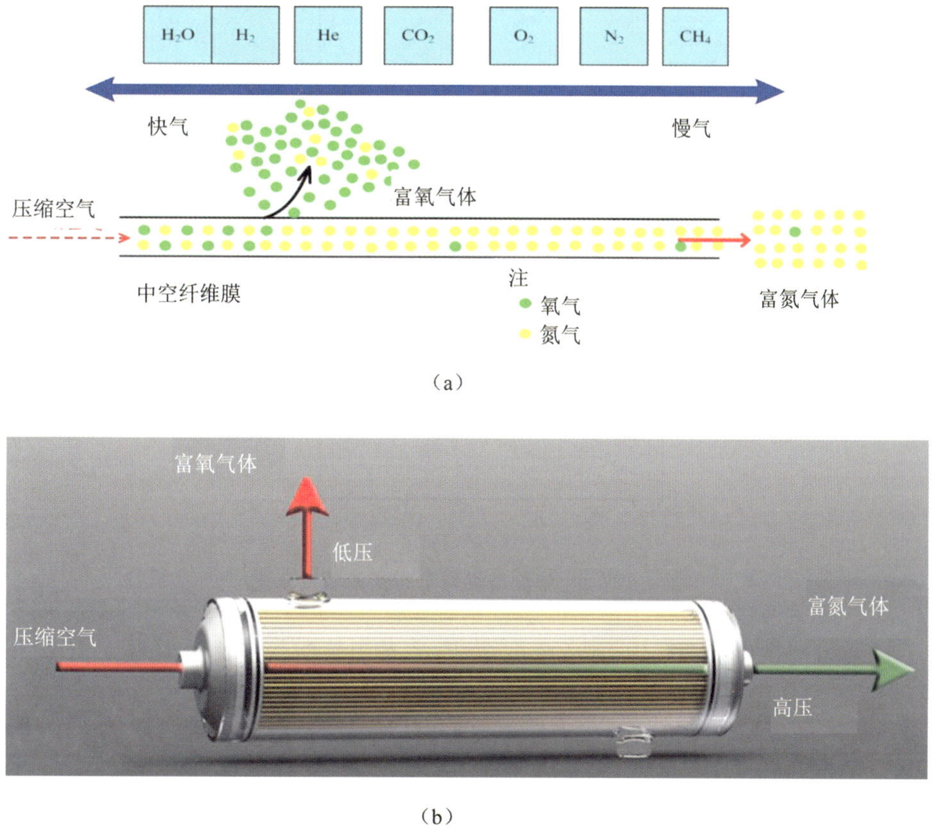

图 4.11　压缩空气节能挖潜膜法制备富氧的工作原理及设备模型

(a) 工作原理;(b) 设备模型

(西美西公司提供)

的体积含量仅约 21%,N_2 的体积含量接近 79%,在煤炭燃烧过程中惰性的氮气稀释了助燃 O_2 的浓度,使得煤炭燃烧不充分、火焰辐射能力下降,还带走了煤粉燃烧产生的部分热能。

富氧供气方案的参数,如图 4.12 所示。

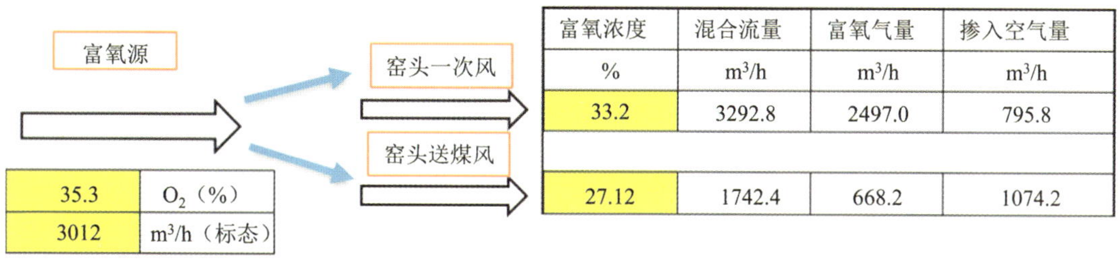

富氧浓度	混合流量	富氧气量	掺入空气量
%	m^3/h	m^3/h	m^3/h
33.2	3292.8	2497.0	795.8
27.12	1742.4	668.2	1074.2

图 4.12　富氧供气方案的参数

水泥熟料煅烧富氧助燃技术主要是采用变压吸附制氧、膜分离制氧、深冷制氧等方法制备高氧浓度气体,再喷入窑炉中助燃。国家科技支撑课题"水泥窑炉富氧和分级燃烧减排 NO_x 技术与示范应用"的研究表明,随着助燃空气中 O_2 浓度的增加,燃料节省量也同步增加,燃烧(烟气)温度越高,燃料节省更显著。在示范应用中,当助燃空气中氧浓度增加到 28%时,水泥窑炉的产量增加 15%,单位产品能耗下降 10%[32]。

O_2 浓度与燃料节省量的模拟分析,如图 4.13 所示。

(3) 全氧燃烧

全氧助燃技术即是将水泥窑炉中的煤粉助燃空气用纯氧代替,其制氧工艺与富氧燃烧的要求基本相同,但水泥窑炉工艺装备必须有较大的改进。由于分解炉及预热器系统中悬浮加热和煅烧需要适宜的流场分布和气固比,采用全氧助燃技术后窑炉排出的烟气需要部分循环才能稳定窑炉中水泥熟料煅烧过程

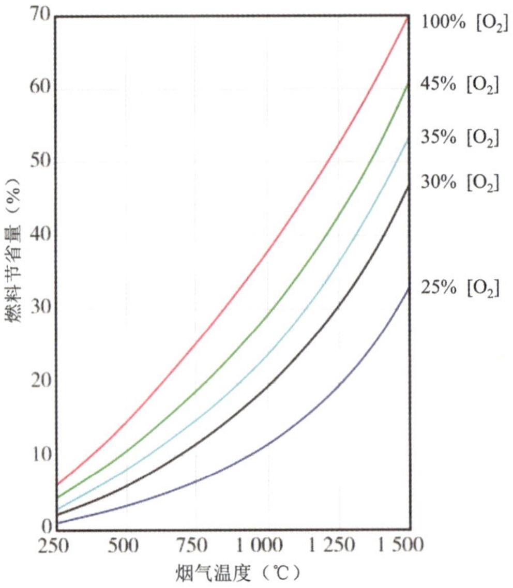

图 4.13　O_2 浓度与燃料节省量的模拟分析

的气-固流场；且随着窑炉排出的烟气中 CO_2 浓度增加，生料中碳酸盐矿物分解温度也会相应提高，这就需要对分解炉结构进行改造，以保证入窑热生料碳酸盐矿物的分解率。窑炉烟气循环还需要研发全新的篦冷机系统，即在箅冷机前段需要采用循环烟气冷却水泥熟料，同时要防止箅冷机后段冷却熟料空气进入窑炉系统中。

欧洲水泥研究院提出的水泥熟料煅烧全氧助燃窑炉工艺模拟，如图 4.14 所示。

图 4.14　水泥熟料煅烧全氧助燃窑炉工艺模拟

全氧助燃技术可以进一步提升水泥窑热效率，减少大气污染物排放，增加窑炉单位容积产量。此外，高浓度 CO_2 烟气的排出，对后续的 CO_2 捕集利用也带来了较大的便利，相关项目工程化应用正进行前期准备工作。

4.3.5　新型保温隔热技术

4.3.5.1　保温隔热技术概述

保温隔热材料在工业领域的应用十分广泛。在工业领域中，很多高温环境需要保温隔热材料拥有很好的耐高温和隔热效果，尤其是在冶金、建材、热力、化工等行业，对保温隔热材料的耐高温和隔热性能要求更高。

保温隔热材料,是指一类具有极低导热能力的材料。

根据材料形态和工作原理的不同,对于保温隔热材料可作如下划分:

① 多孔材料

多孔材料是利用材料本身所含的孔隙实现隔热的,因为孔隙内的空气或惰性气体的热导率很低。例如,泡沫材料、纤维材料等都是多孔材料。

② 真空绝热材料

真空绝热材料是利用材料的内部真空阻隔对流从而实现隔热的。

③ 热反射材料

热反射材料是利用材料具有很高的反射系数而将热量反射出去从而实现隔热的。例如,金、银、镍、铝箔或镀金属的聚酯、聚酰亚胺薄膜等。

根据材料的耐温范围不同,对于保温隔热材料可作如下划分:

① 低温保温隔热材料;

② 中温保温隔热材料;

③ 高温保温隔热材料。

在保温隔热材料实际选用中,应从经济方面、安全方面、美观方面和实用能力方面共同考量。保温隔热材料的耐温性能必须符合使用环境。选择低温保温隔热材料时,一般选择分类温度低于长期使用温度10~30 ℃的材料。选择中温保温隔热材料和高温保温隔热材料时,一般选择分类温度高于长期使用温度100~150 ℃的材料[33]。

耐高温材料包括耐火材料和耐热材料,有无机化合物材料,也有高分子聚合物材料。耐热聚合物可用作耐高温薄膜绝缘材料、耐高温纤维、耐高温涂料、耐高温黏合剂等。按照耐高温的时间,其又可分为瞬间耐高温材料和较长时间耐高温材料[34]。前者在1000~10000 ℃高温下能耐几秒到几分钟。烧蚀材料也是耐高温材料。

高温保温材料有岩棉板、挤塑聚苯板、膨胀聚苯、玻璃棉、聚氨酯发泡材料、珍珠岩浆料、硬质聚氨酯板及胶粉聚苯颗粒保温浆料等。其中,岩棉板、胶粉聚苯颗粒保温浆料和硬质聚氨酯板的保温效果会比较差,聚氨酯发泡材料的防火性较差。

4.3.5.2 新型保温隔热技术的国内外研究现状

从2016年开始,水泥生产企业越来越重视节能减排和生态环保,不少企业开始重视节能扩容,通过使用新型材料和技术做到更低的能耗,扩充产能,进一步提升经济效益。使用保温隔热材料便是其中最重要的一个环节,为进一步降低窑、炉系统的散热,使用新型的纳米隔热材料成为行业的一种新趋势。纳米隔热材料具有导热系数更低、隔热效果更好、材料厚度更小的优点,可以有效地降低外壁温度,减少热量损失,降低煤耗,同时可以达到扩容提产的效果。

纳米隔热材料的工作原理主要体现如下[35]:

① 纳米 SiO_2 颗粒之间的接触面积较小,其热导率也较其他隔热材料低。

② 根据分子运动和碰撞理论,气体传热主要是通过高温侧的高速分子与低温侧的低速分子相互碰撞来实现的,由于空气中主要成分 N_2 和 O_2 的平均自由程约为70 nm,因此,当材料内部的孔径小于这一临界尺寸时,气体分子的对流传热被抑制,从而获得更低的热导率。

另外,通过添加 SiC、$ZrSiO_4$ 等对一定波段红外光具有散射和吸收作用的辐射热遮蔽微粉,也可以大幅度地抑制高温辐射引起的热传导。

纳米隔热材料与传统隔热材料在不同温度下热导率的对比,如图4.15所示。

图4.15显示了纳米隔热材料与传统隔热材料在不同温度下的隔热效果对比。由此可见,纳米隔热材料的热导率远低于传统隔热材料,而且随着使用温度的提高,纳米隔热材料的隔热优势更加明显。

目前,纳米隔热材料在水泥生产中的应用,主要包括[35]:

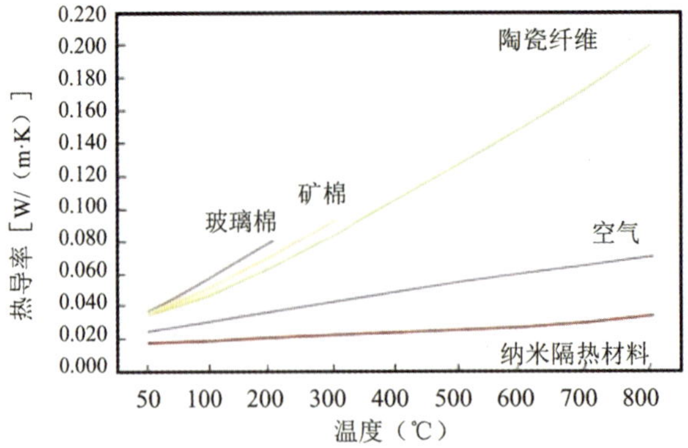

图 4.15　纳米隔热材料与传统隔热材料在不同温度下热导率的对比[35]

① 旋风筒

水泥窑烧成系统的旋风筒通常采用耐火砖、浇注料或硅酸钙板，在不需要扩容的情况下，采用纳米隔热材料时隔热效果提升明显，节能效果良好。某厂五级旋风筒锥体部分，采用厚度为 25 mm 纳米隔热板代替厚度为 115 mm 的硅酸钙板隔热，隔热层厚度减少了 90 mm，既解决了设备扩容问题，又达到了系统节能降耗的效果。

② 烟气室

某厂窑尾烟气室内部温度约为 1150 ℃，将原有厚度为 150 mm 的浇注料和厚度为 100 mm 的硅酸钙板替换为厚度为 175 mm 浇注料、厚度为 50 mm 的高温陶瓷纤维板和厚度为 25 mm 的纳米隔热板，耐火衬料总厚度不变，浇注料增厚 25 mm，外壳温度对比平均下降 19 ℃，隔热效果明显，达到了节能降耗的目的。

③ 三次风管

某水泥厂三次风管直立段，用厚度为 25 mm 的纳米隔热板代替原有厚度为 25 mm 的硅酸钙板。根据工厂实际生产的外壳温度对比效果得知，在相同隔热厚度的情况下，纳米隔热材料比传统隔热材料性能好得多，外壳温度低约 42 ℃。

④ 水泥磨后滑履

由于熟料高温传热，通常滑履的温度比较高，尤其到夏季，滑履部位经常会出现超温报警，严重影响水泥厂的正常生产。采用厚度为 5 mm 的纳米隔热毡后，能将滑履温度控制在正常生产范围。

4.3.5.3　典型案例

作为水泥生产设备重要组成部分的保温材料，对设备能耗的影响较大，而纳米隔热材料是目前隔热效果最好的保温材料之一，被逐步应用在水泥生产设备上，它不仅可以极大地降低设备表面温度，而且能够有效地降低设备的热损耗，提高生产效率，降低生产成本，具有很好的经济和社会效益。

如某水泥厂三次风管使用纳米隔热材料前后风管内外温度的对比，如表 4.4 所示[35]。

表 4.4　某水泥厂三次风管使用纳米隔热材料前后风管内外温度的对比

材料名称	隔热结构	使用长度(mm)	滑履温度(℃)	
			内部	外部
微孔硅酸钙板	高铝砖(厚度 114 mm)＋保温砖(厚度 65 mm)＋硅酸钙板(厚度 25 mm)	900	1150	148
纳米板	高铝砖(厚度 114 mm)＋保温砖(厚度 65 mm)＋纳米板(厚度 25 mm)	1250	1150	104

由表 4.4 可见，在没有其他降温措施的情况下，三次风管保温隔热层用 25 mm 纳米隔热板代替 25 mm 硅酸钙板。替代后工厂实际生产的外壳温度对比效果如表 3，在相同隔热厚度的情况下，纳米隔热材料比传统隔热材性能好很多，外壳温度约低 44 ℃，确保工厂实现了连续稳定、优质低耗的生产目标。

4.4 粉磨系统的过程减碳技术及实践探索

水泥粉磨工艺系统有以球磨机、立磨、辊压机、辊筒磨等作为终粉磨设备的粉磨系统；有以细碎机、辊压机、立磨下部粉磨单元、短球磨等作为预粉磨设备与球磨机组成的预粉磨系统；亦有辊压机、立磨下部粉磨单元和球磨机组成的联合粉磨或半终粉磨系统[36-38]。

4.4.1 粉磨装备技术发展态势

4.4.1.1 粉磨节能降耗技术发展现状

(1) 辊压机工艺及装备技术发展现状

辊压机(Roller Press)是利用在两个加压表面之间对散粒状物料进行料床粉碎的原理进行设计的，两个辊子作慢速相对运动，其中一个是固定辊，另一个辊可以作水平方向的滑动。

20 世纪 80 年代中期，合肥院、天津院、洛阳矿山机器厂等单位引进了辊压机设计和制造技术。经过几十年技术转换以及研发改进，国产化的辊压机已大规模应用于各大水泥企业。

辊压机诞生至今已有 40 余年，其卓越的破碎和粗磨功能已被普遍认同，在国内外水泥行业得到了广泛应用[39-41]。

当前，国内辊压机已基本实现了国产化，以合肥院 HFCG、天津院 TRP 等为代表的一系列辊压机已应用于国内各水泥企业，而且辊压机逐渐朝着大型化发展，最大直径超过 2 m，装机功率超过 4000 kW。国际上水泥辊压机料床终粉磨技术不断发展并成熟，利用料床粉碎原理，粉磨系统增产节能效果非常显著，其与球磨系统相比，可节电 30%以上。辊压机应用于水泥粉磨初期，辊压机预粉磨系统的物料不经分级，仅相当于破碎机的配置，入磨粒径分布较宽、粗细不均；随着粉磨技术的进步，物料分级设备的开发与应用技术不断升级。辊压机与不同的动态或静态分级设备以及动、静结合的两级分级设备配套使用，物料分级精度大幅度提高，并与成品选粉设备和管磨机共同组成联合粉磨系统或半终粉磨系统、终粉磨系统(不配置管磨机)等。

辊压机因能量利用率高、粉磨元件服务寿命长及灵活性高能应用于多种系统中，辊压机联合粉磨、半终粉磨等工艺已取代早期的辊压机循环预粉碎工艺而成为目前的主要粉磨工艺，而极个别企业实现了辊压机终粉磨系统的应用。辊压机和球磨机组成的联合粉磨系统相比单独球磨机系统，产量增幅超过 50%，水泥粉磨电耗量降低幅度可超过 30%，当辊压机和球磨机装机功率比>1时，系统粉磨的电耗为 26～29 kW·h/t，部分优秀生产线的电耗为 22～24 kW·h/t。

目前，辊压机节能降耗技术主要集中向稳定辊压机做功技术、提高做功(挤压)效率方向发展。因为辊压机在运行过程中亦暴露出了如下一系列问题：

① 喂料不均、振动大；

② 运行不够平稳、液压阀件损坏严重；

③ 辊面磨损大，辊压机长期偏辊运行，动辊滑道磨损严重，致使两辊出现错位现象，挤压做功效果差；

④ 停机频繁，导致运转率低、维修工作量大。

因此，辊压机粉磨系统的电耗较高，通常是由于辊压机运行不稳定，无法充分发挥其预粉磨功效导致的。针对辊压机实际运行中不稳定的状况，目前主要节能降耗技术措施有：

① 对辊压机液压系统进行改造，提升稳定压力控制能力。

② 对物料运输、下料过程稳定性及均匀性进行控制，如 V 形喂料溜子多通道改造、V 形内部叶片改造，稳流仓增加布料器、下料管扩容，采用新型密封喂料器等。

③ 采用新型辊面材料(柱钉辊面、合金辊面)等。

(2) 立式磨机工艺及装备技术发展现状

立式磨机(Vertical grinder)，简称立磨，又称辊磨机(Vertical Mill)，是根据料床粉磨原理设计的通过相对运动的辊磨、磨盘研磨装置来粉磨物料的机械。古老的辊式磨以重力加载(例如,轮碾机),磨盘不动,磨辊运动,靠磨辊自重压碎物料。

近代辊式磨诞生于20世纪初的美国,不久传到德国。1906年,Curt Von Grueber从美国返回柏林创建机械制造厂并生产出首台Maxecon磨机,它是一个环辊磨机,该磨机有一个绕水平轴旋转的立式粉磨环,环被悬吊在磨机仓内。有三个凸形磨辊安置于粉磨环的内凹形轨道上,每个磨辊相差120°,分别围绕自己的水平轴转动。磨辊用弹簧载荷连杆压在环的内表面上,每个磨辊通过滚筒驱动。这台Maxecon磨机用于柏林电站粉磨煤,粉磨能力为5 t/h。近代的辊式磨用弹簧加载,最早是磨辊带动磨盘运动,后来是磨盘带动磨辊运动。

20世纪50年代以前磨机规格较小,一般用于粉磨石灰石、煤等。20世纪60年代磨机规格扩大,推广到水泥生料粉磨。20世纪70年代液压加载替代了弹簧加载,在水泥生料粉磨方面得到了广泛应用。20世纪80年代出现了粉磨水泥熟料的辊式磨以及作为预粉磨设备的辊式磨。世界上已有20多家著名的水泥机械制造公司供应了各种形式的辊式磨,例如,德国的Loesche、Pfeiffer、Krupp Polysius、O&K,美国的Fuller、Raymond,丹麦的FLS,日本UBE、KHI等,辊式磨规格及装机功率逐渐增大,生料生产能力可达500～600 t/h。

1980年7月德国非凡公司在汉诺威Teutonia水泥厂生产了世界上第一台正式用于水泥粉磨的立磨,型号为MPS3750C,由此揭开了水泥立磨终粉磨的发展篇章。

1985—1987年,日本秩父小野田株式会社与川崎重工业株式会社联合开发了CKP外循环预粉磨立磨系统,并在亚洲地区推广应用,最高产量可达265 t/h。CKP立磨系统可与管磨机组成开流预粉磨、循环预粉磨、混合粉磨、联合粉磨系统。

21世纪初,国内部分水泥厂陆续引进国外立磨进行水泥粉磨,例如,湖北亚东水泥有限公司采用了德国Loesche公司的LM56.3+3C/S型立磨,云南国资水泥东骏有限公司采用了丹麦FLS公司的OK33-4型立磨。随后,我国各大设计院开始自行研制水泥立磨用于水泥或矿渣终粉磨,例如,中材国际成都建材院有限公司研制的CRM立磨、天津院研制的TRMSK立磨、华新水泥股份有限公司研制的HXLM立磨等。

近年来,随着立磨终粉磨技术的日益成熟,立磨在水泥粉磨中得到了快速的推广和应用,不断朝着大型化、节能降耗方向发展。

立磨在水泥粉磨方面的应用虽然取得了一定的进展,但远没有达到生料粉磨那样普及,这主要是受到粉磨高细度物料时的平稳操作、粉磨元件磨损后产质量变化、水泥产品质量的影响等因素制约。水泥产品质量的影响尤为突出,立磨在工作中遇到的主要问题就是水泥颗粒分布过窄造成水泥需水量过大,以及石膏脱水不足造成水泥凝结。和传统球磨水泥的差异造成了水泥用户(混凝土界)的不适应,水泥的使用性能受到了影响,这成为立磨终粉磨技术进一步推广和应用的主要障碍。

但是,经过各大立磨公司的长期改进和探索,从近年来的研究报道来看,国外一些主要立磨设备供货商提供的设备,已经成功解决了这些问题,水泥的颗粒分布、需水量以及凝结行为等特性,都能够和传统球磨水泥相近或者相同。

立磨具有粉磨效率高、烘干能力强、运行稳定、操作简单、维护工作量小等特点,因此在现代水泥工业中得到越来越广泛的使用。目前,国际上90%以上的水泥生料粉磨和50%以上的水泥粉磨与矿渣粉磨都采用立磨作为主要粉磨设备[42]。

目前,立磨的最新工艺为外循环半终粉磨、终粉磨工艺。传统立磨普遍属于内循环式(少部分物料外循环),即立磨上方设有选粉机,需要通入大量风进行物料提升,由于需要喷嘴环高速喷射风将大部分物料吹起带入选粉机内,因此风机的功率消耗比较大,即使采用立磨终粉磨工艺,其产品的电耗通常为28～34 kW·h/t,节能优势并不是很明显。2017年,借鉴辊压机终粉磨系统,天津院开发了立磨外循环工艺,取消气动力提升,降低风机的电耗。外循环立磨的顶部不配置选粉机,而是采用多个高压强磨辊对物料实施循环碾压,依靠边部机械方式卸料,其可作为联合粉磨、半终粉磨、终粉磨系统的主机设备。以最新外循环水泥立磨粉磨系统为例,立磨生产水泥的电耗为24～27 kW·h/t,能够达到国内外先进水平。

立磨系统的节能降耗改造措施，目前主要有两种类型：

① 小改

对于立磨本体结构的改造，包括研磨区改造、选粉机改造、风环改造、液压系统改造等。

② 大改

对于立磨本体及其系统的改造，以及旋风筒改造、工艺管道降阻改造、喂料系统（密封）改造、立磨外循环改造、节能风机改造等。

以天津院、合肥院、南京派飞特机械有限公司等公司为代表，近几年针对国内现有立磨系统开展了大量的技术改造项目。

（3）球磨机系统装备技术发展现状

球磨机的粉磨机理，是利用筒体旋转过程将能量传递给衬板，由衬板提升、抛落研磨体对磨内物料进行冲击粉碎、研磨，从而完成粉磨作业。球磨机自 1891 年发明至今已有 130 多年历史，并广泛应用于水泥生产中。

球磨机应用过程中，一直是开流、圈流互为补充，交替发展。20 世纪初建造的球磨机最大规格为 ϕ1.2 m×6 m，一般填充卵石球或少量钢球，磨筒通常衬以防护板，粉磨立窑熟料水泥产量为 3 t/h。早期水泥粉磨一般用简单的二级开流短磨，随着机械制造水平的提高，1910—1920 年出现了用隔仓板分隔的多仓管磨——康比丹（Combidan）磨，这种磨机粉磨流程简单、安全可靠，所以一直延续至今，虽然结构有所改进、规格不断扩大，但基本原理相同。

随着水泥生产质量要求的提高，配置高效选粉机的管磨机圈流系统不断演变，其代表有二级圈流系统、中卸圈流磨、一级圈流系统。1920 年以后美国开始发展早强水泥，对细度要求高，因此将选粉机与磨机组成圈流系统以提高粉磨效率，为了提高产量，一些公司将两台或三台单独的磨机组成多级粉磨系统，二级圈流系统直到 20 世纪 50 年代仍有较多应用。20 世纪 50 年代后，新建厂大都采用中卸圈流磨，这种系统实质上是将两台磨合为一台磨，保留了二级圈流系统的优点，从而系统更为简单。单仓一级圈流系统是 1940—1960 年在美国、日本普遍流行的一种系统，其特点是物料在磨内停留时间短，出磨物料粗，选粉机循环负荷大。为增加物料在磨内停留时间，单仓一级圈流系统随后发展为多仓圈流磨，其特点是出磨物料细，选粉机循环负荷小。一级双仓中长磨成为 20 世纪 60 年代后的发展趋势，至今仍是水泥粉磨系统主要应用的系统。其特点是长径比约为 3，磨内一仓用阶梯衬板，磨内二仓用分级衬板，它弥补了单仓球磨循环负荷过高、高产量时磨径过大的缺点。中长一级圈流磨对粉磨不同品种水泥均较适应，尤其粉磨高强度等级水泥时，粉磨效率要高于开流磨和二级圈流磨。

目前，水泥厂仍旧大量应用此类管磨机，其直径大都为 3.2～4.6 m，装机功率为 1500～4500 kW。

20 世纪 60 年代以前，圈流磨配置的选粉机主要是离心式选粉机，之后旋风式选粉机逐渐替代了离心式选粉机。20 世纪 80 年代以 O-sepa 为代表的第 3 代高效选粉机的出现，使一级圈流水泥粉磨系统的技术经济指标有了很大的提高，与开流磨相比，一般磨机的产量提高 15%～20%，电耗下降 10%～15%，成品的温度低，产品的细度易调整。

水泥球磨机的能效，虽然比不上辊压机及立磨，但其对片状、粉状物料的研磨效果很好，磨内整形优势极其突出，制备的水泥成品比采用料床终粉磨工艺制备的水泥成品球形度高，混凝土施工过程中与外加剂的适应性好，施工性能优良。因此，目前一部分水泥粉磨工艺流程仍保留球磨机为终端粉磨设备[43]。

如今，水泥磨主机装备技术已成熟运行。目前，国内水泥管磨机设计规格已达到 ϕ5.0 m×15.0 m（长径比为 3.0，主电机功率配置为 6300～6500 kW，研磨体装载量为 350～380 t）甚至更大。以生产 P·O42.5 水泥为例，一级闭路粉磨系统的实际产能＞180 t/h。国际上筒体直径的设计值＞ϕ5.8 m，主电机的功率＞8000 kW（世界上最大的磨机规格为法国 FCB 公司的 ϕ5.8m×17.5 m，8800 kW），无磨前预处理工艺配置的一级闭路粉磨系统，虽然其产能＞220 t/h，但是粉磨的电耗仍然偏高，一般＞38 kW·h/t[43]。

其实，筒体直径达到 4.2 m 已能够满足绝大部分生产企业发展要求，而随着辊压机装备逐渐大型化，水泥企业中球磨机的规格反而朝着降低规格及装机功率方向发展。因此，水泥磨装备发展主要集中于设备本身及相关配套设备的优化改进方面。

球磨机主要节能降耗技术为新型研磨体的应用(主要为陶瓷球),新型隔舱板、出磨防堵篦板的应用,新型衬板(减薄型)的应用,以及对磨内分仓、级配、活化环、挡料圈等装置的调整。

综合来看,目前粉磨技术的发展现状如下:

国外粉磨技术追求"无球化"。例如,世界第一个"无球化"工厂在越南建成投产,印度也于2006年建成了"无球化"工厂。1989年,法国Cormeillers水泥厂采用多级循环工艺建成了全球第一条辊压机水泥终粉磨系统。

立式磨机也被选用为"无球化"生产线的研磨设备,根据2013年全球水泥粉磨订购统计数据,立磨的比例远远高于其他类型的磨机,占有主导地位,其以独特的粉磨原理克服了球磨机的很多缺陷,集中碎、粉磨、烘干、选粉、运输等功能于一体。立式磨机在国外水泥生产中得到了广泛应用,国际上立式磨机的选用率高达70%,立式磨机取代球磨粉磨水泥已成为主流。

此外,粉磨装备设备大型化技术也得到了进一步发展。例如,已有直径>5.8 m的大型球磨机,粉磨水泥时的产能高达220 t/h。目前世界上最大的立磨(磨盘直径为8 m)的产能可以达到600 t/h。在生料粉磨方面,Loesche公司已给泰国、阿根廷、土耳其等国的企业提供了LM63.4型立磨,其提供给印度的LM69.6型生料立磨也成功运行,其产能高达960 t/h,立磨的装机容量为6000 kW。德国非凡公司制造的MVT6700-6型水泥立磨,其产能可达450 t/h。

大型立磨从驱动磨盘转向驱动磨辊,多传动技术应运而生。

4.4.1.2　典型粉磨设备

为了实现立磨的大型化,国外公司开发了多种新型立磨。例如:

(1) Loesche多传动立磨

由于斜齿的限制,传统的单台减速机功率一般为<8000 kW。大型立磨需要更大的驱动功率,驱动磨盘转向驱动磨辊为实现更大的驱动功率创造了条件,多传动技术可实现6000~13000 kW的驱动功率。Loesche公司与Renk公司合作,开发了名为COPE(Compact Planetary Electric Drive)的新型立式传动减速机。COPE将电机与减速机集成一体,电机竖向布置,取消了斜面齿轮,使得主减速机不用拖出来就可以维修维护。应用COPE后立磨可以取消掉伞形齿轮传动部分,传动功率可以达到12000 kW。Loesche公司第一台采用多传动的立磨的型号为LM70.4+4CS,其配备了8台1100 kW电机,随后其他型号的立磨也开始应用多传动技术。成都建筑材料工业设计研究院有限公司(以下简称:成都院)的高延性水泥基复合材料(Engineered Cementitious Composite,缩写ECC)项目,其水泥终粉磨系统所采用的Loesche LM65.4+4 CS型立磨,就是这种驱动方式。其主电机功率为8×1100 kW,产能为350 t/h[44]。

新型立式传动减速机(COPE)的结构,如图4.16所示。

(2) Pfeiffer-MultiDrive复合传动立磨

Pfeiffer(非凡)公司与Siemens公司合作,开发了Pfeiffer-MultiDrive复合传动立磨(EMPP驱动技术)。该立磨采用多组(4组或6组)小的电机减速机,通过大齿圈将动力传递到主减速机上,并通过变频电机(Variable Frequency Drive,缩写VFD)使其保持同步,使得主减速机不用拖出来就可以维修维护,传动功率可以达到12000 kW。借鉴了其他设备大齿圈的传动方式,采用模块化的小型电机减速机,通过大齿圈,将它们组合在一起,从而将大功率的传动化整为零,实现大型化。

复合传动减速机技术,如图4.17所示。

(3) 蒂森克虏伯(ThyssenKrupp)磨辊驱动立磨

ThyssenKrupp及Loesche等公司开发了磨辊驱动立磨技术,使立磨具有很好的铺料能力,较低的功率以及齿轮扭矩,较高的操作可靠性。2012年,第一台磨辊驱动立磨投入使用。磨辊驱动RD型立式磨机与常规立磨相比较,节能约为20%,单位能耗降低7 kW·h/t。

在ThyssenKrupp公司最新开发的磨辊驱动立磨中,磨辊设有导轨,可快速移出进行维护。多辊设计可实现一部分辊运行、一部分辊在线维护,无须停机。装机功率为4×1800 kW的立磨应用案例显示,粉磨磷酸钙骨水泥(Calcium Phosphate Cement,缩写CPC)40R的电耗仅为21.5 kW·h/t,产能为300 t/h。

图 4.16 新型立式传动减速机(COPE)的结构

图 4.17 复合传动减速机技术

磨辊驱动立磨的工作原理示意，如图 4.18 所示。

磨辊驱动立磨的结构，如图 4.19 所示。

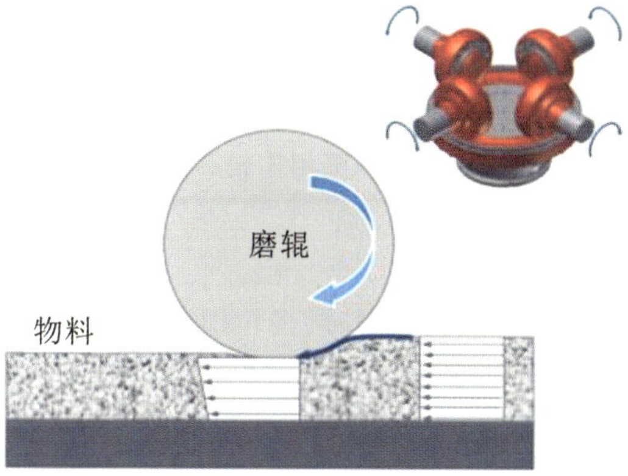

图 4.18 磨辊驱动立磨的工作原理示意

图 4.19 磨辊驱动立磨的结构

(4) BETA 磨机

BETA 磨机，是由德国 CMPAG mbH 公司在深入研究粉磨机理和现有各种粉磨设备的基础上开发出一种集球磨机(产品质量及可靠性高)、立磨(结构紧凑)和辊压机(能耗低)优点于一体的全新粉磨设备。BETA 磨机创造了最低粉磨能耗的世界纪录，粉磨比表面积为 420 m^2/kg 的矿渣时，粉磨的电耗为 21 kW·h/t。BETA 磨机集各种粉磨设备的优点于一身，在实际应用中，尤其适合粉磨各种难磨物料，多用于矿渣和波特兰水泥熟料的粉磨。如今，投入市场的 BETA 磨机的最大型号为双辊 BM500，其辊宽为 500 mm，辊径为 1800 mm，矿渣预粉磨能力为 180 t/h，终粉磨能力(比表面积为 400 m^2/kg 的矿渣)为 60 t/h。

BETA 磨的结构，如图 4.20 所示。

图 4.20 BETA 磨机的结构

(5) OKTM 型立磨

艾法史密斯(F L Smidth)2017 年开发的新型的 OKTM 型立磨。

OKTM 型立磨的外形，如图 4.21 所示。

OKTM 型立磨的磨辊和磨盘的结构，如图 4.22 所示。

OKTM 型立磨的主要优势如下：

① 运行稳定

OKTM 型立磨的正常运转率可达 90%～95%，在维修或者低需求情况下可自行拆卸磨辊，运转率仍可维持在 60%～70%。

图 4.21　OKTM 型立磨的外形

图 4.22　OKTM 型立磨的磨辊和磨盘的结构

② 成本低

选择单个大型立磨，可以降低通用部件的总成本，增加设备可用性，降低维护和维修部件库存成本，并可在部件维修的同时仍保持机器运行，实现在线维修、维护。

③ 能源效率高

与其他立磨相比，OKTM 型立磨可降低能耗 5%～10%；与常规的球磨机相比较，可降低能耗 30%～50%，能源效率高。

④ 维护与维修简单

对于 OKTM 型立磨，其被磨损的辊磨表面可以更换或重新焊接，其独特的滚轮摆动功能可以方便拆卸磨辊，以便进行外部维护、维修工作。除此之外，不同辊尺寸可共享公共部件，减少备件库存。

(6) 筒辊磨机

筒辊磨机是由法国 FCB 公司研制的。筒辊磨机结合了有效压强，将粉磨操作简单化。它是一个圆柱形筒体，以高于临界转速旋转，配有单一导辊及内部配件，以控制物料的流量，液压导辊贴在磨筒体上自由旋转。相同生产能力的筒辊磨机仅为球磨机长度的 1/3，节能为 30%～50%。

2003 年 6 月，国内第一台卧式筒辊磨机在黑龙江省牡丹江市建成投产。

截至 2013 年年底，用于水泥、生料或钢渣粉磨的卧式筒辊磨机已经售出 54 台。卧式筒辊磨机在亚洲水泥市场也是一项颇受欢迎的技术。

筒辊磨机的结构，如图 4.23 所示。

(7) 干式搅拌球磨机

Netzsch Feinmahltechnik 公司和 ThyssenKrupp 公司合作开发了一种干式搅拌球磨机——Booster Mill。

Booster Mill 的结构，如图 4.24 所示。

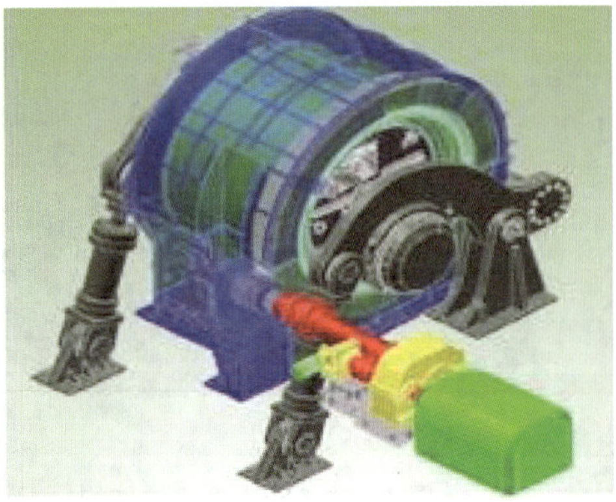

图 4.23　筒辊磨机的结构

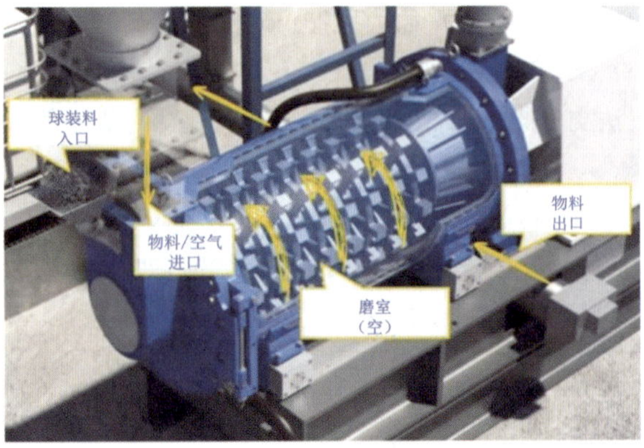

图 4.24　Booster Mill 的结构

Booster Mill 最初的目标是用于超细水泥研磨，其工业试验磨机最终满足了水泥生产企业的需求。模块化的设计和较小的占地面积使得它可以很容易集成于现有的研磨工厂，产量可提高 10％～20％，尤其适用于产能为 100 t/h 左右的小型球磨机系统。Booster Mill 在保证原始产能的同时提高了产品的早期强度。目前仅有一台试验磨应用于土耳其的某水泥厂中。

4.4.2 生料粉磨系统

4.4.2.1 生料辊压机终粉磨工艺

(1) 技术背景

随着国家对节能减排工作的重视和引导，降低水泥行业中生料粉磨作业能耗一直是近 20 年粉磨技术研究的重点之一，新形势下，生料粉磨技术主要以单位能耗最低的辊压机终粉磨系统为主。

生料辊压机终粉磨系统最早由德国 KHD 公司于 20 世纪 80 年代提出，并于 20 世纪 90 年代在我国应用，但直到 2005 年以后，国产生料辊压机终粉磨系统才得到大量应用，截至目前，国内新建熟料生产线和生料粉磨系统节能改造项目，绝大部分采用辊压机终粉磨系统。生料辊压机终粉磨系统与生料管磨、立磨终粉磨系统对比，其优势在于良好的节能效果。辊压机终粉磨系统比辊磨系统更节能的主要原因在于：辊压机终粉磨系统中“选粉—烘干—风扫”工艺的用风量和系统阻力比辊磨系统低，反映到最后即通风的电耗降低。辊压机终粉磨系统阻力约为辊磨系统的 60％，用风量约为辊磨系统的 95％，这样通风的电耗约为辊磨系统的 57％，一般辊磨系统通风的电耗约为 7.0 kW · h/t，而辊压机终粉磨系统通风的电耗仅约为 4.0 kW · h/t。辊磨系统仍属风扫粉磨系统，粉磨过程必须通入大量的热风用于烘干、提升物料和选粉，辊压机终粉磨系统的通风仅满足烘干和选粉需要即可，物料提升依靠机械斗提机，因而降低了电耗。

1997 年，福建龙岩三德水泥建材工业有限公司的生料辊压机终粉磨系统（由德国 KHD 公司提供设备及技术）投入生产。尽管系统的电耗大幅度降低，但由于辊面磨损以及液压系统、提升机和打散机故障等原因，系统的运转率很低，后经多次改造，效果一直不太理想。

20 世纪 80 年代末，天津院开始研发辊压机技术，之后，研究人员一直致力于辊压机终粉磨工艺的研究、大型设备的开发、新型选粉机研制等，解决和优化了过去生料辊压机终粉磨系统存在的一系列问题，为生料辊压机终粉磨技术的推广做出很大贡献。自 2011 年天津院第一套生料辊压机终粉磨系统投产至今，已有 40 多套配套熟料产能为 2500～6000 t/d 的水泥生产线的生料辊压机终粉磨系统投入运行，单套的生料最大产能＞550 t/h，单位生料电耗为 10～13 kW · h/t。

(2) 技术概述

参考国际先进技术经验，天津院开发了 TRP 型生料辊压机终粉磨系统，该系统主要由 TRP 型辊压机、组合式选粉机、旋风收尘器、循环风机等设备构成。

TRP 型生料辊压机终粉磨系统的工艺流程，如图 4.25 所示。

新喂物料由皮带直接喂入 V 形选粉机，出辊压机物料也由提升机送入 V 形选粉机内，物料在 V 形选粉机内风选和烘干后，粗物料经 V 形选粉机底部排出，并由另一台提升机送入辊压机上面的荷重小仓而被辊压机辊压粉磨；较细物料由风带入双分离高效选粉机再次被风选，合格的成品由风带入后面的旋风收尘器收集后入成品库，未达到成品要求的粗粉经溜子进入辊压机上面的荷重小仓。

天津院自主开发的 TRP 型系列大型辊压机，有辊压强高、运转平稳、振动小、操作简单、故障率低、运转率高等特点。其中 TRP220-160 作为已实际应用的国产最大规格辊压机，单套系统的产能＞500 t/h，完全满足熟料产能为 5000 t/d 的水泥生产线的生产需要。

设备在主体结构上，对传统结构形式进行优化（例如，喂料装置及机架结构、轴承形式等方面的优化），使 TRP 型系列辊压机运行时稳定性大幅提升，部件寿命延长数倍。

TRP 型系列大型辊压机喂料装置及机架的结构，如图 4.26 所示。

四列圆柱辊子轴承及轴承座的构造，如图 4.27 所示。

TRP 型系列大型辊压机采用了柱钉辊面。柱钉辊面就是为了适应高硬度、高磨耗的物料而开发的最

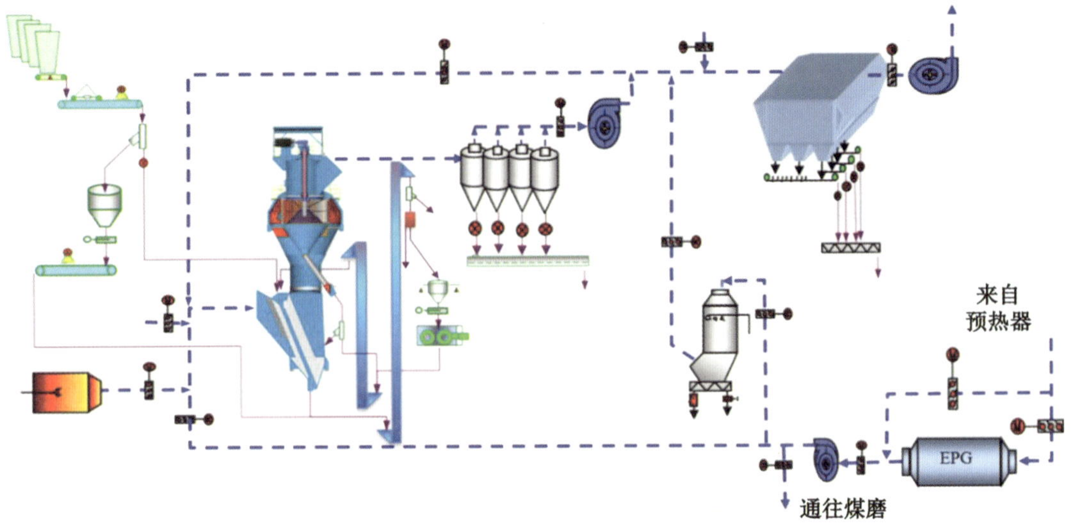

图 4.25　TRP 型生料辊压机终粉磨系统的工艺流程

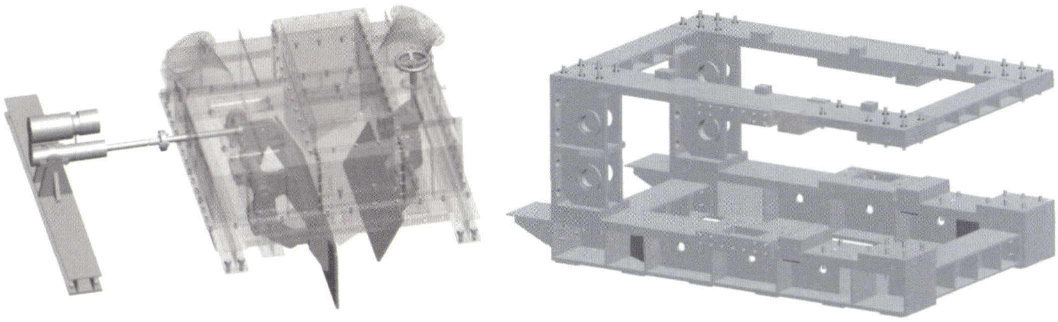

(a)　　(b)

图 4.26　TRP 型系列大型辊压机喂料装置及机架的结构

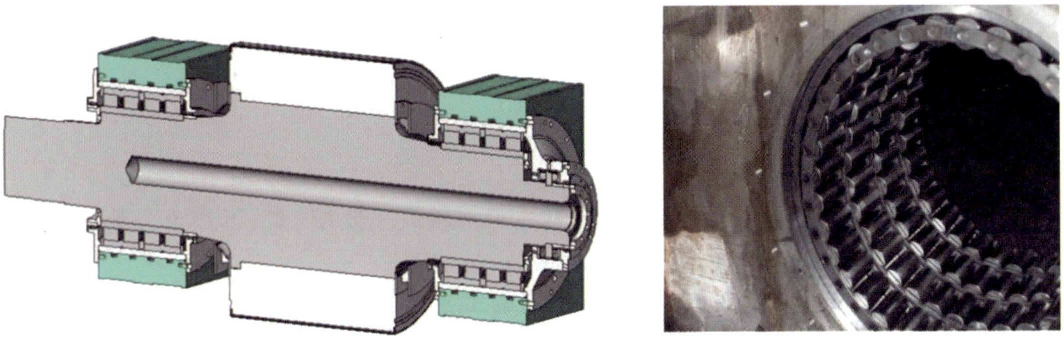

(a)　　(b)

图 4.27　四列圆柱辊子轴承及轴承座的构造

新辊面技术，它是在母体上镶嵌柱钉而成，柱钉是采用钨钴类硬质合金高温烧结而成，硬度在 HRC67 以上。柱钉辊面最大的特点就是自生成衬板，辊子在转动的过程中，柱钉与柱钉之间的空隙由物料中的细颗粒填满，从而形成料衬以保护辊套基材。在实际使用中应保证物料有一定的水分，这样更加有利于料衬的形成。柱钉辊面的耐磨性好，一次性使用寿命>20000 h，辊面的日常修护工作量少，但钨钴类硬质合金的价格比较昂贵，一次性投资成本较高。

选粉机三维结构及流体模拟分析，如图 4.28 所示。

此外，针对 TRP 系列大型辊压机专门开发了 TASr 型动静态组合式高效选粉机。其特点如下：

① 从水泥半终粉磨系统移植，技术成熟；

② 可以更加方便有效地控制成品细度，尤其是粗颗粒的含量(筛余值，$R_{200\ \mu m}$，%)≤1.5 %，从而改善

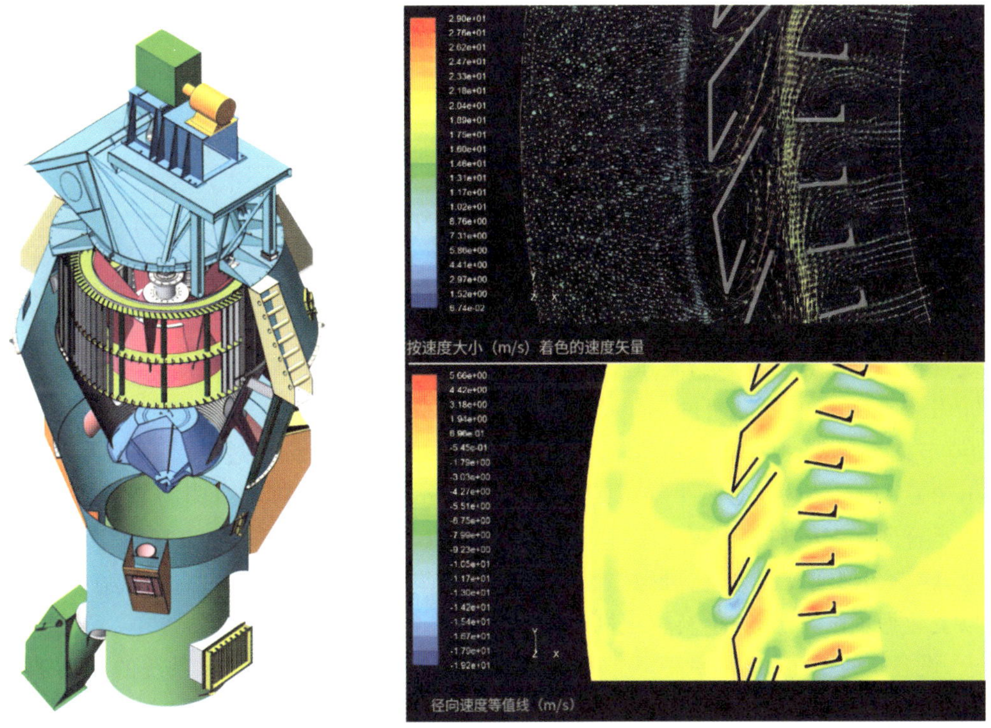

(a) (b)

图 4.28 选粉机三维结构及流体模拟分析

生料的易烧性；

③ 选粉机的通风量和烘干容积与同规格的生料辊磨相当，系统的烘干能力与辊磨相当；

④ 采用先进的耐磨材料和技术，确保达到理想的使用寿命。

(3) 应用情况

TRP(R)220-160 生料辊压机终粉磨系统，于 2013 年 4 月底在古浪祁连山水泥股份有限公司的熟料产能为 5000 t/d 的水泥生产线上投入运行。项目位于甘肃省武威市古浪县，由中国中材国际工程股份有限公司总包，中国中材装备集团有限公司提供主机设备。

该项目的原料配比及其性能，如表 4.5 所示。

表 4.5 该项目的原料配比及其性能

参数	石灰石	黏土	砂岩	铁粉	生料
生料配比(%)	86.05	7.71	3.76	2.48	
水分含量(%)	≤1.0	≤12.0	≤3.0	≤10.0	
易磨性系数(粉磨功指数)(kW·h/t)	10.2		15.3		9.4
易烧性					较差
磨蚀性(g/t)	0.0077				

TRP(R)220-160 生料辊压机系统的运行参数，如表 4.6 所示。

表 4.6 TRP(R)220-160 生料辊压机系统的运行参数

项目	合同保证值	系统考核值	实际运行值
成品细度(筛余值 $R_{80\ \mu m}$,%)	14	10.31	8～11
成品细度(筛余值 $R_{200\ \mu m}$,%)	≤2.0	0.4～0.8	0.4～0.8
系统的喂料流量(t/h)	450	453.6	470～510(平均值 490)

续表 4.6

项目		合同保证值	系统考核值	实际运行值
成品的水分含量(%)		≤0.5	0.29	0.2～0.4
单位产品电耗(kW·h/t)	辊压机			4.98
	循环风机			4.14
	其他			1.37
	系统	≤14.0	13.03	10.79

该系统自投产以来，运行稳定，辊压机辊面采用耐磨焊丝堆焊而成，硬层厚度约 20 mm，保证其使用寿命>8000 h，实际运行时间已超过 10000 h，花纹仍然清晰，效果良好，辊压机喂料采用了电动执行器结构，能自动调节插板深度，控制辊压机喂料流量的大小，控制辊缝，保证通过量。

TVSu-520 型动态选粉机运行平稳，其振动值为≤2 mm/s，选粉机本身阻力损失不超过 2500 Pa，关键部位采用复合耐磨钢板和耐磨陶瓷涂料，目前设备使用时间>10000 h，未出现明显磨损。驱动电机采用变频调速，转速和细度控制方便，可操作性好，选粉机的单位产品电耗≤0.3 kW·h/t。

通过以上数据可以看出，该生料辊压机终粉磨系统完全满足熟料产能为 5000 t/d 的水泥生产线的实际使用需求，设备运转稳定，运转率高，与传统的球磨机生料粉磨系统相比较，系统的电耗降低 40%以上，与立磨系统相比较，系统的电耗降低 3～5 kW·h/t，节能效果明显，同时因系统的产能高，还可避开高峰用电时间生产，综合经济效益显著。

(4) 技术解析

辊压机是一种高效料层粉碎设备，其料层粉碎相对于传统粉磨形式的优势如下：

① 粉碎效率高

物料在相互挤压过程中粉碎，没有无谓的能量浪费，所以具有节能的特点。

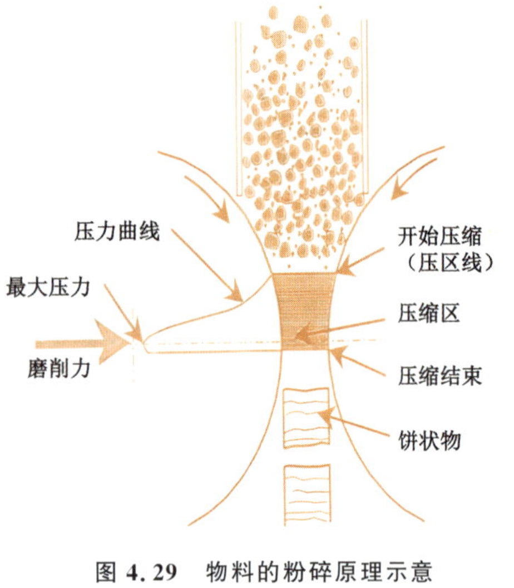

图 4.29　物料的粉碎原理示意

② 粉碎比大

只要压力足够大，物料可以在颗粒群中发生多次破碎。

③ 产品的粒度小

由于是群体之间的相互挤压，压力并不随粒度的减小而消失，因此可以达到细碎甚至超细碎的效果。

④ 工件的磨损小

只有少量的物料与粉碎设备接触而粉碎，大量的物料是靠颗粒间的相互挤压而粉碎，同时，辊面与物料之间没有速率差，所以工件的磨损小。

⑤ 颗粒的易磨性好

物料粉碎的前提是高压，即使没有粉碎的物料经过了高压处理，物料颗粒也会产生裂纹，这对后续的粉磨会有帮助。

物料的粉碎原理示意，如图 4.29 所示。

球磨机系统、辊压机和立磨终粉磨系统的综合比较，如表 4.7 所示。

表 4.7　球磨机系统、辊压机和立磨终粉磨系统的综合比较

项目		球磨机系统	立磨终粉磨系统	辊压机终粉磨系统	备注
单位产品电耗	kW·h/t	22～24	15～17	10～13	中等易磨性
	占比	140%	100%	75%	
总投资(%)			95～100	100	
磨蚀性(g/t)		50～70 (钢球+衬板)	2～6 (磨辊+磨盘)	0.5～3 (堆焊表面)	

续表 4.7

项目	球磨机系统	立磨终粉磨系统	辊压机终粉磨系统	备注
可烘干的水分(%)	5	7	7	仅利用五级窑尾的废气
入磨累计粒度分布(%)	D_{90}=25 mm	D_{90}=80 mm	D_{90}=65 mm (据辊径而定)	
工艺流程的复杂性	复杂	相对简单	相对复杂	

综上所述,基于料层粉碎原理的辊压机终粉磨技术,是一种可以取代传统球磨机的新型高效粉磨方法。在生料粉磨工艺中,辊压机终粉磨系统因其能耗低的特点,逐渐成为生料粉磨系统的首选。

(5) 结论与建议

生料辊压机终粉磨系统与传统的球磨机系统相比,主机的电耗为球磨机系统的 50%,系统的电耗为球磨机系统的 60%;与立磨相比较,系统的电耗也降低了 3~5 kW·h/t。同时,通过节电,可以间接地减少 CO_2 排放。每节约 1 kW·h 电量可以减少标准煤耗 0.57 kgce,从而减少 CO_2 排放量约为 1.40 kg,一套与熟料产能为 5000 t/d 的水泥生产线配套的生料辊压机终粉磨系统,生料产能为 2.7×10^6 t/a,与辊式磨相比较节约电量约为 8×10^6 kW·h/a,每可减少 CO_2 排放量约为 11400 t/a。

生料辊压机终粉磨系统在节电方面的优异表现,符合建设资源节约型及环境友好型社会的要求,对促进相关领域的节能减排有着重要的意义。同时,该技术不仅适用于水泥行业,而且适用于矿山、冶金、化工等行业。因此,技术先进、性能可靠的大型生料辊压机终粉磨系统具有广阔的市场前景,可带来巨大的社会经济效益。

4.4.2.2 外循环生料立磨技术

(1) 技术背景

随着我国对节能环保的要求越来越高,水泥行业节能降耗势在必行,新形势下传统生料立磨粉磨的节能潜力得到进一步挖掘。

(2) 技术概述

该技术系统主要由外循环生料立磨、组合式选粉机、旋风筒、风机等设备构成。立磨的选粉区与研磨区是分开的,物料不再通过气力输送到选粉机进行分选,而是通过提升机机械输送,所有进入立磨的物料均通过外循环的途径进行分选。为了避免大颗粒物料对动态选粉机的影响,在动态选粉机之前增加了 V 形静态选粉机进行初选,同时在 V 形静态选粉机中通入热风完成对原料的烘干,大颗粒物料直接返回磨机再次粉磨,从而提高动态选粉机的效率。这样可显著降低生料粉磨系统中循环风机的电耗,进而大幅度降低生料粉磨系统的电耗。

该技术的创新点为将传统立磨的研磨和分选功能分开,物料被研磨后全部通过外循环经提升机喂入选粉机,取消了气力提升,解决了传统立磨系统阻力高、电耗高的核心问题。

(3) 技术应用

该项技术目前已在湖北京兰水泥集团有限公司(以下简称:京兰公司)、贵州豪龙水泥有限公司得到应用。

应用数据显示:系统提高产能 10%~15%,系统的电耗<13 kW·h/t、降低幅度>20%,风机的电耗下降约为 45%。将传统立磨改造为生料外循环立磨的投资成本仅为新建辊压机系统的 50%~60%。对于新建项目,生料外循环立磨具有维护便捷的优点。

京兰公司改造前生料立磨技术系统的工艺流程,如图 4.30 所示。

京兰公司立磨技术改造后生料粉磨系统的工艺流程,如图 4.31 所示。

京兰公司立磨技术改造前后系统运行参数的比较,如表 4.8 所示。

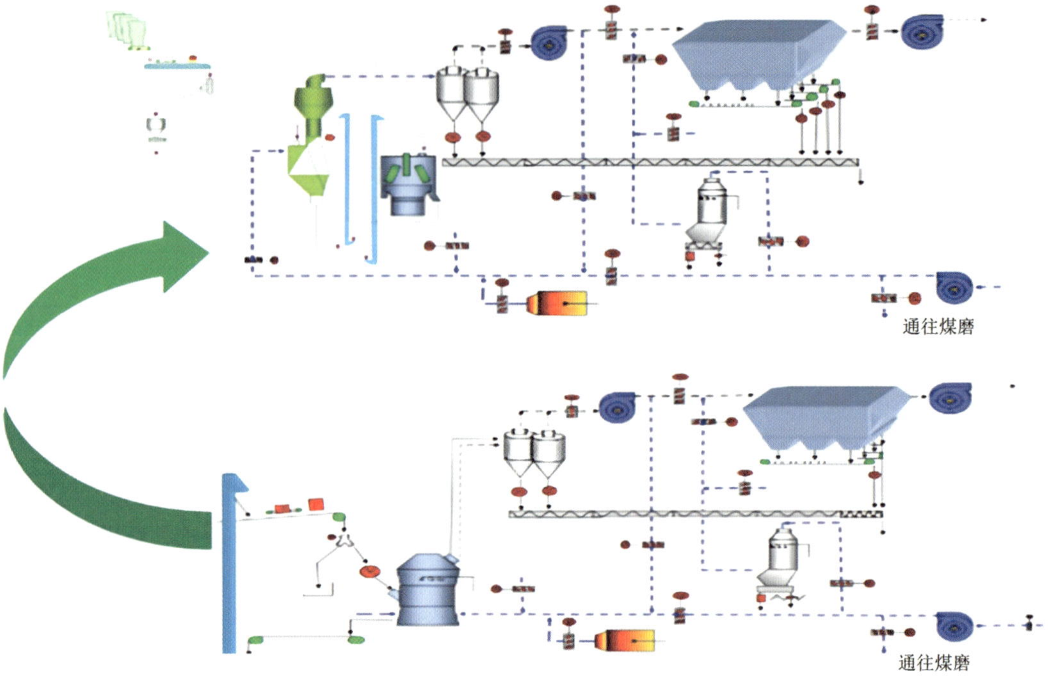

图 4.30　外循环生料立磨技术系统的工艺流程

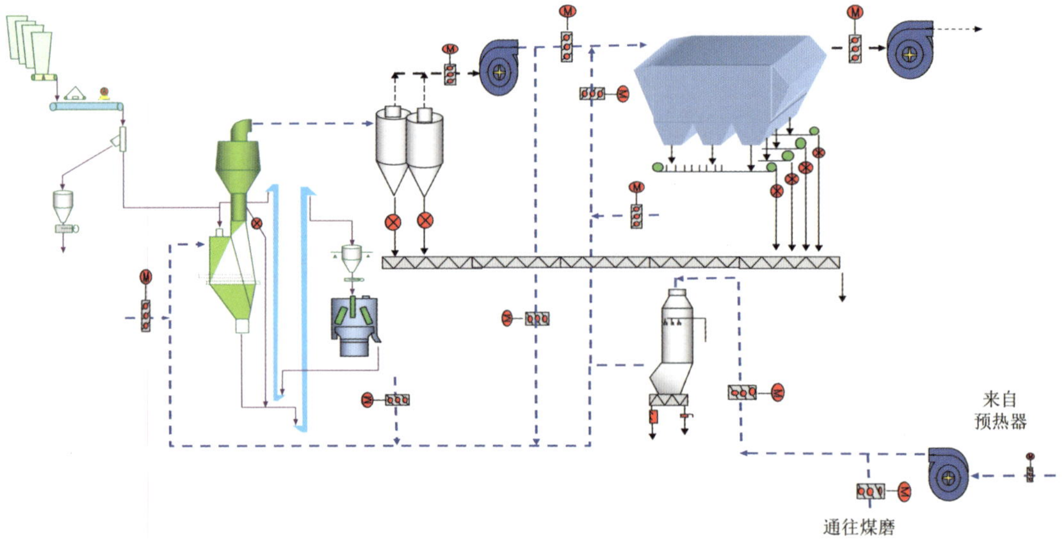

图 4.31　京兰公司立磨技术改造后生料粉磨系统的工艺流程

表 4.8　京兰公司立磨技术改造前后系统运行参数的比较

项目	产能 (t/h)	筛余值 ($R_{80\ \mu m}$,%)	筛余值 ($R_{200\ \mu m}$,%)	立磨主机电耗 (kW·h/t)	循环风机电耗 (kW·h/t)	其他辅机电耗 (kW·h/t)	电耗合计 (kW·h/t)
改造前	280	18.5	2.5	8.03	7.67	1.1	16.8
改造后	320	16.5	2.5	6.75	3.88	1.7	12.33

(4) 技术解析

该系统运行后，生产线的产能提高了 10%～15%，生料粉磨的单位产品节电约为 4 kW·h/t，折合成单位熟料电耗约为 6 kW·h/t。

依据系统构成及运行过程中的相关现象，对该技术机理的解析如下：

① 将传统立磨研磨和分选功能分开，磨机内的气力提升改为机械提升，能耗降低；

② 研磨和分选功能强大，磨机运行稳定性和研磨效率提高。

(5) 结论与建议

以熟料产能为4000 t/d的水泥生产线为例，年生料需求量约为 1.8×10^6 t，按照每1 t生料节电4 kW·h计算，年节电约为 7.2×10^6 kW·h，以每1 kW·h电费0.8元计算，每年节约电费576万元，技术改造项目投资回收期为1.5～2 a。每生产电量1 kW·h的标准煤耗为0.35 kgce，每年可以节约标准煤为 2.218×10^6 kgce，减少 CO_2 排放量为6597 t。从技术使用情况来看，其社会和经济效益显著，市场前景广阔，建议加快推广该技术成果。

4.4.2.3　新型选粉机技术

(1) 技术背景

自20世纪90年代以来，在改革开放的大背景下，中国的水泥工业得到迅猛发展，解决了从无到有、从小到大的问题。伴随着粉磨技术装备的发展，选粉机的技术开发也取得了很大的进步。尽管取得了有目共睹的成果，但随着技术的发展以及国家对绿色制造、节能降耗的重视，选粉机存在的种种问题也不断凸显，例如，选粉机阻力大、电流高、振动大、出料"跑粗"等。这不仅与选粉机的进风量、转速等非结构因素相关，还与选粉机转子叶片形状、布置、出口形式等结构因素相关。此外，随着新兴产业的发展和新材料的不断涌现，对现有选粉机的分级条件有了新的要求。因此，我们需要对选粉机进行结构优化和工艺改进，从而获得更好的分选综合性能。

(2) 技术概述

该技术开发依托单位为天津院。该项技术主要由选粉机数值开发平台以及一种向心分选U形动叶片选粉机构成。

选粉机数值开发模型，如图4.32所示。

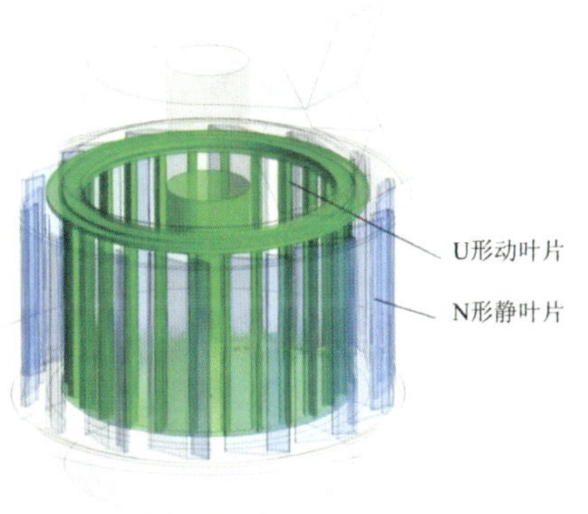

图4.32　选粉机数值开发模型

其工作原理为向心分选选粉原理，主要利用了U形动叶片自身气动外形，叶片在跟随转子转动过程中对选粉区的颗粒提供附加向心拉曳力。相比于常见的"三力平衡分选原理"选粉机，在相同的工况条件下，它能缩短颗粒穿越选粉区的时间，同时基于U形动叶片自身的"凹槽"结构，能增加选粉区气流的切向速度，实现在提高选粉效率的同时确保分选清晰度，有效控制成品颗粒级配及细度；U形动叶片的外风翅在跟随转子转动过程中会产生向心动压（所有非U形动叶片选粉机的动叶片在跟随转子转动过程中产生的是离心动压），大大降低了选粉阻力[45]。

该技术的创新点为：

① 开发了选粉机数值研究平台，采用滑移网格技术解决了选粉机三维流场研究中转子转动过程的数值处理难题，建立了选粉效率、循环负荷的数值研究方法；研究开发了选粉机出口的颗粒采集数值求解程序，建立了基于颗粒采集技术的选粉机Trump曲线的计算流体动力学（Computational Fluid Dynamics，缩写CFD）数值求解及数据处理方法。

② 研究开发了新型动叶片结构形式的高效选粉机——U形动叶片选粉机，提高了选粉效率和粉磨效率，降低了气体阻力，节约了系统电耗。

③ 建立了适应多种粉磨工艺、粉磨原料的一整套U形动叶片选粉机的选型、设计规则，设计了N-U、L-U两种系列选粉机。

工业应用统计数据显示，U形动叶片选粉机相对于传统O-Sepa选粉机在相同的工况条件下阻力降低30%，选粉效率提高8%～10%，旁路值 $\beta\leqslant5\%$，系统电耗降低10%～12%，成品比表面积增加15%～20%，成品颗粒分布 n 值降低7%～8%[46]。

本项技术研究解决了选粉机理论研究中长期存在的"转子转动过程"数值处理技术难题，建立了选粉机数值研究平台，提出并建立了全新U形动叶片选粉机技术，解决了选粉机阻力大、分选不清晰的问题。

(3) 应用情况

该项技术目前已在十多个工业现场得到应用，以河北乾宝特种水泥有限公司（以下简称：乾宝公司）的熟料设计产能为 1500 t/d 的白水泥生产线为例，实际窑产能为 1200～1300 t/d，限于 f-CaO 和白度要求等问题导致产能无法提高。白水泥生产线采用的 MLS4250 型生料磨技改前的平均喂料流量为 128 t/h，筛余值（$R_{80\ \mu m}$）为 6%～9%。

MLS4250 型生料磨技改前后现场照片的对比，如图 4.33 所示。

(a) (b)

图 4.33 MLS4250 型生料磨技改前后的现场照片

(a) 技改前；(b) 技改后

2017 年 3 月 18 日，该系统开始调试工作，经过 4 d 的调试，磨机的喂料流量≥140 t/h，筛余值（$R_{80\ \mu m}$）≤ 8%，达到合同要求。

MLS4250 型生料磨 N-U 选粉机技改前后系统参数的对比，如表 4.9 所示。

表 4.9 MLS4250 型生料磨 N-U 选粉机技改前后系统参数的对比

项目		技改前	技改后	
			初期	后期
喂料流量(t/h)		128	143	152
筛余值($R_{80\mu m}$,%)		7.9	6.8	6.6
主机	电流(A)	110～115	128.4	123.9
	功率(kW)	1834	2113	2039
	单位产品电耗(kW·h/t)	16.1	14.98	13.60
选粉机	频率(Hz)	44～45	42.8	42.5
	电流(A)	45	99.6	95.9
	线速度(m/s)	15.0	15.94	15.83
	功率(kW)	22.5	48.3	46.1
	单位产品电耗(kW·h/t)	0.20	0.34	0.31

续表 4.9

项目		技改前	技改后	
			初期	后期
循环风机	频率(Hz)	81	87	88
	电流(A)	82	84.6	81.8
	功率(kW)	1310	1392	1345
	单位产品电耗(kW·h/t)	11.5	9.87	8.97
系统	入磨压强(Pa)	−1300	−739	−883
	出磨压强(Pa)	−4850	−5639	−5636
工段单位产品总电耗(kW·h/t)	—	27.80	25.19	22.88

由表 4.9 可知，技改后主机的单位产品电耗从 16.1 kW·h/t 降至 13.60 kW·h/t，降幅约为 2.5 kW·h/t；选粉机的单位产品电耗从 0.20 kW·h/t 升至 0.31 kW·h/t；循环风机的单位产品电耗从 11.5 kW·h/t 降至 8.97 kW·h/t，降幅约为 2.53 kW·h/t；生料粉磨工段的单位产品电耗从 27.80 kW·h/t 降至 22.88 kW·h/t，降幅约为 5 kW·h/t。熟料产能按 3.5×10^5 t/a 计算，每年节约电费约为 140 万元。

(4) 技术解析

该生产线原选粉机结构设计不理想，转子直径偏小，动静叶片结构、选粉区间宽度等参数设计不合理，从而导致风速分布的不合理，影响选粉机效率，进而影响磨机研磨效率。

该系统运行后，系统的喂料流量从 128 t/h 提升至最高 155 t/h，平均值为 152 t/h，提高产能约为 19%。生料粉磨系统的单位产品电耗从 27.80 kW·h/t 降至 22.88 kW·h/t，降幅约为 5 kW·h/t。这是 U 形动叶片选粉机在原料磨上的第一次成功的工业应用。

(5) 结论与建议

水泥生产中粉磨工序电耗占水泥综合电耗的 60%～70%，因此粉磨节能降耗是水泥行业节能降耗的重要环节。在国家大力推进供给侧结构性改革的大背景下，选粉机技改工作将成为国内水泥行业发展的主战场。U 形动叶片选粉机具有独有的结构特点、良好的技术性能指标，无论在技改还是新设备开发上都具有巨大的市场空间和广阔的应用前景。

以熟料产能为 5000 t/d 的水泥生产线配套的生料立磨为例(其电耗按中等易磨性计)，根据试验及已投产的数台选粉机工业应用数据，风机的单位产品节电为 0.37 kW·h/t、主机的单位产品节电为 0.7 kW·h/t。窑年运转率取 0.88，实际熟料产能取 5500 t/d，料耗系数取 1.5，电费单价取 0.55 元/(kW·h)，则每年节约电费约为 156 万元，减少 CO_2 排放量为 260 t。

4.4.3 水泥粉磨系统

4.4.3.1 双圈流联合粉磨技术

(1) 技术背景

辊压机因能量利用率高、粉磨元件寿命长及灵活性高能应用于各种粉磨系统构造中，尤其是作为“联合粉磨”与球磨机一起用于预粉磨和半终粉磨。就水泥粉磨而言，这些年大部分水泥生产企业以联合粉磨系统为主，取得了较好的技术经济效果，尤其是辊压机和球磨组成的双圈流联合粉磨系统，因粉磨效率高、水泥成品温度低占据了粉磨系统的主导地位。

近些年在对传统联合粉磨系统不断优化的过程中，辊压机半终粉磨系统脱颖而出，就是将一部分未加整形的水泥颗粒，直接加入水泥成品之中，降低了球磨机的负荷，减少过粉磨、增大能量利用效率、提高产量和降低电耗量，这将是未来辊压机联合粉磨技术较常用的粉磨方式。

(2) 技术概述

湖北京兰集团永兴水泥有限公司(以下简称:永兴公司)拥有一套先进的水泥粉磨系统。调查初步结果显示:其水泥粉磨的单位产品电耗低、产能高,年平均单位熟料电耗控制为 26～28 kW·h/t,系统的产能为 280～300 t/h(以 P·O42.5 水泥计),粉磨后所得的物料中粒径为 3～32 μm 的水泥颗粒约占 75%,有利于水泥强度的增加,技术指标在国内水泥粉磨系统中处于先进地位。

该系统为一套由辊压机、管磨和选粉机组成的双圈流联合水泥粉磨系统。辊压机规格为 ϕ 1800 mm×1400 mm,管磨机的规格为 ϕ 4.2 m×13 m,设计产能为 245～265 t/h。

永兴公司双圈流联合水泥粉磨系统的工艺流程,如图 4.34 所示。

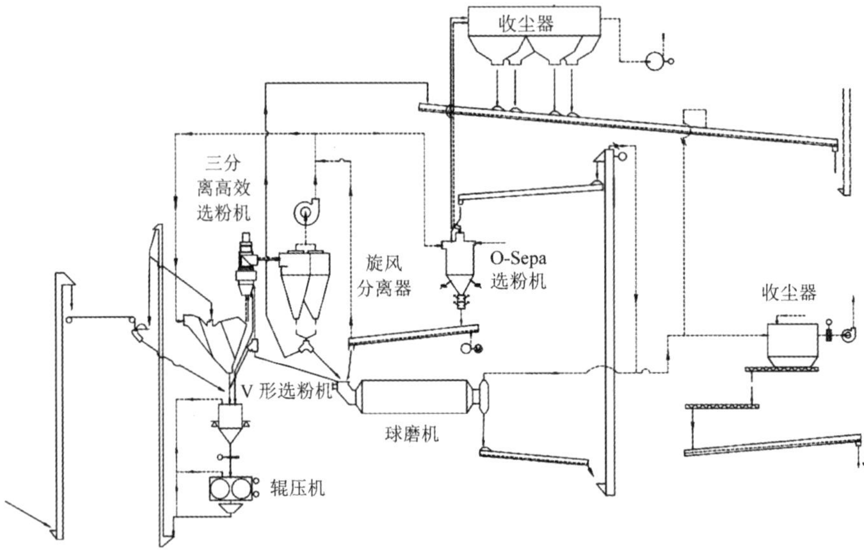

图 4.34　永兴公司双圈流联合水泥粉磨系统的工艺流程

该技术的创新点为:

① 辊压机+高效选粉机

熟料同一定量的混合材在配比之后,被输送至由辊压机及高效选粉机组成的圈流粉磨系统中进行初步粉磨。出辊压机的物料经 V 形选粉机后,粗颗粒返回辊压机继续被碾压,较细颗粒则进入三分离高效选粉机内进行分选,经分选后的物料由三部分构成(细粉、粗粉、粗颗粒),细粉由旋风分离器分离后直接入成品库,粗粉喂入水泥磨中进行粉磨,而余下的粗颗粒则直接返回辊压机再次被碾压。该圈流系统中,有部分的成品产生,属于半终磨系统的范畴。

② 管磨+O-Sepa 选粉机

该系统中使用脱硫石膏作为缓凝材料,在设计的时候考虑到物料的特性,采取将脱硫石膏直接喂入水泥磨中进行粉磨的方案。一定量的石膏及来自辊压机系统的粗颗粒进入水泥磨中进行粉磨,粉磨后的物料经磨尾的斗提机提至 O-Sepa 选粉机内进行分选,分选出的细颗粒经袋收尘后直接作为成品入库,而粗颗粒则继续返回水泥磨中进行粉磨,同时磨尾收尘器所收集的细颗粒由于达到了水泥成品的要求,也直接做入库处理。

(3) 技术应用

为了明晰永兴公司水泥磨系统运行情况,研究人员特开展了系统标定。标定的关键部位主要包括两个部分:一是某些关键部位物料的细度;二是某些关键部位的管道通风流量(主要有三分离选粉机进旋风筒的风流量、循环风机补充 O-Sepa 选粉机的二次风流量、循环风机进入 V 形选粉机的风流量、磨机收尘管道风流量 4 个部分)。

永兴公司水泥磨系统标定各关键部位的分布,如图 4.35 所示。

图 4.35 中,m_x 表示物料取样点,V_x 表示风速测定点,x 分别代表 1～9 处不同测点。

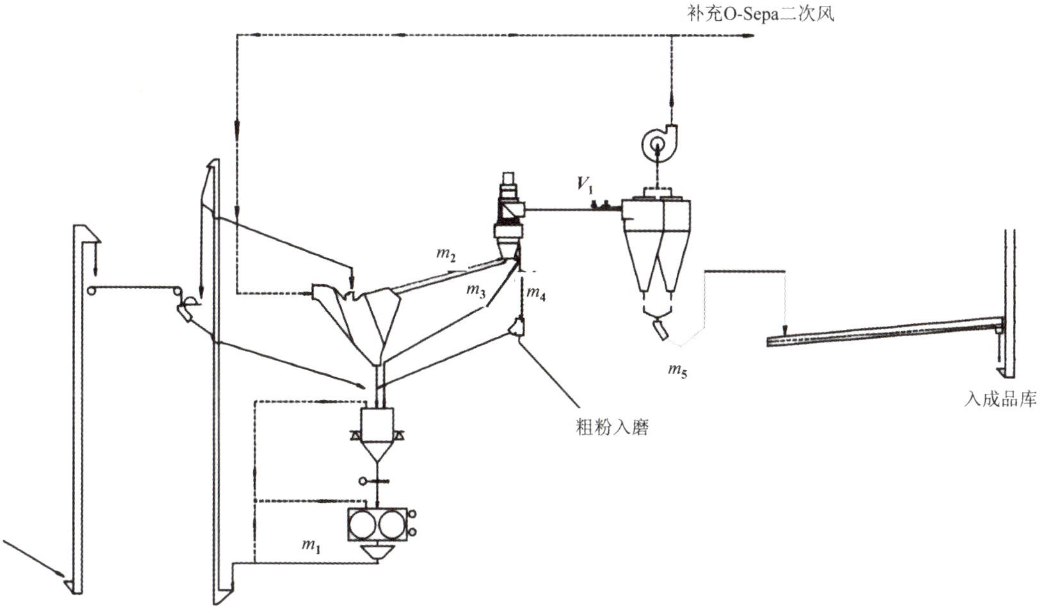

（a）

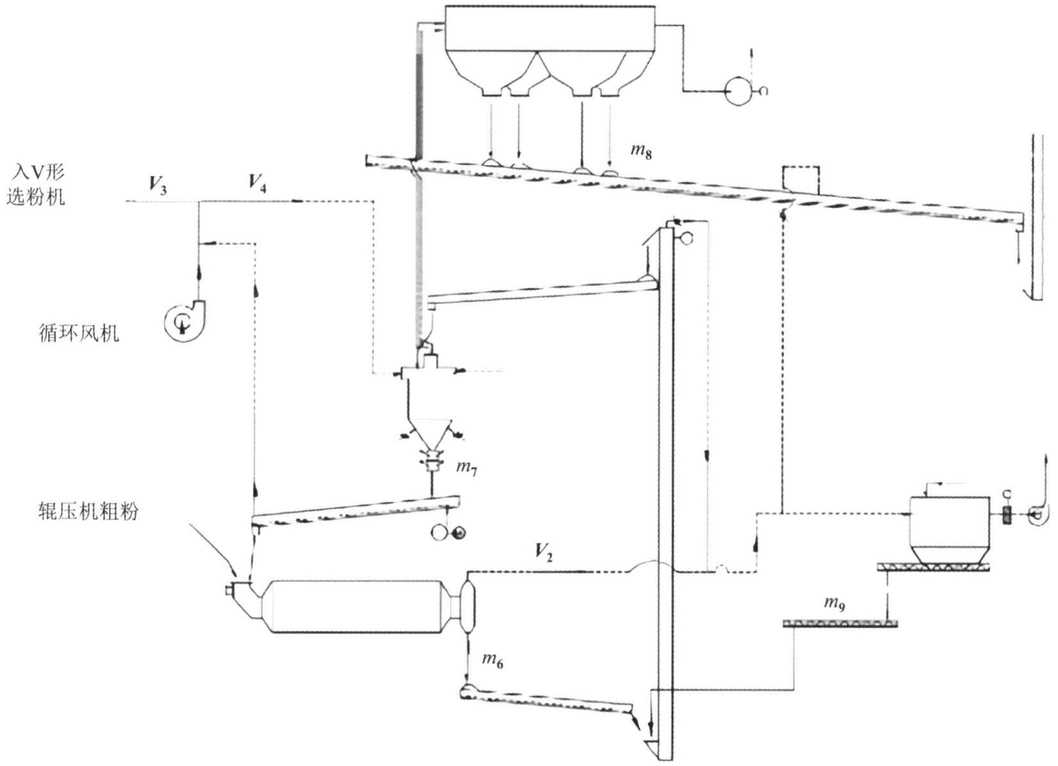

（b）

图 4.35　永兴公司水泥磨系统标定各关键部位的分布

① 生产品种及投料量

现场标定时，该公司所生产的水泥品种为 P · C32.5 水泥。

水泥的配料比及不同时刻的系统投料量参数，如表 4.10 所示。

② 关键部位物料细度

按照图 4.35 中所注明的取样位置（m_x），获取足量的物料并对其进行筛余值（$R_{80\ \mu m}$）分析及物料比表面积测定。测定过程中，由于受现场工作环境的限制，m_2 处无法获取相关物料，因此只对其他 8 个位置的物料进行了细度分析，并记录了所测得的结果。

表 4.10　水泥的配料比及不同时刻的系统投料量参数

项目	时刻(14：06)			时刻(15：56)		
原料	配料比(%)	喂料流量(t/h)	流量(t/h)	配比(%)	喂料流量(t/h)	流量(t/h)
脱硫石膏	5.00	16.50	17.75	5.00	16.50	17.77
煤矸石	11.00	36.30	37.34	11.00	36.30	35.71
转炉渣 01	7.00	23.10	23.26	7.00	23.10	23.17
转炉渣 02	22.00	72.60	77.09	22.00	72.60	71.98
熟料 01	28.00	92.40	88.55	28.00	92.40	92.34
熟料 02	27.00	89.10	88.22	27.00	89.10	91.14
熟料 03	0.00	0.00	0.00	0.00	0.00	0.00
熟料 04	0.00	0.00	0.00	0.00	0.00	0.00
给定投料流量(t/h)	330			330		
实际投料流量(t/h)	336			331		
累积投料量(t)	187283			187894		

不同取样点处的样品筛余值和比表面积参数,如表 4.11 所示。

表 4.11　不同取样点处的样品筛余值和比表面积参数

取样点	m_1	m_3	m_4	m_5	m_6	m_7	m_8	m_9
	辊压机出口	三分离回辊压机	三分离进磨机	旋风筒	出磨机	O-Sepa回磨机	主收尘器成品	磨机收尘器
筛余值($R_{80\,\mu m}$,%)	75.2	82.8	48.8	0.4	16.8	30.8	1.6	0.4
比表面积(kg/m²)	—	—	—	442	180.4	—	365	500

③ 关键部位风速

在现场测定风速时,由于 V_1 测点所开孔不能满足风速的测定要求,因此没有对该点进行风速的测定,测定过程中每个测点都测定了 3 个值,并记录了所得的结果。

关键部位风速的测定值,如表 4.12 所示。

表 4.12　关键部位风速的测定值

标定位置		V_1			V_2			V_3			V_4		
风速(m/s)	次数	1	2	3	1	2	3	1	2	3	1	2	3
	单次测量值				10.5	21	5.8	6.0	5.0	7.0	12	15.5	9.0
	平均值				12.4			6.0			12.2		
温度(℃)		68			64			68			66		
管道直径(m)		1.58			0.98			2.12			1.5		

④ 关键设备参数

a. 主机设备的运行参数

在标定过程中,对不同时刻主机设备(风机、提升机)的电流及频率进行了记录。

现场记录不同时刻主机设备的运行参数,如表 4.13 所示。

b. 风机设备的铭牌参数

现场记录的风机设备的铭牌参数,如表 4.14 所示。

表 4.13　现场记录的不同时刻主机设备的运行参数

项目	时刻	主风机	循环风机	磨尾风机	出辊压机提升机(1)	出辊压机提升机(2)	出球磨机提升机
电流(A)	14：20	343	500	56	223	216	162
	15：40	484	515	57	223	216	156
频率(Hz)	14：20	36	44	22	—	—	—
	15：40	44	45	23	—	—	—

表 4.14　现场记录的风机设备的铭牌参数

设备	电机功率(kW)	风流量(m^3/h)	风压强(Pa)	转速(r/min)
主风机	710	350000	5000	960
循环风机	800	350000	5000	730
磨尾风机	90	55000	3850	1450

c. 电耗

现场水泥磨系统的电表控制范围：从水泥配料站到水泥库库顶。

水泥磨系统运转 1 h 的电耗参数(电表倍率为 12000)，如表 4.15 所示。

表 4.15　水泥磨系统运转 1 h 的电耗参数

项目	开始时间	结束时间
	14：44	15：44
电表数字(kW·h)	1910.5	1911.1
电耗(kW·h)	7200	

(4) 技术解析

① 三分离选粉机

三分离选粉机在辊压机圈流粉磨系统内的应用是该水泥磨系统的一个突出的特色。根据现场标定的结果，该三分离选粉机将 V 形选粉机选出的较细颗粒进行分级处理，并分为细粉、粗粉、粗颗粒。3 个级别的物料进入不同的设备之中。分离出的细粉的细度完全达到了水泥细度的要求(经 80 μm 方孔筛的筛余值≤10%)，该部分物料直接被旋风收尘器收集后进入水泥成品库。分离出来的粗颗粒则返回辊压机内，利用辊压机的挤切力继续破碎。稍细的粗粉进入球磨机内进行粉磨，充分发挥磨机填充料的特性，将小粒径物料磨碎。

因此，综合以上分析，三分离选粉机的存在使得该粉磨系统拥有以下先进特点：

a. 经辊压机破碎后已达到成品细度的物料被及时分离，进入成品库，避免了这部分物料的循环负荷。

b. 粗粉状物料被分离，并送入球磨机内进行粉磨，充分发挥了球磨机的粉磨优势，粗颗粒返回辊压机进行破碎处理，也减少了磨机的负荷，提高了磨机产量。

c. 较细颗粒被合理分离，减少了辊压机的循环负荷，提高了辊压机的产能，延长了设备的使用寿命。

② 循环风机

该水泥磨系统中，出循环风机的风被分为两个部分，一部分进入 V 形选粉机内，另一部分则进入磨机选粉机内，补充 O-Sepa 选粉机的风量。出辊压机系统的风流量约有一半补充到 V 形选粉机，而另一半风流量(约为 77613.1 m^3/h)则进入磨机选粉机内补充 O-Sepa 选粉机的二次风量。此分风措施，为水泥厂粉磨系统节约了一个系统风机，降低了设备的投入和系统的电耗。

从辊压机旋风收尘器所收集的细粉来看，经三分离后的细粉经 80 μm 方孔筛的筛余值为 0.4%，说明在后续生产中循环风机的风流量还可以继续增加。但由于旋风筒自身收尘条件的限制，其收尘效率相对于 O-Sepa 选粉机来说较差，因此，此系统中必定还有一定量的细粉被尾排风机的风所带走，这部分细粉由于粒径较小（比表面积＞442 m^2/kg），普通的收尘设施已无法将其收集，而必须依靠收尘袋收尘。所以该系统在后续生产中还需尽可能多地将循环风机的风补入 O-Sepa 选粉机。但由于出磨机选粉机的成品细度为 1.6%（$R_{80\ \mu m}$），为保障其成品细度不受较大影响，可考虑调节循环风机补入球磨机选粉机的风流量，或者在增加循环风流量的同时减小主排风机的风流量。

③ 球磨机

在磨机粉磨 P·C32.5 水泥的过程中，研究人员通过磨机提升机电流的变化，发现球磨机运行时循环负荷量还可继续优化。

标定过程中，记录了两个时刻的主风机电流、循环风机电流、出球磨机提升机电流及给定投料流量的参数。主机电流及投料流量参数，参见表 4.10 和表 4.13。

通过两个不同时间点相关设备电流的变化可以得出：在两个时刻，系统的给定投料流量基本稳定，但出球磨机提升机的电流却发生了较大的变化。在第 1 时刻，出球磨机提升机的电流较大，说明在第 1 时刻球磨机的循环负荷量大。在第 2 时刻，主风机电流及循环风机的电流增大，加大了系统选粉的力度，有相当一部分成品借助高风流量排出粉磨系统，进入成品库，从而减少了这部分物料给系统带来的负荷，使得磨机的效率得到提升。

(5) 结论与建议

三分离高效选粉机的存在，使得经辊压机粉磨后的物料实现三级分离。达到水泥细度要求的细粉被及时分离，粗粉进磨，粗颗粒则继续返回辊压机破碎。根据物料粒径进行分段粉磨，并充分发挥辊压机、磨机各自优势，多破少磨，以降低磨机负荷，进而达到节能降耗的目的。

循环风机的分风处理，补充了 O-Sepa 选粉机的二次风流量，减少了设备的投入，有助于降低系统的电耗。从此次标定的结果上来看，循环风机约有一半风流量补充到 O-Sepa 选粉机，大概占其选粉风流量的 30%。

辊压机后的旋风收尘器由于自身选粉的劣势，存在一定量的超细粉随尾排风被排走，其中约有一半的风又回到 V 形选机中，无形中增加了辊压机系统的负荷。

经标定，磨尾收尘系统收集的物料细度为 0.4%（$R_{80\ \mu m}$），远高出成品水泥细度的要求，此部分物料可直接入成品库。但实际上，收集下来的物料又经磨尾提升机进入选粉机再次分选，无形中增加了设备的负荷，降低了系统的工作性能，可见，球磨机磨尾收尘系统不合理。

以为熟料产能为 8000 t/d 的水泥生产线配套的水泥粉磨系统为例，年平均单位熟料电耗控制为 26～28 kW·h/t，改造后控制为 22 kW·h/t。料耗系数取 1.5，电费单价取 0.55 元/(kW·h)，窑运转率为 0.88，则每年节约电费约为 963 万元，节约标准煤为 5.545×10^6 kgce，减少 CO_2 排放量为 14513 t。

4.4.3.2 多组分串并联水泥粉磨技术

(1) 技术背景

随着国家对节能环保技术的日益重视，如何以更少的能源消耗，获取更多更优秀的产品，同时综合利用更多的工业废弃资源，使其达到减量化、无害化、资源化、标准化应用，是现代工业企业及科研单位的重要课题，需要从基础理论到技术装备及生产工艺进行探索，谋求新的发展途径。水泥行业是大宗原料消耗行业，也是大宗工业固体废弃物利用行业；是能源消耗大户，也是重点节能大户。新形势下水泥生产技术日新月异，特别是在水泥熟料煅烧及水泥粉磨两个阶段均有很多创新技术。多组分串并联水泥粉磨技术就是其中一种新型的水泥生产工艺，其在节能、废渣利用、节约水泥熟料方面有突出成效。

(2) 技术概述

山西卓越水泥有限公司（以下简称：卓越公司）应用的多组分串并联水泥粉磨技术，主要由开路水泥粉磨系统和矿渣粉磨系统并联而成，在并联工艺中又有两条单独串联工艺，并且采用统一配料仓储系统。

水泥粉磨系统优化前的工艺流程，如图 4.36 所示。

水泥粉磨系统优化后的工艺流程，如图 4.37 所示。

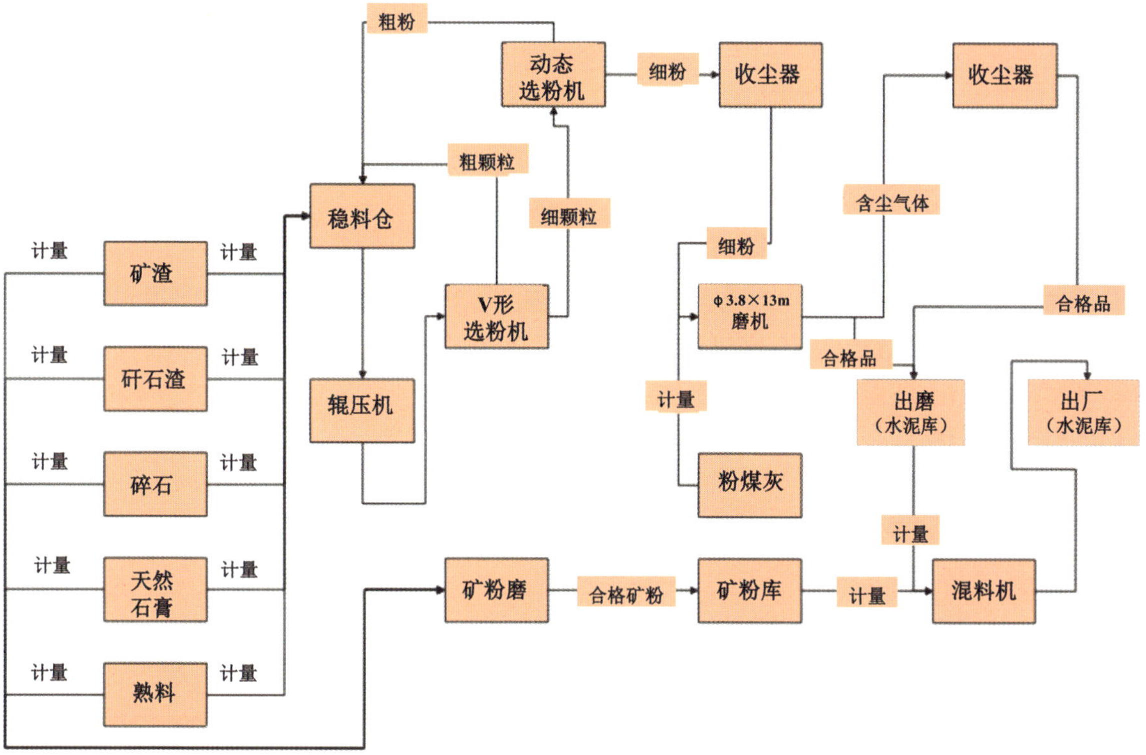

图 4.36 水泥粉磨系统优化前的工艺流程

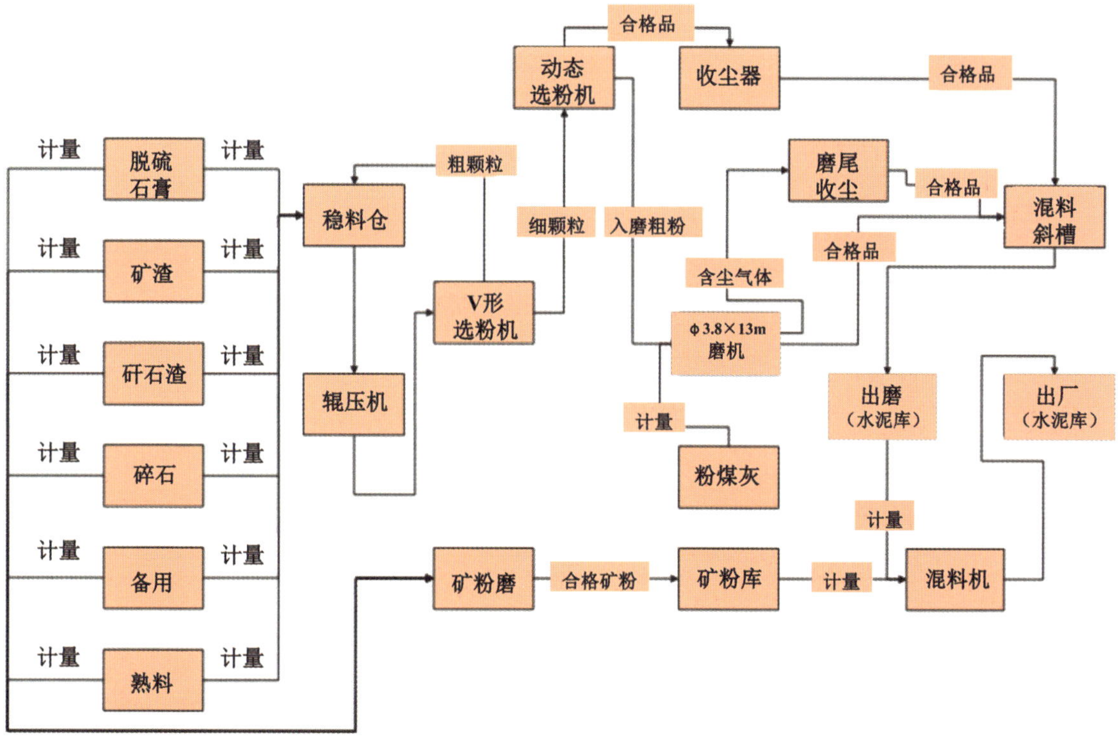

图 4.37 水泥粉磨系统优化后的工艺流程

该技术的创新点如下：

① 采用整合式双通道多组分配料技术，通过统一计量、统一配料，使配料工艺流程简洁化，可以更多地利用废渣。

② 多组分串并联水泥粉磨工艺的实施保证了水泥的颗粒级配合理。由于每种物料均可以用两种粉磨系统进行粉磨，相同的原料粉磨后的颗粒级配不同，在均化搭配后具有更好的填充率，对混凝土强度及

寿命都有很大贡献。

③ 由于组分多、颗粒分布均匀，水泥强度发挥好，可以少用熟料就达到出厂水泥强度内控指标，在减少熟料的同时增加工业废渣的掺入量。

④ 由于熟料消耗少，同时采用多破少磨的节能工艺，水泥单位产品电耗及能耗都有不同程度下降。

(3) 应用情况

该项技术目前已在卓越公司得到成功应用，取得了不错的经济与社会效益。

多组分串并联水泥粉磨技术的优势具体如下：

① 水泥颗粒级配好

在水泥粉磨工艺优化前，该公司水泥与周边企业相比优势不大，也有水泥粒度分布曲线不够匀称、平均粒径偏大、3～30 μm 水泥颗粒含量偏少、比表面积偏低的问题。在工艺优化前，水泥颗粒的中位粒径为 20.14 μm，体积平均径为 26.96 μm。

水泥粉磨工艺优化前水泥粒度分布曲线，如图 4.38 所示。

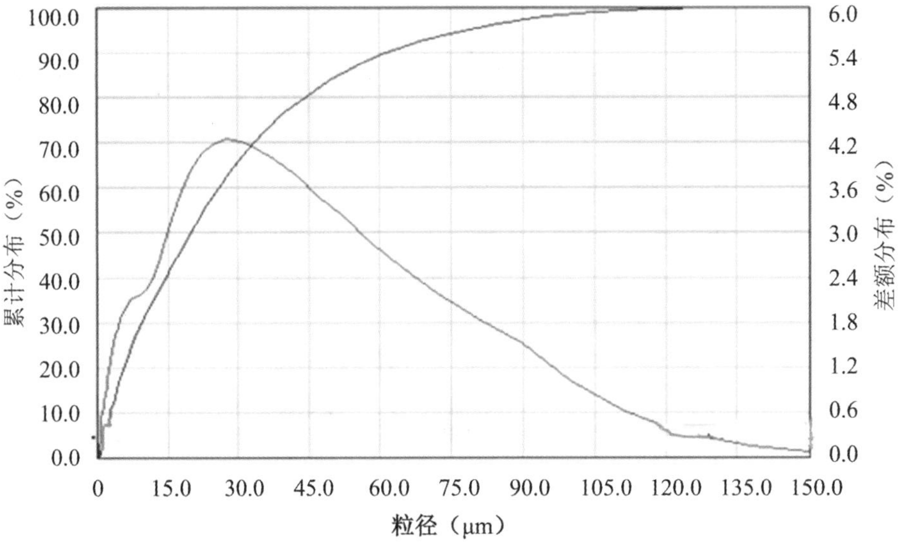

图 4.38　水泥粉磨工艺优化前水泥粒度分布曲线

多组分串并联水泥粉磨工艺下水泥成品粒度分布曲线，如图 4.39 所示。

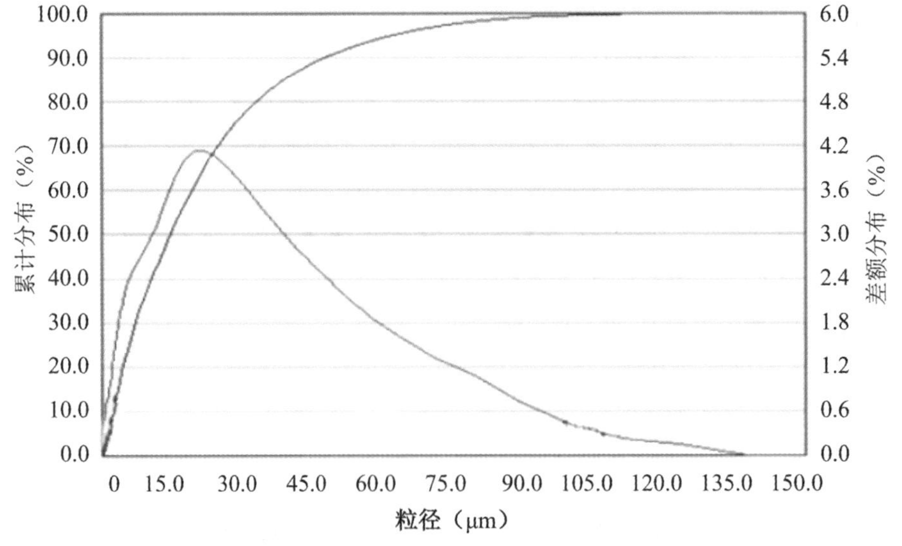

图 4.39　多组分串并联水泥粉磨工艺下水泥成品粒度分布曲线

通过工艺改进，水泥颗粒中位粒径为 14.84 μm，体积平均径为 20.87 μm。粉磨后的混合水泥粒径

<30 μm 的颗粒约 78%，颗粒分布范围广且均匀。这说明采用多组分串并联水泥粉磨工艺(双闭路辊压机+开路球磨机+矿粉按比例搭配)粉磨，水泥的颗粒级配更优秀。

② 节电效益明显

多组分串并联粉磨工艺由于具有系统结构紧凑、多破少磨、节约熟料、多用废渣的特点，可比水泥综合电耗和能耗都较低，节电效益明显。

多组分串并联粉磨工艺的节电参数，如表 4.16 所示。

表 4.16 多组分串并联粉磨工艺的节电参数

项目	熟料产能为≥4000 t/d 的水泥生产线行业准入值	国内先进值	卓越公司实际值
可比水泥综合电耗(kW · h/t)	≤90	≤85	67
可比水泥综合能耗(kgce/t)	≤98	≤88	82

③ 经济效益显著

通过节电与少用熟料、多用工业固体废弃物，该技改项目产生了较大经济效益。

从整体运行情况来看，年节电量可达 3.24×10^7 kW · h。

在运行中经济效益的具体计算过程如下：

每年节电量=(水泥可比综合电耗国内先进值-该公司水泥可比综合电耗实际值)×年水泥产量

=3.24×10^7 kW · h

每年减少碳排放量=每年节电量×碳排放因子=2.6212×10^4 t

每年节约熟料量=年水泥产量×每 1 t 水泥少用熟料量=9×10^4 t

此外，由于少用熟料，每年可以多用工业固体废弃物(粉煤灰)量为 9×10^4 t。

(4) 技术解析

多组分串并联粉磨工艺实施后，系统运行平稳，水泥品质优良，附近搅拌站及重点工程争相使用。现依据系统原理及运行过程，对该技术的机理进行如下解析：

① 特有的分别粉磨技术

分别粉磨是很多拥有矿渣资源的水泥企业选择的工艺方式，单独矿粉磨的设置加大了对钢铁厂排放矿渣的消耗，减轻了钢铁厂负担；同时分别粉磨发挥了球磨机与立磨对不同物料的适应性优势，一般球磨机以磨制熟料、石膏为主，立磨以磨制矿粉为主。分别粉磨系统既可以磨制矿粉，还可以磨制水泥，并且配料仓及配料秤在同一平台，组成了“合—分—合”的并联系统。该技术解决了传统设计中球磨与立磨配料系统分开不便于管理、投入偏大的缺陷，同时避免了其他矿粉生产线产品单一的问题，在矿渣供应不上或是水泥供不应求的情况下，矿粉磨可以轻松转产水泥，并且配料系统完全不产生冲突。

② 多组分并联配料技术

多组分并联配料并非新技术，多数厂家均有多路配料系统，但该工艺拥有熟料、脱硫石膏、碎石、矿渣、粉煤灰、矸石渣、备用七路配料秤；同时矿粉线拥有完整的水泥配料系统，其中配置的熟料秤就有大小量程两杆皮带秤。全系统计量秤多达 27 台，充分保证了水泥配料需求的满足。在该公司出厂水泥里，含有球磨机系统磨制的熟料粉、脱硫石膏粉、粉煤灰粉、碎石粉(P · C32.5 配入)、矿渣粉，也有矿粉磨系统磨制的矿渣粉、熟料粉、脱硫石膏粉，两种不同工艺磨制的细粉细度是不同的，同样是熟料粉，矿粉磨内的熟料粉很细，而球磨机里的熟料粉相对略粗(其他组分情况也与熟料粉一样)，这样出厂水泥颗粒粒径分布范围很广。例如需要早期强度时有超细熟料发挥活性，需要后期强度时则有矿粉和略粗的熟料颗粒发挥作用。同时，水泥颗粒粒径分布越广，其堆积密度也就越小，在混凝土中也一样，颗粒粒径分布广的水泥相互填充性能好，混凝土气孔就少，需水量就低，相应混凝土密实度就好，耐久性、抗渗性也更好。

(5) 结论与建议

多组分串并联粉磨工艺可以解决单独粉磨工艺的颗粒级配不合理、废渣得不到综合利用的缺陷，在联合粉磨技术里独树一帜，可以大幅降低熟料使用量，增加工业固体废弃物使用量，并且使混凝土的密实性、抗渗性、耐久性都有不同程度的提高，既有节约生产成本的经济效益，又有利用工业固体废弃物、提高建筑物耐久性的社会效益。

综上所述，多组分串并联粉磨工艺值得在具有类似条件的水泥企业推广应用。

4.4.3.3　陶瓷球在水泥粉磨中的应用技术

（1）技术背景

随着国家节能减排政策的逐步深化，新的节能技术受到各行各业的关注，水泥生产是能源消耗较大的行业，节能技术的研发极为重要。许多节能技术相继应用于水泥生产，导致水泥生产的电耗从 100 kW·h/t 以上逐渐下降到目前的 80～85 kW·h/t，且仍呈下降趋势。

近几年，陶瓷球广泛应用于水泥粉磨，使水泥粉磨的电耗平均下降 4～6 kW·h/t，成为水泥行业节能的新亮点。

（2）技术概述

陶瓷球应用于水泥粉磨，有其不可替代的优点。例如，水泥粉磨节能效果显著；无须新增设备投资；大幅度减少铬污染；使用相当方便，不需要对使用厂家进行特殊技术培训。陶瓷球能在水泥粉磨中得到广泛应用，最主要的原因是辊压机、立磨等设备在水泥预粉磨中大量应用，使得入磨物料变细，比表面积增加，给陶瓷球的应用创造了前提条件。同时，随着陶瓷球的生产技术的发展，陶瓷球配方和烧结过程技术得到改进，使陶瓷球的冲击韧性得到很大提高，并解决了其破损率高的问题。

陶瓷球生产和应用过程中应注意以下问题：

① 陶瓷球的生产

首先，要保证 Al_2O_3 和 ZrO_2 的含量，严格控制成形工艺和烧结过程，保证陶瓷球使用中不破损；其次，陶瓷球的密度需达到一定要求，以保证粉磨效果。最后，要求规格尺寸误差小，外表光滑、球形度好。

② 陶瓷球的应用

首先，必须准确分析各种工艺条件下，陶瓷球在球磨机各仓的粉磨范围（细度和比表面积范围）；其次，根据粉磨范围，精确计算出陶瓷球的最佳平均球径、填充率和球料比；最后，对磨机内部零部件进行相应的调整，以适应陶瓷球的应用。

（3）技术应用

陶瓷球技术已在ϕ3 m×11 m～ϕ4.6 m×14.5 m 球磨机上成功应用，几乎覆盖行业所有磨机规格。陶瓷球技术使用的结果如下：

① 众多的使用企业中，节电量为 3～9 kW·h/t，平均节电量为 4～6 kW·h/t。

② 使用陶瓷球粉磨技术，球磨机产能会有小幅度下降（一般为 5%～10%）。

③ 水泥成品的均匀性有所提高，对水泥强度增长有利。

④ 水泥浆体物理性能保持不变。

⑤ 开流磨水泥温度下降 15～25 ℃。

（4）技术解析

随着陶瓷行业技术进步，采用新配方、新的烧结工艺制造出适合水泥粉磨的陶瓷球，破损率低，密度偏大，从而保证了陶瓷球的使用寿命和使用效果。

陶瓷球仅适合粉磨的细磨阶段，必须控制入磨物料最大粒径，否则会严重降低陶瓷球的粉磨效率。

应用陶瓷球前，必须对磨内粉磨仓进行准确分析，并严格控制平均球径、填充率、球料比，稍有偏差会严重影响粉磨效率。

应用陶瓷球时不是简单更换即可，粉磨仓的部分零部件也需要相应调整，以适应陶瓷球的技术参数。

（5）结论与建议

陶瓷球技术的应用，节电效果十分明显，每生产 1 t 熟料可节约电量为 4～6 kW·h，可以减少标准煤耗为 1.4～2.1 kgce，从而减少 CO_2 排出量为 3.44～5.16 kg。该技术应用无须专有设备投资，具有良好的推广价值。使用该技术需严格控制物料粒度，准确分析粉磨范围并使用符合质量要求的陶瓷球。

4.4.3.4 水泥立磨终粉磨技术

(1) 技术背景

随着国家节能减排形势的日益严峻，水泥行业节能降耗势在必行，新形势下水泥粉磨的节能潜力得到进一步挖掘。

(2) 技术概述

该技术依托单位为天津院。水泥立磨终粉磨系统主要由水泥立磨、收尘器、风机等设备构成。物料在立磨内部研磨、分选，成品进入收尘器。

水泥立磨终粉磨系统的工艺流程，如图 4.40 所示。

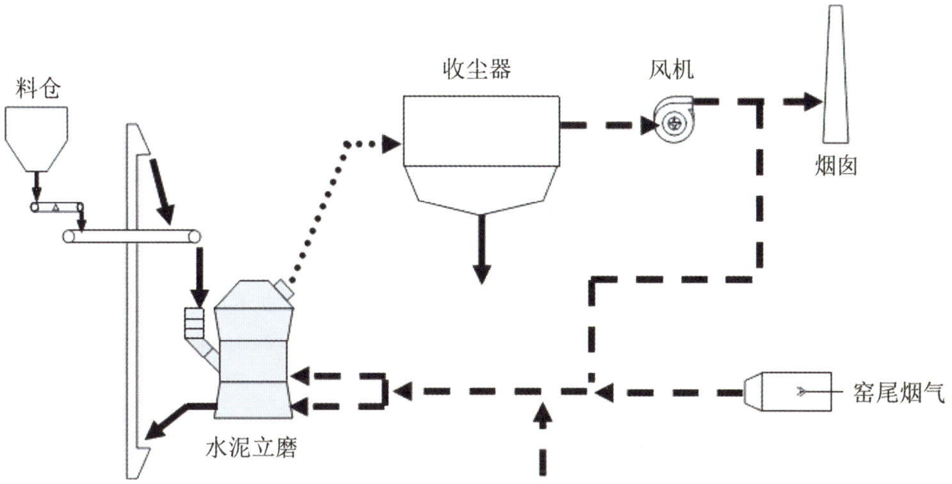

图 4.40 水泥立磨终粉磨系统的工艺流程

该技术的创新点为仅采用一台水泥立磨作为粉磨、分选装备，工艺流程非常简单，维护和操作便捷，投资费用低，解决了联合粉磨工艺流程复杂、投资费用高的问题。

(3) 技术应用

该项技术目前已在尧柏特种水泥集团有限公司、双鸭山新时代水泥有限责任公司、武汉阳逻水泥有限公司、潍坊特钢集团有限公司得到应用。

以某公司的技术应用为例，采用 TRMK45.4 型水泥立磨粉磨 P·O42.5 水泥，产能可以达到 190～200 t/h、系统的单位产品电耗约为 26 kW·h/t，粉磨时可以随时切换 P·O42.5 和 P·C32.5 水泥品种，生产维护十分便捷，投资费用为联合粉磨系统的 80%～90%。

某公司 TRMK45.4 型水泥立磨的运行参数，如表 4.17 所示。

表 4.17 某公司 TRMK45.4 型水泥立磨的运行参数

项目	产能(t/h)	比表面积(m^2/kg)	筛余值($R_{45\mu m}$,%)	主机单位产品电耗(kW·h/t)	系统单位产品电耗(kW·h/t)
TRMK45.4	196	355	4.5	18.4	25.8

(4) 技术解析

现依据系统构成及运行过程中的相关现象，对该技术的机理进行解析：

① 立磨将研磨和分选功能集合为一体，系统工艺流程简单、维护维修方便；

② 采用料床粉磨技术、料床稳定技术，使粉磨效率得到明显提高，与球磨机粉磨系统相比较，可以节电 30%～40%。

(5) 结论与建议

从技术使用情况来看，水泥立磨终粉磨系统流程简单、维护便捷，生产节能优势明显，每年可减少 CO_2 排放量为 3640 t，社会和经济效益显著，市场前景广阔，建议加快推广该技术成果。

4.4.3.5 水泥分别粉磨与配制技术

(1) 技术背景

在水泥制成工艺中，共同粉磨工艺（又称混合粉磨工艺）应用十分广泛，配制水泥的几种物料在库底被按比例配料计量，由输送设备送入粉磨设备磨细，水泥的品种和等级在物料入磨前就确定了。这种工艺在企业高质量发展中凸显出不足：由于参与配制水泥的各种物料的易磨性不同，且呈现动态性变化，水泥成品细度与颗粒粒径分布波动较大；水泥成品中存在部分较大粒径（＞65 μm 甚至＞80 μm）的水泥熟料颗粒，这种熟料颗粒水化时间很长，在混凝土中充当填充材料，其水化活性被白白浪费。为了减少或避免水泥性能的波动，不得不适当提高熟料的掺入比例，不仅增加了水泥的制造成本，还难以做到物尽其用。分别粉磨与配制工艺，是将所用水泥组分材料分别粉磨至一定细度后放入储库，经库底准确计量后均化为所需品种水泥。该工艺减少了熟料用量，降低了水泥生产成本，减少了 CO_2 排放。

(2) 技术概述

目前，国内水泥分别粉磨工艺一般有如下 3 种：

① 各种材料单独磨细入库，然后计量配制入库均化；

② 采购大集团的高等级成品水泥（例如，P·Ⅰ52.5、P·Ⅱ52.5、P·O52.5R 等）与自行制备的超细混合材料经准确计量后配制均化为水泥成品；

③ 在磨尾掺加高活性超细微粉生产水泥，也属于部分分别粉磨工艺范畴[47]。

根据水泥熟料与所用混合材易磨性差异，将不同的物料分别粉磨成不同颗粒分布的水泥组分，按照紧密堆积理论和充分发挥熟料强度以及混合材的活性和填充性的原则，对水泥的各组分进行种类和细度的合理搭配从而提高水泥的性能。

水泥分别粉磨的生产工艺，可以很好地克服混合粉磨的缺点。该工艺是采用不同的比表面积控制指标对熟料和矿渣分别进行粉磨，获得颗粒分布合理的水泥各组分，然后分别储存于不同的熟料粉库和矿渣粉库中，再将磨成的熟料粉和矿渣粉按不同品种水泥的配比要求，用计量秤准确计量后，通过混料机充分搅拌配制成所需要品种的水泥。通过分别粉磨工艺生产水泥，可以比较灵活、快速地切换水泥品种，生产不同用途和高性能的水泥产品，以适应市场对产品需求的变化。

(3) 技术应用

目前，国内的一些大型企业已采用水泥分别粉磨工艺，其节电优势非常明显。

2020 年 10 月，广东省梅州市永恒建材有限公司通过了“分别粉磨库外精确配制和高效均化生产水泥新技术成果”鉴定。其分别粉磨配制水泥的原料，包括 P·O52.5R 水泥、超细石灰石微粉、超细矿渣微粉、超细粉煤灰等。其中，P·O52.5R 水泥从大集团采购，成套工艺均化设备与之“旁路式”对接。在龄期抗压强度相同的前提下，分别粉磨工艺配制生产的水泥，与传统的共同粉磨工艺相比较，可减少熟料掺入量 5%～10%，水泥质量均匀稳定，28 d 抗压强度可控制为±1 MPa[48]。

分别粉磨配制水泥均化工艺流程，如图 4.41 所示。

(4) 技术解析

水泥分别粉磨工艺的优点：

① 颗粒级配合理

水泥的强度不仅与其化学组成和矿物组成有关，而且与其颗粒级配有关，采用不同的粉磨工艺和选粉方式，即使比表面积相同，水泥的强度也会有所差别，其原因就在于颗粒级配不同。水泥颗粒级配对水泥性能的影响，国内外已经进行了长期的分析和研究，并取得了基本结论，对于高等级普通硅酸盐水泥来说：水泥粒径在 3～32 μm 的颗粒含量须大于 65%，粒径小于 3 μm 的细颗粒含量不可超过 10%，粒径大于 65 μm 和小于 1 μm 的颗粒越少越好。在水泥生产中不同组分易磨性差异很大的情况下，要想水泥中熟料、混合材等各组分的颗粒分布合理，以达到熟料活性的完美利用和混合材活性潜能的充分挖掘，分别粉磨是最好的选择。分别粉磨矿渣和熟料时，可以使矿渣磨得更细。这样，一方面可以提高矿渣的反应活性；另一方面可以改善水泥的颗粒分布，加大细颗粒矿渣在水泥石中的填充作用，增强水泥颗粒的原始堆积密度，优化水泥各组分的颗粒分布，使熟料的强度得以充分发挥，使矿渣优良的潜在水硬活性得以充分展现，显著提高水泥强度。

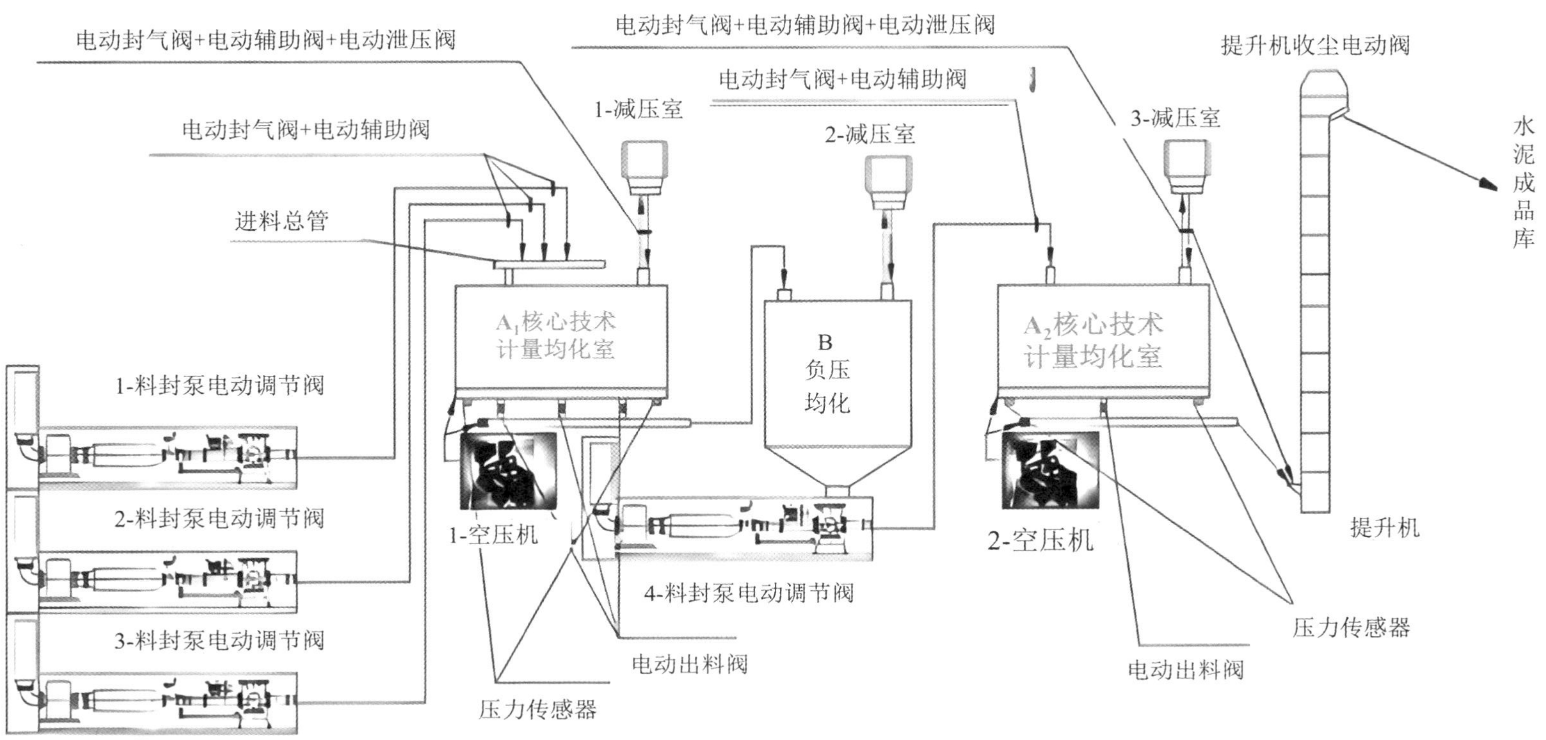

图 4.41 分别粉磨配制水泥均化工艺流程

② 增加混合材的掺量

矿渣具有较高的潜在活性，磨细矿渣[49]可以提高矿渣的掺量，减少熟料的消耗。但要把矿渣的潜在活性完全发挥出来，需要依靠物理作用把矿渣磨到足够的细度。采用混合粉磨工艺时，由于矿渣易磨性较熟料差，必然会产生选择性粉磨，使成品中两组分的颗粒分布不均，例如：水泥比表面积控制为 350 m^2/kg 时，水泥中的矿渣得不到充分粉磨，平均粒度偏大，未磨细的低活性矿渣潜在活性得不到充分发挥，限制了水泥矿渣掺量的提高，造成熟料消耗量上升。采用分别粉磨配制水泥生产工艺，单独粉磨矿渣至要求细度，保障其比表面积足够大，活性增高，强度增加。用这种高活性的矿渣粉与熟料粉配制生产水泥产品，可使矿渣的活性发挥到极致，在保证产品质量的前提下，减少熟料消耗，增加企业经济效益。

② 降低粉磨系统的电耗

采用混合粉磨工艺时，由于熟料和矿渣的易磨性差异，容易出现易磨物料过粉磨，难磨物料磨不细，混合粉磨后的矿渣粒径会比熟料粒径大，当水泥的比表面积达到 350 m^2/kg 时，矿渣的比表面积仅有 230～280 m^2/kg。如果矿渣活性充分发挥出来，达到理想的细度(比表面积为 400～480 m^2/kg)，又会造成熟料的过粉磨现象，不仅使水泥使用性能变差，而且直接影响粉磨系统的产能，使粉磨工序电耗上升，成本增加。采用熟料和矿渣分别粉磨工艺，减轻了矿渣难磨特性对粉磨的影响，达到提高粉磨效率、降低粉磨电耗的目的[48]。

④ 提高水泥的后期强度

根据矿渣粉活性试验得知，矿渣粉早期强度较低，而后期强度增长较快，这也是加入矿渣的水泥强度发展的一般规律。随着比表面积的提高，其活性指数(强度比)明显提高。当矿渣粉比表面积达到 400 m^2/kg 时，28 d 活性指数达 95%，与水泥基本相当；而当矿渣粉比表面积达到或超过 420 m^2/kg 时，28 d 活性指数甚至高于一般粉磨至比表面积为(350 m^2/kg)的水泥熟料，因此矿渣粉细磨比熟料粉细磨更有利于水泥强度的增长，可为企业生产高强度水泥创造了条件。采用分别粉磨配制水泥生产工艺不仅可以改善水泥的物理力学性能，显著提高水泥强度，而且可以减小混凝土的温度裂缝和温度收缩，提高混凝土的耐久性、耐酸性和耐腐蚀性[47]。

⑤ 灵活组织多品种生产

采用分别粉磨配制水泥生产工艺，水泥品种转换的成本相对较低。在水泥储库允许的情况下，可以灵活多变地组织生产多品种水泥，改变过程迅速便捷。既可以生产普通水泥，又可以生产满足客户特殊需求的水泥。如根据矿渣粉掺加量增加后，水泥凝结时间延长，特别是掺加量大于 40%后凝结时间明显延长的特性，不用加缓凝剂即可生产用于道路建设或其他对凝结时间有特殊要求的工程的缓凝水泥。根据实验研究，随着水泥矿渣粉掺量的增加，当掺量大于 30%以后，水泥水化热明显降低；当掺量达到 70%时，水化热仅为硅酸盐水泥的 59%，可满足低热矿渣水泥的生产要求。

⑥ 改善水泥的使用性能

水泥中熟料颗粒的大小与水化和硬化过程有着直接的联系，不同粒径的水泥熟料颗粒的水化速度及程度差异很大。在采用混合粉磨工艺生产的水泥成品中，由于粒径＜3 μm 的熟料细颗粒较多，大量的熟料细颗粒将在很短的时间内水化，产生早期水化热增加以及需水量增大、减水剂相溶性降低等一系列弊端，对水泥的使用性能产生一定的影响。采用分别粉磨工艺，将矿渣粉磨到一定的细度(比表面积≥400 m^2/kg)后，使其玻璃体晶体结构破坏，促使矿渣的活性得到充分发挥。这些活性组分水化时，在碱性溶液的激发下，进一步生成水化硅酸钙等水硬性物质，配制成水泥后，不仅有利于水泥后期强度的提高，而且可以提高混凝土的早、后期强度和抗渗性、抗冻性等，改善混凝土的性能。分别粉磨的矿渣微粉，还可用于配制高性能的混凝土，调整水泥初期的水化过程，使混凝土的和易性、泵送性、密实性和耐久性得到改善和提高。

(5) 结论与建议

在世界能源危机日趋严重的今天，水泥成品制备采用分别粉磨工艺，可以在确保水泥品质的前提下，通过对水泥熟料、石膏与混合材料的单独磨细，并准确计量与配制及均化，充分发挥混合材料各自的水化胶凝活性，物尽其用，大幅度降低水泥制造成本。分别粉磨配制工艺实现了水泥制备过程的节能降耗，实现了水泥熟料的节约，是碳减排的途径之一。按熟料规模为 4000 t/d 的水泥生产线计算，采用分别粉磨配制水泥均化工艺，可节约的熟料量约为 7%，按每年窑运转率 0.88、每生产 1 t 硅酸盐熟料的 CO_2 排放量为 865.8 kg 计算，每年减少的碳排放量为 77867 t（4000×7%×0.88×365×0.8658=77867）。这对于水泥工业的可持续发展，具有重大的现实意义与深远的历史意义。

4.4.3.6 磨机衬板轻质化技术

（1）技术背景

由于开路水泥磨的旧式设计衬板厚重、运行功率大、能耗高，更换新型设计的轻质化衬板，可以大幅度降低单块衬板的自重，从而降低磨机的电耗。

（2）技术概述

该技术依托单位为华润建材科技，轻质化衬板的创新性在于采用新型高强度材料，同时中间镂空，只留框架，中间贴焊耐磨不锈钢筛板，大幅度降低了单块衬板的自重。

华润建材科技的磨机衬板轻质化技术，如图 4.42 所示。

(a)　　(b)

图 4.42　华润建材科技的磨机衬板轻质化技术

（a）改造前；（b）改造后

（3）技术应用

华润水泥（平南）有限公司（以下简称：平南公司）共有 9 台水泥磨机，水泥年产量为 1×10^{7} t，生产 P·Ⅱ52.5、P·Ⅱ42.5R、P·Ⅱ42.5、P·O42.5、P·C32.5R、RB·C32.5 共 6 个品种水泥。2017 年，$4^{\#}$ 磨机因 $2^{\#}$ 仓衬板在使用 10 年后已经发生磨损，平南公司和设备制造厂家经过多次技术交流，根据 $4^{\#}$ 磨机的使用情况，对磨机筒体衬板配件进行了优化。

平南公司磨机筒体的波纹衬板改造前后的技术参数对比，如表 4.18 所示。

表 4.18　平南公司磨机筒体的波纹衬板改造前后的技术参数对比

项目	质量（kg/块）	平均厚度（mm）	波峰厚度（mm）	波谷厚度（mm）	衬板面积（m^2/仓）	磨机容积（m^2/仓）	备注
改造前	34.23	77.5	90	65	92.08	372.48	$4^{\#}$ 磨机 $2^{\#}$ 仓共计更换衬板 1218 块（质量减少 16.76 t）
改造后	20.47	45	55	35	93.56	384.55	
差异	−13.76	−32.5	−35	−30	1.48	12.07	

（4）技术解析

衬板轻质化的优势：

① 轻质化设计以及高强度的材料，在增加磨机寿命的同时也提高了磨机的效率。

② 磨机的容积能够增大约为 5%，相应的产能也就增加了约 5%，在节能的同时增加了产量。

（5）结论与建议

相较于改造前，安装轻质化衬板后节能增产效果十分明显。改造过后磨机内容积增加，磨机的单位产品电耗下降 0.5 kW·h/t。按 2019 年 $4^{\#}$ 磨机年生产水泥 1249393 t、电价 0.5761 kW·h/元计算，年节省电费 3.59887×10⁵ 元，每年减少 CO_2 排放量 5.823×10⁵ t。

4.4.3.7 水泥辊压机终粉磨技术

（1）技术背景

辊压机和立磨是近几年在水泥行业粉磨系统中广泛采用的节电设备，应该说都取得了显著的效果。但相较于立磨已经广泛应用于生料终粉磨和水泥终粉磨，辊压机的应用才刚刚起步，辊压机水泥终粉磨还徘徊在研发阶段。鉴于辊压机已成功用于生料终粉磨，并且具有系统简单、操作方便、管理维护容易、电耗低的特点，其是否也可以取代立磨作为水泥终粉磨系统成为当前研究的焦点。

（2）技术概述

不同粉磨系统粉磨同一种水泥时主机单位产品电耗的对比，如表 4.19 所示。

表 4.19　不同粉磨系统粉磨同一种水泥时主机单位产品电耗的对比

粉磨系统	球磨机闭路粉磨系统	辊压机预粉磨系统	辊压机联合粉磨系统	辊压机半终粉磨系统	辊压机终粉磨系统
主机单位产品电耗(kW·h/t)	35	30	25	23	20

德国 Lägerdorf 水泥厂进行过不同比表面积下的水泥粉磨电耗对比试验[49]。在水泥辊压机终粉磨、辊压机联合粉磨、球磨机粉磨 3 个系统中，以辊压机终粉磨的电耗最低，可以将粉磨的单位水泥电耗降低到约为 20 kW·h/t。

不同粉磨系统对不同比表面积水泥粉磨的单位水泥电耗的情况，如图 4.43 所示。

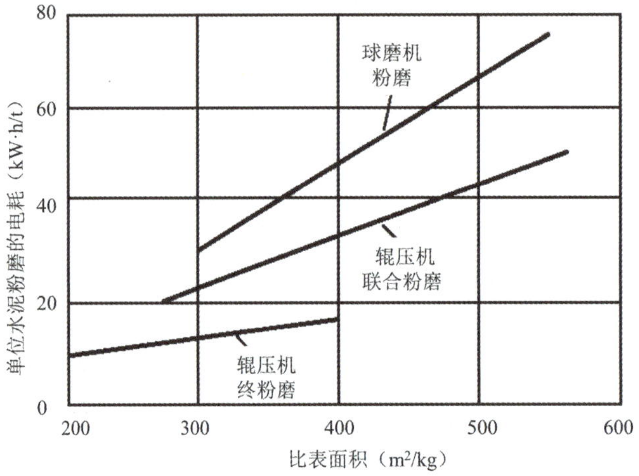

图 4.43　不同粉磨系统对不同比表面积水泥粉磨的单位水泥电耗的情况

（3）技术应用

目前辊压机在水泥粉磨系统主要有预粉磨、联合粉磨及半终粉磨 3 种粉磨形式，球磨机在粉磨过程中仍承担部分粉磨作用。为进一步降低水泥粉磨系统的电耗量，天津院通过实验室试验及工业化实践，成功将辊压机终粉磨系统用于水泥粉磨领域，实现了水泥粉磨“无球化”的新突破。水泥辊压机终粉磨系统，包括辊压机、选粉机、旋风筒、收尘器及风机等设备。物料经计量配料和提升输送进入辊压机上方的荷重小仓，继而被辊压机挤压粉磨。出辊压机的物料由循环提升机送往选粉机进行分选，分选后的粗料（V 形选粉机的粗料和动态选粉机的粗料）返回辊压机被再次挤压，而合格的水泥成品被风带入旋风筒收集起来，整个系统用风由旋风筒后的系统风机提供。

水泥辊压机终粉磨工艺流程，如图 4.44 所示。

天津振兴水泥有限公司使用天津院设计的辊压机终粉磨进行了工业试验。试验结果为：产能为 120～140 t/h（P·O42.5，比表面积 380 m²/kg），系统的单位产品电耗为 24～26 kW·h/t，标准稠度需水量为 28.5%。

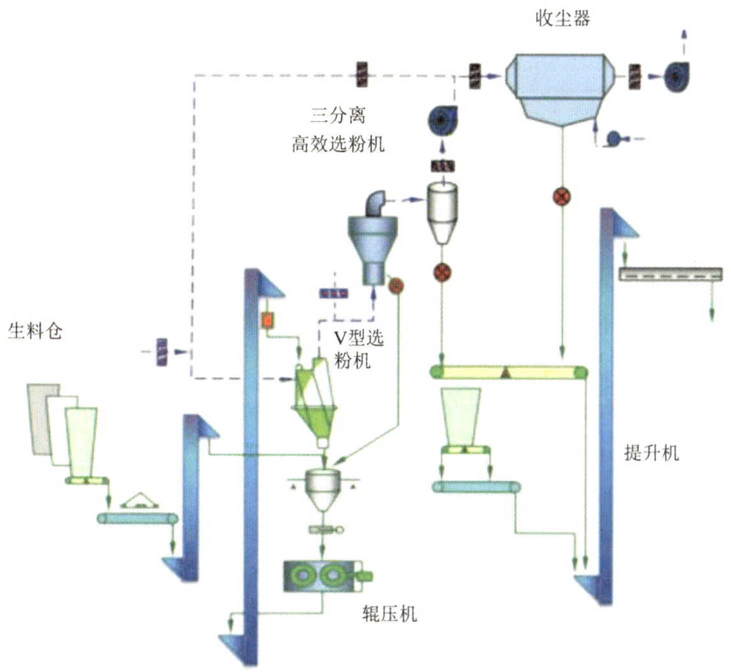

图 4.44 水泥辊压机终粉磨工艺流程

四川峨胜水泥集团股份有限公司，2018 年 12 月在原半终粉磨工艺系统中实施辊压机终粉磨技术改造。2019 年 5 月实现了辊压机终粉磨生产水泥目标：单位产品电耗下降约为 5 kW·h/t，产能约为 110 t/h（P·O42.5R，比表面积 340 m^2/kg），标准稠度需水量为 27%，与联合粉磨时一致，水泥 3 d 及 28 d 抗压强度比联合粉磨时高 1～2 MPa。

（4）技术解析

水泥辊压机终粉磨，既要较高的压力以提高产能，又要较多的循环次数以保证质量，两者是对立的统一，需要找到一个合理的平衡点。在保证循环次数的情况下，应尽量提高操作压力。事实已经证明：当水泥足够细时，颗粒形状对需水量的影响已经不重要了，关键是如何优化和控制水泥的颗粒级配。

（5）结论与建议

时至今日，水泥粉磨技术发展已经取得了一系列成果，不但大幅度提高了粉磨效率，而且可在一定程度上改善水泥的粉磨性能。例如，立磨水泥终粉磨、辊筒磨机水泥终粉磨、分别粉磨等，都取得了不错的效果。遗憾的是，在原理上粉磨效率最高的辊压机，在进军水泥终粉磨时落到了裹足不前的境地。在生料粉磨领域，辊压机终粉磨发展虽然滞后于立磨，但毕竟还是有所突破；然而在水泥粉磨领域，辊压机系统却退守于半终粉磨[51-52]，而且必须配套球磨机整形。尽管辊压机水泥终粉磨在推广过程中还会遇到这样或那样的问题，但就像生料辊压机终粉磨一样，相信最终会逐步得到大家的认可[53]。

4.4.4 超细磨技术

4.4.4.1 技术背景

优质的矿物掺合料已成为水泥和高性能、绿色低碳混凝土不可或缺的组分，超细磨是实现矿物掺合料优质化的重要手段之一，能够使矿物掺合料发挥出更优异的活性效应、形态效应和微集料效应。相较于普通细度的矿物掺合料，优质的矿物掺合料能进一步降低水泥熟料用量，在混凝土中可提高掺量，降低水泥用量。

如何在一个经济合理的成本范围内，将掺合料颗粒粉磨到一个更适宜的细度？这是人们一直在探索的问题。若颗粒被粉磨得越细，则能耗越高，范德华力和静电力越大，越容易团聚，粉磨成本显著升高。目前，建材行业对于“超细粉”还没有具体界定，有人认为比表面积＞700 m^2/kg，有人认为平均粒径＜10 μm。目前，市场上生产的超细粉，以比表面积 500～600 m^2/kg 的居多，主要通过粉磨加选粉机分选，效率低，产能低，成本高。

4.4.4.2 技术概述

超细选粉机具有以下特点[54]：

(1) 采用单叶轮大型超细选粉机转子结构，单机处理能力大。

(2) 采用大型超细选粉机专利的动静叶片技术，分级效率高，运行阻力低。

(3) 采用一种低旁路值的双重密封结构，可满足分选比表面积为 800～1500 m^2/kg 超细粉的使用要求。

(4) 采用变频调速，通过改变转子转速，实现成品细度(D_{97})从 5～150 μm 任意控制可调。

(5) 采用调风蜗壳部件，可平衡选粉机风量与磨机所需风量大小，实现气流均衡。

(6) 采用 CFD 模拟分析，指导对选粉机结构的优化设计。

(7) 选粉机内部构件均采用耐磨材料防护处理，延长整机使用寿命。

4.4.4.3 典型案例

山东华森水泥粉磨有限公司对其闲置的一条水泥粉磨生产线进行了改造，利用附近钢铁企业提供的矿渣、钢渣及炉渣进行超细粉磨深加工，作为超细掺合料加入水泥，以提高水泥强度、改善成品品质。

原料通过计量喂入 MB30110 型球磨机，入磨细度控制比表面积为≥400 m^2/kg，经过磨机研磨后的物料通过气力输送从选粉机底部进入选粉机，经分选后合格的超细粉被收尘器收集下来送入成品仓；不合格的粗粉由选粉机底部返回磨机，再重新研磨。

超细选粉机是大型超细粉磨工艺装备中的核心设备，其具有独特的结构与性能，适应范围广，可用于粉磨系统对各种物料的分选，产品的细度调整范围宽，细度调节灵活方便，颗粒级配合理，产品性能好。ZCX1600 型超细选粉机系统分选的物料可实现 $D_{97}<10$ μm，比表面积可以在 800～1500 m^2/kg 之间任意灵活调整，既可以利用各类工业固体废弃物生产超细掺合料，又可生产各种标号的水泥，还可满足水泥粉磨系统技术改造的需求[54]。

ZCX1600 型超细选粉机的系统，如图 4.45 所示。

ZCX 型超细选粉机的结构，如图 4.46 所示。

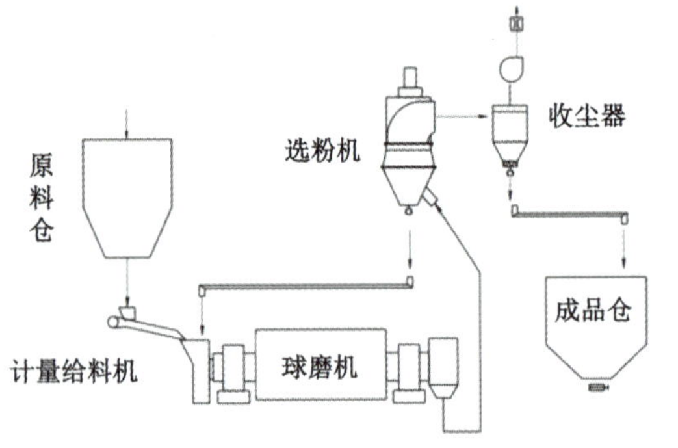

图 4.45　ZCX1600 超细选粉机的系统

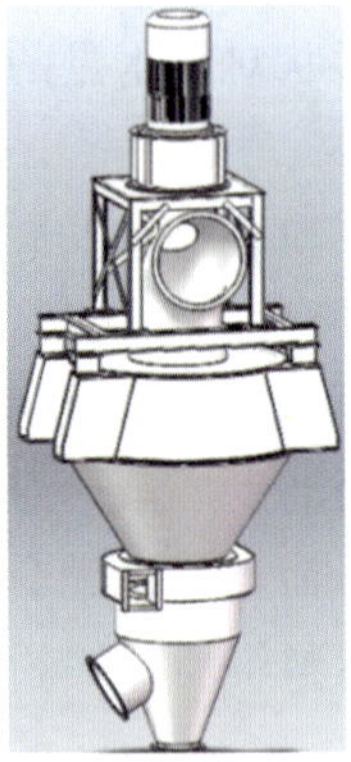

图 4.46　ZCX 型超细选粉机的结构

经过前期的改造、安装、调试及试车，系统于 2019 年 6 月正式投产且运行稳定。ZCX1600 型超细选粉机系统可实现超细矿渣粉产能为 12～20 t/h，其中产品细度为 $D_{90}=8.66$ μm 时，产能为 16 t/h；$D_{90}=11.53$μm 时，产能为 20 t/h；$D_{97}=10$ um 时，产能为 12 t/h，产品比表面积为 1511 m^2/kg[54]。

山东滨州青龙山水泥有限公司超细钢渣粉项目，采用中材淄博重型机械有限公司设计制造的 YMS34.2 型外循环立磨预粉磨系统，并配套 NU2500 改进型超细选粉机与 MB35140 型球磨机组成的超细粉磨系统。当成品比表面积为 650 m^2/kg 时，产能为 75 t/h；当成品比表面积为 550 m^2/kg 时，产能为 90 t/h[54]。

山东顺科建材科技有限公司采用了中材淄博重型机械有限公司设计制造的 MZ35150 型超细磨和 NU2500 改进型超细选粉机，生产超细粉煤灰。系统以电厂粉煤灰原灰为原料，设计要求产品比表面积为

600 m^2/kg 时，产量为 55 t/h。通过调试运行，系统达标达产，运行稳定，成品细度调节灵敏，比表面积为 906 m^2/kg(激光粒度分布仪测得的比表面积为 1057 m^2/kg)，$D_{97} \leqslant 20\ \mu m$，实际运行产量为 60～75 t/h，达产幅度为 109%～136%。该公司的产品一般用于水泥和混凝土，还可用于耐火保温材料、塑料制品、涂料、橡胶制品、造纸等[54]。

原状粉煤灰经过机械粉磨，其中粒径大的薄壁空心颗粒被挤破，其内部的鱼卵状小颗粒外露、分散，海绵状多孔复珠以及各种黏聚体容易被碾散，暴露出新表面，且粗大的钝角颗粒和碎屑等颗粒细化，粒形得以改善。正由于粉煤灰颗粒比表面积的增加和外部损伤的存在，大大加速了其早期的水化反应。粉磨使粉煤灰的颗粒细化，破坏了阻碍粉煤灰火山灰效应的颗粒表层坚硬密实的玻璃质外壳，增加比表面积，有利于 Ca^{2+} 渗透和玻璃体中硅、铝的溶解；从微观角度讲，粉磨能促使粉煤灰颗粒原生晶格发生畸形、破坏，生成活性高的原子基团和带电荷的断面，提高结构不规则和缺陷程度，增大反应活性；从能量角度讲，粉磨能提高粉煤灰颗粒的化学能，增加其化学不稳定性，增大活性。

超细选粉机与超细球磨机的优化设计，如图 4.47 所示。

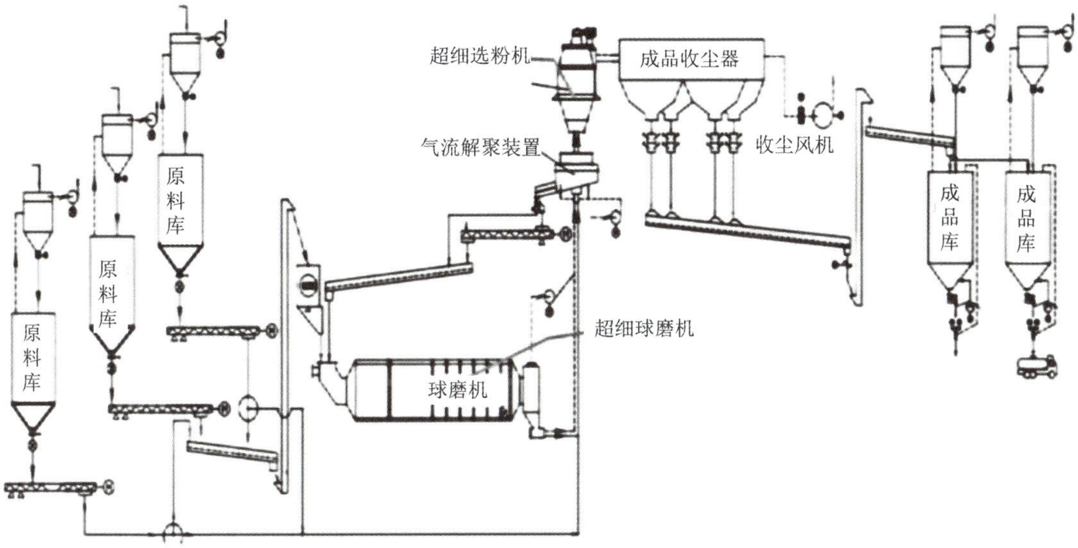

图 4.47 超细选粉机与超细球磨机的优化设计

江苏吉能达环境能源科技有限公司提供的超细闭路粉磨系统有如下特点：产品细度稳定可控，比表面积可在 700～1000 m^2/kg 之间调节。选粉效率为 80%，循环负荷为 100%，长时间连续粉磨磨内升温小，出磨水泥温度不超过 110 ℃。

在图 4.47 中，球磨机内隔仓板、出料装置均经过了优化设计，料流可控防堵型双层筛分隔仓板，可控制各仓之间的物料量。高效活化装置可改善研磨体运动轨迹，避免粉磨效率下降和出磨水泥细度跑粗的问题。JPS 系列超细选粉机分级效率达 80.6%，能保证物料在超细球磨机里得到充分粉磨。

4.4.4.4 结论与建议

超细磨技术在水泥行业具有广阔前景。在工业固体废弃物综合利用方面，钢渣粉、矿渣粉、粉煤灰等工业固体废弃物合理配比、共同粉磨，制备无机矿物复合超细粉，当比表面积约为 700 m^2/kg 时，完全可替代粒化高炉矿渣粉；当比表面积达 850 m^2/kg 时，掺入水泥可替代水泥熟料＞30%，每 1 t 水泥减少碳排放量为 176 kg (865.8×0.678×0.3＝176)。水泥熟料经过超细粉磨，当颗粒粒径为 $d_{50}=8\ \mu m$ 时，将超细熟料与超细粉同时掺入水泥中，不但可提高水泥早期强度，还能提高水泥等级。如在 P·O32.5 水泥中外掺超细粉 35%和超细熟料 10%，可达 P·O42.5 水泥标准，在 P·O42.5 水泥中外掺 20%超细粉和 20%超细熟料，可达 P·O52.5 水泥标准。在经济效益方面，球磨机＋JSP 系列高性能超细选粉机闭路系统加工超细粉成本为 50 元/t；原材料成本为 182 元/t(150×0.3＋350×0.25＋110×0.45＝182)；生产成本为 232 元/t(182＋50＝232)。超细粉销售平均价格为 350 元/t，值得水泥企业大力推广。

4.5 减碳助剂技术及实践探索

（参见码 5：节能降碳　水泥伴侣）

码 5

4.5.1 水泥生料矿化剂

4.5.1.1 技术概述

矿化剂，是指能够促进或控制陶瓷结晶化合物的形成或反应而加入配料中的物质。

矿化剂常以盐或卤化物引入，矿化作用不仅和加入量有关，而且在不同温度下有不同的最佳用量（最大限量）。例如，在 1300 ℃时加入钠盐的最佳浓度相当于含量为 2%的 Na_2O，而在 1400～1600 ℃时则相当于含量为 1%的 Na_2O。钾盐、锂盐或其卤化物用作矿化剂，也都有类似的情况。

优质的矿化剂，如 ZnO、CaO、MgO、Fe_2O_3 等在较高的温度下，氧被逐出具有过剩金属原子、有缺陷的晶格，使该晶格缺少氧原子。

氧化物、碳酸盐、草酸盐、氟化物、硫酸盐、砷酸盐、钨酸盐，还有各种硅酸盐、矿渣、灰分以及可燃气体等均可用来作为高岭石转变为莫来石的加速剂或矿化剂。

在水泥生料加入少量矿化剂，再进行煅烧，就能达到改善生料的易烧性、提高熟料的产能、质量、降低能耗的目的。

水泥助磨剂，是指能够改善水泥加工中物料易磨性能、提高研磨效率的掺量≤0.5%的一种或多种表面活性物质。其干基热值>8360 kJ，能与 $CaCO_3$ 反应生成有机酸钙。

助磨剂在反应的同时生成矿化剂物质，降低碳酸钙的活化能，提高生料分解速率，改善生料易烧性和降低煤耗。

应用生料助磨剂试验的水泥公司，其标准煤耗平均降低 3.2 kgce/t，具有较好的碳减排效果。

华润水泥（弥渡）有限公司应用生料助磨剂试验前后的参数对比，如表 4.20 所示。

表 4.20　弥渡公司应用生料助磨剂试验前后的参数对比

状态	助磨剂的掺量（%）	生料的喂料流量（t/h）	窑的产能（t/d）	分解炉出口温度（℃）	单位熟料标准煤耗（kgce/t）	熟料的 f-CaO 含量（%）	熟料 3 d 抗压强度（MPa）
试验空白期（12.10—12.16）	0.00	356.90	5482.10	886.00	105.80	1.32	27.50
试验对比期（12.19—12.26）	0.15	369.80	5688.90	881.00	102.60	1.11	29.60
对比差值	+0.15	+12.9	+206.8	−5.0	−3.2	−0.21	+2.1

4.5.1.2 典型案例

（1）广西华润红水河水泥有限公司应用生料助磨剂试验

广西华润红水河水泥有限公司（以下简称：红水河公司），在原有工艺、设备、质量、技术参数不作大的变动情况下，改变生料助磨剂的掺量，结果显示降低了熟料烧成的标准煤耗量，改善了生料的易烧性、易磨性、流动性。

红水河公司应用生料助磨剂试验窑系统生产数据的对比，如表 4.21 所示。

表 4.21　红水河公司应用生料助磨剂试验窑系统生产数据的对比

状态	生料助磨剂掺量（‰）	熟料 f-CaO 含量合格率（%）	单位熟料实物煤耗（kg/t）	单位熟料标准煤耗（kgce/t）
试验空白期	0	98.61	140.21	98.07
试验对比期	0.9	98.81	137.11	95.41
对比差值	+0.9	+0.2	−3.1	−2.66

从表 4.21 中可以看出，通过添加生料助磨剂，熟料的易烧性得到明显改善，在保持熟料质量基本不变的情况下，单位熟料实物煤耗下降 3.1 kg/t，单位熟料标准煤耗下降 2.66 kgce/t。与此同时，通过计算可知，降低单位熟料碳排放量为 6.54 kg/t。

(2) 广西都安西江鱼峰水泥有限公司应用生料助磨剂试验

广西都安西江鱼峰水泥有限公司(以下简称：都安公司)，生料粉磨采用 CLF200-160 型辊压机终粉磨系统，产能维持约为 500 t/h。由于存在原材料品质波动及辊压机运行不稳定、磨机产能偏低等问题，为了节省技术改造成本、提高磨机产能，确保磨、窑稳定高产运行，该公司采用湖南昌迪环境科技有限公司提供的节能型水泥生料降硫助磨剂进行生产试验。

都安公司生料助磨剂试验生料及系统生产数据的对比，如表 4.22 所示。

表 4.22　都安公司生料助磨剂试验生料及系统生产数据的对比

状态	生料产能(t/h)	入库提升机电流(A)	生料磨机主机电流(A)	生料细度(R_{80} μm,%)	生料细度(R_{200} μm,%)
试验空白期(12.29—01.02)	499.5	209.1	114/106	17.3	2.0
试验对比期(01.14—01.18)	528.4	228.3	106/104	17.9	2.0
对比差值	+28.9	+19.2	−8/−2	+0.6	0

都安公司生料助磨剂试验窑系统生产数据的对比，如表 4.23 所示。

表 4.23　都安公司生料助磨剂试验窑系统生产数据的对比

状态	熟料产能(t/d)	分解炉温度(℃)	C_1 出口温度(℃)	单位熟料标准煤耗(kgce/t)	f-CaO 含量(%)	熟料 *KH*	3 d 抗压强度(MPa)	28 d 抗压强度(MPa)
试验空白期(12.29—01.02)	6920	883	316	102.49	0.67	0.892	30.8	57.8
试验对比期(01.14—01.18)	6941	877	307	99.4	0.53	0.898	31.0	60.5
对比差值	+21	−6	−9	−3.09	−0.14	+0.006	+0.2	+2.7

从表 4.22 可以看出，通过使用生料助磨剂后，在生料的筛余值($R_{80\ \mu m}$ 和 $R_{200\ \mu m}$)基本保持不变情况下，生料磨机的产能提高 28.9 t/h，磨机的主机电流下降约为 10 A，助磨效果明显。

从表 4.23 可以看出，使用生料助磨剂后，入窑生料的分散性和均匀性提高，更利于风料的热交换，导致 C_1 出口处的温度下降，在煤粉热值有所降低和熟料的石灰饱和系数(*KH*)有所增加的情况下，分解炉的控制温度对比试验空白期下降，f-CaO 含量对比试验空白期下降，降低单位熟料标准煤耗为 3.09 kgce/t。通过计算可知，单位时间节约标准煤为 21.45 tce/d，降低单位熟料碳排放量为 7.59 kg/t[55]。

4.5.2　节煤剂

4.5.2.1　节煤剂功能与分类

节煤剂，又称燃煤催化剂、燃煤助燃剂，是指通过催化作用不仅促进煤炭燃烧、提高燃烧效率及燃煤设备效率，而且还有一定的脱硫固硫效果的添加剂。节煤剂在水泥、电力、化工等行业有着广阔的应用前景。

我国是世界水泥生产大国和消费大国，水泥生产中的燃料主要是煤炭。随着水泥工业优质烟煤的日益短缺和煤炭价格的日益上涨，使用劣质煤已经成为趋势，因此提高煤炭的燃烧效率，减少 CO_2、污染物的排放，实现煤洁净高效燃烧，不仅具有较高的经济效益，同时也具有重大的社会意义。添加节煤剂是实现劣质煤高效洁净利用的有效途径。在燃煤中加入节煤剂，能显著改善煤的燃烧特性，即能够提高煤的挥发分的析出速率，降低煤的着火温度，加快焦炭的燃烧速率，缩短燃烧时间，从而提高煤的燃烧效率，降低煤耗，减少 CO_2、粉尘和污染物的排放。

在水泥行业使用的节煤剂，其组分主要以稀土化合物为主，配之以碱土金属化合物、碱金属化合物和过渡金属化合物，起到助燃、增氧、稳定和矿化等作用；同时辅以十二烷基三甲基氯化铵、柠檬酸等作为助磨剂，以聚氧乙烯辛基苯酚醚等作为渗透剂，综合提高煤粉的工作性能。

从配方选用的原材料类型来看，节煤剂可分为如下几类：

(1) 金属盐类节煤剂

研究表明，碱金属、碱土金属和过渡金属的氧化物、氢氧化物及其盐类几乎都具有助燃作用。碱金属K盐的加入能明显降低煤燃烧的表观活化能，从而加快煤燃烧过程。碱金属、碱土金属阳离子的加入均能降低煤燃烧着火温度。过渡金属Cu盐的加入能降低煤燃烧的表观活化能，明显降低煤燃烧着火点，从而有效地缩短煤燃烧着火的延迟时间与焦炭燃烧时间，提高焦炭燃烧速率与燃尽率。

(2) 含铁化合物节煤剂

含铁化合物通过降低煤燃烧的着火温度与反应活化能来改善煤的燃烧特性，其作用效果随添加量的增大而增强。其中，$FeCl_3$ 能够提高煤燃烧过程中挥发分的析出速率与降低煤的着火温度，提高低温燃烧过程的燃烧速率，使煤的着火与燃烧更加容易，并且随着添加量的提高，其对煤燃烧特性的改善作用也不断增强；$FeCl_2$ 对煤燃烧的催化作用与 $FeCl_3$ 相似，但改善的效果相对较弱；Fe_2O_3 对煤的燃烧过程影响不大，但 Fe_2O_3 对550℃左右的煤燃烧具有助燃作用。

(3) 氧化物节煤剂

燃煤中添加 MnO_2、$KMnO_4$ 等可以改善煤粉燃烧性能。有研究表明，添加2%～5%的 MnO_2 可使无烟煤和烟煤燃烧率分别提高14%～18%和3%～8%，且富氧与添加 MnO_2 两种措施并用可进一步提高助燃效果，其助燃机理在于热分解释放出的活性氧加快了着火初期的火焰传播速率，进而提高了煤粉燃烧率。

(4) 复合型节煤剂

试验结果表明，Ca^{2+}、Fe^{3+}、Fe^{2+} 及其混合物对无烟煤有较强的助燃作用，可使煤燃烧率提高约10%～20%，而对烟煤的助燃作用相对较弱，仅提高其燃烧率约1%～3%。复合型节煤剂的加入量存在一个最佳值，一般为5%～7%。这是因为煤的燃尽率随着复合型节煤剂加入量的增大而提高，但在超过最佳值后，煤的燃尽率的增加变得缓慢甚至下降。复合型节煤剂的类型及其加入方式对煤燃烧的强化效果影响较大，简单的机械混合方式(加入 $CaCO_3$、Fe_2O_3、CaO 等)对煤燃烧的助燃作用较弱，有时甚至有抑制作用，而浸渍加入 $CaCO_3$ 或 $Ca(OH)_2$(石灰乳)以及少量 $CaCl_2$、$Fe(NO_3)_3$、$FeSO_4$ 的混合盐对烟煤、无烟煤均有较明显的助燃作用。

(5) 废弃物节煤剂

已有的节煤剂是一些品位较高的化工原料，这虽然有利于节煤剂原料的采购和配制，但导致了成本的增加，因此需要寻找更廉价的原料。试验证明，许多废弃物具有明显的助燃作用(例如，煤灰、造纸黑液、碱厂废液、铁矿石粉、草木灰等)。其中，造纸厂排放的碱性黑液含有大量 K_2CO_3、Na_2CO_3、KOH、NaOH、$Ca(OH)_2$ 等助燃组分。将适量干燥的造纸黑液加入煤中，可使煤的着火温度降低30～50 ℃，促使煤完全燃尽。另外，它还有脱硫作用，脱硫率为35%～58%。碱厂废液中含有大量 $CaCO_3$ 和少量 $CaCl_2$，适当加入这种废液有利于煤着火燃烧，也具有脱硫作用，脱硫率可达44%以上。草木灰中含有KOH，经冲水过滤、晒干后，便可从溶液中提取用作节煤剂的产品KOH。

(6) 稀土钙钛矿型节煤剂

稀土钙钛矿型节煤剂，是有别于传统碱土类的新型节煤剂。其以粉煤灰为载体，以稀土及 MnO_2 为活性组分，通过浸渍、干燥、焙烧等工艺制备，具有钙钛矿型结构，有较高的氧化和还原活性。有研究表明，加入此类节煤剂可以使煤的着火温度降低10 ℃、最大失重速率温度降低19 ℃、燃烧结束温度降低21 ℃，进而促进煤的燃烧。

(7) 纳米长效节煤剂

纳米长效节煤剂，是具有特定的纳米孔结构的节煤剂。其外观呈灰白色，微粒状。它使用时不用预先往煤里搅拌混合，只要投放在工业链条炉和采暖炉的火床上即可，可节煤约30%。每日投入量约为锅炉每日煤耗的五万分之一，催化作用时效可持续 24 h 以上，还具有固硫降尘作用。

从化学成分来看，节煤剂大致可分为如下 3 类：

第 1 类，节煤剂的组分以硝酸盐、氯酸盐、高氯酸盐、高锰酸盐、重铬酸盐为主，或辅以工业盐、MnO_2、Fe_2O_3、糖、尿素、磷及硫化锑等，或辅以一些含 CaO、MgO、Na_2O 的固硫剂；

第 2 类，节煤剂的组分以各种金属氧化物及尾矿为主，例如，硼泥、电石灰、石灰石、铁选尾矿渣、MnO_2、生产重铬酸钾的废渣、生产重铬酸钠的废渣、铝矾土、NaCl、Na_2CO_3、NaOH 及植物碎屑，这一类节煤剂侧重于发挥金属离子的催化助燃作用；

第 3 类，节煤剂的组分以低分子醇类为主(例如，甲醇、乙醇等)，这类节煤剂实质上仅相当于增加了煤的易燃挥发分。

4.5.2.2 节煤剂的作用机理

从目前的研究来看，节煤剂的作用机理可分为如下两类：

(1) 氧传递理论

节煤剂在燃烧过程中，其中的金属类物质首先被还原成金属，然后金属吸附氧气，氧化为金属氧化物，紧接着碳直接还原金属氧化物，这样金属一直处于氧化—还原的循环中，在金属和氧化物两种状态中来回转换，氧原子不断地从金属向碳原子传递，加快了氧气扩散的速度，使燃烧更易进行。

(2) 电子传递理论

节煤剂在燃烧过程中，其中的金属离子能够被活化，从而使自身的电子发生转移，成为电子给予体，金属离子形成空穴，而碳表面的电子结构也发生变化，这种电荷的迁移将加快某些反应过程，从而提高整个反应的速率，使碳燃烧更完全。

节煤剂的作用机理示意，如图 4.48 所示。

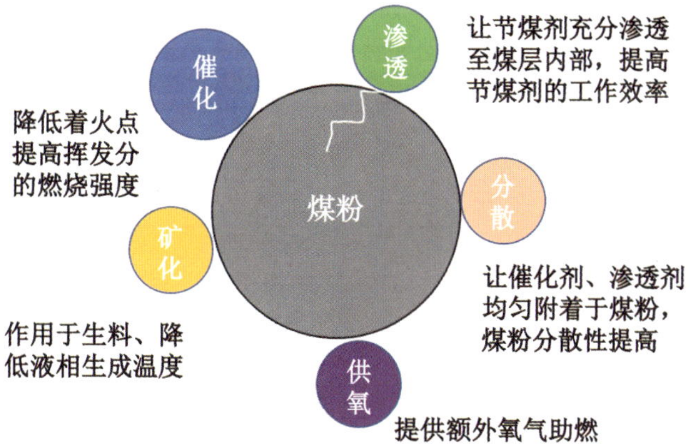

图 4.48 节煤剂的作用机理示意

由图 4.48 可见，节煤剂的作用是通过催化、矿化、供氧、分散和渗透等来实现的，它能降低反应活化能，降低煤的着火温度，提高煤的燃烧速率，缩短固定炭的燃尽时间，进而提高煤的燃烧效率，降低煤耗并保护环境。

节煤剂的作用可以概括如下：

(1) 催化作用

通过将长链或环链催化裂解为短链或单体，提高挥发分含量，大幅降低反应活化能，降低煤的着火温度，改善氧化燃烧性能，提高燃烧速率和燃烧强度。

(2) 矿化作用

节煤剂中含有的微量组分可降低生料的低共熔点，降低生料液相形成的温度，进而起到矿化的作用。

(3) 供氧作用

通过添加高温易分解的物质，使其分解产生氧气，形成局部富氧燃烧，发挥能源效益。

(4) 分散作用

通过降解纤维碳素、油蜡、胶质等杂质，解决燃烧器、喷嘴及管道结渣问题。

(5) 渗透作用

通过表面活性剂渗入煤粒表面微裂纹处，使煤粒颗粒加速崩解，大颗粒迅速变为小颗粒，气体扩散加速，微细炭粒的燃烧也更充分、更完全。

目前，节煤剂主要应用于发电或锅炉行业。因节煤剂对水泥生产存在负面作用，所以在水泥工业的推广受到限制。水泥工业有其自身的生产特点，例如，K^+、Na^+、Cl^-、S^{2-}、Mg^{2+}等离子的含量超标，会直接对水泥质量造成影响，所以将节煤剂应用于水泥生产时需要注意，必须对K^+、Na^+、Cl^-、S^{2-}、Mg^{2+}等离子的含量进行控制，以免对水泥质量造成影响。同时，要控制二次污染，减少氮氧化物的排放量，达到减排的目的；考虑煤粉粉磨系统、分解炉内喷煤方式以及回转窑燃烧器喷煤方式的特点，选择的节煤剂在不改变生产工艺的前提下，便于应用；要考虑减少窑内结皮的发生；原料来源应广泛，易于获得，且价格便宜，效果显著，能够适用于水泥工业对煤粉燃烧特点的要求。

4.5.2.3　典型案例

(1) 中国建筑材料科学研究总院的节煤剂应用及减碳效果

中国建筑材料科学研究总院，通过洛阳中联水泥有限公司（以下简称：洛阳中联公司）熟料产能为5000 t/d的水泥生产线，对以稀土化合物为主的节煤剂（即YNY型燃煤催化剂）进行了工业应用试验研究。洛阳中联公司用水作介质将节煤剂与水按1∶(4～6)的比例稀释，添加量为煤掺量的0.08%～0.1%。试验运行后发现，与原煤相比较，加入节煤剂后窑炉燃烧工况较稳定，熟料产能的稳定性明显增加，熟料中f-CaO含量的合格率提高到84.5%，熟料的3 d抗压强度提高了6.9%，分解炉出口处的NO_x排放量降低了13%，CO_2排放量降低了61%，节煤效率达6.3%，单位熟料的成本降低3.33元/t[56]。

洛阳中联公司加入节煤剂前后的生产数据，如表4.24所示。

表4.24　洛阳中联公司加入节煤剂前后的生产数据[56]

状态	煤流量(t/h)	生料流量(t/h)	煤粉温度(℃)	煤矸石掺量(%)	熟料产能(t/h)	熟料出机温度(℃)
未加节煤剂	26.9	381.07	56.1	0.2	238.39	96.68
已加节煤剂	25.7	383.30	56.1	0.2	239.47	100.5

表4.24对使用节煤剂前后烧成系统的运行数据及标定数据进行了对比分析，进一步验证该催化剂的节能效果。

洛阳中联公司加入节煤剂前后熟料产能的对比，如图4.49所示[56]。

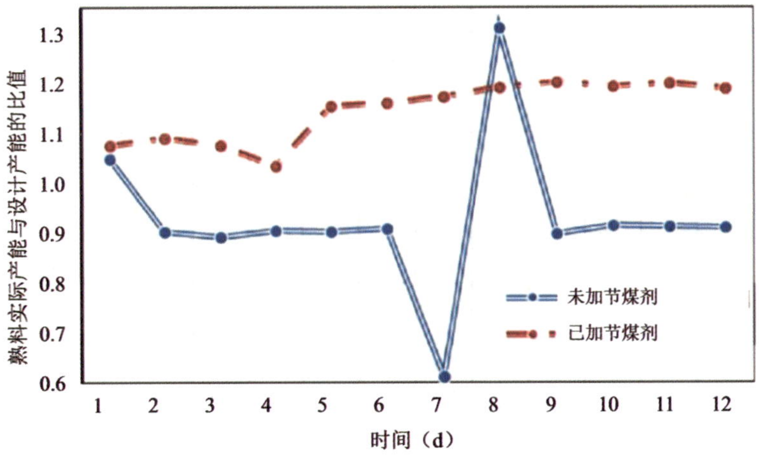

图4.49　洛阳中联公司加入节煤剂前后熟料产能的对比

不同温度下煤样燃烧过程中污染物的释放规律，如图 4.50 所示。

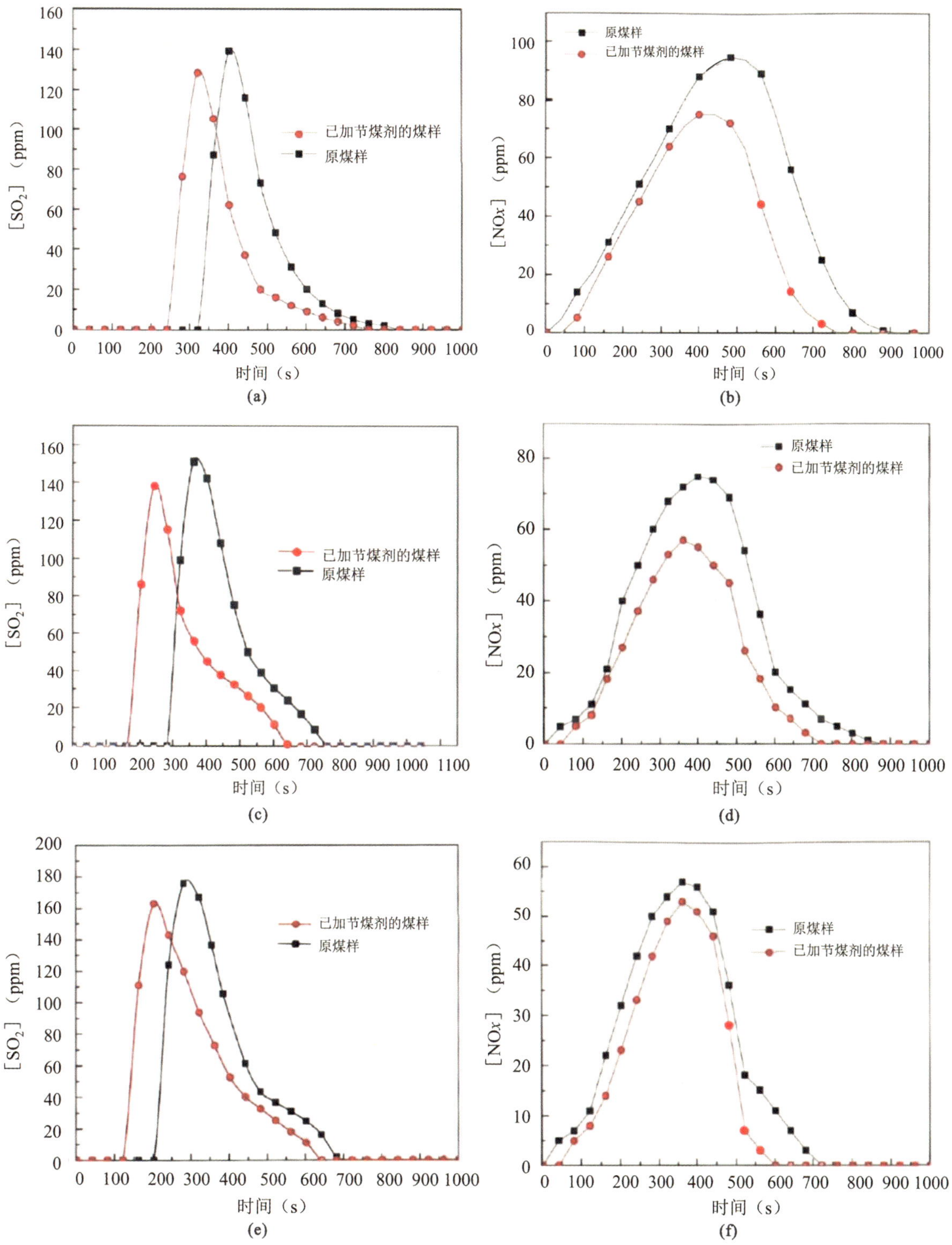

图 4.50　不同温度下煤样燃烧过程中污染物的释放规律

(a) 800 ℃下 SO_2 的释放规律；(b) 800 ℃下 NO_x 的释放规律；(c) 900 ℃下 SO_2 的释放规律；
(d) 900 ℃下 NO_x 的释放规律；(e) 1000 ℃下 SO_2 的释放规律；(f) 1000 ℃下 NO_x 的释放规律

由图 4.49 可以发现，试验空白期的熟料产能为 3000～6500 t/d，波动率最大达 1.3，最小为 0.6；在节煤剂投料期间，熟料产能为 5173～6004 t/d，波动率最小为 1.05，最大仅为 1.2，这说明熟料产能的稳定性得到显著增加。

由于节煤剂的使用，煤粉在分解炉内燃烧速率加快，燃尽率增加，同时燃烧工况比较稳定，窑电流上升等均使得熟料产量上升。

由图 4.50 可以发现，随着温度升高，SO_2 释放的浓度逐渐增加，NO_x 释放的浓度逐渐减小；在加入节煤剂后，SO_2 和 NO_x 释放浓度的最高峰值变小，这可能印证了加入节煤剂后对原煤的燃烧起到了强化作用，从而减少了污染物的排放浓度。

在应用节煤剂前，熟料的 3 d 抗压强度的平均值为 30.4 MPa；在加入 0.1% 节煤剂后，熟料的 3 d 抗压强度有明显提升，平均值为 32.5 MPa，提高了 6.9%。节煤剂所含稳定组分利于稳定高活性 B 矿，使 B 矿多以 α-C_2S 或 α'-C_2S 形式存在，从而有利于提高熟料早期强度。综合分析该型节煤剂在提高燃料燃烧特性的同时，对熟料并无不利的影响，是较好的节能手段[56]。以熟料产能为 5000 t/d 的水泥生产线为例，国内单位熟料标准煤耗的平均值取 107 kgce/t，节煤效率达 6.3%，每年将减少 26600 t($5000\times365\times0.88\times10^7\times0.063\times2.4567=26600$)的碳排放量。

(2) 南京永能材料有限公司的节煤剂应用及减碳效果

南京永能材料有限公司(以下简称：永能公司)，将自主研制的新型节煤剂应用于陕西某熟料产能为 5000 t/d 的水泥生产线。

永能公司添加节煤剂示意，如图 4.51 所示。

图 4.51　永能公司添加节煤剂示意

永能公司添加节煤剂前后 f-CaO 含量和熟料产能的对比，如图 4.52 所示[56]。

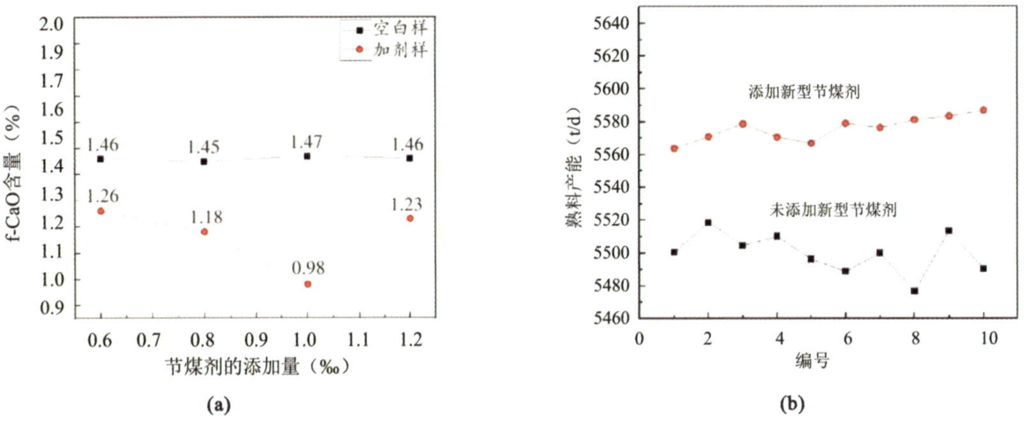

图 4.52　永能公司添加节煤剂前后 f-CaO 含量和熟料产能的对比

(a) f-CaO 含量的对比；(b) 熟料产能的对比

从图 4.52(a)中可以看出，该试样的 f-CaO 含量随节煤剂的添加量呈现先降低后增加的趋势，在节煤剂添加量为 1‰ 时 f-CaO 含量降至最低。

从图 4.52(b)中可以发现，在试验空白期间熟料产能为 5478～5528 t/d，在加入添加节煤剂后，熟料产能为 5560～5590 t/d。熟料的产能略有提高的同时，产能的稳定性有了明显的改善，这是因为添加新型节煤剂后，提高了煤粉的燃烧效率，燃烧工况更加稳定[57]。

永能公司添加节煤剂对熟料 3 d 抗压强度的影响，如表 4.25 所示。

表 4.25　永能公司添加节煤剂对熟料 3 d 抗压强度的影响[57]

状态	添加量(‰)	3 d 抗压强度(MPa)	3 d 抗压强度的提高率(%)
未添加节煤剂	0	32.3	2.9
已添加节煤剂	1	33.65	

永能公司添加节煤剂后的节煤率，如表 4.26 所示。

表 4.26　永能公司添加节煤剂后的节煤率[57]

项目	空白样	添加后	差值
熟料累计产量(t)	54995	55751	756
单位熟料实物煤耗(kg/t)	135.7	131.4	4.3
单位熟料标准煤耗(kgce/t)	113	109.4	3.6
节煤率(%)	3.2		

假设生产线实际产能为 5080 t/d，每天使用煤炭约 840 t，按煤炭价格 1000 元/t、新型节煤剂价格 15000 元/t、添加量为 1‰进行计算，节煤率为 3.2%，每 1 t 熟料的成本降低 2.46 元。每 1 t 熟料的节煤剂成本为 2.48 元(15000×840×1‰/5080 ＝2.48)；每 1 t 熟料的节煤收益为 5.29 元(840×3.2%×1000/5080＝5.29)；使用节煤剂产生的净利润 2.81 元(5.29－2.48＝2.81)；按照一年 300 d 的运行时间计算，年熟料成本可节省 4.28×10^6 元($300\times5800\times2.46=4.28\times10^6$)，年减少碳排放量 1.98×10^4 t ($840\times2.4567\times300\times3.2\%=1.98\times10^4$)[57]。

(3) 其他研究成果及减碳效果

秦瑾研究了 CSA-01、CSA-02、$BaCO_3$ 和 ZnO 几种单一助燃剂[58]。研究表明 CSA-01 作为氧化增氧剂，CSA-02 作为氧化反应的催化剂，能促进氧化反应的进行。$BaCO_3$ 高温分解生成 BaO，BaO 对煤的燃烧具有较好的催化作用，它能进一步激发煤中各组分的反应活性，加速煤的燃烧过程，一方面能降低生料的烧成熔点，使液相提前出现，从而大大降低熟料形成活化能，加快熟料矿物的反应速率，使熟料中 C_3S 在低温下快速大量形成；另一方面由于微量元素的晶体诱导作用，能促进熟料中新生 C_3S 的高活化性，从而能降低水泥熟料的烧成热耗并提高熟料的强度。锌是过渡金属元素，过渡金属具有催化的功效。添加 CSA-01、CSA-02、$BaCO_3$ 和 ZnO 后，劣质煤的着火温度和燃尽温度都有不同程度的降低，0.5%为最佳添加量，助燃剂并不是越多越好，当添加量＞0.5%时，催化效果反而开始降低。当煤粉中添加 0.5%的 CSA-01、CSA-02、$BaCO_3$ 和 ZnO 后，煤燃烧着火温度由 588.7 ℃分别降至 549.6 ℃、577.0 ℃、573.6 ℃和 569.1 ℃；燃尽温度由 679.3 ℃分别降至 654.9 ℃、658.9 ℃、662.9 ℃和 659.4 ℃，使得原煤的燃烧更充分，减少了煤耗和 CO_2 以及污染物的排放量。

洛阳大泽节能环保科技有限公司研究了一种水泥窑用煤粉助燃剂。该助燃剂组成及配比为：锰矿石[以 MnO_2 计，含量(质量分数)≥40%]50%～80%，化学激发剂(硝酸钾 50%～70%，碳酸钾 20%～40%，硅酸钠 5%～10%)10%～40%，熟料助烧剂(CuO 含量 55%～70%，Cr_2O_3 含量 20%～40%，镧系稀土 LaO_2 含量 5%～10%)5%～15%，水分含量＜2%。该助燃剂是一种促进低挥发分、高灰分含量的劣质煤燃烧，使之满足水泥窑煅烧要求的水泥窑用煤粉助燃剂。上述组分中锰矿石与化学激发剂在高温下发生一系列的物理化学变化，锰矿石中的 MnO_2 与化学激发剂形成固体氧化剂(例如，$KMnO_4$)、金属离子(例如，K^+、Na^+ 等)等。固体氧化剂可以起到增氧作用，改变煤燃烧时局部缺氧的状况，使热量集中，有助于煤的进一步燃烧。组分中水泥熟料助烧剂的主要作用是降低液相形成温度或增加液相量，加速固相、液相、固液界面的反应，改变液相的黏度和表面张力，从而改善熟料矿物(C_2S、C_3S)的晶体生长和形态，有利于水泥熟料强度的提高和水泥熟料烧成的节能降耗。应用测试结果表明为该助燃剂能够降低熟料烧成热耗，节煤为 12%～15%，提高熟料 28 d 抗压强度 3～4 MPa。该助燃剂可以降低煤粉的燃点，提高煤粉灰分的熔点，并在高温下调节燃烧气氛，从而达到在水泥煅烧中充分利用劣质煤的目的，提高煤的燃烧效率，促进熟料烧成反应，提高熟料强度，降低煤耗，减少 CO_2 及污染物的排放量。

中材国际智能科技有限公司研究了一种水泥窑用复合喷煤助燃剂。该助燃剂包含的原料及配比为：锰渣 25%～40%，赤泥 15%～25%，铅锌尾矿 20%～35%，稀土尾矿 5%～10%，镍渣 8%～20%和工业高锰酸盐 2%～6%。该助燃剂是针对水泥回转窑中使用的无烟煤、低品位烟煤或褐煤等煤种的高效水泥窑用复合喷煤助燃剂，能促进低品质煤的燃烧、降低熟料烧成温度、提高熟料品质。配料中高锰酸盐作为煤粉燃烧的氯化剂，在煤粉燃烧时发生分解产生锰酸盐、MnO_2 和 O_2，可以加速煤的氯化反应，提供煤炭燃烧初期所必需的 O_2。锰渣、铅锌尾矿、稀土尾矿、镍渣中含有的金属氧化物（Fe_2O_3、MnO_2、ZnO、TiO_2、NiO 及 REO）能改善煤粉的着火和燃尽特征，提高燃烧速率和固定碳的燃尽率，并使燃烧过程的放热量出现不同程度的提高。应用结果表明在煤粉中添加水泥窑用复合喷煤助燃剂后，助燃剂中的微量元素可以改变熟料烧成过程中的液相性质，适量增加熟料中硅酸盐矿物含量，提高熟料品质；改善煤的燃烧反应、降低煤粉初始的着火温度、增加煤粉的燃尽率，提高煤的燃烧效率，降低能耗，减少 CO_2 及污染物的排放量。

南京永能新材料有限公司研究了一种水泥窑用燃煤助燃剂。该助燃剂原料组成及配比为：增氧剂（高锰酸钾、硝酸铁、偏钒酸铵三者混合）35%～50%，催化剂 2%～5%，固硫剂[$MgCO_3$、$Ca(OH)_2$ 两者混合]5%～8%，助燃剂（醋酸铵、柠檬酸、尿素三者混合）35%～48%，分散剂（聚羧酸盐）1%～3%。该燃煤助燃剂使用了化学稳定性好的高分子分散剂，不含有腐蚀设备的卤素离子，能够提高燃煤的燃尽率、降低原煤残炭率，有效固硫≥20%，不含对熟料烧成系统有害的元素，安全性能好，不自燃，无毒，无腐蚀性。它使用有效的复合制备方法而且掺量低，仅为煤炭用量的 0.06%～0.08%，能充分提高燃煤的燃尽率，降低原煤残炭率，降低煤炭在燃烧过程中所需要的燃烧活化能，提高煤的燃烧效率，降低煤耗，减少 CO_2 及污染物的排放量。

4.5.3 助磨剂

4.5.3.1 助磨剂的功能及分类

助磨剂是在磨碎过程中向磨机系统添加的化学药剂的总称。其作用主要是提高磨矿效率、加快矿石颗粒的破碎速率，并通过药剂的分散作用改变矿浆的流变学特征，有的还可以对钢球和衬板起缓蚀作用，最终达到降低能耗、钢耗和选择性磨碎的目的。可以用作助磨剂的物质很多，按物质状态可以分类为固体、液体和气体助磨剂。

值得注意，“水泥添加剂”是水泥助磨剂在国外的称谓，而在国内“水泥添加剂”和“水泥外加剂”均指水泥助磨剂。导致这一现象的原因，在于国外习惯于将生产水泥的工艺助剂称为“添加助剂”。国家标准 GB/T 8075—2017《混凝土外加剂术语》规定，水泥添加剂是一种改善水泥粉磨效果和性能的化学添加剂，可以显著提高水泥磨台时产量和水泥各龄期强度。水泥添加剂能大幅度减少粉磨过程中形成的静电吸附包球现象，并可以降低粉磨过程中形成的超细颗粒再次聚结趋势，减少过粉磨现象。水泥添加剂也能显著改善水泥流动性，提高磨机的研磨效率和选粉机的选粉效率，从而降低粉磨能耗。作为一种化学激发剂，水泥添加剂能改善水泥颗粒分布并激发各混合材的水化活性，从而提高水泥早期强度和后期强度。常见水泥添加剂有液体和粉体（固体）两种，都能显著地提高磨机产能，或提高产品质量，或降低粉磨电耗。在湿法粉磨过程中的水泥添加剂，又被称为分散剂。一般加入量为 3/10000～1/1000。希望读者能够认真区分。

4.5.3.2 助磨剂的作用原理

助磨剂的作用原理，主要有如下两种观点：

第 1 种：“吸附降低硬度”学说。其认为助磨剂分子在颗粒上的吸附降低了颗粒的表面能或者引起近表面层晶格的位错迁移，产生点或线的缺陷，从而降低颗粒的强度和硬度；与此同时，这种吸附阻止了新生裂纹的闭合，促进了裂纹的扩展。

第 2 种:“粉体流变学调节”学说,其认为助磨剂通过调节粉体的流变学性质和矿粒的表面电性等,降低粉体的黏度,促进颗粒的分散,从而提高粉体的可流动性,阻止矿粒在研磨介质及磨机衬板上的黏附以及颗粒之间的团聚。

实际上,影响磨机产能或产品细度的因素是很复杂的,包括设备类型、物料强度和硬度性质、表面性质、给料粒度、颗粒的团聚和分散状态等。因此,从整个细磨或超细磨工艺来看,上述两种助磨剂作用原理是统一的、同时存在的。

从颗粒断裂的过程来看,助磨剂分子在新生表面的吸附可以减小裂纹扩展所需的外应力,促进裂纹的扩展,因而可以提高粉碎效率或降低粉碎能耗。

从粉碎工艺考虑,助磨剂能够降低粉体黏度,并提高矿浆流动性。

助磨剂的作用效果受诸多因素的影响,包括助磨剂的用量、被磨物料粒度及其分布、粉碎机械种类及粉碎方式等。

助磨剂的最佳用量与所要求的产品细度、助磨剂和分散剂的分子大小及其性质等有关。

被磨物料粒度及其分布对助磨剂作用效果的影响,体现在如下两个方面:

① 粒度越小,颗粒质量越趋于均匀,缺陷越小,粉碎能耗越高,助磨剂则通过裂纹形成和扩展过程中的防“闭合”和吸附降低硬度作用降低颗粒的强度,提高其可磨度。

② 粒度越细,比表面积越大,在相同含固量情况下系统的黏度增大。因此,粒度越细、分布越窄,使用助磨剂的作用效果越显著。

在实际应用时,除了选用合适的助磨剂品种外,助磨剂的用量对助磨效果有很重要的影响。当助磨剂的用量较小时,助磨效果不明显;当助磨剂的用量太大时,不仅不能起到助磨的作用,还有可能起到“阻磨”的作用。因此,客观上要求对适应各种不同物料的不同助磨剂及其用量进行试验研究。在考虑品种和用量的前提下,还应考虑其经济性、环保要求(无毒、无污染)以及研磨产品的质量要求。

4.6 智能专家系统的过程减碳技术及实践探索

4.6.1 智能专家系统

4.6.1.1 智能专家系统概述

人工智能(Artificial Intelligence,缩写 AI)技术,是计算机信息理论与物理、化学理论、神经网络技术、仿真技术、控制技术,结合机器深度学习、机器感知、机器预判思想,与非线性模糊数学模型深度融合而衍生出来的新兴颠覆性技术。而智能专家系统则是人工智能的一个重要应用领域。

目前,我国流程型生产行业的生产管理,正在由粗放型向精细化管理转型发展,安全稳定生产、更高质量生产、节能降耗、减排、降低企业生产成本,已经成为企业管理者的主流意识,各大企业也开始进行大步伐的实践。智能专家系统是一种智能计算机程序,它利用人类专家提供的专门知识,模拟人类专家的思维过程,解决通常由专家才能解决的问题。

智能专家系统的构成和特点如下:

(1) 智能专家系统的构成

目前,智能专家系统已经被广泛地运用到各种领域,产生了巨大的经济效益和社会效益。不同的专家系统,其功能与结构都不尽相同,但一般都包括 6 个部分:知识库、推理机、综合数据库(或全局数据库)、人机界面、知识获取程序、解释程序。

① 知识库

知识库(或规则库)主要用产生式表示法记录各种规则。知识库是专家系统的基础,负责存储和管理专家系统中的知识。产生式表示法已经成为人工智能中应用最多的一种知识表示模式,许多成功的专家系统都是采用的这种知识表示方法。

② 推理机

推理机是专家系统的核心，由一组计算机程序组成，主要功能是决定如何选用知识库中的知识以推出新知识。

③ 综合数据库

综合数据库(或全局数据库)存放专家系统中反映系统当前状态的事实数据。事实数据是系统操作的对象，是推理过程产生的中间数据。综合数据库中数据的表示和组织，与知识库中知识的表示和组织具有相容性，使推理机能方便地使用知识库中的知识和综合数据库中的事实对问题求解。

④ 人机界面

人机界面是人与计算机交互的通道，负责将用户输入的信息转换成系统内规范化的表示形式，并将这些内部表示交给相应的模块去处理，同时将推理的结果及时反馈给用户。

⑤ 知识获取程序

知识获取程序主要用于知识库的构建，即将知识转换为计算机可利用的形式送入知识库。

⑥ 解释程序

解释程序用于对推理行为作出解释，主要回答用户提出的"为什么"等问题。一般是通过跟踪并记录推理过程来实现解释功能。

(2) 智能专家系统的特点

① 启发性

专家系统能运用专家的知识与经验进行推理、判断和决策。世界上的大部分工作和知识都是非数学性的，只有一小部分人类活动是以数学公式或数字计算为核心的(约占 8%)，即使是化学和物理学科，大部分也是靠推理进行思考的；生物学、大部分医学和全部法律学，情况也是这样。企业管理的思考几乎全靠符号推理，而不是数值计算。

② 透明性

专家系统能够解释本身的推理过程和回答用户提出的问题，以便让用户了解推理过程，提高对专家系统的信赖感。例如，一个医疗诊断专家系统诊断某病人患有肺炎，而且必须用某种抗生素治疗，那么，这一专家系统将会向病人解释为什么他患有肺炎，而且必须用某种抗生素治疗，就像一位医疗专家对病人详细解释病情和治疗方案一样。

③ 灵活性

专家系统能不断地增长知识，修改原有知识，不断更新。这是至关重要的特性，由于这一特点，使得专家系统具有十分广泛的应用领域。

④ 快响应

专家系统在非常合理的时间段内与用户进行交互。总花费时间必须小于专家为获得同一问题最准确解决方案所花费的时间。

⑤ 高水平

专家系统提供最高水平的专业知识。它提供了高效、准确和富有想象力的问题解决方案。

⑥ 可靠性

专家系统需要良好的可靠性，并且不能犯任何错误。

⑦ 有效性

专家系统必须有一个有效的机制来管理现有知识的汇编，能够处理具有挑战性的问题并提供解决方案。

4.6.1.2 水泥工业中的智能系统

水泥工业资产门类多，设备多，系统运行复杂，各个设备运行联系较多，相互掣肘的情况也经常发生。虽然矿山开采、原料加工、烧成、粉碎及混合等工序各自独立，但是每个独立系统内部已经是复杂万分，仅依靠人工调配和经验操作已经远远落后这个时代。

当前水泥行业智能化发展已逐步成熟,智能矿山系统、智能物流系统、生产执行系统、无人值守系统、能源管理系统、窑磨专家系统、设备生命周期监控系统、人员安全定位系统和商业智能决策系统等,是未来水泥厂的必备设施,可以全面提升当前水泥企业的管理水平,实现对整个工厂的智能化控制,实现对资源和人员的最优化利用,最大限度地减少能源的消耗,降低 CO_2 的排放量。

智能操作平台在行业实现"一键输入、全程智控"的生产模式,只需在智能质量控制系统中输入熟料或水泥的质量预控目标,系统会自动根据原燃材料信息完成生产配料,并向数字化矿山管理系统下达开采和配矿指令。专家自动操作系统按照配料参数和品质要求在节能稳产模式下自动引导生产。进入智能生产闭环后,开采的矿石品位和终端产品的质量数据则又会由系统自动实时采集分析,用以不断优化生产方案,使产品品质、能源消耗等控制目标不断逼近预设的最优参数,最终实现降低人员劳动强度、提高产品生产品质和降低资源能源消耗的运营目标。

(1) 数字化矿山管理系统

数字化矿山管理系统,涵盖了矿山三维模型、中长期采矿计划、爆破管理、取样化验、采矿日计划、精细化配矿、GPS 车辆调度、卡车装载量监控、混矿品位在线分析、配矿自动调整、生产管理、司机考核等矿山管理的各领域,实现三维采矿的智能设计、配矿质量在线分析、矿车调度优化管理、矿山生产立体化管控,解决水泥企业在矿山生产方面存在的配矿、监督和管理问题,提高矿山生产效率、资源利用率和安全保障水平。

(2) 智能质量控制系统

智能质量控制系统,是集自动采样、样品传输、在线检验、自动化验和智能配料一体化的管理平台,能实现对原料、燃料、熟料和水泥等各类物料的全程自动取样、化验分析和配料调控。进厂原煤、入堆场石灰石等大宗原燃材料采用在线式跨带中子活化分析仪进行实时检测,并建立堆场质量数据三维模型;生料、熟料、水泥等经全自动取样器取样,由炮弹输送系统送至中央实验室,通过机械手、粉磨压片一体机等全自动制样设备进行制样,并由中子活化在线分析仪、激光粒度仪、X 荧光分析仪及 XRD 衍射仪等检测分析设备自动检测。

(3) 专家自动操作系统

专家自动操作系统,以模型预测控制(Model Predictive Control,缩写 MPC)、规则控制、模糊逻辑控制等先进的控制理论为基础,将水泥工艺控制思想进行标准化、软件化,并与分散控制系统(Distributed Control System,缩写 DCS)、数字化矿山管理系统和智能质量控制系统无缝集成、协调共进,实现水泥生产线的智能化操作控制,摆脱人为操作的波动性,使生产线始终以最佳参数自动完成熟料、水泥的连续稳定生产。

利用世界先进的实时智能专家系统开发平台,针对水泥生产过程中长滞后、多变量、难检测和多扰动的特点,总结梳理近万条水泥矿山开采、工艺控制、生产操作、质量管理等相关技术知识和管理经验,建立水泥生产知识库,并将大数据分析、人工智能技术与工匠实操经验完美结合,即可搭建最符合水泥生产的专家自动操作系统。

(4) 设备管理及辅助巡检系统

设备管理及辅助巡检系统,利用现代化网络和通信技术,通过温度压力传感器、振动检测器、高清视频摄像仪和移动巡检设备等先进仪器,实现对原料立磨减速机、回转窑主电机、高温风机等设备运行、保养、检修和故障诊断的管理,并通过个人计算机(Personal Computer,缩写 PC)端与智能手机的第三方应用程序(Application,缩写 APP)数据交互,实现"降低劳动强度、信息实时共享、提高管理效率"的目标;将重大设备故障自检测、主要设备实时在线监测、点巡检移动物联网化、三维仿真全息管理四大功能全面融合,实现设备在线监管、重大故障提前预判。

(5) 能源管理系统

水泥行业是能源消耗大户,能源消耗占水泥生产总成本的 50%以上,节能减排对水泥行业可持续发展具有重要意义。

能源管理系统,通过实施能源管理系统,可实现对水泥生产过程的用煤、用电、用油等能源消耗数据的在线收集、实时传输，结合各工序产能、设备开停状态等生产过程数据，实现各工序电耗的统计和分析，每1 t石灰石、每1 t熟料、每1 t水泥的能耗对标分析，以及能源指标数据的横向比较等功能，有效提升水泥工厂能源管理水平，从而使水泥企业的能源管理由传统方式、常规方式，向可视化、数字化、网络化、智能化方向转变，达到节约用煤、减少用电的效果。

(6) 安全环保管理系统

安全生产和环境保护，既是人们生命健康的保障，也是企业生存与发展的基础，更是社会稳定和经济发展的前提。

安全环保管理系统，从企业领导决策者、安全环保管理者、安全环保参与者等多角度出发，围绕事前、事中、事后3条业务主线，利用AI视频分析、GPS定位等信息化技术手段，为企业建立"日常监管、提前预警、事中救援、事后提高"的包含安全环保管理全过程的业务体系，实现危险区域作业风险智能监控、污染物排放指标预测预警、人员轨迹跟踪及安全风险分析警示、安全培训、应急演练、事故处置等功能，大幅提升企业安全环保管理水平。

(7) 制造执行系统

水泥制造是典型的流程化生产。在生产过程中，各工序的生产调度、生产部门间的组织协调、销售部门的发运组织、各职能部门的职能管理，乃至企业级的整体运营决策等行为，都需要及时、有效的数据支撑。

制造执行系统，可以打通智能工厂各系统间数据壁垒，实现各大工业智能系统的互联互通、全面融合，以产品生产为主线，贯穿生产调度、物资、能源、设备、质量、安全环保、统计等生产全过程管理环节，支撑生产管理业务全面信息化，提高生产效率，降低生产成本，使企业始终以最经济、最优化的方式生产。

传统的水泥工厂都设有销售大厅，车辆排队签单、开票，工作既耗时又烦琐。通过"互联网＋物联网"的技术应用，建设包含水泥电商平台、物流通道无人值守子系统、水泥全自动包装子系统、产品流向监控子系统的营销物流管理系统。将互联网销售、工厂智能发运和水泥运输在线监管全面融合，实现工厂订单处理、产品发运、货物流向监控等业务流程无人化和数据应用智能化，提升服务质量与效率、互动参与度以及便捷性，为客户提供更为方便、快捷的服务，实现水泥传统营销、管理模式的创新和升级。

4.6.1.3　一卡通智能发运系统

一卡通智能发运系统，是华润建材科技分销体系信息化平台总体规划的一部分，是推进销售业务线上线下整合和智能物流创新探索的重要实践，也是华润建材科技信息化创新、探索物联网应用中最早实施的项目。2019年该项目获华润集团智能与信息化最佳实践项目，2020年该项目获华润水泥（现名华润建材科技）最佳创新成果奖银奖。

为解决各水泥基地厂内外车辆排队不规范、厂内物流发运效率低、客户提货体验差的问题，实现与同行业竞争对手对标，落实物流战略规划，支撑华润建材科技物流竞争力，建设华润建材科技一卡通智能发运系统刻不容缓。

(1) 存在问题

① 改造前厂内外车辆排队不规范，排队信息不透明；

② 过磅效率低，销售旺季影响发货效率；

③ 客户提货手续烦琐，厂内流转纸质单据较多；

④ 人工操作环节多，易出现发错货、多发、少发等现象；

⑤ 当企业资源计划（Enterprise Resource Planning，缩写ERP）系统停机时，应急发货为线下人工操作。

(2) 技术借鉴

① 海螺水泥

2012年由自动化部研发技术系统，较好地防范了发货风险；

② 华新水泥

2012年由物流部统一推广实施新技术，关注客户体验，并进行厂内排队管理；

③ 中国建材水泥

2013 年投入使用云天无人值守系统，提升服务水平、节约劳动力成本。

(3) 运作流程

一卡通智能发运系统，由软件、硬件联合组成。其系统业务流程，主要包括客户自助开卡、自动排队叫号、进出厂自动过磅、刷卡自动装卸车、自助打印单据出厂等流程，实现无人超市般的“自助提货”，从进厂到出厂由司机一人一卡完成。

一卡通智能发运系统，优化基地发运环节，通过自助开卡、无人过磅、自助打印等方式完成提货流程，减少司机上下车次数，减少沟通环节，基地进出厂发运效率平均提升约 30%。

一卡通智能发运系统，是实现基地发货过程中的厂内、厂外车辆有序管理、自动过磅、智能装车等功能的信息化系统，能有效提升厂内、厂外物流效率和客户满意度。

华润建材科技一卡通智能发运系统的运作流程，如图 4.53 所示。

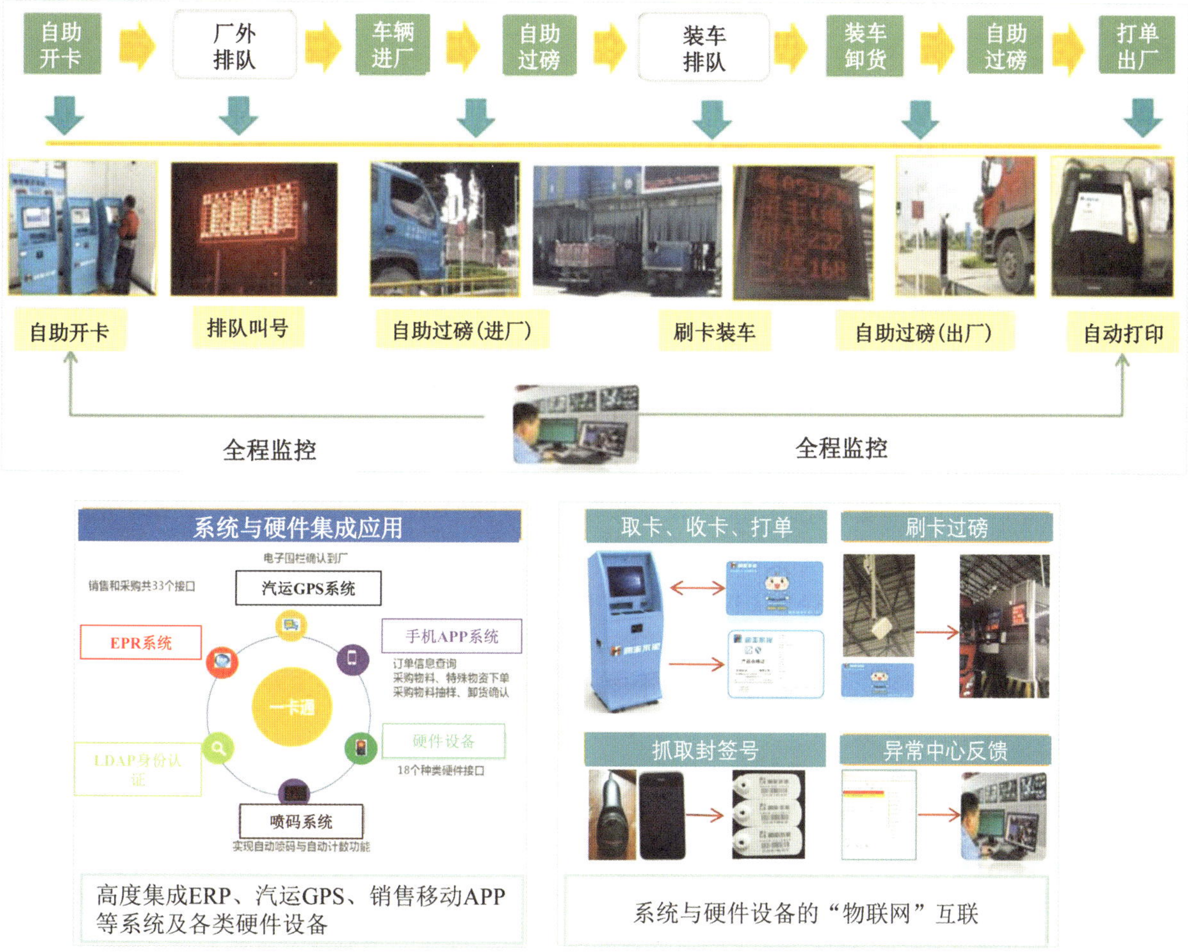

图 4.53　华润建材科技一卡通智能发运系统的运作

(4) 改造效果

一卡通智能发运系统规范发运流程，统一标准化装卸货发运流程，便于对标管理；通过全流程系统连锁控制，有效防范发错货、多发货等发货风险。

一卡通系统支持应急发货，支持分布式部署，支持基地网络专线故障、ERP 系统停机等情况下 24 h 持续离线发货，加强了应急机制，保障了发货效率，规避了人工发货风险，提升了客户满意度。

一卡通系统提升了司机厂内的提货体验，系统上线后，进出厂效率、提货服务、风险防范及应急保障等几个方面都得到明显提升，使得客户满意度大幅提升。

华润建材科技一卡通智能发运系统的改造效果，如图 4.54 所示。

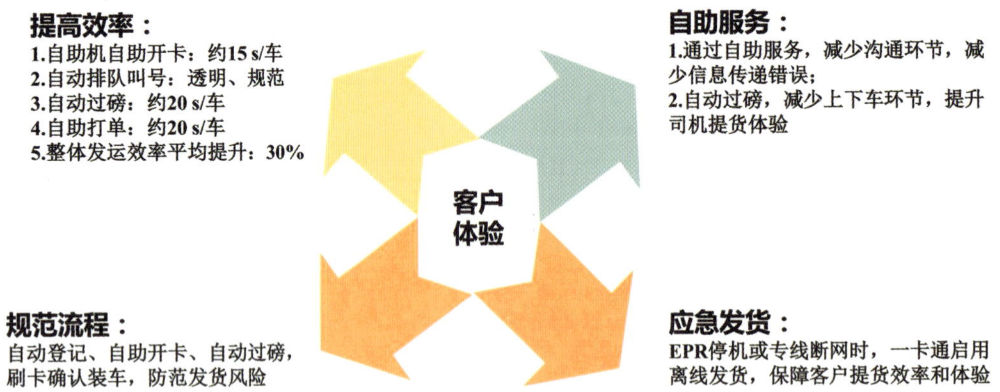

图 4.54　华润建材科技一卡通智能发运系统的改造效果

由图 4.54 可见，通过一卡通智能发运系统的改造，其效果非常明显，具体如下：

① 提高基地发货效率：提高信息传递及时性、准确性；减少地磅员人工操作；缩短车辆过磅时间。

② 防范发货风险：自动读取客户提货信息，避免发错货；通过系统进行数据核对，杜绝多装少装数量风险；减少人为操作失误。

③ 规范厂内外车辆排队：使厂内外车辆排队有序；防止司机插队现象；司机可根据排队信息合理安排时间。

④ 增强客户体验：减少纸质单据使用量以及纸质单据核对工作量；规范厂内外车辆行车路线方便客户提货；提升公司品牌美誉度和形象。

4.6.2　智能化工厂

4.6.2.1　湖州槐坎南方水泥有限公司的智能工厂

数字智慧化（以下简称：数智化）转型，应以业务为驱动、数据为核心、平台为手段。新疆天山水泥股份有限公司所属湖州槐坎南方水泥有限公司（以下简称：槐坎南方公司），从所辖企业抽调 40 余名专兼职技术人员，跟天津院、中材邦业（杭州）智能技术有限公司专兼职技术专家、工程师组成协同共建智能化工作组，通过槐坎南方公司熟料产能为 7500 t/d 的水泥生产线的智能工厂和区域公司数智管控平台建设，开创了水泥企业、设计院、数智化总承包商协同共建、试点先行、滚动优化、最佳实践复制推广和智能化专业人才培养的数智化转型创新模式。

智能工厂整体解决方案，全面贯彻中才邦业“既有先进性，也有经济性，还能持续为客户创造价值”的价值观，植根用户需求，融合“数据、算力、算法、场景和全链路”技术集群，依托数据智能及工艺机理深挖价值，采用协同共建、滚动优化、最佳实践复制推广创新模式，持续提升发挥智能化技术价值，在大数据协同控制、“APC（Adaptive Control，自适应控制）＋AI 算法”矩阵、数据中台、业务中台、设备智能运维等核心技术实现突破，实现窑磨全流程智能优化控制及系统全局寻优、磨机一键启停及智能控制、在线热工诊断、在线物料平衡、能耗量异常智能辅助分析、质量一体化闭环管控、智能一体化巡检、集中自动润滑、数字化堆场及自动控制关键设备在线监测及智能诊断、全员参与和安全防控等智能化建设成果。在全新一代数智管控平台上成功研发应用既有先进性又有经济性的技术集群，助力水泥企业数字化转型升级、提质增效。

槐坎南方公司智能化建设项目依托自动化基础建设，围绕形成智能装备、智能生产、智能运维、智能运营、智能决策等五方面的核心赋能，积极推动和打造“数据、算力、算法、场景和全链路”的技术集群，建设一体化质量管控平台、全工况智能优化控制平台、全流程生产数字化管控平台、全生命周期设备智能运维平台等，实现系统层级的生产管控智能化。

智能化建设将集成先进的全自动化验室、智能在线检测仪器等自动化基础，实现以下建设目标：

① 针对水泥生产过程中需要高频质量成分检测的环节，实现采样、送样、制样、检验全流程自动化和

无人值守，通过智能质量管理系统集成中央化验室检测平台、质量闭环控制算法、生料质量控制系统，构建全流程一体化质量管控平台；

② 针对生料磨、煤磨、烧成系统、水泥磨等工序，依托“APC＋大数据＋AI算法”融合应用，构建全工况智能优化控制平台；

③ 依托数据＋业务双中台，构建涵盖生产、能源、设备、质量、安环等全流程生产数字化管控平台；

④ 依托智能点巡检系统、关键设备健康状态在线监测及故障诊断预警系统、辅机设备无线振动温度采集系统、自动润滑注脂系统、智能一体化巡检系统、自动集中润滑管理系统，构建全生命周期设备智能运维平台。

(1)智能优化控制系统

① 建设内容

智能优化控制业务最低配置检测仪器包括窑尾烟室高温气体分析仪、窑头工业看火电视。软件包括破碎工序控制系统、生料磨优化控制系统、烧成系统优化控制系统、煤磨优化控制系统、水泥磨优化控制系统。

窑尾烟室高温气体分析仪，用于检测窑尾烟室 O_2、CO、NO_x、SO_2 成分，检测结果用于识别窑况，参与窑系统智能控制。

窑头工业看火电视配套视频量化温度识别系统，基于图像识别算法，量化火焰多点温度，输出烧成带温度预测及熟料游离钙预测值，识别结果参与烧成系统智能控制。

智能优化控制系统覆盖石灰石破碎、辅料破碎、原料粉磨、煤粉制备、熟料煅烧、水泥粉磨、脱硫脱硝、余热发电等水泥生产全流程。

烧成系统采用“APC＋大数据＋AI算法”协同控制，部署质量智能预测、窑况辨识、看火电视视频量化识别、全局自动寻优、异常工况知识库等算法矩阵，实现烧成系统智能控制，适应多工况运行。整合生料质量闭环控制算法，烧成系统智能控制实现风、煤、料的对口控制，实现平稳窑况和熟料质量的控制。

针对原料粉磨、煤粉制备、水泥粉磨、辅料破碎等粉磨工序实施一键启停及过程智能控制。启动、投料达到稳态后智能控制自动接管。运行过程中发生异常跳停、关键参数超限等异常情况，智能触发连锁保护动作及语音报警。

大数据AI算法协同控制平台包括质量预测(例如，熟料中f-CaO含量、熟料的28 d抗压强度)、量化识别(窑况识别、看火亮度识别等)、常见异常工况识别(例如，垮窑皮、下煤不稳、“堆雪人”等)。

② 建设效果

实施全流程智能优化控制后，边缘车间可减轻中控操作90%以上工作量，边缘车间接近无人值守，关键质量标准偏差降低10%，关键工艺参数波动标准偏差降低10%～20%，单位熟料标准煤耗降低0.8～1 kgce/t，单位熟料综合电耗下降0.5～1.5 kW·h/t，水泥工序电耗下降1～2 kW·h/t，全工况投用率＞95%。

槐坎南方公司全流程智能优化控制示意，如图4.55所示。

(2) 质量一体化管控系统

① 建设内容

质量一体化管控业务需要配置硬件设备包括全自动化验室及智能检测仪器，如原料调配在线中子分析仪、XRF荧光分析仪、在线游离钙分析仪。软件包括中央化验室检测平台、生料质量闭环控制系统、质量管理信息化系统。

(a) 推荐配置检测仪器

全自动化验室：常规水泥线设置5个取样点，即出磨生料、入窑生料、出回转窑进箅冷机热熟料、出磨煤粉、出磨水泥取样点。生料、熟料、水泥均采用自动采样/自动送样，配置2台磨机和1台压片机，送样物料自动粉磨/压片，并自动传送到荧光分析仪检测。煤粉配置独立防爆输送管道，自动取样送样，人工送检。配套全自动化验室运行控制平台，记录分析全自动化验室全流程运行数据。

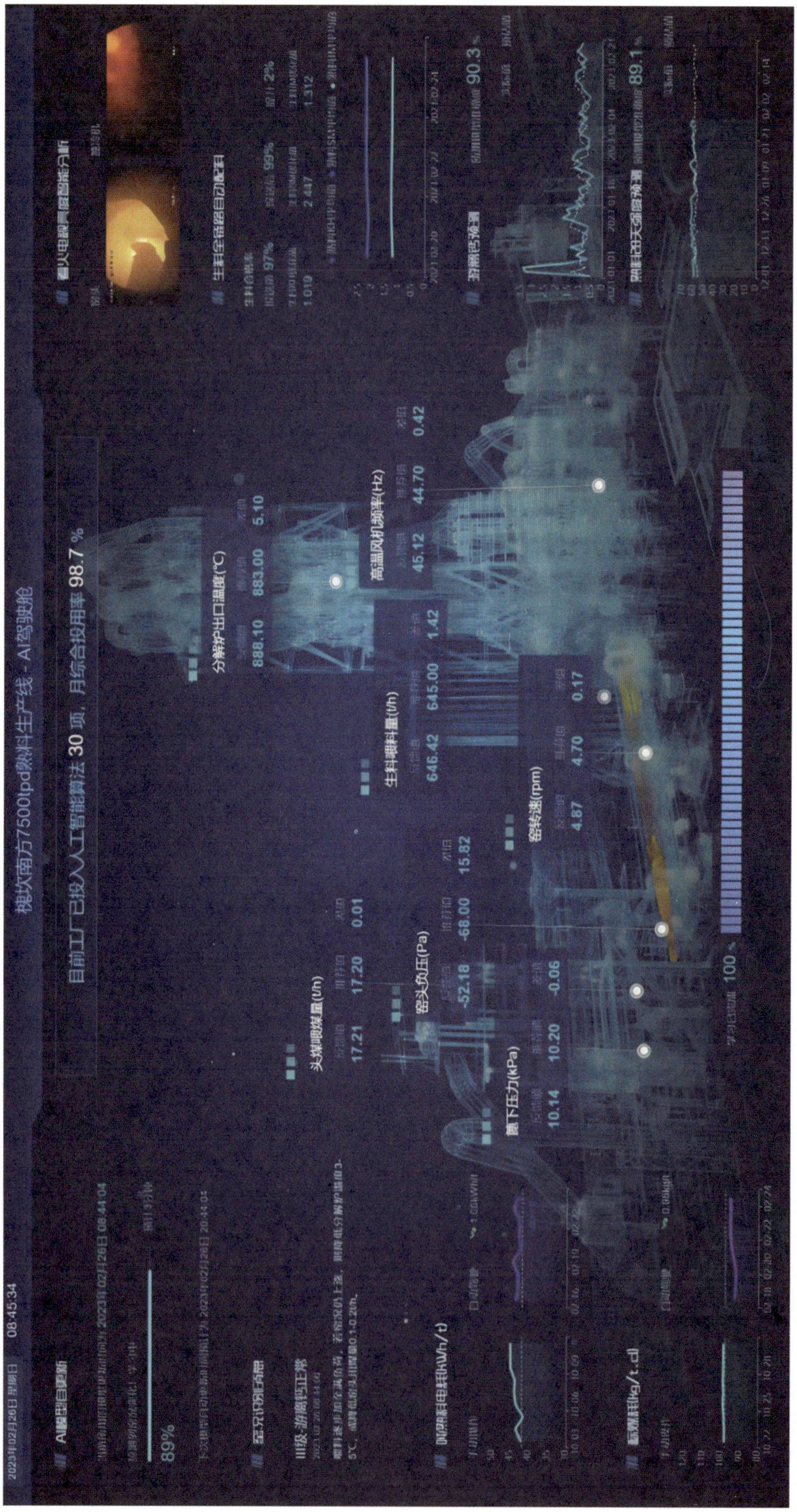

图 4.55　槐坎南方公司全流程智能优化控制示意

其中XRF荧光分析仪，配套自动取样、检测、弃样装置；在线游离钙分析仪，共用自动化验室熟料取样，高频检测熟料游离钙，分析仪放置在中央化验室内，最快4次/h；离线粒度分析仪，对自动输送到中央化验室的出磨生料、出磨水泥进行粒度分布检测。

石灰石破碎在线中子分析仪，实时检测石灰石成分，指导矿山卡车调度及配矿；原料调配在线中子分析仪，实时检测入磨物料成分，自动调整原材料配比。

原煤煤质在线检测系统，对进场原煤自动进行取样检测。检测方式分为进厂原煤取样检测及原煤输送皮带旁路取样检测两种，优先推荐原煤输送皮带旁路取样检测方式。

MLD化学分析仪，快速熔样，完全替代水泥、熟料及原材料化学分析，测定精度优于化学分析法，大幅降低化检人员工作量。

水泥物检自动试验系统，自动成型、自动养护、自动破型、数据自动上传和记录，完成水泥强度、活性试验，大幅降低物检人员工作量。

(b) 质量一体化管控信息化系统主要功能

质量信息总览：对质量数据进行采集和统计，可视化展示；质量综合报表，自动统计生成质量综合报表；分析记录台账，自动生成过程质量控制所需的分析记录报表台账；PAD数据录入，提供PAD端质量管理数据录入、自动计算和设定功能。

生料质量闭环控制系统：依托原料中子分析仪及荧光仪实现生料三率值自动设定，实现生料调配自动配料。

质量数据自动采集接口：自动从具备通信接口的质量检测仪器中采集数据。

基础资料管理：工厂质量检验相关基础数据设置，可自定义编辑。

② 建设效果

借助全自动化验室及在线检测仪器，对水泥生产过程需要高频质量成分检测的各个环节，实现采样、送样、制样、检验全流程自动化和无人值守，并结合质量管理信息化系统，构建全流程一体化质量管控平台，实现质量数据链路闭环，原料端质量稳定，为烧成工序智能优化系统提供关键指标高频检测。基于全链路质量数据模型，打通质量数据、质量管控和智能优化控制链路，自动调整原料配比，实现以水泥和熟料质量为目标的全链路质量闭环控制。

实施一体化质量管控系统，提升人员效率，配合管理流程制度优化，可实现质量管理部门10人配置，相比传统生产线可减配9人以上。

(3) 生产数字化管控系统

① 建设内容

生产数字化管控分为生产管理、能源管理、安环管理，业务功能实现依托于基于工业互联网的数据+业务双中台，融合算法平台及远程运维平台，统一“数据底座”，标准化数据治理体系，消除“信息孤岛”，支持本地化部署和集团化软件即服务(Software-as-a-Service，缩写SaaS)私有云部署方式。

槐坎南方公司生产数字化管控系统技术架构，如图4.56所示。

(a) 推荐配置自动化系统

数字化堆场及智慧输送系统，实现原煤辅料长堆、石灰石圆堆无人值守自动调车和自动堆取料，实现堆场数字化管理，库存实时计算，堆取料机自动控制与无人值守，减少辅料长堆巡检岗位人员，降低设备故障率，提高设备可靠性，节约维修成本，减员增效，显著提高堆取料系统安全性及可靠性。物流一码通管理系统，对于进出厂物流实现一码通智能管理，包括：网上下单平台；开票室；进出厂门禁；地磅无人值守系统；车辆排队；水泥散装装车系统；手持确认管理系统。

(b) 生产管理信息化系统主要功能

生产管理者驾驶舱：可视化大屏展示生产关键数据。

DCS远程实时监控：实现DCS实时展示，支持趋势查询、历史回溯。

生产信息总览：核心生产技术指标可视化展示。

生产管理报表：自动生成生产相关的管理类报表和指标统计。

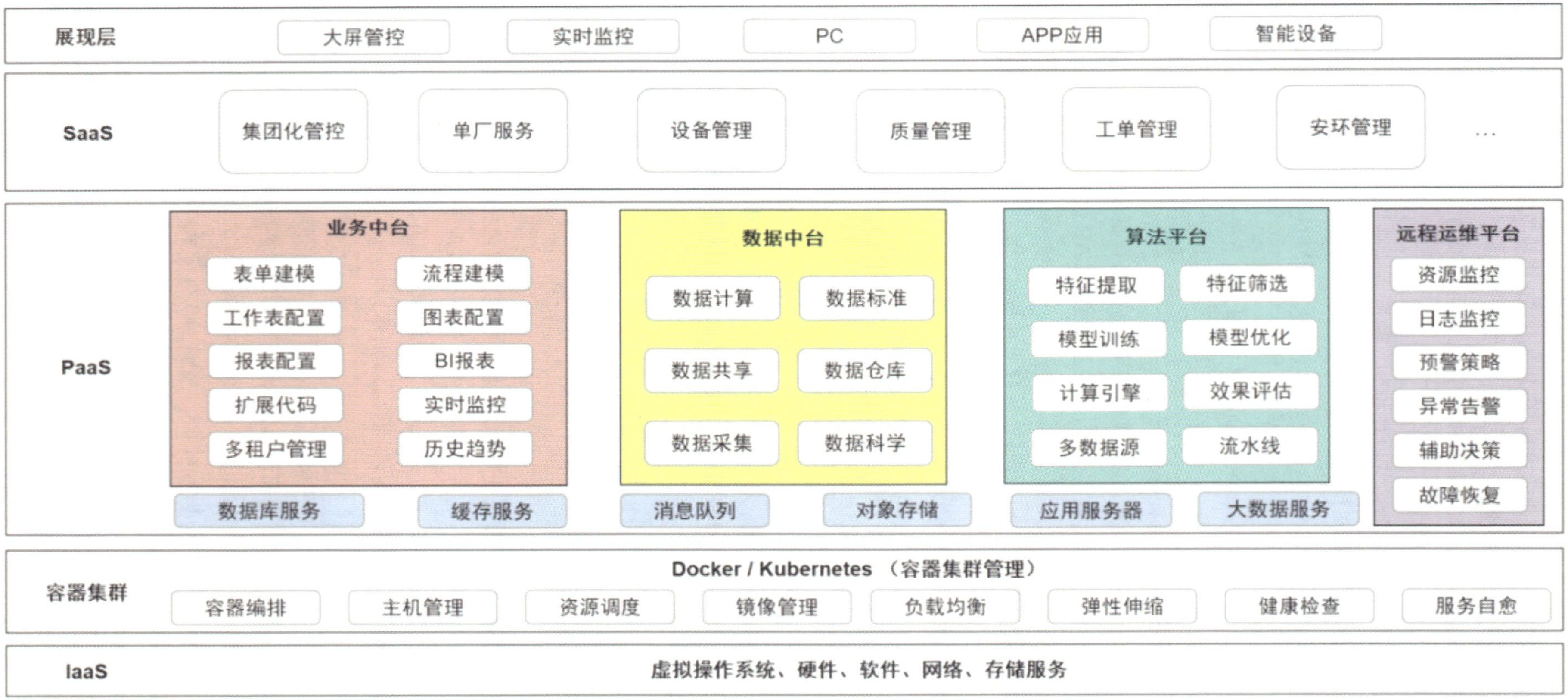

图 4.56　槐坎南方公司生产数字化管控系统技术架构

生产工序管理：根据工厂生产实际工序，对关键业绩指标（Key Performance Indication，缩写 KPI）、启停信息、能耗指标等数据自动统计并可视化呈现及分析。

在线物料平衡管理系统，自动根据物料进厂数量、消耗数量、化验质量数据、出厂数据等进行计算库存，每天自动盘存，计算计量设备偏差，为辅助决策生产调度。

在线热工诊断系统，可视化展示烧成系统热工状态，包括窑及冷却机热回收效率，自动推送热工诊断报告，指导窑系统工艺优化，为烧成系统技改提供决策依据。

(c) 能源管理信息化系统主要功能

能源介质计量仪表：大于 30 kW 的用电回路自动采集电量数据进入 DCS，全厂压缩空气用气、用水仪表数据进入 DCS。

能源信息总览：能源消耗数据及 KPI 可视化呈现、分析。

实时电力监控：实时显示设备电耗数据。

产线综合能耗：产线综合能耗指标统计分析、可视化展示。

工序电耗分析：工序电耗、主要设备单耗统计分析、可视化展示。

避峰用电分析：尖峰平谷阶梯电价利用率、用电成本统计分析。

电能报表统计：产线、工序、设备级电能自动统计、报表查询。

工序电耗智能分析：从产线、工序、设备逐层穿透分析电耗，辅助分析异常原因。

(d) 安环管理信息化系统主要功能

安全门禁系统：电力室、配电站、危险区域安装安全门禁，支持人脸识别、指纹识别，仅授权人员可进入。

危险区域安全语音警示系统：提醒进入危险区域人员安全风险及注意事项。

安全文档管理：提供安环文档资料的上传、下载、查看等功能。

环保在线监测：提供环保在线数据显示及报表查看功能。

安全隐患管理：提供隐患处理流程闭环管理功能。

安全培训管理：提供安全培训、在线考试等功能。

停送电作业管理：停送电作业票审批线上管理，防护措施在线验证。

相关方管理：提供相关方安全培训、安全行为管理、安全资质管理等功能。

智能预警系统：进入生产危险区域语音提醒告知、报警及消息推送（配套佩戴安全帽、危险区域闯入等视频智能分析）。

高风险作业票管理：提供高风险作业票线上审批流程管理功能。

② 建设效果

基于生产、能源、质量、安环等维度构建生产数字化管控平台，预估提升人员效率 20%，降低安全事故率、环保达标成本，重构精益管理体系，提高管理效率和管理精细化程度。

槐坎南方公司在线热工诊断系统辅助生产决策示意，如图 4.57 所示。

(4) 设备智能运维管理系统

设备智能运维业务功能，整合主机设备健康状态在线监测及故障诊断预警系统、辅机设备无线振动温度集采系统、智能在线点检系统、单点自动润滑系统、集中润滑管理系统和智能一体化巡检系统等设备运维子系统。建设全生命周期设备运维智能化平台，挖掘设备健康量化、寿命预测、智能预警、故障诊断等维度数据价值，实现“智能运维保障”以及巡检少人化、设备状态可视化、预警智能化目标，融合三精管理及全面生产性维护（Total Productive Maintenance，缩写 TPM）理念，搭建全息设备台账，实施针对性的巡检、计划性和预防性维修策略。巡检少人化，提升巡检准点率，大幅提升巡检质量，在线巡检与离线巡检无缝集成，实现隐患工单流程闭环管控，手机端 APP 关键信息推送，提升设备运维质量。

① 建设内容

设备智能运维业务包括：主机设备健康状态在线监测及故障诊断预警系统、辅机设备无线振动温度集采系统、智能在线点检系统、单点自动润滑系统、集中润滑管理系统、智能一体化巡检系统、设备智能运维管理模块。

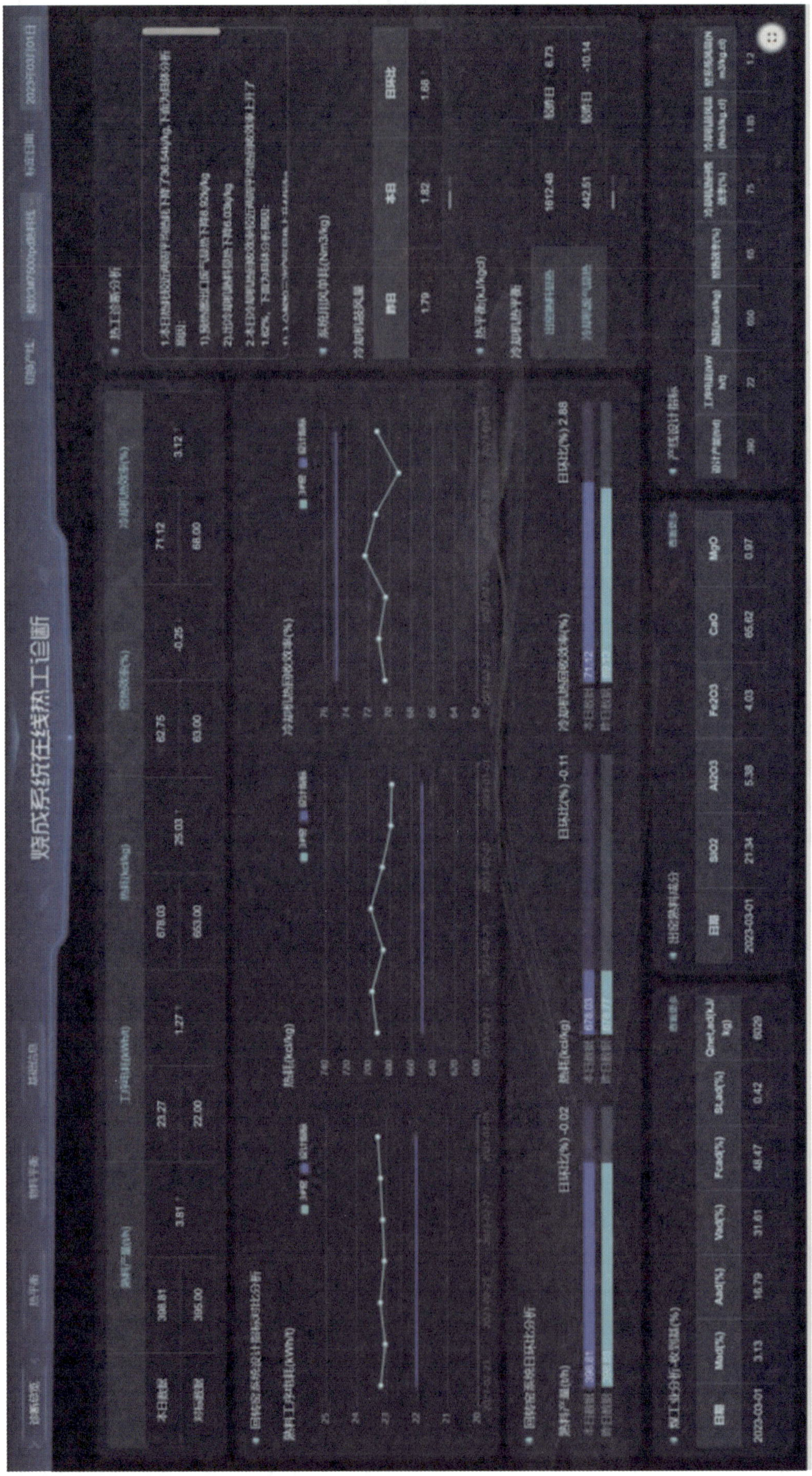

图 4.57　槐坎南方公司在线热工诊断系统辅助生产决策示意

(a) 推荐配置在线监测系统

主机设备健康状态在线监测及故障诊断预警系统：测振点涵盖全厂关键设备 46 台（辊压机、斗提机、窑主传电机、生料磨循环风机、废气风机、斜拉链电机、水泥磨、煤立磨、水泥磨风机等），包含在线状态监测分析软件、在线监测及报警推送系统、数据采集站和数据监测预判系统以及服务器。

辅机设备无线振动温度集采系统：482 个测点覆盖主要辅机设备安装振温一体传感器，通过物联网集采并进行振动温度健康检测、预警、故障诊断。数据传输到制造企业生产过程执行系统（Manufacturing Execution System，缩写 MES）的设备管理模块，同在线振动监测、点巡检数据融合参与设备运维管理。

主机设备集中自动润滑管理系统：针对辅料破碎机、石灰石堆取料机、辅料堆料机、煤堆取料机、生料辊压机、煤立磨、箅冷机、熟料斜拉链电机、水泥磨辊压机等位置实施集中自动润滑管理。自动润滑系统结合 MES 的设备运维管理模块，能够适时、适量、适位、适人自动完成设备润滑管理工作，每个润滑点实现在线监控、故障报警推送、润滑记录，实现精准润滑管理，提升预防性维护，减少检修成本及因润滑不到位导致设备意外损坏的概率。

单点自动润滑系统：针对关键辅机设备，选择位于高处以及人工注脂润滑不便的 42 台设备共计 84 个润滑点，按照设定定时、定量自动完成润滑注脂，提供在线故障报警推送、在线监控润滑记录，数据统一进入设备管理系统，报警推送自动触发隐患处理流程。

视频智能一体化巡检系统：新增 607 台监控摄像头及视频监控系统，集成利用生产、安全用摄像头，整合主辅机在线监测数据及视频监控系统，采用远程视频巡检与低频现场巡检结合方式，实施生产线智能一体化巡检。在及时发现隐患前提下，大幅降低现场巡检频次和工作量。

专业点检系统：巡检专用设备 6 台，具备近距离无线通信（Near Field Communication，缩写 NFC）功能，点检系统和设备管理系统打通，可动态更新点检任务，与设备运维平台打通，报警自动触发隐患工单。

(b) 设备智能运维管理系统主要功能

设备档案管理：建立完整的设备全生命周期管理流程。将设备基础信息、作业基准规范、维修信息和备件材料信息等内容进行有效的关联，实现对每台设备完整台账管理。该模块主要实现为工厂中的机械设备、电气设备、计量设备、特种设备台账、备品备件、实验室设备等建立信息档案库，记录这些设备的基础信息、使用和维护要求等内容，作为全面跟踪管理这些设备的基础。

隐患管理：智能检测异常信息、人工巡检异常信息，汇总到隐患管理，根据紧急程度逐一处理。

工单管理：隐患转隐患工单、组长发布任务工单、维修计划生成计划工单，汇总到工单管理。

检修计划：支持在检修计划中添加大中修、临停检修计划。

润滑管理：对接全厂集中润滑系统，提供全厂集中润滑、单点润滑管理及人工润滑到期提醒等模块，实现在线监控和报警推送。

② 建设效果

根据新疆天山水泥股份有限公司所属湖州槐坎南方有限公司、合肥南方水泥有限公司智能化建设经验，基于设备智能运维管理系统，原有巡检工、岗位工等人员减配、职责重塑，组建现场运行技术组，现场运行人员为 29 人，相比未实施智能化的同类产能生产线 39 人配置，岗位配置减少 10 人。同时，实现每 1 t 熟料维修成本、每 1 t 水泥的维修成本、安全事故率等指标降低，具体指标数据暂不预估。设备智能运维业务主要提高管理效率和管理精细化程度，重构精益管理体系，提升管理效率。

设备智能运维业务的具体改变如下：

(a) 巡检模式的改变

人工巡检由“主机振动在线监测、视频监控、现场专业巡检融合构建的一体化高效智能巡检体系”代替。减少该岗位 80%以上巡检工作量，巡检效率、准确性、及时性明显提升。

(b) 润滑模式的改变

人工润滑由自动润滑注脂系统替代，实现精准润滑，有效地减小漏加油、少加油、多加油对设备造成的损害，润滑工作量明显降低。

(c) 运维模式的改变

设备巡检、润滑保养、检修、隐患处理通过自动工单流转方式实行闭环管控，自动触发隐患、自动工单流转并在智能运维系统平台上按任务的优先级滚动显示处理状态，维保人员手机端 APP 实时推送，运维有效性、便捷性、针对性明显提升，有效确保设备稳定运行。

(d) 数据分析模式的改变

设备分析由人工统计、制表、查指标分析，过渡为自动取数、自动统计汇总、自动分析、自动设备异常根源分析，有效提升设备管理分析效率、精准性，推动设备维修成本指标不断改进。

槐坎南方公司以全厂岗位人员 65 人为配置标准，实现熟料产能长期稳定为>9420 t/d、单位熟料综合电耗为 40.5 kW·h/t、单位熟料标准煤耗为 93.8 kgce/t、熟料的 28 d 抗压强度为 59.6 MPa、窑的可靠性系数>99.92%。该智能工厂经中国建筑材料联合会评定为“整体技术达到国际先进水平、综合能效达到国际领先水平”，荣获中国建材集团技术革新一等奖，入选工业和信息化部“2022 年建材工业智能制造数字转型典型案例”。该公司成功通过制造业的信息化和工业化整合“数字化转型 2.0”L3 流程级贯标，成为建材行业第一家 AAA 级认证企业。

全流程智能工厂及集团级数字化管控整体解决方案及示范线建设为水泥企业、集团提供了标准化、可复制推广的典型应用案例，成果已在新疆天山水泥股份有限公司的 5 条生产线完成复制应用，正在 6 条新建生产线进行复制推广，也将带动水泥行业智能化建设水平提升。

4.6.2.2 华润水泥(田阳)有限公司的智能工厂

华润水泥(田阳)有限公司(以下简称:田阳公司)的智能工厂，拥有一条熟料产能为 4500 t/d 的新型干法水泥生产线，早前因自动化程度低、作业负担大，无法实现效率最大化。随着数字化浪潮来袭，华润建材科技率先以田阳基地作为智能制造试点，构建全方位智能的现代化水泥制造体系，推进智能工厂建设。矿车无人驾驶、水泥发运机器人、水泥自动装车无人化、5G 安全帽远程诊断及设备维护、数字化矿山等新技术和新装备，已经在基地里大量应用了。目前，田阳公司的智能工厂实现了工艺控制先进性、质量和安全管控智能化、设备预测性维护等，真正实现了“安全控得好、生产看得清、质量稳得住、设备连得上、能耗省得下”的目标。该项目使水泥厂生产效率提高了 30%，安全性得到了极大的提升，人力成本降低了 20%。

(1) 智能化验室建设

质量控制是水泥生产过程的关键环节，是水泥品质的重要保证。传统质量控制主要靠人工取样、送样、制样、检测和配料，存在人为操作偏差大、检测结果滞后、控制质量不稳定等问题。为解决这些问题，田阳公司开发了智能化验室。

田阳公司智能化验室的技术架构示意，如图 4.58 所示。

① 智能化验室的主要功能

田阳公司智能化验室的业务流程，如图 4.59 所示。

从图 4.59 中也可以看出，智能化验室的主要功能如下：

自动取样：对生料、煤粉、熟料和水泥均设置取样器，能够自动取样填装到炮弹。

自动送样：炮弹以镀锌管为运输管道，以风机为动力装置，实现炮弹自动输送。

自动制样：研磨压片一体机接收物料种类信息，调用相应研磨参数进行自动制样。

自动检测：X 荧光仪、X 衍射仪和激光粒度分析仪接收样片的种类信息，调用相应方法进行自动检测。

自动分析配料：自动质量控制系统接收检测结果后，与目标值作差，将差值反馈到在线分析系统，实现自动配料调整。

② 智能检验的先进技术

炮弹运输技术：在自动质量控制系统的协调下，以风机为动力装置，使炮弹在镀锌管输送管道自动输送。

中子活化技术：对物料进行照射使其发生俘获反应，通过检测放射特征射线辨识物料中元素种类和含量。

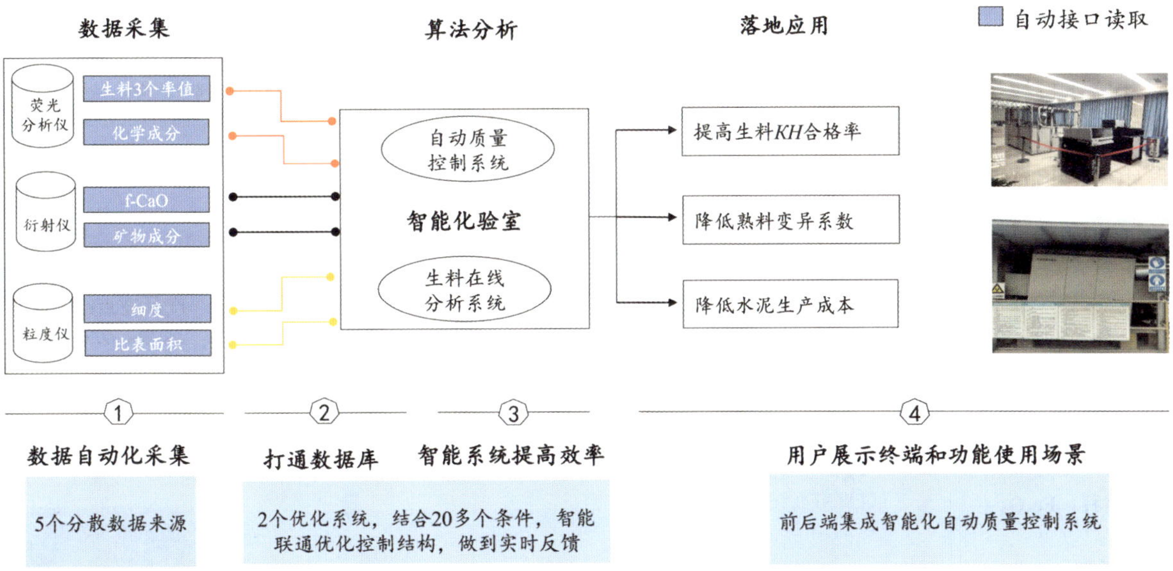

图 4.58　田阳公司智能化验室的技术架构示意

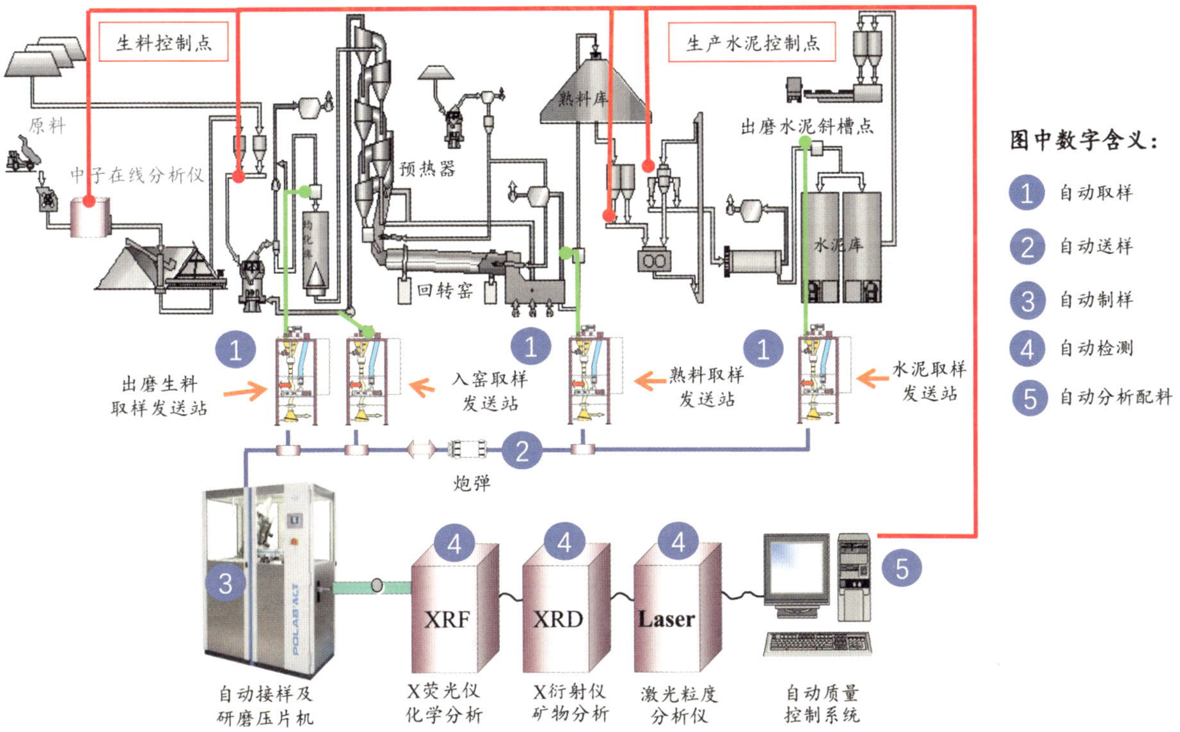

图 4.59　田阳公司智能化验室的业务流程

自动制样检测技术：识别物料种类，将信息传递到制样和检测设备，自动调用相应参数进行制样和检测。

自动配料技术：使用检测报告与目标值分析作差，将差值反馈到在线配料系统，实现自动配料调整。

③ 智能化验室的作用

(a) 提升产品稳定性

在线分析系统和自动控制系统相结合，实现物料在线调整配料，避免了人工配料调整滞后导致的出磨生料三率值合格率偏低，熟料、水泥质量波动大，使生料饱和比合格率提高 17.9%，提升了产品稳定性。

(b) 提高效率

取样、送样、制样、检测和配料全过程自动化，避免了人工送样制样耗时长、劳动强度高、工作效率低、人为误差大的困境。减少人工作业量，人员减少 66.7%，大大提高了工作效率。

④ 智能化验室运行

化验室检测过程的全自动功能：采用自动质量控制系统，实现水泥生产过程的生料、熟料、水泥质量控制点的取样、送样、制样、检测、配料全过程自动化。

田阳公司智能化验室运行示意，如图 4.60 所示。

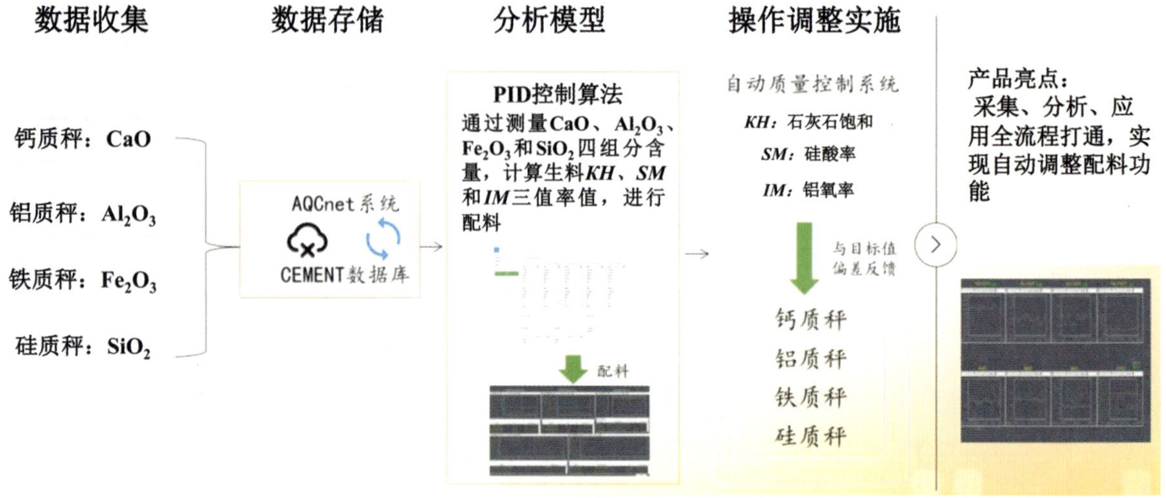

图 4.60　田阳公司智能化验室运行示意

田阳公司实现智能化获得的经济效益和社会效益，如表 4.27 所示。

表 4.27　田阳公司实现智能化获得的经济效益和社会效益

效益指标	关键业务指标	2017 年	2018 年	2019 年	2020 年	2021 年	2022 年
财务指标	收入（$\times 10^6$ 元）	486.9	738.6	670.7	607.1	685	601.8
	利润（$\times 10^6$ 元）	62	224.1	187.7	150.8	159.2	76.3
	单位熟料燃料成本（元/t）	96.4	67.8	75.6	71.7	73.7	69.5
可持续性指标	单位熟料综合煤耗（kg/t）	103.3	100.7	100.4	102.3	98.5	92
	单位熟料 CO_2 排放量（kg/t）	628.5	532	478	398	296	166
	资源废料利用率（%）	55	61	67	58	74	100

（2）水泥智慧化矿山开采系统

① 三维建模和大数据分析驱动的智能矿山运营

田阳公司的水泥矿山以保供生产水泥用石灰石为生产任务，使用传统露天矿山开采管理模式，生产活动采用机械化作业，采矿管理、生产调度管理、设备管理、安全环保管理等，大量依靠人工。人工配矿工艺存在瓶颈，资源利用率低，须调度员实时统筹安排，设备配合度不高，运营效率偏低，业务数据统计分析滞后，缺乏智能化分析赋能管理层决策，为解决这些问题，田阳公司的智能工厂打造了数字化智能管控平台。

实现从开采计划制定到石灰石生产线的全流程数字化管理，调整铲装配比，优化指令传输，使设备综合运行效率提升 20.3%、矿车维护成本（柴油、润滑油、备件等）下降 25.8%。同时运用数字孪生技术在三维可视化平台形成矿石品位分布图，与智能调度系统联动配矿生产，使石灰石成品质量更稳更优，资源综合利用率达到 100%，助力矿山绿色可持续开采。此外，开发配矿管理平台，改变依靠经验搭配物料的生产模式，利用化验数据掌握矿石品位变化规律，结合破碎站生产能力等约束条件，解算出最佳的配矿方案。

建设智能调度系统业务平台，铲装运输设备利用矿石品位模型、3D 建模、数字孪生技术智能判别不同料堆出矿比例，同时提升设备配合度，打造高效运营的智能化矿山。

② 智能矿山管理优势

智能矿山管理可以实现对资源的高效利用。通过在 3D 模型上进行采矿设计和爆破设计实现资源储量的自动估算及爆破模拟，建立配矿单元，基于化验数据运用先进分析，做好矿品的配矿，减少成品质量的波动从而提升对资源的综合利用率，避免了凭人工经验难以准确把控搭配比例、下游成品质量波动大、配矿工艺提升难度大的问题。

智能矿山管理可以优化生产过程。利用 GPS、物联网技术对露天采矿的设备实时跟踪，通过人工智能算法对系统的各种资源进行全局智能优化配置，实现了对生产过程的装、运、卸的动态调度从而提升整体生产效率，改善了需要调度员实时统筹安排、车辆与铲装设备之间配合度不高、设备空运行时间长、效率提升难度大的窘迫状况。

智能矿山管理可以实现可视化管控。在三维可视化平台上集中展示数字采矿、智能调度、生产管控的关键信息，实现矿山作业场景扩增实境（Augmented Reality，缩写 AR）一张图管控，管理人员能快速了解生产信息和安全状况，对生产数据自动采集跟踪，实现了矿山生产过程的精细化和透明化管理，提高决策的效率。这与传统的生产管理模式下生产数据依靠人工统计、数据传输滞后且易错、不便于管理人员及时作出决策、无法实时指导生产的状况形成了鲜明的对比。

（3）水泥窑磨专家系统

田阳公司的水泥中控操作员是生产的核心岗位，负责全厂生产的操作与控制。由于人员素质和操作水平的差异，导致关键参数和经济指标的波动较大，不利于节能降耗。为解决这些问题，田阳公司的智能工厂特开发了水泥窑磨专家系统。

水泥窑磨专家系统涵盖如下功能：

① 生产操作均由系统自动完成，1 人可以控制多套（台）设备，总操作人员数量只需原来的 1/2。操作员劳动强度降低，工作量下降 60%～80%。生产系统控制平稳，参数波动不大并弱化了人员素质和操作水平差异的影响，解决了操作员需要抄写大量控制及操作参数的问题。

② 专家系统具有 AI 学习记忆功能，能自动调整主要参数，并对生产情况进行简单判断，无需对复杂的设备和工艺参数进行分析，对人员素质和操作水平的依赖性降低 90%。

③ 基于大数据和自动学习功能，对出现的情况进行快速判断和反应，对数据进行积累并通过算法快速与以往调整情况进行对比分析，从而做出比人工操作更加及时和准确的调整。

系统设计的主要技术路线如下：

① 利用模糊 PID 控制原理＋AI 自动学习记忆人工的操作经验，融入 APC 总模块，智能调整、操作控制参数，实现其在工艺要求范围的稳定。

② 按生产工艺流程结合生产实际要求，以人工操作作为基础样板，程序化智能控制各生产系统的开机与停机；操作员掌握 APC、一键启停功能、系统报警信息可视化和声光报警化、黑屏操作等操作控制技能。

③ 主机连锁可视化，直观方便快捷；系统报警信息可视化、声光报警化。

④ 通过自动调整操作参数、故障的提前预警、快速判断、快速处理，最终实现自动操控、黑屏操作。

田阳公司的智能工厂与西门子公司共同合作开发了窑磨专家系统，利用 APC 模块将各项生产操作控制参数标准偏差降低，实现窑、磨、余热发电系统的各项操作参数相对稳定。

按 2022 年熟料产量 1.348×10^{6} t、原煤消耗 1.75×10^{5} t、煤单价 1061 元/t 计算，共节约煤 3558.72 t，节省燃料费用约 377.58 万元；人效（即人力资源效能）节省 120 万元；每 1 t 水泥（P·O42.5）减少用电量 1.067×10^{6} kW·h，按电单价 0.34 元/(kW·h)计算，节约电费 36.27 万元。年产生经济效益约合 542.42 万元。

（4）煤粉制备 APC 控制系统

煤粉制备 APC 控制系统主要通过控制煤磨进出口温度、压强及喂料流量等参数，确保煤磨安全稳定运行、煤粉质量合格。

煤粉制备 APC 控制系统的主要功能如下：

① 自动调节进磨的冷风阀、热风阀，保证煤磨出口处温度在一定的安全范围内，保证煤磨系统安全稳定运行。

② 自动调整喂料流量，稳定磨机工况，使磨机压强差控制为(1300±50)Pa。

③ 自动调整平衡两个煤粉仓的质量，仓满自动停磨，仓位低自动开磨。

④ 自动识别热盘炉垃圾燃烧情况和窑内煤粉燃烧状况来调整煤粉细度，保证窑系统燃烧充分，降低煤耗。

(5) APC助力热盘炉焚烧垃圾等替代燃料过程

垃圾从储坑运送到热盘炉的过程存在计量不够精确、来料不均匀、成团结块、漏风大等问题，影响回转窑的稳定运行，通过先进的APC模块，使垃圾稳定进入热盘炉并充分燃烧，最终实现分解炉出口温度稳定，尾煤量达到精准使用，不浪费。

田阳公司APC助力热盘炉焚烧垃圾替代燃料过程，如图4.61所示。

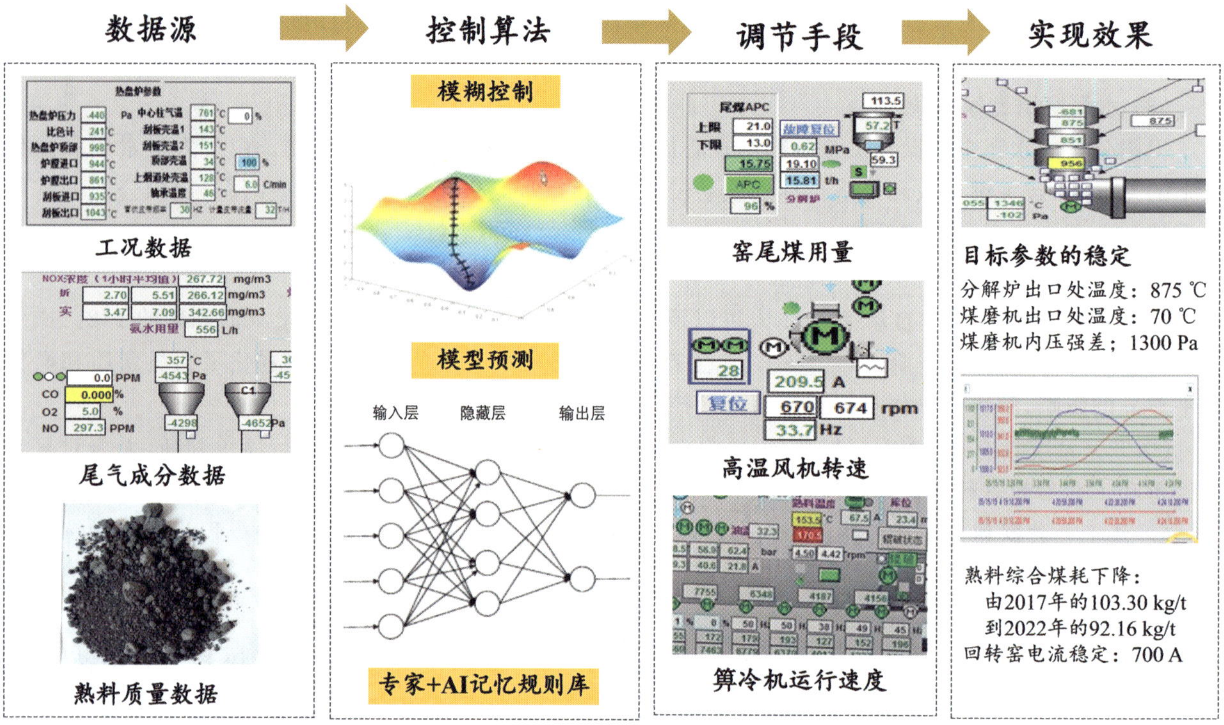

图4.61　田阳公司APC助力热盘炉焚烧垃圾替代燃料过程示意

从图4.61可见，通过APC模块控制能在利用热盘炉焚烧垃圾等替代燃料时助力系统稳定运行。

田阳公司热盘炉的结构示意，如图4.62所示。

窑磨专家APC应用场景包括生料制备、熟料煅烧、水泥制备、煤粉制备、熟料煅烧和预热发电。

田阳公司智能综合控制管理效果示意，如图4.63所示

田阳公司窑磨专家APC应用场景及主要指标，如表4.28所示。

表4.58　田阳公司窑磨专家APC应用场景及主要指标

应用场景	APC主要控制设备	主要指标	2017年	2022年
生料制备	辊压机进料阀、稳流仓、循环风机、选粉机	劳动强度(%)	100	32
		操作人员数量(名)	1	0.5
煤粉制备	煤磨机、皮带秤、煤粉仓	劳动强度(%)	100	5
		操作人员数量(名)	1	0.1

续表 4.58

应用场景	APC 主要控制设备	主要指标	2017 年	2022 年
熟料烧成	分解炉、回转窑、窑头排风机、旁路放风、箅冷机	劳动强度(%)	100	36
		操作人员数量(名)	1	0.7
		单位熟料综合煤耗(kg/t)	103.30	92.36
余热发电	锅炉、除氧器、均压箱、循环水池、热水井、原水箱	劳动强度(%)	100	8
		操作人员数量(名)	1	0.2
水泥粉磨	辊压机进料阀、稳流仓、循环风机、选粉机	劳动强度(%)	100	35
		操作人员数量(名)	1	0.5
		P·O42.5 水泥的工序电耗(kW·h/t)	28.11	27.07
总体系统优化		劳动强度(%)	400	116
		单位熟料综合煤耗(kg/t)	103.30	92.16
		人员优化(名)	22	10
		P·O42.5 水泥的工序电耗(kW·h/t)	28.11	27.07

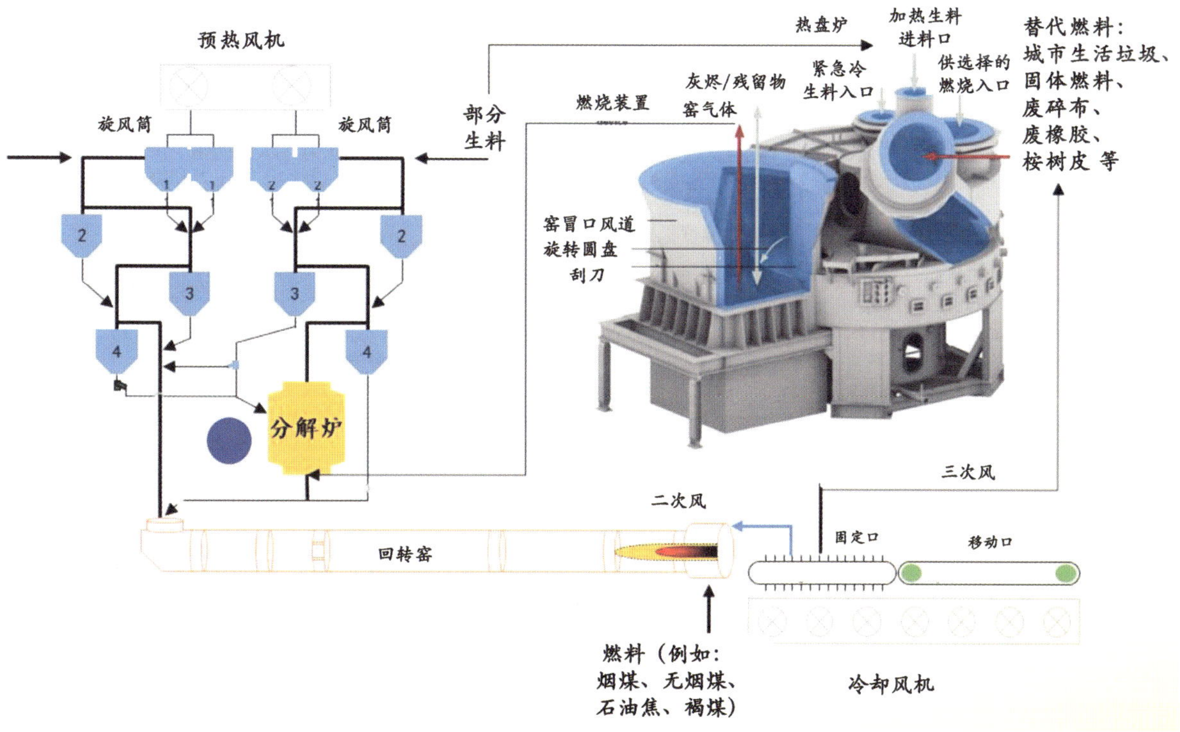

图 4.62　田阳公司热盘炉的结构示意

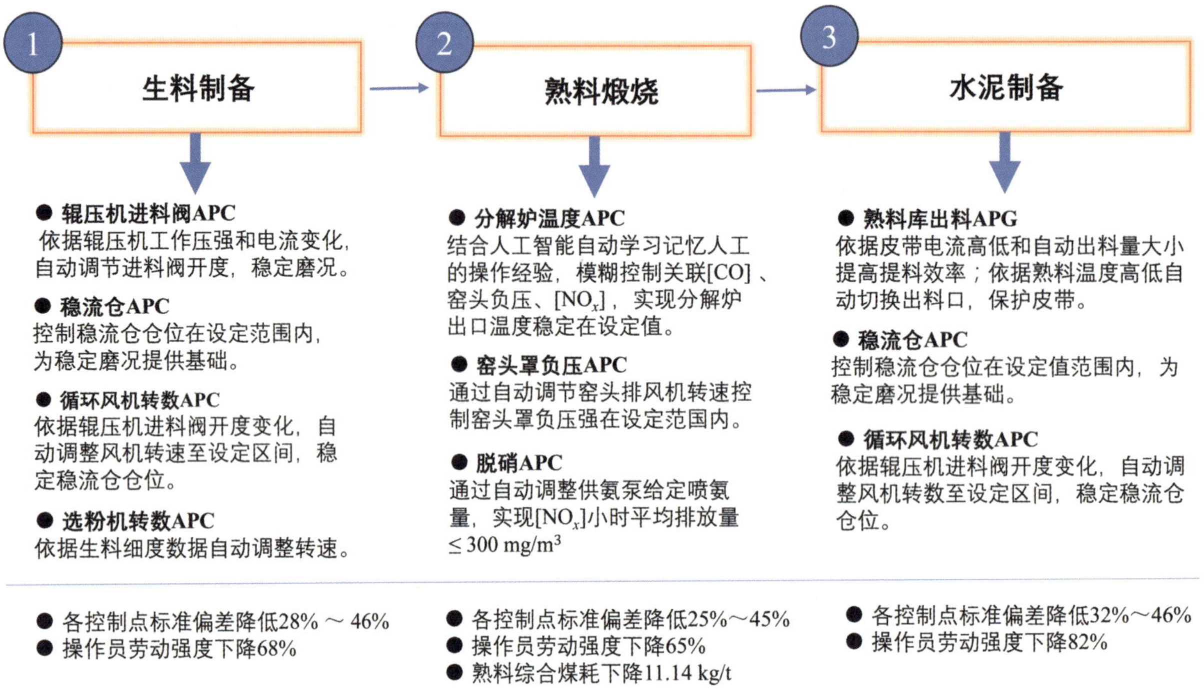

(a)

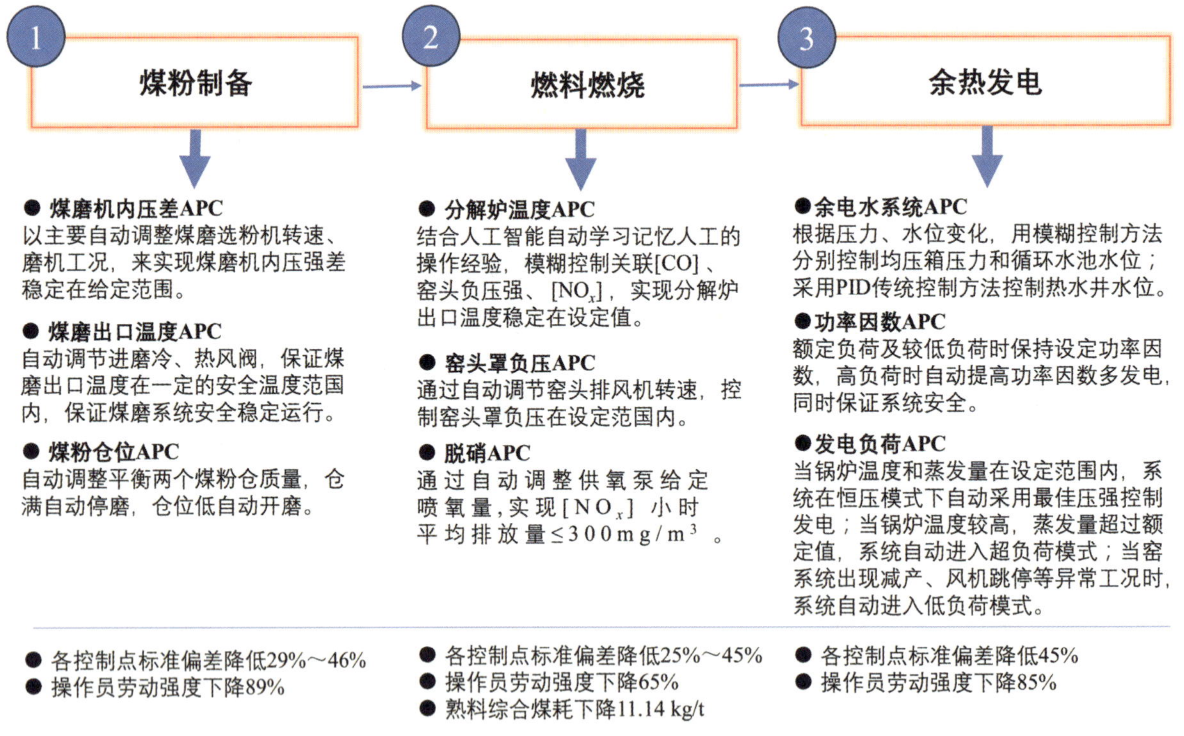

(b)

图 4.63　田阳公司智能综合控制管理效果示意

4.6.2.3　全椒海螺水泥有限责任公司的智能工厂

2018 年，安徽海螺水泥股份有限公司所属全椒海螺水泥有限责任公司（以下简称：全椒公司）建成全流程的智能工厂。它作为我国水泥行业首个全流程智能化示范工厂，解决了传统水泥生产运行过程中存在的资源能源利用率不高、质量控制难、劳动生产率偏低等问题，形成了“以智能生产为核心、以运行维护做保障、以智慧管理促经营”的水泥智能制造新模式。其中，智能工厂平台是全流程生产协同平台，涵盖数字化矿山管理系统、专家自动化操作系统和智能质量控制系统，率先实现水泥生产“一键输入、全程智控”，改变了传统生产模式。

全椒公司智能工厂的平台架构，如图 4.64 所示。

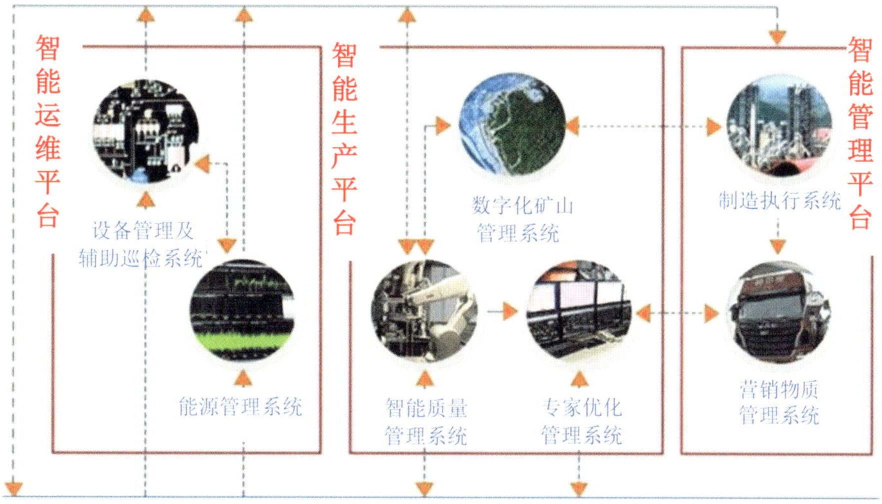

图 4.64 全椒公司智能工厂的平台架构

全椒公司智能工厂的智能工厂充分融合了水泥生产工艺特征和海螺集团多年在生产过程管控方面深厚的工业积淀，实现了数据的大平台、大交换、大融合，真正做到了生产工序操作全自动、过程分析全数据。以 2 条标准的熟料产能为 5000 t/d 的水泥生产线进行智能工厂综合效能考核评测，系统运行效果如下：

① 数字化矿山管理系统通过对矿体三维地质建模、采剥编制、计算机优化，集成在线质量分析与检测等设备，实现了自动化配矿和车辆智能调度，每月可多搭配低品位矿石 2×10^4 t，柴油消耗同比下降 7%，轮胎消耗同比下降 36%。

② 专家自动操作系统通过“小幅多频”自动优化控制代替人工操作，使原料磨、回转窑、煤磨、水泥磨、余热发电机组等水泥生产主机设备始终逼近最佳状态运行，实现标准煤耗下降 1.17 kgce/t，操作员劳动强度降低 90%，产品稳定性显著提升。

③ 智能质量控制系统投运后，入堆石灰石 CaO 含量平均合格率提升 7.2%，熟料的 CaO 含量合格率提升 3.67%，熟料的 28 d 抗压强度提高 1.10 MPa。取消矿山化验及部分过程样品的人工取、制、检工作，大幅降低了取样人员劳动强度和安全风险。

④ 设备管理及辅助巡检系统投入运行以后，水泥烧成系统机电设备故障率下降 70%，现场巡检工作量下降 40%，设备运行周期延长 37%，专业用工优化 20%以上。

实施数字化矿山管理后，管理调度模式从人管转变成机管，矿石成分从看不见摸不着到矿体模型化、可视化，质量从人工化验到在线自动检测。这一系列转变，使得水泥资源利用率提升了 4%，减少剥离废弃物排放量 3.4×10^5 t/a，堆平均 CaO 含量合格率提升 9.08%。智能质量控制系统，基于多样灵活的检测手段＋贯穿全流程的生产管控，真正实现了原材料全程监控，人员劳动强度下降 24%，检测频次提高 50%，产品标准偏差下降 43%。

全椒公司智能工厂的智能工厂建成以来，经济技术指标持续优化，员工劳动强度显著减轻，生产效率和管理水平大幅提升。海螺集团以建设智能工厂为依托，在内部建成各类智能化系统并推广应用，劳动生产率提升 19.9%、资源利用率提升 5%、能源消耗下降 1.2%、CO_2 减排 1.0%、质量稳定性提升 3.7%，年增效逾 10 亿元。智能工厂实施后，生产线设备自动化控制率达 100%，工厂主要经济技术指标得到持续优化，员工劳动强度持续降低，取得了良好的经济及社会效益。

4.7 水泥低能耗烧成技术的研究与集成应用

4.7.1 科学技术总体思路

自20世纪70年代预分解技术投入实际应用以来，以“预分解技术”为主要代表的新型干法水泥生产技术得到了广泛的推广应用。随着水泥熟料烧成技术的不断进步，节能降耗环保及降低系统投资、缩短投资回收期成为技术进步的永恒主题。天津院根据大量的工程实践、试验及理论研究提出了新一代水泥低能耗烧成技术的研究与集成应用的开发方案，在窑炉能量分布的优化和控制、固气二相流理论、燃烧与污染等基础上进行理论创新；研究多级组合重构悬浮换热技术、弱涡流低阻技术、梯度燃烧自脱硝技术、喷腾型分解炉换热技术、㶲分析热效率技术等实现技术创新，开发高能效低氮预热预分解系统、强化煅烧和尾温可控的两档短窑、带中置辊破的第4代行进式稳流冷却机、耐火材料优化配置等实现产品创新，研究分析了单体设备结构参数和各项技术措施对热耗、电耗、排放指标的影响，提出了低能耗水泥烧成成套方案。低能耗成套技术方案主机配置为：强化煅烧的两档支撑短回转窑、新型高效低氮的预热预分解系统、新型高效大推力燃烧器、带中置辊破行进式稳流算式冷却机、优化配置的耐火材料等，整体技术指标达到国际领先水平。

4.7.2 水泥低能耗烧成技术集成创新点

(1) 首次实现多级组合重构悬浮换热技术研究

该技术应用于预热器系统，其主要功能在于充分利用回转窑及分解炉排出的炽热气流中所具有的热量加热生料，使之进行预热及部分分解，然后进入分解炉或回转窑继续加热分解，完成熟料烧成任务。因此它必须具备使气固两相充分分散均布、迅速换热、高效分离等功能。旋风筒的主要功能是使气固分离，其分离效率的高低直接关系到系统的热效率，本项目优化了旋风筒的蜗壳结构、进风口尺寸，通过理论计算、模拟实验与工程化实践证明优化后的旋风筒阻力损失较小、收尘效率较高。为提高管道中气-固换热效果，本项目采取如下措施：适当提高管道风速；改变撒料板的形状，增加物料在管道中的分散度从而提高换热效果；降低撒料盒的高度，合理布置物料下料点，充分考虑旋风筒中气流旋向对物料换热的影响。本项目重点在大量工程实践及理论分析的基础上，结合模拟研究对提高六级预热器系统的换热效率及降低系统阻力做了计算机仿真模拟研究。

(2) 喷腾型分解炉换热技术研究

分解炉是预分解系统的核心，其功能的发挥直接影响回转窑的产能和质量。分解炉内主要完成燃料燃烧、碳酸盐分解、气固两相的输送、混合(分散)、换热、传质等一系列过程，并且伴有物料浓度、颗粒粒径的变化以及气体流量、成分和温度场的变化。有鉴于此，在综合分析的基础上，开发了喷腾型分解炉，该分解炉在线布置可有效利用窑尾废气的热量，依靠三喷腾和碰顶效应，具有固气停留时间比大($\tau_m=4\sim5$)、湍流回流作用强、温度场及浓度场均匀、物料分散及换热效果好、炉体结构简单、阻力系数低等特点；采用上下料点合理分料，分解炉主燃烧区温度调节灵活，可创造中部局部高温区，分解炉局部温度可达1300 ℃，可大幅提高煤粉燃烧效果，高温区间设计通过时间为1.5 s，可保证劣质煤及无烟煤的充分燃烧。

为了进一步优化分解炉的结构形式使其能很好地满足燃料的燃烧及生料分解的需求，自主开发了分解炉CFD模拟研究软件，通过基础试验研究，建立了针对分解炉特点的、在耦合状态下的煤焦燃烧及$CaCO_3$分解的动力学模型。

(3) 㶲分析热效率技术研究

为了解决水泥窑系统节能降耗技术改造提供热工诊断与评价目的，区别于水泥窑热平衡计算通常采用热力学第一定律的方法，本项目为了度量能量的品质及其可利用程度，比较不同状态下系统的做功能力大小，提出了㶲效率的概念，基于热力学第二定律对水泥窑系统收入支出物料的基本数据(例如，质量、流量、温度、压强、成分),以及水泥窑系统各个收支项进行了㶲平衡计算,从㶲效率的角度进行了分析研究,通过㶲分析揭示能量转换和能量损耗的位置,为评价和长期节能改造提供可靠依据。

4.7.3 装备结构与产品创新

(1) 二档支撑短回转窑及大推力燃烧器

针对两档窑可能出现的尾温高问题,本项目开发了具备自主知识产权的料幕装置,可以有效降低烟室温度,缓解因为温度过高造成的结皮堵塞,改善窑炉系统通风状况。

高性能大推力燃烧器是烧成系统使用的燃烧器,在我国因装备工艺性能掌握情况及加工精度等原因,以前的燃烧器一次风量占理论空气需要量的比例较高,为12%～15%。本项目采用的燃烧器的一次风量占理论空气需要量的比例较低,为6%～8%,大大提高了高温风的用量,回转窑燃烧器每烧成1 kg熟料可以节省热量约为16.72 kJ。

(2) 带中置辊破行进式稳流冷却机

行进式稳流冷却机的技术方案是:固定端结合第3代及第4代冷却机的特点,采用恒定流量阀供风的铸造箅板、水平行进式箅床、液压驱动的四连杆机构(标准化模块设计)来实现篦冷机的高效稳定运行。该冷却机通过对箅冷机固定端热态熟料的分布的研究分析,根据物理学原理优化设计固定端,使得固定斜坡段熟料分布合理。箅床的传动段是水平的,通过四连杆机构组成步进式篦床,由液压驱动,箅床由数列组成,每列有前后两个液压缸同步驱动,各列相对独立。标准化模块设计使得箅床模块的数量可以随时调节,适应不同规模水泥生产线的需求。流量自动控制调节装置是项目开发的具有创新专利权的系统,该系统具有高热交换率、低电耗的优点。

在大颗粒熟料错流换热理论研究的基础上,本项目研究了多孔介质的气固换热,并结合高温物料输送的要求,开展新型高效箅式冷却机的持续改进,提高熟料的冷却效率和箅式冷却机运转率。在冷却机的数值模拟方面,研究人员做了大量的工作,建立了完善的数学模型,划分了合理的计算网格,模拟了不同入料状态、不同供风状态、不同篦板结构的冷却效果,指导了冷却机的开发设计,提高了冷却机研究的效率。

(3) 耐火材料优化配置

窑衬应具备良好的耐火性、耐久性、整体性、密封性和隔热性,无论在冷态和热态下均具有足够的强度和稳定性,这就要求耐火材料的设计和制造严格精确,并要求更高的施工技术。为了适应环保要求,不应再生产和使用含六价铬的耐火材料。耐火材料优化配套设计,不仅能保证耐火内衬的使用寿命,降低耐火材料消耗,而且能降低筒体表面的散热损失,提高热能利用率,实现节能降耗、减排。

4.7.4 水泥低能耗烧成技术实施效果

天津院在总承包的沙特UCIC、印尼BOSWA项目中应用了水泥低能耗烧成技术。在河南孟电集团2条熟料产能为5500 t/d的水泥生产线的减量置换项目中,通过六级预热器的应用使预热器出口废气温度降至250 ℃以下,预热器出口负压降至5200 Pa以下,实现了明显的节能效果。低氮分解炉也得到了推广应用,在早期脱硝效率30%的基础上[59-60],天津院进一步优化分解炉和脱硝风管的结构,在河南孟电项目、土耳其Sivas项目中均达到了50%以上的脱硝效率。两档窑和中置辊破行进式箅冷机也已在多个总承包现场使用。低能耗烧成技术的集成方案,在河南孟电项目集中使用,实施效果良好,一线和二线的指标均达到了理想效果:

烧成系统熟料产能:设计产能5500 t/d;

单位熟料烧成热耗:≤2717 kJ/kg;

单位熟料系统主机电耗:≤18 kW·h/kg;

在标准状态下NO_x排放量:≤200 mg/m^3;

自脱硝效率:≥50%。

河南孟电集团项目实现了良好的节能减排效果,为行业树立了标杆,具有典型示范效应。

4.7.5 与当前国内外同类技术的比较

河南孟电集团项目减量置换高效低氮示范线与同类型项目(熟料产能为 5000 t/d 的水泥生产线)主要技术参数的对比,如表 4.29 所示[59]。

表 4.29　示范线与同类型项目主要技术参数的对比

项目	先进水平	河北燕赵	孟电一线	孟电二线
窑的产能(t/d)	5000～5500	6210	5944	5960
单位熟料烧成热耗(kJ/kg)	2884.2～3009.6	2907.19	2694.01	2700.7
冷却机热回收效率(%)	≥72	72.46	74.10	74.55
标准状态下 NO_x 排放量(mg/m^3)([O_2=10%])	≤320(采取 SNCR 措施)	≤600	≤200	≤200
标准状态下 SO_2 排放量(mg/m^3)([O_2]=10%)	≤200	≤200	≤50	≤50
分级燃烧自脱硝效率(%)	30	30	50	50
标准状态下粉尘排放浓度(mg/m^3)	≤20	≤20	≤10	≤10

由表 4.29 可见,高能效低氮预热预分解及先进烧成技术的成套应用推动了水泥技术进步,运行指标大大超过了国内外先进水平。经过多年研发及工业实践,本项目以六级预热器、两档窑、火砖优化配置、中置辊破行进式冷却机为代表的技术提高了烧成系统的热量利用效率,低氮分解炉、低一次风燃烧器经过多年研发改进降低了 NO_x 的生成量,自脱硝功能可使脱硝效率不低于 50%,有效减少了系统的 NO_x、CO_2 排放。

河南孟电集团 2 条熟料产能为 5500 t/d 的水泥生产线的减量置换项目相继投产后,两条线每年可节省标准煤 5.82×10^4 t,节约电耗 7.040×10^7 kW·h,回收余热发电量 9.075×10^7 kW·h,每年实现 CO_2 减排量约 1.58×10^5 t。与国家标准规定的 NO_x 排放值相比,实现 NO_x 减排约 1000 t,与重点区域 NO_x 排放控制值相比,实现 NO_x 减排约 436 t。颗粒物方面,与重点区域颗粒物排放控制值相比,实现减排约 174 t。河南孟电集团项目的技术应用不仅响应了国家政策号召,而且企业年度新增利润 1.05×10^8 元以上,给企业带来了巨大的经济效益。目前该项目技术已在天津院设计的多条生产线上投入使用,说明该项目的技术路线非常成熟可靠,推广应用价值十分显著。河南孟电集团项目的成功不仅为水泥工业的技术及装备研发应用提供了好的思路,也为水泥制造提供了很好的改进思路,即通过集成采用成熟先进的技术与装备可有效地实现水泥生产过程的节能减排、技术升级,提升了水泥制造商的市场竞争力,从而为水泥工业的技术进步提供广阔的空间,对我国水泥行业节能减排有广泛和深远的影响,值得大力推广应用。

河南孟电集团 2 条熟料产能为 5500 t/d 的水泥生产线的减量置换项目示范线中,一线点火以来熟料平均产能为 5781 t/d,标准煤耗为 95 kgce/t、熟料的 3 d 抗压强度平均为 31.65 MPa、28 d 抗压强度平均为 59.41 MPa;二线点火以来熟料平均产能为 5664 t/d,标准煤耗为 94.3 kgce/t,熟料的 3 d 抗压强度平均为 31.95 MPa、28 d 抗压强度平均为 60.67 MPa。热工标定一线的产能为 5944 t/d、单位熟料烧成热耗为 2710.73 kJ/kg;二线的产能为 5960 t/d、单位熟料烧成热耗为 2700.7 kJ/kg,可比单位熟料烧成热耗<2633.4 kJ/kg,达到并优于设计指标,各项技术经济指标均为国际先进水平,为我国水泥生产技术起到了很好的节能减排示范作用。

河南孟电集团项目两档窑单位容积产能>6.0 t/(d·m^3),远高于三档窑的单位容积产能(5.2～5.5) t/(d·m^3)。河南孟电集团项目配套烟室料幕,可有效缓解烟室高温局部结皮,使通风更加顺畅。配套的燃烧器,降低一次风量,降低了热耗,减少了系统 NO_x 的生成量。

河南孟电集团项目的熟料冷却机采用天津院的 Sinowalk 型第 4 代行进式无漏料箅冷机。该冷却机在标准状态下单位熟料的总鼓风量为 1.8720 m^3/kg,小于第 3 代箅冷机的风量(在标准状态下单位熟料的总鼓风量为 1.9～2.1 m^3/kg),箅冷机的热回收效率约为 75%。中置辊破形式提高了余风的温度,提高单位熟料余热发电量至 18 kW·h/t,降低了熟料温度,出箅冷机熟料的温度,一线为 91 ℃、二线为 87 ℃,极大地回收了熟料热量。

参考文献

[1] 贾华平.水泥生产技术与实践[M].北京:中国建材工业出版社,2018.

[2] 国家市场监督管理总局,中国国家标准化管理委员会.GB 16780—2021 水泥单位产品能源消耗限额[S].北京:中国标准出版社,2022.

[3] 国家市场监督管理总局,中国国家标准化管理委员会.GB 16780—2012 水泥单位产品能源消耗限额[S].北京:中国标准出版社,2013.

[4] MENG R N,ZHAO Q L,WU M M,et al. A Survey and Analysis on Electricity Consumption of Raw Material Mill System in China Cement Industry between 2014 and 2019[J]. Sustainability, 2021, 13(3):1-11.

[5] MILLER S A, JOHN V M, PACCA S A, et al. Carbon Dioxide Reduction Potential in the Global Cement Industry by 2050[J]. Cement and Concrete Research, 2018, 114:115-124.

[6] ISHAK S A, HASHIM H. Low Carbon Measures for Cement Plant-a Review[J]. Journal of Cleaner Production, 2015, 103: 260-274.

[7] HENDRIKS C A, WORRELL E, JAGER D D, et al. Emission Reduction of Greenhouse Gases from the Cement Industry[C]//Proceedings of the Fourth International Conference on Greenhouse Gas Control Technologies. IEA GHG R&D Programme Interlaken Austria, 1998: 939-944.

[8] 邓荣娟,杨耀东,刘旭,等.Cr-Mn-N 合金在旋风筒内筒挂片上的应用[J].水泥技术,2012(6):83-84.

[9] ZHANG H L , DEWIL R, DEGRèVE J, et al. The Design of Cyclonic Pre-heaters in Suspension Cement Kilns[J]. International Journal of Sustainable Engineering, 2014, 7(4): 307-312.

[10] BLUM K J. Modification of an Existing Preheater System for Increased Production and Efficiency (Cement Industry) [C]//IEEE Technical Conference on cement Industry. IEEE, 1990: 359-372.

[11] 陶从喜,赵林,俞为民,等.六级预热器优化的数值模拟[J].天津大学学报, 2011,44(04):369-376.

[12] 江旭昌.浅论水泥回转窑窑型的发展[J].新世纪水泥导报, 2020,26(01):5-17.

[13] 钱建荣.预分解窑实现优质高产低耗的生产技术与管理措施[J].中国水泥, 2020(05):109-117.

[14] 赵纯伟.华润水泥封开一线窑提质增效改造[J].水泥工程, 2022(02):48-49.

[15] 江旭昌.再论新型超短窑的应用及在我国的发展[J].新世纪水泥导报,2006,12(3):7.

[16] 陈全德,兰明章.新型干法水泥技术原理与应用讲座(连载十)——第七讲预分解技术(下)[J].建材发展导向,2004,3(06):30-37.

[17] 方景光,韩永鹏,兰明章.JYDX 厂短窑单体考核分析与评议[J].中国水泥, 2011(10):54-55.

[18] 席耀忠.日本 200 t/d 沸腾煅烧技术介绍[J].水泥,1999(04):47-51.

[19] 孙铭海.日产 1000 t 亚沸腾窑技术开发研究项目报告[J].四川水泥,2009(S1):68-70.

[20] 姜洪舟.无机非金属材料热工设备(第 5 版)[M],武汉:武汉理工大学出版社.2015.

[21] 谢鸿源,齐砚勇,柯盛强.论篦冷机"风短路"的危害、判据与对策[J].新世纪水泥导报,2019,25(5):27-32.

[22] 陶从喜,孙义飞.TCFC 第四代行进式篦冷机的研发及应用[J].中国水泥, 2011(2):55-58.

[23] 狄东仁,陶从喜,柴星腾.水泥能耗标准的修订与节能降耗技术(上)[J].水泥技术,2018(01):22-26.

[24] 吴敬.篦式冷却机改造优化技术[J].建材发展导向,2013(1):42-43.

[25] 刘万平,李宁,吴伟方,等.大推力燃烧器应用于劣质煤燃烧的生产实践[J].水泥技术,2021(02):20-22.

[26] BEE'R J M, TOQAN M, HAYNES J M, et al. Development of the RSFC Low NO_x Burner: From Fundamentals to Industrial Applications[C]//2022 International Joint Power Generation Conference, Arizona,2002:899-906.

[27] MATSUMOTO K, DOMOTO K, FUJIMURA K, et al. Development of Ultra-low NO_x Coal-firing Burner [J]. Mitsubishi Heavy Industries Technical Review,2013, 50(3): 18-23.

[28] ZHOU H , MO G Y, YANG Y, et al. Numerical Investigation of Gas-solid Two-phase Flow in a Tiny-oil Ignition Cyclone Burner for a 300-MW Down-fired Pulverized Coal-fired Boiler [J]. Journal of energy engineering, 2014, 140(1): 1-10.

[29] 王文清,刘万平,李亮,等.Sinoswirl 型大推力双旋流燃烧器的应用[J].水泥技术,2014(04):30-31.

[30] 李明飞，陶从喜，李小金，等. 富氧燃烧技术在水泥窑的应用[J]. 水泥技术，2014(4)：17-20.

[31] HUANG X Y，YANG Z Y，NING K X，et al. Numerical Investigation of Combustion Characteristics under Oxygen-enriched Combustion Combined with Flue Gas Recirculation in a Cement Rotary Kiln[J]. Applied Thermal Engineering，2023，233：121106.

[32] 梅朝鲜. 全氧燃烧技术在水泥窑的应用分析[J]. 上海建材，2010(02)：13-14.

[33] 吴信德. 浅析建筑节能保温隔热外墙的设计原理[J]. 城市建设理论研究，2011(22)：1-6.

[34] 李战雄，王标兵，欧育湘. 耐高温聚合物[M]. 北京：化学工业出版社，2007.

[35] 李锐，陈卫国. 纳米隔热材料在水泥生产设备上的应用[J]. 水泥工程，2018(06)：30-32.

[36] 熊锋. 高压辊磨的历史、发展现状及技术展望[J]. 有色冶金设计与研究，2018，39(06)：20-24.

[37] 孙继亮. 水泥粉磨系统工艺及分级机的选择[J]. 中国水泥，2019(07)：88-90.

[38] 田力，杨国春. 水泥分别粉磨工艺的技术经济评价[J]. 新世纪水泥导报，2015，21(03)：11-17.

[39] 田力. 浅谈水泥分别粉磨技术的应用[J]. 四川水泥，2015(02)：9-11.

[40] CONROY G H. Progress in Roller Press Design Technology[C]//1993 Record of Conference Papers 35th IEEE Cement Industry Technical. IEEE，1993：303-328.

[41] PALIARD M，COCHET F. CLE's and Ciments Lafarge's Latest Developments in Roller Press[J]. ZKG (Zement-Kalk-Gips) International，1990，43(2)：71-75.

[42] 豆海建，唐清华，聂文海，等. 基于气固梯度流场的立式辊磨成套技术装备的研究与应用[A]. 2020 第十二届国内外水泥粉磨新技术交流大会，2020.

[43] 蒋旺明，詹义龙，安华梅. 外循环立磨水泥半终粉磨系统的应用研究[J]. 水泥，2021(09)：39-41.

[44] 邹伟斌. 再论水泥粉磨工艺发展趋势及改造要点(上)[J]. 新世纪水泥导报，2018，24(05)：52-57.

[45] 赵青林，王红梅. 中国水泥工业环境状况调查研究报告[M]. 武汉：武汉理工大学出版社，2020.

[46] 聂纪强. 着眼装备和工艺优化，走低碳生产之路——第五届中国水泥工业粉磨系统优化改造技术研讨会综述[J]. 新世纪水泥导报，2019，25(03)：19-26.

[47] 豆海建，秦中华，王维莉，等. 一种 U 形动叶片选粉机的研究及应用[J]. 水泥技术，2018(06)：34-39.

[48] 高迪. 石灰石矿山精细化配矿系统解决方案的应用[A]. 2013 年中国水泥矿山年会暨生物多样性矿山恢复论坛，2013.

[49] 高长明. 预分解窑水泥生产技术及进展[M]. 北京：化学工业出版社，2006 年.

[50] 何承发. 海螺集团水泥智能制造探索及应用[J]. 中国工业和信息化，2020(S1)：44-47.

[51] 邹伟斌. 论水泥的分别粉磨与配制技术[J]. 新世纪水泥导报，2021，27(03)：50-58.

[52] 何毛，李洪生，马健，等. 水泥辊压机终粉磨系统的工业化应用[J]. 水泥技术，2020(02)：17-20.

[53] 贾华平. 对辊压机水泥终粉磨的再认识[J]. 中国水泥，2020(12)：73-78.

[54] 张宾，林永权，陶从喜，等. 几种金属化合物对烟煤燃烧特性影响的研究[J]. 中国水泥，2020(12)：78-82.

[55] 张传仁，徐兴国，王泽浚，等. 大型超细粉磨工艺装备技术的应用[J]. 居业，2022(05)：43-46.

[56] 兰文献，王兆祥，潘民夫，等. 节能型水泥生料降硫助剂辊压机终粉磨应用效果浅析[J]. 中国水泥，2021(06)：102-104.

[57] 刘姚君，王萍生. 燃煤催化剂在 5000 t/d 水泥厂的应用研究[J]. 水泥，2020(08)：23-27.

[58] 秦瑾. 助燃添加剂对水泥工业劣质煤燃烧性能的影响及机理研究[D]. 武汉：武汉科技大学，2011.

[59] 马娇媚，陶从喜，彭学平，等. 高能效低氮预热预分解系统及先进烧成技术研发应用[J]. 水泥，2018(08)：19-22.

[60] 马娇媚，刘芳，郭天代，等. 5500 t/d 六级预热器烧成系统的开发应用[J]. 水泥技术，2017(04)：22-25，30.

5　水泥其他生产过程减碳技术及实践探索

5.1　产品创新助力过程减碳

5.1.1　低碳熟料技术

5.1.1.1　高贝利特水泥

低热硅酸盐水泥，简称低热水泥，又称高贝利特水泥，是指以适当成分的硅酸盐水泥熟料加入适量石膏，经磨细制成的具有低水化热的水硬性胶凝材料[1]。

高贝利特水泥(High Belite Cement，缩写 HBC)，是由中国建筑材料科学研究总院[2]开发出的一种新型低热硅酸盐水泥。该水泥与通用硅酸盐水泥同属硅酸盐水泥体系，即熟料矿物也是由 C_3S、C_2S、C_3A 和 C_4AF 组成，两者不同之处主要是高贝利特水泥是以贝利特矿物(C_2S)为主，其含量在 50%左右。正因如此，高贝利特水泥及混凝土具有水化热低、最终强度高、耐久性好等一系列优异性能。高贝利特水泥使用的原料与传统硅酸盐水泥基本相同，也可加入工业副石膏、黄铁矿、铜尾矿和铅锌尾矿等一同煅烧，稳定高活性 C_2S 晶型的同时还可以综合利用部分工业固体废弃物。因此，高贝利特水泥在制备工艺上具有低资源能源消耗、低环境负荷等特点。

(1) 高贝利特水泥特性

通用硅酸盐水泥早期水化速率快，7 d 抗压强度即能达到其 28 d 抗压强度的 60%～80%，而高贝利特水泥由于以贝利特矿物为主，早期水化活性相对较低，7 d 抗压强度约为其 28 d 抗压强度的 40%～60%，水化 7 d 以后的抗压强度增进率明显高于通用硅酸盐水泥，至 28 d 的抗压强度与通用硅酸盐水泥相当，随着水化时间的增长，高贝利特水泥的抗压强度还会以较快的速率增长，最终可超出通用硅酸盐水泥 5.0～10.0 MPa，表现出良好的长期强度性能。

通用硅酸盐水泥在养护温度从 20 ℃提高到 70 ℃时，1 d 抗压强度增加 1 倍以上，3 d 抗压强度略有增加，7 d 抗压强度变化不大，而 28 d 抗压强度呈下降趋势。高贝利特水泥的强度发展规律则不同，各水化时间的抗压强度都随养护温度的增加而提高。养护温度从 20 ℃提高到 70 ℃时，高贝利特水泥 3 d 抗压强度由 20.6 MPa 提高至 54.5 MPa，7 d 抗压强度由 27.9 MPa 提高至 67.5 MPa，28 d 抗压强度也相应提高了约 10 MPa；养护温度从 20 ℃提高到 50 ℃时，高贝利特水泥 3 d 抗压强度提高 87.9%，7 d 抗压强度提高 96%，28 d 抗压强度提高约 20%。

高贝利特水泥在不同水化时间的水化放热比中热硅酸盐水泥(Medium Heat Portland Cement，缩写 MHC)低约 15%，比复合硅酸盐水泥(Compound Portland Cement，缩写 PC)低 20%～25%，是一种低热、高强的高性能水泥。

高贝利特水泥耐久性优异。其与通用硅酸盐水泥相比，不仅具有良好的耐蚀性能(尤以抗硫酸盐侵蚀为佳)，而且抗干缩性能强、耐磨性能良好。高贝利特水泥各水化时间的干缩率为通用硅酸盐水泥的 50%～70%，干缩稳定期较短，28 d 后的干缩率基本无变化。这就表明，高贝利特水泥具有优于通用硅酸盐水泥的性能。

（2）高贝利特水泥应用领域

高贝利特水泥特别适合在水工大体积混凝土、高强高性能混凝土工程中应用。它在首都机场路面、成乐高速公路、北京五环路标桥以及混凝土制品等工程上的应用，取得了良好的效果。在其开发应用研究中研究人员还利用三峡工程所采用的粗细集料、粉煤灰等原材料做了大量混凝土实验。研究和应用结果表明，低热硅酸盐水泥所配制的混凝土后期强度远高于中热硅酸盐水泥混凝土；绝热温升比中热硅酸盐水泥混凝土低 3～5 ℃；干缩小，自生体积变形为微膨胀。这一切说明低热硅酸盐水泥对进一步提高大坝混凝土的抗裂性，减少大坝混凝土裂缝，提高混凝土耐久性，将起到非常重要的作用[3]。

随着水工工程等大体积混凝土技术要求的提高，防止混凝土产生裂缝，历来是各国水库大坝工程建设中的重大课题，一直困扰着科学界和工程界。传统的温控防裂措施难以完全避免混凝土的开裂，许多工程在采取了严格的温控措施后仍出现开裂破坏，以至于有“无坝不裂”之说。要解决混凝土开裂问题，除了从结构和施工方面采取措施外，还要从材料方面采取措施。现阶段使用仅具有中等水化热的水泥，不能完全避免大体积混凝土碱集料反应、混凝土干缩、后期温降收缩等引起的混凝土开裂风险。因此，水电工程（例如大坝等）、大体积混凝土工程，需要性能更加优越，尤其是水化热更低的硅酸盐水泥。高贝利特水泥可以提高大坝混凝土的抗裂性，减少大坝混凝土裂缝，提高混凝土的长期耐久性。

（3）高贝利特水泥的减碳效果

高贝利特水泥的减碳效益主要体现在改变水泥中的不同矿物相的比例，通过矿物组成设计、晶型调控、烧成制度优化、粉磨工艺优化和配合比特殊设计等方法，使水泥中的主矿物相为 C_2S[5]。

高贝利特水泥熟料的主要矿物及其 CaO 含量，如表 5.1 所示。

表 5.1　高贝利特水泥熟料的主要矿物及其 CaO 含量

熟料中的主要矿物	形成焓(kJ/kg)	烧成温度(℃)	单位原料产生的 CO_2 量(kg/t)	CaO 含量(%)
C_3S	1848	1450	578	73.7
C_2S	1336	1300	511	65.1
C_3A		900～1100		62.2
C_4AF		1100		46.2

由表 5.1 可知，C_2S 与 C_3S 相比，其形成焓较低（相差 512 kJ/kg），其直接影响为烧成温度下降 150 ℃；每 1 t C_2S 所产生的 CO_2 相比于同质量的 C_3S 减少约 70 kg；此外，C_2S 所需石灰石的纯度更低。由此可以得出，高贝利特水泥能显著减少水泥烧制过程中 CO_2 的排放量。

下面以华润水泥（昌江）有限公司（以下简称：昌江公司）为例来分析高贝利特水泥的减碳效果。该公司三线为熟料产能为 6000 t/d 的水泥生产线，于 2017 年开展利用低品位石灰石（压矿废石）生产高贝利特通用水泥的生产技术研究与生产实践。

高贝利特水泥熟料的外观形状及显微结构，如图 5.1 所示。

(a)　　(b)

图 5.1　高贝利特水泥熟料的外观形状及显微结构

（a）外观形状；（b）显微结构

在图 5.1(b)中，灰色的圆颗粒为贝利特(Belit，C_2S)，蓝色的方颗粒为阿利特(Alite，C_3S)。工业煅烧出的高贝利特水泥熟料中，贝利特含量比常规熟料高 10%～20%，具有显著的资源效益、环保效益以及直接经济效益。

① 资源效益

高贝利特水泥熟料所需石灰石品位突破下限($CaCO_3$ 含量≥43.5%)，废石利用率由 1%提升至 44%，解决了压矿问题，降低石灰石入厂质量控制指标，使矿区两侧废石得以搭配利用。同时通过熟料快速冷却实现晶型优化，熟料煅烧温度下降约 100℃，烧成煤耗下降 3～5 kg/t。

② 环保效益

高贝利特水泥主相为 C_2S，石灰石消耗量相比主相为 C_3S 的水泥熟料有所减少，使得生产过程中 CO_2 排放量减少。平均 1 t 高贝利特水泥熟料相较于同质量的阿利特水泥而言，CaO 含量减少 8.6%，产生 CO_2 的量减少了 0.07 t。截至 2020 年，昌江公司累计生产高贝利特水泥熟料 2.47×10^6 t，减少 CO_2 排放量 9.3×10^4 t，积极响应了国务院印发的《"十三五"控制温室气体排放工作方案》(参见国发〔2016〕61 号文件)。

③ 直接经济效益

昌江公司通过开发综合利用低品位石灰石制备硅酸盐水泥的生产及控制方法，解决矿山优质资源枯竭的问题，同时带来了直接经济效益。至 2020 年，昌江公司已成功利废生产水泥 1.98×10^6 t，增加入堆石灰石 2.30×10^6 t，新增利润 9900 万元，为面临优质石灰石资源日益匮乏的水泥行业，提供了一条可持续发展的方向。

5.1.1.2 贝利特-硫铝酸盐水泥

(1) 贝利特-硫铝酸盐水泥特性

普通的硅酸盐水泥熟料由于 C_3S 含量较高(约为 60%)，需要煅烧温度为 1400～1500 ℃，因此，减少 C_3S 在矿物成分中的比例就可以减少 CO_2 排放。硫铝酸盐水泥是由一定比例的石灰石、铝矾土和石膏在 1300～1400 ℃下高温煅烧而得，主要熟料的矿物成分及含量为：$C_4A_3\hat{S}$(36%～44%)，C_2S(23%～34%)，C_2F(10%～27%)，$CaSO_4$(4%～17%)[1]。相比于 C_3S，$C_4A_3\hat{S}$ 所要消耗的 CaO 更少，所以原料中石灰石的占比就能够降低。与普通硅酸盐水泥相比，硫铝酸盐水泥可使石灰石的用量减少 50%，同时降低 100～200 ℃的烧结温度，每 1 t 熟料的 CO_2 排放量减少 0.25～0.35 t[4]。

由于我国高品位的铝矾土资源日益减少，使得普通硫铝酸盐水泥的成本越来越高，因此虽然硫铝酸盐水泥具有快硬、早强的特点，但鉴于原材料受限，贝利特-硫铝酸盐水泥成为企业关注的对象，其矿物组成增加了 C_2S 的含量，适当降低了 $C_4A_3\hat{S}$ 的含量，C_2S 对水泥后期强度的发展具有更好的促进作用，这就解决了硫铝酸盐水泥后期强度增长率较低的问题。贝利特-硫铝酸盐水泥的最佳矿物组成推荐为 45%～50% C_2S，35%～40% $C_4A_3\hat{S}$ 和 10%～15%C_4AF[5]。贝利特-硫铝酸盐水泥对原材料的要求较低，可以利用部分工业废渣来生产，这既降低了水泥生产成本，又能够减少废弃物堆存的危害，使得废弃物得到资源化利用。近年来研究各种工业废渣生产贝利特-硫铝酸盐水泥是该领域的热点。例如，钢渣、磷石膏和粉煤灰等都被证实可以用于贝利特-硫铝酸盐水泥的生产。

(2) 钢渣基高贝利特-硫铝酸盐水泥

硫铝酸盐水泥中硫铝酸钙含量较高，需要较高品位的铝土矿即铝矾土来提供铝源，但由于高品位的铝矾土资源日益减少，使得普通硫铝酸盐水泥的成本越来越高，因此人们开始研究利用钢渣生产硫铝酸盐水泥的可能性。钢渣是炼钢过程中产生的废渣，钢渣基高贝利特-硫铝酸盐水泥通过掺入大量钢渣降低铝矾土的用量，来达到既能减少 CO_2 的排放，又能降低生产成本的目的，利用钢渣制备硫铝酸盐水泥，从而减少铝矾土的用量，降低成本[5]。

由于钢渣成分复杂而且成分变化大、安定性差，水化活性低，因此掺入大量钢渣的水泥的水化进程变缓，降低了水泥熟料的强度。随着钢渣掺量的增加，水泥的强度随之降低，这就限制了钢渣基高贝利特-硫铝酸盐水泥的应用，以及钢渣的高价值的利用。目前针对钢渣水化活性低的问题，主要是通过碱性激发的手段解决。例如复掺粉煤灰对钢渣活性的激发效果良好，其抗压强度远高于没有复掺粉煤灰的钢渣的抗压强度[6]。由于矿渣、粉煤灰等掺合料在成分上与钢渣有差别，其自身特殊的活性成分及其形态效应都可能与钢渣形成优势互补，因而可以激发钢渣活性。但是由于强度的要求，钢渣基高贝利特-硫铝酸盐水泥中钢渣的掺量不宜过多。

(3) 磷石膏基贝利特-硫铝酸盐水泥

磷石膏是湿法磷酸工艺中产生的固体废弃物，其成分主要是二水硫酸钙，磷石膏的长期堆存危害极大。磷石膏与天然石膏的主要成分相似，用于生产硫铝酸盐水泥形成矿物的成分和能力几乎没有差异，可以代替天然石膏作为硫铝酸盐水泥生料的原材料[7]，实现磷石膏资源利用的同时大幅提高其利用率，消除污染，降低水泥成本，产生较高的经济效益和社会效益。李德栋等研究表明利用磷石膏配料，能改善硫铝酸盐水泥生料的易烧性，提高生、熟料产量，并能改善熟料的凝结特性，但随着磷石膏掺量的增加，熟料的早期强度也有下降的趋势[8]。

磷石膏相比天然石膏分解温度有所降低，因此采用磷石膏制备硫铝酸盐水泥的煅烧过程中磷石膏的分解问题可能变得相对突出。在煅烧过程中磷石膏会发生一定的分解，并且分解程度随着煅烧温度的升高以及磷石膏掺量的增加而增大，同时磷石膏的分解会影响熟料矿物的形成，降低硫铝酸盐水泥的强度[9]，研究发现磷石膏分解容易导致 C_4A_3 贝利特-硫铝酸盐的解体和 C_2S 向无活性 γ-C_2S 转化，这是硫铝酸盐水泥强度下降的主要原因[10]。

目前，利用磷石膏分解制备贝利特-硫铝酸盐水泥熟料有两种方法，一种方法是先将磷石膏进行预分解，然后利用磷石膏预分解产物进行水泥生料配料，最后烧成水泥熟料；另一种方法是将磷石膏配到水泥生料中，使水泥生料中的磷石膏在还原气氛中完成分解，然后在氧化气氛中促进水泥熟料的烧成。研究发现磷石膏单独分解率高[11]，所以针对第一种方法的研究较多，但无论采用哪种制备方法，控制好磷石膏的高温还原分解率都显得至关重要。预先煅烧处理达到一定分解率的磷石膏，与矾土和石灰石进行配料烧制贝利特-硫铝酸盐水泥，磷石膏部分分解产生的 CaO 代替一部分石灰石提供钙源，未分解的磷石膏参与矿相 $C_4A_3\hat{S}$ 的生成[12]。所以如何在较低的温度下得到更高的分解率，从而更大限度地利用磷石膏成为磷石膏贝利特-硫铝酸盐水泥研究的关键，已有研究发现磷石膏在还原气氛下的分解率较高，分解温度较低。

固体废弃物在高贝利特-硫铝酸盐水泥中的利用，多以单一取代某种天然原料为主，但是这样固体废弃物利用率较低，通常仅为 30%～40%。针对这一问题，目前的研究方向是使用多种固体废弃物协同制备高贝利特-硫铝酸盐水泥，以求发挥不同类型原材料成分互补的优势，有效提高多种工业固废的利用率[13]。

由于高活性 $C_4A_3\hat{S}$ 含量降低，高贝利特-硫铝酸盐水泥整体水化缓慢，失去了硫铝酸盐水泥最具特色的快硬早强优势，难以满足实际工程使用需求。各国学者针对如何提升高贝利特-硫铝酸盐水泥活性的问题进行了广泛研究，以期提升水泥性能，进而推动其应用发展[14]。只有解决了存在的主要问题才能有利于该水泥品种的发展和广泛应用。

(4) 贝利特-硫铝酸盐水泥应用领域

与传统硅酸盐水泥相比，高贝利特-硫铝酸盐水泥具有快凝快硬、早强高强、抗冻抗渗、低干缩及耐腐蚀等优良特性，被广泛应用于抢修抢建、低温施工、抗海水腐蚀等重大工程。

5.1.1.3 TernoCem 水泥

硫铝酸钙水泥是最为常用的硫铝酸盐水泥，其全球产能约为 2×10^6 t/a，主要产地为中国，欧洲有少量生产。早前尽管硫铝酸钙水泥初期水化能快速形成钙矾石，发生膨胀反应，具有很高的早期强度，但因铝质原材料匮乏，并不适合在大规模范围内推广应用。目前，业界提出了一种硅酸二钙-硫铝酸钙-硫硅酸钙石新型低碳熟料技术[16]，其中硅酸二钙(C_2S)的反应活性是该技术的一个重要因素，可以通过多晶型转变来提高 C_2S 的反应性。硫硅酸钙($C_5S_2\hat{S}$)通常产生于白榴碱玄岩熔岩中的富钙异晶体、富硫结皮(预加热器、冷却器、窑)以及富硫熟料(例如,CSA/BCT)中,相稳定区在1000～1180℃,它与水之间的反应活性几十年前便得到证明,水泥生产中产生的反应相 $C_5S_2\hat{S}$ 是该技术的核心。在有水和含铝离子的情况下,$C_5S_2\hat{S}$ 具备高反应性,能够生成 $Ca_5(SiO_4)_2SO_4$、x-$C_2S \cdot CaSO_4$,其中可利用的活性铝是触发该反应的主要因素,利用该反应制备的硫铝酸钙(硅酸二钙)水泥(统称 TernoCem 水泥)与普通水泥相比,一般可在早期具备较高的反应性和强度,生产过程更为节能,烧成温度和 CO_2 排放量更低、SO_2 排放量更易控制。

2013年9月,德国某水泥厂首次进行了工业规模试验,生产出约1500 t的TernoCem水泥熟料,在煅烧工序期间,实现了极佳的造粒效果,熟料与硫酸盐载体在生产水泥时表现出了极佳的可磨性。

德国某水泥厂生产的TernoCem水泥熟料,如图5.2所示。

(a)　　(b)

图5.2　德国某水泥厂生产的TernoCem水泥熟料

2016年1月,北欧某水泥厂进行了第二次工业规模试验,生产出约5500 t TernoCem水泥熟料,在煅烧工序期间,实现了极佳的结粒效果,熟料与硫酸盐载体在生产水泥时表现出了极佳的可磨性。

北欧某水泥厂第二次工业规模试验,如图5.3所示。

(a)　　(b)　　(c)

(d)　　(e)　　(f)

图5.3　北欧某水泥厂第二次工业规模试验

TernoCem水泥是普通混凝土的一种积极而富有经济价值的替代方案,有关数据显示,其主要优势为:能提高资源利用效率30%,提高能量效率20%(其中,熟料煅烧约占10%、水泥研磨约占30%～40%),减少 CO_2 排放30%。该技术目前仍处于早期开发阶段,还需克服许多障碍才能实现商业化应用,但据所展现出的高效减碳、经济环保特质，未来几年会得到飞速发展。

TernoCem 水泥技术的主要优势，如表 5.2 所示。

表 5.2　TernoCem 水泥技术的主要优势

影响	原生性自然资源	二次可替代资源	平均值
单位水泥的 CO_2 减排潜力(kg/t)	548	524	899
单位水泥的总能量需求(MJ/t)	3308	3009	4798

5.1.1.4　Solidia 水泥

Solidia 水泥(简称 S·C 水泥)是美国人发明的，主要硅酸盐组成为钙硅石($CaO \cdot SiO_2$)和硅灰石($3CaO \cdot 2SiO_2$)。原材料种类与普通硅酸盐熟料相同，石灰石约占 55%，硅质材料约占 45%。煅烧温度为 1200 ℃，单位熟料的 CO_2 排放量约 570 kg/t，较普通硅酸盐水泥熟料低约 240 kg/t[17]，两种水泥熟料的化学成分均为 CaO、SiO_2 和 Al_2O_3，但矿物组分不一。P·C 水泥熟料和 Solidia 水泥熟料生产所需的原料相同，制造工艺装备和操作方式相似，采用现有 P·C 水泥工艺生产装备即能快速有效地生产 Solidia 水泥。

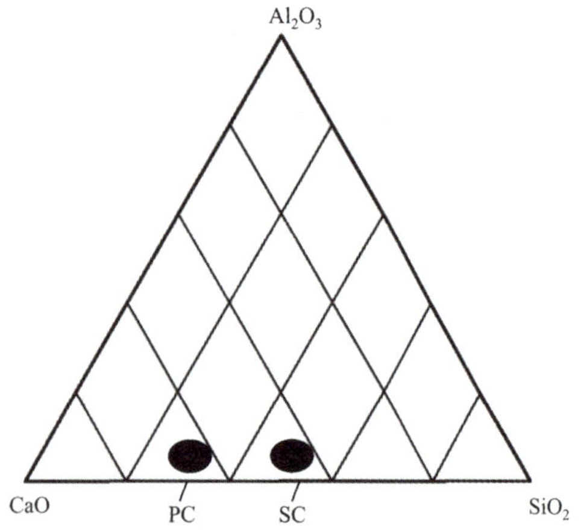

图 5.4　P·C 水泥和 Solidia 水泥位于相图中的部位

P·C 水泥和 Solidia 水泥位于相图中的部位，如图 5.4 所示。

P·C 水泥与 S·C 水泥的差别之处是：生产 S·C 水泥的熟料矿物的 CaO 含量和 CO_2 排放量较 P·C 水泥更低。此外，P·C 水泥属于水硬性水泥，制备混凝土时需在水中养护、硬化；而 S·C 水泥属于气硬性水泥，制备混凝土时需在 CO_2 气体内养护，在养护过程中，它能吸收 CO_2，相应减少 CO_2 量[18]。

两种水泥在制造时，均需石灰石($CaCO_3$)作为 CaO 的原料，砂岩、黏土或页岩作为 SiO_2 的原料。生产 P·C 熟料所需的石灰石量超过 70%，而生产 S·C 熟料所需的石灰石含量仅为 50%。P·C 和 S·C 水泥熟料在煅烧过程中，当温度超过 800℃ 时，$CaCO_3$ 分解，生成 CaO 和 CO_2。生产 P·C 水泥的单位熟料 CO_2 排放量为 540 kg/t，而生产同质量 S·C 水泥的单位熟料 CO_2 排放量仅为 375 kg/t，减排量达 30%。

当生料加热至 1450 ℃时，P·C 水泥熟料生成 C_3S、C_2S、C_3A 和 C_4AF。其化学反应方程式如下：

$$3CaO + SiO_2 \longrightarrow 3CaO \cdot SiO_2 (C_3S) \tag{5.1}$$

$$2CaO + SiO_2 \longrightarrow 2CaO \cdot SiO_2 (C_2S) \tag{5.2}$$

$$3CaO + Al_2O_3 \longrightarrow 3CaO \cdot Al_2O_3 (C_3A) \tag{5.3}$$

$$4CaO + Al_2O_3 + Fe_2O_3 \longrightarrow 4CaO \cdot Al_2O_3 \cdot Fe_2O_3 (C_4AF) \tag{5.4}$$

当生料加热至 1200 ℃时，S·C 水泥熟料生成 CS、C_3S_2。其化学反应方程式为：

$$CaO + SiO_2 \longrightarrow CaO \cdot SiO_2 (CS) \tag{5.5}$$

$$3CaO + 2SiO_2 \longrightarrow 3CaO \cdot 2SiO_2 (C_3S_2) \tag{5.6}$$

P·C 水泥属于水硬性胶凝材料，制成混凝土时，在养护和硬化过程中，水与水泥中 C_3S 和 C_2S 作用，生成不定性的 C-S-H 胶体，其水化过程相当慢，一般需 28 d 达到硬度目标值。S·C 水泥属气硬性胶凝材料，在制成混凝土时的养护和硬化过程中，水与水泥中的 CS 和 C_3S_2 作用甚少，而在水和 CO_2 同时存在时快速作用。其化学反应方程式如下：

$$CaO \cdot SiO_2 + CO_2 + H_2O \longrightarrow CaCO_3 + SiO_2 + H_2O \tag{5.7}$$

$$3CaO \cdot 2SiO_2 + 3CO_2 + H_2O \longrightarrow 3CaCO_3 + 2SiO_2 + H_2O \tag{5.8}$$

上述化学反应方程式表明：S·C 水泥在养护和硬化过程中，不消耗水。反应生成物为 $CaCO_3$ 和不定形的 SiO_2。上述反应物在超过 500 ℃的温度时，热动力相十分稳定。因此 S·C 水泥提供了一个安全有效的方式，永久性地消纳 CO_2。单位 S·C 水泥在养护和硬化过程中可消纳的 CO_2 为 240 kg/t。生产单位 S·C 水泥的平均 CO_2 排放量比生产单位 P·C 水泥能够减少 60%。

每生产 1 t Solidia 水泥与普通水泥的碳足迹对比，如表 5.3 所示。

表 5.3 每生产 1 t Solidia 水泥与普通水泥的碳足迹对比

品种	原材料排放 CO_2(t)(工艺 CO_2)	燃煤排放 CO_2(t)(热能 CO_2)	反应利用 CO_2(t)	合计(t)
普通水泥	0.545	0.270	—	0.815
Solidia 水泥	0.375	0.190	0.240	0.325

目前已有水泥厂家进行 Solidia 水泥的工业规模生产，其干燥窑工艺已经通过热力学模型验证。2014 年，宾夕法尼亚州怀特霍尔水泥厂成功生产 Solidia 熟料 5000 t；2015 年，匈牙利比克生产 Solidia 熟料 5000 t；2016 年，宾夕法尼亚州怀特霍尔水泥厂生产 Solidia 熟料 5000 t 等。Solidia 水泥在低碳环保领域具有十分广阔的应用前景。

典型的 Solidia 水泥生产线，如图 5.5 所示。

(a) (b)

图 5.5 典型的 Solidia 水泥生产线

5.1.1.5 铝酸钙水泥

铝酸钙水泥是一种特殊的水硬性黏合剂，具有高强度、阻燃性、耐磨性和耐腐蚀性等优异性能[19]。铝酸钙水泥中的物相，主要为一铝酸钙(CA)、七铝酸十二钙($C_{12}A_7$)、二铝酸钙(CA_2)。铝酸钙水泥的水化反应是一个非常复杂的过程，受时间、温度和添加剂等诸多因素的影响。以往的研究工作中，已经明确了粉煤灰、硅灰、矿渣、硅酸铝和其他硅酸盐等废弃物对铝酸钙水泥水化过程的影响。值得注意的是，添加剂能阻碍不必要的亚稳相 CA、CAH_{10}、C_2AH_8 的形成，从而直接得到稳定的水化产物 C_3AH_6 和 AH_3。此外，添加剂缩短了诱导期，改变了热流曲线，从而导致热流主峰前移。

铝酸钙水泥主要用作耐火浇注料和耐火喷涂材料的黏结剂。

普通铝酸钙水泥有如下两个主要性能要求：

① 足够的工作时间

一般初始凝结时间>1 h，最终凝结时间<8 h。初始凝结时间与最终凝结时间设置的间隔越短越好。

② 充分的早期强度

养护 1 d 可达到水泥标签规定强度的 60%～70%，养护 3 d 可达到水泥标签规定抗压强度的 90%以上。

除以上两点外，纯铝酸钙水泥还要求有一定的耐火度和良好的耐高温性能，以满足施工要求和高温使用要求。中、低档耐火浇注料（例如，黏土、高铝酸钙浇注料），采用普通铝酸钙水泥作为黏结剂。刚玉、莫来石、含铬刚玉、刚玉尖晶石等高档耐火浇注料采用纯铝酸钙水泥作为黏结剂。普通氧化铝耐火浇注料的铝酸钙水泥掺量为10%～20%，低氧化铝耐火浇注料的铝酸钙水泥掺量为5%～7%，超低氧化铝耐火浇注料的铝酸钙水泥掺量<3%。

在不定形耐火材料中，广泛采用铝酸钙水泥为黏结剂的浇注料，具体如下：

① 黏土浇注料，使用温度为1300～1450 ℃，一般用于轧钢加热炉、各种热处理炉、锅炉、立窑、回转窑的预热区内衬。

② 高铝酸钙浇注料，使用温度为1400～1550 ℃，可用于各种热处理炉衬和燃烧器（电炉钢槽、石灰立窑高温段、回转窑头、电厂锅炉炉衬）。

③ 刚玉浇注料，使用温度为1500～1650 ℃，主要用于各种高温炉、高温部件的内衬，炉衬体、电炉顶三角区炉衬体、LF炉罩、石化工业催化裂化反应器高温耐磨炉衬体等。

世界上最早生产铝酸钙水泥的是法国拉法基集团（Lafarge），早在1908年该公司的J. Bied就获得了商业化生产铝酸钙水泥的专利。目前世界上仍然以拉法基集团的铝酸钙水泥品种最全、生产和使用经验最丰富，其中共有6种牌号的铝酸钙水泥可用作不定形耐火材料的结合剂，分别为CimentFonduLafarge、Secar41、Secar51、Secar60、Secar71和Secar80。

我国在1953年用倒焰窑试制高铝水泥（Al_2O_3含量约为50%的硅酸钙水泥）成功；1957年起采用回转窑烧结法制造高铝水泥；20世纪60年代末期研制成功了Al_2O_3含量约为65%的铝酸钙水泥，即高铝水泥-65；为满足不定形耐火材料更耐高温的要求，1979年研制成功了$w(Al_2O_3)>70\%$的纯铝酸钙水泥。目前我国已能生产Al_2O_3含量分别为50%、65%、70%、80%和90%的系列铝酸钙水泥。我国习惯上将铝酸钙水泥分为普通铝酸钙水泥[$w(Al_2O_3)=53\%\sim72\%$，$w(CaO)=21\%\sim35\%$]和纯铝酸钙水泥[$w(Al_2O_3)=72\%\sim82\%$，$w(CaO)=19\%\sim23\%$]两大类。

相较于普通硅酸盐水泥[$w(Al_2O_3)=4\%\sim7\%$，$w(CaO)=62\%\sim67\%$]，铝酸钙水泥Al_2O_3含量大大增加，CaO含量大幅度减少，在减碳方面具有突出贡献。

生产每1 t水泥的CO_2排放量的核算如下：

有关参数与取值：

① 标准煤的排放因子为2.66，电力消耗的排放因子为0.853，煅烧1 t石灰石CO_2排放量为440 kg（排放因子取0.44）；

② 普通硅酸盐水泥生料中石灰石含量为82%，普通铝酸钙水泥生料中石灰石含量为21%～35%，生熟料折算系数为1.54；

③ 国内单位熟料标准煤耗的平均值取107 kgce/t，新型干法水泥生产线配有余热发电装置，单位熟料综合电耗的平均值取30 kW·h/t，单位水泥综合电耗的平均值取55 kW·h/t[20]。

2020年，我国水泥中熟料用量平均占比为：

熟料消耗量/水泥产量：(15.79+0.33)/23.77=0.678。

生产1 t普通硅酸盐水泥的CO_2排放量：

$1000\times0.82\times1.54\times0.678\times0.44+107\times2.66\times0.678+55\times0.853=616.6$(kg)。

生产1 t普通铝酸钙水泥的CO_2最大排放量：

$1000\times0.35\times1.54\times0.678\times0.44+107\times2.66\times0.678+55\times0.853=400.7$(kg)。

生产1 t普通铝酸钙水泥的CO_2最小排放量：

$1000\times0.21\times1.54\times0.678\times0.44+107\times2.66\times0.678+55\times0.853=336.4$(kg)。

最大减碳率：$1-336.4/616.6\times100\%=45.4\%$。

最小减碳率：$1-400.7/616.6\times100\%=34.9\%$。

故，当使用普通铝酸钙水泥替代普通硅酸盐水泥时，能够大幅度减少水泥工业CO_2排放量，减碳率为34.9%～45.4%。

5.1.1.6 硫氧镁水泥与氯氧镁水泥

硫氧镁水泥与氯氧镁水泥都具有镁基础胶凝材料的性质，它们所反应生成的物质都具有防火、保温以及环保等功能。它们的区别在于所用拌和溶液的酸根不同。就这两种菱镁材料而言，氯氧镁水泥具有吸潮返卤的隐患，硫氧镁水泥也存在强度低、体积不稳定、耐水性能差等缺点，限制了其应用推广。但随着国家政策对节能环保的大力提倡以及行业生产技术水平的不断提高，已经可以通过改性氯氧镁及硫氧镁水泥材料解决或改善这些弊端，使得它们可广泛应用于菱镁防火门芯板、外墙保温板、硅质改性板、防火板等诸多领域，给建筑建材行业带来新的活力。

以硫氧镁水泥为例，其主要性能特点如下：

① 气硬性

硫氧镁水泥与普通硅酸盐水泥凝结固化机理不同，它是气硬性胶凝材料，在水中不硬化。

② 多组分

硫氧镁水泥是多组分的，主要组分是轻烧氧化镁粉（简称轻烧粉）、硫酸镁、水、改性剂以及填充料等。

③ 对钢材温和无腐蚀性

硫氧镁水泥以硫酸镁为调和剂，与氯氧镁水泥相比其不含氯离子，对钢材无腐蚀性，降低了因氯离子侵蚀钢材造成的风险。

④ 高强度

硫氧镁水泥添加改性剂后抗压强度可达到 60 MPa，抗折强度可达到 9 MPa。

⑤ 空气稳定性和耐候性

硫氧镁水泥是气硬性胶凝材料，只有在空气中才能继续凝结硬化，这就使它具有良好的空气稳定性。硫氧镁水泥固化后，所处的环境中空气越干燥，它就越稳定。试验表明，硫氧镁水泥制品在干燥空气中，其抗压和抗折强度均随龄期而增长，直至水化两年龄期还在增长，十分稳定。

⑥ 对玻璃纤维和木质纤维的腐蚀性小

硫氧镁水泥的浆体滤液，其 pH 值的波动范围为 8～9.5，接近于中性，对玻璃纤维和木质纤维的腐蚀性很小。硫氧镁水泥因其独特的微碱性优势，在建筑建材领域以及植纤制品领域将大显身手。

⑦ 密度小

硫氧镁水泥制品的密度一般只有普通硅酸盐水泥制品的 70%，它的制品密度一般为 1600～1800 kg/m^3，而普通硅酸盐水泥制品的密度一般为 2400～2500 kg/m^3。因此它具有十分明显的低密度特性。

硫氧镁水泥是将 $MgSO_4$ 溶液与轻烧氧化镁粉按照一定的比例进行混合生成的三元体系凝胶材料（MgO-$MgSO_4$-H_2O）。硫氧镁水泥起源于比利时，最初以胶凝材料配制为建筑物的装饰材料使用。我国对硫氧镁水泥特性研究及应用市场开拓相比于国外较晚[21-22]。

济南市天桥区杰美菱镁建材研究所于 2009 年开始试验研究热压硫氧镁板材，采用半干法制作的热压硫氧镁水泥板材不反弹、不疏松，试件不变性、不开裂，体积稳定性良好，表面硬度近似方解石硬度，长期存放的试件仍保存完好，可见热压硫氧镁水泥制品具有良好的物理力学性能和耐久性能。2010 年该研究所成功利用热隧道窑生产硫氧镁水泥制品。2012 年沈阳建宝丽建材公司利用热隧道窑工艺成功生产出硫氧镁建筑模壳（参见图 5.6），其技术指标如下：胶结料 28 d 抗压强度 29.12 MPa，浸水一个月软化系数为 0.88，浸水一个月试件质量吸水率为 4.50%；制品面密度为 17.2 kg/m^2，抗弯强度为 9.91 MPa 等，各项技术指标皆达到和超过企业标准 Q/0105JML003—2012《玻纤菱镁建筑模壳》中规定的各项指标，使用效果及装饰效果皆良好，受到设计、建设、施工单位的认可[23]。

硫氧镁水泥建筑模壳和硫氧镁水泥建筑装饰板，如图 5.6 所示。

水泥行业的碳排放主要来源于熟料生产，主要原料石灰石在高温分解的过程中会产生大量的 CO_2，水泥生产过程中排放的 CO_2 主要来源于石灰石煅烧过程，生产每 1 t 水泥的 CO_2 排放量为 616.6 kg，而在生产每 1 t 水泥过程中，生料煅烧石灰石分解的 CO_2 约为 376.7 kg[24]，石灰石煅烧过程的碳排放约占整个水泥生产过程的 61%。硫氧镁水泥本质是轻烧氧化镁粉和工业七水硫酸镁组成的一种胶凝材料，在

(a) (b)

图 5.6 硫氧镁水泥建筑模壳和硫氧镁水泥建筑装饰板

(a) 硫氧镁水泥建筑模壳;(b) 硫氧镁水泥建筑装饰板

其生产中没有石灰石煅烧产生 CO_2 这一过程,故其相比于普通硅酸盐水泥减碳量不低于 61%,具有突出的减碳能力。

5.1.1.7 LC^3 水泥

石灰石煅烧黏土水泥(LC^3)是近年来发展起来的一种三元混合水泥,其组成一般为:煅烧黏土含量为30%、石灰石含量为 15%、熟料含量为 50%和石膏含量为 5%。煅烧过后的黏土具有火山灰反应性,石灰石和煅烧黏土的协同反应以及高达 50%的熟料含量,使石灰石煅烧黏土水泥的硬化产物在 7 d 后表现出与普通硅酸盐水泥相当的抗压强度,甚至在 28 d 时更好,LC^3 系统在长期评估中也能显示出更高的机械性能。胡传林[25]等人证明随着煅烧温度的提升,黏土颗粒逐渐碎裂,结构无序化程度增大,反应活性出现并逐渐增大,达到峰值后随着黏土颗粒粒径的增大,导致反应活性显著降低;Sharma[26]等人认为 LC^3 技术是开发绿色胶凝体系的好方法,可以有效减少水泥生产使用过程中 30%的 CO_2 排放。同时,由于黏土和石灰石在世界范围内广泛存在,为 LC^3 水泥的生产提供了理论可行性。来自不同国家的不同来源的黏土,如风化岩石、海相黏土等,以及来自大理石粉尘、石头废料等的石灰石都可以用来生产 LC^3 水泥。此外,LC^3 水泥的生产不需要使用特殊的处理技术与设备,水泥行业广泛使用的技术即可用于生产 LC^3 水泥,生产工艺简单。综上所述,LC^3 在水泥行业的绿色发展过程中具有明显的优势和广阔的应用前景[26]。

LC^3 水泥的设想是基于含有氧化铝的水泥与碳酸盐相反应产生坚硬结晶的碳铝酸盐相,并有助于微观结构的发展。虽然煅烧黏土已被公认为火山灰材料,而石灰石也被广泛用作水泥的原材料,但将两者结合以实现更高熟料替代水平的想法是在 2012 年才首次被报道[26]。LC^3 水泥的组成能显著促进碳铝酸盐相的形成。

LC^3 水泥与普通硅酸盐水泥 OPC 的组成对比,如图 5.7 所示[26]。

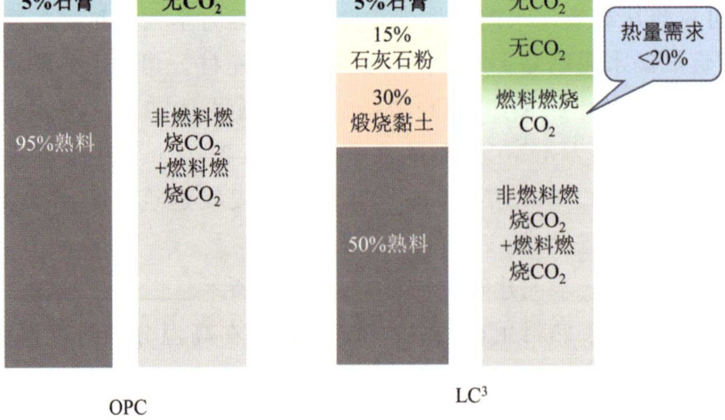

图 5.7 LC^3 水泥与普通硅酸盐水泥 OPC 的组成对比

目前有学者研究出一种基于华南地区原材料的 LC^3 水泥胶凝材料，该 LC^3 体系的组成为煅烧黏土含量为 30%、石灰石含量为 15%和 OPC-石膏混合物含量为 55%[27]（其中添加额外的石膏来补偿 OPC 中的石膏，以达到总石膏含量为 5%）。

基于华南地区原材料的 LC^3 体系成分，如图 5.8 所示[27]。

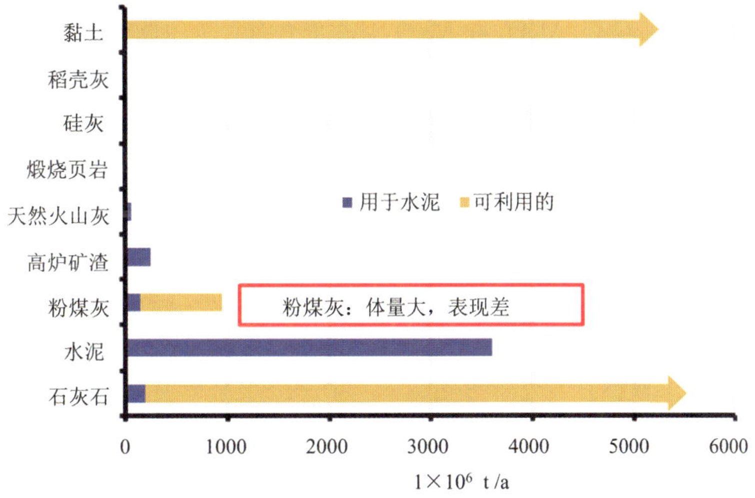

图 5.8 基于华南地区原材料的 LC^3 体系成分

通过对该 LC^3 体系混凝土水化反应、微观结构的发展、工作性能、强度性能的发展以及混凝土和钢筋之间的黏结-滑移行为的研究，发现 LC^3 混凝土的抗折和劈裂性能优于相同抗压强度的普通混凝土，证明了新型 LC^3 水泥凝胶材料在钢筋混凝土结构中的适用性和减碳作用，以及实际应用的可行性。

不同水化时间的 OPC 和 LC^3 膏体的 SEM 图像，如图 5.9 所示[27]。

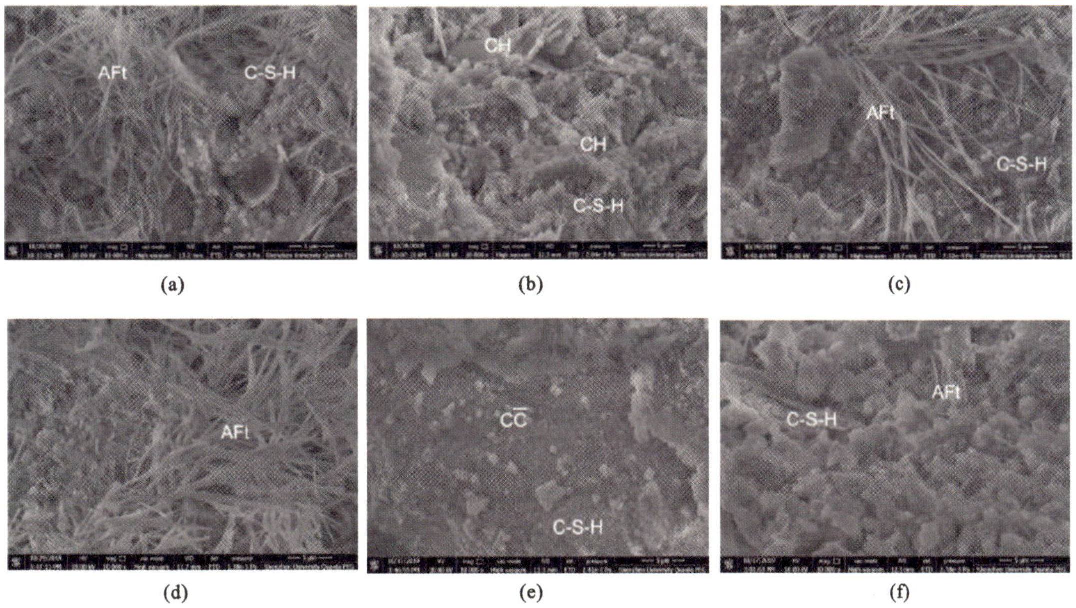

图 5.9 不同水化时间的 OPC 和 LC^3 膏体的 SEM 图像

(a) LC^3，1 d；(b) OPC，1 d；(c) LC^3，3 d；(d) OPC，3 d；(e) LC^3，28 d；(f) OPC，28 d

（AFt 表示铝、铁、三硫酸盐或钙矾石）

5.1.2 低碳胶凝材料技术

随着我国经济建设的不断发展，工业部门产生的废渣数量也在逐年上涨，这些工业废渣不仅占用大量土地资源，还会污染周围环境。将各种工业废渣加入水泥中以降低能耗高、污染重的水泥熟料的用量，不仅对推动环保和循环经济具有重要意义，也符合我国的国情。

5.1.2.1 矿渣低碳胶凝材料

矿渣是高炉炼铁过程中的副产品。在炼铁过程中，氧化铁在高温下还原成金属铁，铁矿石中的 SiO_2、Al_2O_3 等杂质与石灰等反应生成以硅酸盐和硅铝酸盐为主要成分的熔融物，经过淬冷成为质地疏松、多孔的粒状物，即为高炉矿渣。由于生铁冶炼工艺和原料成分不同，高炉矿渣的化学成分和矿物组成有较大的差异，矿渣的主要成分是 SiO_2、CaO、Al_2O_3 和 MgO，且一般含有大量的玻璃相，根据冶炼生铁的种类可分为铸铁矿渣（冶炼铸铁时排出的渣）、炼钢生铁矿渣（冶炼供炼钢用生铁时排出的渣）和特种生铁矿渣（用含有其他金属的铁矿石熔炼生铁时排出的渣，如锰矿渣、镁矿渣）；根据冷却方法、物理性能及外形又可以分为缓冷渣（块状、粉状）和急冷渣（粒状、纤维状、多孔状和浮石状）[1]。

矿渣微粉的胶凝性与硅酸盐水泥相比来说比较弱，但是它在水泥水化体系中起到微晶核效应的作用，加速水泥水化反应的进程并为水化产物提供了充裕的空间，使得水泥水化产物分布更均匀，提高了硬化水泥浆体结构的密实性，从而使混凝土具有较好的力学性能。矿渣已成为水泥的一种重要混合材，在制备少熟料水泥方面有着重要的应用。少熟料矿渣水泥是采用自制碱性激发剂、少量的硅酸盐水泥熟料和磨细矿渣微粉制成的，这种矿渣水泥具有早期强度高，中后期强度发展较好等特点，具有较好的应用前景。

矿渣水泥的水化过程：首先水泥熟料矿物与水作用，生成水化硅酸钙、水化铝酸钙、水化铁铝酸钙和氢氧化钙等，这些水化物的性质与纯硅酸盐水泥水化时是相同的，之后硅酸盐水泥熟料水化生成的氢氧化钙增大水泥液相的碱度，矿渣的玻璃体结构受到碱的侵蚀而解体，形成的钙离子、硅酸根离子和铝酸根离子进入溶液，最后生成新的水化硅酸钙凝胶和水化铝酸钙。矿渣水泥的水化一般都是按照熟料水化、矿渣结构解体、矿渣水化三个步骤进行的，而矿渣的解体及水化速率主要由水泥体系的碱度和温度所决定。水化铝酸钙和水化铁铝酸钙能和石膏反应生成更稳定的水化硫铝(铁)酸钙，即钙矾石。

矿渣在水泥基材料中的应用已经有很长的历史了。1862 年 E. Langens 发现将矿渣水淬成粒再与石灰混合会具有良好的胶凝性质。这个发现成为矿渣水泥工业生产的基础。1865 年石灰矿渣水泥首先在德国作为商品应用。1892 年德国生产了第一批用硅酸盐水泥熟料和粒化矿渣共同磨细而得的矿渣硅酸盐水泥。1901 年以后这种水泥得到很大发展，并在德国被正式称为铁硅酸盐水泥。随后几十年大量的研究工作侧重于矿渣的化学组成对玻璃体活性和矿渣硅酸盐水泥性能的影响。20 世纪 80 年代以后矿渣作为一种独立组分磨细后被应用于水泥基材料的技术得到了重视，矿渣细度提高、水化反应充分，所配制的混凝土性能得到改善，其掺量也可以大幅度提高。矿渣水泥与硅酸盐水泥相比较有许多优点，新拌矿渣水泥浆体流动性好、水化热低、碱集料反应受到抑制、抗渗性高、抗硫酸盐腐蚀性高，常温养护时早期强度低、后期强度高，热养护时早期和后期强度均高于硅酸盐水泥。

为进一步提高矿渣的活性，增加水泥中矿渣的用量，减少熟料用量。林宗寿教授[28-29]提出了“优化粉磨”技术并开展了对球磨和立磨生产的矿渣微粉的颗粒形貌和颗粒群分布的研究。所谓“优化粉磨”就是根据水泥原料的特性，采取各组分单独及部分混合粉磨的措施，控制水泥各组分的粒径范围，在满足水泥颗粒级配、能形成最紧密堆积结构的基础上，又能发挥水泥各组分活性的粉磨技术[28]。分别粉磨虽可在一定程度上满足这种要求，但熟料微粉量少，水泥早期强度低。因此可以将一部分熟料与矿渣一起混合粉磨，另一部分熟料单独粉磨，然后与单独粉磨的钢渣粉、石膏粉、石灰石粉等混合配制成水泥。由于矿渣的助磨作用，使一小部分熟料磨得很细，优化了矿渣水泥的颗粒级配，从而促进了水泥的水化，提高了矿渣水泥的早期强度。

水泥石中的水化产物是以水泥颗粒为基础的，颗粒与颗粒之间通过水泥颗粒的外部水化产物相连而形成空间网络结构。在原水泥颗粒的范围内，形成了大量的内部水化产物。所以，为了提高水泥石的致密度，水泥应具有合理的颗粒级配，以便形成最紧密堆积结构。此外，在水泥组分中，有的组分可以完全水化，如较细的熟料颗粒；有的组分只能部分水化，如矿渣或粉煤灰颗粒；有的组分则几乎不水化，如石灰石等。为了充分发挥水泥中各组分的作用，可完全水化的熟料颗粒应该尽量磨细些，以便发挥其胶凝作用；而不水化的组分主要起骨架作用，颗粒直径应大些，以便能形成最紧密堆积结构。所以，水泥中大颗粒应为像石灰石之类难以水化的组分，小颗粒应为像熟料之类胶凝性较好的组分。

水泥石最紧密堆积结构示意，如图 5.10 所示。

矿渣活性较好时，采用“优化粉磨”工艺，生产强度等级为 32.5 级的钢渣矿渣硅酸盐水泥，熟料掺量仅需 15%左右；生产强度等级为 42.5 级的钢渣矿渣硅酸盐水泥，熟料掺量仅需约 25%[29]。

“优化粉磨”不仅可以应用于混合材掺量较大的通用水泥，如矿渣水泥、粉煤灰水泥和火山灰质水泥的生产，也可应用于普通硅酸盐水泥的生产，特别适用于混合材掺量比较大或者物料易磨性相差比较大的水泥的生产。

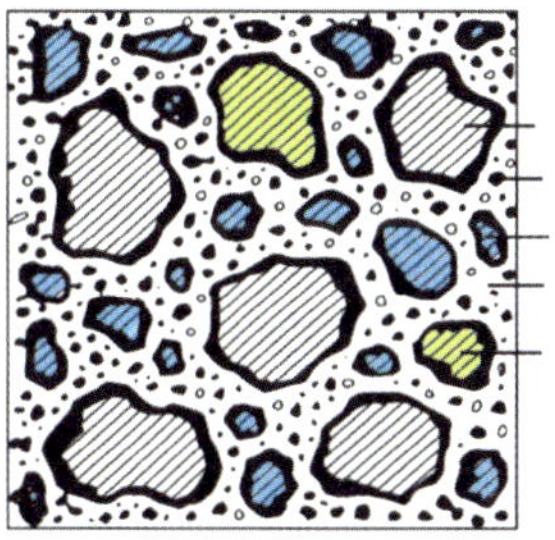

图 5.10 水泥石最紧密堆积结构示意

5.1.2.2 粉煤灰低碳胶凝材料

粉煤灰是从煤燃烧后的烟气中收捕下来的细灰，是燃煤电厂排出的主要固体废弃物。我国火电厂粉煤灰的主要氧化物组成为：SiO_2、Al_2O_3、FeO、Fe_2O_3、CaO、TiO_2 等。随着电力工业的发展，燃煤电厂的粉煤灰排放量逐年增加，成为我国当前排放量较大的工业废渣之一。大量的粉煤灰不加处理，就会产生扬尘，污染大气，若排入水系会造成河流淤塞，而其中的有毒化学物质还会对人体和生物造成危害。但粉煤灰可资源化利用，例如，作为混合材替代熟料，生产少熟料水泥。少熟料水泥是指以经过预处理后具有一定活性的工业废弃物为主要原料，掺入少量水泥熟料以及其他起调节作用的辅助材料，并加入相应外加剂配制而成的水硬性胶凝材料，因其熟料用量急剧降低，每 1 t 水泥的 CO_2 排放量亦得到大幅降低，因此也是目前较受关注的低碳胶凝材料体系。

利用粉煤灰和水泥熟料 2 组分制成少熟料水泥试样，由于粉煤灰活性低，水泥熟料掺量较小，试件早期强度大幅下降，到了水化后期，在熟料水化产生的碱性环境下粉煤灰开始发挥活性，强度有所上升，但上升幅度有限，考虑到减少熟料用量的初衷，所以需要加入激发剂来激发粉煤灰的活性。

孙庆巍[30]以粉煤灰为原料，添加少量水泥熟料，并以电厂脱硫石膏和 NaOH 为激发剂研制出一种少熟料水泥，该水泥中粉煤灰掺量为 65%，28 d 抗压强度可达到 53.9 MPa。研究表明，熟料遇水立刻发生水化反应，生成水化硅酸钙、水化铝酸钙、$Ca(OH)_2$，其中水化硅酸钙不溶于水，析出并逐渐凝聚成为凝胶，水化铝酸钙则与脱硫石膏作用生成钙矾石，同时大量生成的 $Ca(OH)_2$ 与溶解的 NaOH 增高了浆体 pH 值，使其呈碱性，而粉煤灰呈弱酸性。粉煤灰在 OH^- 作用下释放出活性 Al_2O_3，与脱硫石膏释放出的 Ca^{2+} 和 SO_4^{2-} 作用生成钙矾石，大量消耗浆体中的 Al^{3+} 和 Ca^{2+}，反过来又促进了粉煤灰的溶解和解聚。这两种作用相互促进，使粉煤灰活性更容易被充分激发，因此脱硫石膏起到了硫酸盐激发剂的作用，与强碱激发剂一起达到多重复合激发的效果。由于粉煤灰充分参与了水化反应，使少熟料水泥强度大大提高，凝结时间和安定性均符合通用水泥现行规范。可见，这是一条高效利用粉煤灰的新途径。

王景贤[31]以电厂干排灰、水泥熟料、化学纯 CaO、石膏、硫酸盐与激发剂、早强型减水剂为主要原材料配制了一种粉煤灰少熟料水泥（配比：粉煤灰量∶熟料量∶CaO 量∶石膏量∶激发剂量∶减水剂量＝60∶25∶5∶4∶5∶1）。碳化是影响水泥混凝土耐久性的主要因素之一，早期粉煤灰少熟料水泥碳化较深，这是由于粉煤灰水化较缓慢，早期密实度不够，加入 CaO 与化学外加剂对碳化有一定抑制作用。研究表明，普通水泥试样在侵蚀液中的抗蚀系数均<1.0，与其相比，该粉煤灰少熟料水泥的抗蚀系数均有不同程度的提高，尤其是抗折抗蚀系数提高较多，即粉煤灰少熟料水泥受硫酸盐侵蚀后的强度反而提高，具有优良的抗侵蚀性能，并且该粉煤灰少熟料水泥的碱度也能满足钢筋钝化需要。虽然粉煤灰少熟料水泥强度发展较慢，早期密实度不如普通水泥，但随着龄期增长，大量粉煤灰及各种外加剂的掺入不仅促使水泥进一步水化，且新生的水化产物填充在水泥骨架内，改善了孔径结构，减少了有害孔，使水泥石结构更加密实。所以要注重早期养护和确定好使用龄期，这对保证粉煤灰少熟料水泥的使用性能有重要意义。该款粉煤灰少熟料水泥的抗蚀性、抗碳化性、护筋性均优良，水化热较低，安定性良好，适用于大体积混凝土工程和工业（民用）建筑、水利工程、制品构件、大坝工程等方面。

大量的研究证明，采用两种或两种以上适宜的混合材复掺较单掺时更能明显改善水泥的性能。以两种或两种以上混合材复掺，可以利用混合材之间性能上的差异，弥补各自性能上的不足，而最大限度地发挥各自的优点，即取得“优势互补效应”。例如粉煤灰和矿渣，粉煤灰良好的和易性弥补了矿渣泌水性大的缺点，改善了胶凝材料的施工和易性，而矿渣微粉较高的早期强度又弥补了粉煤灰早期强度低的缺陷，从而使胶凝材料的早期强度得到保证。

鄢朝勇[32]研究了一种粉煤灰低熟料水泥，以粉煤灰[某火电厂干排灰，经磨细后细度为筛余值($R_{45\ \mu m}$)5%]，矿渣粉(某钢铁公司产 S95 级矿渣粉，比表面积为 400 m^2/kg)，水泥熟料(某水泥厂 P·O32.5 水泥)，石灰[(市售石灰粉，$w(CaO)>85\%$，细度为筛余值($R_{80\ \mu m}$)1.2%]，石膏(某水泥厂磨细生石膏，$w(SO_3)$为 39.6%)，复合激发剂(由硅酸盐与硫酸盐复合配制而成)为主要原材料。配比为粉煤灰含量为 36.6%、矿粉含量为 24.4%、水泥熟料含量为 20%、石灰含量为 10%、石膏含量为 5%、复合激发剂含量为 4%。试验结果表明，该水泥除了具有较高的强度外，还具有良好的胶砂流动性与保水性。这是由于同时掺入粉煤灰、矿渣两种活性混合材料，在水泥的工作性与强度等方面产生了优势互补效应。另外，由于掺入大量的混合材料，相应水泥熟料很少，使得水泥的水化热大幅度降低，可大大减少或避免混凝土的开裂，特别适用于制作大体积混凝土。这种水泥由于良好的施工和易性也适用于配制建筑砂浆，从而可取代水泥混合砂浆中的水泥和石灰，简化砂浆的配制工艺，节约原材料，降低成本，有利于推广干混砂浆或预拌砂浆。

5.1.2.3 石灰石低碳胶凝材料

石灰石是一种主要由方解石组成的矿物，主要成分为 $CaCO_3$，其天然资源丰富，分布广泛，而且容易获得。石灰石作为水泥生产原料和混凝土粗、细集料，在开采过程中产生了大量的石屑和石灰石粉，如不加以利用，必然会存在处置和环保问题。目前，石灰石粉已作为普通硅酸盐水泥的混合材和混凝土矿物掺合料。

石灰石粉对于水泥基材料性能的影响总共有两方面，一是化学方面，石灰石粉可以促进水泥基材料的早期水化，且石灰石粉中的部分组分能够与水泥中铝相发生反应生成水化碳铝酸钙；二是物理方面，石灰石粉具有良好的填充效应，能够填充在水泥颗粒之间，使胶凝材料体系颗粒级配更加合理。此外，研究表明，水泥浆体的力学性能在掺入磨细石灰石粉后得到提升，这种改善不只是因为石灰石粉的物理填充效应，更是因为石灰石粉中的一些成分能够与水泥发生化学反应并生成新的反应物，而这种反应物对水泥浆体力学性能的提升有一定贡献，所以石灰石粉不属于非活性掺合料的范畴。

石灰石粉对水泥水化的活性效应具体表现为石灰石粉可以与水泥熟料中的铝相发生化学反应并生成新的产物水化碳铝酸钙，水化碳铝酸钙能够提升水泥浆体力学性能。石灰石粉的主要化学组分为方解石($CaCO_3$)，它可以与水泥水化产物 $Ca(OH)_2$ 发生二次水化反应，使混凝土更加致密，促进其后期强度的增长。用石灰石能部分替代紧缺的活性混合材，如高成本的熟料和石膏，大大降低水泥生产成本，增加水泥产量，节约能耗，为企业带来显著的经济效益以及社会效益。

林宗寿等[33]研究了由石灰石、矿渣、石膏和少量熟料组成的石灰石基水泥的适宜配比和水化机理。研究发现，与通常的硅酸盐类水泥不同，在石灰石基水泥体系中，并非熟料掺量越高水泥强度越高，最适宜的熟料掺量为 7%，超过 7%后水泥的抗压强度增加很小。另外该研究团队以石灰石为主体原料，添加矿渣、钢渣、石膏等辅助材料制备出一种不需煅烧的石灰石基无熟料水泥[34]，该水泥中石灰石掺量可达 40%～60%，且在砌筑时不仅强度好，还不掉粉，黏结强度好。其水化产物主要是水化碳铝酸钙、钙矾石和 C-S-H 凝胶。石灰石在水泥水化过程中一部分形成了水化碳铝酸钙水化产物，其余部分被水化产物所包裹起集料骨架作用。

5.1.2.4 煤矸石低碳胶凝材料

煤矸石是采煤过程和洗煤过程中排放的固体废弃物，是在成煤过程中与煤层伴生的一种含碳量较低、比煤坚硬的黑灰色岩石，包括巷道掘进过程中的掘进矸石和采掘过程中从顶板、底板及夹层里采出的矸石以及洗煤过程中挑出的洗矸石。其主要成分是 Al_2O_3、SiO_2，另外还含有数量不等的 Fe_2O_3、CaO、MgO、Na_2O、K_2O、P_2O_5、SO_3 和微量稀有元素 Ga、V、Ti、Co。煤矸石是工业固体废弃物中排放和堆存量最大的一种，若不加以利用，长期堆放于地表，不仅占用土地、影响自然景观，而且还会造成大气、土地、水体污染及地质灾害的发生。大多数煤矸石都含有黏土矿物，具有与黏土相似的化学成分，因此用煤矸石为原料生产建筑材料及制品是利用煤矸石的主要途径，煤矸石少熟料水泥就是其利用成果之一[35]。

由于煤矸石的活性低，水化过程缓慢，大量掺入会降低水泥熟料的强度，这就限制了煤矸石的掺量，使得煤矸石的资源化利用无法顺利进行。所以对于煤矸石少熟料水泥的研究一方面是突破传统的硅酸盐水泥熟料矿相体系，提高水泥熟料的胶凝性，另一方面是高度激发煤矸石的活性，提高其潜在胶凝性利用效率，对水泥综合性能起到调节和改善作用，使煤矸石的掺量增加，从而以较少熟料制备水泥，满足我国社会、经济发展和水泥材料科学发展的需要。目前的煤矸石少熟料水泥是以磨细煤矸石为主要原料，掺入适量水泥熟料、其他起调节作用的配料以及各种外加剂配制而成的新型胶凝材料。

王景贤[36]研究了一种煤矸石少熟料水泥，其主要原料为：煤矸石（辽宁阜新煤矸石），水泥熟料（大连水泥厂产水泥熟料），CaO[实验室配置化学纯 CaO，灰白色粉末，$w(CaO) \geqslant 98\%$]，石膏（工业副石膏，符合 GB/T 5483 中规定的 A 类二级（含）以上标准），激发剂（以硫酸盐 A 和强碱 B 作为等比例复合激发剂，A、B 为市售化学试剂），减水剂（大连西卡生产的 NF_2 早强型减水剂，减水率 20%，在本少熟料水泥的研制中以 1%NF_2 来调节水泥的需水性）。煤矸石少水泥熟料的配比为：煤矸石量：熟料量：CaO 量：石膏量：激发剂量：NF_2 量＝60：20：10：4：5：1。该煤矸石少熟料水泥力学性能、抗碳化性能、护筋性等性能优良，同时水化热较低、安定性良好，适用于大体积混凝土工程；可广泛用于工业（民用）建筑、水利工程、制品构件、水电站大坝工程等。

以煤矸石为主要原料生产煤矸石少熟料水泥，变废为宝，减少了工业废渣对环境的污染，同时有益于解决水泥工业资源环境问题，为煤矸石高价值利用开辟了新的途径，具有显著的社会效益。

5.1.2.5 赤泥低碳胶凝材料

赤泥亦称红泥，是从铝土矿中提炼 Al_2O_3 后排出的工业固体废弃物。其中 Fe_2O_3 含量较高，外观与赤色泥土相似，因而得名赤泥。一般平均每生产 1 t Al_2O_3，附带产生 1.0～2.0 t 赤泥。中国作为世界主要 Al_2O_3 生产国，每年排放的赤泥高达数百万吨，大量的赤泥不能得到充分有效的利用，只能依靠大面积的堆场堆放，占用了大量土地，也对环境造成了严重的污染。大量的赤泥已经对人类的生产、生活造成多方面的直接和间接的影响，所以最大限度地减少赤泥的产量和危害，实现其多渠道、大数量的资源化利用已迫在眉睫。由于铝土矿资源和生产工艺不同，赤泥的基本成分变化很大。烧结法赤泥含有的主要化学组分是 SiO_2 和 CaO，约占总量的 50%；其次是铁、铝氧化物，约占总量的 20%；还有少量的 TiO_2、MgO、Na_2O、K_2O 和其他微量元素。拜耳法赤泥化学成分与烧结法赤泥类似，只是 CaO 含量较低，Na_2O 含量和 Fe_2O_3 含量较高。基于赤泥高钙、高硅而低铁的特点，可以利用赤泥制备无熟料水泥和低熟料水泥（例如，碱矿渣水泥）[37]。

赤泥粉体本身的活性是潜在的，故需要寻找有效活化方法来激发赤泥粉体潜在的活性，化学活化是常用的活化方法。化学活化主要使用水泥熟料、石灰、氢氧化钠、水玻璃、硫酸盐（硫酸钙、硫酸钠等）等碱性激发剂。碱性激发剂提供的碱性介质能够促使赤泥粉体中硅铝质材料溶出和扩散。在 OH^- 的作用下，赤泥粉体中硅铝质成分的 Si—O 和 Al—O 键断裂，使 Si—O—Al 键的聚合程度相应地降低一部分，形成游离的活性成分，从而更容易与钙质成分反应生成具有水硬性的水化铝硅酸钙等物质。所以在一定范围内，OH^- 浓度越大，其对 Si—O 和 Al—O 键的破坏作用就越强，水化产物越多，胶凝材料结构越致密，强度越好。但是当碱度过高时，反应速率过快，未反应颗粒的表面会迅速被凝胶体包裹，阻碍离子的迁移，使反应难以持续进行。当活性 CaO 和 Na_2O 协同使用时，活性激发效果较好，且二者的适宜比例为 $x(CaO)/x(Na_2O)=2.0 \sim 2.5$。在有 Ca^{2+}、SO_4^{2-} 存在的条件下，胶凝材料会进一步生成 AFt（高硫型水化硫铝酸钙或钙矾石）、AFm（单硫型水化硫铝酸钙）等产物。硫酸盐激发剂可以提供硫质成分，而硫质成分可以和赤泥粉体中的硅铝质成分反应生成水化硅酸钙、水化硫铝酸钙等具有水硬性的胶凝材料。

鲍忠正[38]研究了一种赤泥基无熟料水泥，主要原料为：赤泥（中国铝业股份有限公司中州分公司提供）、矿粉（淮海中联水泥有限公司提供）、石灰（烘干的熟石灰粉）、脱硫石膏（市售建筑用脱硫石膏）、粉煤灰(徐州茅村火力发电厂提供)。其最佳的固相配比为:赤泥粉体量∶矿粉量∶石灰量∶脱硫石膏量=8∶2∶2∶1。赤泥的平均细度为3.482 μm,在600 ℃下持续煅烧90 min,密封养护时水泥的强度最高。采用赤泥粉体-石灰-脱硫石膏-矿粉体系,可以很好地改善材料的微观结构,缓解赤泥颗粒硬度不足的缺陷。同时石灰可以作为碱性激发剂解离矿粉的玻璃体结构,使玻璃体中的 Ca^{2+}、$[SiO_4]^{4-}$ 等离子溶出与 $Ca(OH)_2$ 进行水化反应生成水化硅酸钙等。该赤泥基无熟料水泥可用作矿物掺合料,当其掺量≤20%时,能使胶砂早期强度有很大的提高,对于中后期强度则没有太大的影响。该赤泥基无熟料水泥火山灰效应抗折强度在赤泥粉体掺量为30%时达到最大值,抗压强度在赤泥粉体掺量为20%时达到最大值。对于其火山灰强度贡献率,考虑到60 d的抗折强度和抗压强度,分别存在掺量为30%和20%的最佳值。该赤泥基无熟料水泥的早期强度发展很好,而其活性系数随着龄期的增加或赤泥粉体掺量的增加不断减小。

5.1.2.6 过硫磷石膏矿渣水泥

过硫磷石膏矿渣水泥(Excess-sulfate Phosphogypsum Slag Cement,缩写EPSC),是国家高技术研究发展计划(863计划)课题"多元固废复合制备高性能水泥及混凝土技术与示范"的研究成果,是以水泥行业节能减排为目标,采用钢渣、磷石膏、脱硫石膏、粉煤灰、磷渣和废弃混凝土等工业固体废弃物为主要原料,通过组分设计、结构分析和性能研究,研发出钢渣基、磷石膏基、脱硫石膏基、粉煤灰基、磷渣基和废弃混凝土基等新型低碳水泥[39]。此种低碳水泥突破了以往石膏建材只能作为气硬性胶凝材料使用的限制,能制备具有水硬性胶凝性能的水泥混凝土。该类型水泥可用于工业与民用建筑、地下工程与防水工程、大体积混凝土工程、道路工程、矿井充填和矿山生态修复等领域。

林宗寿对过硫磷石膏矿渣水泥和以该水泥为胶凝材料制备的混凝土定义如下[39]:凡以过量的磷石膏、矿渣和碱性激发剂为主要成分,加入适量水后可形成塑性浆体,既能在空气中硬化,又能在水中硬化,硬化后的水化产物中含有大量未化合的游离石膏,并能将砂、石等材料牢固地胶结在一起的水硬性胶凝材料,被称为过硫磷石膏矿渣水泥。其中磷石膏含量(质量分数)应不低于40%且不高于50%。该品种水泥在研发过程中,曾经也被称为矿渣硫酸盐水泥、磷石膏基免煅烧水泥(或磷石膏基水泥)。凡以过硫磷石膏矿渣水泥作为胶凝材料,砂、石作为集料,与水、外加剂按适当比例配合,经一定时间硬化而成的人造石材,称为过硫磷石膏矿渣水泥混凝土。

EPSC混凝土可以很好地利用磷石膏、矿渣等工业废弃物,且这种混凝土具有良好的力学性能,以及较好的抗氯离子渗透性能、抗硫酸盐侵蚀性能等耐久性能,但EPSC的抗碳化性能较差。鉴于此,采用高效减水剂、提高磷石膏粉磨细度等方式,可显著降低水泥石的孔隙率,并改善水泥石碳化后的孔径分布,使碳化后的水泥石中的有害大孔数量减少,小孔增多,从而显著提高EPSC的抗碳化性能[40]。

同时,为了控制EPSC的安定性,须密切关注EPSC中 SO_3 的含量和熟料的用量,为此林宗寿课题组一方面开发了适合测定EPSC中 SO_3 含量的方法,另一方面也探讨了如何通过日常质量控制来进行安定性控制。分离过硫磷石膏矿渣水泥混凝土中的过硫磷石膏矿渣水泥浆,并测定各原料的 SO_3 含量,然后根据各原料 SO_3 的平衡关系,计算出过硫磷石膏矿渣水泥混凝土中的过硫磷石膏矿渣水泥浆的磷石膏含量,按此方法测定的磷石膏含量的误差<1.0%[41]。

综合来看,在安定性控制方面,需关注以下几点:

① 控制EPSC中或EPSC混凝土浆液中的 SO_3 含量,SO_3 含量过高会造成二次石膏和延迟钙矾石的形成,继而使混凝土强度降低。

② 控制过硫磷石膏矿渣水泥混凝土7 d抗压强度的增长率,可有效控制过硫磷石膏矿渣水泥混凝土的后期强度,避免出现安定性不良现象[42]。

③ 控制过硫磷石膏矿渣水泥混凝土中EPSC浆的耗酸量,可以有效控制过硫磷石膏矿渣水泥混凝土中硅酸盐水泥的含量,显著提高过硫磷石膏矿渣水泥混凝土的性能。过硫磷石膏矿渣水泥混凝土中的EPSC浆滤液耗酸量应控制为0.10~0.25 mmol/g[43]。

基于不同的体系,这里推荐2种典型的EPSC配方:

① 矿渣基

改性磷石膏含量 48%，矿渣含量 48%，P·O42.5 水泥含量 4%。其中改性磷石膏配比为：磷石膏量：钢渣量：矿渣量=45：2：1[39]。

② 磷渣基

磷石膏含量 40%～50%，磷渣含量 40%～54%，P·O42.5 水泥含量 6%～10%[44]。

5.1.2.7 碱激发胶凝材料

碱激发胶凝材料，又称地聚合物（Geopolymer）或地聚物水泥（Geopolymer Cement），是在 20 世纪 60 年代兴起的一种新型非煅烧胶凝材料[45]。

碱激发胶凝材料是一种以粉煤灰（Fly Ash，缩写 FA）、磨细矿渣（Ground Granulated Blast-furnace Slag，缩写 GGBS）、钢渣（Steel Slag，缩写 SS）、高岭土等硅铝质原料为前驱体的胶凝材料。通过将前驱体与碱溶液（一般为水玻璃）混合，经过溶解和缩聚过程，可以形成[SiO_4]和[AlO_4]的三维网络结构[46]。

碱激发胶凝材料比传统硅酸盐水泥可减碳 70%～90%，即每生产 1 t 传统硅酸盐水泥熟料的 CO_2 排放量约为 900～1000 kg，而每生产 1 t 碱激发胶凝材料的 CO_2 排放量仅约为 100～200 kg[47]。碱激发胶凝材料是水泥行业实现碳达峰碳中和目标的首选绿色水泥替代品种。在混凝土的生产过程中，碱激发胶凝材料因其优异的性能得到了推广应用，特别是在预制构件方面。

碱激发胶凝材料的优点如下：

① 凝结硬化速度快，在抢修快修工程和预制构件制备中性能突出；

② 早强高、耐久性良好，包括后期强度的持久保持、优异的耐高温性能、抗渗性能和耐化学腐蚀性能等；

③ 稳定性高，金属或非金属表面附着力强，能对钢筋进行有效钝化；

④ CO_2 排放量少，可大量利用工业固体废弃物，环境效益明显。

在碱激发胶凝材料体系中，粉煤灰反应是较为缓慢的，因而粉煤灰基地聚物的早期强度并不理想。钢渣的大掺量应用也一直是研究者关注的目标，有研究者便利用加速养护的方式促进其水化进程，常见的加速养护方式包括热养护、蒸汽养护以及压蒸养护等。比较有代表性的是武汉理工大学利用湿热养护来提升矿渣-粉煤灰-钢渣三元系统碱激发胶凝材料的综合性能及抗压强度[46]的最新研究。

在矿渣-粉煤灰-钢渣（简称 GFS）三元系统碱激发胶凝材料的研究中，湿热养护温度分别为 60 ℃、80 ℃、100 ℃、120 ℃、140 ℃、162 ℃、182 ℃和 195 ℃，养护时间为 6 h。碱激发剂选用的模数为 3.3 的水玻璃（$Na_2O\cdot nSiO_2$），SiO_2 含量为 27.09%，Na_2O 含量为 8.47%，固相含量为 35.56%。

GFS 三元系统碱激发胶凝材料的配比，如表 5.4 所示。

表 5.4 GFS 三元系统碱激发胶凝材料的配比

试样	w(GGBS)(%)	w(FA)(%)	w(SS)(%)	w(水玻璃)(干基，%)	水胶比	w(GGBS)：w(FA)
GFS-550	50	50	0	15(外掺)	0.4	5：5*
GFS-055	0	50	50			0：5
GFS-145	10	40	50			1：4
GFS-235	20	30	50			2：3
GFS-325	30	20	50			3：2
GFS-415	40	10	50			4：1
GFS-505	50	0	50			5：0

* 为保证与后续组别的统一性，“1：1”以“5：5”呈现。

研究者对湿热养护温度以及 w(GGBS)：w(FA) 比例对 GFS 三元系统碱激发胶凝材料抗压强度的影响进行了研究，并通过响应面法进行了剖析，如图 5.11(a)所示。图 5.11(b)中给出了在 140～195 ℃范

围内的不同 w(GGBS)：w(FA)比例的碱激发胶凝材料的抗压强度与养护温度的关系曲线。

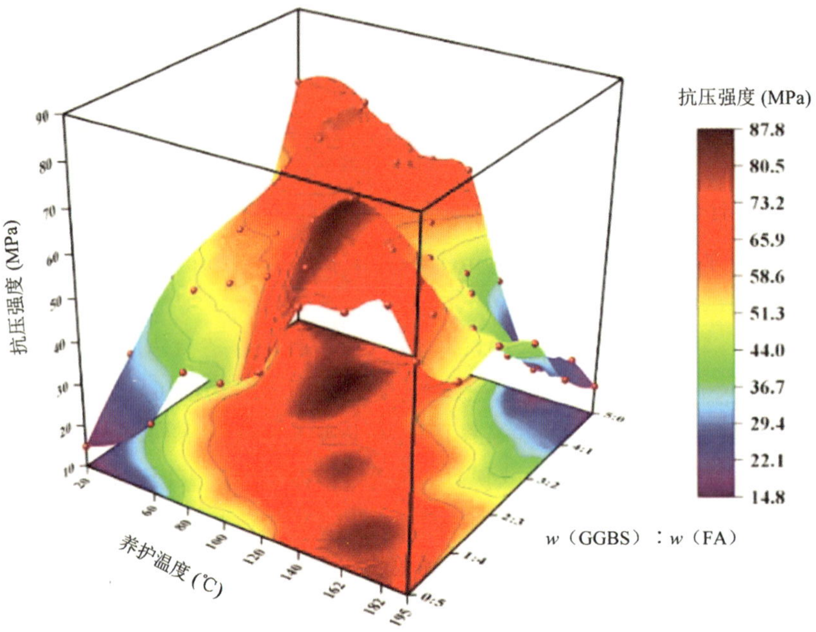

(a)

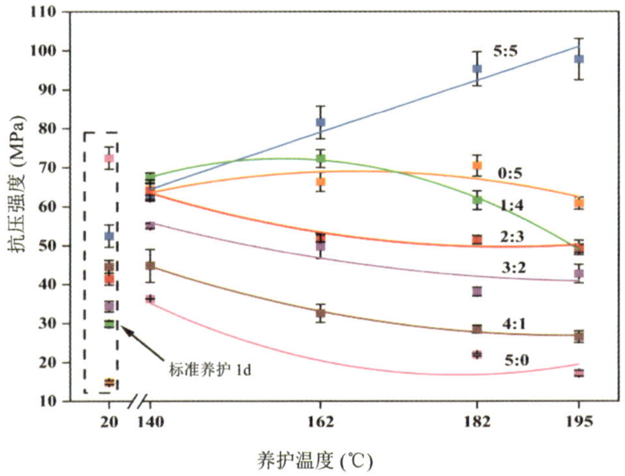

(b)

图 5.11　GGBS 与 FA 的比例及养护温度对 GFS 三元系统碱激发胶凝材料抗压强度的影响

(a) 20～195 ℃区间响应曲面分析；(b) 140～195 ℃区间细化曲线分析

码 6

（参见码 6：碱激发胶凝材料）

GGBS 与 FA 的比例及养护温度对 GFS 三元系统碱激发胶凝材料抗压强度的影响，如图 5.11(b)所示[46]。

从图 5.11(a)中可以看出，整个响应曲面呈山脉状，较高抗压强度区域分布在由温度和 w(GGBS)：w(FA)比例形成的底面正方形的对角线上，曲面上抗压强度较低的两个角落分别属于“低温度-低 w(GGBS)：w(FA)比例”以及“高温度-高 w(GGBS)：w(FA)比例”。在曲面的两侧，GFS 三元系统碱激发胶凝材料抗压强度随 w(GGBS)：w(FA)比例和养护温度的变化规律是不同的，可将其分别描述为“阳面”和“阴面”。在阳面，碱激发胶凝材料的抗压强度随着 w(GGBS)：w(FA)比例和养护温度的升高而增加；在阴面，其变化规律则完全相反。

随着 w(GGBS)：w(FA)比例的增加，可以发现高抗压强度区域从高温度区移动到低温度区。这就表明高活性的 GGBS 的反应更容易进行，并不需要过于苛刻的养护条件，反之低活性的 FA 则需要较高的温度才能更好地被激发。从曲面上看，低于 140 ℃的湿热养护已经足以使高 w(GGBS)：w(FA)比例的碱激发胶凝材料充分反应，但对于较低 w(GGBS)∶w(FA)比例的系统，温度则需要在 140 ℃及以上。

温度的升高加速了碱激发胶凝材料的反应过程，从而导致碱激发胶凝材料抗压强度的提高，这一解释在"阳面"可以得到印证。但在"阴面"，这一解释似乎并不奏效，特别是对于高温-高 w(GGBS)∶w(FA)比例的区域，在这一区域的抗压强度随着温度和 w(GGBS)∶w(FA)比例的增加而降低，如图 5.11(b)所示，在高温区抗压强度最高的是 w(GGBS)∶w(FA)＝5∶5 的无钢渣二元系统，并且随着温度的升高碱激发胶凝材料的抗压强度线性增加。而对于有 SS 存在的系统，抗压强度则略低，且抗压强度与温度之间呈现二次多项式关系。

碱激发胶凝材料的抗压强度随着养护温度的升高先上升后下降。随着 w(GGBS)∶w(FA)比例的增加，抗压强度最高点对应的温度随之降低，二次曲线也逐渐由开口向下转为开口向上，碱激发胶凝材料的抗压强度与温度之间的关系从正相关逐渐变为负相关。需要注意的是，苛刻的湿热养护不适用于高 w(GGBS)∶w(FA)比例的 GFS 三元系统碱激发胶凝材料，当 w(GGBS)∶w(FA)≥4∶1 时，经 140 ℃湿热养护后的碱激发胶凝材料的抗压强度已经接近甚至低于标准养护 1 d 后对应的值。当湿热养护温度＞140 ℃时，应当密切关注湿热养护参数与适宜的 w(GGBS)∶w(FA)比例之间的匹配关系。

出现此规律的主要机理是：60～195 ℃的湿热养护温度范围内，GFS 三元系统碱激发胶凝材料中的钢渣主要作为"Ca^{2+} 提供者"存在。但由于 GGBS 与 FA 水化活性的差异，GFS 三元系统碱激发胶凝材料中存在两种微观水化过程。当养护温度＜140 ℃时，GGBS 的水化对 GFS 三元系统碱激发胶凝材料的提高起积极作用；当养护温度＞140 ℃时，FA 的水化对 GFS 三元系统碱激发胶凝材料的提高起积极作用，而钢渣会使微环境中的 x(Ca)/[x(Si)＋x(Al)]比值骤然升高，促使矿渣早期水化形成的基质状的 C(N)-A-S-H 晶化为薄片状水化硅酸钙晶体，破坏 GFS 的初始紧密结构，从而造成其抗压强度降低。因此应当控制系统中总的比值 x(Ca)/[x(Si)＋ x(Al)]＜1.0。

5.1.2.8 固碳胶凝材料

固碳胶凝材料是一种新型胶凝材料，主要由 γ-C_2S、C_3S_2 和 CS 等非水硬性硅酸钙组成。它能够与 CO_2 气体在常温常压下快速反应，并将其他物料胶结为整体且具有一定机械强度。这种材料具有低钙、高碳化活性和高胶凝性等特点，通过多种成型工艺制备制品坯体。在工业窑炉烟气 CO_2 的碳化养护下，它能快速形成以 $CaCO_3$ 和硅凝胶为主要组成的基体结构，最终制备人造板材、加气混凝土等建材产品。这为推动中国"双碳"目标的实现提供了重要技术途径。目前，这种材料已经分为 γ-C_2S 体系、C_3S_2 体系和 CS 体系三种，并且已完成了中试，部分已实现了产业化，但仍未大规模推广应用[48]。

王发洲及刘志超等人发明了一种 γ-C_2S 基胶凝材料的制备方法[49]，其包括以下步骤：

(1) 按照 x(CaO)/x(SiO_2)＝2.0～2.3，将钙质原料与硅质原料进行混球磨混合而得到烧成原料。其中，所述钙质原料为石灰石、泥灰岩、钢渣中的一种，所述硅质原料为砂岩、硅石中的一种或多种；

(2) 将所述烧成原料与含量(质量分数)为 10％的无水乙醇混合，压制成坯体，烘干后进行烧结、自然冷却，得到 γ-C_2S 基胶凝材料。此类胶凝材料具有自粉化特性，可降低熟料的粉磨能耗，大大降低了 γ-C_2S 的生产成本，对碳化硬化胶凝材料的工业生产应用具有非常重要的实际意义。

针对 γ-C_2S 固碳胶凝材料体系，研究者开展了其在－10 ℃低温下掺入不同浓度的 $MgCl_2$ 溶液的 γ-C_2S 碳化性能和 γ-C_2S 碳酸化反应动力学的研究[50-51]。研究表明，未掺入 $MgCl_2$ 的 γ-C_2S 样品在－10 ℃碳化养护后抗压强度发展缓慢，24 h 后仅有 σ_c＝10.83 MPa。掺入不同浓度 $MgCl_2$ 溶液后，碳化体早期与后期抗压强度均提升明显，0.5 h 和 24 h 的抗压强度最高，可分别增至 $\sigma_{c,max}$(0.5 h)＝22.14 MPa 和 $\sigma_{c,max}$(24 h)＝178.56 MPa。γ-C_2S 在－10 ℃下碳化产物以方解石为主并含有少量文石。当掺入 $MgCl_2$ 溶液后，由于 Mg^{2+} 对 Ca^{2+} 的取代而形成部分镁方解石。$MgCl_2$ 一方面通过降低溶液冰点使体系内在－10 ℃下仍存在液态水，为碳化过程提供反应环境；另一方面能促进 Ca^{2+} 溶出和碳化反应的进程。两者的协同效应保证 γ-C_2S 在－10 ℃条件下碳化养护仍能表现出优异的力学性能[50]。γ-C_2S 颗粒的碳酸化程度随着反应时间、颗粒粒径、温度、湿度、分压强和水固比等的变化而变化。其中，碳酸化产物的包裹阻碍溶出离子的扩散，是碳酸化反应的主要控制因素[51]。

5.1.3 低碳混凝土技术

5.1.3.1 再生混凝土

建筑垃圾中含有大量的废弃混凝土，将其破碎、筛分、去杂质加工后用于再生混凝土中，并可结合纤维增强和纳米材料增强改善再生混凝土的性能。再生粗集料目前已作为基层、垫层、土基用于道路基础建设中，也用于部分建筑砖砌结构。

应用再生集料时由于建筑垃圾中含有较多的破碎砖块，导致再生集料质量不稳定，其吸水率和压碎指标超出混凝土原材料使用标准，若作为混凝土集料会影响混凝土强度和耐久性。如何规范建筑垃圾的分类均化，提升生产加工水平，制定统一的标准是再生集料能否大量用于混凝土生产的关键。

在碳减排方面，利用再生粗集料配制混凝土比完全使用天然集料配制混凝土可节约 62% 的石灰石资源，利用废弃混凝土作为制造水泥的原料与再生粗集料，可节约配制混凝土的 62% 的石灰石资源，还可节省制造水泥的 60% 的优质石灰石、40% 的黏土和 35% 的铁粉的资源，同时可减少 20% 的 CO_2 排放量[52]。

5.1.3.2 尾矿砂混凝土

由于天然河砂资源短缺，短期内无法再生，且不适合长距离运输，用尾矿砂如铁尾矿、磷尾矿等替代天然砂作为集料配制混凝土及砂浆，已成为国内外建筑材料行业未来发展的必然趋势。

以铁尾矿为例，其为铁矿石经破碎、浮选等步骤后残留的一种工业固体废弃物[53]。因泵送管道及管片空隙尺寸要求，盾构注浆材料集料应选用细砂和特细砂，而铁尾矿砂细度模数一般为 0.7～2.2，因此铁尾矿砂符合注浆材料应用细度要求[54]。

目前实际应用中注浆材料常存在填充性不好，稳定性较差，易产生泌水分层、堵管等难题，即浆液的高流动性、低压力泌水性、强充填性三者之间难以协调等问题。为此，杨文秀[55]采用绝对体积法设计铁尾矿盾构注浆材料，探讨了增稠剂种类及掺量、铁尾矿集料颗粒级配、浆体设计（水胶比、浆骨比、超细粉掺量）等影响因素对盾构注浆材料工作性、力学性及耐久性的影响规律；利用铁尾矿、超细粉和海藻胶等成功配制出高性能盾构砂浆，砂浆初始流动度不低于 260 mm（为保证注浆材料长距离泵送后的可操作性，2 h 内砂浆流动度损失不能过大，2 h 内砂浆流动度必须≥200 mm），压力泌水率必须≤5%，保水率必须≥93%，凝结时间为 6～10 h，28 d 抗压强度须大于 3.0 MPa；并结合冷冻扫描电镜分析了其强度匀质性机理，通过比对不同增稠剂组分发现，羟丙基甲基纤维素（Hydroxypropyl Methyl Cellulose，缩写 HPMC）在水中形成膜状结构（温轮胶形成三维螺旋无序网状结构，海藻胶形成空间有序网状与膜状结构）。海藻胶既具有温轮胶的三维空间网兜效果又兼具 HPMC 的成膜效果，能显著提升注浆材料的稳定性。

尾矿砂由于不需要进行矿山的开采、破碎和粉磨，合理加以利用即可节省这部分的能源消耗，进而减少 CO_2 排放量。

5.1.3.3 纤维混凝土

纤维混凝土，实际上就是掺入纤维材料的混凝土。掺入纤维增强材料（特别是那些来自农业残留物的增强材料），相比于以钢为增强材料的混凝土而言更具可持续性，并具有独特的性能。有机、无机和金属纤维已被广泛研究用作混凝土的增强材料和集料。纤维形式的钢、玻璃和碳已与混凝土一起用作钢筋或用作单独的结构以提高构件性能或支撑破旧的结构。目前，大量的纤维和纤维材料，尤其是那些来自农业残留物的纤维和纤维材料，有运用于混凝土的潜力，可以使混凝土结构更加稳固和耐久。除了不同类型的纤维外，不同形式的相同类型纤维也被用作增强材料。纤维、织物、管、棒和其他材料已被用作增强材料[56]。例如工业大麻混凝土比以水泥作为主料的混凝土轻得多，具有出色的隔音隔热性能，并且不生霉菌，不会被白蚁蚀蛀，是一种轻便的混凝土，但这种纤维混凝土只能部分替代水泥材料，并且最重要的是，这种纤维的制造材料作为广为人知的毒品作物始终危害着人类社会。

5.1.3.4 其他低碳型砂浆混凝土

在低碳砂浆混凝土的设计和制备方面，除了上述的再生混凝土、尾矿砂混凝土及纤维混凝土外，还有石墨烯混凝土及系列砂浆类产品等低碳型砂浆混凝土。

石墨烯(Graphene)作为一种新型高性能纳米材料，具有独特的力学性能、纳米尺寸效应。混凝土是建筑行业用量最大的材料，其性能要求越来越高。吕生华等[57-58]在 100 g 水泥中掺入 15 mg 纳米氧化石墨烯分散液后，水泥净浆的 30～60 min 流动度降低了 1.43%，初凝、终凝时间分别减少 3.45%、5.8%；水泥石固化 3 d 后超过 200 nm 的孔隙率由 13.5%降至 6.77%，固化 28 d 后超过 200 nm 的孔隙率由 8.8%降至 2.65%；固化 28 d 后，硬化水泥砂浆的抗折强度和抗压强度分别增加 64.6%和 27.9%；同时，其模板效应和调控作用促进了水泥石中水泥水化产物形成整齐、规整的纳米级微晶体。雷斌等[58]将 0.06%的氧化石墨烯掺入再生混凝土后，使得再生砂浆的微观结构细化，结构孔隙率降低，水化产物增多，改善了微观结构。张苡铭等[59]将石墨烯掺入钢纤维混凝土后，其受弯过程的机敏性显著提高。杨雅玲等[61]将采用 Hummers 法和超声波分散法制备的 0.03%的氧化石墨烯掺入水泥砂浆中，SEM 和能谱分析表明，水泥砂浆内部含有大量的 C-S-H 凝胶结构，无明显被腐蚀的痕迹，水泥砂浆的力学性能和耐蚀性能大大提高。为减少水泥用量，提升水泥砂浆产业的可持续性发展，余其俊研究团队[61]于 2012 年设计了低碳型砂浆体系的组成，并探究了替代胶凝材料对水泥水化和制备的砂浆强度贡献率影响。结果表明，为使工业废弃物作为替代胶凝材料具有优异的水化性能，且可制备出高强度砂浆，其中高炉矿渣和钢渣应为细粒粉料，水泥熟料应为中等粒度(8～24 μm)粉料，较低活性的水泥熟料替代材料或惰性填充物应为粗粒粉料。与此同时，余其俊研究团队[62]还研究了沸石粉对水泥砂浆流动性、粘结性和强度的影响，其制备了 25 组不同沸石粉含量、不同水胶比的砂浆混合物，并分别测定其流动性、内聚性、粘附性、抗压强度和渗透孔隙率。结果分析表明，水膜厚度同时影响了固体堆积密度、需水量和固体表面积，从而对新拌砂浆的流变性能产生影响；渗透孔隙率是水泥砂浆硬化性能的关键控制参数。沸石对砂浆性能产生影响是通过改变水泥基复合材料体系的水膜厚度和渗透孔隙率。为平衡水泥基复合材料的流变性能和力学性能，在相同的水膜厚度下具备较低的渗透孔隙率，或在相同的渗透孔隙率下具有较高的水膜厚度。用 5%～10%的沸石部分替代硅酸盐水泥，具有积极影响。

5.1.4 低碳建筑

5.1.4.1 水泥基复合材料

水泥基复合材料，是指以硅酸盐水泥为基体，以耐碱玻璃纤维、通用合成纤维、各种陶瓷纤维、碳和芳纶等高性能纤维、金属丝以及天然植物纤维和矿物纤维为增强体，加入填料、化学助剂和水经复合工艺构成的复合材料[63]。钢筋混凝土就是其中的一个种类。水泥基复合材料基本上用于制造建筑构件，例如，内、外墙板和天花板等。水泥基复合材料发生了几次重大变革，其中三次最为突出：19 世纪中叶法国首先出现了钢筋混凝土；1928 年法国发明了预应力钢筋混凝土；近 30 年来出现了聚合物复合混凝土及混凝土外加剂。

目前，高性能纤维与树脂构成的复合材料代替传统的钢筋，已被用于超高层建筑的混凝土承重框架中。

(1) 纤维增强水泥基复合材料

纤维增强水泥基复合材料，是由不连续的纤维均匀地分散于水泥混凝土基材中形成的复合材料。纤维与水泥浆基材的黏结比较牢固，形成了遍布结构体的纤维网。当基体材料受拉力过高要开裂时拉力可逐步转移到横跨裂纹的纤维上，增强了混凝土结构的变形能力。纤维赋予了混凝土结构较高的拉伸强度，使复合材料的抗拉、抗弯、抗裂、抗疲劳、抗振及抗冲击能力得到显著改善。

纤维增强水泥基复合材料的力学性能，特别是抗弯曲能力和抗冲击能力比普通混凝土好，且抗渗性也有明显的改善。但一般新拌纤维混凝土的坍落度值比未掺纤维时低，若搅拌工艺不当，易产生纤维结团现象，在运输及浇注中有时会出现分层。

根据纤维种类不同，纤维增强混凝土的性能和应用领域也不同。钢纤维和玻璃纤维被公认为最有前途的增强纤维；耐碱玻璃纤维将来可能成为石棉的代用品；聚丙烯和尼龙等合成纤维对提高混凝土的抗拉强度完全无效，但在提升混凝土抗冲击性能方面效果显著；碳纤维的抗弯强度介于钢纤维和耐碱玻璃纤维之间，在各种纤维中碳纤维对裂缝的约束能力最好，对于提高混凝土抗弯、拉伸强度及增强混凝土的韧性最有效，但价格偏贵。

① 耐碱玻璃纤维水泥基复合材料

耐碱玻璃纤维是一种用来增强混凝土的肋筋材料，其优点在于耐碱、抗腐蚀、抗冲击、抗拉抗弯、抗冻抗裂等，可设计性比较强，可以替代石棉和钢材。混凝土是一种脆性的材料，加入耐碱玻璃纤维后可以有效提高其力学性能。耐碱玻璃纤维依靠其优点成为一种广泛应用于增强道路混凝土的新型材料。为了保证耐碱玻璃纤维的增强效果及结构的安全可靠性，必须使玻璃纤维在混凝土中保持长期的强度和韧性，然而工程中使用的水泥基材料会腐蚀耐碱玻璃纤维，损害材料的性能稳定性，降低材料强度[64]。

② 碳纤维水泥基复合材料

这是一种适用于土木工程结构的机敏材料，碳纤维水泥基复合材料能感知应力、应变、温度和累积损伤等。碳纤维水泥基复合材料一般以 5 mm 的短切碳纤维为导电相，以水泥砂浆、混凝土等作为基体，并辅以其他外加剂制成。碳纤维水泥基复合材料制备过程中的关键问题之一在于如何使碳纤维在水泥浆体中均匀分散。碳纤维在水泥浆体中分散困难的一个重要原因是碳纤维具有疏水性。为此，国内外的学者主要采用纤维表面处理（臭氧处理、硅烷处理、热次氯酸钠溶液处理等）或加入各种分散剂（甲基纤维素、乳胶和硅灰）等方法来提高碳纤维在水泥浆中的分散性。经过氧化处理后的碳纤维与水的接触角减小，浸润性增强[65]。

(2) 聚合物水泥基复合材料

聚合物水泥基复合材料，是在水泥混凝土的成形过程中掺入一定量的聚合物以提高其使用品质，用以满足工程特殊需要的复合材料。这种材料刚性大、柔性小、抗压强度远大于拉伸强度。聚合物在水泥基体中有增韧、增塑、填孔和固化作用。与普通混凝土相比，聚合物水泥基复合材料抗压强度、拉伸强度可提高 3 倍，抗破裂模量可增加近 3 倍；弹性模量可增加 1 倍，抗折弹性模量增加近 50%；弹性变形减少 90%，硬度增加超过 70%；渗水性几乎为 0，吸水率可降低 83%～95%。

聚合物水泥基复合材料性能优异，其力学性能良好，抗折强度高，抗压强度低，刚度低，变形能力大，耐久性和抗侵蚀能力高，黏结性良好，适合用于破损水泥混凝土的修补工程；完全适应现有水泥混凝土的制造工艺过程，而且成本相对较低。

聚合物水泥基复合材料有两种主要形式：聚合物浸渍混凝土和聚合物水泥混凝土。

聚合物浸渍混凝土和聚合物水泥混凝土在应用方面有所不同：

① 聚合物浸渍混凝土由于良好的力学性能、耐久性及抗腐蚀能力，主要用于受力的混凝土及钢筋混凝土结构构件。其浸渍工艺复杂、成本较高、混凝土构件需要预制并且尺寸受到限制，因而主要在特殊情况下使用。

② 聚合物水泥混凝土综合性能不如聚合物浸渍混凝土，但因其工艺简单、使用方便、成本低，得到了越来越广泛的应用。如应用于地面和道路工程、结构工程。

纳米改性可显著调控水泥基材料水化硬化特性、提高力学性能和耐久性，是进一步提升水泥基材料在严酷环境下服役寿命的重要手段。中国建筑材料科学研究总院有限公司和济南大学等单位利用纳米改性组分调控了水泥基胶凝材料基体结构与性能，提升了水泥基胶凝材料表层纳米改性耐久性，增强了纤维增强胶凝材料的韧性和耐久性，开发出水泥基材料纳米改性用微纳粉及分散外加剂，并建成了产能为 1×10^5 t 的纳米改性水泥基材料用微纳粉的工业化生产线；所研制的纳米改性混凝土已在近海滩涂区地下结构、混凝土预制构件、地铁工程等严酷环境下进行了示范应用。纳米改性对提高水泥基胶凝材料的耐久性和推动水泥基胶凝材料的可持续化发展有着重要意义[66]。

5.1.4.2 装配式建筑构件

(1) 混凝土建筑结构的制备形式

混凝土建筑结构的制备形式分为 3 种：现浇整体式、预制装配式和装配整体式。

在现浇整体式建筑中，所有构件采用现场支模板，现场浇筑混凝土并养护。其具有整体性好、刚度大、抗震抗冲击性好、防水性好、对不规则平面的适应性强且开洞容易等优点，但现场需要大量的模板，作业量大，工期也相对较长。

在预制装配式建筑中，其构件均先在工厂或预制场制作好，然后在施工现场进行安装。因此其具有节省模板、改善制作时的施工环境、提高工人的劳动生产率、加快整体施工速度等方面的优点，但整体性、刚度、抗震性能较差。

装配整体式建筑(又称装配式建筑)，是由预制部品部件在工地装配而成的建筑，即将预制板、梁等构件吊装就位以后，在其上面或是其他部位相接处浇筑钢筋混凝土而连接成整体。装配整体式建筑的整体性、抗震性以及模板消耗量、施工速度介于上述二者之间。

总的来说，装配式建筑就是把传统建筑方式中的大量现场作业工作转移到工厂进行，在工厂加工制作好建筑用构件和配件(如楼板、墙板、楼梯、阳台等)，再运输到建筑施工现场，通过可靠的连接方式在现场装配安装。装配式建筑主要包括预制装配式混凝土结构、钢结构、现代木结构建筑等，其采用标准化设计、工厂化生产、装配化施工、信息化管理、智能化应用，是现代工业化生产方式的代表[67]。

(2) 装配式建筑的优势

装配式混凝土建筑在生产方式上的转变，主要体现在“五化”上：建筑设计标准化、部品生产工厂化、现场施工装配化、结构装修一体化和建造过程信息化。

因此，与传统建筑相比，装配式建筑呈现出如下优势：

① 保证工程质量

装配式建筑构件在预制工厂生产，生产过程中温度、湿度等过程参数由专业工作人员严格遵循生产工序要求进行控制，构件的质量比在现场加工更容易得到保证。

因为预制工厂将“空间上的、竖向的”构件(墙、柱、梯、梁、板等)放在“平面上”(生产台模及流水线)进行生产，减少了模板支撑体系及模板竖向加固工序，大大降低操作难度，杜绝了胀模、漏浆、蜂窝麻面等混凝土质量通病，且能大幅度提高构件的精度。

② 降低安全隐患风险

装配式建筑的构件运输到现场后，由专业安装队伍严格遵循流程进行装配，大大提高了工程质量并降低了安全隐患风险。

③ 提高生产效率

装配式建筑的构件由预制工厂批量采用钢模生产，减少脚手架和模板数量，尤其是生产形式较复杂的构件时，优势更为明显，省掉了相应的施工流程，缩短了工期。装配式建筑的构件属于标准产品，运到现场就可以直接进行安装，既方便，又快捷。它在争分夺秒抢工期的建筑领域，有着无可比拟的优越性，能大大提高时间利用率。

④ 降低人力成本

装配式建筑由于采用预制工厂现场装配施工，机械化程度高，减少了现场施工及管理人员数量，节省了人工费，提高了劳动生产率。

⑤ 节能环保，减少污染

装配式建筑循环经济特征显著，由于采用的钢模板可循环使用，节省了大量脚手架和模板作业，节约了木材资源。此外，由于构件在工厂生产，现场湿作业少，大大减少了噪声和烟尘污染，减少了废水、废气、固体垃圾的排放，从而极大地改善了施工人员的作业环境，降低施工能耗，有助提升质量安全水平。

⑥ 模数化设计，延长建筑寿命

装配式建筑进行建筑设计时，首先必须对户型进行优选，然后在选定户型的基础上进行模数化设计和生产。由于采用灵活的结构形式，住宅内部空间可进一步调整，延长了建筑寿命。

(3) 装配式建筑的不足之处

① 市场环境不成熟

目前，装配式建筑市场的施工方、设计方以及供应商等较为稀缺；规范标准不完善，技术工艺有待开发；新型材料研发成果不显著，应用和普及程度不高；政府监督及验收机制不完善。

② 资金压力大

装配式建筑前期投入大、效益低。想要发展装配式建筑，就要拥有自己的预制工厂，因此撒网布局、投资建厂必不可少，同时工程开工初期即要生产大量构件，对资金要求高。通过成本测算，预制构件成本相对现浇构件偏高，但单价往往偏低，这对施工单位较为不利。目前装配式建筑的设计单价较传统建筑单价亦未有所增加。在设计单价不变、设计院传统建筑设计技术成熟的情况下，其从事装配式建筑设计的驱动力不足。一般情况下，一个预制工厂的“经济”辐射范围不超过 150 km，一旦超过此范围，构件的物流成本将急剧上升。因此，想要扩大布局，必须增建厂房。

③ 设计方面存在不足

装配式建筑比较适宜采用工程总承包(Engineering Procurement Construction，缩写 EPC)的模式进行建设，所以在市场上设计资源稀缺的情况下，一些专注于建筑产业现代化的企业往往倾向于建立自己的设计公司或团队。在装配式建筑项目的各个环节中，设计是中心。一个装配式建筑是否取得成功很大程度上取决于设计是否成功。对比传统建筑设计，装配式建筑项目的设计需要提前介入。装配式建筑在规划设计、建筑方案设计、施工图设计之后新增了一项工艺设计(构件拆分及节点设计等)。工艺设计需在预制工厂技术人员、施工装配技术人员的协助下完成，同时需要提前与塔吊公司、外架单位、土建劳务公司等沟通关于构件结构预埋、模板支撑及加固方式等事宜。然而，很多设计师往往在此环节上做不到位(未能提前与相关人员及单位沟通或沟通不顺畅)，由于其构件生产经验、施工装配经验的不足，导致设计成果往往只考虑建筑的结构安全、使用功能，而忽略了经济性和可操作性。例如：由于设计的不标准化导致生产模具、物料使用率低、周转次数少，继而造成构件制造成本的增加；由于设计的不可操作性使得现场模板无法安装和加固，造成现场“边做边改”“做做停停”“不断返工”的现象，从而导致质量不能保证、工期失控。

目前，在装配式建筑设计上遇到的常见问题还包括：一味追求装配率，所有内墙及外围护体系均设计成钢筋混凝土构件，导致建筑整体刚度大，房间回音过大；土建与机电交叉；钢筋“打架”；门窗洞口开设局限等。

④ 易出现的质量问题

装配式建筑工艺设计方案通常采用“竖向预制、水平叠合、节点现浇”的模式。装配式建筑虽然能提高建筑“大面”质量，但往往很难保证现浇节点的质量，装配式建筑常见的质量通病主要出现在节点上。目前很多装配式建筑质量问题尚无较好的解决办法。

a. 预制“三明治”外墙板存水、渗水问题

目前预制外墙板为了满足减重、保温的功能，通常在外墙内嵌入挤塑板(或 XPS 保温板)、聚苯板(或 EPS 保温板)，此类材料具有较强的存水功能，在构件预制浇筑、现场节点现浇等过程均可能导致水渗入并被储存、后期慢慢蒸发外渗，造成墙面出现渗水或潮湿现象。

b. 外墙胶耐久性、耐候性问题

目前预制外墙节点(竖向、横向)通常采用打胶工艺，使用的胶水为建筑耐候密封胶，市场上常见的如西卡、安泰等品牌，其理论使用年限不超过 30 年，而外墙胶一旦失效，只能将其全部凿除后重新施胶。

c. 施工冷缝问题

所有预制构件与现浇混凝土交接界面均可以理解为施工缝。施工缝处由于干、湿混凝土结合性不足，加上浇筑过程设备、操作人员的荷载扰动，常常导致结合部位出现冷缝、开裂、渗漏的问题。目前常见的解决办法是将构件与现浇混凝土交界面全部做成粗糙面，此方法在叠合梁、预制外墙的节点也许奏效，但在叠合板上很难彻底解决问题。叠合板在预制层和现浇层之间可以理解为一个大面积的施工缝，当施工缝由“线”上升至“面”后，很难杜绝冷缝的产生。

d. 钢筋套筒连接节点无法实体检测问题

目前竖向构件(预制框架柱、剪力墙)的连接节点通常采用钢筋套筒灌浆连接技术(参考建工行业推荐性标准 JG/T 398—2019《钢筋连接用灌浆套筒》、JG/T 408—2019《钢筋连接用套筒灌浆料》)。通过钢筋等强度代换减少一半的纵向主筋，在节点部位只取一半的主筋进行套筒灌浆连接。此工艺最大的问题是只能进行工艺送检(在实验室用钢筋、套筒、灌浆料制作连接接头后送检)，而无法进行现场实体检测，从而

无法检验节点连接质量。

e. 钢筋绑扎问题

装配式建筑很多节点上钢筋较多较密(如外墙节点上有现浇构件竖向主筋、横向箍筋、预制构件水平锚入筋等),不仅钢筋绑扎效率低,更易使施工现场出现大量反复弯折钢筋的现象(小直径钢筋被冷弯、大直径钢筋被热弯),导致钢筋间距无法保证、受力性能下降。

⑤ 存在的安全隐患

对比传统建筑,装配式建筑的安全隐患及风险仍然无法忽视。装配式建筑每一层每一个构件的吊装作业几乎均为高空作业,由于预制构件质量较大,在构件运输、二次转运、吊装过程中均存在较大风险。构件预埋吊点是否安装牢靠,起重吊爪、钢丝绳是否能承受构件自重等均为装配式建筑重要安全控制点。目前长期从事并经过系统培训的吊装工人不多,人为因素造成的安全隐患始终存在。装配式建筑施工流程一般最早开始外墙板的吊装,而在外墙吊装时外架尚未搭设至操作层顶、临边防护尚未到位,此时吊装无疑风险更大。装配式建筑叠合板的预制层相当于传统建筑的楼板底模,由于其为混凝土结构,底模不能与支撑体系通过模板、木枋、铁钉、压脚板等形成一个有效的整体。叠合板就像平放在支撑体系顶部一样,因此侧移隐患大。目前竖向构件往往采用斜支撑将墙板与楼板连接,以作临时支撑。但由于外墙吊装较早,楼板混凝土强度尚未达到设计强度,斜支撑在楼板处的拉结点不可靠。若等楼板混凝土达到设计强度再来吊装外墙,则与施工进度产生冲突;若在预制层预埋拉结点,则又会造成人工成本增加、预埋拉结点定位不准确、不能灵活调整等问题。

⑥ 使用期间存在的问题

装配式建筑投入使用后,装修调整空间小、难度大;维修阶段质量问题可追溯性较差。

总而言之,装配式建筑仍存在许多问题。首先它在建筑总高度和层高上限制较大,目前在我国的设计验收等相关规范明显滞后于施工技术发展的情况下,装配式建筑的应用领域还相当有限;其次是生产和施工技术要求比较高,建筑物的预埋件等使用量相对传统技术的使用量有很大的增加;再次其构件的尺寸受到机械化生产设备的限制,具有局限性;最后其运输要求及运输成本都比较高,装配式建筑构件生产的工厂距离施工现场如果太远,将会增加运输的成本。

(4) 装配式建筑的特色

与传统现浇混凝土建筑相比,装配式混凝土建筑具有设计多样化、建筑科技化、生产工厂化、施工装配化等特点。

① 设计多样化

随着社会的进步,居民对居住环境会产生个性化需求,随着家庭成员数量和结构的变化,用户对建筑的居住空间分隔也有着不同的要求。这些都要求住宅具有设计多样化及后期可以对空间进行改造的特点。装配式混凝土建筑可以满足居民对这方面的要求。该体系采用大开间布局方式,可根据用户需求对空间进行灵活分隔,也可以在家庭成员变化时调整空间布置,从而达到居住舒适化的目的。可灵活拆卸、安装的轻质隔墙板是实现住宅空间灵活分隔、改造的手段,轻钢龙骨外罩石膏板或其他质轻吸声的板材是这种形式隔墙的常用部件。

② 建筑功能化

装配式建筑构件可在工厂加装保温层,加工生产质量和预制构件尺寸精度有保证,与传统施工工艺相比效果更好,可以保证墙体和门窗间隙的密封效果。保温材料可以使用具有隔声、吸音功能的材料,降低噪音,提高居住品质。保温材料使用不燃或难燃材料,可避免建筑物发生火灾时火势在保温层蔓延。预制装配构件间连接构造采用柔性连接工艺,可以提高结构的抗震性。质轻材料的普遍使用可以减少建筑自重,减少建筑物的地基基础费用。简洁的外立面在长期使用的情况下,不容易发生外墙开裂、褪色、变形。装配式建筑也有利于厨房、卫生间及各种配套设施设备的布置,以及后期电气设备和通信设备的改造和升级。

③ 生产工厂化

预制装配式构件在工厂生产制作。工厂化生产有以下优点:

a. 预制外墙板可以采用模具、烘烤工艺及机械化喷涂等现代工艺。

b. 保温板主要使用板毡材料，可以替代传统的散装及颗粒状保温材料。

c. 屋架、屋面板、金属构件、预制混凝土构件、设备设施等制作精度较传统现场浇筑更高。

d. 石膏板、地砖、涂料、壁纸及吊顶天花灯这些工艺复杂的材料只有通过工厂的专业设备才可以保证产品品质及生产效率。

e. 可以在材料及构件生产过程中随时控制材料的耐火性、保温性、隔声性、防火性、防潮性、抗冻性等性能。

④ 施工装配化

装配式建筑预制构件现场采用装配化施工方式。采用装配化施工，有以下好处：施工工期短，特别适用于工期紧张的工程；可以减少工作量，节省劳动力；构件出厂时产品质量已验收合格，施工现场只需要控制预制构件安装施工质量，因此项目质量控制较现浇混凝土建筑更有保证；构件安装过程中施工噪声小，且施工安装过程只需要少量的填缝及连接材料；现场湿作业少，因而产生的污水及建筑垃圾较少，环境效益更好。同时，装配式混凝土建筑的预制构件是在工厂加工的，施工现场只需要具备运输道路和用于堆放构件的场地即可，对施工场地作业面面积大小要求不高，可以节省场地硬化费用，尤其适用于施工场地受限的工程项目。工厂生产的预制构件尺寸控制精度高，便于后期设备安装和装修施工，有利于提高项目整体质量水平[68]。

(5) 装配式建筑的应用案例

2018 年 5 月，华润智筑科技(江门)有限公司与深圳市华阳国际工程设计股份有限公司成立的联营公司——东莞市润阳联合智造有限公司，生产运营的主要产品有预制剪力墙、预制外挂板、叠合楼板和能够全面覆盖建筑、室内、景观用预制构件，该公司致力为客户提供集产品设计、生产制造、施工安装于一体的装配式建筑系统解决方案。该公司在广西南宁市、贵港市及广东湛江市分别取得装配式建筑预制构件生产工业用地。

装配式建筑企业的厂貌，如图 5.12 所示。

图 5.12　装配式建筑企业-华润智筑科技(江门)有限公司的厂貌

在国家大力发展装配式建筑的机遇下，华润建材科技立足华南，结合产业链延伸的发展战略，进一步优化资源布局，积极推进装配式建筑业务。

5.1.4.3　3D 打印在水泥制品中的应用

(1) 3D 打印在建筑技术中的发展现状

3D 打印(3D Printing)技术在珠宝、鞋类、工业设计、汽车、航空航天、医疗、军工等领域都有应用，该技术在建筑业同样大放异彩。3D 打印建筑技术与传统建筑建造技术相比，其优势在于：速度快，不需要使用模板，可以大幅节约成本；不需要数量庞大的建筑工人，大大提高了生产效率；可以非常容易地打印出其他方式很难建造的高成本曲线建筑；低碳、绿色、环保。3D打印建筑技术可能改变建筑业的发展方向，它给环保、建筑、预拌混凝土行业带来的改变是显而易见的。

2012年1月，美国国家航空航天局(National aeronautics and space administration，缩写NASA)与美国南加州大学合作，研发出“轮廓工艺”3D打印技术。

2013年1月，荷兰设计师Janjaap Ruijssenaars计划采用3D打印技术建造仿莫比乌斯环的3D打印房屋。2013年1月，欧洲航天局(European space agency，ESA)同建筑公司Forster和Parterners联手研发在月球打印一座空间站的项目，计划通过3D打印技术将月球现成的土壤及其他材料制成建筑材料，进而完成空间站的建设。

2013年2月，英国设计师Softkill Design使用3D打印技术以纤维尼龙为结构材料建造大批量民用住房。

2013年3月，荷兰DAS公司的建筑师建造了打印机，号称将建造“第一”的3D打印运河屋；2014年1月，该公司实现了运河屋组件的实际三维打印，预计将用3年时间完成组装。

2013年1月，我国盈创建筑科技(上海)有限公司利用高强度水泥和玻璃纤维复合制造了首批3D打印建筑，引发国内外多方关注；2015年2月，该公司又在苏州工业园区3D打印了一栋面积1100 m^2的别墅和一栋6层居民楼[69]。

(2) 建筑3D打印材料研究现状

目前3D打印材料主要分成4种类型：塑料、金属、陶瓷和蜡。这些3D打印材料成本差异大并且有特定应用的需求。塑料材料常用于各种精致的形状复杂的塑料零部件的制作；金属常用于高端行业，例如，航空航天与国防、汽车、医疗等；陶瓷使用在家居的装饰领域；蜡用在艺术和雕塑等领域。在这4种材料中，最有可能应用于建筑3D打印中的是塑料类有机材料。但是，如果利用光聚合物、ABS、PLA、尼龙等热塑性材料添加纤维后制成的有机材料在高温下熔融状态下进行打印，逐层沉积固化，其易发生氧化分解等化学反应，制备和施工过程释放的有毒气体会对环境和人体造成危害。此外，有机材料对打印条件要求高，成本高，力学性能差，用其打印的建筑宜居性差，一定程度上限制了建筑3D打印技术的应用。

现有的一般混凝土材料凝结时间长，通常的初凝时间为6～10 h，终凝时间约为24 h，不能满足3D打印材料在短时间内快速凝结的性能要求；且其一般呈流动性，无法满足3D打印需要的竖直堆积性能，所以无法作为3D打印材料使用。

(3) 建筑3D打印材料研究实例

下面提供一种适合建筑3D打印使用的水泥基复合材料，解决现有技术中用于3D打印技术的材料多为有机材料的问题，还解决现有普通水泥基材料凝结时间长且一般呈流动性、没有触变性能、不适用于3D打印过程的技术问题[69]。

建筑3D打印材料是目前研究的热点之一。下面通过举例来进行说明。其原材料中选用的水泥为唐山北极熊建材有限公司生产的42.5R快硬硫铝酸盐水泥。

42.5R快硬硫铝酸盐水泥的性能参数，如表5.5所示。

表5.5 42.5R快硬硫铝酸盐水泥的性能参数

品种	细度(%)	稠度(%)	凝结时间(min)		安定性	抗压强度(MPa)		抗折强度(MPa)	
			初凝	终凝		3 d	28 d	3 d	28 d
SCA 42.5R	—	27.9	45	73	合格	47.6	55.7	7.7	8.6

减水剂为聚羧酸P·C减水剂，用于减少拌和用水量、提高材料的强度。细集料分为20～40目、40～70目粗细两种机制尾矿砂。3D打印材料中使用尾矿砂，能够有效地降低材料成本，同时减少了工业固废对环境的污染，具有一定的节能环保作用。

3D打印材料的关键技术点体现在对材料凝结时间和强度的控制，这两个指标实现精确控制才能保证建筑3D打印的连续性和安全性。本实例从多种促凝剂、缓凝剂中试验选择可用的外加剂。其中，选用的早强剂是碳酸锂(J_1)、氢氧化锂(J_2)、硫酸钠(J_3)；选用的缓凝剂是硼酸(H_1)、葡萄糖酸钠(H_2)、酒石酸

(H_3)、柠檬酸(H_4)、四硼酸钠(H_5)、三聚磷酸钠(H_6)。稳定剂为自制复合体积稳定剂(VS),可保证材料黏结性好、稳定性高,具有良好的出泵形态保持能力,打印的建筑物具有良好的形态和体积稳定性。复合外加剂由触变剂、纤维素醚、纤维复合而成。

为了更好地控制水泥基3D打印材料凝结时间,一般需要选择合适的胶凝材料和外加剂。快硬硫铝酸盐水泥虽然有早期强度高、微膨胀等优点,但由于其水化速率很快,在实际使用过程中,往往需要使用合适的缓凝剂来控制施工时间。缓凝剂能吸附于水泥颗粒表面,并形成一层难溶的薄膜,对水泥颗粒的水化起屏障作用,延缓了水泥和浆体结构的形成,降低水泥的水化速度,使水泥的凝结速率和强度增幅较为平缓,能够使3D打印材料的凝结时间更加稳定、容易控制。但3D打印材料在实际应用中需要在打印工作结束后材料即可凝结硬化且具有更高的早期强度,因此需要使用促凝剂。促凝剂能够在水泥水化过程中起催化剂的作用,它能够促使C_3A和无水硫铝酸钙迅速水化形成大量钙矾石,迅速缩短水泥的硬化时间。因此在实际生产制备中往往是缓凝剂(保证打印工作的进行)和速凝剂同时使用(保证打印结束后强度立即形成)。

在实际生产和工程应用中建议使用促凝剂、缓凝剂复配调节硫铝酸盐水泥的凝结时间。试验发现,促凝剂碳酸锂和缓凝剂无水硼砂、葡萄糖酸钠、酒石酸复合使用能够有效地调节硫铝酸盐水泥的凝结时间。大量的试验总结出了在不同的环境温度下能够有效调节硫铝酸盐水泥系列材料的复合调凝剂JH,根据此规律对缓凝剂的掺量进行微调能够制备出凝结时间10 min～1 h任意控制的硫铝酸盐水泥基的建筑3D打印材料。

本实例研究了3D打印材料的凝结时间控制技术以及对材料力学性能的影响。主要以3种不同的复合调凝剂为变化对象,研究3D打印材料的凝结时间和抗压强度的变化规律。

不同环境温度下3D打印材料凝结时间与力学性能控制,如表5.6所示。

表5.6 不同环境温度下3D打印材料凝结时间与力学性能控制

环境温度(℃)	配比编号	复配调凝剂编号	凝结时间(min)		抗压强度(MPa)			
			初凝	终凝	2 h	1 d	3 d	28 d
5～10	A-1	JH-1	33	50	16.1	37.2	48.6	60.5
	A-2	JH-2	58	122	7.6	36.5	40.4	58.3
	A-3	JH-3	140	175	—	35.9	45.8	61.6
15～20	B-1	JH-1	15	26	24.4	41.2	54.6	59.5
	B-2	JH-2	35	46	15.8	40.3	50.5	64.7
	B-3	JH-3	75	90	5.3	38.7	52.3	62.3
30	C-1	JH-1	8	15	28.9	47.1	56.1	64.1
	C-2	JH-2	26	38	23.1	43.2	54.5	60.8
	C-3	JH-3	47	59	19.2	46.8	55.7	67.5

由表5.6中的数据可以看出,在不同的环境温度下,通过调节复合调凝剂中促凝剂和缓凝剂的组成,能够实现材料凝结时间在10～60 min内灵活控制,且调整范围大;能够满足不同季节和环境下的3D打印工程的进行。这种3D打印材料具有很高的早期强度和快速凝结功能,2 h的抗压强度内即可达到5.3～28.9 MPa;3 d后抗压强度为35.9～47.1 MPa,28 d后抗压强度约为60 MPa左右,能够满足3D打印建筑的承重墙、柱的强度要求,也能使打印的构件具有更好的力学性能。

3D打印建筑技术本质上属于一种增材制造工艺,设计师将数字化设计模型输入建筑打印机中,转化为打印指令,机器就会按照设计要求,将特殊材料一层层叠加成特定形状的建筑部件。3D打印建筑在效率提升和可持续发展方面具有明显优势。

3D打印使用的“油墨”是一种经过特殊玻璃纤维强化处理的混凝土材料,其强度和使用年限大大高于钢筋混凝土。空心墙体不但大大减轻了建筑自重,还可以随意填充保温材料,任意设计墙体结构,一次性解决墙体的承重结构问题,因此无论是桥梁、简易工房、剧院,还是宾馆和居民住宅,其建筑体的强度和牢固度可以做到符合甚至高于国家建筑行业标准。另外,"油墨"挤出后会很快凝固,保证打印机能连续打印。

3D打印不仅是一种全新的建筑方式,更是一种颠覆传统的建筑模式。3D打印的建筑更加坚固耐用,且保护环境、高效、节能,这种建筑方式不仅解放人力,还能大大降低建造成本。3D打印最大的亮点是把建筑垃圾再利用,同时让新建建筑不会产出新的建筑垃圾。

与传统建筑行业相比,3D打印的建筑不但建材质量可靠,还可节约建筑材料30%~60%、缩短工期50%~70%、减少人工50%~80%。据测算,3D打印至少能使建筑成本降低50%以上,让更多人住得起房子。不过,新型"油墨"打印的建筑的长期服役性能还待进一步验证。

5.2 水泥产品流通环节的过程减碳技术及实践探索

5.2.1 运输流通方式优化

5.2.1.1 我国物流的运输方式

交通运输的 CO_2 排放量约占我国总碳排放量的10%。国务院印发的《2030年前碳达峰行动方案》提出,加快形成绿色低碳运输方式。改善低碳交通基础条件、优化交通运输结构、推广应用新能源和清洁能源运输装备、倡导低碳出行。近年来,交通运输行业节能减排取得积极成效,为降低碳排放强度作出了有力贡献。政府除了大量地加修加建高等级公路,改善通车的条件外,还大力推广新能源和清洁能源运输装备。混凝土搅拌输送车等先进的高效节能的运输车辆层出不穷。数字化、科学化的运送调配方式实现资源的利用最大化。

在水运方面,我国不断推进低碳航道建设和推动靠港船舶使用岸电。在长江等内河航道整治工程中广泛应用生态护岸、生态护滩、人工鱼礁等新材料、新技术、新结构、新工艺,形成了以荆江"生态航道"(长江中游荆江航道整治工程)和长江南京以下12.5 m深水航道工程等为代表的一批低碳航道工程。截至2020年年底,全国港口和水上服务区具备岸电供应能力泊位约7500个,其中长江经济带共建成岸电泊位4700余个。长江游轮、大型客运码头以及京杭运河水上服务区基本实现岸电全覆盖、全使用。水运行业也开展应用液化天然气,内河船舶LNG加注站已超过20个。

近年来,我国港口"公转铁""公转水"成效明显。到2020年年底,环渤海、长三角地区等17个沿海主要港口的煤炭集港已全部改由铁路和水路运输;沿海主要港口矿石疏港采用铁路、水运和皮带机的比例达到61.3%,比2017年提高近20%。

铁路货运量占比不断提高。2020年,全国铁路货运量为 4.552×10^9 t,在全社会货运量中占比由2017年的7.7%提高至9.7%,铁路承担的大宗货物运输量显著提高。

水路货运量快速增长。水运具有运能大、单位运输成本低、能耗小、污染小的比较优势。近年来,我国加快完善内河水运网络,水路承担的大宗货物运输量持续提高。2020年,水路货运量达 7.616×10^9 t。

5.2.1.2 集约化运输

我国多式联运稳步发展。铁水联运、公铁联运、空铁联运、江海联运等运输组织模式创新发展,2020年,全国港口完成集装箱铁水联运量687.2万标箱,同比增长29.6%。2023年1月31日,交通运输部、自然资源部、海关总署、国家铁路局、中国国家铁路集团有限公司联合印发《推进铁水联运高质量发展行动方案(2023—2025年)》(以下简称:"铁水联运方案")。

"铁水联运方案"中涉及水泥行业的内容为:要推进"散改集"运输。积极推进粮食、化肥、铜精矿、铝矾土、水泥熟料、焦炭等适箱大宗货物"散改集",加强港口设施设备建设和工艺创新,鼓励港口结合实际配置

“大流量”灌箱、卸箱设备,鼓励铁路针对大客户开行“散改集”定制化班列。深入开展港口内贸集装箱超重运输治理,加强港口、航运、铁路企业间联动,禁止超重箱进出港口、装卸车,促进铁水联运安全发展。

5.2.1.3 水泥行业运输状况

运输方式的不断优化,为运输便捷、费用降低、碳耗降低提供了越来越好的条件。水泥及其制品的运输同样获得了更好的机会和选择。

根据中国水泥网的描述,水泥产品的生产流通过程大致包括 4 个部分:从矿山到熟料生产工厂的原材料(矿石)运输、从熟料生产工厂到粉磨站的熟料运输、从粉磨站到销售商的粉状水泥运输、从销售商到工地的末端成品混凝土运输。从矿山到粉磨站的运输过程,一般由水泥公司旗下的自主物流运营部门负责。自粉磨站之后的物流体系,以第三方物流为主,大部分销售商没有自建物流体系。

水泥物料流通过程示意,如图 5.13 所示。

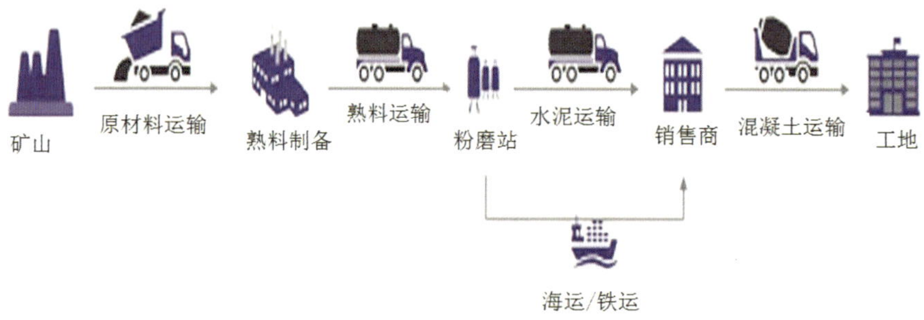

图 5.13　水泥物料流通过程示意

水泥的运输一般采用袋装运输和散装运输两种形式。

传统水泥物流主要以袋装运输为主。即在粉磨站直接将水泥进行袋装,通过一般的厢式、栅栏式货车就可以进行水泥运输。我国在 2010 年就颁布禁令限制在施工工地使用袋装水泥,对厂商来说,袋装运输的包装袋制作成本高昂,每年在袋子上的花费就超过 7 亿元;对客户来说,使用完水泥后,包装袋的处理是一个额外的负担,大部分会选择批量焚毁。不管是焚毁或是直接丢弃,都会对环境造成较大污染,这就是我国为何限制工地使用袋装水泥的原因。

散装运输是指通过罐车、罐船、罐式集装箱直接运输水泥,可利用空气压缩机对水泥进行装卸。发达国家的水泥散装运输率高达 90%,我国前些年的水泥散装运输率不到 50%,随着国家大力推进散装运输,目前我国水泥散装运输率已经超过 65%。虽然水泥罐车的罐体设计存在一定的漏洞,装载时无法有效利用全部空间,并且装载时间较长,但相对而言,水泥罐车可以有效减少袋装成本,并且可以降低运输人力成本。

5.2.1.4 末端混凝土的运输

末端的混凝土以及预拌砂浆的运输,采用混凝土搅拌车进行运输。采用搅拌车将混合后的混凝土从商家处运送至工地,在水泥的流通过程中扮演着“最后 1 km”的角色。一般容积为 12 m^3 的混凝土搅拌罐车的荷载为 44.8 t(罐车自重 16 t),车身较重是其发生事故较多的主要原因。在运输过程中,搅拌车的搅拌筒会保持转动,防止混凝土凝固。搅拌车只能配送 4 h 以内能到达的工地,超过 4 h 后混凝土基本无法再使用。在运输过后,硬化的混凝土通常会残留在车体内部,影响下一次搅拌车的使用容积,用清水也很难清洗掉。

5.2.1.5 水泥制品的运输

国内装配式建筑行业起步较晚,目前构件厂的转运、堆放及运输方式较为落后。预制构件的运输方式,与试件类型、大小、形状有关,通常利用货车、挂车或平板车,采用平躺或竖立的方式运输,并需采取绑扎固定措施防止构件移动,必要时设有支架。试件装车后用钢丝绳或软质固定带与车体固定,接触点应设置起隔离、保护作用的垫层。由于国内通常没有专门的运输车辆和构件搁置架，在一定程度上增加了预制构件运输过程中的破损概率，大大降低了大型预制构件的运输效率。

横向构件中楼板、梁等的运输较为简单。楼板通常利用工字钢运输，其他水平构件多采用平层叠放。这种运输方式主要存在如下问题：

① 大型构件在堆场及在运输车上通过垫块传力，放置在最下层的构件极易损坏；

② 构件自重较大，在运输过程中由于道路颠簸，构件损坏率较高；

③ 在运输车上，主要靠木方的摩擦力及绑带固定以防止构件移动，在急刹车、转弯易时，易出现安全事故。

竖向构件，通常被置于 A 形架和竖向固定架上，并采用低台板车运输。采用 A 形架运输时，货架直接放置在货车上，利用货架和构件自重产生的摩擦力固定；采用竖向固定架运输时，货架和货车间通过集装箱卡锁固定，该方式只能将货架和货车连接在一起，没有减振措施。以上两种运输方式主要有以下缺点：

① 堆放主要以靠放为主，堆放顺序决定了吊装顺序，遇特殊情况无法吊出最内侧构件；

② 运输货架主要通过构件及货架重力产生的摩擦力固定，在车辆紧急制动时存在风险隐患；

③ 传统平板车在装载 3 m 高的外墙板时，往往会超过道路限高 4 m(加上车辆本身高度)要求，无法顺利转运。

在预制构件运输过程中，车辆运输条件、构件放置的位置、构件实际受力方向、运输过程中出现紧急情况等都可能引起构件破坏，主要有以下几种形式：

① 由于路面颠簸、车辆转弯或加速、紧急制动，导致构件发生破损、开裂；

② 由于货车所受外力超过最大限度，导致构件倾覆；

③ 由于构件绑扎部位的摩擦作用，导致混凝土破损掉角[70]。

水泥的运输方式有多种形式，短距离常用螺旋输送或皮带输送等方式，中近距离(100 km 内)多采用汽车运输，中远距离(＞200 km)常采用汽车、火车或轮船运输。汽车运输虽然是最方便的一种方式，但是无论是输送矿石、输送熟料还是输送水泥运送成本都很高，且由于动力均来自化石燃料燃烧，碳排放量是非常惊人的。此外，这种形式对于交通道路或是周边的卫生环境都极为不利。水泥运输的变革正如火如荼地进行，各种新的实践正不断地开展。

水泥的运输成本比较高，平均约为 0.7 元/km，因而水泥的运输距离通常不远，否则会因运输费用过高而失去竞争力。公路运输一般不到 200 km，铁路运输约为 400 km，水运也仅约 1000 km。然而，我国是世界水泥产销第一大国，约占全球水泥产量的 74%。2018 年，我国水泥产量高达 2.21×10^9 t，远超第 2 名的印度(其水泥产量约为 3×10^8 t)。虽然我国在 2017 年宣布削减水泥产能后，水泥的产量有所下降，但国内水泥产量依然领先于世界水平。大批的水泥产品涌向其他国家，高效低能耗的运输方式尤其重要。即使在国内，因区域发展的不平衡，长距离的运送也无法避免。传统水泥运输成本较高，且在运输过程中泄漏、浪费问题较严重，直接导致了水泥的销售价格居高不下。集装运输是一种高效、节约的运输方式，为世界各国广泛采用。它对于包装小、易破损、装卸环节多的货物，经济效益尤为显著。这种新的运输方式在水泥运输领域也进行了试验推广，是减少破包、节约木材、避免压库停产、提高运输效率、改善劳动条件、减少环境污染的一项有效措施。罐式集装箱运输的革命，解决了袋装水泥包装成本高、运输过程中损失较大的问题，同时也改善了传统运输环境污染较大的弊病；而开展公铁水多式联运，可以进一步扩大水泥销售半径，减少碳的排放，加大企业在其他区域的竞争力。

① 集装箱改变水泥运输

国内 1982 年开始启用集装箱袋装运输，减少水泥损失，但依然无法解决袋装费用的高昂成本。然而，推出散装水泥罐式集装箱运输，是一次重大的变革。

a. 降低包装及处理成本

散装水泥罐式集装箱运输，每年节省的袋装成本＞7×10^8 元，并且减少了污染排放量，客户不需要再考虑如何处理包装袋，只需要负责承担一部分后续的清箱费用即可。

b. 减少运输过程中的损失和污染

袋装水泥运输中，水泥的挥发泄漏使得水泥在到达后损失很多，而水泥罐式集装箱的运输，使得水泥在保管方面得以保障，减少运输过程中的损失量。另一方面，袋装水泥在运输过程中的扬尘会对周边造成很大的污染，罐式集装箱可很好地保存水泥，减少污染。

② 多式联运拓宽水泥运输半径

一般水泥的公路运输距离在 200 km 以内，距离越远的客户所要承担的运输成本就越高，而海螺水泥基本 75%以上的长距离运输都以铁路的方式运营。通过水泥的水路与铁路的多式联运，在降低运费成本的同时，加大水泥的运输半径，增加海螺水泥在其他区域的水泥竞争力。

5.2.2 物料运输过程的减碳实践探索

在水泥行业中，人们为了节能减碳进行了不间断的探索，开展了全方位的装备和技术革新，让运输过程中的㶲进一步降低，运输过程㶲耗量不断优化。这中间先后出现了不少大胆的、有创意性的并能够降低汽车运输率的方式和办法，不仅使碳排放量减少不少，而且经济效益也十分显著，对环境的改善更是贡献极大。

5.2.2.1 封开长胶带廊道

(1) 项目概况

为了减少运输中的能源消耗，减少 CO_2 排放量，华润建材科技在华润水泥(封开)有限公司(简称封开公司)中选择了用长皮带廊道运送石灰石的方案。该长廊实际启用后，石灰石的运输成本由 20 元/t(汽车运输)降低为 7 元/t。按照每 1 d 运送石灰石 4×10^4 t 计算，每天可节省的费用在 50 万元以上，每年减少碳排放量 $>2.6\times10^4$ t，经济效益和社会效益十分明显。该皮带廊道工程为双通道(即左线及右线输送廊道)，输送能力为 2×2500 t/h，始于河儿口镇双枧村(石灰石矿山所在地)，止于长岗镇都苗村，全长 52 km。

封开项目由法国乐贝尔-雷伊公司实行工程总承包(EPC)，但土建除外。土建工程由中国中材国际工程股份有限公司南京水泥设计院(以下简称：南京院)设计，业主组织施工。

2008 年 9 月 28 日，封开项目工程开工；2009 年 7 月 20 日，第 1 条通道设备(右线)开始安装；2010 年 3 月 10 日，首次带料试运行；2010 年 9 月 27 日，达标考核验收通过。2011 年 8 月，第 2 条通道设备(左线)投入运行。

据不完全查证，该廊道是目前世界上最长的曲线皮带运输系统，也是水泥行业中最长的皮带输送廊道。全部建成后的廊道共计 52 km，分为 C_1、C_2、C_3、C_4 廊道，长度分别为 12.6 km、10.3 km、12.5 km、16.5 km，4 条皮带首尾相衔接。设计皮带带宽为 1400 mm，带速为 4.95 m/s，托辊直径为 159 mm，全线共计 13 个水平拐弯(含一个“S”弯)，输送带均为钢丝胶带。软启动方式为变频软启动。单条输送系统由 19 台 750 kW 的电机变频驱动，整个系统共 38 台主驱动电机，装机容量为 28500 kW，采用 35 kV 供电方案，设计单位产品电耗为 4.25 kW·h/t。

4 个转运站均配置有下料弧形阀、收尘器、空压机等。沿线每隔 150 m 配有一对拉绳开关，弯道进出位置配置有跑偏开关。整个廊道的设备由一套 DCS 系统控制(通信采用双回路)，在 T45 转运站设有中央控制室，负责对 40 km 廊道设备的开、停机及监控。

此外，系统还配置了 17 台分布在 40 km 沿线的电视监控系统，一套呼叫距离 48 km 的无线对讲系统及负责沿线巡检人员相互间沟通的移动电话、固定电话通信系统。

封开石灰石运输长廊，如图 5.14 所示。

封开皮带廊项目的工程特点就决定了该项目的开展有很大的难度，其工程特点可以概括为以下几点：

① 施工条件复杂

40 km 皮带廊，沿线地形、地质特点复杂，途经山涧沟谷、河流、水田、高山丘陵、陡坡、水塘、旱地、果园、森林、民房、古墓、国道、省道等地貌，地表高差大，地形起伏从 50 m 至 230 m 不等；沿线大多为沙性

图 5.14 封开石灰石运输长廊

土，雨后流动性很大。因此，水土保持难度及工程量均很大。

② 施工管理难度大

设备材料运输、人员通行困难，施工受天气影响较大，全线无电、无水、无路，施工及管理难度极大。

③ 施工工程量大

40 km 廊道含架空钢筋混凝土廊道约 20 km、贴地段廊道约 10 km，钢结构廊道约 10 km。该工程穿越河儿口、渔涝、杏花、罗董、长岗 5 个镇，计 22 个行政村、150 多个自然村，被征地农户达 10000 多人。跨越 50 多座大、小山岭约 1.5 km 河流；1 处国道、4 处省道。

(2)项目设计与招标

① 线路设计

初拟定 10 个线路方案中，从河儿口到罗董镇罗演村的线路走向基本一致，从罗演村到厂区的走线差异很大，大致分为三类："东线方案"、"中线方案"和"西线方案"。"东线方案"和"西线方案"以不穿越"杨池古村"(当地一旅游景点)后背的大山为前提，基本上在山谷中穿行，"东线方案"皮带线路弯道多，总长度较"中线方案"长 3 km，"西线方案"基本上沿 S266 省道布置，房屋拆迁工程量很大，总长度较"中线方案"长 6 km。经多方比较论证，项目组最后一致决定最后一致采用"中线方案"。中线方案基本是一条直线，长度最短，但要穿越高山等复杂的地形。原部分方案中提及的"打隧道"方案，隧道施工周期长、费用高，满足不了项目总进度要求，而采用乐贝尔-雷伊公司提出的技术方案可以不打隧道。

② 路径优化

通过对皮带廊沿线进行仔细勘察，乐贝尔-雷伊公司第一次提供的路径图穿过村庄过多，需要拆除民房 73 间；第二次提供的线路图需要拆除民房 15 间。为了加快征地进度、减少对村民的影响、降低拆迁费用，华润建材科技进一步提出修改优化路径，最终方案只需要拆除民房 4 栋、牛栏 6 间，也避免了从"大班石"景点旁经过，C_3 增加了一个弯道而绕开一座大坟墓，C_4 增加 2 个弯道而避免了"瑶山村"的整体拆迁。

③ 剖面图设计

乐贝尔-雷伊公司第 1 方案支撑高度太高(60～90 m)，经华润建材科技审核修改后第 2 方案的挖掘土方量太大(5×10^6 m^3)，支撑高度大多在 20～40 m，最终确定方案的挖掘土方量为 2.5×10^6 m^3，降低了支撑高度、吊装难度和风险。

④ 招标概况

2008 年 6 月 6 日，封开公司结合评标小组意见，充分考虑投标商业绩、商务报价及今后长期稳定合作等方面因素，确定由法国乐贝尔-雷伊公司中标，中标价为 5.1×10^8 元人民币。

由南京水泥设计院承担廊道土建结构设计工作；由广州和立土木工程有限公司负责山体开挖和边坡加固，以及滑坡体、弃土场、排水和绿化设计，防止山体滑坡、坍塌，做到先边坡治理后主体工程施工；由中冶集团武汉勘察研究院有限公司负责皮带廊道建筑物注脚加固和挡土墙、排水沟的设计，防止洪水冲刷注脚而影响廊道结构安全；由肇庆粤能电力设计有限公司负责皮带廊道供电工程的设计。

(3) 土建施工

该项目土建施工有以下特点：

① 工期短

项目工程包括土建、设备安装、调试在内，总工期<18 个月(项目最初估计需要 3～5 年才能建成)。

② 施工环境复杂

面对复杂的施工环境，各种大型机械设备如何到达施工现场是首要问题。施工队进场后，与技术人员克服各种困难，经过无数次现场勘察，合理规划临时道路、桥梁、生活营区、弃土场布置方案。为修建临时道路，投入工程机械 200 余台(套)。修筑施工便道约 76 km，修筑联通道路 22 条约 38 km，修筑跨七星河、杏花河等大型便桥(长 10 m 以上、过载 60 t 以上)6 座、其他施工便桥 10 多座，全线硬化路基约 70 km。

③ 施工工程量巨大

廊道工程山体开挖土方约 2.5×10^6 m^3、岩石 3.5×10^5 m^3，弃土堆放困难。经现场勘察，全线共设置了 12 个大型弃土场。廊道土建工程量大，战线长，施工单位投入周转材料近 9 km，投入发电设备近 230 套，投入泵车>12 台，高峰时全线施工人员>8000 人。

皮带廊施工沿线穿越 9 处滑坡体、59 个山头，地表高从 50～230 m 不等，土石方工程量约 2.85×10^6 m^3，P_2～P_4 标段多为水田、耕地、河流，P_5～P_8 标段全是丘陵高山，土质大多为砂性土，对雨水冲刷相当敏感，水土保持及加固工程任务尤为艰巨，全线基础加固、边坡治理及水土流失治理总投资额>1×10^8 元。对基础、上下边坡、滑坡体、弃土场、挡墙、排水系统等岩土工程的处理，以及水土流失的治理好坏，是事关整个皮带廊道建筑结构安全、百年大计的关键所在。

(4) 钢结构施工

钢结构工程的启动工作是从 2009 年 3 月份开始，共计 1.87×10^4 t 的钢结构首先在加工厂制作成半成品。钢结构廊道分布在全线 40 多处的位置，共修筑拼(吊)装场地 40 多处，安放柴油发电机约 50 台，安装临时供电、搭设过河便桥 6 跨，修建供钢结构施工人员吃住的临时工棚 20 多个。同时，在后方的钢结构车间完成钢材进货、检验、下料、除锈、涂装、半成品制作、组对、探伤等工作。当沿线部分钢结构作业面的施工便道、联通便道及拼(吊)装场地修筑完并具备施工条件后，逐步将钢结构半成品运往现场，进行拼装、检验、探伤等工作，当部分钢框架基础和混凝土廊道施工完并验收合格后，进行钢框架吊装，框架吊装完并验收合格后再进行桁架吊装。

(5) 生产调试

2010 年 2 月 9 日，C_2 皮带机单机空载试机；2010 年 3 月 10 日，皮带廊道成功带料运行；2010 年，从 6 月份起，长皮带系统经过近 3 个月的生产调试，系统主要问题得以解决，运行日趋稳定，设备运行步入良性发展；封开基地 2010 年 7 月 27 日，产能首次突破 3×10^4 t/d，(达 31428 t/d)；2010 年 9 月 26 日，产能首次突破 4×10^4 t/d(达 40152 t/d)，完全满足 2 条窑生产所需的石灰石供应。

2010 年 9 月 25 日～2010 年 9 月 27 日，测试人员对长皮带系统进行达标考核。此次达标考核总运行时长为 35.99 h，共计运送物料量 84084 t；总停机时长 1.05 h，符合规定的停机时间≤2.4 h 的要求；有效时产量为 2537.1 t/h，符合合同规定的每 1 h 运送物料量≥2500 t 的要求；电耗量为 4.24 kW·h/t 的要求，考核达标合格。

(6) 项目实际收益

从首次投入运行起，该长皮带廊道很好地满足了 4 台窑的生产需求，证明了其优秀的设计及建设质量；在复杂地形地质、南方雨水丰富的地域，廊道建筑安全可靠；系统可靠度、安全、节能、环保等性能达到了设计要求。

皮带廊与汽车运输的 CO_2 排放量示意，如图 5.15 所示。

皮带廊与汽车运输的 CO_2 排放量的差值分析，如表 5.7 所示。

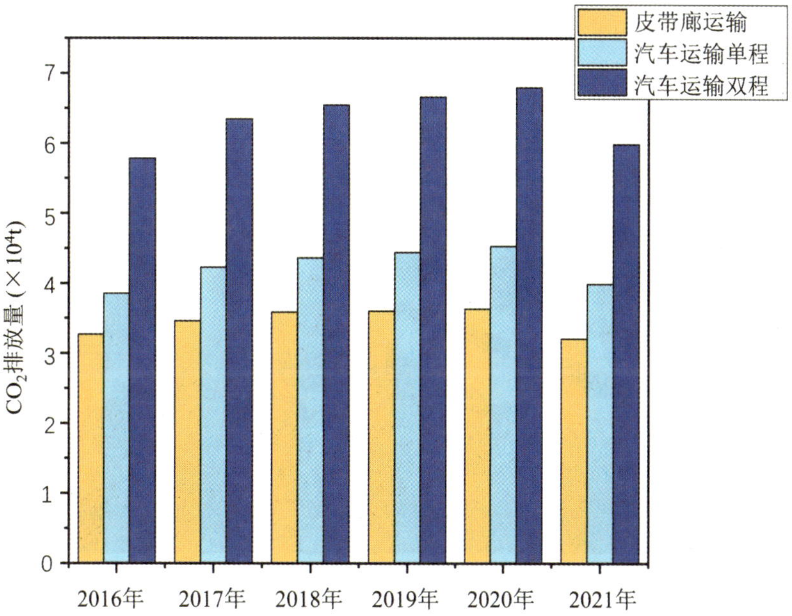

图 5.15　皮带廊与汽车运输的 CO_2 排放量示意

表 5.7　皮带廊与汽车运输的 CO_2 排放量的差值分析

项目	2016 年	2017 年	2018 年	2019 年	2020 年	2021 年	平均值
单程差值(t)	−5839	−7704	−7791	−8415	−9001	−7839	−7765
双程差值(t)	−25106	−28856	−29610	−30618	−31653	−27796	−28940

该廊道实际启用后，石灰石的运输成本由约为 20 元（汽车运输）降低至约为 7 元，按照每 1 d 运送 4×10^4 t 石灰石计算，每 1 d 可节省费用 $>5\times10^5$ 元，每 1 a 减少碳排放量 $>2.6\times10^4$ t，经济效益和社会效益十分明显。

5.2.2.2　全电物流熟料输送系统

湖州南方物流码头建成全封闭、全架空、耐高温、无污染的“全电物流”一期项目，取代了传统重型货车运输，有效减轻了扬尘、噪声、尾气等污染的危害，改善了区域环境。

水泥熟料会被装上一辆辆装载量为 40 t 的柴油货车，由煤山镇先运到小浦镇码头，再转水运输送到上海、杭州等长三角城市。301 省道煤山镇至小浦镇这段路，每 1 d 有 6000 多辆（次）重型卡车运输。这种运输方式既严重制约产品运输能力、增加物流成本，也让地方承受了一定的交通压力和环境风险。每天产生的大量扬尘、噪声、机动车尾气，严重影响人居环境和居民身体健康。

2017 年，湖州南方物流码头水泥熟料全电运输项目启动建设；2018 年，项目投入运行。项目由 3 部分组成：槐坎南方至长兴南方输送带、白岘南方至长兴南方输送带、长兴南方至小浦镇码头输送带，全长近 22 km，共分 3 个标段施工建设，累计投资 5.2×10^8 元，每 1 a 运输水泥熟料量可达 1.05×10^7 t。该项目被列入了交通运输部绿色示范项目。

槐坎南方至小浦镇码头输送带，如图 5.16 所示。

“全电物流”二期项目于 2019 年 10 月启动建设；2021 年年初项目建设完工。该项目从安徽省广德市到浙江省长兴县，总长度约 13.5 km（其中浙江省境内 8.5 km）。该全电密闭式长胶带水泥熟料输送系统每 1 a 输送熟料 6×10^6 t，每 1 d 可减少运输的柴油货车 200 辆（次）和粉尘排放量 500 t、氮氧化物排放量 1000 t，有效促进了长三角生态绿色一体化发展。

该项目全程采用带式机廊密封运输，靠连接电网提供动能，无须额外燃煤或燃气，实现超低能耗、零排放，廊道顶部安装约 200 个无动力通风帽，输送支架采用静音托辊，降低输送噪声。

图 5.16 槐坎南方至小浦镇码头输送带

该项目开创了“空水联运”新模式。将上游成员企业生产的水泥熟料通过带式机廊运输到中转站，再从中转站通过带式机廊运输到码头，最后由码头通过水路运往嘉兴、上海等地分销，这也是继“河海联运”之后的一种全新运输模式，取代了传统的重型货车运输。

5.2.2.3 轮轨式输送机

(1) 项目背景

2016 年 3 月，新华社发布的《中华人民共和国国民经济和社会发展第十三个五年规划纲要》就明确提出了“五年内单位国内生产总值二氧化碳排放下降 18%”的目标。2020 年 9 月，我国正式提出“二氧化碳排放力争于 2030 年前达到峰值，努力争取在 2060 年前实现碳中和”的目标。2021 年全国两会，“碳达峰”和“碳中和”首次被写入政府工作报告，并被列入 2021 年后的重点任务。“低碳、绿色、环保”的发展方式和生活方式是贯彻新发展理念的必然要求，也是生态文明建设的重要一环。

生态环境部发布的《碳排放权交易管理办法(试行)》于 2021 年 2 月 1 日起施行。按照其要求，企业年度温室气体排放量达到 2.6×10^4 t CO_2e(折合能源消耗约为 1×10^4 tce)，即纳入温室气体重点排放单位，应当控制温室气体排放、报告碳排放数据、清缴碳排放配额、公开交易及相关活动信息，并接受生态环境主管部门的监督管理。水泥行业碳排放量占全国碳排放总量约为 13.5%，水泥行业已被纳入全国碳排放权交易市场，“碳排放”关系到水泥企业的生死存亡。

华润建材科技使用的长距离散料输送设备都是传统托辊支撑结构的胶带机，虽然替代了传统的汽车输送工艺，实现了低成本输送，但距《中华人民共和国国民经济和社会发展第十四个五年规划纲要》中提出的碳达峰、碳中和目标还有差距。为响应国家“双碳”号召，引领建材行业技术进步，提高公司经济和社会效益，华润建材科技加速技术创新，颠覆传统结构，开发了一种新结构的输送机，大幅度节能减排，以实现公司高质量创新发展。

目前，长距离输送机的主要结构形式是沿线布置很多固定旋转的托辊组承托输送带。长距离、大运力带式输送机主要的节能技术，有以下几种：

① 低阻力托辊组技术

通过采用新材料和低阻力密封技术制造轻型低阻力托辊，如具有迷宫密封结构的高分子托辊，可以使输送机的平均阻力系数由 0.025 降低到约 0.022。但是，其节能效果一般，在上运或下运等非水平输送情况下节能效果较差，而且低阻力托辊成本高，是传统托辊的 1.5～2 倍。

② 节能输送带技术

输送带与托辊组之间的压陷阻力是带式输送机运行过程中的主要阻力，尤其对于长距离、大运力输送机，输送带的强度高、自重大，造成系统阻力超大。目前，节能输送带的研究是行业热点，可以使用芳纶输送带、超薄钢丝绳芯输送带，以及调整输送带与托辊的接触面的材料配方来降低压陷阻力，但是试验和应用表明，采用此种方式对输送机的能耗降低仅有 8%～10%（封开长胶带廊道即采用了此种胶带），而造价是普通输送带的 1.5 倍左右，并且其耐冲击能力差，使用寿命短。

国内、国外厂家的长距离带式输送机产品均属于托辊支撑结构的传统结构方式，其存在以下问题：

① 运行阻力大，造成系统装机功率大，驱动系统和输送带等难以满足单机超长距离输送的要求；

② 输送带压陷阻力占输送机总阻力的 60%左右，物料挤压阻力占 15%左右，这些对物料的搬运没有贡献，浪费大，运行成本大；

③ 长距离输送机沿线有成千上万组托辊，故障率高，需要人工巡检，管理和维护工作量大；

④ 输送机系统状态监测不全面、故障自诊断能力弱，智能化水平低，辅助决策能力差。

上述问题一直没有得到解决，究其原因，想补齐这块产业短板，需要研发一种新型的高端的输送装备替代传统装备，不但要攻克主机的理论和设计，而且要攻克核心部件的研制。研发这种新型高端装备需要投入大量科研经费，又涉及机械、电气、材料、液压、计算机、光学、电磁学等多个学科，单个企业或高校、科研机构根本无法独立完成。

（2）轮轨式输送机核心技术及创新点

① 技术路线

轮轨式输送机设计具体实施方案如下：

a. 研究承托结构与输送带同步运行的轮轨带式输送系统。包括支撑结构、拉紧结构、回转结构和头尾结构、减震结构等的设计，搭建试验样机进行测试，构建完善系统阻力模型，形成系统的设计方法。

b. 研制高效驱动系统。基于高转矩密度直驱电机拓扑结构，建立高精度电机模型，研究电-磁-机-热多场耦合优化方法，研究强迫风冷、槽内水冷、直接油冷、绕组封装等高效散热方法，形成高效冷却结构及其设计方法，解决驱动系统体积大、能耗高、散热困难的问题。

c. 研究轮轨带式输送机能效评价标准。建立模型，进行仿真，研究对比不同运量、带速等工况条件下的电耗、温度、系统效率、功率因数等测量和计算数据，结合输送机阻力模型，分析影响输送机能耗的主要因素，进行噪声与振动分析等。对比轮轨带式输送机与传统带式输送机的节能效果，进行详细的碳排放计算与分析。

d. 研制智能化运维管控平台。梳理装备运维关键核心状态参数，构建散料输送装备全状态信息智能感知边缘网络体系，设计多源异构大数据集成和快速融合策略，提出多尺度数据深度迁移的散料输送装备故障诊断和智能维护模型，构建散料输送装备智能化运维管理监测调度平台。

e. 样机试制。整体组装和测试，并改进优化。

f. 工业性测试、可靠性试验和示范应用。

轮轨式输送机设计技术路线，如图 5.17 所示。

② 核心技术

a. 轮轨带式输送机承托结构设计：设计合理的承托结构形状，对承托结构进行受力分析和运动稳定性分析，防止运行过程中承托结构卡轨和脱轨。

b. 轮带式输送机承托支架安全回转技术：进行承托结构与回转轮结构运动学和动力仿真，设计连续平稳导向装置和回转轮行程自动拉紧补偿装置。

c. 轮轨带式输送机减振降噪技术：建立轮轨输送振动耦合传播模型，研究不同轮轨材料耦合降噪特性，合理设计减振降噪结构。

d. 高效驱动电机的多场耦合优化设计技术：研究电-磁-机-热多场耦合优化技术，提高驱动电机效率，设计高效冷却结构，解决驱动系统能耗高、散热困难的问题。

e. 轮轨带式输送机的能耗量测试技术：研究带式输送机能效测试方法。

f. 轮轨带式输送机智能化健康监测技术：设计多源异构的大数据集成和快速融合策略，提出多尺度数据深度迁移的带式输送机故障诊断和智能维护模型。

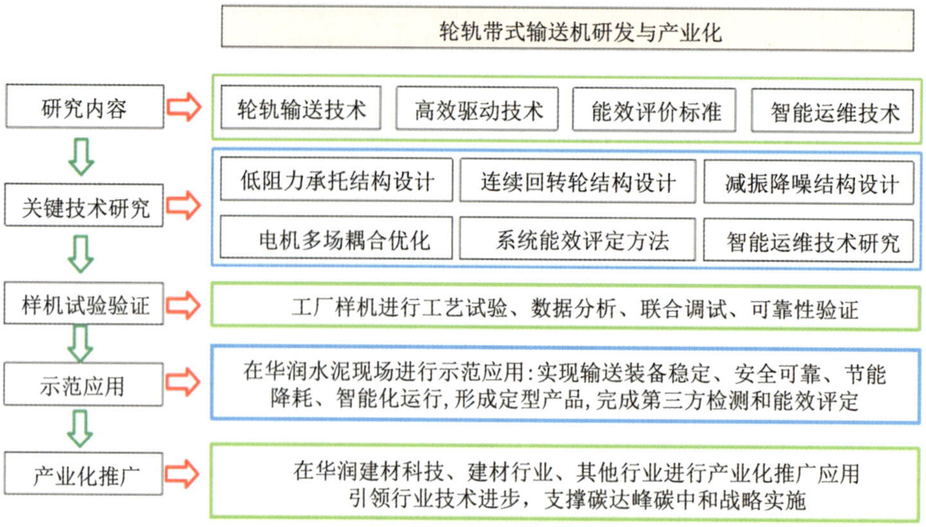

图 5.17　轮轨式输送机设计技术路线

③ 技术创新

a. 开发新型无托辊支撑输送装备替代传统的托辊支撑结构输送装备,消除输送带压陷阻力和弯折阻力,开发出高效驱动装置,解决高转矩密度下散热难的问题。

b. 构建散料输送系统全状态感知系统,突破准确快速多信息融合与故障监测诊断技术,研制出散料输送装备健康运维管控平台。

c. 研究散料输送装备的能效及评定方法,为散料输送装备的节能降耗评估、碳减排评价提供依据。

(3) 项目实际建设情况

该项目于2021年9月完成项目总体方案制定;2021年10月完成项目胶带机中心线空间曲线制定、典型截面设计;2021年11月完成轮轨带式输送机回转结构设计与试制;2022年2月完成轮轨带式输送机高效驱动系统设计与试制;2022年4月完成轮轨带式输送机减振降噪研究;2022年5月完成轮轨带式输送机远程运维系统设计;2022年9月前完成5项专利申请,登记软件著作权1项;2022年6月前完成主机主体制造;2022年9月前完成项目中间段安装;2022年10月前完成项目头尾安全回转机构及驱动部安装;2022年11月前完成调试,投入试运行;2022年12月完成智能化系统安装;2023年4月前完成工业性试验与示范项目总结和评价;2023年6月前完成项目总结,撰写技术研究报告,并完成项目科技成果评价。

项目着重研究开发的内容如下:

① 研发轮轨式输送机系统结构:针对传统托辊支撑结构带式输送机运行阻力大造成带式输送机功耗大、最大计算张力超限、装机功率过大的问题,研究基于承载机构与输送带同步运行的轮轨式输送理论,设计轮轨式输送机的承载、回转和拉紧结构等;

② 开发新型散料输送装备高效永磁驱动装置和技术:针对散料输送装备负载工况多变、传动链长、电机效率低等造成驱动系统效率低、能耗大问题,研究高转矩密度直驱电机拓扑结构,基于高精度电机热模型,采用电-磁-机-热多场耦合优化方法,研究强迫风冷、槽内水冷、直接油冷、绕组封装等高效散热方法,设计高效冷却结构,解决驱动系统体积大、能耗高、散热困难的问题。

③ 开展轮轨带式输送机运行能耗研究:建立散料输送装备能效等级评定标准,研究能耗测试方法,进行轮轨带式输送机与传统带式输送机的节能效果对比研究、分析评价,对散料输送项目的碳减排评价提供科学的指导。

④ 开发轮轨带式输送机智能化运维管理平台:针对散料输送装备可靠性差、重大故障突发、日常维护管理困难、智能化水平低的难题,构建散料输送装备全状态信息智能感知网络,设计多源异构大数据集成和快速融合策略,提出多尺度数据深度迁移的散料输送装备状态异常预警、故障诊断和寿命预测模型,研究散料输送装备健康运维演化机理,构建散输送装备智能化运维管理监测调度平台。

(4) 项目实际经济效益

轮轨输送机在肇庆润信新材料有限公司完成示范应用，为产品的产业化推广奠定了基础。肇庆润信新材料有限公司正在投资建设的“大排山矿产能为 3×10^7 t/a 的建筑花岗岩集料项目”，以“高起点、高定位”为目标，以“绿色低碳、生态环保、科技赋能、产业联盟”为支撑，推动集料产业升级。输送能力为 3×10^7 t/a 的矿区到码头的长距离皮带运输是集料项目的“生命线”，也是该项目“耗能”的主要设备，通过将本项目完成运用之后，可获得以下效益：

① 实现节能降耗，比传统带式输送机节能 60%以上，预计可节电能力 $>2.20\times10^7$ kW·h/a，节省电费能力达 1.1×10^7 元/a[电价以 0.5 元/(kW·h)计]，CO_2 减排量可达 2.11×10^4 t/a。以每条输送机寿命 20 a 计算，累计节省电费 2.2×10^8 元，CO_2 减排量可达 4.22×10^5 t，按目前广东省碳交易价格 43 元/t 计算，可获得收益 1.815×10^7 元。

② 该轮轨胶带结构相较于传统的托辊胶带结构，运行噪声大为降低，预计减少噪声治理费用为 2×10^7 元。

③ 因运行阻力降低、带强相应降低两个等级，设备自重变轻，廊道受到的荷载减少，预计设备投资可节省 10%，约为 1.7×10^7 元。

④ 因轮轨结构不同于全长分布有托辊的传统胶带机，设备巡检时只需关注头尾部，加上本项目特有的智能监控系统在内，人工巡检工程量大为减少，预计可减少 10 名巡检人员。

通过项目的实施，创造了显著的经济效益、社会效益和生态效益，推动了建材行业绿色发展，重新建立了散料输送装备的能效评价方法，为“中国制造 2025”“碳达峰、碳中和”战略提供有力支持。

5.2.3 水泥产品集约化管理

目前，我国有相当一部分水泥集团的备品备件采购，包括众多物流服务环节等，由该水泥集团所属各分公司独立完成。在这种运作模式下，由于各分公司相互之间的业务沟通较少，所以产品流通效率明显不高，实行集约化管理很有意义。

集约化原是经济领域中的一个术语，指在同一经济范围内，通过经营要素质量的提高、要素含量的增加、要素投入的集中以及要素组合方式的调整来增进效益。即在最充分利用一切资源的基础上，更集中合理地运用现代管理与技术，充分发挥人力资源的积极效应，以提高工作效益和效率。可理解为“集合要素优势、节约生产成本”，以提高单位效益。

建筑业不光需要集约化，还应该有产品化的思路，把建筑做成完整的产品交付给使用方，并不是像现在的离散模式，一个工地按照订单去采购、去生产、去运输，使整个施工建造的周期大大拉长，造成人员、材料和时间的浪费。而集约化，通过集成到产品，提供给业主多样化组合方式，不仅能实现标准化，同时还能实现多样化，通过这种资源的集约、设计的集约以解决产品质量和产品成本问题。

5.2.3.1 基础数据的管理

(1) 备件编码和基础数据管理

编码要涵盖每个单位所需的备品备件，编码方式可按大类、小类、备件名称、规格依次编码；备件基础数据要明确备件的单位、库存量。

(2) 库位管理和备件存放状态管理

要明确具体备件的存放状态，即备件的存放库位和该库位的存放量，以便取发货。

(3) 审核流程管理

为需要审批的业务设定审核流程，包括审核级别和各级别的审核人。注意同一级别审核流程可以有不同的审核人，同一审核人不允许出现在不同级别审核流程。

5.2.3.2 计划管理

(1) 申请计划录入

各单位把本单位提交的月计划和紧急计划归并成符合条件的备件代码，利用终端输入，目的是汇总采购计划，同时作为本单位领料出库的依据。如果在备件代码表中找不到申请计划的备件，就需要先添加代码，然后再录入申请计划。录入人员可以修改申请计划，但汇总后不再允许修改。

（2）申请计划汇总维护

计划人员根据当前库存情况、库存定额、库存分配量进行综合平衡计算出实际采购数量，同时根据系统提供的计划单价计算出采购金额，生成采购计划，以备审批、签订合同，为备件入库提供依据。

（3）采购计划审批

根据设定的采购计划审批流程，系统自动把需审批的采购计划放到审核人签核匣里，审批通过后自动进入采购计划分割；未能通过审核的备件采购计划需返回重新平衡、调整，另行申请批复。审批完毕后，采购人员据此签订合同实际采购。

（4）库存使用情况

查询具体备件的数量和所处状态，包括在库量、保留量、在途量。当一单位急需备件而其他单位有保留备件时，计划人员可以在单位之间实现调拨，即将保留量转让。当某单位的申请量大于需要量，而其他单位不需要时，计划人员必须将其及时释放，以便下期申请计划能够利用库存。

5.2.3.3 集约化管理与碳减排

目前，全国水泥企业单位熟料的热耗平均约为 120 kgce/t、电耗接近 70 kW·h/t。这与《浙江省新型干法水泥企业管理规范》规定的熟料产能为 5000 t/d 窑的能耗水平，即平均单位熟料热耗为 107 kgce、电耗为 65 kW·h，仍有很大的差距。这是因为在全国仍有大量的技术装备落后、操作管理落后、生产规模不大的中小水泥生产企业存在。据不完全统计，全国水泥生产企业有 1200 多家，水泥生产线近 1700 条，熟料产能约为 1.84×10^9 t/d，其中新型干法水泥生产企业有 1100 多家，新型干法水泥生产线约 1585 条，熟料产能约为 1.82×10^9 t/d。熟料产能＜2500 t/d 的水泥生产线占总产能的 28%。这些水泥生产线无法达到新的能效要求。截至 2020 年底，水泥行业能效优于标杆水平的产能仅占 5%，能效低于基准水平的产能约占 24%。根据《高耗能行业重点领域能效标杆水平和基准水平（2021 年版）》，水泥单位熟料能效的标杆水平为 100 kgce/t、基准水平为 117 kgce/t。这种情况下减排工作困难重重。如果能够通过各种方式整改使得所有企业能效均达到国家标准，煤炭节约能力＞1.37×10^6 t/a、电能节约能力为 3.58×10^8 kW·h/a，对当前国家的“双碳”进程有着不小的贡献，对能源的节约及环境的保护有着很大的帮助，对水泥工业的可持续发展具有非常重要的现实意义。

浙江绝大部分新型干法水泥企业都是由立窑企业转型而来，仍在沿用传统的管理理念和管理模式，管理水平与先进生产工艺的要求不相适应。其主要技术经济指标，不仅与国内外先进水平存在较大差距，而且企业之间的差异也十分明显。在同样的设备条件下，有的企业新型干法水泥平均单位熟料的热耗为 105 kgce/t、电耗为 65 kW·h/t、28 d 抗压强度为 65 MPa，而有的企业这 3 项指标却分别为 130 kgce/t、80 kW·h/t 和 53 MPa。这些差异明显反映出了企业管理水平的差距。水泥生产成本的 60%在于能耗，抓管理、降能耗，直接关系到企业的经济效益。

如今，熟料产能＜2500 t/d 的水泥生产线有相当一部分是个体企业，技术改造能效提升水平和投资回报空间有限。在节能减排的目标下，整合熟料产能＜2500 t/d 的水泥生产线，进一步提高区域水泥产业集中度，建设熟料产能≥4000 t/d 甚至≥8000 t/d 的超大产能的水泥熟料项目，促进能效提升，将是“十四五”时期水泥产业结构调整的趋势。

水泥生产规模效益非常明显，提高集约化程度后，可以统一生产、统一营销、统一物流配置，大大降低物流费用和管理成本。因此，推动水泥企业大型化，提高水泥生产集约化程度，是水泥产业结构调整的重要任务。这也是我国水泥行业领路人要做的引导工作，不过行业集约化程度的提高，应该按市场经济的原则运作，政府部门鼓励规模较大、经营状况良好的企业做大做强。不管是国有企业还是民营企业，只要运作和管理机制合理，都有机会做大。

从 2021 年水泥行业节能降碳数据来看，水泥行业根据能源结构调整政策，积极推进产业结构调整，节能降碳成效显著。

一大批大型水泥企业通过收购、整合和扩建不断地扩大优质水泥产品的市场份额，缩小与先进国家碳排放的技术差距。华润建材科技按照体现世界行业技术进步的最优成果，体现节能减排、环境友好、高效稳定三个原则，通过与世界领先水平的设计/装备公司伯利休斯(Polysius)、福斯(Flowserve Corp)、苏米特国际(Summit International)、川崎重工业株式会社以及中国的南京院、天津院等进行技术交流与合作，并通过比较筛选和国际招标，形成了设计优化、装备配置方案，为项目建设和运行管理打下了坚实基础。

推进节能减排必须转变粗放的管理方式，引入精细化管理理念，突出过程控制的精细化、指标要求的具体化、措施的针对性与目标的实效性，使节能减排管理由粗放式管理向科学化管理转变，在考核评价上由注重形式和制约向注重本质和激励转变，在成效上由以定性为主向以定量为主转变。

相关行业协会要探索建立水泥及熟料质量可追溯机制，鼓励各大型骨干企业先行先试，运用数字化、智能化、物联网等手段，对水泥及熟料从生产到消费市场实施精细化管理，跟踪、记录水泥及熟料生产、流通、使用全链条质量安全信息，守住质量安全底线。

5.2.3.4 精细化管理的措施与应用

(1) 健全企业管理制度与模式

我国水泥生产企业在不断地发展，如果仍然沿用传统的管理方法和规程，将无法满足现代水泥生产技术与工艺的发展需求，也不适应企业当前的管理模式。企业在对现有的水泥生产设备资产进行管理时，需要建立与健全自身的管理制度，当然这是一个需要长期调整与完善的过程。针对新型干法水泥生产设备资产管理的制度，需要更加的全面与系统，但这也导致了企业在调整过程中仍然大量使用传统的管理制度与流程，无法找到明确的管理目标，阻碍了水泥生产设备的管理。企业为了更加快速地发展，应健全设备管理制度与规程，在岗位变动、人工考核、业务流程等方面，需要按照实际情况进行些许变动，建立相应的管理制度，与企业的生产和发展相符合。为优化管理和推动企业发展，还需要健全符合现代化水泥生产的标准规范和符合企业实际发展的管理制度，在设备资产管理方面强化和细化任务，共同推进水泥生产。

(2) 制定设备巡检标准

巡检是保障企业正常生产的重要手段。确定巡检标准、实施规范统一的巡检行为是保证巡检质量的重要前提，有助于实现良好的巡检效果。企业在原有的设备巡检基础之上，应交由技术人员制定更加具体的巡检标准，确保每一名工作人员都明确设备的巡检部位、内容和标准，清楚临界值范围，明白设备的运行方式与原理，以便于更好地维护与管理设备。明确制定和完善巡检标准具有十分高的应用价值，能够在设备的管理与维护方面发挥更高作用。

(3) 安排日常维护工作

在制定与完善巡检标准之后，应合理化安排设备的巡检和日常维护工作。设备的维护管理需要建立在设备定期巡检和日常监管的基础之上，定期的巡检虽然可以在一定时间内掌握生产线设备的运作状态，但其次数较少，仍然无法确保对设备的连续性保养和运行状态的连续跟踪，这样会导致设备发生故障的可能性增加，并且时间的不确定会使得设备保养水平不同，出现故障后无法及时发现和处理。因此，企业除了对设备进行定期大型巡检和维护之外，也需要安排工作人员进行日常巡检，并及时监督、汇总巡检过程中的设备运行状况，这样才能有效避免设备故障问题。

(4) 引入智能化设备完成故障诊断

一些企业在水泥设备巡检工作中，仍然采用人工粗放型巡检方式，因为是工作人员亲自进行巡检，面对大型的设备，总会存在无法照顾到的地方；或设备数据过于庞大，无法全面记录设备的运行状况和运行数据，导致无法进行针对水泥设备运行问题的快速诊断。为了确保生产设备的安全运行，多数企业引入智能化设备来代替人工巡检，智能化设备能够快速诊断设备故障，通过现代智能技术能够快速收集、整理巡检数据，并将数据实时上传与分享。快速诊断也能够使生产设备潜在的异常情况暴露出来，降低设备故障率，提高水泥生产的效率和安全。

5.3 采用其他新技术推进过程减碳的实践探索

5.3.1 余热回收利用技术

5.3.1.1 水泥工业余热发电

在水泥生产过程中，水泥窑排放的大量中低温废气的热能，约占燃料总热输入的 30%。如果这些废气直接排放到大气中，会造成严重的能源浪费。水泥行业余热发电就是利用水泥窑熟料煅烧过程中产生的废气余热进行发电，直接为生产服务，无须额外增加一次能源消耗。其作为二次燃料使用，能减少能源损耗和资金投入，使水泥企业综合能源利用率提高到 95%以上。

使用水泥窑低温余热废气发电，是解决能源危机、降低消耗、实现资源综合利用的有效途径，既增强了企业竞争力，又部分缓解了用电紧张；同时降低了排烟温度和排尘浓度，减少了 CO_2 排放量，环保效益也很明显。水泥行业余热发电的利益十分可观，一条熟料产能为 5000 t/d 的水泥生产线每 1 d 可利用余热发电的电量为 $(2.1\sim2.4)\times10^5$ kW·h，可解决约 60%的熟料生产自用电，产品综合能耗可下降约 18%，能耗节约能力约为 2.5×10^7 kgce/a，CO_2 减排能力约为 6×10^4 t/a。

（1）水泥厂余热锅炉设置形式

新型干法水泥低温余热发电系统是在传统新型干法水泥窑的窑头冷却机和窑尾预热器出口分别加设余热锅炉，根据余热锅炉烟气的流向，水泥窑窑尾余热锅炉大体上分为卧式、立式两种布置方式。目前，水泥企业普遍采用的是单压热力循环系统，其特点是窑头和窑尾余热锅炉生产相同或相近参数的主蒸汽，混合后进入汽轮机再推动发电机发电。

余热锅炉把窑头冷却机和窑尾预热器排出的废气回收利用，提供给汽轮机发电。该系统主要具有以下特点[71]：

① 完全利用水泥生产过程中排出的废气余热发电，预分解窑的操作严格按水泥熟料烧成工艺要求进行，余热发电系统的运行不影响水泥正常生产，不影响窑内熟料正常烧成，不增加熟料的热耗。

② 余热锅炉的设置优先保证生料磨利用余热烘干所需热量，也就是窑尾排出的废气经余热锅炉回收热能后还可用于生料磨烘干生料。

烧成系统的单位熟料热损失分布，如图 5.18 所示。

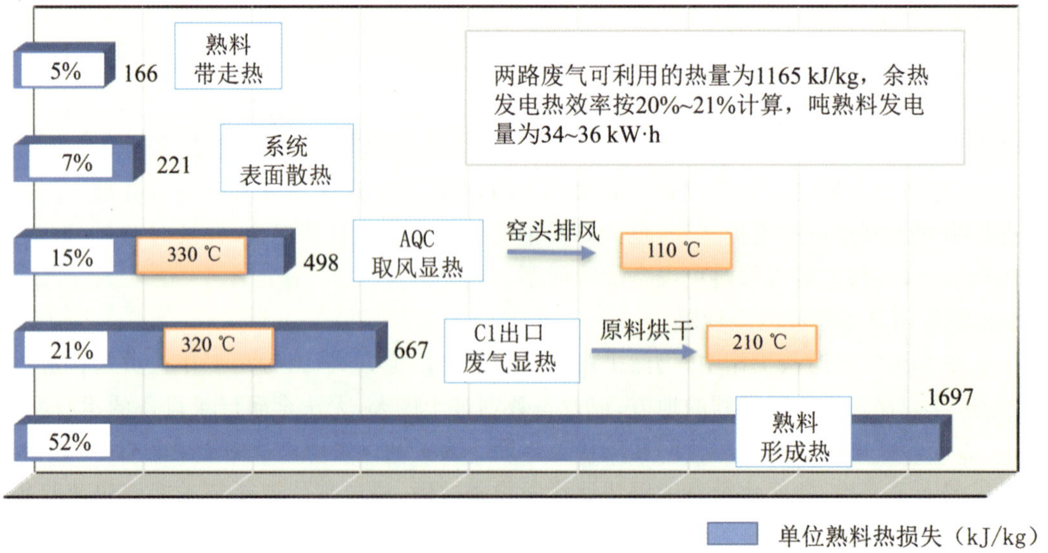

图 5.18　烧成系统的单位熟料热损失分布

由图5.18可知，在生产线正常运行的情况下，单位熟料余热发电量较合理的范围为34～36 kW·h/t。若其值偏高，则可能存在与窑抢风抢热的现象；若其值偏低，则系统发电效率可能未正常发挥，应在生产方面开展检查，寻找异常产生原因。

余热锅炉窑头废气温度低而且波动大，通常情况下窑头废气温度为250～350 ℃，最低约150 ℃，最高达450 ℃。水泥窑废气的含尘浓度高，而且窑头废气粉尘还具有较强的磨蚀性，在标准状态下废气的含尘浓度＞100 g/m^3，粉尘颗粒很小，容易堆积在锅炉内水平布置的换热管上，影响热交换[72]。

这两处废气的热工品质主要决定于回转窑的熟料煅烧情况。而回转窑的运行本身就是一个复杂的控制过程，只有达到风、煤、料和窑速的合理匹配才能使回转窑烧成系统的热工制度达到稳定，实现窑产量高、熟料质量好及煤粉消耗少的同时使排出废热烟气的热工品质稳定在一定范围内。风、煤、料和窑速等因素对废热烟气热工品质的影响程度不同[72]。

(2) 水泥厂余热发电原理

余热发电，是指将生产过程中多余的热能转换为电能的技术。水泥厂余热发电原理是直接对熟料煅烧过程中窑头窑尾排放的余热废气进行回收，余热发电的重要设备是余热锅炉，它利用废气、废液等工质中的热或可燃质作热源，生产蒸汽用于发电。由于工质温度不高，故锅炉体积大，耗用金属多。用于发电的余热主要有高温烟气余热，化学反应余热，废气、废液余热，低温烟气余热，筒体辐射余热等。水泥厂的余热温度一般为＜300 ℃，属于低温范围，而利用低温余热发电比较困难。

纯低温余热回收发电技术与大中型火力发电场的发电技术不同，它是通过回收钢铁、水泥、石化等企业几乎每天都在持续不断地向大气环境中排放的中低温(300～400 ℃)的废蒸汽、烟气所含的低品位的热量来发电，它将企业在生产环节产生的低品位的或废弃的热能转化为高级能源——电能。它通过余热回收装置——余热锅炉将水泥窑窑头、窑尾排出的大量低品位废气余热进行热交换回收，产生过热蒸汽推动汽轮机运转，实现热能向机械能的转换，从而带动发电机发电，产生的电能再供水泥生产使用。这一技术依托于高效换热器和低温非标汽轮机方面的重大突破和进展，这些专利技术(共7项专利)可以成功地直接将低品位的余热转换成电能，不仅建厂投资成本低，而且经济效益显著，为大型企业余热回收利用、节能降耗提供了一条行之有效的途径和方法。

(3) 余热锅炉

水泥窑的废气余热，主要有两部分：① 窑头冷却机排出的热空气；② 窑尾预热器排出的热烟气。这两部分气体携带的能量即可用于余热发电。

AQC(Air Quenching Cooler，箅式冷却机)余热锅炉，简称AQC炉，为水泥窑余热发电系统中回收水泥窑窑头冷却机废气余热的重要设备；SP(Suspension Preheater，悬浮预热器)余热锅炉，简称SP炉，为水泥窑余热发电系统中回收水泥窑窑尾预热器废气余热的重要设备[73]。

① AQC余热锅炉

AQC余热锅炉，即窑头锅炉，为立式自然循环。由于冷却机废气中粉尘粘附性不强，所以无须设置清灰装置，同时换热管采用螺旋翅片管，大大增加了换热面积，使得锅炉体积大幅下降，降低了投资成本。同时，AQC余热锅炉前端设置了高效沉降室，大大减轻了废气对炉体的磨损[74]。AQC余热锅炉是产生蒸汽的主锅炉，由省煤器、蒸发器、过热器组成，废气经沉降室过滤入AQC余热锅炉内。

为了提升AQC余热锅炉的换热效率，在AQC炉膛内部受热面和炉壁之间设置角铁布风板，防止受热面之间连接部分漏风；在AQC炉膛内两侧联箱上部加装导风板，改变废气流向，减轻含飞砂料废气对联箱的冲刷，达到保护锅炉联箱的目的；在过热器和蒸发器两级受热面上部增加保护钢管，使入炉废气先经保护管后进入受热面，减小废气的流动速度，从而降低其对炉墙和受热面的冲刷强度。这样改造后AQC余热锅炉出口风温由改造前的120 ℃降低为70 ℃，余热发电效率大幅提高；省煤器出口水温由改造前的167 ℃提高到185 ℃，蒸发器与过热器焓值的利用率得到提高；窑头EP(Europ-Plast)风机的频率降低到5 Hz，有效减轻入炉含飞砂料废气对炉膛及受热面的冲刷，延长了锅炉的使用寿命。项目成果每年可实现新增发电量140 kW·h，节约标准煤490 tce；窑头EP风机可节电约6%，节电量为3.465×10^5 kW·h，具有显著的经济及社会效益。

② SP 余热锅炉

SP 余热锅炉，即窑尾锅炉。它的设计有独特之处：立式布置，机械振打，自然循环。整个锅炉的振打形式为连续式，清灰较为均匀，同时设计有合理的灰斗，避免了因清灰造成废气中含尘浓度突然增大而引起风机跳停。该锅炉最具特点的地方是采用自然循环方式，省掉了两台强制循环热水泵，降低了运行成本，提高了系统可靠性。SP 余热锅炉采用立式的结构形式，在节约了占地面积的同时，也方便了废气管道的布置[74]。

SP 余热锅炉给水来自 AQC 余热锅炉的低温省煤器，再次吸热后产生过热蒸汽，与 AQC 余热锅炉过热蒸汽混合后供汽轮机做功发电。SP 余热锅炉安装在窑尾废气通道上，吸收窑尾废气余热，锅炉出口废气温度控制在 180～220 ℃。SP 余热锅炉从上而下依次为过热器、蒸发器和省煤器等。窑尾余热锅炉的受热面几乎都采用光管束。

SP 余热锅炉设计入口烟气温度为 350 ℃，流经高压对流管束、高压省煤器、低压过热器、低压对流管束后烟气温度降至约为 175 ℃。

余热锅炉在整个系统中主要起到了如下作用：

① 降低整个烟气温度，保障系统中除尘设备的正常运行，实现烟气低温环保排放；

② 利用余热制造高温高压蒸汽，通过与补燃锅炉整体配套推动汽轮机和发电机发电，为整个水泥生产系统设备提供动力；

③ 具有一定的自除尘作用，分离出的灰尘可以重新回收利用，达到“一机多用”；

④ 利于降低整个系统能耗，实现能源的充分利用。

(4) 余热发电系统存在的问题

目前运行的余热发电系统存在以下几个问题：

① 在不影响回转窑用二次风、分解炉用三次风以及水泥生产其他用风的情况下，窑头冷却机余热总是得不到最大的利用；在保证生料粉磨烘干系统的用风后，窑尾的废气得不到最大的利用。

② 目前，单位熟料的发电量大多数为 30～35 kW·h/t，不同生产线之间差异较大，而低温余热发电系统热效率较低，在不增加单位质量熟料的热耗量的前提下，如何从箅冷机、预热器和窑头筒体等处获取少量高温气体来提高单位熟料的余热发电能力和余热发电系统的热效率是一个问题。

③ 水泥余热发电系统只是水泥熟料生产线的辅助，它们是有根本的主次之分的。余热发电技术性能评价是依据水泥窑废气温度、废气量、熟料产量等基础条件进行余热发电技术性能指标分析，从而较客观地评价项目效果、考核验收工程，目前单位熟料的发电量是衡量水泥余热发电系统运行水平的常用指标，也比较容易计量与计算。但从水泥窑余热发电系统的原理分析，影响吨熟料发电量的因素有很多，不能单方面为了提高单位熟料的发电量而忽略了其对熟料烧成系统的影响，这两个系统之间的关系是密不可分的[75]。

水泥窑余热发电技术以节能降耗从而降低水泥生产成本为目的，它的内涵是将水泥生产过程中产生的且水泥生产过程本身已不能再利用的余热回收，继而转化为电能。目前，最常用的技术评价指标是单位熟料的发电量(即余热发电系统的发电量与熟料产量的比值)。相关计算公式，如式(5.9)所示。

$$\omega=\frac{W}{M} \tag{5.9}$$

式中　W ——对应单位时间段水泥窑的余热发电量，kW·h；

M ——对应单位时间段水泥窑的熟料产量，t；

ω ——单位熟料的发电量，kW·h/t。

单位熟料的发电量(ω)，是被广泛使用的一个评价指标。本指标计算简单方便，可作为主要技术评价指标使用，也是目前评价余热发电系统最常用的参考参数。但其使用时应该分清前提条件，分析熟料线熟料产能、热耗量等客观因素。熟料烧成热耗量对不同水泥熟料线来说是不同的，其每 1 t 熟料产生的废烟气和冷却熟料产生的废空气的余热也不尽相同，因此，使用单位熟料的发电量(ω)这个评价指标时，必须同时指明是在相同熟料烧成热耗条件下。由于影响余热发电能力的因素较多，加之这些因素的复杂性，仅采用单位熟料的发电量(ω)来评价中低温余热发电技术，是不科学、不完整、不准确的，不能全面代表中低温余热发电技术的水平。

熟料的热耗是水泥生产中最重要的指标，所有涉及水泥熟料生产能耗的计算和评价都不应忽视这项指标，余热发电也一样。所以，当将包括余热发电系统在内的整条水泥熟料生产线作为一个体系进行评估时，可以考虑采用权重赋值的方式进行余热发电的客观评价，同时对生产的标准煤耗和余热发电量进行赋值计算。相关计算公式，如式(5.10)所示。

$$P = 0.85E + 0.15\omega \tag{5.10}$$

式中 P——单位熟料余热发电的能效比，量纲为1；

0.85——单位熟料标准煤耗的权重赋值，量纲为1；

0.15——单位熟料余热发电量的权重赋值，量纲为1；

E——生产统计的单位熟料标准煤耗，kW·h/t。

单位熟料余热发电的能效比(P)，同时兼顾了单位熟料标准煤耗和单位熟料发电量两个重要指标，揭示了两指标之间的内在联系与相互影响的规律，可以较客观地评价带余热发电水泥窑系统热工性能的优劣。

(5) 保障余热发电的条件

① 水泥窑系统长期稳定运行

水泥窑系统长期稳定运行是水泥窑余热发电的基础，如果烧成工艺不稳定，设备运转率较低，则会造成汽轮机发电机组并网解列频繁，严重影响发电效率和机组安全运行。所以水泥窑工艺应从原、燃料进厂检验，生料配料，烧成控制，设备维修等工序方面加强优化，以适应发电系统的操作要求。

② 较好的废气品质

水泥窑余热发电，从窑系统到发电系统均以废气为介质进行热能的传递，其废气品质对余热发电能力起着决定性的作用，而废气品质可以由窑中控操作调整。在窑系统运行不正常的情况下，中控操作以稳定水泥窑工艺为主，此时对废气参数的调整相对频繁，废气参数波动大，废气品质较差，发电量不稳定且很低；而当窑系统正常稳定运行的情况下，废气参数相对稳定，废气品质较好，发电量稳定且很高。所以提高电站发电能力，水泥窑是基础，相互配合是关键。

③ 定期的清洗保养

采用干冰清洗加热炉炉管灰垢是一种很好的办法，可提高热效率，除垢率可在95%以上，可使炉膛温度及炉管进出口温度完全达到工艺指标要求，满足装置生产加工量。

现已投入生产的余热发电窑及小型预热器窑(包括立筒预热器窑)流态化分解炉(或烟道式分解炉)加1～2级悬浮预热器二级余热发电技术，是余热发电窑及小型预热器窑技术改造的主要模式之一。这项综合技术，除了能使水泥窑的熟料产能增加20%～100%以外，还能使单位水泥/熟料的发电量达110～195 kW·h/t，具有增产、降耗、提高经济效益的三重效果，同时改造成本也大大低于其他模式[75]。

余热发电窑二级余热补燃发电系统，是采用立式余热锅炉和补汽式汽轮发电机组的二级余热发电系统。立式余热锅炉彻底解决了卧式余热锅炉漏风及炉内温度场实际分布与锅炉设计时所假想的温度完全不相同的问题，可以大大提高锅炉蒸汽产量；箅冷机或立式余热锅炉排出的约为200 ℃废气的余热可以充分回收并用以发电。这样可使单位熟料的余热发电量在熟料的热耗不变的前提下提高到>195 kW·h/t，使水泥窑综合能耗达到同规模预分解窑的能耗水平，而经济效益远高于预分解窑[75]。

余热发电窑二级余热补燃发电系统，除了具有二级余热发电系统的优点以外，还可解决水泥窑煤粉制备系统的运行安全及环保问题。同时，对于严重缺电地区或同时具有立窑、立波尔窑、湿法窑、干法回转窑等其他窑型的水泥厂，可解决其供电问题，并能够进一步提高经济效益。

(6) 余热发电项目的组合建设

随着余热发电技术的日益成熟，以及国家对能源的重视和对节能减排项目的扶持，越来越多的可利用余热的企业都意识到了余热发电所带来的效益，对发展余热发电项目持积极态度。但限于项目投资资金大，技术复杂，很多企业无法实施。

鉴于这种情况，现如今国内涌现出不少专业的节能服务公司采用合同能源管理（Energy Management Contract，缩写 EMC）模式来投资余热发电项目，具体来说，就是这些公司节能服务公司提供资金、设备、技术来为企业建设余热发电项目，项目产生效益后这些公司获得回报。这种模式既解决了企业资金和技术不足的缺点，使节能服务公司的资金得到合理的运转，也使得平时废弃的烟气、尾气、余热得到合理的利用。这种双赢合作模式在余热发电项目上越来越受欢迎[75]。

① EPC 模式

设计采购施工（Engineering Procurement Construction，缩写 EPC）模式，即工程项目总承包模式，是指由工程总承包企业依据规定，承担项目的设计、采购、施工和试运营等工作，并对工程全面负责的项目模式。

目前，水泥余热发电建设采用 EPC 模式比较普遍，市场占有率大约为 60%。采用这种模式的主要原因是水泥余热发电市场比较火爆，技术供应商希望以工程项目总承包方式承接任务。一般而言，水泥生产企业对水泥余热发电的设备采购、技术管理比较生疏，而这正是技术供应商的优势。在采用 EPC 模式时，一般土建工程由业主自行招标。

② BOT 模式

建设经营转让（Build Operate Transfer，缩写 BOT）模式，是指一种投资、建设和经营基础设施的方法，以政府和私营组织签订的合同为先决条件，由政府授予私营部门许可证，使它们能够在一段时间内筹集资金建设基础设施，并对设施及其相关的产品和服务进行管理。

BOT 模式是一种有效的项目融资方式，也是今后的发展方向。

水泥企业拥有废气资源的优势，而投资方拥有资金、技术、配套、清洁发展机制（Clean Development Mechanism，缩写 CDM）、管理等方面的优势。采用这种模式时，由投资方全额出资承建电站并进行管理，这样可以有效规避投资风险和取得短期较好经济效益；企业可以解决资金短缺造成的窘迫，近期可以获得优惠电价，最终可以获得电站。这种模式目前应用不够普遍，大概占 10%。这种模式双方合作的条款是比较灵活的，关键是条款的内容双方均能接受。

目前，从事水泥窑纯低温余热发电技术及装备研究、开发、推广应用工作的国家，主要有日本、荷兰、以色列、德国等，其中尤以日本 JFE 公司、KHI 公司的技术及装备的市场占有率较大。

中国第 2 代水泥窑纯低温余热发电技术与发达国家先进技术的对比，如表 5.8 所示。

表 5.8　中国第 2 代水泥窑纯低温余热发电技术与发达国家先进技术的对比

项目	KHI 或 JFE 先进技术	中国第 2 代技术
利用废气的温度	窑尾废气 200～350 ℃，熟料冷却机废气 90～400 ℃	窑尾废气 200～350 ℃，熟料冷却机废气 90～400 ℃
主蒸汽参数	0.69～2.4 MPa，280～340 ℃	0.98～2.45 MPa，310～390 ℃
低压补汽参数	0.13～0.25 MPa（饱和蒸汽）	0.15～0.25 MPa（饱和蒸汽加热至 160 ℃）
主要设备	SP 余热锅炉、AQC 余热锅炉、补汽式汽轮机、发电机	SP 余热锅炉、AQC 余热锅炉、ASH 过热器、补汽式汽轮机、发电机
汽轮机内效率	83%～90%	80%～87%
单位熟料的发电量	36～45 kW·h/t（单位熟料烧成热耗 3140 kJ/kg）	38～42 kW·h/t（单位熟料烧成热耗 3140 kJ/kg）
年运转率	比水泥窑低 5%	比水泥窑低 5%
每 1 kW 装机容量的投资	9000～12000 元（人民币）	5500～6500 元（人民币）
发电成本（含折旧）	0.16～0.2 元/（kW·h）	0.1～0.14 元/（kW·h）
投资回收周期	4～8 年	2～4 年

(7) 水泥窑余热利用的发展

水泥窑废气余热发电技术始于工业发达国家，其中，日本是较早研发这项技术的国家。20 世纪 90 年代，单位熟料的纯低温废气余热发电量就达到 35 kW·h/t，当时日本国内大约有 50%的水泥窑都配有废气余热发电装置,回收废气余热发电的电能约为水泥工业电耗的 30%。到 2003 年,日本全国投产的 64 台水泥窑有近 80%都配有纯低温废气余热发电系统,平均单位熟料的发电量达 40 kW·h/t,全国回收电能已达水泥工业电耗的 48%,也就是说水泥工业将近一半的电能是通过自身废气余热回收利用解决的,这是一个很大的科技进步。

自 1985 年起,我国水泥工业即开始开展水泥窑余热发电技术的研究、开发、推广、应用工作:从 20 世纪 80 年代初的水泥干法中空窑配套高温余热发电技术起,到 20 世纪 90 年代初期的新型干法窑配套带补燃锅炉的中低温余热发电技术,再到 21 世纪成熟的新型干法窑配套纯低温余热发电技术。也就是说,水泥窑余热发电技术是随着水泥工艺技术的发展而不断发展的,为我国水泥工业的发展、节能技术的进步、资源综合利用工作的开展做出了重要贡献,也为其他行业树立了典范。

1998 年 3 月,日本政府赠送给我国的首套水泥纯低温余热发电机组在安徽海螺水泥股份有限公司(以下简称:海螺水泥)建成投运,2005 年,海螺水泥开始大规模建设余热发电项目,同时和川崎成套设备工程株式会社合资成立公司,引进先进技术,在我国推广纯低温余热发电技术。2006 年 8 月,第一条海螺水泥自主设计、自行成套的熟料产能为 5000 t/d 的水泥生产线余热发电项目在海螺水泥宁国水泥厂建成投运,成为行业建厂标准。截至 2021 年,海螺水泥下属水泥厂已全部配备余热发电机组,总装机容量约为 1300 MW,公司余热发电机组的发电量共计约为 8×10^9 kW·h。

5.3.1.2 水泥窑筒体余热回收

水泥窑筒体辐射热量稳定,如果能加以利用,可以有效地节能减排。经市场调研,水泥窑筒体辐射热回收用于余热发电节能降耗效果显著。平南公司三线回转窑筒体表面温度为 250~350 ℃,平均温度约为 285 ℃。回转窑筒体表面散热占系统表面散热的比重较大,此处的热量损失比较集中,相对易于回收。

(1) 窑筒体余热回收工艺流程

以华润水泥(平南)有限公司(以下简称:平南公司)2[#] 熟料生产线为例进行介绍。

平南公司窑筒体余热回收设备外观,如图 5.19 所示。

(a) (b)

图 5.19 平南公司 2[#] 窑筒体余热回收设备外观

平南公司余热回收工艺流程示意,如图 5.20 所示。

如图 5.20 所示,采用上取水方式,通过电动变频给水泵将水送入集热器内,水在集热器吸收窑体余热后温度得以提高,通过引出管进入蒸发集热器,吸收窑筒体余热后进一步加热,变成汽水混合物进入汽包,汽包内分离出来的饱和蒸汽进入窑头锅炉参与发电。

(2) 窑筒体余热回收关键技术

① 在窑筒体外侧布置由螺旋鳍片管组成的集热器回收筒体余热。

集热器通过吸收窑筒体余热将给水加热成饱和蒸汽,饱和蒸汽进入窑头锅炉蒸发器出口管道,增加发电量,并且减少了窑筒体向空气中排放的温室气体的排放,环保节能。集热罩中的换热管采用 φ32 mm 的无缝钢管制成的螺旋翅片管,钢管材质选用中低压锅炉专用钢材。

集热器采用钢板支撑,外设加强筋,以保证换热面的整体结构强度,在外壳上方设置吊耳,集热罩在窑

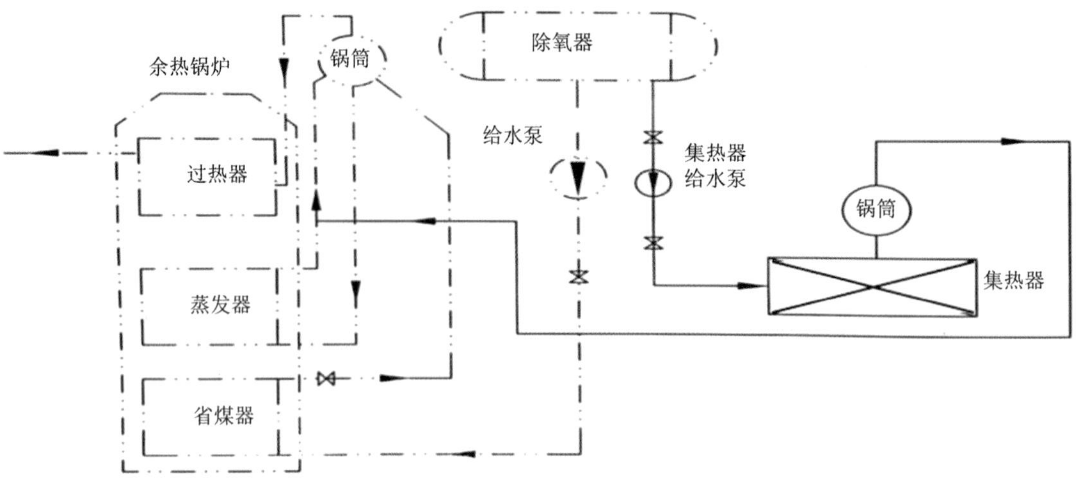

图 5.20 平南公司余热回收工艺流程示意

筒体中心线附近与支撑钢构相连，方便换热面检修和拆卸。集热器外部采用镀锌铁皮，翅片管与水泥窑筒体间距为 150 mm，翅片管间距设计约为 80 mm，内部填充岩棉及硅酸铝针刺毯保温层，最大限度地减小换热面散热损失。

② 利用系统原安装备用的强制风冷系统（能自动开启与关闭），以确保筒体温度不会超过警戒线，并自动开启与关闭。

如果窑体温度超过安全使用温度，开启风机使窑体降温，保证窑体温度在合理范围内，使水泥窑正常运行，这样余热回收装置也可以正常使用；窑体外侧加装的余热回收装置为 C 形，预留筒体扫描区域，不影响筒体正常温度扫描。

③ 布置的余热回收装置避开检修人孔、轮带及冷却风机吹扫区域；余热回收装置各结构型式为独立的模块，模块间采用多组并联，每个模块用阀门单独控制，可以随时关闭任何一个模块；维修或出现故障时，每个模块可以独立取出进行更换或修理，不影响其他模块正常使用运行。

(3) 窑筒体余热回收收益效果与投资回报率

① 收益效果

从 2022 年 10 月 13 日试运行以来，水泥窑筒体余热回收利用饱和蒸汽的产能平均为 3 t/h，饱和蒸汽的压强约为 1.1 MPa，单位饱和蒸汽的发电量为 120～130 kW·h/t。

饱和蒸汽的流量为 $q=3$ t/h，饱和蒸汽的压强为 $p=1.1$ MPa。

过热蒸汽发电量的计算公式为：

$$E=\frac{k\cdot i_2}{i_1\cdot q\cdot e} \tag{5.11}$$

式中 k——设定的安全系数，$k=0.85$；

i_1——过热蒸汽的焓值，$p=10$ MPa、$t=340$ ℃时，$i_1=3136$ kJ/kg；

i_2——饱和蒸汽的焓值，$p=1.1$ MPa、$t=184$ ℃时，$i_2=2780$ kJ/kg；

i_2/i_1——饱和蒸汽与过热蒸汽的焓值之比，$i_2/i_1=2780/3136=0.886$；

q——饱和蒸汽的流量，$q=3$ t/h；

e——单位过热蒸汽的可发电量，$e=160$ kW·h/t；

过热蒸汽的产能：$Q=i_2/i_1\cdot q=0.886\times 3$ t/h$=2.658$ t/h。

过热蒸汽的实际产能：$Q'=k\cdot Q=0.85\times 2.658$ t/h$=2.259$ t/h。

饱和蒸汽的流量 $q=3$ t/h，相当于实际获得过热蒸汽的流量 $Q'=2.259$ t/h。

每小时的发电量为：$E_h=Q'\cdot e=2.259$ t/h $\times 160$ kW·h/t$=361$ kW·h/h；

每天的发电量为：$E_d=361$ kW·h/h$\times 24$ h/d$=8664$ kW·h/d。

② 投资回报率

电价按 0.61 元/(kW·h)计算，每年的运行时间按 300 d 计算。

每天的投资回报率为：8664 kW·h/d×0.61 元/(kW·h)=5285.00 元/d；

每年的投资回报率为：300 d×5285.00 元/d=1585500.00 元/a。

5.3.2 高效风机技术

5.3.2.1 永磁联轴器

(1) 技术介绍

永磁联轴器是利用永久磁铁的磁力非接触传输动力的装置，是透过气隙传递扭矩的传动设备。电机与负载设备转轴之间无须机械连接，电机旋转带动主动盘部件，与被动盘部件间产生切割磁力线，使主动盘与被动盘产生相对运动，实现电机与负载之间的扭矩传输。永磁联轴器具有传动效率高、安全性高、维护成本低、柔性抗冲击、无振动、易操作、容差大等优势。因此，使用永磁联轴器，可以降低水泥生产线设备能耗，节约运行和维修成本。

永磁联轴器结构示意，如图 5.21 所示。

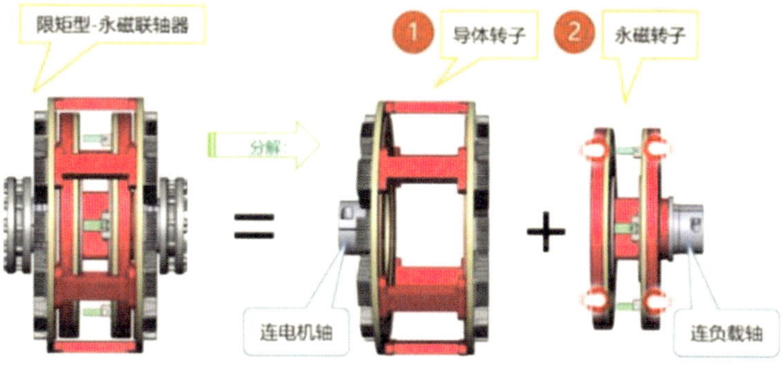

(a)

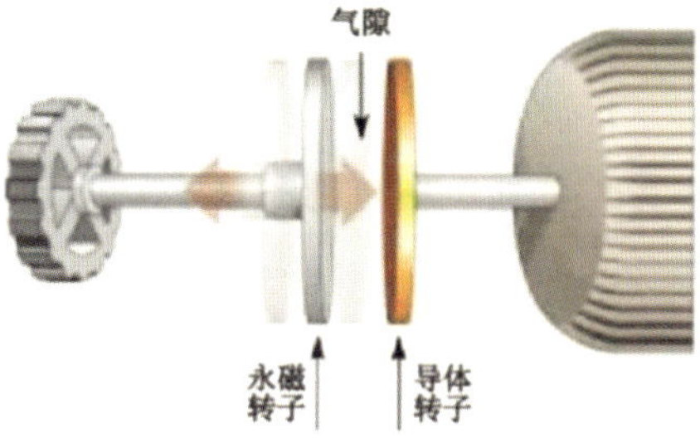

(b)

图 5.21 永磁联轴器结构示意

(2) 应用案例

2013 年前后，国内有多家公司陆续推出了永磁联轴器产品。

海螺水泥与江苏磁谷科技股份有限公司达成合作，全面取代限矩式液偶，将永磁联轴器应用于斜拉链机、提升机、皮带机等设备上，减小了振动和冲击，从而大幅降低零部件损坏率，几乎零维护。随后，海螺水泥首次在其 500 kW 辊压机传动系统中使用了同步永磁耦合器，运行效果很好，振动大幅度减小。

常山南方水泥有限公司辊压机(RP120-80)传动采用了永磁联轴器后，辊压机电流可提高至 10 A，减速机高速轴振动由 20～30 mm/s 减小至 8～10 mm/s，提高了辊压机运转率。

华润建材科技利用调速永磁联轴器替代调速设备中的变频器，包括辊压机预粉磨系统循环风机、收尘器排风机、管磨机原磨尾风机，提高了设备运转率和稳定性。

5.3.2.2 高效大型离心风机

(1) 技术介绍

高效离心风机通过量体裁衣式设计，考虑现场的不同参数需求及应用环境，根据专业选型软件、叶轮强度计算、转子动力学计算实现风机和系统最佳匹配，确保设计点在高效区运行。叶片采取防磨设计及特殊联轴器设计，实现风机能耗低、效率高、故障少的目的。

(2) 离心风机结构形式

离心风机结构示意，如图 5.22 所示。

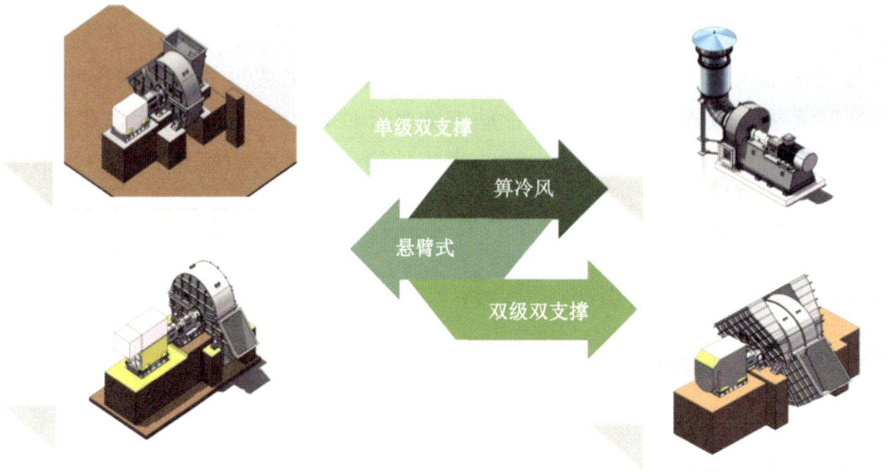

图 5.22　离心风机结构示意

(3) 应用效果

通常高效节能风机效率达 80%以上能够有效地降低风机电耗，节电率可达 20%～40%，对于生料磨循环风机通过高效节能风机改造后单位产品电耗可降低约 1 kW·h/t。中联水泥有限公司(以下简称：中联水泥)进行了 5 台风机的改造，改造后，风机运行效率显著提高。其中综合节电量 1275 W，节电率高达 16.46%，显著降低了生产线成本，单位熟料的电耗降低 5.1 kW·h/t。

中联水泥风机改造运行效果，如表 5.9 所示。

表 5.9　中联水泥风机改造运行效果

项目		风流量(m^3/h)	升压(Pa)	实际功率(kW)	节电率(%)
高温风机	改造前	860000	7500	2083	14.40
	技改后	755922	8654	1783	
循环风机	改造前	851921	10201	3706	14.08
	技改后	852875	10276	3184	
窑头风机	改造前	580000	3500	651	34.87
	技改后	532826	4472	424	
窑尾风机	改造前	950000	2200	950	13.42
	技改后	826578	3444	822	
煤磨风机	改造前	120000	11500	359	27.49
	技改后	125817	11982	260	

华润建材科技已经有 11 个基地共有 20 台风机进行了技改，风机效率提升至 84%，节电率平均在 16%，预计每年可节约用电量>3.4×10^7 kW·h，每年节约成本达到 1.7×10^7 元。

5.3.2.3 空气悬浮鼓风机

空气悬浮鼓风机是利用空气在鼓风机转子高速旋转下,会在转子与箔片轴承表面之间产生动压效应,形成一个高压气膜而将转子托浮起来,实现无接触支撑这一原理的一种鼓风机。

空气悬浮鼓风机起源于韩国,是其将原来的军工技术民用化开发出的先进产品。

空气悬浮鼓风机主要包括叶轮、空气悬浮轴承、变频器、高速永磁电机及其结构控制系统。电机主轴与风机叶轮同轴,高速转子系统由空气悬浮轴承直接支撑。其主要核心技术是空气悬浮轴承技术、高速永磁同步电动机及其控制技术。空气悬架轴承以空气为工作介质,以弹性平坦箔片为支撑面,以弹性波浪箔片为支撑构件。

(1) 空气悬浮鼓风机的工作原理

最初,叶轮转子与轴承接触,但当转子进入高速旋转状态时,由于空气的黏性和楔块的作用,平面间会产生动压效应。在箔片和转子表面,扁平箔和波纹箔发生弹性变形,将扁平箔推开,然后使转子处于悬浮状态。不均匀的圆周气压使箔片轴承具有承受载荷的能力。或者更简单地说,转子高速旋转期间,在转子和箔片之间形成高压气膜,从而托起转子。

尽管在空气悬浮鼓风机正常运行之后,叶轮转子没有产生摩擦,但这并不意味着设备在整个过程中完全没有摩擦。在箔片轴承的启动和停止阶段,当速度低于临界速度时,动压效应不足以固定转子。此时,轴承的内表面和转子之间仍将存在接触摩擦。这段时间虽然很短,但是磨损问题仍会缩短轴承的使用寿命,因此,在使用空气悬浮鼓风机时,必须尽量减少频繁的启停操作。同时,为了提高动压轴承的使用寿命,还必须在轴承表面涂上高质量的润滑涂层。

(2) 空气悬浮鼓风机的技术特点

空气悬浮鼓风机结构示意,如图 5.23 所示。

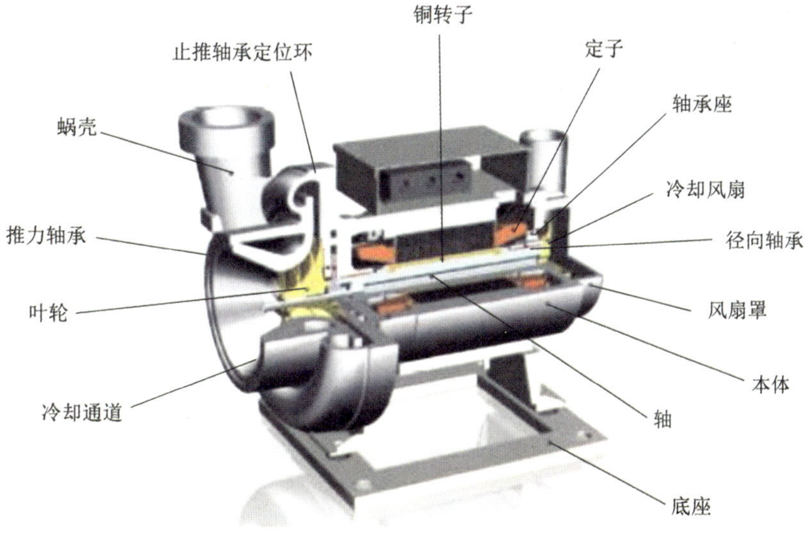

图 5.23 空气悬浮鼓风机结构示意

空气悬浮鼓风机配置有高效叶轮,转速可超 30000 r/min,采用高速永磁电机直驱,结构简单,还配有空气轴承,叶轮轴被动悬浮,对进风粉尘控制要求高。

(3) 空气悬浮鼓风机的优缺点

① 优点

首先空气悬浮鼓风机采用高速永磁电机空气悬浮轴承,鼓风机运行转速可达 40000 r/min,故机械效率高,相比较传统风机节能率可达 35%～45%。

其次空气悬浮鼓风机采用三元流叶轮,蜗壳采用航空铝合金材料,空气轴承直联,无机械摩擦,噪声只有 75～80 dB(1 m 处),不需要设隔音罩。

空气悬浮鼓风机结构简单,体积小,节省空间,便于移动和安装,可采用远程操作、监测,无须到风机现场，便可以获取电机转速、风压、风量、电压、温度和过滤器灰尘等数据。

② 缺点

首先，空气悬浮鼓风机价格贵、维护维修成本高。

其次，空气悬浮鼓风机的结构仍有缺陷，传统罗茨风机可以实现负轴真空使用，而空气悬浮鼓风机则不能，传统罗茨风机可以频繁启停，而空气悬浮风机也不能，因为频繁启停会对空气轴承产生摩擦力。

(4) 应用效果

华润水泥(永定)有限公司使用空气悬浮鼓风机作为窑头一次风机后，装机功率降低 15 kW，流量却增加 13 m^3/min，噪声为 81 dB，节电率为 18%。

5.3.2.4 磁悬浮鼓风机

(1) 技术介绍

磁悬浮鼓风机是应用主动式磁悬浮轴承技术及高速永磁同步电机技术进行一体化设计的高效节能环保产品，采用智能控制系统，与传统罗茨风机相比节能 30%～40%，噪音可由 120 dB 降低至 80 dB，完全无摩擦、无接触、无须润滑、传动零损失，使用寿命＞20 a。

磁悬浮鼓风机示意，如图 5.24 所示。

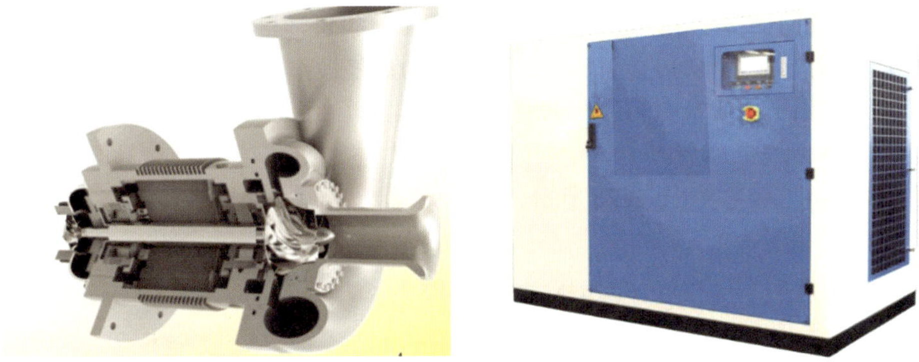

(a)　　(b)

图 5.24　磁悬浮鼓风机示意

(2) 应用效果

磁悬浮鼓风机可替换目前水泥厂使用的罗茨风机，主要用于分解炉煤粉输送、窑头一次风机送风、生料/水泥库底均化等，完成替换后单位水泥可节约电量 1.5 kW·h/t。华润水泥(封开)有限公司在 2# 线使用磁悬浮鼓风机作为窑头风机及均化库底鼓风机，节电率为 26%，噪声为 85 dB。

5.3.2.5 超高速离心鼓风机

超高速离心鼓风机示意，如图 5.25 所示。

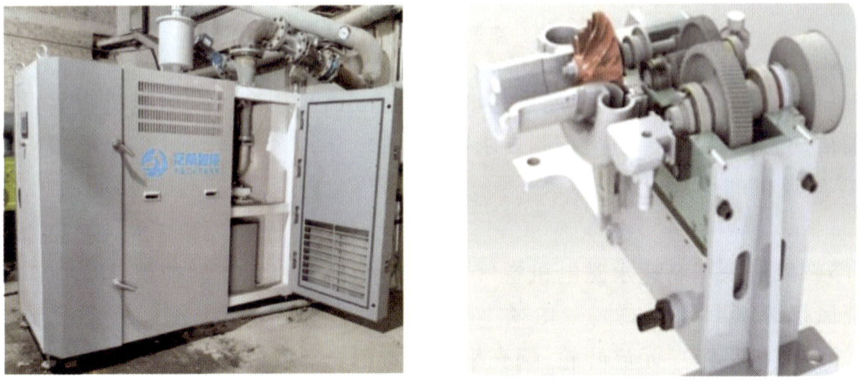

(a)　　(b)

图 5.25　超高速离心鼓风机示意

超高速离心鼓风机配置高效叶轮，转速可超 51000 r/min，配置“普通高效电机＋齿轮箱”增速，结构相对复杂，还配有“滑动轴承＋滚动轴承＋润滑系统”，抗冲击能力强，对进风粉尘控制要求不高。

5.3.2.6 节能空气压缩机

一般螺杆空压机仅单极压缩也可做到常见的动力系统排气工作压强等正常应用。但采用双极压缩可有效减少耗能，进而带来更高的应用输出功率与用气价值。

双级压缩节能空压机示意，如图 5.26 所示。

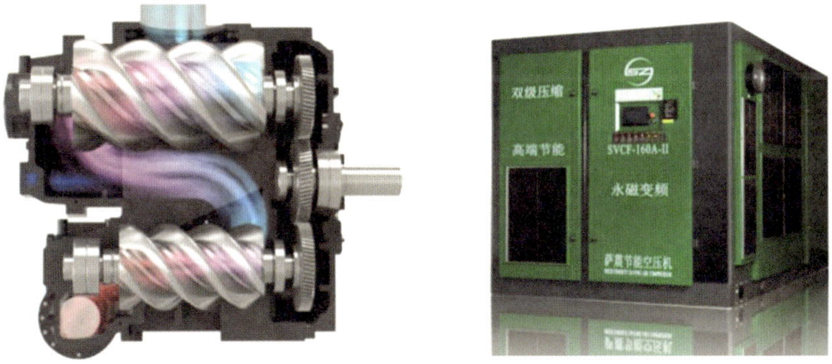

(a) (b)

图 5.26 双级压缩节能空压机示意

对比于单极压缩，双极压缩趋近于最省功的等温压缩，从基本原理上，双级比单极压缩节能 6%～10%，采用双极压缩机是采用尺寸不一样的 2 组螺杆电机转子，实现合理的工作压力分派，减少了每一次压缩比。低的压缩比有 2 个优势：一个是降低了内泄露，提升了容量效率；另一个是大幅度降低了滚动轴承的负荷，提升了滚动轴承使用寿命，延长了空压机的使用寿命。

（1）技术介绍

主机系统具有双级压缩（效率提高 15%）、快速润滑、最佳线速度、初始效率高等优势，其压力可定制，节能 5%～10%，电机、风机双变频，实现恒温恒压输出，冷却器按环境温度 52 ℃设计，避免高温停机，三滤系统并用唐纳森系统，压强差小，远程智能显示机器运行状态。

（2）应用效果

国内部分水泥企业已在推广使用节能空压机，并取得了良好的经济效益。每年可节省电费(3～6)×10^5 元。

菏泽中联水泥有限公司（以下简称：菏泽中联）节能空压机的节能效果，如表 5.10 所示。

表 5.10 菏泽中联节能空压机的节能效果

项目	节能效果
原空压机设备清单	SL 型 110 kW 普通螺杆空压机 2 台； 单台参数：工频 110 kW，排气压力 0.7 MPa，排气量 19 m^3/min； 技术特点：效率较低，电费浪费严重，实际输出压强为 0.52 MPa
现节能空压机设备清单	型号：萨震（SEIZE）节能空压机-SVC-90AII/7.5，2 台； 单台参数：工频 90 kW，排气压力 0.75 MPa，排气量 20.8 m^3/min； 技术特点：永磁变频＋双级压缩＋压力定制＋双变频＋系统放大
原来单位时间总电耗	252 kW/h
现在单位时间总电耗	195 kW/h
单位时间节省电量	57 kW/h
节省电费 [电价以 0.65 元/(kW · h)计，开机率以 70%计]	每月：57×24×30×0.65×70%＝30780（元） 每年：30780×12＝36.9（万元） 10 年：36.9×10＝369（万元）
节能率	57/252×100%＝23%
回报周期	1 年内

5.3.2.7 永磁变频无油螺杆压缩机

(1) 技术介绍

永磁变频无油螺杆压缩机分为无油单螺杆压缩机及无油双螺杆压缩机，1969 年法国的 B. Zimmern 先生发明了第一台高密封高效率的无油螺杆压缩机，这意味着无油水润滑螺杆压缩机技术的诞生。随后，无油螺杆压缩机被广泛地用于军工制造和舰船配套。其拥有高效冷却系统和控制系统，能提供稳定、可靠的压缩空气，恶劣环境下也可保证正常运转，节能率高达 35%。

(2) 技术优势

① 工作噪声很低

永磁无油螺杆空压机相比普通的压缩机来说，噪声要低很多。永磁无油螺杆空压机大多是在低于额定转速的情况下进行工作的，所以它的主机机械在噪声和磨损上来说要下降很多，并且因为它的噪音低，所以也在一定程度上延长了永磁无油螺杆空压机的使用寿命。

② 维护成本低

永磁无油螺杆空压机与普通压缩机相比，它的维修保养相对麻烦。虽然任何类型的压缩机在保养上都要专业人士按照规定的顺序进行维修保养，但是永磁无油螺杆空压机因为使用了高效节能控制系统，不仅对电网和机械的冲击力小，还延长了各零部件使用的寿命，所以永磁无油螺杆空压机(在所有压缩机里面)维护成本是最低的。

③ 生产损失小

因为永磁无油螺杆空压机使用的高效节能控制系统的智能化程度很高，所以永磁无油螺杆空压机可以同时监视 20 多个参数、电流、电压等。换一句话来说，永磁无油螺杆空压机可以减少自身停机的时间，降低对于生产的损失，还可以使空气系统更加的稳定可靠。

④ 电网的费用少

虽然当永磁无油螺杆空压机使用星三角启动时的启动电流相对较大，但是工厂的电网容量毕竟是有限的，所以会引起上游的空气开关跳闸，从而使得高效节能控制系统可以节省工厂使用电网的费用。

(3) 应用效果

当前，华润建材科技应用节能空压机 28 台，无油螺杆鼓风机 45 台，经过对比技改后的设备与原先设备相比节电率在 15%以上，完成技改后预计每年可减少用电量 1.049×10^7 kW·h，年节约成本达到 5.47×10^6 元。

5.3.3 高效电机驱动技术

驱动是物体做物理运动的动力，其方式可以是气压驱动、液压驱动或电力驱动等。在水泥厂中无论是沉重的磨机、回转窑还是皮带输送或鼓风机都是通过电动机实现的动力驱动。尤其是重型的设备，电动机的装机容量动辄就是数十数百千瓦。大量的电力耗损不仅仅是一个庞大的经济负担，也是变相的碳排放增值。这是因为目前我国电力的 70%以上依靠的是燃烧化石燃料(例如，煤炭等)，大量的电力消耗无疑也相当于排放 CO_2。提高设备的运行效率，提高电动机的运行效率，节省电力的消耗量，正是节能减排的有效措施。

电机是大家日常生活较为普遍的一种机械设备，电机作为机电工程能量转换的关键设备，是电气传动的基础部件，主要用途广泛、产品种类诸多、规格型号复杂，其工作原理是通过电和磁的相互作用，实现电能和动能之间的相互转换。

电动机节电技术是指在利用电动机过程中的节约电能的相关技术。电动机使用中设备陈旧、老化、电源电压过低或不对称以及运行不当、负载率过低等原因，都将会导致电机工作效率的大幅度降低。电动机电能节约对提高企业的经济效益及促进国民经济的发展，具有十分重要的意义。

5.3.3.1 电动机使用中浪费电能的主要原因

(1) 设备陈旧或老化

例如，我国 J2、JO2 系列及其派生电动机，在一些企业用户中还大量存在，这些电动机采用 E 级绝缘，体积大,启动性能较差,效率较低。

(2) 电源电压过低或不对称

由于变电所供电半径过大,供电线路中电压损耗加大,电网电压长期低于额定值,使得电动机的工作电流偏大,造成电动机损耗增大。同时由于低压供电系统中三相四线制的三相负荷分配不均,三相电压不对称,使电动机产生了负序转矩,增大了电动机的损耗。

(3) 运行不当或负载率过低

电动机没有按照经济运行标准科学合理使用,而且管理不善,电动机维护、维修不及时,造成了电动机的电能大量损失。另外,电动机的额定功率(容量)应按照负载设备的实际需要通过计算和校验来确定。否则在轻载运行时("大马拉小车")工作效率很低[76]。

(4) 启动时电流过大

在启动初期,转子是静止的,线圈为了产生较大的磁场来拉动转子,所以需要大电流来做功,磁场一般是双数极,且相邻的两个磁场是相异的 N 极 S 极,利用异极相吸的原理,使电动机的转子持续地转动。在通上电流转子开始转动之后,借助惯性,转子也会自动往下一极转过去,而不再需要大电流产生强磁场来吸引转子转动,所以电动机只有在启动初期耗电量大。但如果遇到电机频繁启动的工作状态,这一能量消耗就不可以忽视了。此外,启动中过大的电流(启动电流要比正常的运行电流大 7 倍以上)还会对电网的供电品质和电动机的使用寿命产生很大的影响。

(5) 电机变速使电机的工作效率脱离最佳工作范围

在实际使用中,由于工艺的要求需要电动机能够改变输出的转速,使生产工艺的自动化变得更为精确和容易,比如自动调节喂料装置、自动调节鼓风排风以及供排水系统等。然而,调节电机的转速并不是一件容易的事情,以往都是运用挡板、风门、阀门等机械装置完成。电动机的工作效率在转速的变化中容易脱离最佳工作范围。

5.3.3.2 电动机节电措施

(1) 选用高效节能电动机

高效节能电机采用新型电机设计、新工艺及新材料,是通过降低电磁能、热能和机械能的损耗,提高输出效率的改进型电动机。

高效节能电机优点如下:

① 节约能源、降低长期运行成本,非常适合纺织机、风机、水泵、压缩机使用,靠节电一年可收回电机购置成本;

② 直接启动或用变频器调速,可全面更换异步电机;

③ 稀土永磁高效节能电机本身可比普通电机节约电能 15%以上;

④ 电机功率因数接近 1,提高电网品质因数,无需加功率因数补偿器;

⑤ 电机电流小,节约输配电容量、延长系统整体运行寿命。

与普通电机相比,使用高效节能电机的节能效果显著,选用 YX 系列高效型电动机和 Y 系列节能型电动机能降低空载损耗。据研究,若将我国所有的高能耗电动机用 YX 高效型系列和 Y 系列节能型电动机替代,1 年可节电 4.8×10^5 kW·h,节电效果显而易见。

(2) 调节运行电压

当异步电动机三相电路不对称时,将在内部形成负序磁场,使总损耗增加。如果能采取措施,平衡电力网的三相负荷,使电动机的三相电压对称,就能有效避免电动机的这部分损耗。

另外,从电动机在轻载运行时的降压节电原理分析可知,如果能适时降低电动机的电源电压,就可降低损耗。常用的方法有:无级调压法、功率因数控制法、最小输入功率法和 Δ/Y 电压变换法[76]。

电动机在轻载运行时,适当降低供电电压,是有利于节电运行的。因为轻载情况下,电动机的实际转差率小于额定转差率,转子电流并不大。降压运行时,转子电流增加的数值是有限的。降压使电动机的空载电流减少,空载损耗即不变损耗也减少,同时电动机的功率因数和运行效率也得到改善,具有可观的节电效果。据研究报道，一台鼠笼式异步电动机在额定负载运行状态下，定子绕组的接线方式为“Δ”形连接时，效率为 66.7%，在轻载运行时，改为“Y”形连接，效率可提高到 79.7%[76]。

(3) 调节电动机在最高效率下运行

当电动机的可变损耗与不变损耗相等时其效率最高，电动机的可变损耗主要为铜损耗，不变损耗主要为铁损耗。电动机效率最高时并不是在额定负载处。由电动机的运行特性曲线可知，对于常用的中小型异步电动机，最高效率一般约出现在额定负载的 3/4 处。如果能适时调节电动机在最高效率下运行，那么电动机的损耗就能控制到最小。

(4) 异步电动机同步运行

异步电动机额定运行时的转速略低于旋转磁场的转速即同步转速，同步电动机的转速为同步转速。如果调节同步电动机在过励磁的情况下运行，同步电动机就能从电网吸收超前的无功电流，还能补偿异步电动机等感性负载的无功电流，提高功率因数 $\cos\varphi$（同步电动机的功率因数 $\cos\varphi$ 一般较高，可达到 0.9～1.0）。因此，在负载转速变化不大的情况下，把三相绕线式异步电动机改作三相同步电动机运行。即先将三相绕线式异步电动机异步启动，当转速接近同步转速时，再将绕线转子绕组接入直流电可实现同步运行，调节使其处于过励磁状态下，以达到节电目的[76]。

(5) 就地电容无功补偿

电动机多为感性负载，运行时要消耗一定的无功功率，功率因数都不高。如果用电容器给电动机就地无功补偿，即感性负载两端并联电容，就能大大减少无功损耗，提高功率因数。感性电动机电容无功补偿后的功率因数一般为 0.92～0.96。同时由于电容补偿后的总电流减小，因而线路上的有功损耗 I^2R 也有所减少[76]。

(6) 变频器的使用

由于微电子技术的发展以及半导体材料科学的发展，使得节电效果好、结构简单、造价低廉的节电产品得以问世并迅速得到推广。在特定的负荷下，精确控制输入电动机所需的最低电力，以达到省电的目的是当代节电技术的设计主流。它的原理基本上是以闸流体控制电力的供应。此构想首先由美国 NASA 提出。利用闸流技术进行电能控制，可分为两种情况：调压、调频。所谓调频是改变电网供电频率的方法，它促使电机在工作中始终在效率所要求最高状态下，提供最低限正常工作电量的节能方案。这一技术的应用，在很大程度上改变了异步电动机的工作特性，其节能的有效性已被广大客户所认可。

变频器是现代电动机控制领域技术含量最高、控制功能最全、控制效果最好的电机控制装置，它通过改变电网的频率来调节电动机的转速和转矩。变频器主要是利用电力半导体器件的通断作用，使得频率无法改变的交流电转换成频率可以改变的直流电，从而实现变频调速，而且这种改变是在不改变电压的情况下发生的。变频器是变频技术的主要载体，它的原理是应用变频技术与微电子技术，通过改变电动机工作电源频率来控制交流电动机转速。变频器涉及电力电子技术和微机技术，其成本高，对维护技术人员的要求也高，因此主要用在需要调速并且对速度控制要求高的领域。

电动机变频的节能方法主要有：变频调速节能法、提高功率因数节能法、软启动节能法。

① 变频调速节能法

设备容量过大可能会产生浪费工频运行的情况，通过变频调速的手段，降低设备的运行速度可以产生非常显著的节能效果。

② 提高功率因数节能法

有些时候不必要对电动机进行调速，这时提高功率因数就成为变频器节能效果的主要表现，它能减少线路功率的消耗。

③ 软启动节能法

电动机全压启动、星-三角降压启动和自耦变压器减压启动时，启动的电流能达到 4～6 倍的额定电流。启动电流如此之大，会增加电路功率的耗损，引发线路电压的波动、冲击机械设备与电网。因此在设计供电系统时须增加变压器的容量，来阻止过大的启动电流对设备造成的损害。

（7）节电器的使用

变频技术的应用投入成本比较高，投资回收期很长。使用节电器能达到节能的目的。节能技术数字式异步电动机节电器是综合最新高科技技术的一种新产品。它由一台微型电脑（单片机）和相关控制模块组成，是先进的微电子技术和半导体材料科学的杰出代表，具有实时监控、智能调整、电机保护等多种功能。其极高的性能价格比，一经问世就成为市场关注的热点。近几年，市场上相继出现多种节电装置，JN-1 高效节电器就是其中的一种，其最高节电可达损耗的 40%。它以电动机的工作电压和电流作为取样对象，自动监测负载变化，实时动态调整电动机的电源电压。在轻载情况下，将电动机的供电电压自动降至最佳需求值，提高了功率因数，降低了无功损耗和有功损耗，对于长期处于轻载或负载变化较频繁的电动机，其节电效果更佳。JN-1 节电器除具有节电功能外，还具有恒流软启动、缺相保护、过载保护、过热保护等功能，是一种较理想的电机节电、启动综合装置[76]。

（8）高效节能电机启动方式的灵活选用

① 直接启动

高效节能电机直接启动不需要附加启动设备，操作方便，但启动电流很大，最大冲击电流可达额定电流的 15～20 倍。因此，电网将受到电流冲击，所传动的机组将受到机械冲击，导致高效节能电机的换向不良。通常，只有功率≤4 kW、启动电流为额定电流 6～8 倍的直流电机才适用直接启动。

② 电枢回路串联电阻启动

启动时，电枢回路上串入启动电阻，以限制启动电流。启动电阻是可变电阻，在启动过程中可及时逐级短接。在 $t=0$，电枢回路接入电网时，串入全部电阻 R_q，使启动电流 I_q 不超过允许值[$I_q=u/(R_a+R_q)$，R_a 为电枢电阻]。这种启动方式广泛用于各种中小型高效电机。启动过程中能量消耗较大，不适用于经常启动的大、中型高效节能电机。

③ 降压启动

由单独的电源供电，用降低电源电压的方法来限制启动电流。降压启动时，启动电流将随电枢电压的降低程度成正比地减小，为使电机能在最大磁场下启动，在启动过程中励磁应不受电源电压的影响，所以电动机应实行他励。电机启动后，随着转速的上升，可相应提高电压，以获得所需的加速转矩。降压启动消耗能量小，启动平滑，但需要专用的电源设备。这种启动方法多用于经常启动的大、中型高效节能电机。

5.3.3.3　变频调速电动机

（1）变频调速电动机简介

变频调速电动机，简称变频电机，是变频器驱动的电动机的统称。实际上是为变频器设计的电动机，为变频专用电动机。电动机可以在变频器的驱动下实现不同的转速与扭矩，以适应负载的需求变化。变频电动机由传统的鼠笼式电动机发展而来，将传统的电动机的风机改为独立出来的风机，并且提高了电动机绕组的绝缘性能。在要求不高的场合（例如，小功率和频率在额定工作频率工作）情况下，可以用普通鼠笼电动机代替。

（2）变频调速电动机的技术特点

① 效率高

变频调速电动机达到欧洲 CEMEP-EU 效率等级电动机标准二级值，符合国家标准 GB 18613—2002《中小型三相异步电动机能效限定值及节能评价值》。

② 双频宽

变频调速电动机的使用电压为 220～690 V，适用 50 Hz 和 60 Hz 电源。

③ 噪声低

通过优化电磁设计、通风状况、结构尺寸等技术，M2JA 系列电动机的噪声较低。

④ 轴承负载能力高

电动机选用深沟球轴承，使用寿命长，机座号 80-132 电动机为永久型润滑，机座号 160-355 设有加油装置。

⑤ 可靠性好

变频电机为全封闭风冷结构，防护等级 IP55，材料及工艺符合环境要求。电动机机械强度高，坚固耐用，防锈防腐性强。绕组可靠性好，采用 F 级绝缘结构，按 B 级温升考核。并可根据用户需要增加 PTC 热敏电阻或热敏开关。

5.3.3.4 永磁电机

近几年，电机行业最受瞩目的当属永磁电机了，其受追捧的程度呈现出愈来愈高趋势。究竟为何会有如此轰动效应，除了节能环保型经济发展模式的驱动外，深层次的原因当属永磁电机固有的特性。

高能永磁材料（强磁材料）和电力电子技术方面的最新成果，极大拓宽了永磁电机的应用领域。在机器人、航空航天、电动工具、发电机、新能源、各类医药装备和电动或混合动力汽车等领域，永磁电机无处不在，也无一例外宣示了这样一个事实：永磁电机拥有超越有刷换相直流电机、同步电机和感应（异步）电机这些传统电机的许多优点。

永磁同步电动机主要是由转子、端盖及定子等各部件组成。永磁同步电动机的定子结构与普通的感应电动机的定子结构非常相似，其转子结构与异步电动机最大的不同是转子上放有高质量的永磁体磁极（参见图 5.27），根据在转子上安放永磁体的位置的不同，永磁同步电动机通常被分为表面式转子结构永磁电机和内置式转子结构永磁电机。永磁体的放置方式对电动机性能影响很大。

表面式转子结构永磁电机的永磁体位于转子铁芯的外表面。这种转子结构简单，但产生的异步转矩很小，仅适合于启动要求不高的场合，很少应用。内置式转子结构永磁电机的永磁体位于鼠笼导条和转轴之间的铁芯中，启动性能好，绝大多数永磁同步电动机都采用这种结构[77]。

永磁同步电动机表面式转子结构示意，如图 5.27 所示。

永磁同步电动机结构示意，如图 5.28 所示。

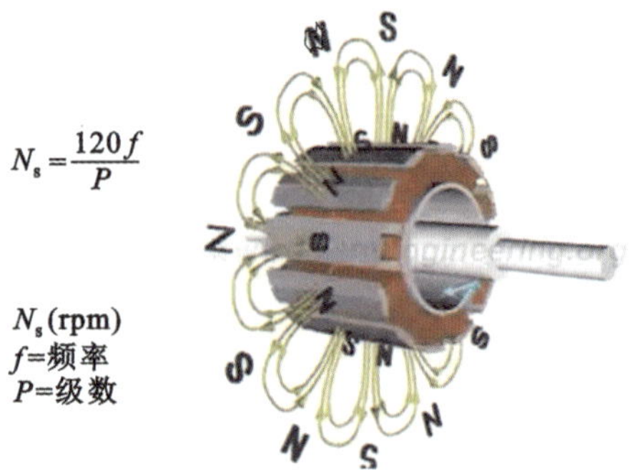

图 5.27　永磁同步电动机表面式转子结构示意

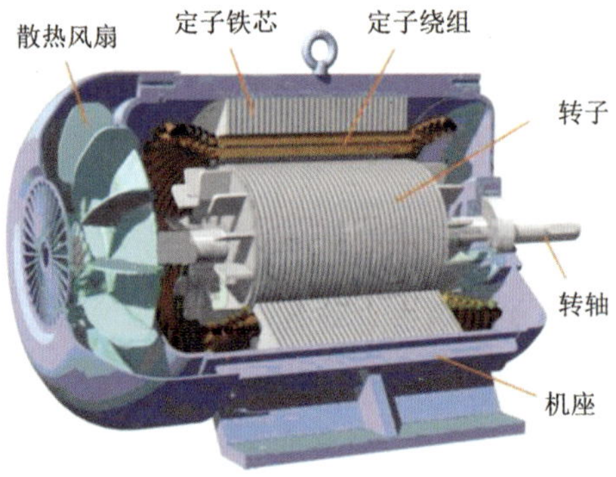

图 5.28　永磁同步电动机结构示意

（1）永磁电机的工作原理

定子绕组中输入的三相对称电流合成的旋转磁场与转子永久磁钢所产生的磁场相互作用下产生转矩，从而拖动转子同步旋转。

普通的电机需要消耗大量的“励磁电流”，而使用了稀土永磁体的电机电动机，“彻底去掉了励磁线圈”，把励磁的电能全部省下。因此，稀土永磁电机称为“现代节能电机”。永磁变频直驱系统，是电力拖动系统中的全新概念，是对传统驱动方式的革命性变革。

永磁电机与异步电机的性能比较，如图 5.29 所示。

由图 5.29 可以看出，永磁电机高效区间更宽，25%～120%额定负载范围内均可保持较高的效率和功率因数。

（2）永磁电机应用组合

永磁电机应用组合为：永磁电机＋变频柜＋在线监测系统＋工业大数据平台。

上述组合广泛适用于低速重载领域，如水泥行业的磨机、选粉机、皮带机、提升机等设备上的传动系统。

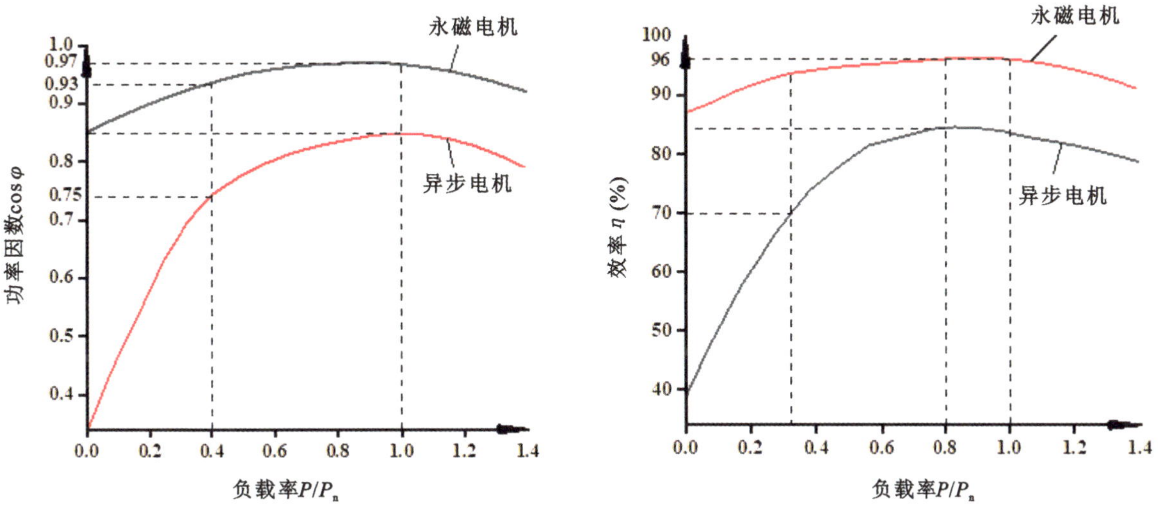

(a) (b)

图 5.29 永磁电机与异步电机的性能比较

(a) 负载率(P/P_n)与功率因数 $\cos\varphi$ 的关系;(b) 负载率(P/P_n)与效率 η 的关系

(3) 永磁电机系统在水泥行业的特点

① 结构简单,体积小,自重轻,运行可靠。

② 电机功率因数高,效率高,在25%～120%的额定负载范围内,保持较高的效率和功率因数,无需加功率补偿器。

③ 变频控制可实现软起、软停、无级调速、无冲击,机械故障大幅度减少。“粉尘防爆结构”符合一级安标要求。

④ 缩短传动环节,去掉减速机减少中间环节,提高系统传动效率节能效果好。

(4) 平邑中联生料辊压机技改 EPC 项目

平邑中联水泥有限公司(以下简称:平邑中联)的生料辊压机技术改造 EPC 项目,采用永磁电机的大型生料辊压机,利用原有厂房结构框架、集成原料成分在线分析和成品粒度在线分析以及专家智能控制系统,有效提高能源利用效率,有效推动行业朝着绿色、智能方向转型升级。

由平邑中联水泥有限公司和日照东方电机有限公司组成的研发团队,结合低速大扭矩永磁电机驱动系统的特点,确定了辊压机低速大扭矩永磁电机智能驱动系统方案。

① 技术改造前后设备配置与运行参数

技术改造前后设备配置情况,如表 5.11 所示。

表 5.11 技术改造前后设备配置情况

项目	内容	规格参数	单位	数量
辊压机		HFCG160-120,580～670 t/h	套	2
改造前	异步电机	YR560-4/900 kW/10 kV/60.6 A,1480 r/min	套	2
	三级减速机	型号 XGZ56,速比 80∶1,18.5 r/min	套	2
改造后	永磁同步电动机	RMY560-900 kW/10 kV,300 r/min,冷却方式为 IC3W7,绝缘等级为 F,工作制为 S1、IP55	套	2
	高压变频智能控制系统	HD93S-J100/1250 kVA/10 kV	套	2
	二级行星减速机	GS900YSX-16.5-S	套	2

技术改造前后运行参数对比，如表 5.12 所示。

表 5.12 技术改造前后运行参数对比

项目	空载电机电流(A)	满载最低电流(A)	满载最高电流(A)	带载平均电流(A)
改造前异步电机运行参数	15	35	50	49.3
改造后永磁同步电机运行参数	2.7	30	40	38.6

② 永磁直驱电动机结构的主要优势

a. 安装可靠，去掉了传统减速机的故障点，提高了系统可靠性。

b. 启动转矩大，过载能力强(参见表 5.13～表 5.14)。永磁同步电动机匹配 DYT 矢量变频器能恒定输出 1.8～2.2 倍额定负载转矩的启动转矩，避免了异步电动机"大马拉小车"现象。输出转速低，驱动单元整体振动降低，具有优秀的调速性能，实现由量定速，减小设备磨损以及冲击负荷。

c. 通讯功能丰富，支持 CAN、RS485、PROFIBUS DP 等多种通信接口的接入，可保存最近 3 个月的运行数据。可实现在线监测监控。

d. 对环境友好，占地小、防腐好、噪声低。

e. 免维护，采用 DYT 专用单点注油器，无须人工加油。

阳泉冀东水泥有限责任公司经近 2 月运行，节电效果明显，并改善了现场运行漏油情况，减少了维护量，设备振动现象大幅度减少，设备运行稳定，寿命提高，值得推广和使用。

两种驱动系统运行数据，如表 5.13 所示。

表 5.13 两种驱动系统运行数据

项目	磨内压强差(Pa)	电流(A)	单位产品电耗(kW·h/t)	平均功率(kW)	细度(%)
传统驱动系统(3# 立磨)	5606	244～300	11.42	2460	18.6
直驱系统(4# 立磨)	6420	182～234	10.57	2280	19.8
差值(Δ)	814	—	−0.85	−180	—

永磁直驱系统调试运行数据，如表 5.14 所示。

表 5.14 永磁直驱系统调试运行数据

调速比例	平均产能(t/h)	平均功率(kW)	单位产品电耗(kW·h/t)
额定转速(27 r/min)	229.23	2391.94	10.43
增加 5%(28.35 r/min)	241.54	2481.25	10.27
增加 8%(29.16 r/min)	248.07	2424.00	9.77

两种电机驱动形式比较，如表 5.15 所示。

表 5.15 两种电机驱动形式比较

驱动形式	第 1 组	第 2 组	第 3 组	第 4 组	第 5 组	第 6 组	第 7 组	第 8 组	平均值
异步电动机的电流 I_1(A)	392	410	452	435	385	466	438	426	425.5
永磁电动机的电流 I_2(A)	273	282	323	310	271	330	311	293	299.1

阳泉冀东水泥有限责任公司采用该辊压机低速大扭矩永磁电机智能驱动系统方案后，经过近 2 个月的运行，生产线节电效果明显，现场运行漏油情况明显改善，维护量减少，设备振动现象大幅度减少，设备运行稳定、寿命提高。可见，该方案值得推广和使用。

(5) 唐山盾石电气有限责任公司的相关实践效果

① 可调速控制系统

立磨采用具有调速功能的直驱系统，可以根据原料特性、掺加辅料特性的变化实现个性化设计；还可以消除季节变化、耐磨件磨损等造成的不利影响，始终运行在最佳状态，实现生产系统智能化运行。

② 节电效果明显，运维成本降低

与原系统相比，由于没有了减速机，可直接节省减速机维修费和备件费。而且由于直驱系统所需润滑油量比原系统少，相应的润滑油消耗量和辅助电耗都大幅减少。

(6) 存在的问题

① 使用环境要求较高，在高温（150 ℃）、剧烈振动、大冲击电流、涡流（谐波引起）下会永久失磁。

② 永磁电机还未通用化，损坏需送原厂返修。

③ 部分品牌的永磁电机只能配套专用变频器使用。

5.3.4 计算流体力学在低碳燃烧模拟分析方面的应用

5.3.4.1 计算流体力学概述

计算流体力学，是建立在经典流体力学以及数值计算方法基础上的一门学科。通过数值模拟，我们可以得到一个极其复杂流场内各个位置上的基本物理量（例如，速度、压强、温度、浓度等）的分布以及这些物理量随时间的变化情况，从而确定旋涡分布特性、空化特性及脱流区等。

计算流体力学的基本思想可概括为：将原来在时间域及空间域上连续的物理量用一系列有限个离散点上的变量值的集合来代替，通过一定的原则和方式对流动基本方程进行离散，建立起离散点上变量值之间关系的代数方程组，然后求解代数方程组获得变量的近似值。

数值模拟的计算过程，如图 5.30 所示。

随着计算机技术的快速发展，工程界已倾向于尽量利用大型、高速计算机来处理众多的实际工程问题，单独依靠实验方法存在成本高、效率低等问题，而使用数值模拟技术则能有效探究宏观机理与微观参数之间的关系，在理论上对水泥减碳工艺的可行性进行验证并对出现的问题做出针对性改进。

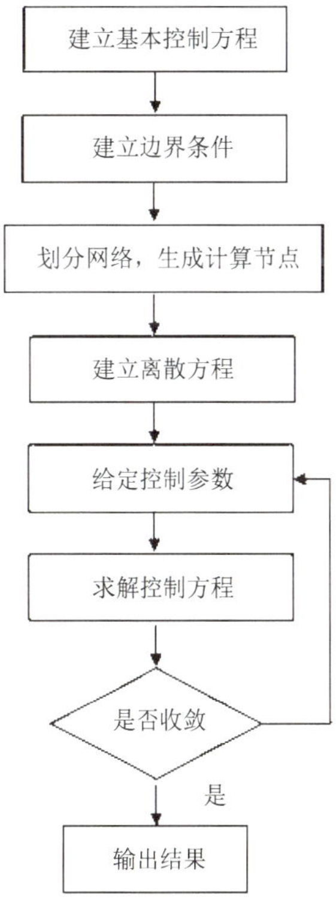

图 5.30 数值模拟的计算过程

5.3.4.2 数值模拟计算方法

(1) Aspen Plus

Aspen Plus 是一个生产装置设计、稳态模拟和优化的大型通用流程模拟系统，源于美国能源部于 20 世纪 70 年代后期组织开发的大型流程模拟系统。该项目名称为“过程工程的先进系统”（Advanced System for Process Engineering，缩写 ASPEN），被称为 Aspen Plus。

经过数十年的发展，Aspen Plus 软件拥有全面丰富的物性数据库，因此，对于模拟结果的可靠性和严谨性分析给予了最基本的保障。其次，Aspen Plus 软件内有各种常见的单元模块，现有工艺的所有设备都可以找到相关组件，将它们组合在一起即构成所需要分析的目标。

目前，水泥行业对于 Aspen Plus 的应用主要在整个水泥工艺或子系统的开发与改进方面，例如，Okoji AI[78] 基于 626 个水泥厂篦冷机的数据，将使用神经网络得到的预测模型与 Aspen Plus 工艺模型模拟的结果进行对比，发现两者的 R^2 近似于 1，证明神经网络计算数学模型的正确性；夏诺[79] 使用 Aspen Plus 软件对磷石膏窑外分解制酸联产水泥新工艺流程进行建模，并确定了二、三次风比例，硫黄掺量，煤量等最佳参数；刘定平[80] 采用 Aspen Plus 软件对水泥窑炉生产过程中分解炉和回转窑 NO_x 产生的全过程进行建模，通过更改参数对水泥窑生成 NO_x 的变化进行分析建模。总之，随着水泥各种低碳工艺的开发，Aspen Plus 软件对工艺初期各种参数的确定十分重要，有助于中试的顺利进行。

(2) 有限元计算

随着计算机性能的提高，有限元法受到越来越多人的青睐，其中有代表性的软件有 Fluent、CFX、Star

CCM 等，这些软件相对于 Aspen Plus 的优点在于工作人员可以通过温度场、速度场、浓度场等看到燃料燃烧、生料分解、污染物的生成转化等过程，根据发现工艺的问题从而做出根本性改进。在水泥行业中模拟的对象大多为分解炉，一是由于分解炉的改造空间大，能适应多种燃料；二是目前计算机的性能还不能支持很好地模拟运动状态下碳酸钙的运动状态。模拟分解炉早期以小吨位的 DD 分解炉为主，目前以大吨位的 TFF 分解炉为主，表明该技术的成熟性以及大吨位水泥制造的趋势性，而随着我国低碳政策的大力推行，有限元技术为众多低碳技术的理论奠定了基础。

① 碳富集技术

目前数值模拟的碳富集技术主要是 O_2/CO_2 燃烧技术，即分解炉与回转窑同时采用 O_2/CO_2 燃烧从而实现全流程 CO_2 富集的工艺。

徐顺生[81]和 Zhang L[82]分别模拟了在 O_2/CO_2 和 O_2/N_2 气氛下分解炉热工环境的变换，其结果大致相同：

a. CO_2 分子的强辐射能力，使得炉内温度分布更加均匀；

b. $CaCO_3$ 分解率基本持平；

c. NO_x 排放量大为降低。

以上研究的不足之处在于，目前所查到的资料均没有进行冷模试验，故人们对其 $CaCO_3$ 的分解反应还有所疑问。

根据郑之民[83]和谢焕彪[84]的研究，CO_2 浓度相差 40%时 $CaCO_3$ 的分解便有较大的差别，需要提高温度以缩短反应时间。

再者，模拟模型也没有像毛娅[85]一样使用 UDF 来导入考虑 $CaCO_3$ 分解的 CO_2 分压强的方程，故在高 CO_2 浓度下 $CaCO_3$ 的分解率大致不变的结果还有待验证。

② 替代燃料

截至当前，水泥行业数值模拟最多的便是替代燃料，由于替代燃料有多种可能的来源，它们在热值、灰分、水分、颗粒大小、形态、密度等方面也有不同程度的差异[86]，而回转窑中的燃烧过程要求十分苛刻，需要燃料必须在烧成带范围提供热量以供生料分解，故替代燃料主要在分解炉中使用，品质较高的替代燃料一般可以直接进入分解炉中，改善分解炉热分布均匀性，而低品位的替代燃料则需要经过预燃炉来延长燃烧时间。

在替代燃料的品种方面，国外主要采用轮胎、废锅衬里、垃圾衍生燃料（Refuse Derived Fuel，缩写 RDF）、塑胶以及肉骨粉等[87-93]，而国内则主要采用污泥、RDF 以及生物质燃料（秸秆、木材）等[94-102]，这是由于发达国家的垃圾分类相对做得较好，无论作为 RDF 还是分类单独燃烧均能保证替代燃料的稳定性，而且欧洲发达国家目前正在推行标准更加严格的固体回收燃料（Solid Recovered Fuel，缩写 SRF）[103]，这对替代燃料的进一步推广使用具有重要意义。我国在替代燃料方面对于污泥的研究更多一些，这估计与污泥含水量大、含氟离子和氯离子量高等有关。水泥行业中预燃炉技术的相关模拟研究目前还未见报道，目前数值模拟研究大多数针对的是分解炉。

目前针对替代燃料燃烧的动力学研究均停留在非等温固相反应动力学，虽然模型能在宏观上对所研究的替代燃料有一个很好的认识，但在模拟过程中并不能简单从宏观上考虑，还要考虑物料孔隙率与氧气扩散浓度等种种关系，特别是在分解炉（900 ℃）环境中挥发分挥发与固定碳开始燃烧的边界条件，相关机理目前各文献中并没有过多的解释。

③ SNCR 脱硝技术

燃烧后减少 NO_x 排放的方法主要是选择性非催化还原（SNCR）技术和选择性催化还原（SCR）技术两种。SCR 脱硝主流采用钒基、钛基的金属氧化物作为催化剂。而水泥窑炉中含高浓度的碱性固体颗粒，不仅会导致催化剂中的酸性吸附中心失活，也易磨损和阻塞催化填料层，降低 SCR 脱硝的性能和可用时长；若在烟气除尘之后进行脱硝，则无法满足 SCR 的温度窗口（250～400℃），且低温下烟气中 SO_2 和 NH_3 形成的铵盐难以分解。因此，SCR 脱硝无法在水泥窑炉中发挥理想的作用。分解炉的温度分布与 SNCR 的最佳温度窗口（850～1050 ℃）相符。考虑到成本和性能，SNCR 技术被认为是水泥工业最合适

的 NO_x 脱除技术，被世界上的大多数水泥厂选取并投入使用。

然而实际工程中 SNCR 脱硝效率波动大，受工况扰动明显，氨逃逸问题严重。Rota[104] 指出，还原剂与烟气混合充分程度和反应温度是导致 SNCR 脱硝效率波动的重要原因。因为在实际工程中，反应温度很难处于最佳温度，锅炉中的还原剂与烟气很难达到均匀混合的效果，使脱硝效率降低，SNCR 脱硝效率较低时仅不到 30%。目前对水泥分解炉[105-107] 中 SNCR 脱硝的优化主要是通过 CFD 模拟，设置不同的喷氨位置、喷氨速度、还原剂液滴粒径和氨氮比等参数，优化炉膛的 NO_x 排放量和 NH_3 逃逸量。

为了使 SNCR 模型在 CFD 中具有更高的准确性，SNCR 机理模型研究具有重要作用，如卢志民[108] 采用敏感性分析方法，分析对比了 5 种具有详细基元反应的 SNCR 化学模型中的核心反应步，获得更加精确的 14 步 SNCR 反应模型；梁秀进[109] 对包含 7 个总包反应的 SNCR 模型进行参数修正，以确保 SNCR 反应模型在 CFD 模拟中的准确性；Modliński[110] 在层床锅炉中燃料燃烧和脱硝反应数值模拟中，将 12 步脱硝反应机制与通常使用的 7 步脱硝反应机制进行结果对比，发现 12 步反应机制具有更好的性能。

(3) 离散元计算

离散元法（DEM）是继有限元计算流体力学（CFD）之后，一种用于分析颗粒物质系统动力学问题的新方法，其主要集中在颗粒的运动和模拟方法上。用这种方法在气-固两相环境下能将熟料流动状态的传热充分地考虑进去，当前 CFD 关于箅冷机的模拟大部分将熟料设置为固定不动的孔隙材料，并不考虑熟料流动状态[111-113]，故将两种计算模型相耦合，即 CFD-DEM（二次开发将这两种软件 EDEM 和 Fluent 的端口相关联），既能有效模拟熟料运动过程，又能模拟气-固传热过程，但其缺点在于对网格要求高，模型复杂且计算量大等[114]。

5.3.4.3 计算流体力学在水泥减碳技术方面的应用案例

悬浮预热是新型干法水泥生产技术的核心之一，其最大的特点是将原来回转窑内堆积状态的气固换热改进为在预热器中的悬浮态气固热交换，大大提高了系统的换热效率。预热器的级数直接影响预热器系统的综合能耗，五级或六级预热系统是目前国际上大量使用的预热换热系统，五级预热器系统其出口废气温度一般在 330 ℃，而采用六级预热器系统后，出口废气温度可控制在 280 ℃，而采用优化改进措施可有效保证六级预热器与五级预热器功效基本相当，因此六级预热器系统综合能耗更低。

(1) 数学模型

随着现代数学物理理论、数值模拟方法以及计算机技术的发展，计算流体动力学（CFD）在工程问题的应用日渐成熟，显示出了巨大的灵活性，已经成为工程领域研究的主要发展方向。笔者采用大型商业通用软件 Fluen 对天津院最新开发设计的六级预热器系统预热单元进行模拟研究，提出了六级预热器系统的优化方案，为六级预热器系统的推广应用提供了理论支撑。采用三维建模软件生成计算所需的三维几何模型，将工程实际运行检测的数据作为相关边界参数。为便于了解各级预热器的相关参数及减少计算工作量，这里采用分级计算的方法即每一计算单元为旋风筒热风进口管道，其出口参数作为下一个计算单元的入口参数，计算由六级预热器开始至一级换热单元结束。

系统网络及计算单元示意，如图 5.31 所示。

① 气相数学模型

大量的研究已表明，预热器单体内部的流动状态为不可压缩湍流流动。而旋风筒内颗粒相的体积比率很低，满足颗粒群轨道模型的基本条件，笔者通过大量的对比分析确定采用各向异性处理的雷诺兹应力模型（Reynolds Stress Model，简称 RSM）模拟预热器旋风筒内气相的计算，因为 RSM 能较好地捕捉切向速度和轴向速度的分布特点，能很好地反映气体在旋风筒内的运动情况，能够满足旋风筒模拟计算的要求。

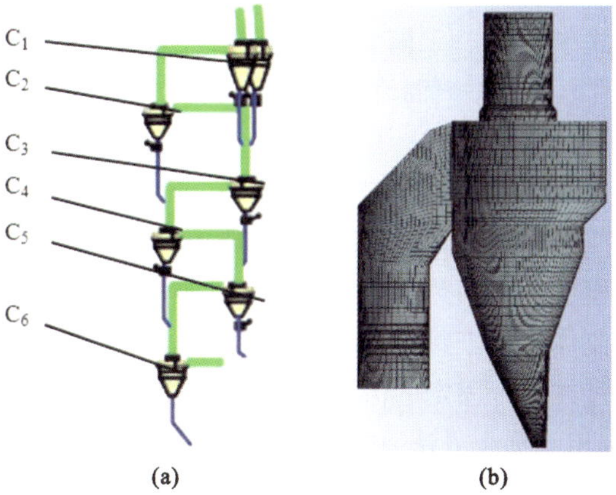

图 5.31　系统网络及计算单元示意

(a) 系统网络；(b) 计算单元

流体的运动虽然形式千变万化，但都遵循基本的控制方程，即质量守恒方程、动量守恒方程和能量守恒方程。

质量守恒方程又称为连续性方程，其表达式为：

$$\frac{\partial \rho}{\partial x}+\frac{\partial(\rho u_i)}{\partial x_i}=0 \tag{5.13}$$

式中 ρ——流体的密度；

u——流体的速度；

t——时间。

动量方程，又称 Navier-Stokes 方程（简称：N-S 方程），其雷诺平均表达式为：

$$\frac{\partial \rho u_i}{\partial t}+\frac{\partial(\rho u_i u_j)}{\partial x_j}=-\frac{\partial \rho}{\partial x_i}+\frac{\partial}{\partial x_j}\left[\mu\left(\frac{\partial u_i}{\partial x_j}+\frac{\partial u_j}{\partial x_x}-\frac{2}{3}\delta_{ij}\frac{\partial u_i}{\partial x_l}\right)\right]+\frac{\partial u_l}{\partial x_l}(-\rho u_i' u_j') \tag{5.14}$$

式中 $-\rho u_i' u_j'$——雷诺应力；

μ——流体的黏度；

δ_{ij}——应力张量系数；

p——流体的压强。

能量守恒方程的比焓形式为：

$$\frac{\partial(\rho h)}{\partial t}+\frac{\partial(\rho u h)}{\partial x}+\frac{\partial(\rho v h)}{\partial y}+\frac{\partial(\rho w h)}{\partial z}=-p\,\mathrm{div}U+\mathrm{div}(\lambda\,\mathrm{grad}T)+\Phi+S_{\mathrm{h}} \tag{5.15}$$

式中 h——流体的比焓；

u,v,w——流体在 x、y 和 z 方向上的速度；

U——流体的绝对速度；

λ——流体的热导率；

T——温度；

Φ——热流量；

S_{h}——源相。

在模拟计算中，为了使方程组封闭，必须对雷诺应力进行处理。RSM 放弃了各向同性假设，而是直接求解雷诺应力方程，其在 Fluent 软件中的形式如下：

$$\begin{aligned}&\frac{\partial}{\partial t}(\rho\overline{u_i' u_j'})+\frac{\partial}{\partial x_k}(\rho u_k\overline{u_i' u_j'})\\&=-\frac{\partial p}{\partial x_k}+[\rho u_k\overline{u_i' u_j' u_k'}+\overline{p(\delta_{kj}u_i'+\delta_{kj}u_j')}]+\frac{\partial}{\partial x_k}\left[\mu\frac{\partial}{\partial x_k}(\overline{u_i' u_j'})\right]-\rho\left(\overline{u_i' u_k'}\frac{\partial u_j}{\partial x_k}+\overline{u_j' u_k'}\frac{\partial u_i}{\partial x_k}\right)\\&\quad-\rho\beta(g_i\overline{u_j'\theta}+g_j\overline{u_i'\theta})+\overline{p\left(\frac{\partial u_i'}{\partial x_j}+\frac{\partial u_j'}{\partial x_i}\right)}-2\mu\overline{\left(\frac{\partial u_i'}{\partial x_k}+\frac{\partial u_j'}{\partial x_k}\right)}-\rho\Omega_k(\overline{u_j' u_m'}\varepsilon_{ikm})+S_{\mathrm{user}}\end{aligned} \tag{5.16}$$

式中 Ω_{k}——模型常数；

ε——湍流的耗散率；

S_{user}——用户源相。

② 颗粒相数学模型

为了计算的精确性，宜选用离散相模型（Discrete Phase Model，缩写 DPM），并运用其中的随机轨道模型追踪预热器内的颗粒相的运动。当颗粒穿过流体运动时，颗粒的轨道以及传热量、传质量可通过当地流体作用于颗粒上的各种平衡作用力、对流辐射引起的热量质量传递来进行计算。离散相模型既可以通过在一个固定的流场中（非耦合方法）来预测离散相的分布，也可以在考虑离散相对连续相有影响的流场（相间耦合方法）中考察颗粒的分布。相间耦合计算中，离散相的存在影响了连续相的流场，而连续相的流场反过来又影响了离散相的分布。可以交替计算连续相和离散相直到两相的计算结果都达到收敛标准。

(2) 计算结果分析

为了进一步优化改进六级预热器系统的性能，结合天津院开发的六级预热器在的实际工程使用情况，研究分别对原有六级预热器和旋风筒入口宽度增大的情况进行了模拟计算。两个系统的模拟计算边界参数均相同，只是对旋风筒入口宽度进行了调整。

各级旋风筒入口宽度的对比，如表 5.16 所示。

表 5.16 各级旋风筒入口宽度的对比

类别	入口宽度(mm)					
旋风筒	C_6	C_5	C_4	C_3	C_2	C_1
原型	2030	2030	2030	1930	1930	1300
改进型	2230	2230	2230	2130	2130	1400

① 压强损失

入口加宽后，旋风筒入口风速降低，因此各级旋风筒的压力损失明显减小。

改进前后六级预热器系统旋风筒压强损失模拟结果对比，如表 5.17 所示。

表 5.17 改进前后六级预热器系统旋风筒压强损失模拟结果对比

旋风筒	压强损失(Pa)		压强损失的变化量(Pa)	压强损失的变化率(%)	面积的变化率(%)
	原型	改进型			
C_6	569	485	−84	14.8	9.9
C_5	639	551	−88	13.8	9.9
C_4	633	546	−87	13.7	9.9
C_3	720	619	−101	14.0	10.4
C_2	975	832	−84	14.7	10.4
C_1	752	662	−90	12.0	7.7
合计	4288	3695	−593	13.8	—

从表 5.17 可以看出，入口加宽后，各级旋风筒的压强损失都明显减小，$C_5 \sim C_2$ 入口面积平均增大约 10%，旋风筒的压强损失平均降低约 14%；C_1 入口的面积增大 7.7%，压强损失降低约 12%。这说明入口的面积对旋风筒的压强损失影响显著，压强损失的变化率与面积的变化率之比 >1。

② 换热效果

旋风筒入口加宽后，对于各级旋风筒，旋风筒内气体流速减小，使得筒内部的对流换热系数降低。但是颗粒在内部的停留时间增大，又使筒内换热增强。因此旋风筒入口加宽对系统换热的影响必须综合这几方面的因素一起考虑。

改进前后六级预热器系统旋风筒换热模拟结果对比，如表 5.18 所示。

表 5.18 改进前后六级预热器系统旋风筒换热模拟结果对比表

旋风筒	温差(℃)		温差的变化量(℃)	温差的变化率(%)	面积的变化率(%)
	原型	改进型			
C_6	10	10	0	0	9.9
C_5	58.6	57.8	−0.8	1.4	9.9
C_4	89.8	87.6	−2.2	2.4	9.9
C_3	94.4	93.5	−0.9	0.9	10.4
C_2	135.6	134.9	−0.7	0.5	10.4
C_1	137.1	132.6	−4.5	3.3	7.7
合计	525.5	516.4	−9.1	1.7	—

从表 5.18 可以看出，改进前后六级预热器系统旋风筒换热效果有小幅降低。并且随着预热单元级数的增大，总体上降低幅度也越来越小。因为随着级数增大，气体和生料颗粒之间的温差不断降低，气体和生料颗粒之间的换热量也不断降低，这样气速的降低对换热的影响就逐渐降低。

③ 分离效率

颗粒的分离功能主要由预热单元的旋风筒实现，各级旋风筒入口宽度扩大后，旋风筒内风速减小，颗粒的离心作用减弱，故分离效果下降。

六级预热器系统旋风筒分离效率的比较，如表 5.19 所示。

表 5.19　六级预热器系统旋风筒分离效率的比较

粒径(μm)	对不同粒径颗粒的分离效率 η(%)											
	C_6		C_5		C_4		C_3		C_2		C_1	
	原型	改型	原型	改型	原型	改型	原型	改型	原型	改型	原型	改型
0～10	59	57	52	54	54	57	54	57	53	54	48.0	46.4
10～20	72	71	67	67	68	70	70	71	70	70	85.1	78.8
20～30	89	88	86	84	86	87	88	88	89	88	98.8	97.0
30～40	97	96	95	91	94	92	95	92	96	93	99.9	99.8
40～50	100	99	99	92	98	94	99	95	99	97	100	100
50～60	100	100	100	99	99	96	100	99	100	99	100	100
60～80	100	100	100	100	100	100	100	100	100	100	100	100
80～100	100	100	100	100	100	100	100	100	100	100	100	100
100～120	100	100	100	100	100	100	100	100	100	100	100	100
120～140	100	100	100	100	100	100	100	100	100	100	100	100
140～160	100	100	100	100	100	100	100	100	100	100	100	100
0～160	87.7	86.9	84.5	82.4	83.9	83.1	85.8	84.4	86.9	85.4	95.5	93.7
Δη(%)	−0.8		−2.1		−0.8		−1.4		−1.5		−1.8	

从表 5.19 可知，入口加宽后，各级旋风筒的分离效率都有所降低，但降低幅度并不是很大，平均只有约 1.4%，远低于入口面积变化率(平均约 10.4%)，更低于压损变化率(平均约 13.8%)。这说明旋风筒入口面积对分离效率有一定影响，但作用效果并不是非常显著。

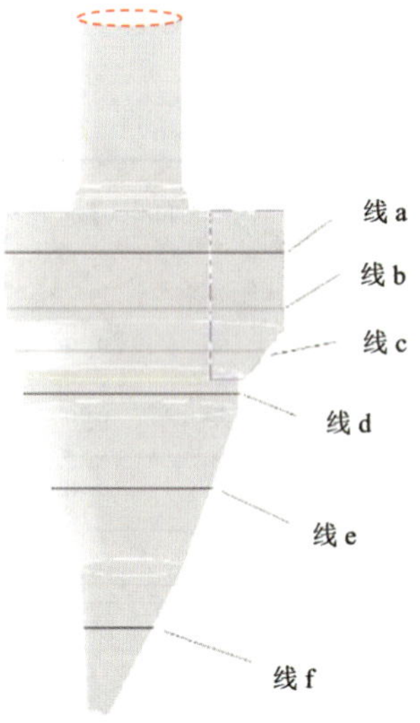

图 5.32　旋风筒 C_4 的比较位置示意

④ 流场结果

旋风筒入口加宽后，压强损失、换热效果和分离效率等都发生了变化，笔者对改进前后的流场进行了对比分析，主要比较了轴向速度和切向速度。

气体进入旋风筒后沿边壁旋转向下运动，在底部发生折返，从中心螺旋流出，轴向速度呈现出双峰分布的典型特点。模拟计算准确地捕捉到了这一特性。旋风筒入口加宽后，虽然入口风速减小，但由于流量保持不变，所以对轴向速度的影响并不显著。笔者对各级旋风筒内不同部位的轴向速度都进行了比较，发现各级旋风筒的轴向速度变化规律基本一致，故本书只给出了旋风筒 C_4 的比较结果。

旋风筒 C_4 的比较位置示意，如图 5.32 所示。

轴向速度的比较，如图 5.33 所示。

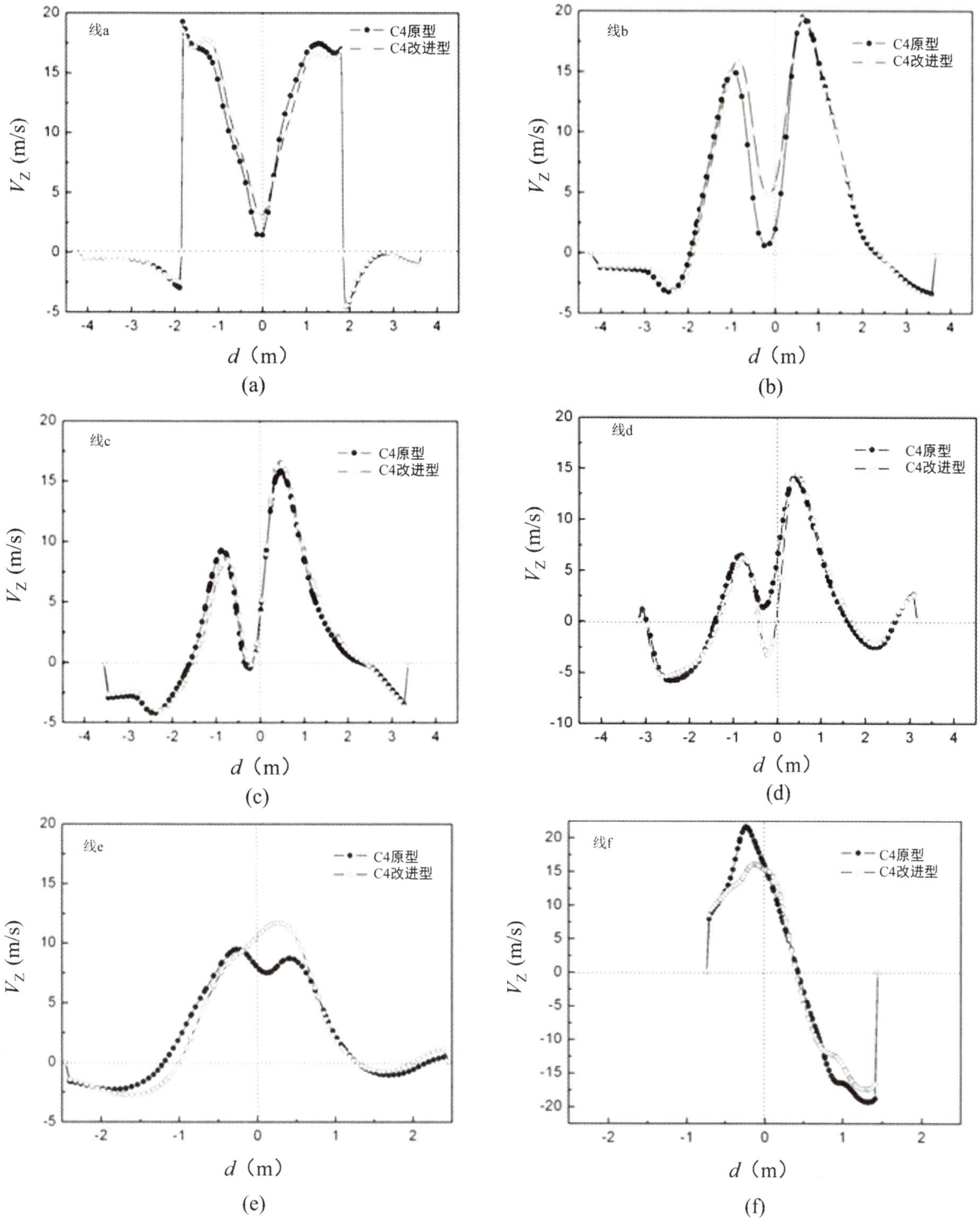

图 5.33 轴向速度的比较

线 e 处截面轴向速度云图，如图 5.34 所示。

底部椎体截面轴向速度矢量图，如图 5.35 所示。

从图 5.33 和图 5.34 可以看出，旋风筒内的轴向速度呈典型的双峰分布特性，轴向速度并不是很高，在平均入口风速 18 m/s 的情况下，大部分区域的轴向速度都在 20 m/s 之内，这说明由轴向速度引起的流动损失比较小，与相关的研究结论吻合。入口宽度改大后，外部的准自由涡不断挤压中间的刚性强制涡，使中间的强制涡区域不断减小。这样能量耗损和压强损失将极大地减小。

(a)　　(b)

图 5.34　线 e 处截面轴向速度云图(m/s)

(a) 原型;(b) 改进型

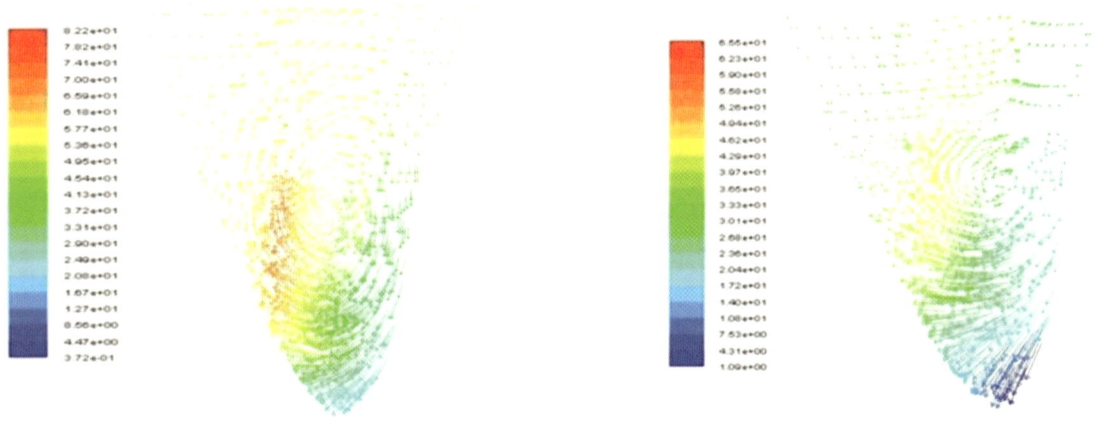

(a)　　(b)

图 5.35　底部椎体截面轴向速度矢量图(m/s)

(a) 原型;(b) 改进型

从图 5.33(e)、图 5.33(f)可以看出,旋风筒入口加宽后,旋风筒下锥体内的局部涡流减弱,这样有助于减小旋风筒底部飞灰的二次飞散问题。

⑤ 切向速度

旋风筒入口加宽后,入口风速降低,入口角动量也相应降低,根据角动量守恒定律,旋风筒内的切向速度也会相应减小,模拟计算的结果与理论分析吻合得很好。笔者对各级旋风筒内不同部位的切向速度都进行了对比,发现各级旋风筒的切向速度的变化规律基本一致。图 5.36 旋风筒 C_4 的比较结果,其比较位置与轴向速度相同。

旋风筒 C_4 的切向速度比较,如图 5.36 所示。

从图 5.36 可以看出,旋风筒内的切向速度呈明显的强制涡和准自由涡分布特点,切向速度很大,对气体在旋风筒内的运动起主导作用,这与前人许多研究成果相近。在平均入口风速 18 m/s 的情况下,大部分区域的切向速度都在 20 m/s 以上,峰值切向速度接近 50 m/s,约是入口平均风速的 2.5 倍。这些都表明旋风筒的阻力损失主要由切向速度决定。

线 f 处截面切向速度云图,如图 5.37 所示。

从图 5.37 中可以看出,旋风筒入口加宽后,切向速度发生了较明显变化,且变化分布区域明显不同。在中心强制涡区域,切向速度受到的影响很小,基本可以忽略不计。在外部准自由涡区域,切向速度明显减小,从而对压力损失和分离效率产生较大的影响。切向速度减小,气体与壁面以及气体内部的各种摩擦损失、碰撞损失等都会减小，从而使旋风筒的压力损失减小。但切向速度减小，颗粒受到的离心力也减小，颗粒不容易被分离，从而使旋风筒的分离效率下降。从这里可以看出，准自由涡区的切向速度对压力损失和分离效率的影响作用是相互矛盾的，需要相互权衡，选择一个相对较合适的值。

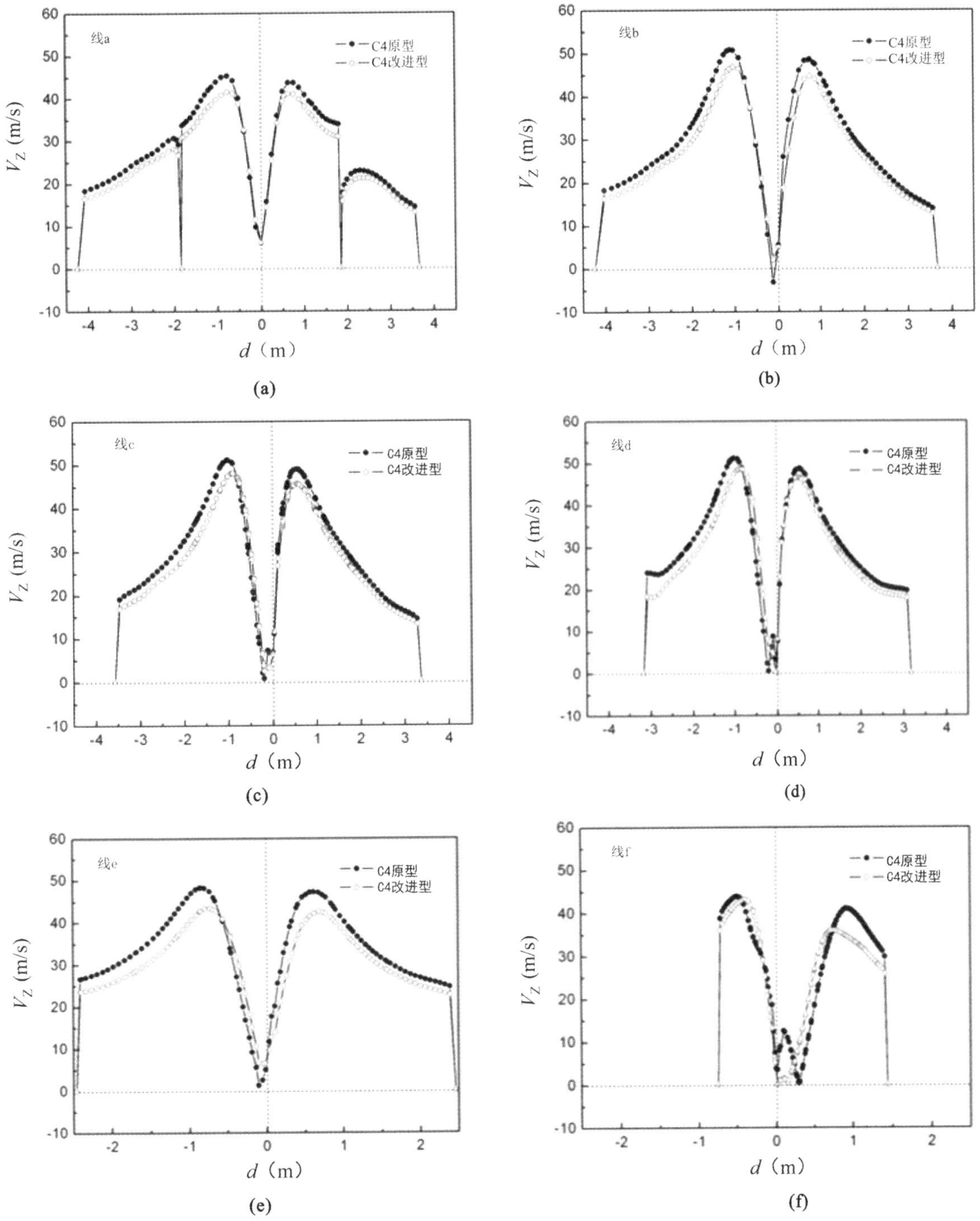

图 5.36 旋风筒 C_4 的切向速度比较

从图 5.37 中还可以看出，旋风筒入口加宽后，准自由涡的区域有轻微的增大，这意味着旋风筒的有效分离区域增大，对分离效率的提高是有利的。这主要是由于入口向内加宽后，外部气体对旋风筒内气体的冲击区域加大，从而抑制了中心区强制涡的发展，使准自由涡区域增大。

⑥ 实际应用

根据对旋风筒入口加宽后的优化研究，笔者在五级预热器上做了工程实践，改进前的五级预热器总压强损失为 4100 Pa，投产后改进的五级预热器系统总压强损失为 3523 Pa，系统压强损失减少 577 Pa，而预

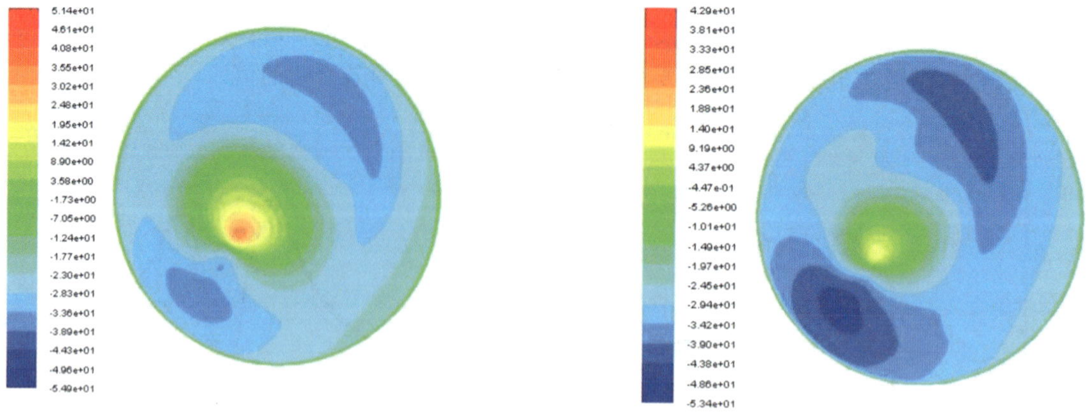

(a)　　(b)

图 5.37　线 f 处截面切向速度云图(m/s)

(a) 原型;(b) 改进型

热器出口温度变化很小,与本研究结果十分吻合,这也给今后六级预热器的优化改进进一步明确了方向。

(3) 结论

笔者采用雷诺应力模型(RSM)和离散相模型(DPM)对天津院开发的六级预热器原型及其优化改进的预热器系统内流场、预热器系统换热效果及物料分离效率进行了模拟计算及研究分析,并得出以下结论:

① 优化改进后的六级预热器系统总体压强损失较原系统降低 593 Pa,降幅为 13.8%,旋风筒的总分离效率仅降低 1.4%,系统换热效果略有降低,预热器出口温度将小幅上升 1.7%,说明优化后的六级预热器系统其性能指标较原系统更能实现系统的节能减排的要求。

② 轴向速度的模拟结果表明,优化改进后的旋风筒入口加宽,旋风筒下锥体内的局部涡流减弱,这样有助于减小旋风筒底部飞灰的二次飞散问题,从而可有效防止旋风筒的分离效率的降低。

③ 切向速度的模拟结果表明,优化改进后的旋风筒入口加宽,切向速度减小,从而使旋风筒的压强损失减小;颗粒受到的离心力也减小,颗粒不容易被分离,从而使旋风筒的分离效率有所下降。但准自由涡的区域有轻微的增大,这意味着旋风筒的有效分离区域增大,对分离效率的提高是有利的。

从各方面的综合结果来看,优化后旋风筒的分离效率降低很小,但阻力降低幅度较大。

参考文献

[1] 林宗寿. 无机非金属材料工学[M]. 武汉:武汉理工大学出版社, 2019.

[2] 隋同波,刘克忠,王晶,等. 高贝利特水泥的性能研究[J]. 硅酸盐学报,1999, 27(4):488-492.

[3] 肖宝第. 无粘结预应力框架梁钢管混凝土柱施工技术[J]. 中国三峡, 2003,(9):18-19.

[4] HANEIN T, GALVEZ-MARTOS J, BANNERMAN M N. Carbon footprint of calcium sulfoaluminate clinker production[J]. Journal of Cleaner Production, 2018, 172: 2278-2287.

[5] 梁娇. 钢渣制备高铁贝利特-硫铝酸盐水泥[D]. 重庆: 重庆大学, 2018.

[6] 单立福,周宗辉,刘福田,等. 钢渣在硫铝酸盐水泥中的应用[J]. 混凝土与水泥制品, 2008(03):5-7.

[7] 雷武斌,孙小培,刘自华,等. 利用磷石膏制备硫铝酸盐水泥的探索[J]. 中国泥, 2021(S1):197-199.

[8] 李德栋,毕利坤,王晓华. 磷石膏作原料试生产硫铝酸盐水泥熟料[J]. 水泥, 2002(06):21-22.

[9] 柴俊青,张健,沈燕,等. 磷石膏高温分解对烧制硫铝酸盐水泥性能的影响[J]. 非金属矿, 2013, 36(06):1-3.

[10] 王显斌,林春玉,吴兆琦. 磷石膏的微量组分及其对水泥凝结、水化和硬化的影响[J]. 水泥,1993(05):1-5.

[11] SHEN Y, QIAN J S, HUANG Y B, et al. Synthesis of belite sulfoaluminate-ternesite cements with phosphogypsum[J]. Cement and Concrete Composites,2015,63:67-75.

[12] 刘娜,陈晴,党玉栋,等. 磷石膏部分分解制备贝利特硫铝酸盐水泥的探究[J]. 硅酸盐通报, 2016, 35(11): 3763-3769.

[13] 苏敦磊.基于多种固废协同处置技术的高贝利特硫铝酸盐水泥制备与应用基础研究[D].青岛:青岛理工大学,2021.
[14] 张五怡,聂松,徐名凤,等.高贝利特硫铝酸盐水泥活化研究进展[J].硅酸盐通报,2022,41(09):2979-2992.
[15] 甘万贵,赵青林.钢渣烧制硅酸盐水泥熟料的减碳效果分析[J].建材世界,2022,43(06):121-125.
[16] 隋同波.高贝利特水泥及混凝土耐久性的研究[C]//中国水泥协会.首届中国水泥企业总工程师论坛暨水泥总工联谊会成立大会文集,2008:36-39.
[17] 陈友德.Solidia气硬性水泥混凝土的性能和商品化[J].水泥技术,2016(03):89-90.
[18] 陈友德.CO_2减排水泥Solidia气硬性水泥、混凝土[J].水泥技术,2015(01):105-106.
[19] 林宗寿,胶凝材料学[M].武汉:武汉理工大学出版社,2018.
[20] 丁美荣.水泥行业碳排放现状分析与减排关键路径探讨[J].中国水泥,2021(07):46-49.
[21] 罗勇.氯氧镁水泥及其轻质建筑材料的试验研究[D].阜新:辽宁工程技术大学,2005.
[22] 吕传智.硫氧镁水泥制品试验与生产新进展[J].装饰装修天地,2018(7):80.
[23] 朱玉杰,朱效甲.硫氧镁水泥制品试验研究与生产新进展[J].上海建材,2014(03):28-29.
[24] 丁美荣.水泥行业碳排放现状分析与减排关键路径探讨[J].中国水泥,2021(7):46-49.
[25] 胡传林,陶永征,TARIQ J,等.煅烧黏土反应活性及其影响机理[J].建筑材料学报,2023,26(02):179-185,220.
[26] ANTONI M,ROSSEN J,MARTIRENA F, et al. Cement substitution by a combination of metakaolin and limestone [J]. Cement and concrete research,2012,42(12):579-1589.
[27] HUANG Z Y, HUANG Y S, LIAO W Y, et al. Development of limestone calcined clay cement concrete in South China and its bond behavior with steel reinforcement[J]. Journal of Zhejiang University-SCIENCE A,2020,21(11):1-16.
[28] 林宗寿.水泥"优化粉磨"技术与应用[J].新世纪水泥导报,2019,25(03):26-32,6.
[29] 张育才,林宗寿,周惠群,等.不同粉磨方式矿粉颗粒特性的研究[J].武汉理工大学学报,2008(05):42-46.
[30] 孙庆巍,朱涵,崔正龙.粉煤灰少熟料水泥的制备和水化机理研究[J].非金属矿,2013,36(02):44-47.
[31] 王景贤,王立久.粉煤灰少熟料水泥研究[J].粉煤灰综合利用,2005(01):32-34.
[32] 鄢朝勇.新型粉煤灰-矿渣少熟料水泥的试验研究[J].国外建材科技,2008(05):25-27.
[33] 林宗寿,赵前.熟料对石灰石基水泥性能的影响[J].武汉理工大学学报,2009,31(04):112-115.
[34] 林宗寿,赵前.石灰石基无熟料水泥的开发研究[J].武汉理工大学学报,2009,31(04):33-36.
[35] 周明凯,刘春风,陈潇,等.破碎粒径对煤矸石煅烧后活性的影响研究[J].武汉理工大学学报,2015,37(03):18-22.
[36] 王景贤,王立久.煤矸石少熟料水泥的研究[J].新世纪水泥导报,2004(S1):73-76,8.
[37] 杨久俊,张磊,侯雪洁,等.赤泥复合硅酸盐水泥的力学性能及其放射性研究[J].天津城市建设学院学报,2012,18(01):52-55.
[38] 鲍忠正.赤泥基无熟料水泥的制备与应用[D].徐州:中国矿业大学,2016.
[39] 林宗寿,黄赟,水中和,等.过硫磷石膏矿渣水泥与混凝土[M].武汉:武汉理工大学出版社,2015.
[40] 杨杰,林宗寿.过硫磷石膏矿渣水泥抗碳化性能优化研究[J].武汉理工大学学报,2018,40(01):14-20.
[41] 林宗寿,吕治江.过硫磷石膏矿渣水泥混凝土中PSC浆磷石膏含量测定方法研究[J].建材世界,2015,36(04):1-5.
[42] 林宗寿,吕治江.过硫磷石膏矿渣水泥混凝土安定性控制方法研究[J].建材世界,2015,36(03):15-19.
[43] 林宗寿,吕治江.过硫磷石膏矿渣水泥混凝土耗酸量控制方法研究[J].建材世界,2015,36(03):20-23,52.
[44] 林宗寿,刘丽娟,章健.过硫磷石膏磷渣水泥的开发研究[J].武汉理工大学学报,2020,42(03):17-22.
[45] NUNES V A,BORGES P H R. Recent advances in the reuse of steel slags and future perspectives as binder and aggregate for alkali-activated materials[J]. Construction and Building Materials,2021,281:1-19.
[46] 龙泉名.钢渣基活性掺合料及钢渣基地聚物的制备与性能研究[D].武汉:武汉理工大学,2023
[47] 王倩倩.工程渣土制备碱激发胶凝材料的力学性能与环境效益研究[D].哈尔滨:哈尔滨工业大学,2021.
[48] 刘志超,王发洲,胡曙光.固碳胶凝材料研究进展[J].硅酸盐学报,2023,51(05):1234-1245.
[49] 王发洲,刘志超,赵思雪,何永佳.一种γ-C_2S基胶凝材料的制备方法.CN202010197640.1[P].2020-07-10.
[50] 谭益成,刘志超,王发洲.-10 ℃条件下掺氯化镁溶液的γ-C_2S碳化性能研究[J].材料导报,2023,37(01):77-83.
[51] 穆元冬,刘志超,王发洲.γ型硅酸二钙碳酸化反应动力学[J].硅酸盐学报,2022,50(02):457-465.
[52] 水中和,玄东兴,曹蓓蓓.热-机械力分离制备高品质再生骨料的研究[J].混凝土,2006(12):60-62.
[53] 徐博书,张玉力,潘宝峰.铁矿尾矿资源综合利用概况[C]//第六届国际绿色建筑与建筑节能大会论文集,2010:3.

[54] LIU Z D, LI J Q, ZHAO Q L, et al. Gradation design of phosphorus tailing-graded waste rock subgrade filling using discrete element method[J]. Minerals,2022,12(5):573.

[55] 杨文秀. 铁尾矿盾构注浆材料组成设计与性能优化研究[D]. 武汉:武汉理工大学,2023.

[56] ANANDAMURTHY A, GUNA V, ILANGOVAN M, et al. A review of fibrous reinforcements of concrete[J]. Journal of Reinforced Plastics and Composites, 2017,36(7):519-552.

[57] 吕生华, 马宇娟, 邱超超, 等. 氧化石墨烯增强增韧水泥基复合材料的研究[J]. 功能材料, 2013, 44(15): 2227-2231.

[58] 雷斌, 邹俊, 饶春华, 等. 氧化石墨烯对再生混凝土改性试验研究[J]. 建筑结构学报, 2016, 37(S2):103-108.

[59] 张苡铭, 俞乐华. 钢纤维-石墨烯导电混凝土受弯过程的力-电效应试验研究[J]. 混凝土, 2016(02):52-55.

[60] 杨雅玲, 袁小亚, 沈旭, 等. 氧化石墨烯改性水泥砂浆耐腐蚀性能的研究[J]. 功能材料, 2017, 48(05):5144-5148.

[61] ZHANG TS, YU Q J, WEI J X, et al. Efficient utilization of cementitious materials to produce sustainable blended cement[J]. Cement and Concrete Composites, 2012, 34(5):692-699.

[62] XU W, CHEN J, WEI J X, et al. Evaluation of inherent factors on flowability, cohesiveness and strength of cementitious mortar in presence of zeolite powder[J]. Construction and Building Materials, 2019, 214:61-73.

[63] 郭秋雨. 纤维增强水泥基复合材料及其在梁加固中的应用研究[D]. 成都:西南交通大学, 2022.

[64] 黄艳. 耐碱玻璃纤维在道路混凝土中的应用[J]. 交通标准化,2014, 42(12):68-70,73.

[65] 张晖,孙明清,李卓球. 水泥基复合材料中碳纤维的分散性研究[J]. 功能材料, 2004,35(S1):3261-3263,3267.

[66] 中国建材集团有限公司科技管理部. 国家"863"计划课题"纳米改性水泥基胶凝材料的制备与应用技术"顺利通过技术验收[R/OL]. 2018-05-21. https://www.cnbm.com.cn/CNBM/000000040001/42908.html.

[67] 王洁凝. 关于发展装配式建筑推进新型城镇化建设的思考[J]. 公共管理与政策评论,2016, 5(02):85-90.

[68] 沈辉. 对装配式建筑发展的探讨分析[J]. 建筑工程技术与设计, 2017(23):5411-5411.

[69] 蔺喜强,张涛,霍亮,等. 水泥基建筑 3D 打印材料的制备及应用研究[J]. 混凝土, 2016(06):141-144.

[70] 吴海,竹乃杰,赵亚军. 大型预制构件存储与运输方式研究[J]. 施工技术, 2019, 48(16):34-38.

[71] 杨鸿基. 预分解水泥窑纯低温余热发电技术应用[J]. 江西能源, 2001(01):25-28.

[72] 王绍运. 纯低温余热发电控制技术的研究[D]. 济南:济南大学,2010.

[73] 赫耀兰. 水泥窑余热锅炉的设计[J]. 科技创新与应用, 2013(11):79.

[74] 张铁. 中外水泥窑纯低温余热发电对比[J]. 中国建材, 2005(06):43-46.

[75] 赵婉亦. 低温余热发电技术的特点与发展趋势[J]. 数字通信世界, 2015(12):148.

[76] 张晶. 电动机节电技术的研究[J]. 河南科技, 2014(19): 87.

[77] 段玉强. 永磁同步电动机在火力发电厂的应用探讨[J]. 神华科技,2017,15(10): 53-56+67.

[78] OKOJI A I, ANOZIE A N, OM OLEYE J A. Evaluating the thermodynamic efficiency of the cement grate clinker cooler process using artificial neural networks and ANFIS[J]. Ain Shams Engineering Journal,2022,13(5): 1-20.

[79] 夏诺. 基于 Aspen Plus 的磷石膏制酸联产水泥的模拟与分析[D]. 武汉:武汉工程大学, 2019.

[80] 刘定平, 周友坤. 基于 Aspen Plus 水泥窑炉 NO_x 生成仿真与减排优化研究[J]. 硅酸盐通报, 2021,40(02): 351-358.

[81] 徐顺生, 裴斐, 贺家臻, 等. O_2/CO_2 工况下回转窑和分解炉内煤粉燃烧的数值模拟及可靠性验证[J]. 环境工程学报, 2020,14(05):1311-1319.

[82] ZHANG L, WEI X, ZHAO J, et al. Numerical Simulation of Oxy-Fuel Combustion with Different $O2/CO_2$ Fractions in a Large Cement Precalciner[J]. Energy & Fuels, 2020, 34(4): 4949-4957.

[83] 郑之民, 周兴, 张斌, 等. O_2/CO_2 气氛下碳酸钙颗粒分解特性模拟研究[J]. 电力科学与工程, 2013, 29(10): 66-69.

[84] 谢焕彪. O_2/CO_2 气氛下水泥生料分解及动力学特性研究[D]. 广州:华南理工大学, 2015.

[85] 毛娅, 郑欢, 江智. 工业分解炉生物质木煤和重油混合燃烧的数值模拟研究[J]. 热能动力工程, 2020, 35(03): 207-213.

[86] ZKG. 水泥生产过程中的替代燃料[C]. 2014 年中国水泥技术年会暨第十六届全国水泥技术交流大会,西安, 2014.

[87] LIANG X,DANG W,YANG G, et al. Environmental feasibility evaluation of cement co-production using classified domestic waste as alternative raw material and fuel: A life cycle perspective[J]. Journal of Environmental Management, 2023, 326:116726.

[88] GHENAI C, INAYAT A, SHANABLEH A, et al. Combustion and emissions analysis of Spent Pot lining (SPL) as alternative fuel in cement industry[J]. Sci Total Environ, 2019, 684: 519-526.

[89] CHEN Y, LI P, BU X, et al. Resource utilization strategies for spent pot lining: A review of the current state[J]. Separation and Purification Technology, 2022, 300:121816.

[90] AGRAWAL A, KUMAR C, MESHRAM A. Recovery of carbon rich material:-Recycling of spent pot lining: A review[J]. Materials Today: Proceedings, 2021, 46:1526-1531.

[91] ASAMANY E A, GIBSON M D, PEGG M J. Evaluating the potential of waste plastics as fuel in cement kilns using bench-scale emissions analysis[J]. Fuel, 2017,193:178-186.

[92] THANOS BOURTSALAS A C, ZHANG J, CASTALDI M J, et al. Use of non-recycled plastics and paper as alternative fuel in cement production[J]. Journal of Cleaner Production, 2018,181: 8-16.

[93] ARIYARATNE W K H, MALAGALAGE A, MELAAEN M C, et al. CFD modelling of meat and bone meal combustion in a cement rotary kiln-Investigation of fuel particle size and fuel feeding position impacts[J]. Chemical Engineering Science, 2015,123:596-608.

[94] EL-SALAMONY A R, MAHMOUD H M, SHEHATA N. Enhancing the efficiency of a cement plant kiln using modified alternative fuel[J]. Environmental Nanotechnology, Monitoring & Management, 2020,14:100310.

[95] GU Y, CAO H, LIU W, et al. Impact of co-processing sewage sludge on cement kiln NOx emissions reduction[J]. Journal of Environmental Chemical Engineering, 2021,9(4):105511.

[96] 程运,李伟明,王昕晔.水泥窑协同处置污泥技术发展现状[J]. 中国水泥,2021(06):87-91.

[97] 刘轶豪. 水泥分解炉掺烧污泥脱硝仿真及经济性研究[D]. 广州:华南理工大学,2021.

[98] 李侍津. 水泥分解炉协同处置市政污泥数值模拟研究[D]. 石家庄:河北科技大学,2020.

[99] 王俊杰,陈阁,房晶瑞,等. 垃圾衍生燃料(RDF)特性对水泥分解炉协同处置的影响[J]. 水泥,2021(8):23-26.

[100] 梅书霞,谢峻林,陈晓琳,等. 涡旋式分解炉中煤及垃圾衍生燃料共燃烧耦合 $CaCO_3$ 分解的数值模拟[J]. 化工学报,2017,68(6):2519-252.

[101] 梅书霞,谢峻林,施江,等. 涡旋式分解炉内煤粉与 RDF 共燃过程中的交互影响[C]//2018 中国水泥工业烧成系统优化改造技术研讨会论文集,2018:29-34.

[102] 江智. 基于多场耦合的生物质燃料分解炉数值模拟研究[D]. 武汉:武汉理工大学,2018.

[103] KAHAWALAGE A C, MELAAEN M C, TOKHEIM L. Opportunities and challenges of using SRF as an alternative fuel in the cement industry[J]. Cleaner Waste Systems, 2023, 4:100072.

[104] RENATO ROTA. Chemical Kinetic Analysis of the Thermal De NO_x process at High Reactant Concentration[J]. Chemical Engineering & Technology: Industrial Chemistry-Plant Equipment-Process Engineering-Biotechnology, 2001, 24(5): 539-541.

[105] 张乐宇,张忠孝,陈立新,等. 水泥分解炉 SNCR 脱硝的数值模拟研究[J]. 上海理工大学学报,2019,41(1):14-21.

[106] 付世龙,宋蔷,仲蕾,等. 粉体对分解炉内 SNCR 反应影响的研究[J]. 燃料化学学报,2013,41(5):636-640.

[107] 赵良侠,杨郁,边永欢,等. 水泥分解炉 SNCR 工艺模拟及优化[J]. 热能动力工程,2018,33(11):145-150.

[108] 卢志民. SNCR 反应机理及混合特性研究[D]. 杭州:浙江大学,2006.

[109] 梁秀进,仲兆平. 基于 FLUENT 软件的有限速率模型对选择性非催化还原工艺的模拟[J]. 中国电机工程学报,2009,29(35):96-101.

[110] MODLIŃSKI N. Numerical simulation of SNCR (selective non-catalytic reduction) process in coal fired grate boiler [J]. Energy, 2015, 92(12): 67-76.

[111] 刘云峰.气固耦合传热数值模拟在篦冷机冷却熟料过程中的应用研究[J]. 水泥技术,2016(1):24-27.

[112] 冯绍航,徐德龙,李辉,等.篦冷机中气固两相换热过程的模拟研究[J]. 西安建筑科技大学学报(自然科学版),2007,39(2):224-229,234.

[113] 方立军,杨欢,李森,等.篦冷机内气固流动和换热过程的数值模拟[J]. 电力科学与工程,2018,34(2):69-74.

[114] 黄泊霖.气固换热环境下熟料运动作用的数值模拟研究[D]. 秦皇岛:燕山大学,2021.

6 水泥工业生产过程的末端去碳技术

6.1 CCUS 技术国内外研究现状

工业是现代社会的基础，也是经济发展的源泉。工业在带来经济效益和工作机会的同时，也带来了许多问题。工业消耗了全球 1/3 的能源，却产生了全球 2/3 的温室气体。在实现近零排放目标和实现全球温控 1.5 ℃路线图的进程中[1-3]，最紧迫的任务就是勇于挑起降碳、减碳、去碳的重任。末端去碳更是任重道远。

所谓末端去碳，就是要对已经产生的 CO_2 加以提取、储存或利用，以减轻或消除 CO_2 对大气环境的影响。CO_2 捕集、利用与封存（Carbon Capture，Utilization and Storage，简称 CCUS）技术的应用可大幅减少 CO_2 的排放总量。目前，全球许多国家和地区已建有不同规模的 CCUS 项目[4-6]。

早在 20 世纪 70 年代，国外就已经开始对 CCUS 技术进行相关研究。IPCC 在全球变暖 1.5 ℃（Global Warming of 1.5 ℃）的报告指出，CCUS 技术可有效改善全球气候的变化，并且明确指出 CCUS 技术对于实现 2050 年碳零排放的意义重大（在气候变化不超过 1.5 ℃的模型路径下）[2]。2019 年，20 国集团（G20）能源与环境部长级会议首次将 CCUS 技术纳入议题[7]。碳减排不仅关乎国家政策的规划承诺，更与我们赖以生存的地球环境息息相关，而且 CCUS 技术在末端去碳进程中将起到至关重要的作用。IEA 预估利用 CCUS 技术，从 2017 年到 2060 年可以减少 CO_2 排放量达 2.80×10^{10} t[3]。IPCC 对 CCUS 在全球范围内的减排潜力也开展了评估，2070 年全球要实现近零排放（在气候变化不超过 2 ℃的模型路径下），CCUS 技术累积减排量约为 15%；2100 年要实现 1.5 ℃温升控制目标，全球 CCUS 累积 CO_2 减排 $5.5\times10^{11}\sim1.017\times10^{12}$ t[2]。

在 CCUS 技术的理论研究方面，Lee 等人通过固体吸收剂捕集 CO_2，以期减少来自不同燃烧过程源的 CO_2 排放，所用的吸附剂通过加热或减压的方式回收利用，作为捕集 CO_2 的成熟技术，分离效率可达到 90%。Dutcher 等通过胺基溶剂碳捕集技术捕集 CO_2，由于反应的高度可逆性，可有效应用于工程项目[7]。

在 CCUS 技术的工程应用方面，自 2020 年起，全球 CCUS 项目呈爆发式增长。截至 2021 年 9 月 5 日，全球规划、在建和运行中的 CCUS 项目已有 170 个，其中已完成建设的有 49 个，剩下的 121 个在开发、建设或者运营中。目前 CCUS 行业总体保持着强劲的增长势头，就目前已公布的项目来看，2020—2030 年至少会有 61 个项目投入运营。当全部 CCUS 项目建成后，每年可捕集 CO_2 约 1.5×10^8 t[8]。相关设施的单体捕集量呈现增加趋势，数个项目超过百万 t 级；CCUS 的产业集群化发展趋势明显，同时也促进了项目成本的降低。

CCUS 项目目前在全球 25 个国家均有部署，美国和欧盟在 CCUS 技术部署方面处于领先地位。2021 年美国和欧盟新增 CCUS 项目约占全球 2021 年新增项目的 3/4，累计项目约占全球累计项目的 63%[8]，主要原因在于美国、欧盟对 CCUS 技术的政策支持力度较强。

我国对 CCUS 技术的研究起步较晚，自 2006 年开始才陆续出台关于 CCUS 技术的政策。“十一五”期间每年平均出台 3 项政策，“十二五”期间平均每年出台 3～4 项政策。《中国应对气候变化国家方案》《中国应对气候变化科技专项行动》《中国应对气候变化的政策与行动》白皮书等，都将 CCUS 技术作为重点研究的技术之一[7]。我国 CCUS 技术在大规模示范项目的整体规模、集成程度、离岸封存、工业应用等方面尚存一定差距，但从目前发展趋势来看，我国新增 CCUS 项目数量增势迅猛。

6.1.1 国外 CCUS 研究和应用现状

为应对全球气候变化，国外很早就展开了 CO_2 捕集项目的相关研究[7]。

部分国际 CCS/CCUS 项目，如表 6.1 所示[7]。

表 6.1 部分国际 CCS/CCUS 项目

项目名称	地点	CO_2 捕集能力（$\times10^6$ t/a）	CO_2 来源	CO_2 去向	运行年份
Terrell	美国	0.40～0.50	天然气处理	EOR	1972
Enid	美国俄克拉荷马州	0.70	化肥厂	EOR	1982
Shute Creek	美国怀俄明州	7.00	天然气处理	EOR	1986
Sleipner	挪威	0.90	天然气处理	盐水层	1996
Val Verde	美国德克萨斯州	1.30	天然气处理	EOR	1998
Weyburn	美国/加拿大	1.00	煤气化	EOR	2000
In Salah	阿尔及利亚	1.20	天然气处理	枯竭气田	2004－2011
Snohvit	挪威	0.70	天然气处理	盐水层	2008
Century	美国德克萨斯州	8.40	天然气处理	EOR	2010
COffeyville	美国堪萨斯州	0.80	化肥厂	EOR	2013
Lost Cabin	美国怀俄明州	0.90	天然气处理	EOR	2013
Lula	巴西	0.70	天然气处理	EOR	2013
Air Products	美国德克萨斯州	1.00	甲烷重整	EOR	2013
Boundary Dam Power	加拿大	1.00	110 MW 燃煤电厂	EOR/盐水层	2014
Quset	加拿大	1.10	甲烷重整	盐水层	2015
Uthmaniyah	沙特阿拉伯	0.80	天然气处理	EOR	2015
Decatur	美国伊利诺伊州	1.00	乙醇	盐水层	2016
Kember	美国密西西比州	3.40	582 MW 燃煤电厂	EOR	2016
Petre Nova	美国德克萨斯州	1.60	240 MW 燃煤电厂	EOR	2016
Gorgon	澳大利亚	4.00	天然气处理	盐水层	2016
苫小牧 CCS 项目	日本	0.10	氢气产品	盐水层	2016
Abu Dhabi	阿联酋	0.80	钢铁厂	EOR	2016
Alberta trunk	加拿大	1.20～1.40	炼油厂	EOR	2017

注：EOR——Enhanced Oil Recovery（提高石油采收率，或称三次采油）的英文缩写。

国外最早报道的大型 CCUS 项目是 1972 年美国建成的 Terrell 项目，CO_2 捕集能力为$(4.0\sim5.0)\times10^5$ t/a；随后，美国俄克拉荷马州 Enid 项目于 1982 年建成，通过化肥厂产生的 CO_2 进行油田驱油，CO_2 捕集能力达 7.0×10^5 t/a。1/3 国土面积在北极圈内的挪威，也是最先开展 CO_2 捕集项目研究的国家之一。

进入 21 世纪以来，由于工业化步伐的加快以及全球变暖趋势的加剧，CO_2 捕集项目受到越来越多国家的重视。美国、加拿大、澳大利亚、日本及阿联酋等国家加速推进 CO_2 捕集项目的工业化。

2014 年，加拿大 Sask Power 公司的 Boundary Dam Power 项目成为全球第一个成功应用于发电厂 CO_2 捕集项目。该项目将 150 MW 燃煤发电机产生的 CO_2 捕集后，一部分封存地下，一部分用于美国 Weyburn 油田驱油，CO_2 捕集能力达 1.00×10^6 t/a。2019 年全年，该项目捕集 CO_2 达 6.16×10^5 t。

2015 年，加拿大 Quest 项目将合成原油制氢过程中产生的 CO_2 成功注入咸水层封存，每年 CO_2 捕集能力达 1.00×10^6 t/a。该项目是油砂行业第一个 CCS 项目，每年减少碳排放可达 1.00×10^6 t。截止到

2019 年，Quest 项目已经累计捕集 CO_2 达 4.00×10^6 t，以更低的成本提前完成预定目标。目前，Quest 项目是全球最大捕集 CO_2 并成功注入地下的项目。

2016 年，澳大利亚西部的 Gorgon 项目是全球最大的单体 LNG(Liquefied Natural Gas，液化天然气)项目，Gorgon 天然气项目的配套，该项目通过液化技术将 CO_2 从天然气中分离出来，将分离出来的 CO_2 注入到巴罗岛的盐水层中，注入量可达 3.50×10^6 t/a。

6.1.2　国内 CCUS 研究和应用现状

随着工业化进程加快，国内也开启了 CO_2 的 CCUS 项目研究[7]。相比国外，中国的 CCUS 项目起步较晚，自 2004 年我国第一个 CCUS 示范项目在山西投入运行以来，已投入运行和建设中 CCUS 示范项目达 49 个，主要集中在华东及华北地区。其中已建成的 38 个 CCUS 示范项目，累计注入封存 CO_2 超过 2.00×10^6 t，具备 CO_2 捕集能力为 2.96×10^6 t/a、CO_2 注入能力为 1.21×10^6 t/a。目前，国内以石油、煤化工、电力等行业小规模 CO_2 捕集驱油示范为主，缺乏大规模多种技术组合全流程工业化示范，同时以 CO_2 捕集量为 1.0×10^5 t 级规模的项目为主，1.00×10^6 t 级规模的 CO_2 捕集项目较少。

（参见码 7：CCUS 技术国内现状）

码 7

当前国内开展的碳捕集项目绝大多数为工业化集中捕集，燃烧前、燃烧后、富氧燃烧技术均有示范项目。CO_2 利用封存项目则以 CO_2 驱动提高石油采收率(CO_2-EOR)为主[9]，资源化利用项目很少。

部分国内 CCS/CCUS 项目，如表 6.2 所示[7]。

表 6.2　部分国内 CCS/CCUS 项目

项目名称	地点	CO_2 捕集能力 ($\times10^5$ t/a)	CO_2 来源	CO_2 去向	运行年份
中国石化胜利油田 CO_2-EOR 研究与示范	吉林	3.5	天然气处理	EOR	2007
华能集团上海石洞口 CO_2 捕集示范项目	上海石洞口	1.2	燃煤电厂	商业用途	2009
中国石化胜利油田 CCU 示范项目	山东	0.4	燃煤电厂	EOR	2010
国电投集团重庆合川双槐电厂 CO_2 捕集示范项目	重庆	0.1	火力电厂	商业用途	2010
中国神华鄂尔多斯煤制油 CO_2 捕集和封存项目	内蒙鄂尔多斯	1.0	煤制油装置捕集	咸水层封存	2011
连云港清洁煤能源动力系统研究设施	江苏	0.3	燃煤电厂	盐水层+工业使用	2011
国电投集团天津北塘电厂 CCUS 项目	天津	0.2	焦煤电厂	商业用途	2012
陕西延长石油榆林煤化工公司 CO_2 捕集项目	陕西靖边	0.5	甲醇和乙酸生产装置	EOR	2012
华中科技大学 35 MW 富氧燃烧项目	湖北	1.0	热电厂	商业用途	2014
中国华能绿色煤电 IGCC 电厂 CO_2 捕集利用和封存示范	天津	0.6～1.0	燃煤电厂	EOR	2016
新疆敦华绿碳 CO_2 捕集项目	新疆克拉玛依	1.0	甲醇厂 PSA 驰放气	EOR	2016
华润海丰电厂 CO_2 捕集测试平台项目	广东	0.2	电厂	商业用途	2019

注：PSA——Pressure Swing Adsorption(变压吸附法)的英文缩写；
IGCC——Integrated Gasification Combined Cycle(整体煤气化联合循环发电系统)的英文缩写。

从表 6.2 可见，经过长期实践，中国石化胜利油田于 2007 年首先实现 CCUS-EOR 技术的工业化，建立 5 类 CO_2 驱油与埋存示范区，年埋存 CO_2 能力可达 3.5×10^5 t。同年，中石化华东分公司草舍油田建成了 CO_2 年注入量 4×10^4 t 的先导试验项目，后期建成了 CO_2 回收装置，年处理量可达 2×10^4 t。随后，基于日趋成熟的 CO_2 捕集技术，中国石化胜利油田、中国神华、延长石油及中国石化中原油田加速推进 CO_2 捕集项目的工业化。

2010 年，中国石化胜利油田建成了国内首个燃煤电厂 CCUS 示范项目，以燃煤电厂烟气 CO_2 为源头，采用燃烧－捕集技术，将捕集的 CO_2 注入油田中进行驱油，CO_2 捕集能力达$(3\sim4)\times10^4$ t/a。

华能国际电力股份有限公司上海石洞口第二电厂[10]，是我国首座建成 2×600 MW 超临界机组的大型燃煤发电企业，于 1992 年投产。为支持 2010 年上海"第 41 届世界博览会"的配套绿色电源工程，中国华能集团公司决定在华能上海石洞口第二电厂投资兴建 CO_2 捕集装置。这是对发展"低碳经济"城市做出的最为积极的响应。2009 年 12 月，石洞口第二电厂 10 万 t 级 CO_2 捕集项目顺利投产，这是我国第一个 1.0×10^5 t 级燃煤电厂捕集装置。

上海石洞口碳捕集系统，如图 6.1 所示[10]。

图 6.1　上海石洞口碳捕集系统[10]

该项目 CO_2 捕集能力为 1.2×10^5 t/a，捕集的 CO_2 经制精制提纯后用于食品行业。上海地区 CO_2 的市场需求能力为$(1.5\sim1.8)\times10^5$ t/a，用户主要集中在焊接和干冰两方面。其中，用于焊接的 CO_2 消耗约为 8×10^4 t/a，占 45%；用于制造干冰的 CO_2 消耗约为 6×10^4 t/a，占 35%；用于碳酸饮料、啤酒、冷冻、卷烟以及粮食包装储运的 CO_2 消耗共约为 4×10^4 t/a，占 20%[10-11]。

据测算，由于 CCUS 装置的运行，使得发电系统的能效下降 8%～10%，能耗也相应地增加了 8%～11%，发电成本也上升了 20%～30%，项目投资回收周期长。CCUS 商业化一直面临高成本、高能耗的挑战，相关激励政策、产业部署及管理体系有待完善。未来，应加快开展 CCUS 大规模全链条集成示范，科学制定 CCUS 技术发展规划和激励政策，从而为实现碳中和目标、保障能源安全、促进经济社会可持续发展提供技术支撑。

2011 年，中国神华鄂尔多斯煤制油 1.0×10^5 t/a 的 CCS 示范项目落成，采用甲醇吸收法捕集煤气化制氢项目尾气中的 CO_2，后向盐水层中注入 CO_2，该项目是国内第一个盐水层地质封存实验项目。

2012 年，陕西延长石油建成了 5×10^4 t/a 的 CO_2 捕集利用项目，该项目利用煤化工产生的 CO_2，经过低温甲醇技术提纯加压液化后注入油田中，降低了原油的黏度，提高了原油采收率并实现了 CO_2 永久封存。

2015 年，中国石化中原油田炼厂尾气 CCUS 项目建成。该项目将已经接近废弃的油田，通过 CO_2 驱油将油田采出率提高 15%，目前已有 1.00×10^6 t 的 CO_2 注入到了地下。

2022 年 8 月 29 日，中国石化宣布，我国最大的碳捕集利用与封存全产业链示范基地、国内首个 1.00×10^6 t 级 CCUS 项目——“齐鲁石化－胜利油田 1.00×10^6 t 级 CCUS 项目”正式注气运行，标志着我国 CCUS 产业开始进入技术示范中后段——成熟的商业化运营。齐鲁石化捕集提供 CO_2，并将其运送至胜利油田进行驱油封存，实现了 CO_2 捕集、驱油与封存一体化应用。

2022 年 10 月 7 日，中国石油长庆油田首个 CO_2 压裂试验井组顺利完井。井组总共部署 2 口水平井和 4 口直/定向井，全部采用纯液态 CO_2 前置增能及碳埋存压裂试验工艺，累计注入液态 CO_2 达 1290 m^3，压后均实现一次点火成功，直/定向井最高试气日产量达 2.03×10^5 m^3，密切割水平井平均试气日产量达 8.63×10^5 m^3，单井最高试气无阻日流量达 1.214×10^6 m^3，初步监测 CO_2 埋存率达到 60%以上，实施效果明显。

此外，为扩大中国石油辽河油田 CCUS 技术应用范围，辽河石油勘探局钻采工艺研究院采油所开展了“特低渗透/致密油 CO_2 吞吐注采工艺技术研究”，该技术充分利用注 CO_2 溶胀补能、解堵助排作用以提高油井产量，在设计过程中，为提高施工时效、降低作业成本，设计采用注-采一体泵实现不动管柱注入、放喷、转抽，方案经过多次论证，一次性通过辽河油田公司审查。

除了传统 CO_2 捕集技术，国内还开展了 CO_2 新型再利用技术，应用于食品、精细化工等行业。2009 年，上海石洞口第二电厂碳捕集项目建成，捕集能力为 1.0×10^5 t/a，捕集后的 CO_2 主要用于食品行业；2011 年，经连云港清洁煤能源动力系统研究，将 IGCC 产生的 CO_2 捕集后一部分用于尿素和纯碱工业，一部分注入到盐水层进行封存；2012 年，天津北塘国电投集团 CO_2 捕集示范项目采用燃烧后捕集技术，捕集能力为 2×10^4 t/a，捕集后的 CO_2 用于食品行业。此外，微藻固碳技术在世界范围内仍处于发展阶段，2010 年，新奥集团在内蒙古达拉特旗利用微藻固碳技术，将煤制甲醇/二甲醚装置的尾气吸收后，一部分用作生物柴油，一部分用作生产饲料，处理能力达 2×10^4 t/a。

除了已建项目，国内将加速建设 CO_2 捕集国际合作项目。在一些双边协议中，中美将在中国开展一些大型 CCUS 项目。例如，中美气候变化合作陕西延长石油 CCUS 示范项目等。

值得注意的是，部分项目建成后并未持续投入运行，部分处于停运或间歇运行的状态。目前 CCUS 示范项目成本高、收益低，有能力维持运营的项目主要来自大型国有企业或少数几个拥有相关产业链的大型企业。

CCUS 技术的能耗及成本因排放源类型及 CO_2 浓度不同有明显差异。一般来说，CO_2 浓度越高，捕集能耗和成本越低，CCUS 减排技术的 CO_2 避免成本越低。电力、水泥是我国减排成本较高的行业，净减排 CO_2 的成本分别为 300～600 元/t 和 180～730 元/t。我国煤化工和石油化工领域的一体化驱油示范项目的净减排 CO_2 成本最低可达到 120 元/t。

6.1.3 CCUS 研究和技术发展方向

为实现全球气温升幅限制在工业化水平前的 1.5～2 ℃的温控目标，到 2050 年全球 CO_2 减排必须达到 80%以上。碳捕集利用与封存(CCUS)是实现这一目标的必要技术手段，预计到 2050 年 CCUS 将抵消当前全球碳排放量的 10%～20%[12]。在过去 10 年间，CCUS 产能规模翻了一番。当前全球产能为 4.000×10^7 t，约半数集中在美国。CCUS 产能目前主要用于天然气加工，自然界天然气矿床可能含有大量 CO_2，有些浓度甚至高达 90%，在天然气出售或进一步加工成为液化天然气之前，必须使用 CCUS 技术将 CO_2 分离。未来将有更多的 CCUS 项目计划在 2030 年前建成。如果能够按期建成投产，CCUS 产能将较当前增加至少 2 倍。

未来 10 年是规模化推广 CCUS 应用的关键时期，在不超过碳排放预算的前提下争取平稳顺利推广，最终实现累计捕集 CO_2 约 1.90×10^6 t。短期来看，各行各业应当积极探索提高能效等经济效益更好的抓手，将 CCUS 作为最后的手段。人们也需要明确一个重要却容易被忽视的事实，即如果 2030 年各种负排放技术依然未见成熟，则需要更多地依靠 CCUS 来实现碳中和目标。难减排行业减排目标的 35%～40%

需要依靠 CCUS 等尚不成熟的技术加以解决。如果其他减排抓手的应用速度与规模不理想，就更需要 CCUS 来填补碳中和缺口。到 2050 年，CCUS 年 CO_2 的减排量要达到约 1.4×10^9 t，而当前产能仅 1.00×10^6 t，应加快探索大规模应用手段。

CCUS 全链条是由 CO_2 来源、捕集、运输、利用/封存这 4 个环节构成。分析各个环节的主要技术及其可行性并以封存为例，对 CCUS 全链条的实施成本进行拆解，得出未来需要进一步探索降本抓手和收益机制，加快推动 CCUS 扩大部署。

6.1.4 多种碳捕集技术测试平台案例

华润电力海丰电厂已建成并投入运营亚洲首个基于燃煤电厂的多种碳捕集技术测试平台，该项目年捕集 CO_2 能力为 2×10^4 t/a，如图 6.2 所示。

图 6.2 华润电力海丰电厂的碳捕集技术测试项目实景图

其采用的碳捕集方式分为两种：一种为胺化学吸收法（简称胺法），CO_2 纯度可达 99.9%；另一种为膜物理分离法，CO_2 纯度可达 95%。该项目捕集能力为 2×10^4 t/a，CO_2 捕集的成本为 350 元/t，液态化的成本为 200 元/t，制成干冰的成本为 1500 元/t。该项目是国内 CO_2 捕集最大规模的膜物理分离法捕集装置，也是世界首套应用的三级膜物理分离法碳捕集技术测试平台。

华润电力海丰电厂的碳捕集技术测试项目工艺流程图和效果图，如图 6.3 所示。

由图 6.3 可见，华润电力海丰电厂的碳捕集测试平台分为如下 3 个子单元。

(1) 预处理单元

通过对烟气预处理，降低电厂烟气的温度，进一步减少烟气中 SO_2、NO_x、酸雾及其他污染物的含量，降低对碳捕集装置的腐蚀以及捕集效率的影响。

(2) 碳捕集单元

碳捕集单元在胺化学吸收法中，将来自预处理系统的烟气送入吸收塔，通过与胺液逆流接触而捕集烟气中 90% 的 CO_2。随后，吸收塔底部富集 CO_2 的胺液被送入解吸塔，来自电厂的低压蒸汽为解吸过程提供热量，胺液中的 CO_2 被解吸出来，塔顶气再经过冷凝与汽-液分离，得到 99%（干基）纯度的 CO_2 气体。再生后的贫胺液被返送回吸收塔循环使用。在膜物理分离法中，主要依靠膜对烟气中气体分子的选择性和渗透率的不同来分离、提纯 CO_2，压力差是膜分离的驱动力。膜装置利用前置鼓风机和后置真空泵提供的压强差进行 CO_2 的被动分离。膜橇装置布置紧凑，模块化安装，使捕集系统能够便于未来的改造，且占地少。碳捕集过程完全由电驱动，不涉及化学反应，对环境更友好。

(3) 压缩提纯单元

经过进一步的压缩、冷却、脱水和脱除杂质等工序，液化的 CO_2 商品气根据其纯度储存在对应的工业级 CO_2 储罐或食品级 CO_2 储罐中。

整体来看，碳捕集单元的上下游有两个共用系统：烟气预处理单元和 CO_2 压缩提纯单元。位于上游

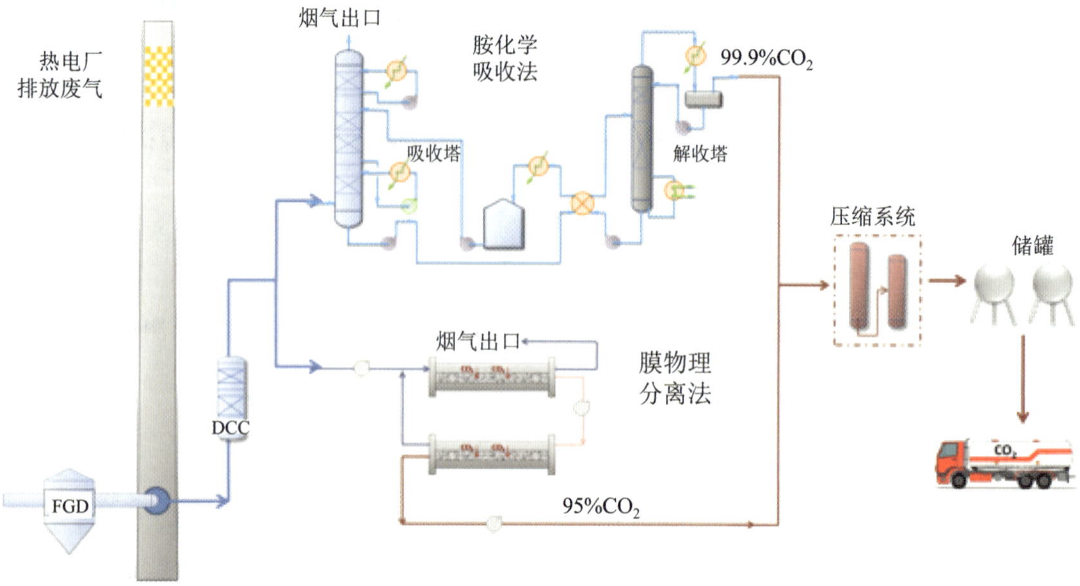

(a)

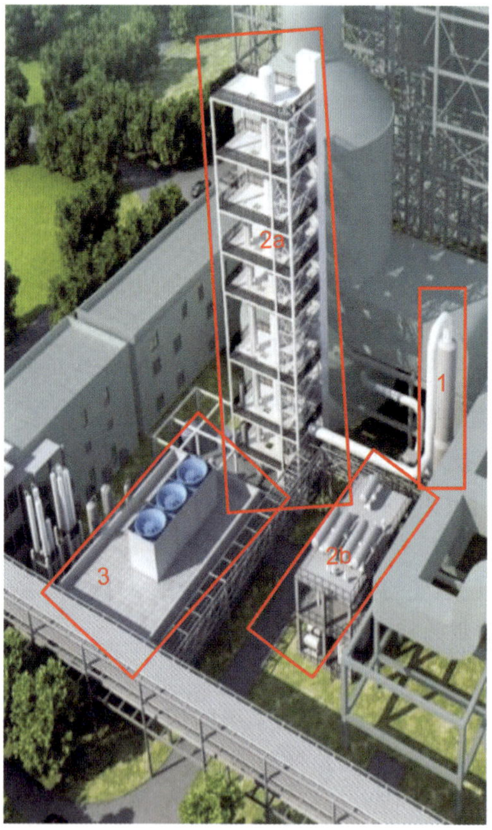

(b)

图 6.3　华润电力海丰电厂的碳捕集技术测试项目工艺流程图和效果图

(a) 工艺流程图;(b) 效果图

1—预处理单元;2—碳捕集单元,2a—胺法捕集装置,2b—膜法捕集装置;3—压缩提纯单元

的烟气预处理单元采用降温-净化一体化创新型工艺,用于烟气的冷却和深度净化。从烟气中捕集出来的CO_2,被送入下游的压缩及纯化装置,产出食品级或工业级的液体CO_2,然后经管道传输至CO_2储罐内待售。

6.2 水泥行业碳捕集技术应用

在现代工业生产中，CO_2 的排放源很多。例如，水泥、钢铁、电力、煤化工及炼化厂等都是 CO_2 排放大户。对于水泥行业，由于石灰石分解产生的过程排放，需求侧改进、能效提升、清洁能源替代等传统措施无法使水泥行业实现净零排放，还需要采纳 CCUS 等新兴脱碳技术。为了顺应时代的要求，响应国家的号召，国内一些大型水泥企业加快了碳减排的进程。碳捕集、利用与封存技术（CCUS）作为水泥行业碳减排的一种方式也逐步开展探索和应用。将水泥窑烟气出口的 CO_2 收集起来，然后压缩成液体，通过管道运输到地下深层永久封存。这被认为是未来能避免温室效应的最具有前景的技术之一。

水泥行业应用碳捕集技术虽然有其特殊性，但也与其他行业有类似之处。

6.2.1 碳捕集技术分类

CO_2 捕集技术，是指利用吸收、吸附、膜分离、低温分馏、富氧燃烧等技术将不同排放源的 CO_2 进行分离和富集的过程。这是 CCUS 技术发展的基础和首要条件。

按照不同角度，可对碳捕集技术进行分类。

根据碳捕集与燃烧过程的先后顺序进行分类，可将碳捕集技术分为燃烧前捕集、富氧燃烧捕集和燃烧后捕集等，具体使用哪种技术，则与碳排放源高度相关。

根据分离过程进行分类，可将碳捕集技术分为化学吸收法、物理吸收法、吸附法、膜分离法和化学链法。

根据技术先进程度进行分类，可将碳捕集技术分为第一代技术、第二代技术等[13-15]。

下面将对碳捕集技术的分类方法、工艺原理及其特点进行概述。

6.2.1.1 按碳捕集与燃烧过程的先后顺序分类

不同方法的碳捕集技术路线，如图 6.4 所示。

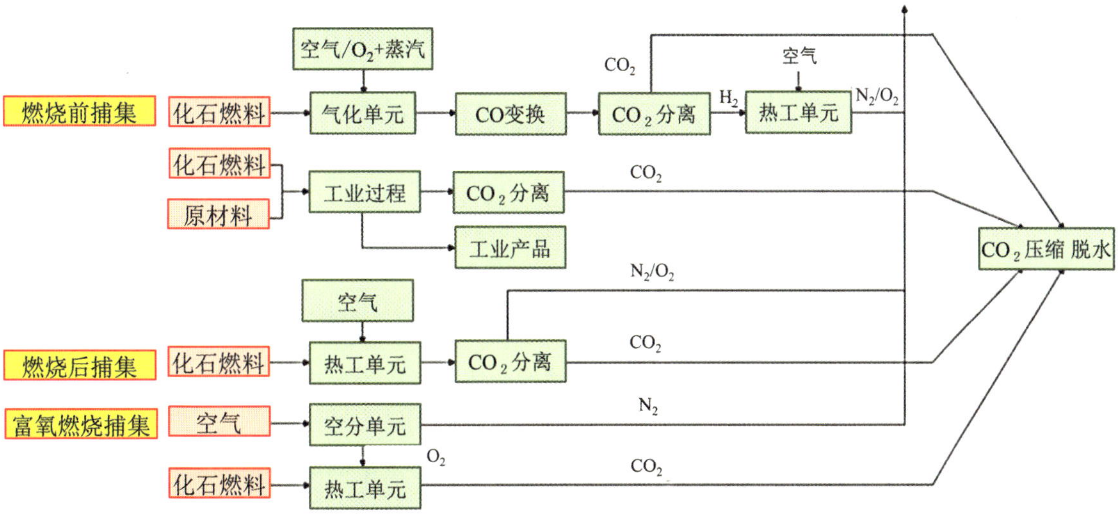

图 6.4 不同方法的碳捕集技术路线[11]

（1）燃烧前捕集

燃烧前捕集，是利用煤气化和重整反应，在燃烧前将燃料中的含碳组分分离，并且转化为以 H_2、CO 和 CO_2 为主的水煤气，然后利用相应的分离技术将 CO_2 从中分离，剩余的 H_2 等气体可作为清洁燃料使用。

燃烧前捕集是相对成本较低、效率较高的一种方法。此方法将化石燃料气化成合成气（主要成分为

H_2 和 CO)，然后通过变换反应将 CO 转化为 CO_2，再通过溶剂吸收等方法将 H_2 和 CO_2 分离，并且对 CO_2 进行收集。但是，此技术局限在基于煤气化联合发电装置(Integrated Gasification Combined Cycle，缩写 IGCC)，以此技术投产的项目较少，燃烧前捕集 CO_2 的成本大约为 145 美元/t。

(2) 富氧燃烧捕集

富氧燃烧捕集，是采用纯氧或者富氧空气对化石燃料助燃(这需要通过分离空气制取纯氧)，以纯氧(而非空气)作为氧化剂进入燃烧系统，同时辅以烟气循环的燃烧技术，使废气中 CO_2 浓度增加，可视为燃烧中捕获捕集。此外，燃烧后的主要产物为 CO_2、水和一些惰性组分。富氧燃烧的水蒸气冷凝后，通过低温闪蒸提纯 CO_2，提纯后的 CO_2 浓度可达 80%～98%(体积分数)，这就提高了 CO_2 捕集率。

(3) 燃烧后捕集

燃烧后捕集，是通过各种方式直接从燃烧后的烟气中分离 CO_2。

由于燃烧前捕集和富氧燃烧捕集需要合适的材料和操作环境来满足高温要求，因此，这两种技术的研究与开发和示范性项目较少。相对而言，燃烧后捕集技术是当前厂家应用较为广泛且成熟的技术，该技术具有较高的选择性和捕集率。常用的方法有化学吸收法、膜分离法、物理吸附法等。化学吸附法被认为是当前最有市场前景的吸附方法，在化学吸附中，胺类溶液以其吸收效果好的特点被广泛应用。

几种碳捕集方式的特点，如表 6.3 所示[14-16]。

表 6.3　几种碳捕集方式的特点

捕集方式	特点	适应范围	优缺点	应用案例
燃烧前捕集	燃料煤燃烧前，先将煤气化而得到 CO 和 H_2，然后将 CO 转化为 CO_2，再通过分离得到 CO_2	煤气化联合循环电站	捕集系统小，能耗低，CO_2 分离方便，但整体气化联合循环发电技术投资成本高	神华集团鄂尔多斯碳捕集项目，碳捕集能力为 1.0×10^5 t/a
燃烧后捕集	将燃料煤燃烧后产生的烟气分离，得到 CO_2	煤炭、天然气发电厂和其他大量燃烧化石燃料的工厂	原理简单，捕集系统灵活，但烟气中 CO_2 浓度低，带来捕集能耗和成本高	海螺白马山水泥厂碳捕集项目，碳捕集规模为 5.0×10^4 t/a
富氧/全氧燃烧捕集	将 O_2 从空气中分离出来而得到高浓度的氧气，再使燃料煤进行充分燃烧后，捕集较为充足的 CO_2	传统燃煤电厂	烟气中 CO_2 浓度高达 90%，可直接分离存储，但制氧技术的投资和能耗高	Petra Nova 美国电厂碳捕集项目，碳捕集能力为 4.0×10^5 t/a
工业流程捕集	直接从空气中捕集 CO_2	天然气净化和制造氨、醇、合成液体燃料的含氢合成气	—	吉林油田长岭天然气碳捕集项目，碳捕集能力为 6.0×10^5 t/a

6.2.1.2 按碳捕集分离过程分类

(1) 化学吸收法

化学吸收法，是利用 CO_2 的酸性气体的性质与弱碱性物质发生化学反应。

(2) 物理吸收法

物理吸收法，是采用水、甲醇等作为吸收剂，利用 CO_2 在这些溶剂中的溶解度随压强改变而变化的原理来吸收 CO_2。

(3) 化学/物理吸附法(变压吸附法)

化学/物理吸附法，是利用固态吸附剂(例如，活性炭、天然沸石、分子筛、活性氧化铝和硅胶等)对来源气中的 CO_2 进行有选择性的可逆吸附进而分离回收 CO_2。

(4) 膜分离法

膜分离法，是利用某些聚合材料(例如，醋酸纤维、聚酰亚胺、聚砜等)制成薄膜，以其对不同气体的渗透率差异来实现 CO_2 的分离。

(5) 化学链分离法

化学链分离法，是一种新型的燃烧技术，通过借助于氧载体的作用，可以实现 CO_2 的内在分离和避免 NO_x 污染物的产生，同时能够实现更高的能量利用效率。

(6) 其他方法

低温分离法、离子液体技术分离法等。

各种 CO_2 捕集技术的特点，如表 6.4 所示[17]。

表 6.4 各种 CO_2 捕集技术的特点

核心模块	基本原理	优缺点	应用案例
化学吸收	利用化学溶剂与 CO_2 发生可逆的化学反应而达到吸收和解析 CO_2 的目的	吸收率高、工艺较为简单、CO_2 纯度高，但吸收剂再生能耗较高，效率下降，循环寿命不理想	华润海丰电厂碳捕集项目、海螺白马山水泥碳捕集项目
变压吸附	基于固体吸附材料对不同气体组分的吸附特性差异和吸附量随压强变化而变化，从而实现 CO_2 的捕集	工艺设备简单，能耗较低；但吸附剂的吸附容量有限，吸附剂用量较大，吸附-解吸转换频繁，CO_2 的分离效率低	—
膜分离	利用膜对气体在不同的压强下的选择性透过率实现气体的分离和分类	结构简单，易操作，便于维修，适用于分离提纯出高浓度 CO_2；但膜易被烟气破坏，使用温度不宜过高，且能耗大	华润海丰电厂碳捕集项目
低温分离	利用不同组分的露点差异，通过低温冷凝液化分离 CO_2	提取的 CO_2 纯度较高，便于管道输送及汽车运输，可直接用于食品加工等行业，但投资大，能耗高，温度低	—
离子液体技术	离子液体分子结构中碱性官能团对 CO_2 具有吸附作用，在加热或减压作用下 CO_2 又能被释放出来	物理特性可调节，热稳定性好，蒸汽压低，但存在黏度较大和价格高昂的问题	—

6.2.1.3 按碳捕集技术的先进程度分类

第 1 代技术，是指现阶段已能进行大规模示范的碳捕集技术。例如，胺基吸收剂技术（燃烧后捕集），物理溶剂技术（例如，聚乙二醇二甲醚法、低温甲醇法等，燃烧前捕集），富氧燃烧（常压）技术。

第 2 代技术，是指碳捕集技术成熟后能耗和成本可比第 1 代技术降低 30%以上的新技术。例如，新型膜分离技术、新型吸收技术、新型吸附技术、增压富氧燃烧技术、化学链燃烧技术等。

现阶段我国第 1 代碳捕集技术已取得了显著进展，大部分技术已从概念或基础研究阶段发展到工业示范水平，部分技术已经具备商业化应用能力。我国在燃烧前捕集技术方面的发展比较成熟，整体上处于工业示范阶段，与国际先进水平同步。燃烧后捕集技术处于中试或工业示范阶段，相比国际先进水平发展有所滞后，特别是目前在 CO_2 捕集潜力最大的燃烧后化学吸收法方面还有些差距。

可见，CO_2 捕集利用及封存技术（CCUS），是指将工业生产过程中产生的 CO_2 气体采用提纯的方式单独富集，即可以用于地质封存也能以资源化的方式循环利用，将工业副产物 CO_2 转变为具有经济价值的高值化商品。碳捕集作为 CCUS 技术的关键过程，其收集烟气的碳浓度会直接对碳利用场景及规模产生影响。因此，下面从水泥工业未来碳减排着力点出发，根据自身工艺生产特点，找到了 5 类适用于水泥工业碳捕集的关键方案[17-19]：化学吸收技术、氧燃料燃烧技术、钙循环工艺技术、间接热分解技术、膜分离技术。

6.2.1.4 化学吸收技术的工艺原理及其特点

(1) 胺溶液吸收法

胺溶液吸收法最早应用于电厂碳捕集，经过多年验证是目前较为成熟的捕集方案，而电厂和水泥厂在生产过程中均以煤炭为化石燃料且烟气组成较为相近，因此，水泥工业碳捕集可借鉴胺溶液吸收法来提纯、富集 CO_2 气体，达到碳减排目的[20]。该化学吸收法的原理在于，胺溶液作为碱性吸收剂将烟气中

CO_2 进行选择性吸附，再从解吸塔中脱除溶液中的 CO_2，达到原始烟气 CO_2 单独纯化目的，最终降低工业气体碳排放。

胺溶液吸收法的工艺流程，如图 6.5 所示。

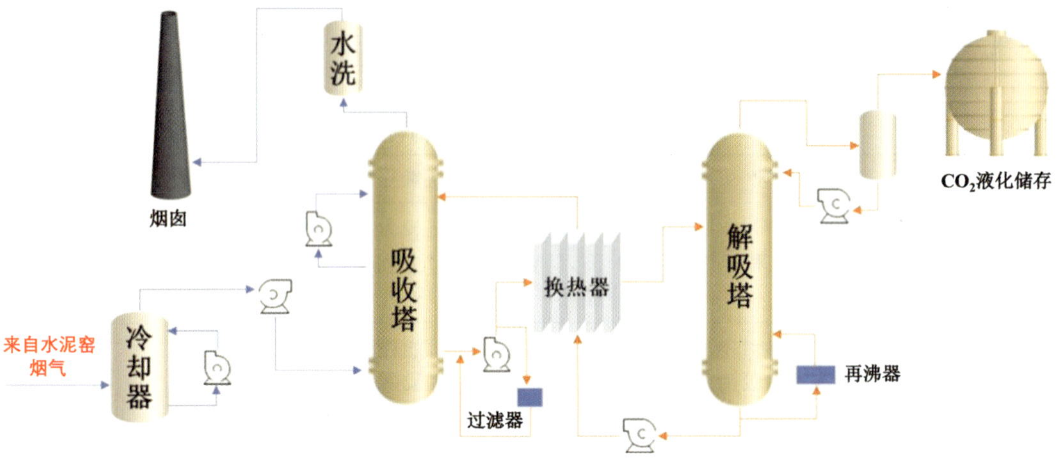

图 6.5　胺溶液吸收法的工艺流程

来自于水泥窑烟气，经引风机送入化学吸收碳捕集系统。在工艺设计上，具体包括如下 3 部分：

① 烟气预处理工序

一方面水泥窑高温气体会影响有机胺溶液热降解，导致碳吸收效率下降，因此，首先要通过冷却器进行降温及颗粒收尘处理；另一方面水泥窑烟气中含有 SO_2、NO_x 等杂质气体，其中 SO_2 酸性气体会与胺溶剂发生不可逆反应而消耗吸收剂，而 NO_x 则会生成硝酸，同时对工艺装备造成腐蚀及导致有机胺降解，均会影响 CO_2 吸收。因此设置脱硫、脱硝水洗塔，将 SO_2、NO_x 气体含量分别降至 10 ppm、20 ppm 以下。

② CO_2 吸收工序

选用符合水泥窑烟气特性的 CO_2 吸收剂，常规为一乙醇胺(Monoethanolamine，缩写 MEA)和二乙醇胺(Diethanolamine，缩写 DEA)，经降温处理的烟气在 40 ℃、1atm 条件下与胺水溶液快速反应，将 CO_2 吸收后生成中间化合物。该化学过程为放热反应，经逆流反应后的水泥窑脱碳烟气可对外排放至环境空气。

③ 伴随吸热过程的 CO_2 解吸再生工序

生产的中间化合物被输送至解吸塔，在 100 ℃、2 atm 条件下反应溶剂可解吸出纯度达到 98%以上的 CO_2 气体用于单独捕集，而脱碳后再生的吸收液则返回至吸收塔，实现原料循环。

胺吸收法的特点是水泥窑烟气纯化以化学过程为主，将 23%～30%的原始碳浓度气体纯化至 98%以上。胺吸收法所涉及的工艺装备在化工行业已有成熟应用，其缺点是电能消耗量大，特别是 CO_2 解吸再生工序能耗大致占总能耗的 50%～80%。目前，水泥窑胺吸收法碳捕集项目已在国内成功验证，如海螺白马山水泥厂于 2017 年建设示范线[21]。该项目在传统胺法工艺基础上增设吸附精馏装置，可将 CO_2 气体浓度提纯至 99.9%以上，碳捕集能力为 5×10^4 t/a，电耗统计包含捕集工序、纯化工序、冷却工序，碳捕集单位产品电耗合计 240.05 kW·h/t，捕集运行成本 300～500 元/t，捕集工序的碳捕集效率为 90.95%。

(2) 冷却氨水法

冷却氨水法是利用氨水在低温下同水泥窑烟气中 CO_2 反应，同属于化学溶剂吸收类[22]，反应过程如下所示：

$$CO_2(q) \rightleftharpoons CO_2(aq) \tag{6.1}$$

$$2NH_3(aq)+H_2O(l)+CO_2(aq) \rightleftharpoons (NH_4)_2CO_3(aq) \tag{6.2}$$

$$(NH_4)_2CO_3(aq)+H_2O(l)+CO_2(aq) \rightleftharpoons 2NH_4HCO_3(aq) \tag{6.3}$$

$$(NH_4)_2CO_3(aq) \rightleftharpoons NH_2CO_2NH_4(aq)+H_2O(l) \tag{6.4}$$

冷却氨水法的工艺流程，如图 6.6 所示。

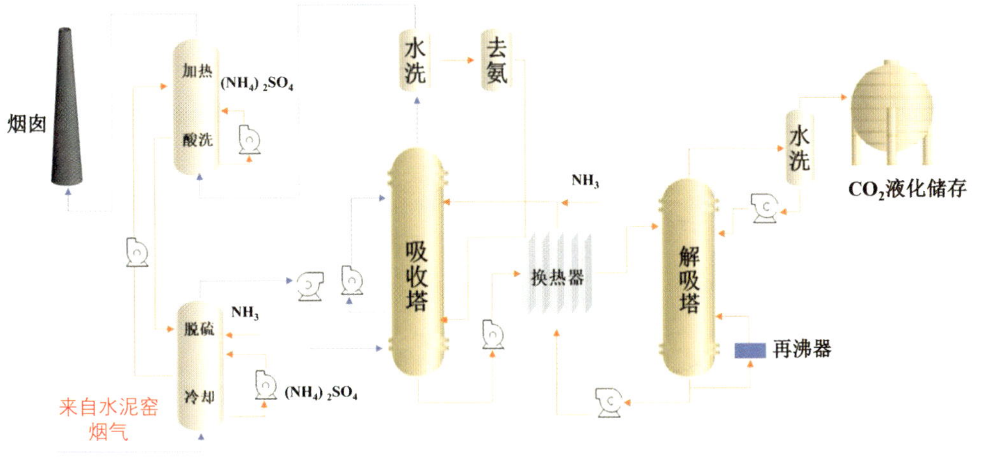

图 6.6 冷却氨水法的工艺流程

首先，水泥窑烟气进入脱硫塔，该过程伴随着降温、脱硫反应，副产物$(NH_4)_2SO_4$可作为工业肥料使用。其次，预处理后的气体进入CO_2吸收塔。选择冷却氨水吸收剂，在5～13 ℃低温条件下，反应塔采用与传统工艺相似的气液逆向吸收，富集CO_2后的氨水溶液在吸收塔底部聚集，烟气脱碳后会附带部分NH_3气体从吸收塔顶部离开。为了降低最终外排气体中NH_3逃逸超标风险，在末端工序设置水洗、H_2SO_4酸洗塔，用于去除NH_3以保证达到水泥窑烟气洁净排放目标。最后，吸收塔底部沉淀富碳溶液被输入解吸塔，在2.5 MPa高温环境中解吸出CO_2气体，而氨水循环回吸收塔再利用。

冷却氨水工艺对比胺吸收法的优点来自两个方面[17]：

① 该碳吸收过程可在较低温度下反应（5～13 ℃），反应释放的热量要明显低于胺吸收法，并且氨的化学性质稳定、难氧化，避免了降解问题。

② 能耗指标要优于胺吸收法，主要在解吸工艺能耗优势明显，化学反应正向过程压力条件较低，较胺吸收法可降低20%能源消耗。国外研究者根据冷却氨水溶液吸收CO_2工艺结合化学模型阐述了NH_3-CO_2-H_2O系统特性，结果表明氨水吸收热低，吸收塔的固相沉淀主要由碳酸铵和碳酸氢铵组成，CO_2解吸塔的能量需求低于2 GJ/t。

6.2.1.5 氧燃料燃烧技术的工艺原理及其特点

氧燃料燃烧技术代表了水泥碳捕集的另一种途径，不同于化学吸收法试图从烟气中提取纯化CO_2这类燃烧后捕集方式，我们可以通过调控燃烧过程，即选用高纯度氧气作为燃料替代传统空气，此方式可直接获得富含CO_2的原始水泥窑烟气[23-24]。

（1）纯氧/富氧全部替代空气助燃

氧燃料全部替代空气助燃的工艺原理，是高浓度氧从水泥熟料烧成系统箅冷机处注入，这就使得回转窑、预热器富含氧气，可显著提升水泥窑内碳浓度水平。

全部氧燃料燃烧技术的工艺流程，如图6.7所示[17,25]。

制氧系统负责生产氧燃料气体。为了控制窑内燃料燃烧温度，专门设置气体混合模块，主要是O_2与离开预热器再循环的少量CO_2结合。

箅冷机被划分为高温区和低温区两个不同的区域。在高温区，离开混合模块的O_2和CO_2气体汇入高温区，同高温熟料热交换后用于燃料燃烧；在低温区，仍采用空气单独冷却熟料，将水泥熟料从800 ℃降温至100 ℃，而低温区出来的废热会被输送到水泥生料磨用于物料烘干。

离开预热器的富碳烟气可通过换热方式将气体热量用于发电，使能量回收利用，烟气最终经历收尘、冷凝脱水工艺流程后，进入碳液化单元可得到高浓度液态CO_2，实现水泥窑碳捕集目标。

氧燃料全局替代的优势在于，可以全部捕集生料碳酸盐煅烧分解、燃料燃烧中产生的CO_2，且与化学吸收法相比能耗要低得多，就净排放量而言，综合考虑碳捕集量、设备能耗、余热发电能量回收等因素，工

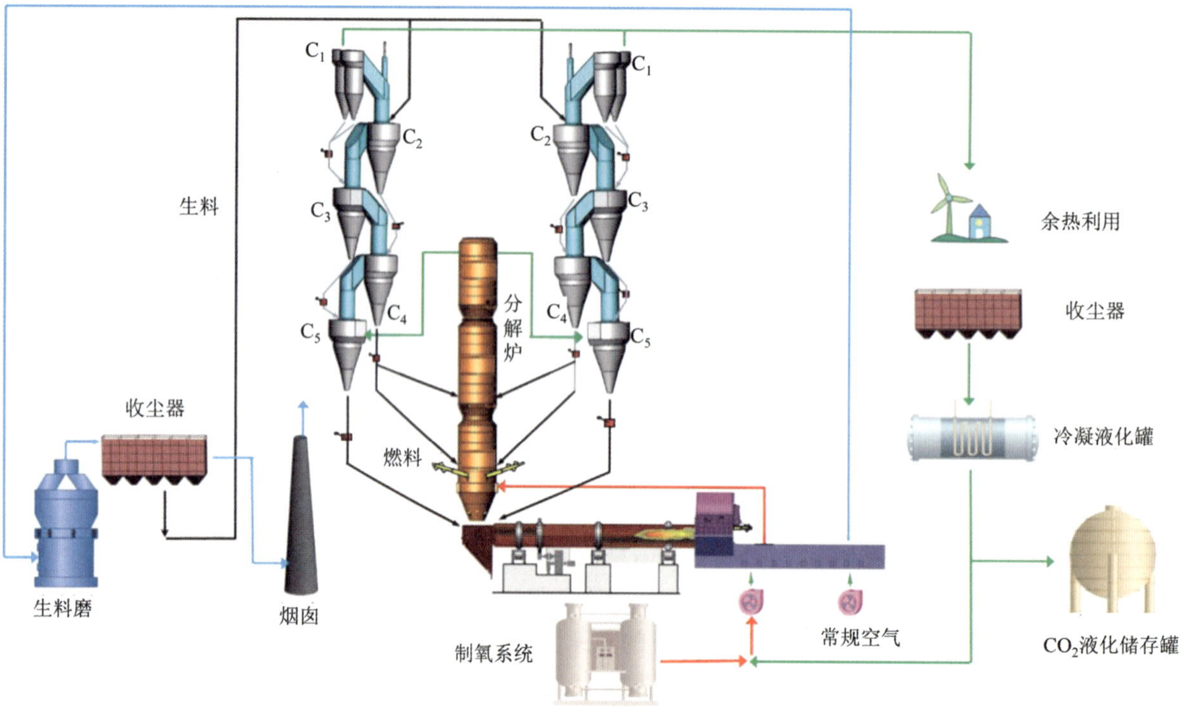

图 6.7 全部氧燃料燃烧技术的工艺流程

厂的 CO_2 排放量实际减少了 85%,远高于胺洗涤所达到的 66%水平。不仅如此,捕集浓度的提升也可大幅降低后端碳纯化难度。若电能采用新能源,理论上水泥熟料生产线可实现“碳零排放”。该技术的不足之处在于,同化学吸收法相比,氧燃料燃烧涉及烧成系统改造,原系统工艺流程需略作调整,前期投资较高。

(2) 纯氧/富氧局部替代空气助燃

氧燃料局部替代空气助燃的原理,是两列预热器配置不同气氛,气流场相对独立:箅冷机以常规空气输入为主用于冷却水泥熟料,回转窑内燃烧的烟气进入第 1 列预热器;分解炉以单独供应氧燃料为主,燃烧形成的热量用于分解水泥生料,烟气进入第 2 列预热器。

局部氧燃料燃烧技术的工艺流程,如图 6.8 所示。

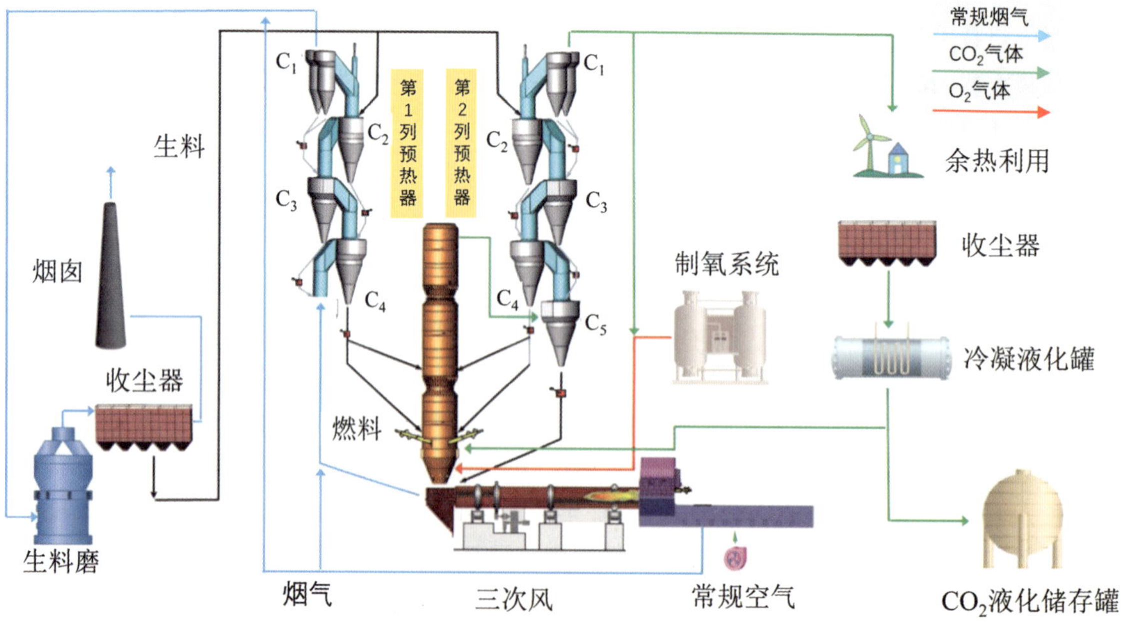

图 6.8 局部氧燃料燃烧技术的工艺流程

第 1 列预热器涉及的关键技术在于，设计匹配 4 级旋风分离器，其中出箅冷机的三次风经一次换热降至 760 ℃，之后分为两路输送：45%的三次风与回转窑出口处 1080 ℃的高温废气混合，并汇入第 1 列预热器的 C_4 旋风筒，主要用于预热水泥生料至 800 ℃；剩余 55%的三次风与 C_1 旋风筒出口处 300 ℃废气混合。因第 1 列预热器烟气碳含量不高，不考虑捕集，直接输送至生料磨。

第 2 列预热器与分解炉内气氛采用纯氧/富氧方式助燃，在技术指标方面，分解炉内因含有高分压 CO_2 气体，影响碳酸盐正向化学分解过程，温度控制在 920 ℃以上，使得分解炉内保持高温、高碳烟气富集状态。从第 2 列预热器 C_1 旋风筒循环回部分 CO_2 烟气，一是单独从底部通入预分解炉，保证炉内生料悬浮分解，二是 CO_2 作为载气，同氧燃料管道连接，以混合助燃剂形式通入预分解炉。最终烟气富含高浓度 CO_2，经过收尘、降温、冷凝液化后可直接捕集。

该碳捕集技术可看成生料碳酸盐在氧燃料条件下的单独分解工艺，两列预热器互不干扰。欧洲水泥研究院（European Cement Research Institute，缩写 ECRA）自 2007 年以来一直在进行相关碳捕集技术研究，目前已进入第 4 阶段，拉法基（LAFARGE）水泥和 IEA 项目分别进行了试验建模、中试效果验证工作[26]，结果表明，氧燃料燃烧对熟料质量和水泥强度没有影响，前期碳捕集成本约为 330 元 /t。

6.2.1.6 钙循环技术的工艺原理及其特点

钙循环技术基于碳酸钙受热分解的逆反应过程（$CaO+CO_2 \longrightarrow CaCO_3$），以 CaO 为吸附剂发生碳酸化过程，再通过高温脱碳工艺实现 CaO 循环利用。该技术所采用的 CaO 脱碳剂同时满足水泥熟料煅烧原材料需求，不易造成资源浪费，被认为是水泥工业最有前途的碳捕集技术之一[27]。工艺系统包含碳化炉、煅烧炉、制氧单元、碳纯化单元、余热发电单元。

(1) 水泥窑末端钙循环

预热器出口与碳化炉衔接，炉内温度控制在 650℃，其中约 90%的二氧化碳会与 CaO 基材料发生反应生成 $CaCO_3$ 固体颗粒，剩余贫气返回至生料磨系统。碳化炉生成的 $CaCO_3$ 固体颗粒则输送到煅烧炉，燃料燃烧至 920℃高温，将碳化炉中形成的 $CaCO_3$ 再次转化为 CaO[22]。生料配料中部分石灰石会输送到煅烧炉作为钙质原料补充，提取的 CaO 也可经降温处理后返回生料磨与其余原材料混合。从煅烧炉离开的 CO_2 气体同样具有本底浓度高特点，易于控制捕集成本。

水泥窑末端钙循环技术的工艺流程，如图 6.9 所示。

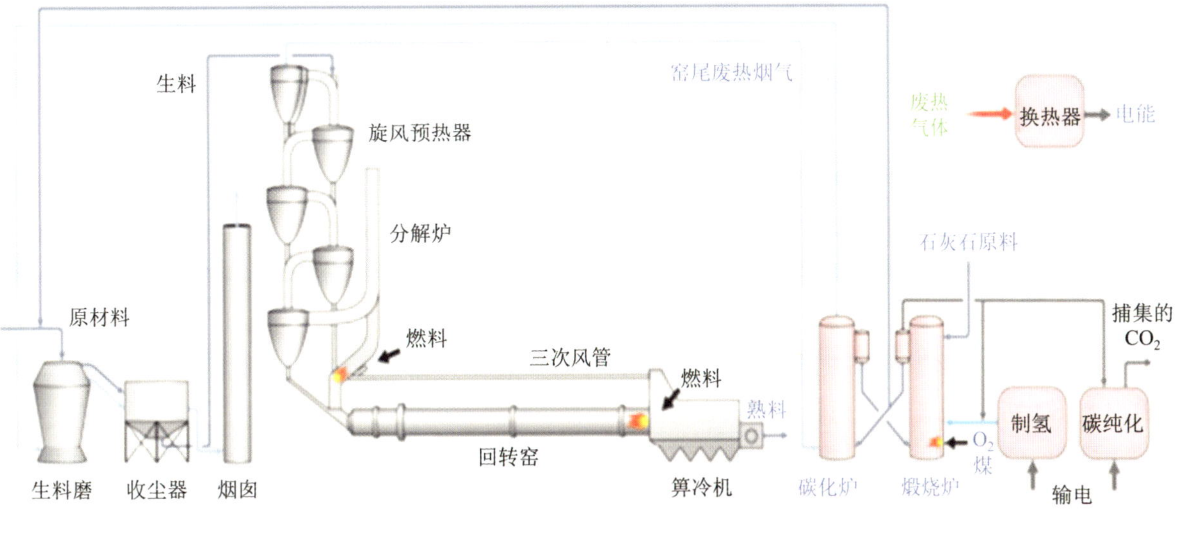

图 6.9 水泥窑末端钙循环技术的工艺流程

(2) 预热器植入式钙循环

通过工艺设计融合“纯氧局部替代空气的氧燃料燃烧技术”，辅以预热器改造，在保留原分解炉功能的同时增设碳化管道炉，最终植入式钙循环技术，碳捕集率可达到 95%以上。

碳酸化反应主要集中在 120 m 长的鹅颈耐热碳化管道炉内，回转窑烟气中 80% 的 CO_2 与碳化炉内 CaO 反应，以 $CaCO_3$ 形式将碳固化沉淀下来。在工艺控制上，首先，来自回转窑的烟气经两级预热器换热降温处理，其目的是利用水泥生料与烟气的固-气混合来控制气流进入碳化器的温度。其次，碳化管道炉旁边匹配性建造一种冷却器装置，煅烧炉内已脱碳的 920 ℃ CaO 颗粒进入冷却器管道，并与三次风及烟气碳化后剩余的 20% CO_2 混合降温至 600 ℃，满足 CaO 颗粒入碳化管道炉温度要求[25]。

煅烧工艺，是由制氧系统得到 O_2 与少量循环 CO_2 混合通入煅烧炉(分解炉)。利用全氧燃烧方式形成 920 ℃高温热源将常规预热器水泥生料、碳化系统预热器水泥生料、以及合成 $CaCO_3$ 三种物料汇合后单独加热分解，最终分离出水泥窑含 CO_2 的烟气。

钙循环技术的优点在于：① 实现能量返还。煅烧炉中再生吸附剂的大部分能量可以在冷却的碳化炉中回收用于碳酸化过程。② 余热发电。碳化炉出口温度 650 ℃需降温后输送至水泥生料磨，其次部分反应后的 CaO 也需吹扫降温输送至水泥生料磨，以及离开煅烧炉预热器系统的已富集 CO_2 的烟气。以上高温废热均被回收，在蒸汽循环中可有效转化为电能再利用。

预热器植入钙循环装置的工艺流程，如图 6.10 所示。

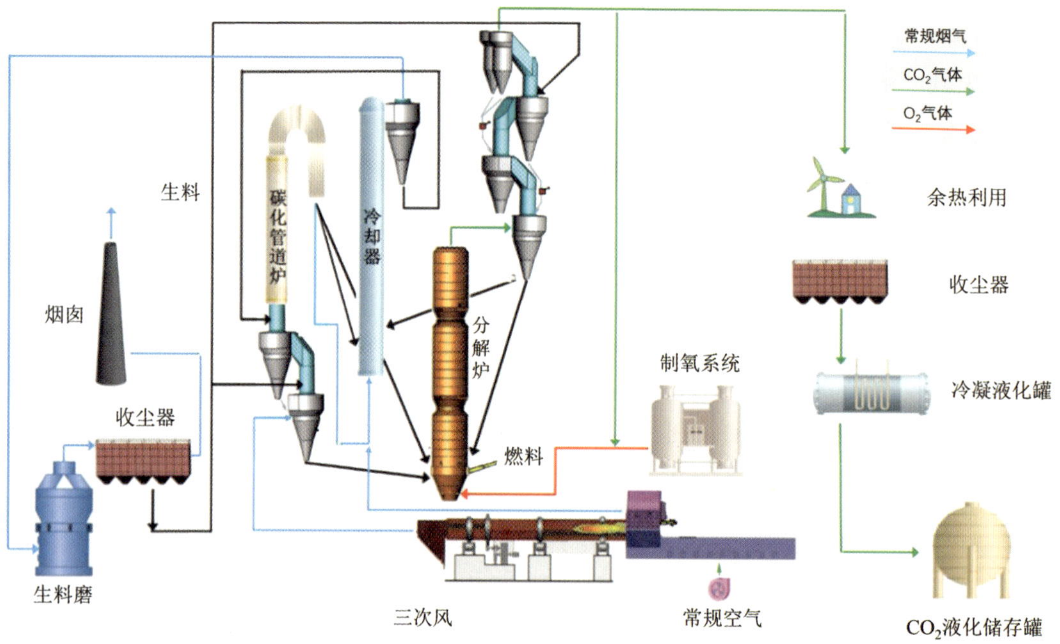

图 6.10　预热器植入钙循环装置的工艺流程

6.2.1.7　间接热分解技术的工艺原理及其特点

澳大利亚 Calix 与海德堡水泥公司合作开发了一种 LEILAC 碳捕获技术，通过特殊钢管间接加热石灰石。其原理是将分解炉内碳酸盐分解的 CO_2 与燃料燃烧过程的其他气流分离，旨在使水泥和石灰行业能够捕集原始石灰石中不可避免的 CO_2 排放[28]。在技术验证中，燃料在分解炉外部燃烧加热保持 1000 ℃高温热源，原料从顶部喂入，下降过程受到分解炉表面热辐射影响而释放出 CO_2 气体并立即捕集，固体颗粒由底部离开进入回转窑形成水泥熟料产品。

LEILAC 技术提出了一种新型的“预分解炉”设计方案，它在工程装备上比全氧燃烧更简单，而且不涉及任何像胺洗涤那样的能源密集型化学吸附、解吸反应过程，因此安装和运行成本更低。经综合考虑，在内部收益率为 12.5%、工厂寿命为 30 年且不包括运输和存储的条件下，碳捕集成本大致为 180 元/t，远低于胺吸收法的 300—500 元/t。

水泥生料间接受热分解碳捕集工艺流程，如图 6.11 所示。

LEILAC 项目分为两个实施阶段[29-30]：

LEILAC 1，2016—2019 年。自 2016 年以来，欧盟“地平线 2020 计划”一直关注该技术在水泥和石灰

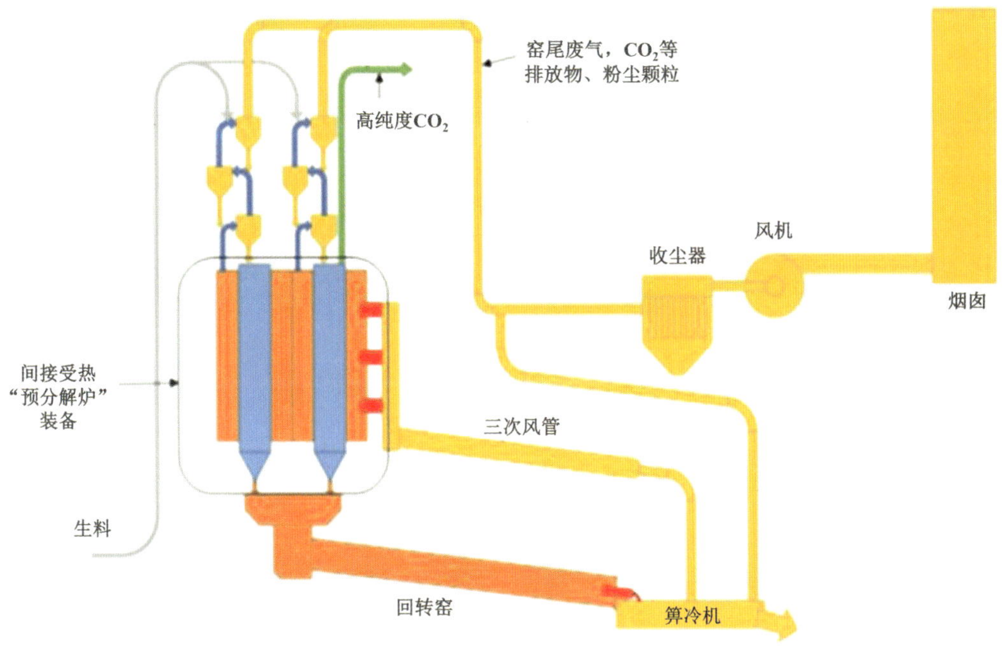

图 6.11 水泥生料间接受热分解碳捕集工艺流程

行业的应用。项目由 Calix 公司牵头，同海德堡水泥、Cemex、Cimpor、Tarmac 等多个合作伙伴合作，于比利时利克斯的海德堡水泥厂开展第一阶段验证试验，成功证明石灰石和水泥生料均可在装备中分离 CO_2。设计、建造、试运行过程中间接"预分解炉"多次运行后未出现负面效应，对水泥熟料生产没有影响。

LEILAC 2，2020—2025 年。在原欧盟资助计划基础上，项目获得了 1600 万欧元支持，于 2022 年在德国汉诺威施工建造一座示范工厂，分离 CO_2 的能力约为 1.0×10^5 t，最大限度地提高新工艺技术的碳捕集效率，并同步应用新型能源和替代(富含生物质)燃料，旨在证明低碳密集型热源对"预分解炉"煅烧所需能源的适用性。

LEILAC 系统基于石灰石独立分解，不与回转窑的烟气混合，煅烧炉中生成高浓度 CO_2，可以替换现代水泥厂的分解炉功能，理论上能捕集水泥窑熟料煅烧产生的 60%碳排放量(其中，40%是燃料产生的热态 CO_2，60%是石灰石煅烧产生的过程 CO_2)。在此基础上，LEILAC 型预分解炉也能充分使用其他类型燃料或热源(例如，富含生物质替代燃料、绿色电力、氢能)。这种组合方式可产生协同效应，有效降低水泥窑化石能源需求及生产成本，为实现水泥工业"近零排放"、"负排放"等目标提供了一种技术途径。

6.2.1.8 膜分离技术的工艺原理及其特点

膜分离技术的原理，是在压强差、温度差、浓度差等渗透驱动力下，根据不同组分膜内扩散系数的差异选择性分离物质，而渗透速率取决于相对分子尺寸及其膜中扩散系数等关键指标。水泥工业也可以应用膜工艺来进行碳捕集。

通常膜材料对硫敏感且不耐受高温，因此烟气进入膜分离装置前需要考虑类似化学吸收法的预处理工艺。欧盟"地平线 2020 计划"中 CEMCAP 碳捕集项目开展过类似研究[26]。

烟气在分离膜中的渗透率，如表 6.5 所示。

表 6.5 烟气在分离膜中的渗透率

烟气组成	渗透性 m^3(STP)/m^2(bar·h)	CO_2 相对于烟气组分的选择性
CO_2	2.7	1
N_2	0.054	50
O_2	0.2116	12.5
H_2O	54	0.05

对于表 6.5 所示的试验数据，NO_x 与 SO_x 已在水泥窑常规净化工艺上达到排放标准，不再作考量。结果显示 CO_2 对于 N_2 有较高选择性，表明两者易于分离；但 H_2O 却难以脱除，最终捕集的 CO_2 浓度也因此受影响。工程实施为达到高浓度捕集目标需匹配多级膜分离工艺，在应用典型两级膜过滤以及低温液化脱水装置后，可捕集 90%纯度的 CO_2 气体。

挪威布维克 Norcem 碳捕集项目在 2013—2017 年开展了膜分离 CO_2 捕集项目研究，工艺系统为一级膜渗透分离，含有 12 个盒式装置，每盒内有 2 张聚乙烯胺膜，膜总面积约 1.5 m^2。中试验证期间，采用一级膜分离的烟气 CO_2 浓度可达到 72%。结果表明，若仅采用膜技术，则整体分离效率不高，且存在结露、腐蚀等问题。

6.2.2 水泥厂碳捕集应用实例

6.2.2.1 华润水泥（封开）有限公司碳捕集纯化示范项目

华润水泥(封开)有限公司(以下简称：封开公司)，成立于 2007 年 8 月，厂址位于广东省肇庆市封开县长岗镇长岗工业园区。这是华润建材科技旗下最大的新型干法水泥基地。该公司已建成 6 条熟料产能为 4500 t/d 的新型干法水泥生产线，熟料的设计产能为 1.12×10^7 t/a、水泥的设计产能为 8×10^6 t/a，并配套有全球最长的 52 km 石灰石输送皮带长廊。公司紧靠西江黄金水道，拥有 1.2 km 岸线，已建成 11 个 2000 t 级泊位，吞吐量达 2.1×10^7 t/a，水泥、水泥熟料和集料产品可通过水运直达珠三角地区，物流优势十分显著。根据华润建材科技烟气的特征，以技术先进、节省投资和经济效益为原则，对 CO_2 捕集纯化以及利用工艺进行全面优化。

该项目为华润建材科技自主研发 CO_2 碳捕集及 CO_2 矿化利用的技术路线，在碳捕集及 CO_2 矿化利用的关键设备上，开展了有针对性的研发和升级，提出了一种水泥窑自富集 90%以上浓度 CO_2 和 CO_2 直接用于矿化养护混凝土的技术路线。

值得鼓舞的是，华润建材科技在本项目的技术开发阶段，通过工艺及关键设备优化，已获得了优秀的数据验证系统：已实现了捕集 1 t CO_2 产品时系统对外界排放的 CO_2 在 100 kg 以下，有效降低了因系统运行带来的额外碳排放量，碳捕集成本控制在 300 元/t 以下(传统成熟的氨溶液吸收法 CO_2 捕集成本大部分为 320～350 元/t)，CO_2 捕集工艺系统能耗指标≤1.70 GJ/t(传统成熟的氨溶液吸收法，CO_2 捕集能耗约 2.40 GJ/t)；矿化养护利用生产成本约为 175 元/m^3，生产过程中净 CO_2 排放量约为 0.156 t/m^3。相比较于主流化学吸收法捕集 CO_2 技术和传统蒸压加气混凝土工艺，该项目综合能耗低，更进一步地实现了降碳、固碳的目标。

该项目可得到生产能力为 1×10^5 t/a CO_2 的烟气(CO_2 浓度>90%)，5×10^4 t/a CO_2 用于矿化养护生产加气混凝土制品；5×10^4 t/a CO_2 用于生产食品级干冰或其他产品。这是目前水泥行业世界最大规模碳自富集示范项目。

封开公司碳捕集纯化示范项目的产品及设计产能，如图 6.12 所示。

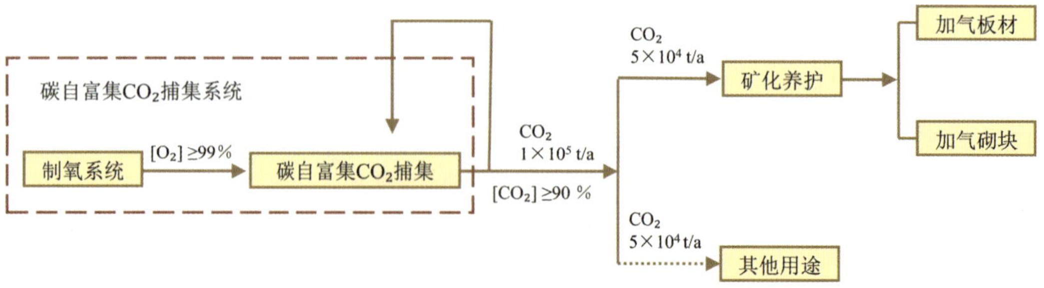

图 6.12 封开公司碳捕集纯化示范项目的产品及设计产能

封开公司碳捕集纯化示范项目的工艺流程，如图 6.13 所示。

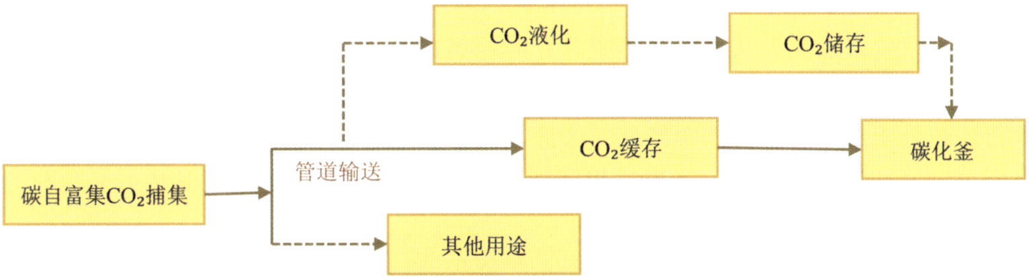

图 6.13 封开公司碳捕集纯化示范项目的工艺流程

(1) 碳自富集 CO_2 捕集工艺系统

碳自富集 CO_2 捕集工艺系统能力为 1×10^5 t/a 的 CO_2 捕集平台，主要由制氧单元、富碳单元以及碳纯化单元组成。

碳自富集 CO_2 捕集的工艺流程，如图 6.14 所示。

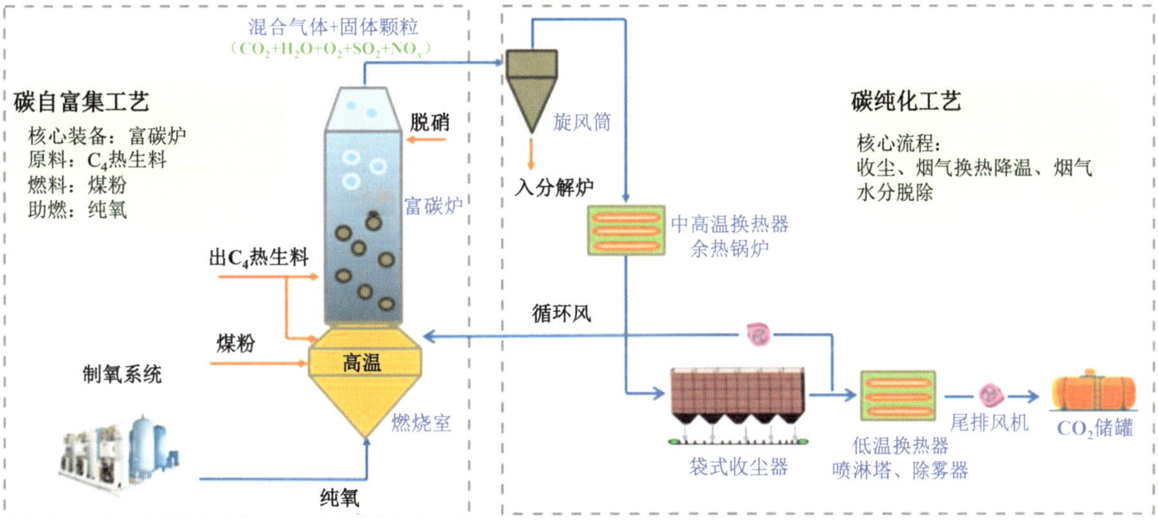

图 6.14 碳自富集 CO_2 捕集的工艺流程

① 制氧系统

利用空气中氧气、氮气的沸点的不同(在大气压强下，氧的沸点为 90 K，氮的沸点为 77 K)，先将空气通过压缩、膨胀降温，直至空气液化，再利用氧、氮的气化温度(沸点)不同，将空气中的氧气分离而得到高浓度氧气。

在标准状态下，制氧系统制备高纯度氧的能力为 4000 m^3/h，氧的纯度>99.6%，压强为 0.02～0.2 MPa、温度为 100～110 ℃。

② 纯氧燃烧系统

富碳炉入炉原料为碳酸盐水泥生料。燃料为煤粉，为保证燃烧烟气产品中 CO_2 浓度要求，送煤风采用捕集的 CO_2 气体。助燃剂采用纯氧，由深冷空分法制氧系统供应，氧浓度要求>99.6%。水泥生料中碳酸盐在富碳炉 900 ℃高温下受热分解出以 CO_2 为主的混合烟气。

③ 烟气净化及余热利用

富碳炉输出的混合烟气进入旋风筒内。旋风筒主要用于分离固体颗粒，其粉尘分离效率>92%。在标准状态下旋风筒出口的粉尘浓度降低至 100 g/m^3 以下。在富碳炉后端燃尽区域至旋风筒出口之间，设置选择性非催化还原(Selective Non-catalytic Reduction，缩写 SNCR)氨水喷射系统进行脱硝，在标准状态下将氮氧化物浓度降低至<50 mg/ m^3。完成脱硝净化的烟气进入中高温换热器(余热锅炉)。设置余热锅炉的目的，是将 900 ℃烟气降温至 150 ℃，换热后烟气既可满足后续工艺装备的耐热性需求，也可实现余热利用。余热锅炉底部配置集灰装置。

④ 低温换热

余热锅炉与袋收尘器连接。从余热锅炉中离开的烟气进入收尘器实现粉尘颗粒捕集，获得洁净气体。从袋收尘器出来的烟气分为两路：其一，少部分作为系统循环气体，返回至富碳炉，确保炉中气体量合适，使得水泥生料颗粒处于悬浮态；其二，大部分气体进入低温换热器，该换热器考虑采用水喷淋、除雾器的方式将烟气温度由 150 ℃降温至 50 ℃，降温过程伴随着烟气中水分脱除，其目的是进一步纯化 CO_2 气体。

⑤ CO_2 气体利用

低温换热器与 CO_2 液化储罐连接，合理设计工艺流程，将系统捕获、纯化后的高浓度 CO_2 气体进行液化处理后输送至储罐当中，以备下阶段碳利用工艺需求。

（2）本项目碳自富集 CO_2 捕集技术的主要特点

① 捕集 CO_2 气体属于自富集过程，将高温炉排放的气体捕集即为目标产物，能够有效缩减碳捕集产生的能源消耗量。

② 捕获的 CO_2 气体浓度较高。采用纯氧助燃剂，剔除了空气中 N_2 对捕集气体纯度的影响。热水泥生料（以 $CaCO_3$ 为主）煅烧分解产物为 CaO（固体）和 CO_2（气体）。因此，最终分离后保留下来的废气中 CO_2 浓度高。

（3）碳自富集 CO_2 捕集主要技术内容

① 纯氧制备工艺

纯氧制备工艺，采用全低压分子筛吸附预净化、空气增压膨胀制冷的工艺流程方案。整套装置运行可靠、流程先进、技术成熟、操作方便、控制容易，机组配置经济合理、安全、低耗。整套装置包括：空气过滤压缩系统、空气预冷系统、空气纯化系统、空气增压膨胀系统、主塔冷箱系统、循环冷却水系统、仪控系统、电控系统、烟气循环模块。

a. 空气过滤、压缩、预冷及纯化

原料空气从大气中经空气过滤器吸入，经空气过滤器除去尘埃及其他机械杂质，然后进入无油空压机，经二级压缩至 0.51 MPa 左右，经后冷却器冷却，进入预冷系统预冷至 15 ℃，再进入切换式分子筛纯化器，空气中的水分、CO_2、碳氢化合物被吸收。分子筛纯化器由两只填充分子筛的容器组成，其中一只在使用，另一只则由来自冷箱中的污氮经电加热器加热后对分子筛进行再生。

b. 空气精馏

空气经净化后分成两股，其中一股进入增压透平膨胀机增压端增压、冷却后进入空分冷箱，在主热交换器中被返流气体（纯氧、纯氮、污氮等）冷却、从主换热器中部抽出，进入透平膨胀机膨胀制冷，膨胀后的空气经膨胀过冷器送入上塔，少部分直接旁通入污氮通道，经复热后出冷箱。另一股净化后的空气在主换热器中继续冷却达到接近液空温度进入下塔。在下塔中，空气被初步分离成氮气和纯氧液体。氮气在主冷中被冷凝液化，同时主冷的低压侧液氧被气化，部分液氮作为下塔回流液，另一部分液氮从下塔顶部引出，经液空气-液氮气过冷器由纯氮气和污氮气过冷并节流后送入上塔顶部。液空气经过冷后节流送入上塔中部作回流液。产品氧气从上塔下部引出，并经膨胀空气过冷器、主换热器复热后送出塔外，之后产品氧气通过和循环烟气等经过一定比例分配后送入回转窑系统；污氮气从上塔上部引出，并在过冷器及主换热器复热后送出塔外，部分作为分子筛纯化器再生气体。

c. 冷量的制取

空分装置所需的大部分冷量由增压透平膨胀机提供。

② 富碳炉燃烧系统

富碳炉燃烧系统，是以纯氧燃烧为特征的水泥工业专用分解炉，布置在现有水泥窑预热器塔架旁。富碳炉底部采用流态化床结构以均衡稳定燃料的燃烧，在标准状态下通过将 100～110 ℃的纯氧约 3200 m^3/h 和约 5000 m^3/h 的循环气混合后，喷射进入富碳炉底部的流化床燃烧炉内，通过在燃烧炉底部形成 500～1200 mm 流化床区域保证煤粉的着火燃烧和水泥生料的悬浮耦合反应。煤粉在流化床的侧面喷射入炉。流化床底部配置点火装置和排灰口。水泥生料、煤粉、助燃的纯氧气及回流的高浓度 CO_2 循环气在流化床炉内进行充分混合燃烧和碳酸盐的分解，并被气流携带进入富碳炉。

燃料为煤粉，由原煤粉仓接一旁路，煤粉经计量后通过气力输送入富碳炉。来自水泥窑预热器系统C_3B和C_4B水泥生料下料管通过分料阀分出，再从分料管道进入富碳炉。

③ 脱硝与旋风分离系统

富碳炉与旋风筒连接，脱硝装置被设置在富碳炉与旋风筒之间。从富碳炉出来的烟气温度为900 ℃，在标准状态下风量为13200 m^3/h，要先经过脱硝处理后再进入旋风筒；旋风筒规格为φ3 m×(5.48+3.34)m，主要用于分离固体颗粒。经旋风分离后的高浓度CO_2混合烟气接入中高温换热器（余热锅炉）中，设置余热锅炉的目的是将900 ℃烟气降温至150 ℃，换热后烟气可实现余热利用。旋风筒收集下来的高温粉尘就近送入水泥窑系统现有分解炉处。

脱硝系统配置采用氨水作为脱硝剂，利用水泥工厂现有的氨水罐提供氨水，配置流量为0～0.4 m^3/h的变频离心泵，配置3～4只氨水喷枪（0.5～1.5 L/min），参照高效SNCR系统配置必要的流量分配阀组。

④ 余热锅炉系统

本锅炉采用立式、自然循环。

a. 烟气流程

900 ℃的烟气首先经过空腔冷却室，烟气温度下降到650 ℃以下；在大量的烟尘在冷却室沉降后，烟气依次经过热器受热面、锅炉蒸发受热面、省煤器受热面后而排入系统的废气管道；烟气中的灰尘主要以激波方式随烟气被带走。

b. 汽水流程

105 ℃给水通过给水泵进入省煤器，在省煤器中被加热成未饱和水后进入锅筒，锅筒中的水通过下降管进入锅炉蒸发受热面及空腔冷却室膜式水冷壁受热面；工质吸热后变成汽水混合物自然上升，再通过上升管进入锅筒，炉水依靠热水和冷水之间的密度差而进行自然循环。进入锅筒的汽水混合物，经汽-水分离后变成饱和蒸汽，然后经过热器受热面变成1.0 MPa、330 ℃的蒸汽，经主蒸汽阀座被送入蒸汽管道中。

c. 窑灰输送流程

在锅炉底部设置积灰斗，在积灰斗下方配置锁风阀、NE270拉链机，窑灰经过拉链机输送，就近被送入水泥窑系统现有SP(Suspension Preheater，悬浮预热器）锅炉底部的回灰主拉链机。

为了保证蒸汽品质符合标准，给水应符合国家标准GB/T 1576—2008《工业锅炉水质》的规定。

⑤ 烟气喷淋降温塔及除雾系统

150 ℃的烟气经过烟道后进入采用碳钢防腐结构的烟气喷淋降温塔内，经过两层喷淋后烟气的温度降低到45～50 ℃。由于烟气经冷却水喷淋产生大量水雾，要再经过除雾单元进行除雾后方可排出，要求在标准状态下液滴的浓度<30 mg/m^3。此时，喷淋水被进一步降温处理，经过泵输送到凉水塔内与室外空气进一步换热，从而降低水温。将低温水再次输送到烟气喷淋降温塔内进行喷淋降温，往复地进行，从而达到降温目的。

喷淋系统可分为：烟气喷淋降温塔及除雾系统、凉水塔循环系统。

a. 烟气喷淋塔及除雾系统

烟气喷淋降温塔，将150 ℃烟气经过烟道引入到其底部，烟气经过凉水塔输送的冷水进行降温。因考虑烟气中含有高浓度的CO_2等酸性气体，所以烟气喷淋降温塔整体考虑采用“碳钢+耐酸防腐”结构。其内设置两层不锈钢喷淋层，用于冷水降温。凉水塔内的冷水通过水泵将冷水输送到塔内高效喷淋层内对烟气进行降温。降温后的水回到塔底，由塔底部的冷却循环水泵输送到凉水塔内进行重复降温，此过程往复循环。降温后的烟气又携带大量雾滴继续向上，经过除雾装置系统。此装置由“两层平板除雾器+一层高效丝网除雾器”组成。前两层平板除雾器可以有效去除大的液滴及颗粒，剩余微小颗粒可以经过最后一层的高效丝网除雾器进行去除。除雾装置系统的材质选用耐高温增强型聚丙烯。

b. 凉水塔循环系统

凉水塔循环系统，主要以凉水塔及冷却水泵为主。在烟气喷淋降温塔附近建设一套凉水塔循环系统，并自带强制冷却风机。当水温较高时，可以通过其内部结构与空气换热来降低水温，从而实现给烟气喷淋降温塔内烟气降温的目的，将烟气中的热量转移到空气当中。凉水塔循环系统包括：冷却水泵、凉水塔、冷却水池、强制冷却风机、填料层等。

离开冷凝塔的尾气，其烟气特征如下：烟气温度为 45～50 ℃、水蒸气含量<1%，在标准状态下液滴含量<30 mg/m³，粉尘浓度<10 mg/m³，NO_2 浓度<5 ppm，SO_2 浓度<5 ppm。

⑥ 冷干除湿系统

本项目配置的高浓度 CO_2 气体，按照制作固碳低钙水泥基新型胶凝材料的需求实施。对烟气进一步采用冷冻干燥工艺进行脱水，形成露点温度<10 ℃、烟气温度 0～30 ℃、CO_2 浓度>90%、酸性大气污染物（NO_x+SO_2）浓度<10 ppm 的洁净高纯度 CO_2 气体。

6.2.2.2 海螺水泥白马山水泥窑碳捕集纯化示范项目

2018 年，安徽海螺集团有限责任公司（以下简称：海螺集团）开创了世界水泥行业碳捕集技术利用的先河。海螺集团在白马山水泥厂建成了世界首条水泥窑烟气 CO_2 捕集纯化环保示范项目，将水泥厂中的烟气 CO_2 转化为 CO_2 产品，可用于工业、食品保鲜、干冰生产、激光、医药等领域。

海螺集团白马山水泥窑碳捕集纯化示范项目，如图 6.15 所示[31]。

图 6.15　海螺集团白马山水泥窑碳捕集纯化示范项目

随着技术日臻完善，2022 年 4 月安徽省科技厅批复组建了由海螺集团牵头的安徽省水泥工业 CO_2 捕集转化应用创新联合体。2022 年 7 月，海螺集团又投资成立安徽碳合能科技发展有限公司，专门从事碳减排、碳转化、碳捕集、碳封存技术研发等。海螺集团采用的是胺化学吸收法。

海螺集团采用胺化学吸收法的工艺流程，如图 6.16 所示[20]。

海螺集团白马山水泥厂水泥窑烟气 CO_2 捕集纯化示范项目，建有 CO_2 的生产能力为 5×10^4 t/a（食品级纯度 CO_2 的生产能力为 3×10^4 t/a）的捕集纯化生产线。项目建设之初，由于水泥窑烟气 CO_2 捕集纯化项目属水泥行业世界首创，国际上在水泥行业也只是中试阶段，无成熟的经验可借鉴，海螺集团开展了广泛调研，对上海华能、大连石油化工总公司及欧洲挪威水泥厂碳捕集试验项目等国内外碳捕集技术项目进行了充分调研和前期技术论证，并采用产学研合作模式，与大连理工大学合作研发。

白马山水泥碳捕集项目，主要分为 CO_2 捕集提浓和 CO_2 纯化精制两大环节，涵盖捕集提浓、压缩分水、精制精馏、冷冻液化、成品罐装等工艺流程[20,31]。

(1) CO_2 捕集提浓

① 烟气预处理

水泥窑烟气在脱硫水洗塔内分别经过水洗降温、脱硫净化、二次水洗去除杂质。

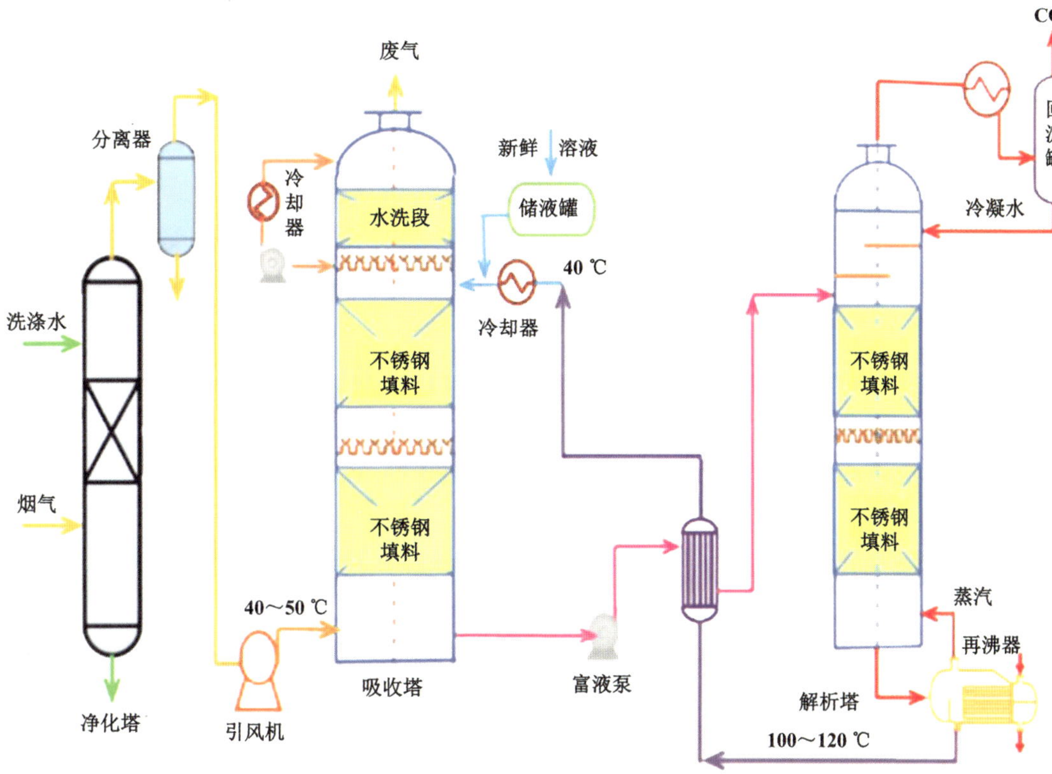

图 6.16 海螺集团采用胺化学吸收法的工艺流程

② CO_2 吸收

在吸收塔内烟气中 CO_2 被吸收液吸收形成富液，其他气体排放大气。

③ CO_2 解吸

富液在解吸塔内通过蒸汽加热解析，解析出纯度 95%以上的 CO_2。

④ CO_2 再吸收

经吸收液解吸后，CO_2 循环至吸收塔内被再次吸收。

(2) CO_2 纯化精制

① 压缩与升压

解析出的 CO_2 经冷凝、分水后进入压缩机，经三级压缩而提升至 2.5 MPa 的高压气体。

② 纯化

气体通过脱硫床、干燥床和吸附床，脱除气体中的油脂、水分等杂质。

③ 精馏与液化

气体通过冷冻液化系统液化后，分别进入工业级精馏塔和食品级精馏塔精馏，得到纯度为 99.9%以上的工业级和纯度为 99.99%以上的食品级 CO_2 液体。

④ 贮存与发运

液态 CO_2 通过管道送至储罐中贮存，对外销售。

海螺集团白马山水泥窑碳捕集纯化示范项目的工艺流程，如图 6.17 所示。

随着首批次液态 CO_2 成功捕集入罐并对外销售，纯度达 99.97%以上，已超工业级 CO_2 国家标准，标志着海螺集团建设的世界首条水泥烟气 CO_2 捕集纯化环保示范项目成功投运。

白马山水泥碳捕集项目获得的主要技术要点：

水泥窑烟气 CO_2 捕集提纯难度较大，存在 CO_2 浓度低(含量 18%～20%)，成分复杂(NO_x、SO_2、氯化物、氟化物等有害成分)，粉尘量大(在标准状态下粉尘浓度 7～9.4 mg/m^3)，温度高(烟气温度 90～120 ℃)等特点，给技术方案带来挑战。

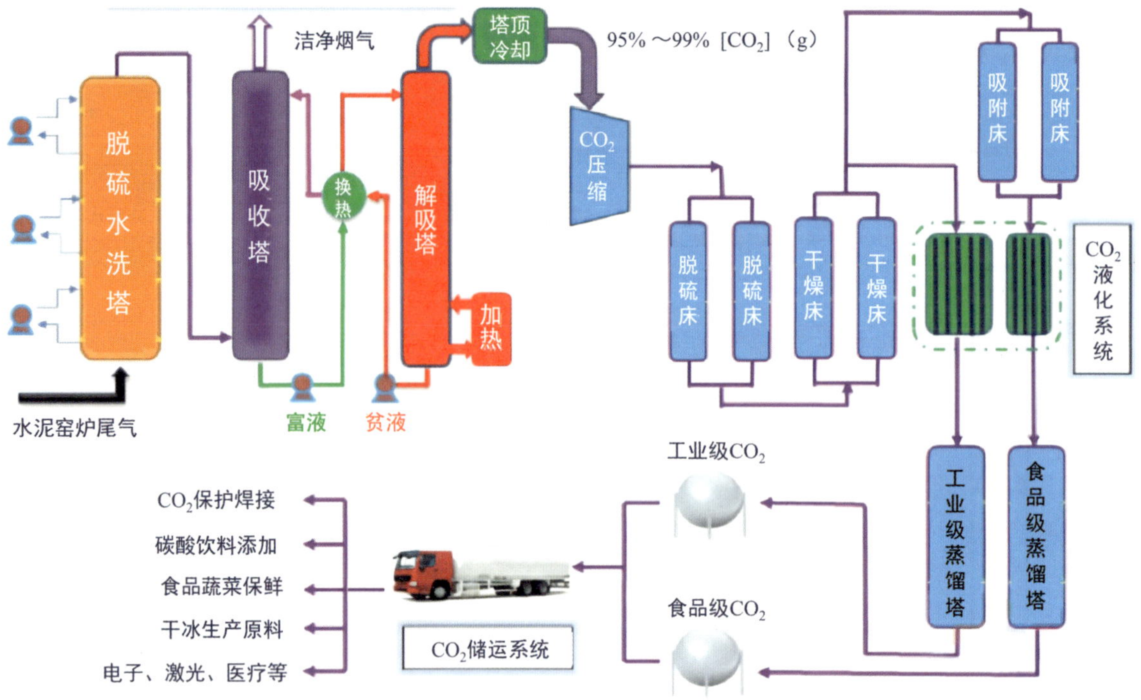

图 6.17　海螺集团白马山水泥窑碳捕集纯化示范项目的工艺流程

有鉴于此，海螺集团通过技术攻关，在诸多方面取得突破，特别是在以下两个方面：

① 研发出了易再生复合型有机胺脱碳剂并使其产业化，采用化学吸收法与吸附精馏法耦合技术路线，形成了新型复合有机胺脱碳剂、“三合一”高效脱硫脱硝水洗塔等技术集成的水泥窑烟气碳捕集纯化技术。

② 开发出了水泥窑烟气预处理工艺及关键装置、CO_2 吸收/解吸工艺技术及装置、CO_2 纯化精制关键技术及装置。实现了 CO_2 产能达 6.6 t/h、系统电耗为 245 kW·h/t、CO_2 捕集效率≥90%。

6.2.2.3　天津健威泽环保科技水泥窑碳捕集项目

天津健威泽环保科技有限公司（以下简称：健威泽公司），针对熟料产能为 2500～7500 t/d 的水泥生产线提出了碳捕集思路，项目采用外旋窑间接加热水泥生料工艺的捕集方式。捕集能力可达 6.7×10^4 t/a。捕集成本仅为 260～320 元/t，跨进先进的捕集行列。该项目中的燃烧废气与物料呈分离状态，污染较小，容易提纯和分离。项目捕集的 CO_2 用于生产液态 CO_2 或干冰。

健威泽公司水泥窑碳捕集项目的工艺流程，如图 6.18 所示[32]。

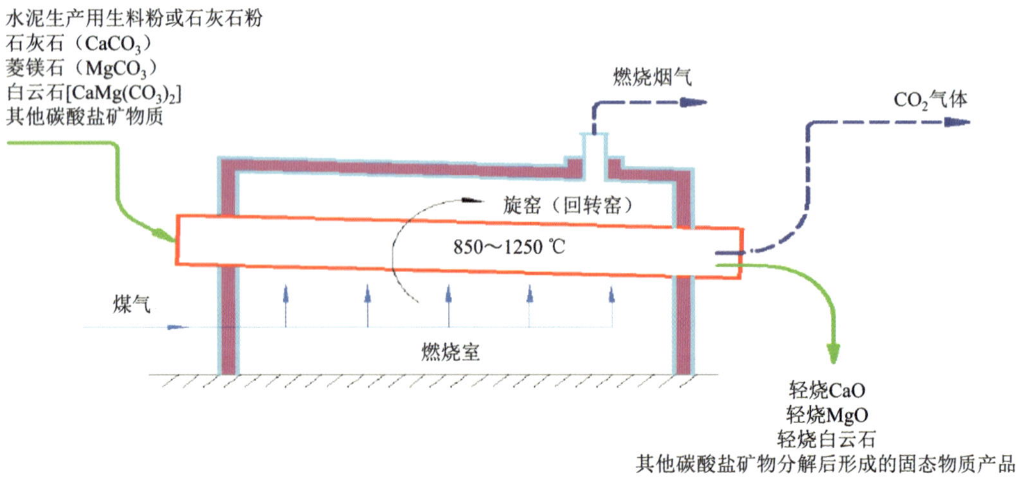

图 6.18　健威泽公司水泥窑碳捕集项目的工艺流程

该项目的工艺技术组成如下：

① 矿石储存及原料制备系统

该项目直接利用水泥生产线的生料粉磨系统生产的生料粉(或石灰石粉)，不再考虑设置“矿石储存及原料制备系统”。

② 外燃式旋窑系统

外燃式旋窑系统，包括预热器式给料仓、窑尾喂料及密封装置、外燃式旋窑本体、窑头高温出料及抽取 CO_2 气体密封装置、外燃式旋窑燃烧室。

③ 外燃式旋窑出料系统

外燃式旋窑出料系统，包括 CaO 与水泥生料中不能分解的其他成分物料混合的高温固体物料(即高温低品位石灰粉产品)仓、气力输送、入水泥窑窑尾烟室系统(即直接喂入水泥窑，继续生产水泥熟料)。当窑尾废气需要脱硫时，高温低品位石灰粉产品与水泥生料一起喂入水泥窑窑尾预热器(不再经烟室喂入)，实现窑尾废气脱硫的目的。

④ CO_2 气体处理系统

CO_2 气体处理系统，包括高温粉尘分离装置、空气预热器装置、至燃烧室空气输送系统、二级及三级收尘(石灰粉)及回灰装置。

⑤ CO_2 气体液化与固化系统

CO_2 气体液化与固化系统，包括液化系统、液态 CO_2 储存罐、固化装置。

⑥ 外燃窑废气处理系统

外燃窑废气处理系统，包括燃烧室高温烟气管道系统、烟气脱硝装置、预热器式给料仓，烟气自预热器式给料仓至入水泥窑窑尾分解炉系统。

⑦ 煤气制备系统

该项目直接利用水泥生产线的燃煤储存、破碎系统，仅设置煤的筛分装置，不再考虑设置“煤气制备系统”。

健威泽公司水泥窑 CO_2 捕集纯化及窑尾废气脱硫工艺流程及参数分布，如图 6.19 所示。

根据图 6.19 以及该项目的实际运行工况，获取项目的基本技术参数如下：

① 系统的运转时间

项目与水泥窑联合运行时，系统的运转时间为 270 d；项目独立运行时，系统的运转时间为 60 d。

② 生料粉及石灰石粉的单位时间消耗量

项目与水泥窑联合运行时，水泥生料粉的单位时间消耗量为 38 t/h；项目独立运行时，石灰石粉的单位时间消耗量为 32.3 t/h。

③ 原煤的单位时间消耗量

项目与水泥窑联合运行时，原煤的单位时间消耗量为 5.4 t/h；项目独立运行时，原煤的单位时间消耗量为 5.0 t/h。

④ 电能的消耗量

项目与水泥窑联合运行时，电能的消耗量为 2100 kW；项目独立运行时，电能的消耗量为 2250 kW。

⑤ 水的单位时间消耗量

项目与水泥窑联合运行时，水的单位时间消耗量为 11 t/h，主要为水泥窑现有余热电站提高发电能力后增加的单位时间用水量；项目独立运行时，水的单位时间消耗量为 26 t/h，主要为余热电站单位时间用水量。

⑥ 固体物料的产能

低品位 CaO 粉(CaO 含量 59%)的产能为 26.4 t/h，项目与水泥窑联合运行时，在入窑尾烟室或入窑尾 C_1 预热器在生产水泥熟料的同时窑尾废气脱硫；高品位 CaO 粉(CaO 含量 75%)的产能为 20.7 t/h。

项目独立运行时，产品可以直接销售，单位产品标准煤耗为 192 kgce/t，余热发电能力为 148.7 kW · h，综合能耗远低于目前利用其他技术建成的生产线。

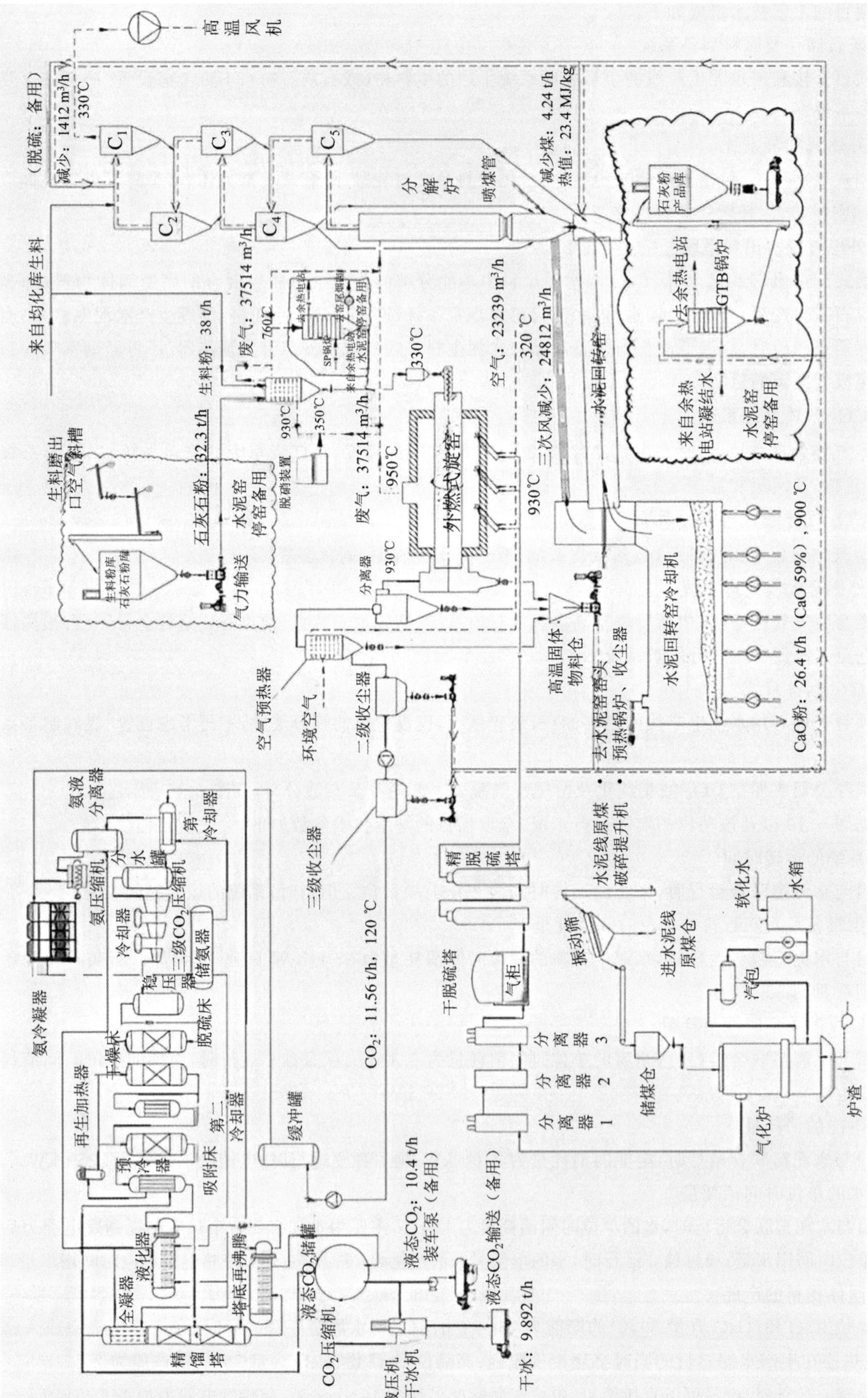

图 6.19　键威泽公司水泥窑 CO_2 捕集纯化及窑尾废气脱硫工艺流程及参数分布

（气体流量为标准状态值）

⑦ 液态 CO_2 的产能

健威泽公司熟料产能为 5800 t/d 的水泥生产线，CO_2 捕集纯化（减排）能力为 8.25×10^4 t/a。

项目与水泥窑联合运行时，液态 CO_2 的产能为 10.4 t/h；项目独立运行时，液态 CO_2 的产能为 10.4 t/h，总产能为 8.25×10^4 t/a。

⑧ 固态 CO_2（干冰）的产能

当液态 CO_2 全部用于生产干冰时，固态 CO_2（干冰）的产能为 9.892 t/h，总产能为 7.83×10^4 t/a。

6.2.3 水泥行业碳捕集技术路径分析及趋势

6.2.3.1 水泥行业碳捕集技术指标与特点

目前，国内 CCUS 项目主要集中于化工和电力行业，而水泥和钢铁行业很少有集成化示范生产线。在此主要介绍了 5 类水泥工业密切相关的碳捕集技术，总体而言，水泥生料碳酸盐分解、燃料燃烧、烟气纯化等多个环节的碳捕集关键技术均实现了长足发展，新技术不断面世，但国内涉及工业制造的运行成本控制、示范生产线建设规模、技术推广应用仍需进一步挖掘，具体表现为商业化运作、全链工程、工艺管网设计和安全监测等核心技术与发达国家相比仍存在较大差距，因此亟须提高碳捕集技术在水泥工业中的市场占有率。

现阶段水泥工业碳捕集技术的关键指标特征分析，如表 6.6 所示[17]。

表 6.6 现阶段水泥工业碳捕集技术的关键指标特征分析

类别	化学吸收技术	氧燃料燃烧技术	钙循环技术	间接热分解技术	膜分离技术
项目名称	（1）安徽海螺碳捕集项目；（2）欧洲 CEMCAP 资助项目（挪威 Norcem 水泥）	（1）欧洲 CEMCAP 资助项目（海德堡水泥）；（2）国际能源署 IEA 项目（拉法基水泥项目）	（1）意大利海德堡水泥项目；（2）西班牙 INCAR-CSIC 项目	澳大利亚 Calix、海德堡 LEILAC 项目	（1）华润海丰电力项目；（2）欧洲 CEMCAP 资助项目（挪威 Norcem 水泥）
项目时间	2018 年—至今	2015—2018 年	2013—2018 年	2016 年—至今	2014—2016 年
碳捕集率	90%	90%	94%～95%	＜60%	70%～90%
捕集能力	5×10^4 t/a	效果验证：2～3 t/h	效果验证：1 t/h	一期：2.5×10^4 t/a；二期：1.0×10^5 t/a	在标准状态下烟气的流量 37 m^3/h
捕集成本	400～700 元/t	300～450 元/t	300～500 元/t	250～300 元/t	400～500 元/t
技术关键点	烟气降温、脱硫脱硝等预处理；CO_2 在化学溶剂中的吸附与解吸	熟料烧成质量控制；烟气循环；预热器内固-气平衡控制	钙循环流化床系统；该循环与纯氧燃烧相结合	生料在炉中单独受热分解	烟气降温、脱硫脱硝等预处理；对水泥窑工况有一定要求
技术难点	CO_2 解吸工艺过程能耗控制及有机溶剂循环利用	烧成系统改造（含燃烧器、分解炉、预热器优化）	利用 CaO 选择性固化水泥窑烟气中 CO_2，并在煅烧炉中分解再生用于捕集	生料在高 CO_2 分压下分解率控制；反应炉工程放大后热传导、热辐射效率	分离膜效率有限，且不可再生
技术评估	技术成熟，国内外围绕不同吸收剂均有技术验证案例	理论研究可行，但涉及系统改造，复杂程度一般	因契合水泥烧成核心反应，起步研究较早，但推广应用不足	理论研究可行，复杂程度高，需工业验证	技术集中在分离膜的制备，复杂程度一般

欧洲相关研究起步较早，各类技术均有覆盖并相继于 2020 年前完成了效果验证，而国内仅在化学吸收脱碳研究上开展了规模化建设。经对比分析，化学吸收技术、氧燃料燃烧技术、钙循环技术的碳捕集率

可控制为 90%～95%，间接热分解技术因只富集石灰石分解的 CO_2 气体，烟气捕集率不会高于 60%，而膜分离技术受制于分离效率影响，平均捕集率仅能达到 80%。运行成本是技术全面推广的核心指标，综合来看，基于氧燃料燃烧技术、钙循环技术、间接热分解技术的碳捕集路线优势明显，先进的运行指标可控制在 300 元/t 以内，初步具备工程化应用前景。

6.2.3.2 水泥行业碳捕集技术的能耗评价

碳捕集技术的相关能耗，以国内外开展的技术验证项目为案例进行分析。

碳捕集技术的能耗，由低到高的排名为：

氧燃料燃烧技术＜预热器植入式钙循环技术＜膜分离技术＜化学吸收技术＜水泥窑末端钙循环技术[17]

其中，氧燃料燃烧法、钙循环技术均能采用废热循环利用发电方式而回收能量。

氧燃料燃烧法，碳捕集的能耗为 1.63 GJ/t，主要源于分离空气制备氧气产生的电力消耗以及含 CO_2 烟气高浓度提纯系统，这是目前水泥工业运行碳捕集系统最节能的技术。

钙循环技术包含"预热器植入式钙循环"和"水泥窑末端钙循环"，其能耗指标分别为 3.17 GJ/t、4.07 GJ/t，两者的差异点在于水泥窑末端钙循环除了常规布置预分解炉以外还增加了煅烧炉装备，因此，额外的煤炭消耗会带来能耗上升。

膜分离技术，因涉及烟气冷却、加压和真空条件等工艺操作，整体能耗水平约为 3.22 GJ/t。

化学吸收法，包括胺溶液吸收、冷却氨、SkyMine 多种工艺路线，CO_2 减排能耗值为 2.37～8.3 GJ/t，由此可见，不同碱溶液对 CO_2 吸收再解吸过程的差异明显。

间接热分解技术，LEILAC 项目仍处在试验阶段，新技术能耗有待验证。

6.2.3.3 水泥行业碳捕集技术推广趋势

目前，不同水泥工业碳捕集技术装备的成熟度，由低到高的排名为：

膜分离技术＜间接热分解技术＜氧燃料燃烧技术＜钙循环技术＜化学吸收技术

综合来看，氧燃料燃烧技术无论在运行成本控制还是系统能源消耗上均具备显著优势，可将第 2 代富氧燃烧技术的突破作为未来 10 年水泥窑碳捕集的关键工艺[33]，同步优化制氧系统、收尘除杂、低温液化装置，研究低能耗的碳捕集工艺流程，并于 2030 年前完成中试效果验证，建设碳捕集能力为 1.0×10^5 t/a 以上的工程化示范应用项目。

碳捕集技术前景规划，如表 6.7 所示[34]。

表 6.7　碳捕集技术前景规划

年份	化学吸收技术	氧燃料燃烧技术	钙循环技术	间接热分解技术	膜分离技术
2025	化学吸收剂开发与应用；项目捕集能力：$(0.5\sim1.0)\times10^5$ t/a	开发第 2 代富氧燃烧工艺；低能耗熟料煅烧工艺研究	钙循环流化床系统工艺研究	生料单独受热分解理论研究	膜材料开发与应用
2030	应用新型吸收剂实现低能耗捕集目标；项目捕集能力＞3.0×10^5 t/a	中试效果验证，工程化示范应用；项目捕集能力＞1.0×10^5 t/a	中试效果验证，工程化示范应用；项目捕集能力＞1.0×10^5 t/a	中试效果验证；项目捕集能力＞5.0×10^4 t/a	应用新型膜材料实现提高碳捕集效率；项目捕集能力＞1.0×10^5 t/a
2035	碳捕集商业化运作；项目捕集能力＞1.0×10^5 t/a	水泥窑第 2 代富氧燃烧商业化运作；项目捕集能力＞3.0×10^5 t/a	碳捕集商业化运作；项目捕集能力＞3.0×10^5 t/a	核心反应系统工程化放大，应用绿色新型能源；项目捕集能力＞1.0×10^5 t/a	碳捕集商业化运作；项目捕集能力＞3.0×10^5 t/a

华润水泥为响应国家"双碳"目标，主动承接全国建材行业第 2 批重大科技攻关"揭榜挂帅"项目，计划在广东封开县水泥工业窑炉基础上建设"1.0×10^5 t/a 级碳利用研发平台"示范工程。该技术是利用水泥

生料中碳酸钙与纯氧单独反应制备高浓度的 CO_2，实现 CO_2 的原位自富集，免除了后端化学介质吸收、加热解吸的工艺，依靠风机实现 CO_2 的自纯化，因此，能耗、成本都明显下降。项目于 2023 年动工开始建设，碳自富集技术贴合水泥生产实际需求的碳捕集路线，降低了系统运行门槛，能够切实减轻企业自主碳减排压力。

水泥工业碳捕集作为一项新兴且具有重大环境效益潜力的技术，应持续关注并鼓励强化理论研究、技术验证及应用示范建设，在中试效果验证基础上同步建立系统可复制、商业化推广的长效碳减排机制，激发市场活力，形成水泥工业绿色发展新常态。于 2060 年前加快我国水泥工业烟气末端 CO_2 捕集利用产业布局，对于控制我国 CO_2 排放总量，落实碳零排放目标具有重要意义。

6.3 水泥行业碳封存技术应用

6.3.1 碳封存技术分类

CO_2 被捕集后，可以通过泵送到地下（如油田强化采油技术）或海底长期储存，或者直接通过强化自然生物学作用将 CO_2 储存在植物、土地和地下沉积物中[35-41]。

目前，碳封存技术主要分为如下 2 种[7]：

第 1 种，将 CO_2 高压液化并注入海洋底下。基于 CO_2 的物理化学性质，在海平面 2.5 km 以下时，CO_2 主要以液态的形式存在。由于 CO_2 的密度大于海水的密度，可以将这一区域作为海洋碳封存的安全区域。

第 2 种，将 CO_2 进行地质封存。在地下 0.8～1.0 km 这一深度区域内，超临界状态的 CO_2 具有流体性质。基于 CO_2 的物理化学性质改变，可实现地质碳封存。

6.3.1.1 强化采油技术

强化采油技术，即碳捕获、利用与封存及提高石油采收率（Carbon Capture，Utilization and Storage-Enhanced Oil Recovery，缩写 CCUS-EOR）系列技术，通过 CO_2 将煤化工或天然气化工产生的碳源与油田联系起来，具有较好的收益。该技术通过将捕集的 CO_2 注入油田中，在使即将枯竭的油田再次采出石油的同时，也将 CO_2 永久地贮存在地下。CO_2 驱油的主要原理是降低原油的黏度、增加原油的内能，从而提高原油的流动性并增加油层的压强。

CO_2 驱油技术示意，如图 6.20 所示[7]。

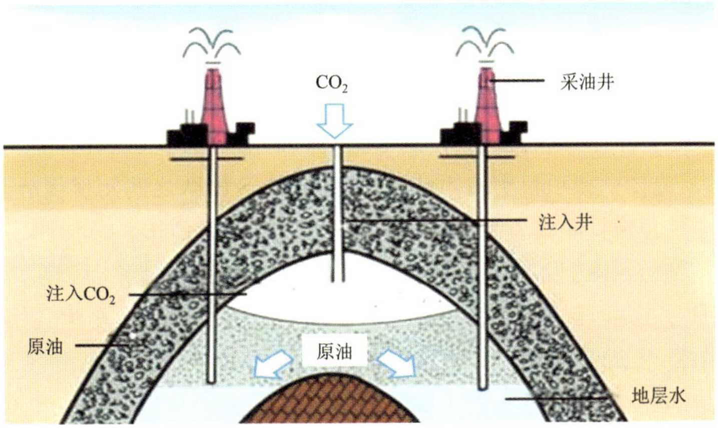

图 6.20 CO_2 驱油技术示意

强化采油技术是提高石油采收率（EOR）的系列技术，其中一种是在加压情况下向井中注入 CO_2。在深度 700 m 以上时，CO_2 变成超临界状态，并作为一种很好的溶剂，从岩层中释放石油和天然气，将它们冲到井口处。CO_2 也可以与水一起注入。强化采油技术首次尝试于 1972 年，是成熟油气井的常用技术。

人们对 CO_2 强化采油技术的兴趣在于，一旦油田枯竭，一些 CO_2 会留在储层中，封存数百年或数千年。

因为有很多方法可用来生产石油和天然气，CO_2 强化采油技术必须同其他技术经济竞争，例如，开发新井和其他强化采油技术。CO_2 强化采油技术的竞争力取决于油藏的适宜性、由于相对较高的资本成本而需要的回收期、当地的 CO_2 成本以及可获得的技术资源。

6.3.1.2 利用含水层封存 CO_2 技术

含水层是在多孔岩石中含有盐水的地质构造。合适的含水层位于不透水的盖层下面的沉积岩中。它们在世界各地深度超过 1 km 的地方都有被发现，相关研究技术也多有报道[35]。

CO_2 可以被泵入岩石中进行封存。在这样的深度，CO_2 的密度被压缩为 200～800 kg/m^3。在含水层中，CO_2 从注入点形成一股倾向于移动到含水层顶部的羽流。在 CO_2/盐水界面，CO_2 会溶解在盐水中(溶解度为 1%～2%)，一些水会溶解在 CO_2 羽流中。这将导致酸性增加，影响含水层中正常的化学反应和生物群落。经过数万年或数百万年，CO_2 可以矿化成岩石。在进行任何封存之前，都需要进行全面的储层工程以表征岩石的性质。如果含水层没有存储能力，那么昂贵的上层基础设施将是多余的。

注入 CO_2 的速率和含水层的总容量，是由含水层的地质情况和压强极限决定的。含水层的压强必须受到限制，以确保羽流或盐水中的 CO_2 不会泄漏。它的压强取决于 CO_2 注入的速率以及盐水渗透岩石的速率。一旦停止注射，随着 CO_2 继续溶解和矿化，压强会在几个世纪内下降。由于酸性的影响，盖层也会发生溶解，这将取决于岩石的性质。这样可能会影响储层中储存和封存的完整性。

如果 CO_2 或盐水泄漏到饮用水或土壤中，将会产生负面影响。这种泄漏可能来源于地质断层、废弃的油井或气井(通常位于同一地点)、盐水进入相邻的地质地层等。因此，在注入期间和之后，还需要进行监测，以识别是否可能发生泄漏并加以预防。

1996 年，挪威建成的 Sleipner 项目，是世界上首个将 CO_2 注入地下(盐水层)的项目，年封存 CO_2 量近百万 t。

2000 年，美国与加拿大合作，在 Weyburn 油田注入大型普通合成燃料工厂(Great Plain Synfuels Plant)和 Sask Power 电厂的 CO_2，在提高濒临枯竭油田采油率的同时，累计封存 CO_2 多达 2.6×10^7 t。

6.3.2 水泥行业碳封存技术进展

碳捕集、利用和封存技术(CCUS)，是建材行业实现碳中和的“兜底”技术手段。由于水泥生产碳排放的特点，现已基本成熟的后捕集方法相对成本较高。加强联合、共同开发，是水泥行业开展碳捕集技术的重要途径。

CCUS 创新联合体，由中国矿业大学陆诗建研究员课题组组织协调，联合中石化江汉石油工程设计有限公司、中国科学院山西煤炭化学研究所、大连理工大学、中国石油大学(华东)、中石化南京化工研究院有限公司、福州大学、山西大学、西南石油大学、华润电力(深圳)有限公司、浙江菲达环保科技股份有限公司等十几家单位的 CCUS 研究团队或项目实施团队，各单位 CCUS 团队之间实现优势互补、强强联合，构建了“基础研究—技术攻关—工程设计—装备制造—工程建造”一体化的 CCUS 技术创新与落地实施途径。[36]

据介绍，CCUS 创新联合体已发明了多氨基相变 CO_2 捕集吸收体系，研发了特大型 CO_2 捕集反应器，开发了低压降旋流脱水技术，创新了“级间换热＋热泵＋分级流解吸＋再生气换热”等多工艺耦合能量梯级利用节能与节水技术，集成了烟气/尾气 CO_2 捕集工艺包，形成了高效低分压 CO_2 捕集技术：CO_2 捕集率≥90%，CO_2 再生的单位产品能耗＜2.4 GJ/t，CO_2 的单位产品溶剂损耗≤0.8 kg/t。这就解决了 CO_2 捕集高能耗、高成本的难题。

CCUS 创新联合体开发了固载胺新型 CO_2 吸附剂、多温区 CO_2 吸附剂、经济高效吸附剂成型工艺与多能源耦合利用技术等关键技术，在高效 CO_2 吸附分离材料设计理论研究等方面取得了一定的突破；开发了 CO_2 地面矿化技术，萃取工业固体废弃物中 Ca^{2+} 与 CO_2 反应，通过晶体形貌调控生产微纳米 $CaCO_3$；通过胶凝反应等生产绿色建材，形成 CO_2 养护混凝土技术。

CCUS 创新联合体开展了工业级 CO_2 管道输送泄漏和放空研究，建立了管道泄漏和放空扩散影响区域模拟计算模型；建立了超临界 CO_2 管道输送水力计算模型，构建了 CO_2 管道不同相态节流特性算法，形成了“多级节流、级间加热”的超临界 CO_2 放空安全控制技术；创建了 CO_2 长输管道优化设计方法；开发了 CO_2 配注与管网优化技术，研制了橇装化、模块化 CO_2 配注设备。解决了管道输送风险大与 CO_2 注入成本高的难题。

CCUS 创新联合体建立了考虑气体杂质影响的 CO_2 多相节流特性算法模型，构建了防止 CO_2 驱多相混输系统冻堵及段塞流的安全运行技术边界，开发了 CO_2 驱产出液集输腐蚀控制技术；提出了 CO_2 驱产出气集输水合物预测方法，发明了多阶段产出气 CO_2 回收技术，CO_2 回收率＞90％，开发了超临界态 CO_2 增压回注技术；实现了 CO_2 驱产出液安全集输与产出气 CO_2 高效回收回注，有效提高了 CO_2 封存率。

CCUS 创新联合体探索了高时效性环境风险识别预警方法，在空中、地面、地下开展了土壤气、大气、地下水、地面变形、植被遥感等系统的监测研究，形成了空天地一体化 CO_2 地质封存监测技术，创建了环境影响评价体系，解决了环境监测预警难度大的问题。

CCUS 创新联合体针对水合物法捕集 CO_2 过程中水合物成核时间长和生长速率慢等问题，攻关了低压强低浓度条件下 CO_2 气体的快速捕集，聚焦 CO_2 水合物料浆形成条件的控制以及工艺的开发。针对 CO_2 加氢合成甲醇以及羰基化制备碳酸二甲酯转化路径中存在 CO_2 转化率较低、催化剂易水中毒的难题，开发了新型高效结构化整体式催化剂，形成整体式催化剂智能制备技术以及全流程工艺设计。

针对低渗油藏 CO_2 驱、CO_2 辅助稠油热采以及稠油热采多元热流体吞吐等驱油作业过程中出现的气体窜流问题，CCUS 创新联合体开发了 CO_2 以及温度敏感响应型凝胶，该新型凝胶可以有效封堵高渗通道，延缓气窜，从而为 CO_2 驱油增产提供技术支撑。

CCUS 创新联合体针对高含水油藏、咸水层、煤层气藏 CO_2 封存利用过程中微粒运移、润湿性变化等导致的地层伤害问题，提出了注纳米颗粒固定地层微粒，修饰岩石润湿性，提高 CO_2 注入能力的方法；针对封存 CO_2 沿盖层泄露问题，提出了注纳米颗粒增强盖层岩石亲水性，提高 CO_2 上升运移阻力的方法，为降低 CO_2 泄露风险提供技术支撑。

6.3.3　水泥厂碳封存应用实例

在水泥企业开展碳封存的应用目前报道不多，其中海德堡水泥公司官方网站于 2020 年 12 月 15 日发布消息，拟在挪威布雷维克(Brevik)水泥厂建设全球水泥行业第一条全面(full-scale)CCS(碳捕集和封存)项目，预计碳捕集能力为 4.0×10^5 t/a，并将捕获的 CO_2 永久封存。该项目预期可以减少该厂 CO_2 排放量的 50％[37]。

海德堡 Brevik 水泥厂碳捕集和封存过程示意，如图 6.21 示。

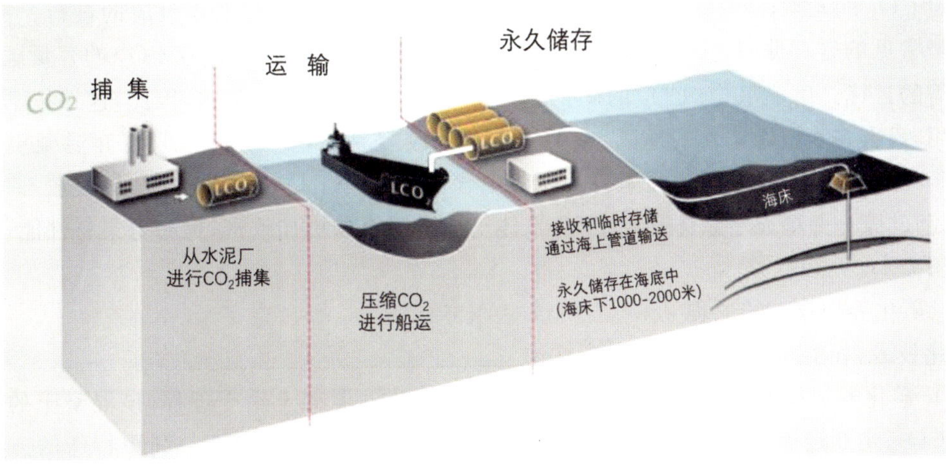

图 6.21　德堡 Brevik 水泥厂碳捕集和封存过程示意

(来源：海德堡水泥公司官网)[38]

海德堡水泥公司表示，计划通过碳捕集技术，在 2030 年前将位于瑞典哥特兰岛 Slite 的工厂建造成全球第一座碳中和水泥厂。瑞典 3/4 用于混凝土生产的水泥是由该工厂生产的。从 2030 年起，该工厂的碳捕集能力为 1.80×10^6 t/a，捕获的 CO_2 将被安全运输到离岸几公里的基岩下的永久储存地点。

6.4 水泥行业碳利用技术与实践

6.4.1 碳利用技术介绍

碳利用就是利用 CO_2 来创造具有经济价值的产品。从国内外项目的经验看，被捕集的 CO_2 可以被广泛地开发再利用。

碳利用技术示意，如图 6.22 所示。

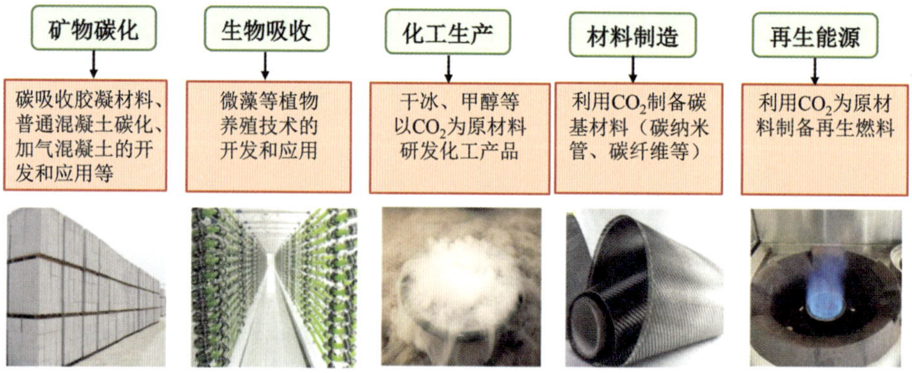

图 6.22　碳利用技术示意

从图 6.22 中可以看出，碳利用可以从多方面、多角度开发。

碳捕集收集 CO_2 后，相应碳利用可细分为 3 个主要领域：矿化、生物和化学[42-47]。

6.4.1.1 矿化方式

将 CO_2 溶解到水里，然后将这些富含 CO_2 的水注入岩层中，CO_2 可以与玄武岩等活性岩层发生化学反应，形成稳定的矿物，这些矿物可以被永久地储存。

CO_2 在玄武岩层中的矿化速度非常惊人，远远超过了研究人员预期，在不到 2 年的时间内，该项目近 95%的 CO_2 被矿化。项目所采用的岩石是玄武岩，这种岩石具有较高的反应性，并且富含 Ca、Mg、Fe 等能够永久固定 CO_2 的元素，疏松多孔的结构使其能够和碳酸水充分接触，利于反应的进行。另外，玄武岩是地球表面最常见的岩石类型之一，可覆盖 5%的大陆和大部分的海底，其储存 CO_2 的容量远远大于现在大气减碳所需的目标。由于每 1 t CO_2 的矿化过程需要消耗将近 25 m^3 的水，因此，这一技术并不是在所有地方都适用，只有在水资源丰富的地区，这一技术才比较容易实现。CO_2 可与废弃混凝土制得高性能的再生集料。在反应过程中，集料表面附着的砂浆中含有的 $Ca(OH)_2$ 和水化硅酸钙凝胶与 CO_2 作用后形成 $CaCO_3$ 和硅胶一并填充于浆体孔隙中，使浆体整体微观结构更加致密，提高了集料性能，可满足现阶段的工程应用需求。

（1）CO_2 矿化养护技术的原理

CO_2 矿化技术，如图 6.23 所示[42]。

利用 CO_2 矿化养护技术生产的低碳混凝土，不同于传统的混凝土生产过程，该混凝土的生产需要吸收一定量的 CO_2，主要过程是将工业废气(例如，水泥生产过程中排放的 CO_2)利用特殊的方法注入新拌混凝土中，与混凝土中的 Ca^{2+} 和 Mg^{2+} 组分之间发生化学反应，从而将 CO_2 永久固结在混凝土中，在实现温室气体 CO_2 的封存与利用的同时，混凝土的强度和耐久性也得到一定的提高。

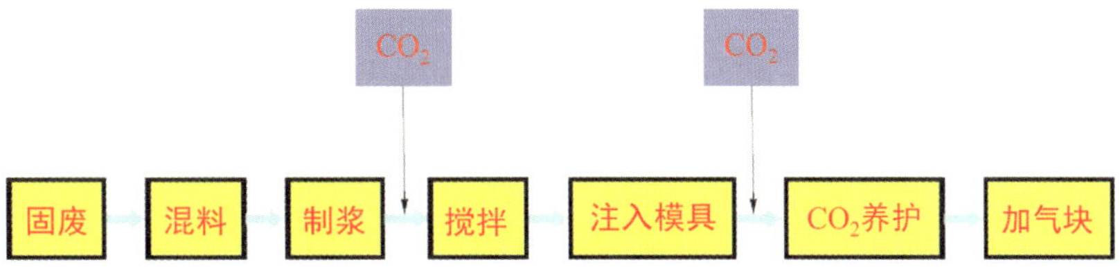

(a)

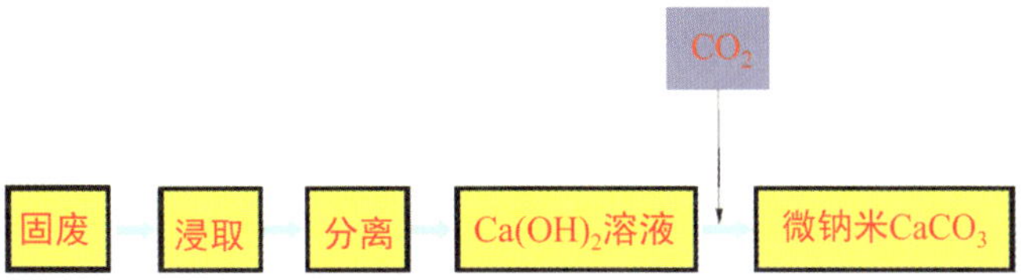

(b)

图 6.23 CO_2 矿化技术

(a) CO_2 混凝土养护；(b) CO_2 钙化固定制取微纳米 $CaCO_3$

CO_2 矿化是利用自然界或工业过程中的含 Ca^{2+} 活性矿物与含 Mg^{2+} 活性矿物转化固定 CO_2 形成稳定的碳酸盐，矿化反应是热力学上可自发进行的过程，同时也是放热反应，有望实现低能耗、规模化的 CO_2 固化封存。

Ca^{2+} 和 Mg^{2+} 的氧化物与 CO_2 的矿化反应，如式(6.5)和式(6.6)所示。

$$CaO + CO_2 \longrightarrow CaCO_3 + 179\ kJ/mol \tag{6.5}$$

$$MgO + CO_2 \longrightarrow MgCO_3 + 118\ kJ/mol \tag{6.6}$$

(2) CO_2 矿化养护技术的特点及应用

CO_2 矿化养护混凝土技术，被视为是最具潜力的实现大规模工业化应用的 CO_2 利用技术。目前，通过 CO_2 矿化的技术手段可生产出碳化集料、高性能建材以及贵金属等具有高附加值的终端产品。混凝土的 CO_2 养护是通过混凝土材料中的碱性组分，主要包括 A 矿、B 矿、$Ca(OH)_2$ 和 C-S-H 凝胶的加速碳酸化反应，从而实现混凝土材料的快速养护和强度的形成。经过矿化养护后，混凝土产品弹性和耐久性得到提高，当矿化养护某些无水化特性的矿物(例如，单硅酸钙、双硅酸钙)时，甚至会产生类似胶凝材料的固结硬化。

由于现有的混凝土制备大多基于如波特兰水泥等胶凝材料的水化过程，水化反应产生水化硅酸钙、C-S-H 凝胶、$Ca(OH)_2$、钙矾石和单硫型硫铝酸盐等硫铝酸盐水化产物。作为重要的胶凝材料，硅酸钙及其水化产物是水泥等胶凝材料水化的主要部分，它们会极大地影响混凝土制品的工程性能。

水泥基材料中矿物与 CO_2 反应的 $CaO\text{-}SiO_2\text{-}Al_2O_3$ 三元相图，如图 6.24 所示。

由图 6.24 可知，不同多晶型的无水矿物阿利特($3CaO \cdot SiO_2$ 或 C_3S)和贝利特($2CaO \cdot SiO_2$ 或 C_2S)与 CO_2 反应，其化学反应方程式如式(6.7)和式(6.8)所示。

$$3CaO \cdot SiO_2 + 3CO_2 + nH_2O \longrightarrow SiO_2 \cdot nH_2O + 3CaCO_3 \tag{6.7}$$

$$2CaO \cdot SiO_2 + 2CO_2 + nH_2O \longrightarrow SiO_2 \cdot nH_2O + 2CaCO_3 \tag{6.8}$$

$CaCO_3$ 在水溶液中与 CO_2 反应而生成水合硅酸钙($xCaO \cdot SiO_2 \cdot yH_2O$ 或 C-S-H)和 $CaCO_3(s)$。除了 C_2S 和 C_3S 外，硅酸钙体系中的其他矿物也可以与 CO_2 和 H_2O 反应而获得强度。

CO_2 矿化养护混凝土技术的应用范围广泛，能够有效利用水化惰性的工业固体废弃物作为矿化胶凝材料。经过 CO_2 矿化养护后矿化胶凝材料能够转变为碳酸盐而填充于试件内部孔隙中，并增加混凝土的强度性能。矿化反应在热力学上可以自发地进行，温度的提升能够促进矿化反应。一般情况下，矿化反应剧烈，产物生成速率快，大大提高生产效率。

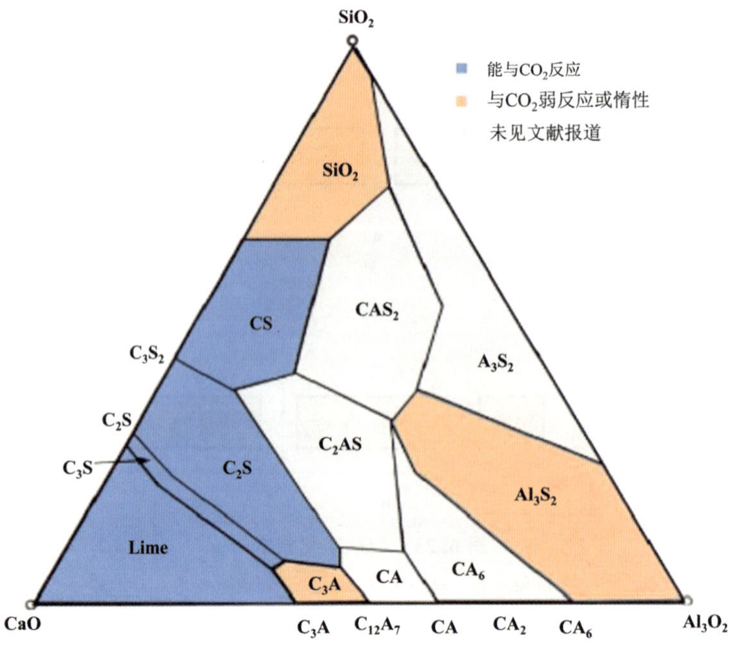

图 6.24　水泥基材料中矿物与 CO_2 反应的 CaO-SiO_2-Al_2O_3 三元相图

6.4.1.2　化学方式

目前，CO_2 被少量用于制造尿素肥料和一些特殊聚合物[48]。在未来的氢经济中，CO_2 可以与 H_2 结合来合成燃料、合成气和甲醇。合成气和甲醇是基本的化学原料，许多化学品和聚合物都是用它们来生产。

CO_2 化工利用，是以化学转化为主要手段，将 CO_2 和共反应物转化成目标产物，实现 CO_2 资源化利用的过程，主要产品有合成能源、高附加值化学品以及材料这三大类。以 CO_2 加氢催化转化制甲醇为例，CO_2 催化转化途径包括热催化、光催化、电催化和生物催化等，技术核心是发展高效的 CO_2 转化催化剂。CO_2 化工利用不仅能够实现减排，还可以创造额外收益，这对传统产业的转型升级发挥重要作用。近年来，我国在 CO_2 化工利用技术方面取得了较大的进展，当前合成能源燃料的 CO_2 利用能力约为 1×10^5 t/a，年产值约为 1×10^8 元，合成高附加值化学品的 CO_2 利用能力约为 1×10^5 t/a，年产值约为 4×10^8 元，合成材料的 CO_2 利用能力约为 5×10^5 t/a，年产值约为 2×10^8 元。

但是，某些碳应用方案（例如，在某些化工过程中使用 CO_2、灭火产品等）并不等同于混凝土或碳酸盐等永久封存解决方案。它们需要与直接空气碳捕集与封存技术结合，以解决 CO_2 的再释放问题，从而达到碳中和。

6.4.1.3　生物方式

CO_2 生物利用，是以生物转化为主要手段将 CO_2 用于生物质合成以实现 CO_2 资源化利用的过程[48]。CO_2 生物利用的主要产品有食品和饲料、生物肥料、化学品与生物燃料和气肥等。生物利用技术的产品附加值较高，经济效益较好。

在农业方面，CO_2 被用来促进植物生长，并可以通过使用生物炭捕集，提高土壤质量。在食品、畜产等方面，微藻得到了广泛应用。微藻是已知的能够将无机碳（CO_2）与无机氮（NO_x）转化为有机碳（糖类与油脂）和有机氮（蛋白质）且效率最高的一种生物。每 1 t 微藻可以固定 2 t 的 CO_2。鉴于螺旋藻具有降低胆固醇量、护肝和保护肠胃、提高人体免疫力、降低血糖、消除疲劳和增强体质、富含铁和叶绿素可防治贫血等方面的功效；小球藻具有促进健康的免疫系统和抗氧化活性、稳定胆固醇、改善胃肠和消化系统健康、支持心血管功能、加强自然清洁能力等方面的功效，二者国内外已开展人工养殖。据东台市赐百年生物工程有限公司报道，若将光生物反应器内加入 LED 导光板能有效促使微藻生长，小试结果表明，微藻产量将提高 4 倍以上。生物学产量的提高也会导致生产成本的大幅降低。为此螺旋藻和小球藻为固碳的理想藻类生物。

固碳理想藻类生物——螺旋藻和小球藻，如图 6.25 所示。

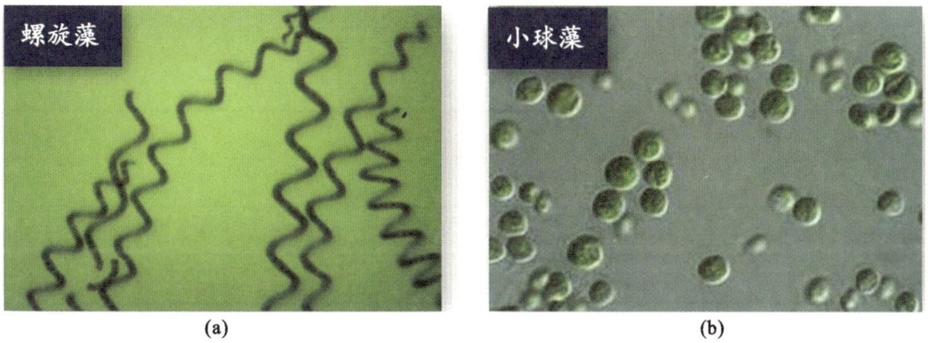

图 6.25 固碳理想藻类生物——螺旋藻和小球藻

(a) 螺旋藻；(b) 小球藻

6.4.1.4 各种利用方式的优缺点

近十年来，各项 CO_2 生物、化工利用技术均有所发展，尤其是部分化工利用技术进展显著。例如，合成有机碳酸酯、可降解聚合物和氰酸酯/聚氨酯，以及制备聚碳酸酯/聚酯材料等技术。国内新兴的碳利用方向，主要有 CO_2 加氢制甲醇、CO_2 加氢制异构烷烃、CO_2 加氢制芳烃、CO_2 甲烷化重整等。例如，中国科学院山西煤炭化学研究所、中国科学院大连物理化学研究所、中国科学院上海高等研究院、大连理工大学等对这些技术进行了研究，但是，大多都处在催化剂研究的理论研究阶段或中试阶段。

各种 CO_2 利用技术的优缺点比较，如表 6.8 所示。

表 6.8 各种 CO_2 利用技术的优缺点比较[14]

利用技术	基本原理	优点	缺点
矿物碳化	利用 Ca^{2+}、Mg^{2+} 等离子矿化 CO_2 而生成 $CaCO_3$ 或 $MgCO_3$	可直接固定 CO_2，提高材料的性能	需要增加投资并消耗能源
生物养殖	通过植物光合作用吸收 CO_2	可以得到较高热值的生物质燃料并循环利用 CO_2	需要大型场地和光照条件
化工生产	通过化学反应将 CO_2 转化为工业产品	可生产甲醇等可再生的燃料，制备灭火剂、制冷剂等	提纯 CO_2 需要一定的成本，而且市场有限
石油开采	将 CO_2 打入油田以提高石油采收率	技术成熟，可长期储存 CO_2	受地域影响较大，而且用量也不足
食品加工	CO_2 可以延长食品的保质期，增加食品的口感	可以进行规模化和标准化应用，用量比较稳定	食品级纯度 CO_2 要求很高，加工难度大，市场也很有限
材料制造	碳(C)是石墨、碳纳米管等的主要组成元素	利用 CO_2 生产高附加值产品，具有科技含量且前景远大	技术性难题较多，制造难度较大，生产成本偏高，使用量有限
能源再生	利用 CO_2 为原料，通过催化等方式合成燃料	可循化利用 CO_2，市场潜力巨大	技术要求高，成本较高
海洋封存	将液态 CO_2 打入深海海底	存储量大，可永久封存 CO_2	受地质条件限制，CO_2 无附加值

近年来，国外在碳利用方面有很多新兴的利用方向。例如，荷兰和日本均有较大规模的将工业产生的 CO_2 送到园林以作为温室气体来强化植物生长的项目。碳利用技术在国外处于示范阶段的项目碳利用技术还有：CO_2 制化肥、油田驱油、食品级应用等。正处于发展阶段的项目有：CO_2 制聚合物、CO_2 甲烷化重整、CO_2 加氢制甲醇、海藻培育、动力循环等。尚处于理论研究阶段的研究方向有：CO_2 制碳纤维和乙酸等。CO_2 制化肥和食品级纯度 CO_2 商业利用，也是目前较成熟的碳利用项目。

6.4.2 碳利用市场和潜在的 CO_2 需求

人们开发矿物碳化、生物转化和化学转化等方面的碳利用技术，并探索碳基材料及再生能源前沿技术，已经在很多领域取得了里程碑式的开端。

碳利用市场和潜在的 CO_2 需求能力，如表 6.9 所示。

表 6.9　碳利用市场和潜在的 CO_2 需求能力

产品	价格(元/t)	需求(Mt/a)	CO_2 利用(t/t)
集料	75	55000	0.25
混凝土	750	20000	0.025
甲醇*	2540	140	1.37
乙醇	3450	100	1.91
碳酸钠	1090	60	0.42
碳酸钙	1455	10	0.44
聚合物*	13800	24	0.08

* 对于化工产品，CO_2 的利用只有在它取代石油化工产品时才会带来净效益。化学产品的寿命太短，不能被认定为碳汇。CO_2 必须来自生物质能碳捕获与封存技术、直接空气碳捕获与封存技术或废物流。

按照 CO_2 转化利用的产品价值以及所能消耗的 CO_2 的数量，在 CO_2 转化利用的金字塔结构中，顶尖部分为碳纳米材料；附加值最低的是用 CO_2 做混凝土矿化或农业气肥。但是，顶尖部分所能消耗的 CO_2 数量较少，而金字塔底部可消化较大数量的 CO_2，所以，基于底部有较大的开发空间。

CO_2 转化利用的金字塔结构，如图 6.26 所示。

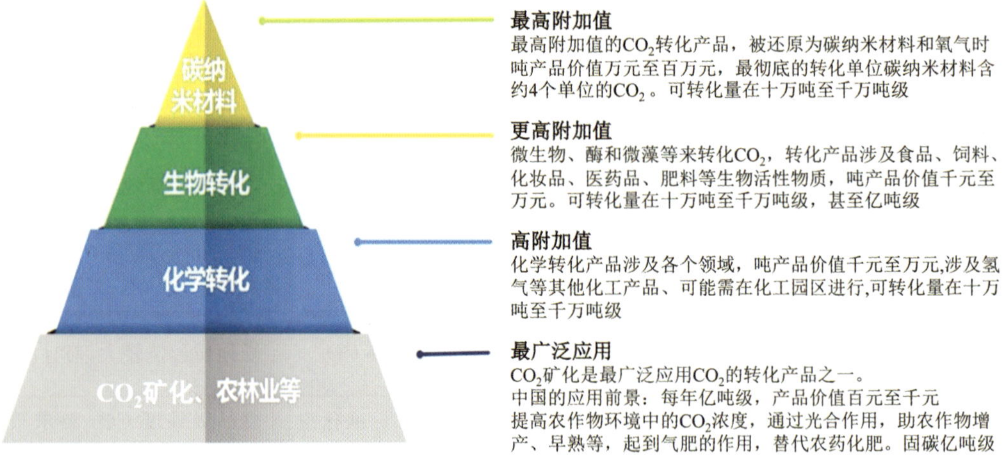

图 6.26　CO_2 转化利用的金字塔结构

目前，转化为食品和饲料的技术已经实现了大规模商业化。转化为食品和饲料技术的 CO_2 利用能力约为 0.1×10^4 t/a，产值约为 0.5×10^8 元/a，转化为生物肥料技术的 CO_2 利用能力约为 5×10^4 t/a，产值约为 5×10^8 元/a，转化为化学品技术的 CO_2 利用能力约为 1×10^4 t/a，产值约为 0.2×10^8 元/a，气肥利用技术的 CO_2 利用能力约为 1×10^4 t/a，产值约为 0.2×10^8 元/a。

甲醇和乙醇的生产，也为在产品中吸收 CO_2 创造了机会。但是，由于液体燃料最终会燃烧，它们不被视为长期的 CO_2 吸收解决方案，除非与直接空气碳捕集与封存技术、生物质能碳捕集与封存技术和绿色氢结合，以创造替代化石燃料的燃料。

其余的产品作为 CO_2 解决方案的潜力有限，因为与化石燃料市场相比，这些产品的市场规模较小，而且加工成本较高。

6.4.3 水泥工业碳利用技术实践

6.4.3.1 华润水泥(封开)有限公司的集料和混凝土碳化项目

本项目为华润建材科技自主研发的 CO_2 碳捕集及 CO_2 矿化利用技术,运用水泥窑自富集浓度为 90%以上的 CO_2 而将其直接用于矿化养护混凝土。矿化养护利用工业生产线的 CO_2 用量达到 5×10^4 t/a,为目前世界 CO_2 矿化利用最大规模示范项目。矿化养护利用生产成本约为 175 元/m^3,生产过程中净 CO_2 排放量约为 0.156 t/m^3,相比于主流化学吸收法捕集 CO_2 技术和传统蒸压加气混凝土工艺,项目综合能耗低,真正实现了降碳、固碳的目标。

利用 CO_2 生产集料和混凝土,最具吸收 CO_2 的潜力,每年的市场规模总计约为 2.5×10^{12} 美元。然而,现有同类产品价格低廉,使得这类产品的市场渗透极具有挑战性。该混凝土产品依靠其低钙硅酸钙与 CO_2 反应而生成 $CaCO_3$ 和 SiO_2 以产生强度。每将 1 t 索利达水泥(Solidia Cement)制备成混凝土并且用 CO_2 养护,可以消耗 240 kg 的 CO_2。在预拌混凝土生产过程中加入液体 CO_2(其用量一般为混凝土中水泥质量的 0.1%~0.15%),可将 CO_2 转化为纳米级固体矿物质($CaCO_3$),从而在混凝土制造过程中将其作为固体保留在混凝土中,同时改善混凝土的性能并提高其抗压强度。在保持混凝土标号的前提下通过降低混凝土中水泥用量(每 1 m^3 混凝土最高可降低 8%~10%的水泥用量)来实现成本降低。

目前,该项目加气混凝土产品在珠江三角洲地区呈现供不应求的局面:广东省加气混凝土制品的需求量约 4.73×10^6 m^3,而整个珠江三角洲地区规模较大的加气板材生产企业的产能规模约 3.00×10^6 m^3。该项目符合国家产业政策及战略导向,同时具有良好的社会效益、环境效益以及经济效益。

(1) CO_2 矿化养护工艺概述

① 冷凝液化工段

碳自富集 CO_2 捕集由烟气管道经泵送入 CO_2 液化装置中,采用 CO_2 液化技术对富碳烟气进行液化处理。该工艺首先是将处于常压下的气相 CO_2 加压至大约 2 MPa,此时所对应的温度大约为−20 ℃,然后,采用制冷机组吸收其潜热以致其液化。

② 矿化养护工段

CO_2 由液化装置经管道传输至碳化反应釜中,在液化装置与传输管道间连接一个工业级减压阀,保证碳化反应釜中的可矿化的 CO_2 气体的压强与目标压强保持一致。将完成预养护之后的砌块送入 CO_2 养护釜中,充入 CO_2 气体直至达到试验分压强条件。由于养护过程中 CO_2 在不断反应被消耗,CO_2 分压强会随之下降,故而需要不断补充气体,以保证整个养护过程中 CO_2 分压强保持在指定试验压强的一定范围内。

在矿化养护阶段,应采用循环冷却水装置对碳化反应釜体内湿度进行调控,合理控制碳化反应釜体内的相对湿度,以保证 CO_2 气体与水蒸气反应而形成碳酸水,进而与水泥等胶凝材料水化产物充分反应,以在短时间内提高水泥制品的力学等性能。

单釜全程养护时间约为 4~6 h,在养护结束后,将釜体内剩余气体充入下一个釜中,从而实现均压控制,还能够回收部分剩余 CO_2,以保证矿化养护系统整体的反应吸收率。

(2) CO_2 矿化养护工艺流程

整个矿化养护加气混凝土工段,主要分为 5 个系统:原料储存及制备系统、配料拌料系统、静停切割系统、CO_2 养护系统和供气系统。

CO_2 矿化养护加气混凝土的工业系统组成,如图 6.27 所示。

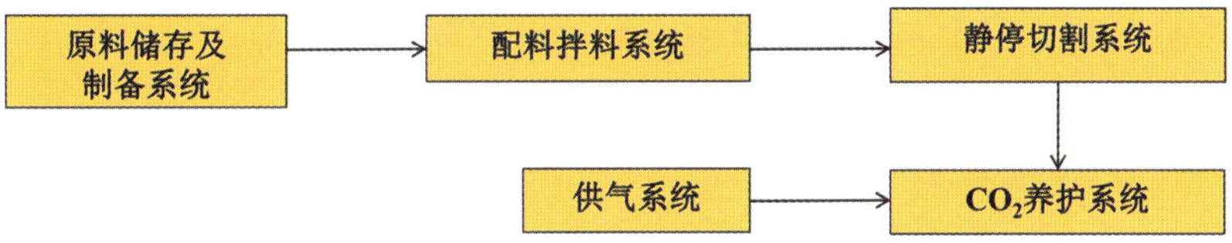

图 6.27 CO_2 矿化养护加气混凝土的工业系统组成

① 原料储存及制备系统

CO_2 矿化养护工艺所需的原料，在购入之后由货车运送至料仓存储，将钢渣、水泥、石灰等原料分类存储。钢渣这类需要磨细处理的原料，从料仓经投放入球磨机进行破碎研磨，经过振荡筛分后，原料被运送至配料系统前料仓待用。

② 配料拌料系统

按照 CO_2 矿化养护工艺的要求，原料在破碎磨细之后将分别进入各自料仓下的计量秤进行计量，然后由输送设备控制按照一定的比例卸入强制搅拌机。铝粉在计量后经铝粉搅拌机搅拌成浆液，再投入搅拌机中。

③ 静停切割系统

在入釜养护之前，需要对加气混凝土进行切割，在切割完成后运送至静停室预养护，以保证前期强度的形式和后期养护的效果。

④ CO_2 养护系统

作为 CO_2 养护建材产品的关键系统，通过充入一定分压强或浓度的 CO_2 对建材产品进行养护，以达到缩短养护时间、增强建材产品性能和封存 CO_2 的效果。

CO_2 矿化养护加气混凝土的具体生产工艺流程简述如下：

原材料计量⟶搅拌⟶浇注；

钢筋调直切断⟶焊接⟶钢筋网笼组装；

钢筋网笼插钎入模⟶发气养护⟶拔钎⟶切割⟶预养护⟶CO_2 养护⟶分拣⟶检验包装⟶成品入库⟶出厂销售。

⑤ 供气系统。

6.4.3.2 华润水泥（封开）有限公司的干冰等开发项目

在华润水泥(封开)有限公司(以下简称：封开公司)的碳捕集项目中，另有 5×10^4 t CO_2 用于生产干冰等产品。

富含 CO_2 的烟气进入 CO_2 压缩机，压缩后的 CO_2 进入干燥橇块脱水，通过与干冰机系统来的制冷剂换热而被冷凝液化，液化后的 CO_2 气-液混合物的提纯采用组合式提纯塔进行低温精馏提纯至 99.9%，之后进入干冰颗粒机、成块机来生产食品级干冰产品。

封开公司的 CO_2 干冰利用系统工艺流程，如图 6.28 所示。

图 6.28 封开公司的 CO_2 干冰利用系统工艺流程

本项目采用预冷、压缩、吸附、干燥及低温精馏组合工艺提纯 CO_2，然后通过干冰机制取干冰。

(1) 预冷

采用预冷器进行预冷以降低 CO_2 的温度，使出口处的温度约为 15 ℃。

(2) 压缩

本装置选用中压法生产液体 CO_2。根据 CO_2 相图的热力学条件，只要将纯 CO_2 保持在 2.1 MPa、−20 ℃的 CO_2 液化区的条件下，就能获得液体 CO_2。由于进本装置原料气体 CO_2 的纯度为 90%以上，其余为不凝性气体，为了减少提纯过程中的 CO_2 损失，需将原料气体 CO_2 经无油润滑的三级压缩将终压强提至 2.5 MPa(表压)后进入脱水装置进行吸附脱水。

(3) 吸附

吸附器里面装填活性炭，吸附原料气体中含有的含硫杂质和压缩机可能带来的含油杂质。

(4) 干燥

干燥器里面装填分子筛，利用分子筛吸附剂对水的吸附，将气体中的微量水脱除，确保经预冷干燥后的

CO_2 原料气体的水分含量≤20 ppm。分子筛吸附饱和后加热再生循环使用。干燥塔采用一吸一脱形式。

(5) 冷凝、液化和辅助设施 R507 冷凝系统

含 99% CO_2 的排放气体，经过压缩、预冷、吸附、干燥等净化工序处理后，进入冷凝器冷凝、液化。本工艺装置选用中压法生产液体 CO_2。CO_2 气体的冷却、液化，提纯塔塔顶放空气的冷却，均通过制冷机组。以 R507 为制冷剂，通过 R507 的低温蒸发降温来液化 CO_2，然后将气态 R507 通过干冰机的压缩，蒸发冷凝器的冷凝，将气态 R507 冷凝成液 R507，然后再去冷凝器蒸发吸热，完成制冷循环。

(6) 提纯

对液化后的液体 CO_2 进行提纯：采用复合型精馏提纯塔，根据 CO_2 与杂质组分的沸点不同，利用低温精馏原理，在特定条件下将杂质加以分离，即得到 99.9%的液体 CO_2 产品。

(7) 制取干冰

通过干冰机制取干冰。

6.4.3.3 华润电力（海丰）有限公司的微藻固碳项目

华润电力(海丰)有限公司(以下简称：海丰公司)的微藻固碳项目的技术思路，是采用钢渣固碳加气混凝土体系。成品加气砌块的体积密度为 700～750 kg/m^3，强度 4.5～5.5 MPa，固碳量约为 15%(质量分数)。

海丰公司的微藻固碳项目，如图 6.29 所示。

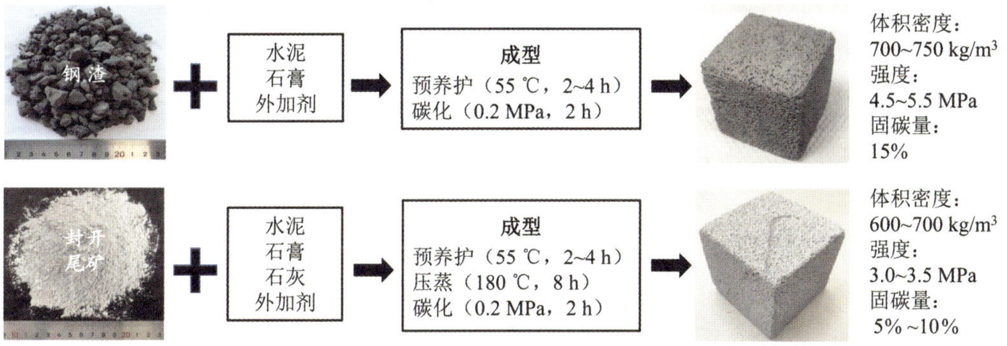

图 6.29　海丰公司的微藻固碳项目

封开公司尾矿体系固碳加气混凝土体系，由于原材料中没有足够的碳化活性成分，加气混凝土的强度与本项目比偏低。

6.4.3.4 山西省大同电厂烟气碳捕集转化碳纳米管工艺示范项目

工业烟气中的 CO_2 无须经过碳捕集提纯过程，而直接将电石渣、钢渣、炉渣等工业固体废弃物转化为具有经济价值的微米级或纳米级 $CaCO_3$ 或白炭黑(SiO_2)，也是很有应用前途的。世界上首套火电厂烟气碳捕集转化碳纳米管工艺示范基地，在山西大唐国际云冈热电有限责任公司建成运行。山西大唐国际云冈热电有限责任公司与清洁碳经济产业研究院联手打造，总投资 4000 余万元，采用了世界上首台电厂烟气 CO_2 捕集、转化和利用的产业化系统，通过捕集、液化、提纯等手段，每年可捕集该公司 3 号、4 号机组共计 1.28×10^3 t 的 CO_2，将其转化制成碳纳米管及其复合材料，预计年产值可达 1.3×10^8 元，利税可达 1×10^7 元级。

2021 年 1 月 14 日，CO_2 捕集及资源化利用全产业链生产线示范工程整体开车试运，CO_2 顺利捕集至该公司 4 号机组气囊，并于次日 3 时 28 分产出液态 CO_2 注入储罐。这标志着世界首个煤电 CO_2 捕集及资源化利用全产业链生产线示范工程进入试生产阶段。该技术展示了煤炭及 CO_2 尾气也可以成为清洁能源，排放的 CO_2 将进入碳循环，会成为创新技术催生的新的经济增长面，预计成为引领碳循环经济快速发展的新引擎。

碳纳米管是一种战略新材料，具有优异的力学性能、电学性能、热学性能和化学性能，在航天、航空、军

工、高铁、电动汽车、电子产品上都有极高的应用价值。可以预见，在不远的未来，依托成熟的气体中 CO_2 捕集和纯化技术，直接使用 CO_2 或者将 CO_2 转化为 CO 后，通过催化反应制备高附加值的新型碳纳米管材料，这将成为可持续发展的绿色环保碳循环技术路线方案，完美地实现科技创新助力能源转型和技术革命。据估计，该技术方案成熟后，国内每年可减少碳排放 4×10^7 t，可实现制备碳纳米管 1.1×10^6 t。大气固碳后的碳纳米管工业化催化制备是最终实现碳循环闭环中的重要环节，与此同时，也是通往"美丽中国"的必经之路。

6.4.3.5 山东京韵泰博负碳科技有限公司热电厂烟气 CO_2 制备固碳石项目

2023 年 1 月，全球首座热电厂烟气 CO_2 直接利用制备固碳石项目在山东滨州建成并投产运行[49]。该项目依托的技术成果由武汉理工大学联合山东汉博昱洲新材料有限公司共同研发，由山东京韵泰博负碳科技有限公司(原山东京韵泰博新材料科技有限公司)负责生产线建设与运行。

山东京韵泰博负碳科技有限公司热电厂烟气制备固碳石项目，如图 6.30 所示。

图 6.30　山东京韵泰博负碳科技有限公司热电厂烟气制备固碳石项目

该项目以钢渣、炉渣等工业固体废弃物为胶凝组分，与热电厂排放烟气中的低浓度 CO_2(约为 10%)通过矿化成岩过程制备得到负碳人造石材——固碳石。该项目经过 5 年多的反复迭代，开发出梯度控压与阶梯式烟气 CO_2 循环矿化技术，实现常温常压低浓度 CO_2 深度渗透与高效利用，突破了工业烟气 CO_2 的直接建材化利用难题，最终实现从小试、中试到工业化、产业化的跨越。

该项目被山东省列入 2022 年省级重点项目，并于 2023 年 6 月经现场检测，由中国建筑科学研究院有限公司建筑材料研究所颁发了"产品碳足迹证书"，标志着山东京韵泰博负碳科技有限公司的固碳石产品成为全国首个获得权威认证的负碳产品。经权威机构检测，固碳石产品的强度、耐久性等指标均符合现行国家及行业标准，产品耐高温不变形、抗紫外线不变色、耐久不开裂，安全环保。产品属于纯无机建筑材料，制作过程无须烧制和蒸养、无树脂、无异味、不用胶而无污染，适用于室外地铺、墙面干挂、室内装饰、台板等建筑装饰领域。目前，固碳石产品已应用于市政广场、博物馆、高端酒店与住宅等重要工程。

山东京韵泰博负碳科技有限公司固碳石产品的"产品碳足迹证书"，如图 6.31 所示。

固碳石在高端酒店和市政项目的工程应用，如图 6.32 所示。

该项目总投资 3.8 亿元，一期投资 1.5 亿元，每年处置钢渣等大宗固废 16 万 t，年产 400 万平方米固碳石建材，二氧化碳减排 6 万 t/a 以上。

6.4.3.6 华新水泥的水泥窑尾烟气 CO_2 吸碳制砖项目

由华新水泥股份有限公司与湖南大学联合研发的业内首条"水泥窑尾烟气 CO_2 吸碳制砖自动化生产线"在湖北成功投产运行。该项目采用水泥、集料、矿山废弃渣土免烧压蒸制砖的新工艺和生产线装备系统，成功将现有的压蒸养护水泥砖生产线转化成用水泥窑烟气 CO_2 吸碳制砖的自动化生产线。吸碳砖的平均抗压强度达 15 MPa。

华新水泥的水泥窑尾烟气 CO_2 吸碳制砖项目，如图 6.33 所示。

图 6.31　山东京韵泰博负碳科技有限公司固碳石产品的“产品碳足迹证书”

(a)　　　　(b)

图 6.32　固碳石在高端酒店和市政项目的工程应用

(a)

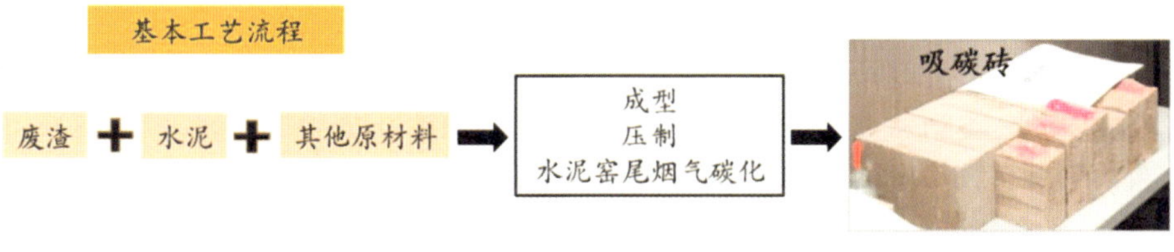

(b)

图 6.33　华新水泥的水泥窑尾烟气 CO_2 吸碳制砖项目

该项目将水泥窑尾烟气 CO_2 制品化，采用水泥窑尾烟气 CO_2 吸碳养护工艺取代传统黏土烧成制砖和混凝土灰砂砖工艺，解决了资源消耗、能耗及 CO_2 排放的问题，开发出水泥产业碳中和技术。以“CO_2 传输－碳化养护－温度－后续水化”协同效应理论，开发出了水泥产业链上碳中和的技术。以年产 1×10^8 块蒸养砖生产线为例，每年利用 CO_2 量为 2.6×10^4 t，全国推广每年减碳将达到 5.2×10^7 t。此外，取消高温蒸压环节所节约的相应余热蒸汽如果用于发电，年发电量可达 3.79×10^6 kW · h。

6.4.3.7　中联水泥窑尾烟气 CO_2 制备固碳辅助性胶凝材料与低碳水泥生产线

2022 年 11 月 14 日上午，全球首条钢渣捕集水泥窑尾烟气 CO_2 制备固碳辅助性胶凝材料与低碳水泥生产线在河南省济源中联水泥有限公司竣工投产[50]。这标志着我国水泥行业 CO_2 捕集利用技术和产业化应用迈上了新的台阶，从而为钢渣规模化安全应用于建材，实现高值资源化利用开辟了新的途径。

该项目利用干法让钢渣原位捕集与利用 CO_2，这在实现水泥窑尾烟气 CO_2 减排的同时，有效地解决钢渣安定性不良问题并且提高了钢渣的活性，制备出了高活性固碳辅助性胶凝材料，突破了长期以来制约我国钢渣大规模安全、高附加值应用于水泥、混凝土和集料等建筑材料的“卡脖子”问题。

该项目由苏州仕净科技股份有限公司投资建设，总投资近 1×10^8 元，分两期建设，项目一期投资约 4×10^7 元，由一条干法钢渣原位捕集利用水泥窑尾烟气 CO_2 生产线和一条高效复合掺合料生产线组成，每年直接捕集水泥窑尾烟气中的 CO_2 约 1.6×10^4 t，资源化利用钢渣生产固碳辅助性胶凝材料 3×10^5 t，生产高效复合掺合料 3×10^5 t。该项目二期将再建设一条 3×10^5 t 高效复合掺合料生产线，该项目全部投产后年产值 1.65×10^8 元、利税 3.2×10^7 元，每年资源化利用钢渣 3×10^5 t，通过减少水泥中熟料用量和混凝土中的水泥用量而综合减碳 2.5×10^5 t。

6.4.4　碳利用新技术相继涌现

在大力开展双碳运动的前提下，各国的科技人员踊跃投身于降碳、去碳和用碳等多方面的研究工作，不断取得了可喜的成就和进展，为早日实现碳中和这一宏伟的目标而不断前行。

以下所展示的是近些年来人们取得的最新成果。

6.4.1.1　光催化剂

美国莱斯大学(Rice University)的研究团队，仅使用廉价、高丰度的铜、铁材料就开发出了一种优良的光催化剂，只需要光照的能量就可以在室温下将氨转化为清洁的氢燃料，与昂贵的热催化剂具有同样的效果。该研究论文发表在国际期刊《科学》(Science)上，共同第一作者为两位中国科学家[51]。

6.4.1.2　混合基质膜材料

比利时鲁汶大学(KU Leuven)的 Ivo Vankelecom 教授与 Michiel Dusselier 教授等研究者在国际期刊《科学》(Science)上发表论文，基于市售聚酰亚胺和 Na-SSZ-39 沸石开发出了一种新型混合基质膜(Mixed-matrix Membrane，缩写 MMM)材料[52]。该工艺成功地从甲烷或氮气中高效、高选择性、快速且低成本地分离出 CO_2，可应用于天然气或沼气的纯化，从长远看，也有助于减少工业 CO_2 排放。

6.4.1.3　CO_2 发电机组

2021 年底，中国华能集团宣布：他们研究生产的 CO_2 发电机组已经成功完成了 72 h 的试运行，从而进入正式运行状态。CO_2 发电机组即使在最高负荷状态时，都能达到安全标准[53]。因此，他们确定这款 CO_2 发电机组可以对外推广。随着最新的 CO_2 发电机组正式投入运营，我国在发电领域又一次震惊了全世界。利用 CO_2 来发电，颠覆了 140 多年以来的发电形式，而这一技术很有可能会改变未来发电领域的发展方向。

人们知道要提高煤电厂的发电效率，就需要提高水蒸气的温度。当温度越来越高，超过临界值时，就会达到一种“超临界状态”。所谓“超临界状态”，可以说成是一种特殊的流体，不是固态、液态其中任何一种形态，这种情况下物质会有很强的可压缩性，能够更容易地溶解其他物质。科研人员发现，用 CO_2 作为工质代替水，能得到更高的发电效率。而且在“超临界状态”下，CO_2 比水的流动性更强，所以用它来发电的效率就更高。在同样的发电效率下，燃煤量也更小。从另一方面来说，对水资源的利用也减少了。所以华能集团这款发电机组其实叫做“超临界 CO_2 发电机组”，除了效率高，整个机组的体积也可以变得更小，不足原来的 4%。

6.4.1.4 1000 t/a CO_2 加氢制汽油装置

2022 年 3 月 4 日，中国科学院大连化学物理研究所微信公众号发文称，由中国科学院大连化学物理研究所和珠海市福沺能源科技有限公司联合开发的全球首套“1000 t/a CO_2 加氢制汽油”中试装置在山东邹城工业园区开车成功[54]。该装置生产出符合国家 VI 标准的清洁汽油产品。

早在 2017 年，由中国科学院大连化学物理研究所的碳资源小分子与氢能利用创新特区研究组孙剑、葛庆杰、位健等人组成的研究团队就研发了 CO_2 加氢制汽油技术，通过研制的一种新型 Na-Fe_3O_4/HZSM-5 多功能复合催化剂，成功地实现了 CO_2 直接加氢制取高辛烷值汽油。该技术可实现 CO_2 和氢的转化率达到 95%，汽油在所有含碳产物中的选择性优于 85%，显著降低了原料氢和 CO_2 的单耗(Unit Consumption)，整体工艺能耗较低，经过第三方检测，辛烷值超过 90，馏程和组成均符合国家Ⅵ标准。

6.4.1.5 ALF 材料

根据美国国家标准与技术研究所(NIST)的一项最新研究，一种简单、经济且可能重复使用的 ALF [科学家们将甲酸铝(Aluminum Formate)简称为 ALF]材料具有将 CO_2 从其他气体中分离出来的天赋，这些混合气体通常从燃煤发电厂的烟囱中排出[55]。这项研究成果已发表在国际期刊《科学进展》(Science Advances)上。与此同时，据该研究论文的主要作者之一，NIST 的 Hayden Evans 说，该材料也没有其他碳过滤材料所具有的缺点。

“这项工作令人振奋的是，相对于其他高性能的 CO_2 吸附剂，ALF 材料的性能很好，而且它整体稳定且制造简单。它是由两种很容易找到和很丰富的物质组成的，因此，创造足够的 ALF 材料来广泛使用应该是可能的，而且成本非常低”。

6.4.1.6 CO_2 电解技术

我国科学家研发的 CO_2 电解技术，来自中国科学院大连化学物理研究所。据悉，该研究所的包信和院士、汪国雄研究员、高敦峰研究员团队，在 CO_2/CO 电解制备燃料以及化学品的研究中取得新进展，可实现钢厂尾气或者化工尾气的高值化利用，从而为 CO_2/CO 电解技术从实验室到实际应用提供了技术基础。相关的研究成果发表在国际期刊《自然纳米技术》(Nature Nanotechnology)上[56]。

在这项研究中，通过利用可再生能源产生的电能使 CO_2 电解，从而生成高附加值燃料和化学品(乙烯、乙酸和乙醇等多碳产物)，它们具有较高的能量密度和市场需求，所以是理想的电解产物。该团队揭示了碱性膜电解器中 CO_2/CO 电催化还原反应覆盖度驱动的选择性变化机制，并且基于钢铁工业排放出大量的 CO_2/CO 混合尾气这一现状，通过改变进料气体组成来调变碱性膜电解器阴极氧化铜催化剂的微环境，从而实现了在工业级电流密度下高效 CO_2/CO 电解制备多碳产物。然而，在工业级电流密度下，CO_2 电解反应并不总是那么令人满意，高选择性生成多碳产物仍然存在很大挑战。

6.4.1.7 玄武岩纤维-生物基-碱式硫酸镁水泥

由中国建筑西南设计研究院有限公司、西南交通大学、镁晶建筑科技(重庆)有限公司共同研究开发的“低碳复合材料:玄武岩纤维-生物基-碱式硫酸镁水泥”项目取得重大成果。相关研究论文提出了一种低碳复合材料:玄武岩纤维-生物基-碱式硫酸镁水泥[57]。它利用再生木纤维(Recycled Wood Fiber，缩写

RWF)和玄武岩纤维(Basalt Fiber,缩写 BF)作为轻质填料和增强材料,研究探讨了 RWF 和 BF 对碱式硫酸镁水泥(Basic Magnesium Sulfate Cement,缩写 BMSC)浆体流动性和硬化试样力学性能影响的微观机理。显微结构、物相分析和图像识别半定量等微观机理分析的结果表明:掺入 RWF 使 BMSC 复合材料的密度降低会促进 517 相的发展,从而提高了复合材料的抗弯强度等力学性能。若进一步掺入 BF,则浆体的流动性和分散性降低,两者相互作用而使镁水泥基-RWF-BF 体系在 BMSC 中形成的单纤维增强体转变为复合纤维增强体。与此同时,生物基还受到耦合竞争机制的影响,这使得 BMSC 复合材料的孔隙结构更加合理、力学性能明显提高。更加合理的孔隙结构表明:BMSC 低碳复合材料具有明显的固碳潜力,这为研究开发提高 BMSC 性能的环境友好型添加剂提供了基础。

6.4.1.8 CO_2 人工合成淀粉

2021 年 9 月,中国科学院天津工业生物技术研究所联合中国科学院大连化学物理所等研究团队,通过生物酶催化反应,首次实现了从 CO_2 到淀粉的人工合成[58]。根据测算,理论上 1 m^3 大小的生物反应器年产淀粉量,相当于 5 亩土地玉米种植的淀粉产量,合成速率是玉米淀粉合成速率的 8.5 倍。这一重大原创科研成果一经发布,即受到全球广泛关注。普遍认为,虽然这一成果目前受限于成本等因素,距离产业化还有距离;但是,如果能够进一步提高反应速率,降低成本和能源消耗,将会对下一代生物制造和农业发展带来变革性影响。

据披露:该研究团队从原理上进一步优化,使反应途径从 11 步缩短到 8 步,能量耗散也比此前更低了,成本大概降低了 100 多倍。他们瞄准产业化这一目标,持续优化相关反应原理,进一步提升了反应速率,降低了过程成本,并且启动了项目中试。有望在不远的将来,可以以 CO_2 为原料生产淀粉和各种各样的化学品,建立一条以 CO_2 为原料的新的工业路线。

6.4.1.9 基于化石能源的制氢与脱碳的完全协同

中科院工程热物理研究所首次实现了 400°C 温度条件下"净零排放"的天然气制氢原理的突破[59]。通过有序分离 H_2 与 CO_2 产物,天然气制氢反应温度由传统的 800～1000 ℃降至 400 ℃以下,实现了 99%以上甲烷直接转化为高纯 H_2 与高纯 CO_2,并实现了基于化石能源的制氢与脱碳的完全协同。制氢与脱碳能耗下降幅度达 20%～40%。基于此,该工作结合商业化中温槽式聚光技术,实现了太阳能驱动的天然气制氢与脱碳,进一步减少化石能源制氢的碳足迹,展示了化石能源与可再生能源互补实现可持续氢能利用的可行性。反应温度的降低使工业余热与氢能的结合成为可能。迄今为止,研究人员已完成了超过 6000 次的稳定循环实验,验证了该方法的可靠性,并初步展示了技术转化应用的广阔前景。

6.4.1.10 碳海绵

浙江大学科研团队制备出了迄今为止世界上最轻的固体材料。它密度约为空气密度的 1/6。它是利用碳纳米管和石墨烯制备出的一种超轻气凝胶,被称为碳海绵。它是制造太空设备的好材料,也是各种航天器省油的好材料[60]。

通过化学过程从材料中提取 O_2,从而形成多孔材料。可用于隔音、隔热、吸油,是飞机、潜艇、锅炉的隔热层都用得上的好材料。这种材料的吸油量可以达到本身质量的 900 倍,是普通材料吸油效果的 90 倍,而且只吸油不吸水,再加上其弹性大,吸收的油可以再利用,是用于处理泄漏油的最佳材料。这种材料的弹性大、强度也高,是制造防弹衣、航空服、吸附油污的上等材料。

这种材料还同时具备耐高温和低温的特点,抵抗高温达 1200 ℃,抵抗低温可达－130 ℃。所以也是用于制造航天器的好材料,因为制造航天器的材料都既要耐高温而又要受得了低温(例如,月球车、火星车等)。2021 年 5 月,我国第一辆火星车"祝融号"已安全到达火星表面开始探测,这是一个振奋人心的成果,其实祝融号火星车就是由这种材料制成的。

6.4.1.11 CO_2 液体燃料

也有研究者提出“合成燃料聚光太阳能发电(Concentrating Solar Power,缩写 CSP)技术+CO_2 合成液体燃料技术”的集成创新,这是一种富有想象力的创意,正在建设之中期,待实践的认可。

CO_2 合成液体燃料的基本原理及反应过程[61],如图 6.34 所示。

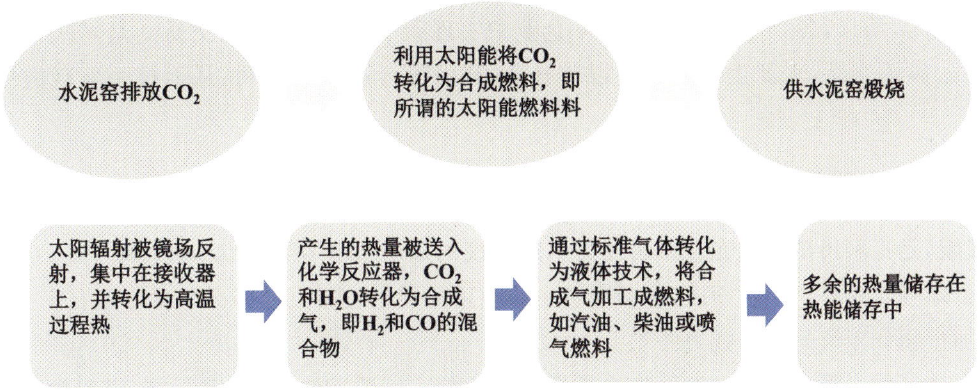

图 6.34 CO_2 合成液体燃料的基本原理及反应过程

6.4.5 水泥行业 CCUS 技术在实践中存在问题的分析

6.4.5.1 胺法和膜法捕集存在问题的分析

胺法和膜法捕集成本较高,能耗较大,但现有的工业化应用的碳捕集方式大多为胺法或膜法捕集。对于氨法捕集,其捕集成本较高,在胺液吸收 CO_2 后,还需要加热才能释放 CO_2,这就需要消耗额外的能源,从而造成新的碳排放。对于膜法捕集,其得到的 CO_2 浓度较低(约为 85%),若需要更高纯度的 CO_2,则还需要进一步提纯。此外,在膜的寿命、成本、CO_2 的选择透过性能方面,还需要进一步提高。

6.4.5.2 碳捕集技术及利用装备存在问题的分析

当前碳捕集技术很少体现在水泥行业。当前已落地的碳捕集技术大多是将工业尾端烟气通过收尘后送入碳捕集系统,捕集纯化后的 CO_2 大多制备成液体 CO_2 或干冰进行出售。而水泥行业由于 CO_2 的排放来源和工业环境不同于电力等行业,所以应当根据水泥生产工艺特点,有针对性地开发碳捕集技术及利用装备:

① 缺乏与水泥行业碳捕集工艺匹配的碳捕集装备。现阶段的碳捕集装备,大多是针对化学吸收法或膜法工艺开发的,水泥行业要根据水泥生产工艺特点有针对性地开发碳捕集工艺,就要开发相应的碳捕集装备,而目前还没有与之匹配的装备。

② 缺乏加气混凝土矿化吸收 CO_2 专用的工业级碳化反应釜。利用加气混凝土矿化吸收 CO_2 是建材行业一种较为理想的 CO_2 利用方式,现阶段缺乏加气混凝土矿化吸收 CO_2 专用的工业级碳化反应釜。

③ 缺乏碳捕集与利用一体化的专用、安全、经济、合理的 CO_2 储存及其运输装备。

6.5 水泥工业碳汇开发

作为最广泛使用的建筑材料,水泥和混凝土对环境的影响越来越被关注。由于水泥生产过程排放的大量 CO_2,一直被认为是全球大气 CO_2 重要的排放源。但是,相关研究表明,其实在水泥的碳化过程中,CO_2 会被水泥吸收,足以抵消近 1/4 生产水泥所排放的温室气体。

水泥是国民经济重要的基础原材料,中国水泥总产能占世界总产能约 60%[62]。国家统计局发布的统计数据显示，2021 年，全国累计水泥产量 2.363×10^9 t，同比下降 1.2%。而在中国建筑能耗与碳排放研究报告(2021)中显示，2019 年水泥碳排放达到 1.129×10^9 t，而其能耗折合为标准煤高达 2.37×10^8 tce。

从全世界范围来看，水泥行业的 CO_2 排放量从 1990 年的 0.86 Gt 增加到 2019 年的 2.46 Gt(增加了 186%)。这是全球第二大工业 CO_2 排放源，约占全球工业 CO_2 排放量的 25%。

由于水泥工业几乎无法回避 $CaCO_3$ 分解所释放出的大量的 CO_2 以及加热煅烧所消耗的燃煤等燃料所排放的 CO_2，所以，各个企业很难在单一企业中实现碳中和目标，碳汇交易则是解决该矛盾的一个途径。通过这碳汇交易，水泥生产企业可以与林业、建设等行业互惠互利，从而携手实现碳中和的伟大目标。

6.5.1 生物固碳与森林作用

生物固碳，是指利用植物的光合作用提高生态系统的碳吸收和储存能力，从而减少 CO_2 在大气中的浓度，减缓全球变暖趋势。生物固碳，包括通过土地利用的变化、造林、再造林以及加强农业土壤吸收等措施，从而增加植物和土壤的固碳能力[63-64]。

目前，全球气候变暖已成为人类面临的最严重的挑战。减排 CO_2 等温室气体，已成为全人类应对气候变暖的关键举措。现阶段 CO_2 减排技术已逐步推广应用，有的正在完善之中，但是，均存在着诸多缺陷与限制，尤其是能耗高、设备投入大、操作成本高、化学试剂消耗大和过程效率下降，这一切均转化为化石燃料消耗，即在减排 CO_2 的同时，又在排放 CO_2。

由于温室气体排放，气候迅速变化，需要新的可再生资源用于商用化学品的生产。自养微生物利用自然能量(例如，阳光)来固定大气 CO_2 的能力，是未来可持续生物生产支持碳负生物经济的一个有效的途径。

森林被广泛认为是重要的碳汇，可以捕集和储存大气中的大量 CO_2。森林生态系统是陆地上最为复杂的生态系统，它具有很高的生物生产力和生物量以及丰富的生物多样性。虽然森林面积仅占陆地面积的 26%，但是其碳储量占整个陆地植被碳储量的 80%以上，而且森林每年的碳固定量约占陆地生物碳固定量的 2/3。新造林吸收的 CO_2 超过了原始森林。相关研究显示，新造的森林之所以能吸收大量 CO_2，除了大气中 CO_2 增加所带来的“肥料效应”外，树龄较短才是碳吸收增加的主要原因，而且这一“树龄效应”贡献了森林吸收 CO_2 总量约 25%。

森林系统固碳即生物固碳，不仅可以拯救全球变暖的困境，还可以向人类提供木材以及淀粉、蛋白质等众多的副产品，而且还具有涵养水源以减轻自然灾害、调节气候孕育和保存生物多样性等生态功能，与此同时，还具有医疗保健、陶冶情操、旅游休憩等社会功能。所以，森林在维系地球生命系统的平衡中具有不可替代的作用。

6.5.2 碳汇的意义和作用

6.5.2.1 基本概念

(1) 碳汇

碳汇(Carbon Sink)，一般是指从空气中清除 CO_2 的过程、活动和机制，主要是通过植树造林、恢复植被等措施来吸收大气中的 CO_2，从而减少大气中温室气体浓度的过程。

目前，根据生态系统的状态，在传统碳汇的基础上，又增加了草原、湿地、海洋等多个生态系统对 CO_2 的吸收作用。

(2) 碳源

碳源(Carbon Source)，一般是指向大气中释放 CO_2 的过程、活动或机制，即指产生 CO_2 之源。

碳源，既来自于自然界，也来自于人类的生产和生活过程。自然界中的碳源，主要是海洋、土壤、岩石与生物体，另外，工业生产、人类生活等，都会产生 CO_2 等温室气体，也是主要的碳排放源。

(3) 绿碳

绿碳(Green Carbon),是指陆地生态系统中绿色植物通过光合作用固定 CO_2 的过程、活动或机制。

森林、河湖湿地、草原、农田等,都属于"绿碳"范畴。作为陆地生态系统的主体,森林生态系统年均固碳量可抵消同期化石燃料碳排放的 11%。目前,我国森林蓄积量为 1.756×10^{10} m^3,森林植被总碳储量为 9.186×10^9 t。

(4) 蓝碳

蓝碳(Blue Carbon),又称蓝色碳汇或海洋碳汇,是指蓝色海洋生态系统利用海洋活动以及海洋生物吸收大气中的 CO_2,并将其固定、储存在海洋生态系统中的过程。

红树林、海草床和滨海盐沼组成了"三大滨海蓝碳生态系统"。据相关统计,滨海的湿地吸收 CO_2 的速率是陆地生态系统的 10~100 倍。

碳源与碳汇是两个相对的概念。碳源是指自然界中向大气释放 CO_2 的母体,碳汇是指自然界中 CO_2 的寄存体[65]。减少碳源一般是通过 CO_2 减排来实现,而增加碳汇则主要是采用固碳技术。

6.5.2.2 碳汇分类

(1) 森林碳汇

森林碳汇(Forest Carbon Sink),是指森林生态系统中绿色植物通过光合作用吸收 CO_2、释放 O_2 并将大气中的 CO_2 转化为碳水化合物固定在植被与土壤当中,从而减少大气中 CO_2 浓度的过程、活动或机制。

森林碳汇,侧重于森林生态系统吸收碳的物理特性,属于自然科学范畴。

土壤是陆地生态系统中最大的碳库,在降低大气中温室气体浓度、减缓全球气候变暖中,具有十分重要的独特作用。

森林面积虽然只占陆地总面积的 1/3,但是森林植被区的碳储量几乎占到了陆地碳库总量的一半。树木通过光合作用吸收了大气中大量 CO_2,从而减缓了温室效应。这就是通常所说的森林的碳汇作用。CO_2 是林木生长的重要营养物质。它将吸收的 CO_2 在光能作用下转变为糖、氧气和有机物,这为生物界提供枝叶、茎根、果实和种子,也提供最基本的物质和能量来源。这一转化过程,就形成了森林的固碳效果。森林是 CO_2 的吸收器、贮存库和缓冲器。反之,森林一旦遭到破坏,则变成了 CO_2 的排放源[65]。

森林在全球应对气候变化中扮演着重要的角色,发表在国际期刊《自然气候变化》(Nature Climate Change)、《全球森林观察》(Global Forest Watch)上的最新研究论文表明,2001 年至 2019 年期间,世界森林吸收 CO_2 的量约为其排放量的 2 倍。换句话说,森林提供了一个"碳汇",每年净吸收 CO_2 达 7.6×10^9 t,这是美国每年碳排放量的 1.5 倍。热带雨林无疑是减缓气候变化最重要的生态系统。与温带森林或北方森林相比,热带雨林从大气中吸收的碳总量更多,但是,由于农业的扩张,森林也越来越多地遭到破坏。

然而,与其他碳单向进入大气区域不同,森林扮演着双向角色:在生长或再生时,吸收 CO_2;在呼吸、降解时,释放 CO_2。因此,森林生态系统,既可能是碳汇,也可能是碳源。

(2) 林业碳汇

林业碳汇(Forestry Carbon Sink),是指利用森林生态系统的储碳功能,通过造林、再造林和森林管理,减少毁林等活动,吸收和固定大气中的 CO_2,将林业经营管理活动所需的投入与森林碳汇的成效联系起来,通过对森林碳汇的测算评估进而量化森林碳汇量(即 CO_2 或 H_2S 的减排量),并且按照相关的规则与碳交易市场的碳排放权(即 CO_2 或 H_2S 的排放量)相结合来实现交易的过程、活动或机制。

林业碳汇,侧重于社会特性,强调人的参与且与碳汇交易结合,既属于自然科学范畴,又具有社会经济属性。

因此,林业碳汇包括了林业生产经营和管理的过程及投入、森林碳汇的计量与核证、碳市场交易等关键环节。

(3) 草原碳汇

草原碳汇(Grassland Carbon Sink),是指草原生态系统中绿色植物通过光合作用吸收大气中的 CO_2,并以有机碳的形式将碳固定在草原植物体内和草原土壤中的过程、活动或机制。

草原碳汇形成草地生态系统“碳容器”。草原生态系统的总碳储量,约占陆地生态系统总量的 30%~34%,是陆地上仅次于森林的第 2 大碳库。

草原碳汇,不仅是一个生态概念,更是一种草原生产、生活方式的转变。草原地上植被层、地下根系层和土壤层,是草原最重要的 3 个碳库。

(4) 土壤碳汇

土壤碳汇(Soil Carbon Sink),是指土壤生态系统中的绿色植物从大气中吸收 CO_2,通过光合作用转化为有机物质,然后以根系分泌物、死根系或残枝落叶的形式进入土壤,并在土壤中微生物的作用下转变为土壤有机质存储在土壤中的过程、活动或机制。

土壤生态系统,既可能是碳汇,也可能是碳源。

对于耕地固碳,仅涉及农作物秸秆还田这一固碳部分,其原因在于耕地生产的粮食每年都被消耗,固定的 CO_2 又被排放到大气中。秸秆部分在农村被用作燃料,只有作为农业有机肥的部分将 CO_2 固定到了耕地的土壤中。

(5) 海洋碳汇

海洋碳汇(Ocean Carbon Sink),又称蓝色碳汇或蓝碳,是指将蓝色海洋生态系统作为一个特定载体,利用海洋活动及海洋生物吸收大气中 CO_2,并将其固定、储存在海洋生态系统中的过程、活动和机制。

海洋是地球系统中最大的碳库,海洋碳库是大气的 50 倍,陆地生态系统的 20 倍,全球大洋每年从大气吸收的 CO_2 约为 2×10^9 t,大约占全球每年 CO_2 排放量的 1/3,是大气 CO_2 巨大的汇。

6.5.2.3 碳汇交易

(1) 碳汇交易的概念

碳汇交易(Carbon Trading),简称碳交易,是指为了促进全球以 CO_2 代表的温室气体减排,基于《联合国气候变化框架公约》及《京都议定书》对各国分配 CO_2 排放指标的规定,创设的一种虚拟交易的市场机制。

即,发达国家因为发展工业而制造了大量的温室气体,在无法通过技术革新降低温室气体排放量达到《联合国气候变化框架公约》及《京都议定书》对该国家规定的碳排放标准时,采用在发展中国家投资造林以增加碳汇、抵消碳排放,或者向发展中国家购买碳排放指标,从而降低发达国家本身总的碳排量的目标。

碳交易是指碳排放权的交易,即将 CO_2 排放权作为一种商品,从而形成了 CO_2 排放权的交易。

为了促进全球以 CO_2 代表的温室气体减排,2021 年 7 月全国碳交易市场开启。

碳交易之前,政府首先确定当地的 CO_2 减排总量,然后再将 CO_2 排放权以配额的方式发放给市场主体(例如,企业)。如此一来,虽然是有买有卖,但是 CO_2 排放总量仍被控制在降低后的指标范围之内。

例如,假设 A 公司一年需要排放 1×10^3 t CO_2,在碳交易市场背景下,政府要求每年只能排放 9×10^2 t CO_2;若 CO_2 排放量超标,则要受到严重处罚,并且罚款额比多排放 1×10^2 t CO_2 时所赚的钱还多。这时,A 公司发现 B 公司按照 CO_2 排放指标可以排放 9×10^2 t CO_2,但是它实际只排放了 8×10^2 t,还有 1×10^2 t CO_2 排放指标没有使用。若 A 公司希望维持正常的生产经营,则只有两条路可走:一是购买 CO_2 排放指标,二是节能减排。前一种方式购买的,就是 CO_2 的排放权,即碳交易。

目前,我国的碳汇交易市场主要包括两类:

① 政府分配给市场主体(例如,企业)的 CO_2 排放指标配额;

② CCER(China Certified Emission Reduction,国家核证自愿减排量),即对我国境内可再生能源、林

业碳汇、甲烷利用等项目的温室气体减排效果进行量化核证，并且在国家温室气体自愿减排交易注册登记系统中登记的温室气体减排量。

其中，碳汇交易，是指将通过植树造林等手段有效吸收 CO_2、减少碳排放而产生的碳汇交易给 CO_2 排放指标配额超出的单位，以此获取额外收益的操作。

(2) 碳汇交易的目的

① 促进节能减排，以政府规范的市场手段降低 CO_2 排放量的增速，而不是像往常放任扩大以及为了经济增长而一味地刺激碳排放。

② 降低全社会的减排成本，有助于激励排放实体低成本地完成碳减排目标。

③ 推动企业技术进步，有助于将技术和资金导向低碳发展领域，推动企业发展的新旧动能转换，倒逼企业淘汰落后产能、转型升级。

(3) 碳汇林开发项目的要求

① 碳汇林

碳汇林，又称碳汇林场或碳汇林业，是指以充分发挥森林的碳汇功能，降低大气中 CO_2 浓度，减缓气候变暖为主要目的的林业活动。

只要发生了人为干预，即有人为经营或管理活动，具备碳汇功能的森林都可以被开发为林业碳汇。无论是天然林或是人工林，无论是经济林、用材林还是特用林，都可以被开发为林业碳汇。其不同的只是所开发的价值，以及国家是否已经出台了相关的经济林计量方法学。比如，经济林（特别是水果类经济林），由于其主产品是水果，一般存放周期短，在短时间内就被消费，从而使有机物质很快又被转化成 CO_2，并且再次排放在大气中了，所以，其开发价值不高，同时目前国家还没有出台相关的经济林方法学。

已经成熟并出台的只有新造林、森林经营、新造竹林和竹林经营等 4 个方法学，所以人们能开发的主要是 2005 年以来的新造林和实施森林封育和抚育的部分。一般来讲，森林按生长期分为幼龄林、中龄林、近成熟林、成熟林和过熟林等几个阶段。通常，幼龄林和中龄林的碳汇能力最强，开发价值最大，而近成熟量的碳汇能力就小一些，成熟林和过熟林的碳汇能力最差，甚至变成了碳源，从而失去了开发价值。

② 碳汇造林

碳汇造林，是指在确定了基线的土地上，以增加碳汇为主要目的，对造林及其林木生长过程实施碳汇计量和监测而开展的有特殊要求的造林活动。

与普通的造林活动相比，碳汇造林突出森林的碳汇功能，具有碳汇计量与监测等特殊技术要求，强调森林的多重效益。

CCER 林业碳汇项目，要求根据林业方法学进行开发并且具备“额外性”，按国家有关政策和规则进行独立审定与核证，才有可能获得国家主管部门的备案和林业碳汇 CCER 签发，以便实现碳汇交易。主要林业碳汇项目包括：森林经营碳汇、造林碳汇、竹林经营碳汇、竹子造林碳汇等。通过探索可持续经营林业，在保持林业经济效益的同时，保护生态环境、提高森林质量、恢复自然景观、改善生态环境等方面，起到了积极的示范作用。

③ 开发林业碳汇要求

a. 项目开发要按照有关规定和方法学进行，并且经国家发展和改革委员会备案，所产生的碳汇才能进入碳汇交易市场交易。目前，国家发展和改革委员会已经备案涉及林业的项目方法学有 5 个，即林业碳汇 CCER。

b. 2005 年 2 月 16 日后实施的林业碳汇项目，但应以生态环境部联合市场监管总局于 2023 年 10 月 19 日公布的《温室气体自愿减排交易管理暂行办法（试行）》的规定为准。

c. 不属于湿地或有机土，土壤扰动面积比例不超过地表面积的 10%，而且在 20 年内不重复扰动、不炼山造林等基本条件下才可以申请。

d. 碳汇造林(含竹子造林)项目,必须是在无林地上实施的造林项目,在采伐迹地、火烧迹地上的造林都不能列入碳汇造林项目。森林经营碳汇项目,必须是人工中龄林、幼龄林,乔木林地[郁闭度≥0.20,连续分布面积≥667 m^2(即1亩地),树高≥2 m的乔木林]。

e. 项目具有额外性。通过碳汇项目的实施,产生的项目碳汇量高于基线碳汇量的情形,而且这种额外的碳汇量在没有拟议的林业碳汇项目活动时是不会产生的。

④ 开发林业碳汇的方法

开发林业碳汇方法的5个步骤:

第1步,森林经营单位有意愿,经过向国家有关管理部门提出申请并且获得批准。前提是森林经营单位要对拟开发的森林是否具有森林碳汇功能要做到心中数,否则,很可能被驳回或最后实现交易后得不偿失。这是因为林业碳汇开发还是需要大量的投入。

第2步,依照国家颁布的方法学,对拟开发碳汇的森林进行森林碳汇量的测算计量。这部分工作的作业量大且烦琐,尤其是对方法不熟悉、不掌握,很可能事倍功半,甚至事与愿违,从而使开发工作中途夭折。目前都是委托有资质的专业公司承担,森林经营单位只需提供森林权属、森林分布现状和作业证明等相关资料,然后交由专业公司按照方法学模型进行测算。

第3步,核查,即由国家林业碳汇管理部门委托第三方中介公司,对森林经营单位提交的报告内容的真实性和准确性进行实地核对,并且做出结论。

第4步,核证,即由国家林业碳汇管理部门根据第三方中介公司的核查结果,确定并颁给森林经营单位碳减排量,即俗称的"可交易的减排量指标"。

第5步,上市交易,即森林经营单位将自己的"可交易的碳减排量"在碳汇市场上挂牌交易。

(4)企业参与碳汇交易的效益

① 碳汇交易的经济行为

碳汇交易是利用价格机制来调节市场中参与主体的行为,企业通过比较节能减排技术的投资和购买碳排放配额的投资来权衡是否进行低碳技术投资。对于直接参与碳排放交易的企业,以5%的抵消配额的上限测算,目前CCER项目(国家核证自愿减排量)的年减排量的缺口约为1.5×10^8 t,参与开发的新能源企业及碳资产开发管理企业将获利。具体来说,以CCER的价格为15元/t进行估算,风力发电、光伏发电及生物质发电的单位发电毛利润分别将增厚4.8%、2.5%和6.4%,其中,生物质发电的增厚最为显著。

经过碳核查机构测算:企业履约需通过自身碳盘查及第三方机构碳核查进行排放量审核,企业自身进行碳盘查的工作费用为$(1.2\sim1.8)\times10^5$元/次。据北京财政局公布的碳核查招标公告,单次碳核查费用约为3×10^4元/次。全国碳汇交易市场初期拟纳入1×10^4家企业。蚂蚁集团、苹果公司等借此来抵消或补偿企业中无法达到的碳减排目标。

② 碳汇交易前景广阔[66]

联合国政府间气候变化专门委员会在其评估报告中指出,林业具有多种效益,兼具减缓和适应气候变化双重功能,它是未来30~50年增加碳汇、减少排放成本较低且经济可行的重要措施。据相关资料表明,林木每生长1 m^3蓄积量,大约可以吸收1.83 t CO_2,释放1.62 t O_2。我国政府曾在联合国气候大会上庄严承诺:大力增加森林碳汇,争取到2020年森林面积比2005年增加4×10^7公顷,森林蓄积量比2005年增加1.3×10^9 m^3。

与传统林业相比较,碳汇林业具备"交易"的潜质,蕴藏着巨大商机。森林通过光合作用吸收CO_2,相对于工业,碳汇成本较低,有"绿色黄金"之称。2011年10月,我国碳排放权交易地方试点工作在北京、天津、上海、重庆、广东、湖北、深圳7个省、市启动。截至2021年9月30日,7个试点碳汇交易市场累计配额成交量为4.95×10^8 t CO_2e,成交额约1.1978×10^{10}元[67]。国家林业和草原局在位于浙江省杭州市的华东林业产权交易所正式启动林业碳汇交易试点,阿里巴巴集团以1.8×10^5元购买了1×10^4 t林业碳汇指标,这是国内购买林业碳汇的第一笔交易[68]。

企业和个人捐资碳汇,可以积累碳信用额(Carbon Credit)指标,未来国内碳汇交易市场成熟后,不仅能够抵减一定量的碳排放,而且还有望进入碳汇交易市场进行交易,获得收益。特别是对于企业,这是一种长远投资,也是为企业储存了更大的发展空间。

碳汇"交易"对于创新林业发展机制、建立森林生态效益市场化的新机制也十分有利。在集体林权制度改革后,农民获得了林地和林木所有权,虽然短期内难以从中获得经济收益,但是如果能使森林的生态服务功能价值化,就可以弥补森林经营周期长、短期没有经济收益的问题。与此同时,企业通过捐资碳汇帮助农民造林或者搞好森林经营,将来树木的延伸产品价值就可以归农民所有,企业也可以从中积累碳信用额指标,从而为企业未来发展储存了更大的生存空间。

6.5.3 低碳绿色矿山

人与自然的关系是人类社会最基本的关系。自然界是人类社会产生、存在和发展的基础和前提,人类则可以通过社会实践活动有目的地利用自然、改造自然,但人类归根结底是自然的一部分,在开发自然、利用自然的过程中,人类不能凌驾于自然之上,人类的行为方式必须符合自然规律。

绿水青山本身蕴含无穷的经济价值。马克思主义认为,自然资源作为劳动资料,它是构成生产力的基本要素。在社会生产中,人和自然是同时起作用的,没有自然界、没有感性的外部世界,就什么也不能创造。"绿水青山就是金山银山"是习近平总书记所倡导的国家建设发展理念。这里面的意思是指以可持续发展、人与自然和谐为目标,建设生产发展、生活富裕、生态良好的文明社会。从根本上更新了关于自然资源的传统认识,打破了发展与保护对立的束缚,树立了保护自然环境就是保护人类、建立生态文明就是造福人类的新理念。要建设的现代化是人与自然和谐共生的现代化。

矿山是地下资源的一部分,矿山是归属全体人类所有的,有计划地、科学地开采使用可以最大限度地产生经济效益,从而发挥出矿石原材料的自然属性和经济价值。反之,如果胡乱地采集开挖矿山,不仅使得矿石不能够有效地被挖掘出来造成资源的浪费,而且还可能因环境的破坏、设施的不完善会导致对周边生态的破坏,导致开采人员的伤病,甚至会出现伤亡的重大事故。因此,合理合规地进行矿山开发建设是非常必要的。

低碳绿色矿山建设,包含矿区绿化、节能减排、资源综合利用、科技创新、数字化矿山等一系列内容。建设好绿色矿山,就是全方位为碳达峰、碳中和做出贡献。此外,矿山生态修复技术也将为森林汇碳、光伏发电、碳捕集等清洁产业再造宝贵的土地资源。

6.5.3.1 绿色发展理念展望

为了让矿山变为绿水青山,应该将开采与治理相结合,将生态优先、绿色发展理念运用于矿业生产建设全过程。

(1) 提高资源化利用

采用先进的工艺技术与装备,提高矿山的开采率和利用率,杜绝采富弃贫、浪费和破坏资源及环境的行为。对尾矿进行再生利用,提高资源的综合利用率,减少资源的浪费。

(2) 做好节约土地资源及灾害防护工作

矿山开采严格按照设计进行,自上而下分台阶开采,及时清理边坡危岩和浮石,修正过大的边坡角,防止产生崩塌、滑坡等地质灾害,废弃矿物质应及时处理,避免大量堆积占据土地资源以及对周边生态的污染。

矿山应完善采场边坡安全监测内容,对新形成的终了台阶进行边坡表面位移监测,并要增加爆破震动质点速度监测、地下水位监测、降雨量监测以及视频监控。临时排土场堆积过程中,及时地进行削坡压脚处理,防止引发地质灾害。

(3) 节能减排

企业应当建立矿山全过程能耗、水耗、物耗核算体系，淘汰高能耗、高污染、低效率的工艺和设备，积极开展节能降耗、节能减排工作，确保能耗指标达到国家规定要求。

(4) 环境保护

矿山开采应合理进行施工布置，精心组织施工管理。减少和有效控制对施工区域生态环境的影响范围和程度，施工废水和生活垃圾要集中处理，禁止乱排、乱扔；施工结束后及时清理场地和恢复植被。

6.5.3.2 低碳矿山建设方法

从低碳矿山建设经验来看，生产矿山经过低碳升级改造，其工业总产值及综合利用产值会有大幅度提升。低碳矿山建设是短期投入、长期受益。为了让矿山变为绿水青山，矿业企业开采与治理相辅相成，将“生态优先、低碳发展”理念运用于矿业生产建设全过程。矿区环境建设持续于矿山建设全生命周期，对矿山生产至关重要。在矿山设计时，矿区功能应合理分区布局。矿区应绿化、美化，保持整体环境整洁有序。对原料开采、加工、运输和储存等环节规范管理。

(1) 矿区环境美化及功能分区设计

对办公区、生活区、检修区进行景观园林设计，将零散区域做规划利用，以体现功能性、美观性，满足视觉需求、环境生态需求、大众行为心理需求。办公区、生活区至采场中途设置半自动洗车区，减少采场设备及车辆出厂造成的粉尘污染。

(2) 完善标识标牌工作

矿区应制作并安装各类标牌、警示牌、简介牌和路线示意图标牌。矿山应根据国家标准 GB/T 13306—2011《标牌》、GB 14161—2008《矿山安全标志》的规定，在厂区大门处，建立“采矿权”标识牌；在矿区主要道路口处，设置“路线示意图”标牌；在各职能部门，悬挂“管理制度”牌；在破碎生产车间、配电房，采掘组办公室等区域，悬挂“岗位操作技术操作规程”等标牌。在爆破安全警戒线、倒料口处等需警示安全的区域，应设置安全标志；在露天矿山矿界边，应设置可靠的围栏或醒目标志。有条件的矿山，还可以设置电子围栏，以防止无关人员误入。在办公生活区、生态休闲区，设置宣传展示区；在生态休闲区，安装电子宣传栏等，以满足社区宣传工作需要，方便工作人员及社区群众及时掌握相关信息。

(3) 道路硬化工作

为了减少扬尘以及运输车辆带泥上路，要对进入矿区的公路进行水泥混凝土路面硬化，并定期修整。

(4) 矿山地质灾害防治

矿山应完善采场边坡安全监测内容，对新形成的终了台阶进行边坡表面位移监测、并且增加爆破震动质点速度监测、地下水位监测、降雨量监测以及视频监控。在线监测系统应包含检查数据的自动采集、传导、存储、综合分析及提前预警等功能，并且适合在恶劣天气条件下完成监测作业，高边坡矿山每年应至少对监测资料整理一次，并且邀请专业人员对数据进行综合分析。

6.5.3.3 资源开发利用

根据规范要求，矿产资源开发应与环境保护相协调，尽量减少对周边自然环境的扰动；开采与生产环节应采用先进的工艺技术与装备，与此同时，矿山应按照“边开采、边治理”的原则，及时恢复治理矿山地质环境，复垦生产矿山所占用土地和林地。

(1) 编制矿山的中长期开采计划

借助三维数字矿山软件平台，结合矿山资源状况、水泥价格、矿石开采与加工成本、作业技术条件等多种因素，在确定露天矿最终边坡的基础上，编制三维可视化的露天矿长期开采计划。矿山开采应严格实施矿产开发利用方案或开采计划。露天开采必须按台阶式开采，生产台阶、平台、终了平台的留设要规范，边坡要稳定。

(2) 矿石加工

破碎车间要采用全封闭防护措施，外运主干道路面实施全面硬化。

(3) 矿山运输

矿山汽车运输，要安装封闭覆盖装置，运输车辆出厂区要清洗，道路路面要洒水降尘。

(4) 修复矿山生态环境

为了保障区域整体生态功能，与周边自然环境和景观相协调，对于矿区地质灾害区域以及终了台阶进行矿山岩质边坡的喷播绿化。还要对于现有的排土场底层的两个台阶边坡进行种草复绿，以减少水土流失及排土场清理工作量。

一些矿业的排土场，因土壤结构差，所以植物生长困难，矿业公司相继开展了排土场生态重建、产业开发技术的集成示范工作。虽然先期的投入较大，但是治理效果好，排土场的水土保持度提高快，有效解决了排土场的生态用水问题，养护修复成本减少；对采矿造成的土壤重金属污染，矿产企业对污染较轻的土壤采用生物降解、改良等方式进行修复。对重金属污染的土壤采用香草、豆科植物等生物吸收方式净化；对矿区生活污水，大多企业采用氧化沟工艺、污水土地处理系统工艺等方式，对于矿区废水处理，主要采用高效旋流工艺、传统混凝沉淀工艺等。

(5) 实施环保动态监测

为了掌握矿山的扬尘、噪声、温度、湿度、风向、风速、大气压强等情况，在办公生活区、破碎站、矿山公路、采场附近，要安装环境在线监测系统，从而能够全方位展现现场的污染浓度情况，并且将监测结果公示于各个电子宣传屏，以接受公众的监督。

6.5.3.4 节能降耗减排

(1) 节能降耗

企业应建立矿山全过程的能耗、水耗、物耗核算体系，淘汰高能耗、高污染、低效率工艺和设备，确保能耗指标达到国家规定要求，尽可能使用变频设备、节能照明灯具，采用带式输送方式来运输物料、碎石料。

(2) 减少废弃污染物排放

转变传统废弃物的处置模式，变“治”为用，变“废”为“宝”。采取各种措施来减少粉尘、噪声、废水、废气、废石、废渣等污染物的排放量。尽量使用新型运输工具，利用清洁能源。矿山固体废物尽量采用采坑内排方式处理。

6.5.3.5 科技创新与数字化矿山

(1) 加大科技投入

完善创新激励机制，强化创新团队的创新能力。

(2) 配备和培养科技人才

矿山需要配备和培养地质、测量、采矿、加工、安全、环保等方面的专业技术人员，以确保矿山人才齐全完备。

(3) 数字化矿山

矿山应当制定数字化矿山建设规划，实现生产、经营、管理信息化。

6.5.3.6 水泥矿山的绿化生产实践

随着双碳目标的大力推进以及科学技术的不断进步，各个大、中型水泥企业也积极地投入到轰轰烈烈的绿化生产活动中来，他们大胆投入、勇于担当、积极进取、不断创新。取得了一个又一个亮眼的进步和成就，从而为水泥行业的节能减排、为碳中和实现的光辉目标、为人民获得绿水青山做出了极大的贡献。

我国水泥的产量巨大，对矿山的需求量同样很大，建设低碳矿山是水泥低碳生产的重要环节。虽然矿山不直接形成 CO_2 排放，但是，破坏性的开采会导致大量的植被破坏，大量的粉尘会破坏各种生物（包括人类）的生存环境，横流的污水也会影响地质和水质，光秃的废弃采石场还会压抑人们精神的愉悦。低碳的、文明的矿山建设为人们合理地、长久地利用和开采资源指明了方向。

华润建材科技广东肇庆大排砂石集料矿的无人运输运营项目，是砂石集料行业乃至全世界矿车数量最多、规模最大的"无人驾驶＋新能源"的智慧矿山示范项目，现在已进入落地实施阶段。

华润水泥（田阳）有限公司那坡镇陇邦矿区，大力推进低碳矿山建设，打造数字化智能矿山系统。该企业投入 3.38×10^6 元，制定了露天矿智能矿山整体解决方案：以资源品质控制为主线，集"数字采矿软件平台、生产执行系统平台、三维可视化管控平台、卡车调度系统、质量控制系统、安全环保监测监控系统和矿山数据中心"为一体，在协同作业平台和矿山数据中心的基础上，革新露天矿山生产组织方式，实现了露天矿山资源的精细化开发利用、生产过程智能管控，达到了矿山开采低碳环保和经济高效。

实施矿山复绿，创建低碳矿山。华润建材科技高度重视矿山复绿工作，该公司按照"低碳矿山"标准，将矿山恢复纳入公司生产发展规划，落实矿山复绿工作，促进可持续利用与发展。未来，华润建材科技还将继续从产品、渠道等方面入手，继续推行低碳发展之路，从而为自然、社会作出自己应有的贡献。

世邦工业科技集团股份有限公司为浙江省宁波交工矿业有限公司而量身定制花园式低碳矿山，以全生命周期的专业技术服务，大幅提升该项目的整体运维水平，符合低碳矿山建设标准，实现华丽蜕变。

巴中海螺水泥有限责任公司南江县谭家山水泥用石灰岩矿山，是安徽海螺水泥股份有限公司在巴中市南江县投资新建的全资子公司配套石灰石矿山，位于四川省南江县公山镇，保有石灰石资源储量达到 1×10^8 t 以上。该矿山自 2013 年 6 月开始开拓建设，2015 年 9 月实现登顶出矿，2017 年 1 月通过二级安全生产标准化验收，2019 年 12 月被纳入"全国绿色矿山"名录。

该矿山设计年开采规模 4×10^6 t，年产普通硅酸盐水泥 1×10^6 t，复合硅酸盐水泥 1×10^6 t，年利用余热发电 5.852×10^7 kW·h，年创税收 8×10^7 元以上，解决了近 6×10^2 人的就业问题；同时带动了地方砂岩矿、石膏矿等矿产资源的有效开发，推动了地方工业、运输业、餐饮业发展，年社会效益达 3×10^8 元以上。

金徽矿业有限责任公司铸就国家级绿色矿山的主要经验启示有：一是始终坚持绿色矿山建设理念。自建矿伊始，该矿业公司就确立了"先要绿水青山，再要金山银山"的绿色矿山理念，按照"高标准一次建成，避免今后打补丁"的原则，建设机械化水平高、自动化控制先进、节能环保型数字化绿色旅游矿山。金徽矿区三季有花、四季常青，2018 年，被评定为国家 AAAA 级旅游景区。

在蒲城尧山复绿矿山，可以欣赏到一道"特殊的风景线"，你若站在山口往远处眺望，矿山、绿林、花丛、草地等绿植构成了一幅生机盎然的绿色画卷，多处裸露的山体已被绿色所覆盖，以往栽植的爬山虎等植物已沿着山体长出新叶；部分"满目疮痍"的山体岩壁已不见踪影，采矿作业的道路两旁也被整齐地规划，地上已长满各种绿色植物；这里就是尧山灰岩矿闭坑恢复治理现场。

浙江安联矿业公司石灰岩矿区，站在矿区制高点，一座湖中小岛观光凉亭跃入眼帘；在矿山宕底，碧绿的湖水，与不远处杭派民居风格的白色办公用房相映成趣。整个矿区，除了精心打造一个个绿色墙、绿化带，还将矿山宕底传统的沉淀池、蓄水池改造为景观水池，并且以水池为圆心打造园林花园，绿色、安宁、和谐是他们希望为员工打造的矿区生产生活环境。不仅如此，一眼望过去，矿山的边坡也是绿色昂然。

智能化绿色矿山，是绿色矿山的升级版。通过智能化绿色矿山创建，建德海螺水泥有限责任公司结合该企业的实际情况，完成了"164"体系建设，具体包括：1 个三维地质孪生模型；6 个系统（矿山越界开采预警系统、智能卡车调度系统、全方位视频监控系统、矿山粉尘在线实时监测系统、人员车辆实时定位跟踪系统、自动化智能配矿系统等）；4 个平台（矿山企业全流程全领域大数据平台、为企业提供决策服务的决策服务平台、生产环节全流程智能管控的智控平台、集各应用系统于一体的应用场景平台）。该体系实现了矿山生产精准化、可视化、动态化管理。智能化绿色矿山建设，让该企业实现了开采、调度、环保、破碎、销售等各方面工作的全过程可视化，使各个环节都有了"聪明"的感知力(例如，矿体结构更清晰、产品控制更精准)。矿车的路线偏移、机器哪里出了问题都会及时提醒，而且相应的处置实现全流程留痕，有效辅助了企业科学决策。

参考文献

[1] 曹家玮.《巴黎协定》促进遵守和履行机制研究[D]. 上海：华东政法大学，2020.

[2] VALÉRIE M D, PANMAO Z, PÖRTNER H O, et al (eds). Global warming of 1.5 ℃: An IPCC special report on the impacts of global warming of 1.5℃ above pre-industrial levels and related global green house gas emission pathways, in the context of strengthening the global response to the threat of climate change, sustainable development, and efforts to eradicate poverty[R]. Cambridge: Cambridge University Press, 2018.

[3] IEA. Energy technology perspectives 2020: Special report on carbon capture, utilization and storage [R]. Paris: IEA, 2020.

[4] 中国石化集团. 我国首个百万吨级 CCUS 项目全面建成[EB/OL/]. 中国石油石化. http://www.chinacpc.com.cn/info/2022-01-29/news_6108.html.

[5] 中国石油报. 长庆油田加快致密气田低碳效益开发[EB/OL]. 中国石油 百科. http://center.cnpc.com.cn/bk/system/2022/10/09/030081846.shtml.

[6] GHOSHAL S, ZEMAN F. Developments and Innovation in Carbon Dioxide (CO_2) Capture and Storage Technology [M]. Cambridge: Woodhead Publishing Limited, 2010: 469-491.

[7] 赵志强，张贺，焦畅. 全球 CCUS 技术和应用现状分析[J]. 现代化工. 2021，41(04): 5-10.

[8] Guloren Turan, Alex Zapantis et al. Global status of CCS 2021, CCS accelerating to net zuro [R]. Melbourne: Global CCS Institute, 2021.

[9] 陈建军."双碳"背景下炼化行业节能减排思路探讨[J].现代化工，43(10):7-12.

[10] 程剑峰，白秀佳，徐强.双碳目标下我国碳捕集技术研究进展[J].中国煤炭地质，2023，35(08):26-31.

[11] 阳平坚，彭栓，王静，等.碳捕集、利用和封存(CCUS)技术发展现状及应用展望[J].中国环境科学，2024(1):404-416.

[12] 碳交易网.加速迈向碳中和:CCUS 技术的探索之路[EB/OL].(2022-06-03)[2003-12-01]. http://www.tanjiaoyi.com/article-38349-5.html.

[13] 刘洋. 燃煤电厂碳捕获与封存技术现状及其应用前景展望[J]. 能源环境保护，2017，31(03):1-5.

[14] 张宾，林永权，陶从喜. 水泥工业碳中和技术现状与趋势[J]. 中国水泥，2022(10):57-61.

[15] MAURICIO N, BROWNLOW D T, ADOLFO G. CO_2 capture and sequestration in the cement industry[J]. Energy Procedia, 2011, 4: 2716-2723.

[16] 张凯，陈掌星，兰海帆，等.碳捕集、利用与封存技术的现状及前景[J].特种油气藏，2023，30(02):1-9.

[17] 李维，陶从喜，沈序辉，等.水泥工业碳捕集关键技术路线及发展趋势[J].中国水泥，2023(08):50-55.

[18] 陈飞，娄婷. 欧美水泥行业碳中和实施路径介绍 [J]. 中国水泥，2021(12): 44-51.

[19] 秦阿宁，吴晓燕，李娜娜，等. 国际碳捕集、利用与封存(CCUS)技术发展战略与技术布局分析[J]. 科学观察，2022，17(4): 29-37.

[20] 金峰，夏雁飞. 水泥窑烟气碳捕集纯化关键技术的研发与工程化应用[C]//第六届国内外水泥行业安全生产技术交流会论文集，2019: 196-198.

[21] 轩红钟，王斌. 水泥窑烟气 CO_2 捕集纯化 CO_2 产品转化路径的探索[J]. 水泥，2021(3): 7-8.

[22] MARTA G P, SERGIO M, FERNANDO R. CO_2 Capture, Use, and Storage in the Cement Industry: State of the Art and Expectations[J]. Energies, 2020, 13: 1-28.

[23] 杨勇，张义华，蔡律律，等. 富氧燃烧的工业应用进展分析[J]. 能源与节能，2021(7): 179-181，205.

[24] 郭涛，彭学平，刘继开，等. 水泥窑富氧燃烧技术研究现状及分析[J]. 水泥技术，2015(1): 46-48.

[25] LENA E D, MAGLI F, SPINELLI M, et al. Comparative Analysis of the Oxyfuel and Calcium Looping Processes for Low-Carbon Cement Production[A]. 15th International Conference on Greenhouse Gas Control Technologies, Abu Dhabi, 2021.

[26]　VOLDSUND M , GARDARSDOTTIR S, LENA E D, et al. Comparison of Technologies for CO_2 Capture from Cement Production—Part 1: Technical Evaluation[J]. Energies, 2019, 12(3):341-348.

[27]　吴元旦，张泰，石金明，等. 水泥行业钙循环碳捕集技术进展及趋势 [J]. 能源研究与管理，2022，14(4): 23-30, 61.

[28]　LEILAC. LEILAC Technology Roadmap to 2050, A cost-effective path to carbon neutral industrial production [EB/OL]. (2022-09-01)[2023-12-03]. http://www. leilac. com/wp-content/uploads/2022/09/LEILAC -Roadmap. pdf.

[29]　HILLS T P, SCEATS M, RENNIE D, et al. LEILAC: Low Cost CO_2 Capture for the Cement and Lime Industries [J]. Energy Procedia, 2017, 114:6166-6170.

[30]　HIDGSON P, SCEATS M, VINCENT A, et al. Direct Separation Calcination Technology for Carbon Capture: Demonstrating a Low Cost Solution for the Lime and Cement Industries in the LEILAC Project[A]. 14th International Conference on Greenhouse Gas Control Technologies, Melbourne, 2018.

[31]　轩红钟，金峰，周金波，等. 水泥窑烟 CO_2 捕集纯化示范生产线运行及优化[J]. 四川水泥，2019(09):1.

[32]　唐金泉，于海，唐兆伟. 新型干法水泥窑捕集纯化(减排)二氧化碳探讨[J]. 水泥，2020(03):4-10.

[33]　王勇，曹元辉，张萌，等. 碳中和背景下建材行业未来发展趋势探讨 [J]. 中国建材科技，2022, 31(3): 97-99.

[34]　SKOCEK J, ZAJAC M, Haha M B. Carbon Capture and Utilization by mineralization of cement pastes derived from recycled concrete[J]. Scientific Reports, 2020, 10(1):5614.

[35]　JANG J G, KIM G M, KIM H J, et al. Review on recent advances in CO_2 utilization and sequestration technologies in cement-based materials[J]. Construction and Building Materials, 2016, 127: 762-773.

[36]　赵竹青，陈键. 捕集与固碳全流程技术创新与应用示范取得重大突破[N]. 科技日报，2022-04-05(06).

[37]　GROUP C C J . HeidelbergCement to install the world's first full-scale CCS facility in a cement plant[J]. Carbon capture journal, 2021(79):12-18.

[38]　敖思. 吨水泥 CO_2 排放量下降 60%！海德堡水泥率先试用新型碳捕获及利用技术[EB/OL]. (2021-05-26)[2023-12-12]. https://www. ccement. com/news/content/12007593805001. html.

[39]　全球碳捕集与封存现状 2023[EB/OL]. Global CCS Institute. https://res. cloudinary. com/dbtfcnfij/images/v1700717007/Global-Status-of-CCS-Report-Update-23-Nov/Global-Status-of-CCS-Report-Update-23-Nov. p df? _i=AA.

[40]　法国地质调查总局在地质碳封存方面有哪些工作[EB/OL]. 中国地质调查局. http://www. cgl. cgs. gov. cn/gzdt_4169/dwdt_4172/202203/t20220317_692305. html.

[41]　秦绮蔚. 国内首个海上二氧化碳封存示范工程设备建造完工[EB/OL]. (2022-06-15)[2023-12-02]. https://finance. sina. com. cn/jjxw/2022-06-15/doc-imizirau8861367. shtml.

[42]　刘含笑，吴黎明，胡运进，等. 水泥行业 CO_2 排放特征及治理技术研究[J]. 水泥，2023，(02):10-15.

[43]　程雄飞，林忠财，任鹏飞. 混凝土及再生混凝土的二氧化碳养护概述[J]. 混凝土，2020(07):156-160.

[44]　李林坤，刘琦，黄天勇，等. 基于水泥基材料的 CO_2 矿化封存利用技术综述[J]. 材料导报，2022，36(19):82-90.

[45]　黄浩，王涛，方梦祥. 二氧化碳矿化养护混凝土技术及新型材料研究进展[J]. 化工进展，2019，38(10):4363-4373.

[46]　胡戍涛. 固体废弃物轻质混凝土的二氧化碳矿化养护研究[D]. 杭州:浙江大学，2019.

[47]　JUERG M. M, MARTIN S, SNÆBJÖRNSDOTTIR S Ó, et al. Rapid carbon mineralizationfor permanent disposal of anthropogenic carbon dioxide emissions[J]. Science, 2016, 352(6291):1312.

[48]　姚炜珊，侯雅磊，魏国强，等. 二氧化碳资源化利用研究进展[J]. 新能源进展，2024，12(02):182-192.

[49]　付华清，张学雷，张余鑫，et al. 一种利用热电烟气制备固碳石的方法[P]. CN202211536058. 9[2024-06-05].

[50]　全球首条钢渣捕集水泥窑烟气 CO_2 制备固碳辅助性胶凝材料与低碳水泥生产线投产[J]. 混凝土，2022(10): 144-144.

[51]　YUAN Y G, ZHOU L N, ROBATJAZI H, et al. Earth-abundant photocatalyst for H_2 generation from NH_3 with light-emitting diode illumination[J]. Science, 2022, 378(6622): 889-893.

[52]　TAN X Y, ROBIJNS S, THÜR R, et al. Truly combining the advantages of polymeric and zeolite membranes for gas separations[J]. Science, 2022, 378: 1189-1194.

[53]　张旭伟，张一帆，高炜，等. 一种超临界 CO_2 发电机组变负荷工质充排系统及方法: CN202210356870. 7[P]. CN202210356870. 7[2024-06-05].

[54]　费华伟，王婧，高振宇. 2022 年中国炼油工业发展状况及近期展望[J]. 国际石油经济，2023，31(04):53-58.

[55]　HAYDEN A. EVANS, et al. Aluminum formate, $Al(HCOO)_3$: An earth-abundant, scalable, and highly selective material for CO_2 capture[J]. Sci. Adv. , 2022, 8: eade1473.

[56] WEI P, GAO D, LIU T, et al. Coverage-driven selectivity switch from ethylene to acetate in high-rate CO_2/CO electrolysis[J]. Nat. Nanotechnol. 2023,18: 299-306.

[57] YOU J J, SONG Q Y, TAN D, et al. Mechanical properties and microstructure of basalt fiber-biobased-basic magnesium sulfate cement[J]. Cement and Concrete Composites, 2023, 137: 104934.

[58] TAO C, et al. Cell-free chemoenzymatic starch synthesis from carbon dioxide[J]. Science,2021,373:1523-1527.

[59] YUNYI L, HONGSHENG W, MINGKAI L, et al. Sequential separation-driven solar methane reforming for H2derivation under mild conditions[J]. Energy Environ. Sci., 2022, 15: 1861.

[60] PANG K,SONG X, et al. ,Hydroplastic foaming of graphene aerogels and artificially intelligent tactile sensors[J]. Sci. Adv. ,2020,6:eabd4045.

[61] SCHÄPPI R, RUTZ D, DÄHLER F. et al. Drop－in fuels from sunlight and air[J]. Nature,2022,601:63-68.

[62] 马铭婧,黄子,王娇月,等. 水泥碳汇核算及其对中国碳中和的贡献[J]. 中国科学:地球科学,2024,54(06):2086-2097.

[63] 张泱. 箴言与良策[J]. 绿色中国,2013(06):48-52.

[64] 陶冶. 全球碳治理背景下中国碳减排政策调整研究[D]. 武汉:华中师范大学,2022.

[65] 张慧鸣. 碳汇的概念及几种典型碳汇发展概况[C]//中国环境科学学会2023年科学技术年会论文集(一). 北京:中国环境科学学会,2023:339-341.

[66] 气专委新报告:采取紧急气候行动,实现宜居未来仍有可能[EB/OL]. 联合国新闻. https://news. un. org/zh/story/2023/03/1116307.

[67] 白皮书:中国建成全球规模最大的碳市场[EB/OL]. 中国政府网 https://www. gov. cn/xinwen/2021-10/27/content_5646800. html.

[68] 阿里巴巴:18万元买了万吨碳汇指标[EB/OL]. 经济台,中国网络电视台. http://jingji. cntv. cn/20111102/112358. shtml.

7 水泥工业碳中和实践案例与前景展望

7.1 水泥工业碳中和技术创新

国务院发布的《2030年前碳达峰行动方案》(国发〔2021〕23号)明确指出要坚持“全国统筹、节约优先、双轮驱动、内外畅通、防范风险”的总方针，并在工作原则中指出要“双轮驱动、两手发力”，要“大力推进绿色低碳科技创新，深化能源和相关领域改革”。因此，水泥工业大力推进碳中和理论创新势在必行。

与此同时，针对我国主要生态环境问题与重大科技需求，依据《中华人民共和国国民经济和社会发展第十四个五年规划和2035年远景目标纲要》，科技部、生态环境部、住房和城乡建设部、气象局、林草局联合编制了《“十四五”生态环境领域科技创新专项规划》(国科发社〔2022〕238号)。该规划指出我国生态环境领域科技创新面临新的挑战，其中“温室气体减排压力空前突出，支撑碳达峰碳中和目标如期实现和应对气候变化面临重大技术挑战”，而“应对气候变化等全球共同挑战需要通过科技创新提出中国方案”，为此需要“加大对地球系统模式、重点领域温室气体减排关键技术创新，提升生态系统碳汇能力和城乡建设、农业生产、基础设施等适应气候变化能力，建设性参与和引领气候变化国际合作，提升全球气候治理和环境履约能力”。由此可见，为支撑碳达峰碳中和目标实现，水泥工业碳中和技术创新也亟须重大突破。

现阶段水泥行业积极响应国家的要求，践行碳中和技术创新。

水泥工业现阶段碳中和创新潜力点，如图7.1所示。

根据水泥生产过程中碳排放特点和碳中和潜力点，后期水泥工业碳中和体系创新重点，笔者归纳如下：

① 水泥制造过程低碳零碳技术创新，包括替代原燃料的高效应用、过程智能化控制、新工艺创新(如沸腾床燃烧、低成本的绿电技术研究)等。

② 再生能源和新能源在水泥工业中创新应用，包括可再生能源、氢能、绿氨、燃料电池、新能源发电、智能电网、能源清洁低碳智能开发、余热利用等。

③ 水泥基材料产品多元化应用低碳技术开发，包括建筑减碳、交通减碳等集成与优化。

④ 结合水泥生产过程CCUS、碳汇，以及CO_2检测/监测技术延展，包括CCUS、生态碳汇、碳汇核算与监测、温室气体检测关键技术及装备开发等。

⑤ 前沿颠覆性低碳技术开拓，包括前沿储能、生物固碳等重点研究领域的突破。

图7.1已清晰地表达出现阶段在水泥生产全链条中的碳中和创新潜力。围绕这些潜力点大力推进相关创新和实践工作，对碳中和的实现具有重大的指导意义。

7.2 水泥工业实现碳中和的创新和畅想

绿色映底蕴，山水见初心。水泥行业的绿色转型和升级改造对实现“双碳”战略目标具有非常重要的意义。为此，中国水泥人始终坚持生态优先、绿色发展的理念，积极投身节能减排和减污降碳事业，力争将3C碳中和理论同水泥行业生产实际相结合，追求企业与生态环境协调发展，助力打造青山常在、生机盎然的美丽中国。

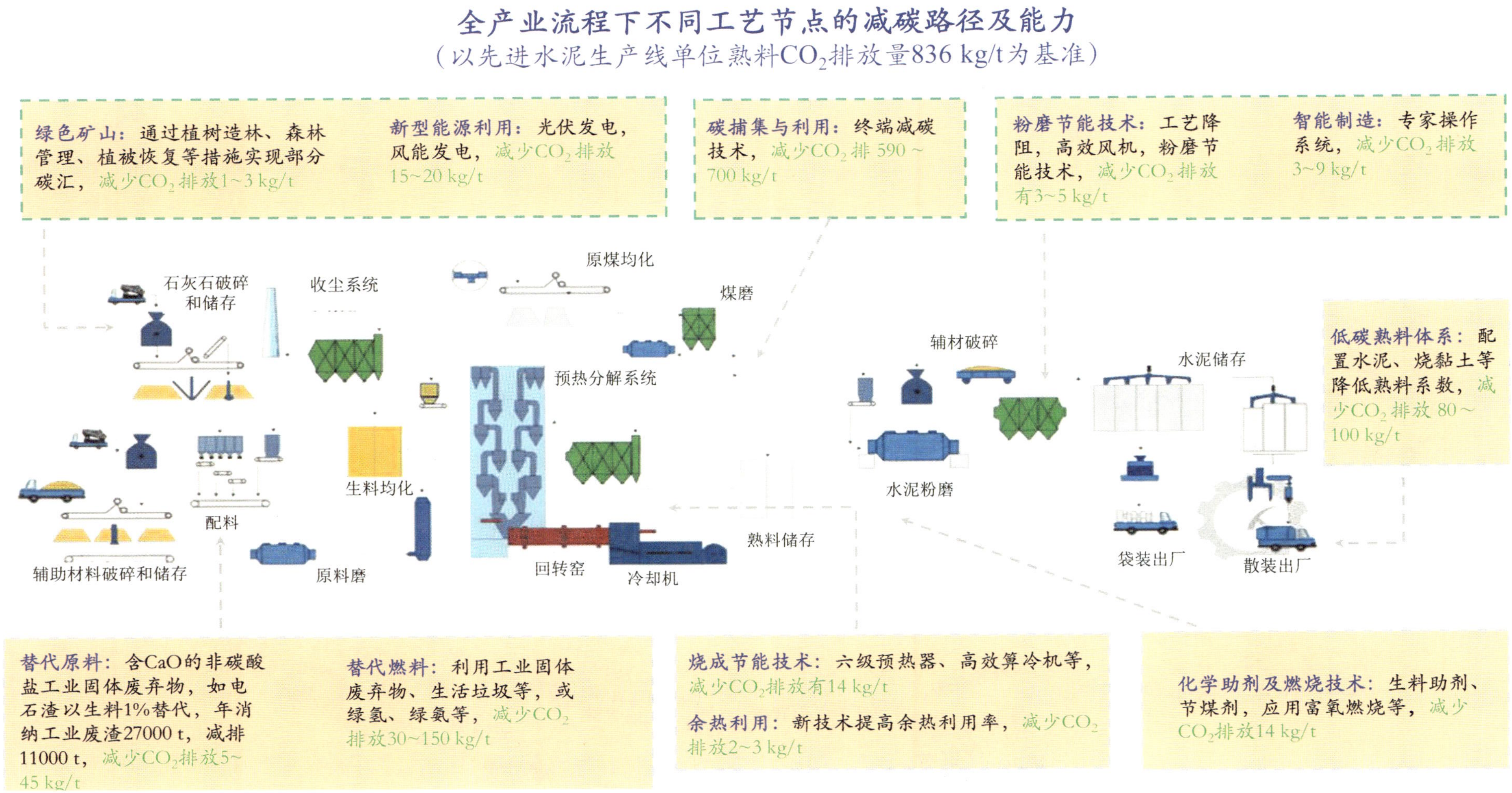

图 7.1　水泥工业现阶段碳中和创新潜力点

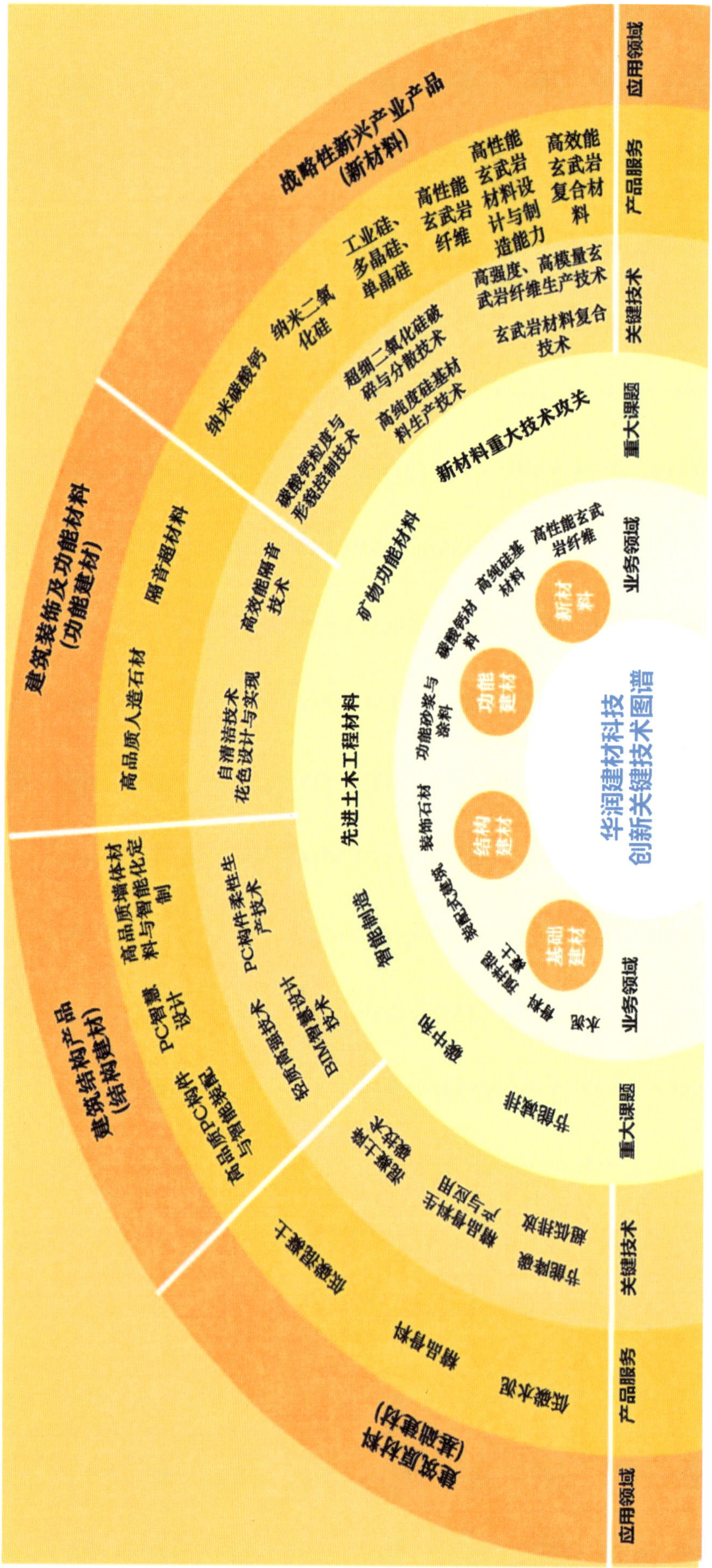

图 7.2　华润建材科技创新关键技术图谱

7.2.1 水泥工业碳中和创新展望

碳中和的关键是努力改变碳排放天平的失衡状态，一手抓技术革新改进，即使天平左边的砝码减轻以及游码向右滑移的内容及方式，而另一手努力研发能够吸收消化 CO_2 的新技术，即加大天平右边砝码的自重，最终实现天平的平衡，也就是实现碳中和。图 7.2 显示出华润建材科技人正在参与的碳中和进程的各类对低碳、减碳和去碳有利的各个发展方向。倘若各方面都有所突破的话，碳中和之路还会很远吗？

华润建材科技创新关键技术图谱，如图 7.2 所示。

7.2.2 水泥工业碳中和实践探索展望

本小节的数据基准来源为华润建材科技的实际生产和运营数据，并根据华润建材科技实际碳中和实践情况和理论技术创新可行性进行的展望分析。水泥工业要尽快实现碳中和，一方面要着力减少碳排放，其尚存空间和潜力就在于源头低碳和过程减碳；另一方面要尽量增加碳中和力度，其中 CCS/U 技术[1-2]和生物固碳[3-5]是非常有前景的方向。为此，分时间阶段性细化计算如下：

7.2.2.1 2025 年碳排放规划

2022 年企业平均每 1 t 水泥的 CO_2 排放量基准为 685 kg。展望到 2025 年，实现将碳排放降低至 627 kg(参见图 7.3)。

2025 年碳排放展望，如图 7.3 所示。

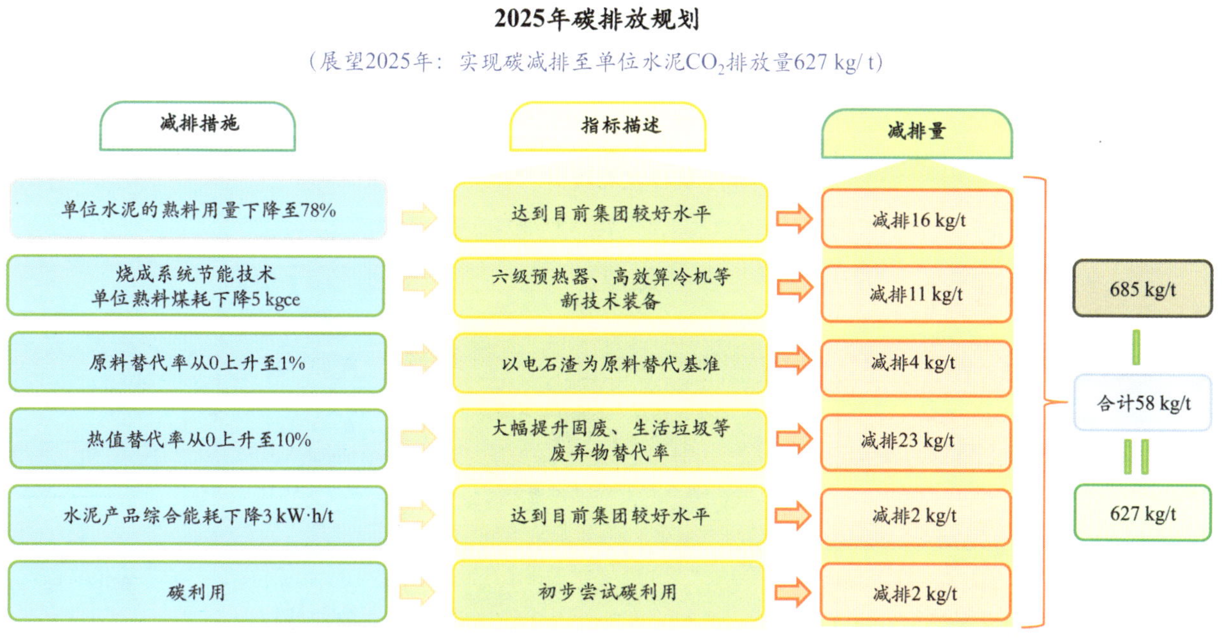

图 7.3 2025 年碳排放展望

减排量具体分类推算如下：

① 通过提升熟料质量及混合材的掺入量，每 1 t 水泥熟料用量预计可下降至 78%，这也是目前集团较好水平，减排量可达 16 kg/t。

② 烧成系统通过节能技术每 1 t 水泥熟料可望降低煤耗 5 kgce。特别是通过 5 级(或 6 级)预热器和高效算冷机等新型装备技术的改造，以及余热综合利用等热量的循环利用，CO_2 的减排量可达 11 kg/t。

③ 原材料的替代率从目前的水平可再上升 1%，其中以电石渣替代石灰石原料为基准，CO_2 的减排量可望达到 4 kg/t。

④ 替代燃料的应用。通过大幅提升固体废弃物以及生活垃圾等废弃物替代率，可将目前的热值替代率(Thermal Substitution Rate，缩写 TSR)上升到 10%以上。华润建材科技集团也正在积极大力推进这

项减碳措施，前景可期。我国现今替代燃料的 TSR 仅约为 5%，而欧盟的 TSR 已达 50%，德国的 TSR 为 72%，我国还有比较大的上升空间。目前，通过替代燃料的应用，CO_2 减排量已达 23 kg/t。

⑤ 新能源的利用，目前还处于研发或建设期，不过在新型能源的开发方面还有很大的潜能。目前这部分 CO_2 减排量为 0 kg/t。

⑥ 水泥单位产品综合能耗的下降，在近几年可预见下降 3 kW·h/t，这也是目前集团比较好的水平，这部分 CO_2 减排量可达 2 kg/t。

⑦ 华润建材科技目前积极推广碳利用，比较成熟的工艺是混凝土的碳化养护和低标号水泥的应用，以及混凝土活性粉末掺合料和混凝土外加剂等多项最新技术的推广。低标号水泥应用方面也有报道，认为等量的 32.5 水泥所制备的混凝土具有与 42.5 水泥制备的同样性能，其每 1 m^3 混凝土的碳排放却比 42.5 水泥的减少 20%[6]。按碳化用碳量及其他方式的减排量预计可达 2 kg/t。

⑧ 华润建材科技目前积极推广碳捕集及其他碳汇方式，现属于论证和建设阶段，后期将加紧研发并改进完善，其中经济合理的采用 CCS/U 技术和生物固碳技术是不可或缺的措施，当然我们也要多借鉴发达国家已有的经验，加快研发的进程，因为它必须要承担总量 50%左右的减碳任务才有望达到碳中和。

上述 8 个方面加和计算，目前总计 CO_2 减排量可达 58 kg/t，可实现碳减排从 685 kg/t 减排降低至 627 kg/t。

7.2.2.2 2035 年碳排放规划

展望 2035 年，按华润建材科技“中需求—高速转型—长平台期情景”推算，可实现碳减排至 466 kg/t（参见图 7.4）。

2035 年碳排放展望，如图 7.4 所示。

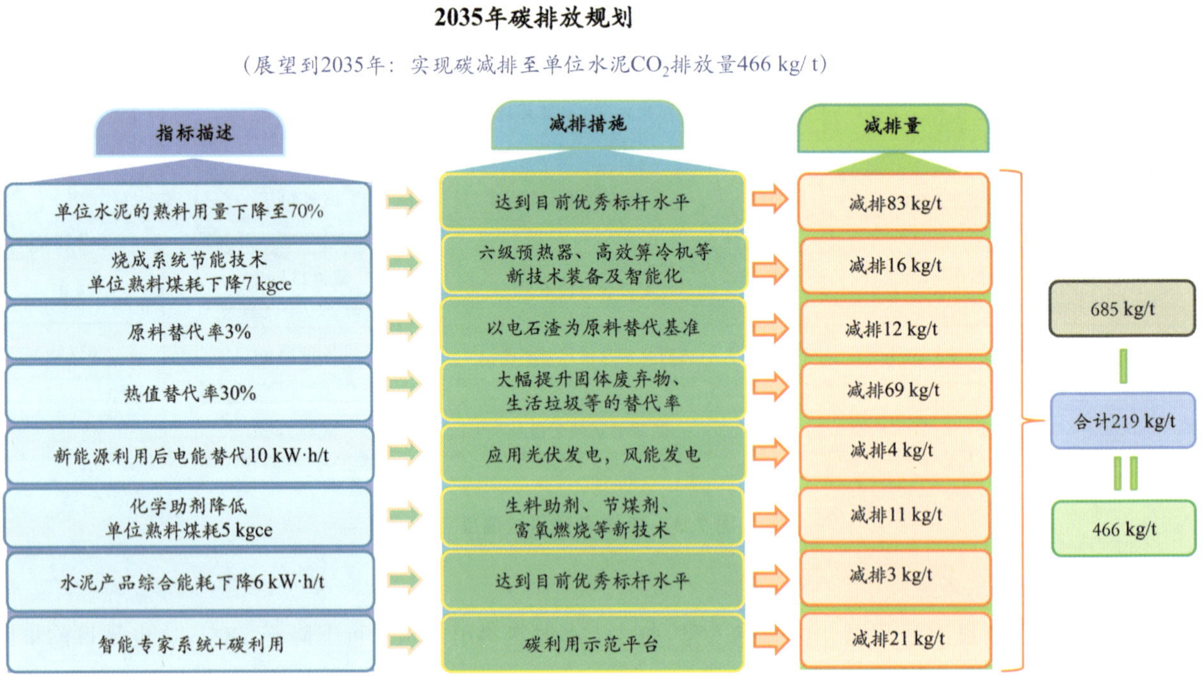

图 7.4　2035 年碳排放展望

减排量具体分类推算如下：

① 华润建材科技下属所有水泥公司全面达到目前的优秀标杆水准，单位熟料用量降低至 70%，CO_2 减排量达到 83 kg/t。

② 烧成系统进一步通过节能技术单位熟料煤耗可望下降 7 kgce/t。主要创新手段是通过智能工厂

建设,加之6级预热器及高效算冷机等新型装备技术的持续推广改造。此阶段因为排放气体热值降低,虽然余热综合利用,特别是余热发电量将有所降低,但 CO_2 的整体减排量将达到16 kg/t。

③ 原材料的替代率从目前的水平可再上升3%,其中以电石渣替代石灰石原料为基准,CO_2 减排量可望达12 kg/t。

④ 替代燃料及化学助剂的应用,即通过大幅提升固体废弃物以及生活垃圾等废弃物替代率,可使目前的TSR平均上升至30%;同时通过化学助剂的使用提高燃料的燃烧效率,使得 CO_2 减排量达69 kg/t。

⑤ 新能源的利用,光伏发电及风能发电等设施建设完毕并正式投入运行,期间 CO_2 减排量推算可达4 kgCO_2/t。

⑥ 化学助剂进一步降低单位熟料煤耗5 kgce,CO_2 减排量达11 kg/t。

⑦ 水泥单位产品综合能耗整体下降6 kW·h/t,CO_2 减排量达3 kg/t。

⑧ 智能专家系统的使用及进一步加大碳推广利用力度,使其 CO_2 减排量达21 kg/t。

上述8个方面加和计算,目前总计 CO_2 减排量可达219 kg/t,可实现碳减排从685 kg/t降低至466 kg/t。

7.2.2.3 2050年碳排放规划展望

到2050年,预计实现碳减排至185 kg/t(参见图7.5)。此阶段碳中和力度增进非常快,同时替代燃料的替代率大幅提升至50%以上,新能源的开发日臻完善,加之其他源头低碳材料的使用及过程去碳的推进,整体 CO_2 减排量可望达到500 kg/t,实现碳排放从685 kg/t降低至185 kg/t。

2050年碳排放展望,如图7.5所示。

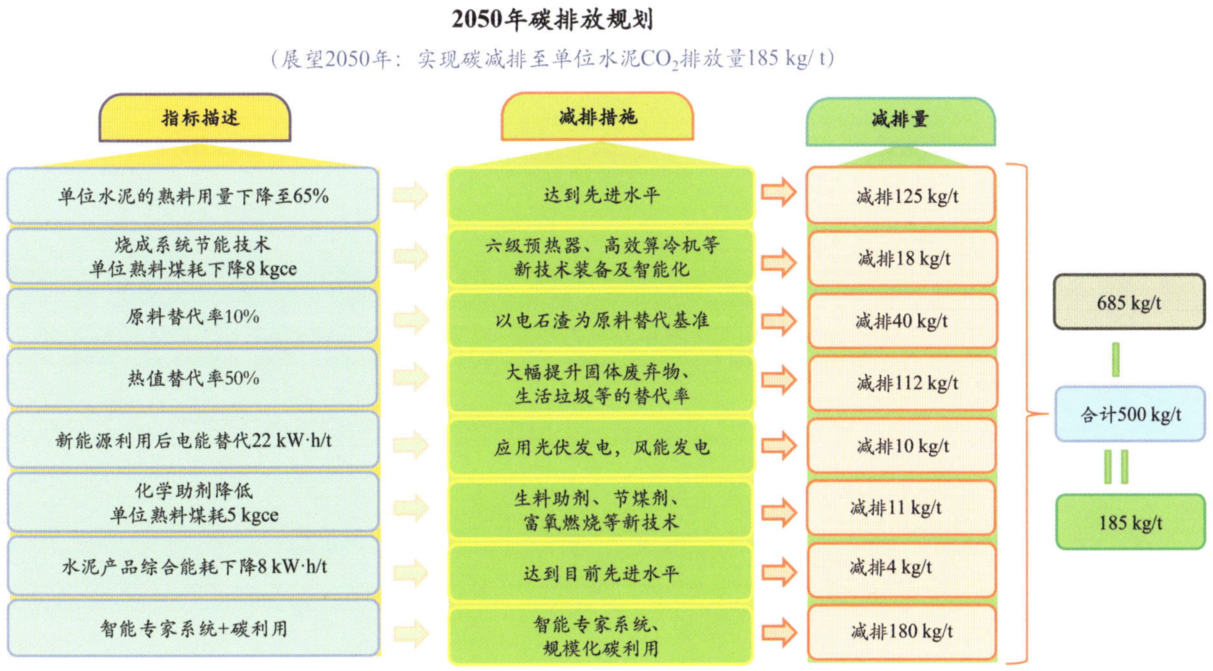

图7.5 2050年碳排放展望

按照上述规划的持续推进,华润建材科技有望在2060年完全趋于平衡,达到碳中和。不过应该强调指出,水泥工业的碳中和与国家甚至世界的政治、经济、科技、工业等各方面的综合实力也是密切相关的,世界和平与国家综合实力的提升,以及各行业协同发展,才有望真正地实现碳中和。碳中和是一项十分艰巨复杂而又庞大的系统工程,要有长期不懈奋斗的思想准备,任重道远,对于中国这样的水泥大国而言则更甚之!我们坚信,在中国共产党正确的领导下、在全国人民努力奋斗的干劲下,不仅中国水泥工业还有其他各行各业的碳中和步伐都将坚定、铿锵地往前迈进直至实现全面碳中和,未来可期!

参考文献

[1] GHOSHAL S, ZEMAN F. Developments and Innovation in Carbon Dioxide (CO_2) Capture and Storage Technology [M]. Cambridge: Woodhead Publishing Limited, 2010: 469-491.

[2] SKOCEK J, ZAJAC M, HAHA M B. Carbon Capture and Utilization by mineralization of cement pastes derived from recycled concrete[J]. Scientific Reports, 2020, 10:5614.

[3] PESSARRODONA A, FRANCO-SANTOS R M, WRIGHT L S, et al. Carbon Sequestration and Climate Change Mitigation Using Macroalgae: A State of Knowledge Review [J]. Biological reviews, Cambridge Philosophical Society, 2023:1-27.

[4] 曾雪霞,但玉,毛绍名,等.蓝藻光驱固碳合成糖类物质的技术研究进展[J].中国生物工程杂志,2022,42(07):90-100.

[5] 赵述华,叶有华,罗飞,等.深圳近岸海域固碳量核算初步研究[J].环境科学与技术,2019,42(S2):140-147.

[6] 高长明.水泥工业碳中和的模拟推演与研讨[J].中国水泥,2021(04):16-21.

[7] MASHORENG S, LA NAFIE Y A, ISYRINI R. Cultivated Seaweed Carbon Sequestration Capacity [A]//. The 2nd International Symposium on Marine Science and Fisheries, IOP Conference Series: Earth and Environmental Science, 2019,370:12-17.